LE ROI LIBRE

Du même auteur

La Décennie des mal-appris, Flammarion, 1990.

FRANÇOIS BAYROU

LE ROI LIBRE

Flammarion

© Flammarion, 1994
ISBN : 2-08-066821-8
Imprimé en France

*Ce livre est dédié
aux amoureux de la réconciliation.*

*Il a été écrit pour eux
dans les petits matins et les nuits avancées
des deux pays,
au pied des Pyrénées bleues
et au bord de la Seine,
où vécut Henri
de Navarre et de France.*

INTRODUCTION

Un homme masqué par sa légende. Château de Pau, écaille de tortue, chevauchées, paysans aux pieds nus et paysannes séduites, royauté, vert galant, Sully, labourage et pâturage, poule au pot, Edit de Nantes, barbe fleurie, barbe de faune, enfants sur son dos à quatre pattes, le roi fait le cheval, amour du peuple, Ravaillac. Tant d'images accumulées qui déclinent une légende, signant ainsi une des plus belles réussites historiques des siècles français. Mais la légende est aussi le plus redoutable obstacle à l'intelligence d'un homme et d'une situation, d'une histoire et d'une vie, la plus improbable, la plus étrange, la plus utile. La légende nous dérobe le plus précieux : d'abord la vérité historique dépouillée, l'événement, sa fraîcheur, son odeur et son bruit, sa surprise, sa chair. Elle nous empêche en même temps de suivre l'homme qui s'invente. Celui qui ne sait pas qu'il sera roi de France, qui doute s'il réussira, qui hésite en avançant, ses angoisses et ses enthousiasmes, sa solitude et les passions, souveraines ou misérables, qui l'entraînent sur les chemins.

A l'un des grands tournants qui ouvrent sur le monde moderne, Henri de Navarre éclaire et obscurcit à la fois la France qui l'entoure. Il éclaire parce qu'il rayonne avec une indépendance d'attitude et de comportement dont il nourrit, de son vivant même, sa légende en formation. Il obscurcit parce qu'omniprésent, il est devenu avec le temps *évident* et comme inévitable, ombre fleurie au-dessus des comportements, des drames et des haines du temps le plus noir de l'histoire de la France. Or, il n'était ni évident, ni inévitable. Si inattendu, au contraire, résultat de tant de hasards et de tant d'audaces, qu'il est fascinant d'essayer de démêler les fils que la destinée a noués pour le constituer.

Car obscurcissant la réalité du temps, la légende dissimule la singularité de la personnalité, nœud de tant de contradictions et de souffrances, de l'homme privé : enfant délaissé, homme aussi souvent humilié que triomphant, vieillard adolescent. Sans oublier cette altitude constamment souveraine du comportement qui lui fait trancher de l'essentiel sans jamais se laisser arrêter par des conseilleurs, avertis et savants, qui ne sont que la voix de l'ancien monde. Tout cela dans une jubilation de vivre, une bonté rieuse et parfois moqueuse, dont la vitalité rompt toutes les digues.

Enfin la légende avec ses enluminures empêche de saisir la modernité de l'action politique du réconciliateur, de l'édificateur que fut Henri IV de France. Edification de l'Etat moderne, constitution d'une administration, réforme scolaire, première appréhension du gouvernement de l'économie, politique fiscale et budgétaire novatrice, politique coloniale, énoncé de la première idée européenne, son règne est un changement d'ère.

Or il n'est pas de changement d'ère qui puisse nous être indifférent. Nous aussi, nous changeons de monde. Nous aussi, nous sortons des guerres de religion ou nous nous apprêtons à en vivre. Nous aussi, nous sortons des Valois épuisés et nous avons besoin de Bourbons à la gaieté dévastatrice, capables de chevaucher et de faire des enfants à la langue française. Il m'a semblé que l'ouragan qu'Henri de Navarre fit souffler sur la France épuisée, contre toute probabilité, contre les siens eux-mêmes lorsqu'il le fallait, n'était pas indifférent à l'attente de notre temps.

Je ne suis pas un historien. J'ai écrit ce livre avec ce que je suis, avec mon regard d'homme politique contemporain, en situation de responsabilité dans un pays qui hésite profondément sur son avenir. Est-ce l'approche du millénaire? Le doute et l'inquiétude règnent en maîtres sur la conscience collective. Aucun message n'est plus difficile à faire entendre que celui du bien commun. L'ordinaire démagogie flatte les revendications catégorielles. C'est l'occasion de déchirures profondes dans le tissu social et national. Chacun à leur tour, les gouvernants sont critiqués d'abord, vilipendés ensuite, sans aucune considération de sagesse sur le temps nécessaire pour que s'accomplissent, même vite, les choses humaines. J'ai constamment présente à l'esprit cette phrase merveilleuse de Vaclav Havel : « Ils sont comme des enfants qui, pour faire pousser les arbres plus vite, leur tirent sur les feuilles. »

J'ai éprouvé le besoin de réfléchir sur la réconciliation. Or, il m'a toujours semblé qu'on réfléchissait autrement, plus justement, en méditant sur un visage plutôt qu'en spéculant sur une idée. Rencontrer Henri de Navarre, c'était rencontrer le Réconciliateur.

Et c'était par là même traiter de l'intervention de l'homme dans l'histoire. Nous venons de traverser des décennies intellectuelles qui ont minimisé et parfois nié l'influence individuelle sur l'événement. Nous nous sommes habitués à lire l'histoire comme on lit la géologie : sur la longue période, la tectonique des plaques nous livre l'explication du visage des continents. Les grandes données économiques, l'architecture des rapports sociaux, les contraintes sociologiques ont été sollicitées pour nous donner les clés de ces minuscules tremblements de terre que nous appelions « histoire ». Nous avons fini par croire ce que l'on nous racontait : les destins individuels ne sont plus apparus *à l'échelle*. A quoi bon, dès lors, l'engagement individuel, le don de soi et parfois le sacrifice? S'il y a pourtant un homme dans l'histoire des derniers siècles français dont on puisse dire qu'il a changé le cours des choses, il me semble qu'Henri de Navarre sera celui-là. S'il y a un homme *inattendu*, insolite, impossible à pronostiquer, le voilà. J'ai essayé de le restituer dans son étrangeté, non seulement par rapport à ses contemporains, mais souvent vis-à-vis de lui-même.

Car du point de vue romanesque, impossible à ignorer dans un livre comme celui-là, rien n'est plus fascinant que le spectacle d'un homme en train de se faire et qui ignore le fin mot de sa propre histoire. J'ai donc constamment essayé de penser Henri IV comme il se vécut, les temps comme ils furent, et il y en eut peu d'aussi violents dans notre histoire, les cris, les bruits et les odeurs comme on les découvrait dans l'incertitude et la nouveauté de l'événement.

Je me suis efforcé enfin de raconter, simplement et en m'effaçant, chaque fois que je le pouvais, derrière les témoins les plus proches. Je me suis efforcé de mettre ce plaisir de découvrir au service des questions simples que je me posais sur le temps, sur la psychologie des hommes, sur leur vision du monde, sur leur dureté et leurs fragilités.

On dira sans doute que j'ai fait œuvre d'identification. Il faut bien dire quelque chose. Et on a les « Madame Bovary c'est moi » qu'on peut. Il est vrai qu'Henri de Navarre a grandi au château de Coarraze à quelque deux kilomètres à vol d'oiseau de ma maison natale. Dans mon enfance, la propriétaire du château, dame d'œuvres et de mérite, visitait ma mère sans doute dans le dessein de l'enrôler dans l'action catholique, s'étonnant régulièrement de ce que le petit garçon que j'étais s'autorise la familiarité d'appeler sa mère par son prénom. J'ai beaucoup rêvé sur la devise qui orne encore aujourd'hui le portail du château, « *lo que a de ser no puede faltar* » (ce qui doit arriver ne peut pas manquer), devise que mon père me faisait déchiffrer alors que je savais à peine lire. Tous les enfants de la vallée du gave de Pau mettent leurs pas dans ceux d'Henri : la plaine est bordée par un coteau ; de Pau à Lourdes le coteau forme une seule forêt, et au sommet de la forêt où sont tous nos jeux court le chemin d'Henri IV, dûment répertorié sous ce nom sur toutes les cartes d'état-major.

Tout cela est vrai. Comme il est vrai que je préside aujourd'hui, vis-à-vis du château de Pau, l'antique Parlement de Navarre où siégeaient les Etats de Béarn, ce que firent tour à tour avant moi Jeanne, Antoine et le petit Henri.

Pour autant, tout béarnais qu'il fut, s'il avait été un prince court ou un tyran indifférent, j'aurais passé mon chemin. Henri ne m'intéresse qu'anecdotiquement parce qu'il est béarnais. C'est parce qu'il a restauré et réconcilié la France qu'il a mérité la mémoire. Et c'est parce qu'il a conduit son œuvre sans cesser d'être vivant, fragile, douloureux, surprenant qu'il est si profondément attachant.

Tout cela a une explication : la statue d'Henri IV, qui domine la salle des conférences de l'Assemblée nationale au Palais-Bourbon, et surveille ainsi les conciliabules des députés, porte sur son socle une phrase admirable que je veux rappeler à l'entrée de ce livre : « La violente amour que j'ai de mes sujets m'a rendu tout aisé et honorable. » Cette affirmation suffit. C'est cette violente amour qui porte jusqu'à nous Henri III de Navarre devenu Henri IV de France. C'est ce lien chaleureux, qui explose dans le rire gascon, même dans la plus désespérée des solitudes, même lorsque commencent à poindre les ridicules du barbon. C'est pour avoir si passionnément aimé les siens, contre eux-mêmes s'il le fallait, que cet homme mérite qu'on le rencontre encore quatre cents ans après.

Chapitre 1

HENRI L'IMPROBABLE

Henri n'aurait pas dû être Henri. Lorsqu'il va naître, en 1553, jeune prince, promesse de roi, nul ne sait encore que le destin prépare pour lui la plus improbable des histoires. Seule, si elle vivait encore, sa grand-mère, la géniale et douloureuse Marguerite de Navarre, grande humaniste et grand poète, aurait su remarquer la violence des nuages qui s'accumulaient au-dessus de sa naissance. Mais elle vient de disparaître, quatre ans auparavant, et nul ne devinera la marche des destinées.

Les origines

La mère de l'enfant a vingt-cinq ans. Jeanne d'Albret est par sa mère la nièce unique de François Ier. Par son père Henri d'Albret, elle est princesse de Navarre, héritière d'un Etat indépendant, au pied des Pyrénées, le Béarn, de très riches possessions dans le sud-ouest et d'une couronne royale, celle de Navarre, royaume dont l'essentiel du territoire, au sud des Pyrénées, a été confisqué quarante ans auparavant et occupé par les Espagnols.

Le père, Antoine de Bourbon, a trente-cinq ans. Il est déjà membre du conseil du roi Henri II, qu'il a servi depuis sa jeunesse, et grand capitaine. Sa lignée est illustre et remonte directement à un fils de Saint Louis. A la cour de France, dans l'ordre de préséance, il n'est devancé que par la reine mère Catherine de Médicis et par les deux jeunes frères du roi.

Entre cette princesse pyrénéenne, seule cousine du roi de France, et ce chef de grande maison, tout est encore heureux et amoureux. Ils se sont mariés cinq ans auparavant avec la protection directe et personnelle d'Henri II. Un premier fils est né trois ans plus tôt, le 21 septembre 1551, dans la forteresse de Coucy. On le prénomme Henri, du nom de ses deux parrains royaux, Henri II d'Albret, roi de Navarre, son grand-père, et Henri II de Valois, roi de France.

Antoine a donné à son fils le titre de duc de Beaumont, celui des héritiers de la maison de Bourbon. Ronsard, qui est un vassal d'Antoine, est même requis de quelques vers de circonstance :

> *Pleuve le ciel des parfums et des roses,*
> *Soient les grands vents et les haleines encloses,*
> *La mer soit calme et l'air plein de bonheur,*
> *Ce jour naquit l'héritier de mon prince.*

Entre cet homme jeune, qui fait la guerre, et cette jeune femme, qui rêve de le rejoindre, l'enfant Henri est objet de tendresse. Le monde est neuf, et tout semble facile :

> « *Ma mie, j'ai reçu à mon retour de chasse, où j'ai eu fort beau passe-temps, deux lettres de vous, où, en l'une, j'ai trouvé nouvelles de notre fils aîné, avec un petit bouchet* (buisson) *de ses cheveux, que je trouve plus beau que bouchet de jardin qui soit à Gaillon ou ailleurs.* »

C'est la guerre en Picardie. Antoine mène la guerre, de camp en camp. Jeanne, très amoureuse, séjourne aussi près que possible des champs de bataille, pour profiter des visites éclairs, clandestines souvent, de son mari. Pendant ce temps, l'enfant est confié à une nourrice, Aymée de la Fayette, dame de Silly, ancienne gouvernante de Jeanne. Les soins de cette femme furent-ils aussi néfastes qu'on le raconte ? Il demeure que le petit Henri mourut à l'âge de deux ans, le 20 août 1553, et qu'on lui en fera porter la responsabilité :

> « *Etant fort âgée et frileuse extrêmement, selon qu'elle, pour sa condition, se tenait close et tapissée de toutes parts, avec un grand feu, elle en faisait encore plus à l'endroit de ce petit corps de prince, le faisant haleter et suer de chaleur à toute outrance, sans qu'elle souffrît air, vent ni haleine être donné ni entrer en la chambre ; ce qu'elle fit si opiniâtrement, quoi qu'on en sût dire, qu'enfin le petit duc de Beaumont étouffa peu à peu dans ses langes, et (...), toujours, cette bonne femme disait : " Laissez-le, il vaut mieux suer que trembler. " »* (Favyn, *Histoire de Navarre.*)

Au moment où meurt le petit duc de Beaumont, premier Henri, Jeanne est enceinte de cinq mois. Dans les lettres qu'Antoine lui adresse en apprenant la nouvelle, nous trouvons aussi bien l'écho de l'immense chagrin qu'il redoute pour elle, que du souci de cette grossesse préparant la naissance de celui qui sera seul désormais à porter l'espoir de son nom :

« *Ma mie, le protonotaire de Miossens m'est venu, par le commandement du Roi me trouver en ce lieu de Sainte-Catherine avec plusieurs nouvelles et, entre autres, une qui ne sera à vous moins déplaisante qu'à moi, et j'eusse bien voulu, ma mie, qu'il eût plu à Dieu nous visiter par autre moyen que celui-là, mais puisqu'il lui plaît ainsi, il ne nous faut point rebeller contre lui et ses volontés... Je vous prie ne le prendre que selon que personne sage le doit pour le bien de l'âme et du corps, et penser que pour l'amitié que je vous porte, je lui ferai tout le secours et faveur qu'il me sera possible et croire au demeurant que cela, ni autre chose plus grande n'auront puissance de diminuer l'amour et bonne affection que je vous porte; mais vous prierai bien de penser qu'en vous seule gît tout l'honneur de notre maison et qu'il faut bien qu'en soyez bien curieuse* (que vous en preniez bien soin) *et vous m'entendez bien. Ce qui sera la fin, ma mie, de supplier le Seigneur vous être en aide* (aussi bien) *pour le présent que pour l'avenir.* »

C'était déjà le ton d'une lettre, écrite probablement quelques semaines plus tôt, où il tentait de la préparer au malheur qui s'annonçait :

« *Ma mie, il y a si longtemps que je n'ai eu de vos nouvelles que je crains bien que les premières que j'aurai ne m'apportent de l'ennui* (un grand chagrin)*; par quoi, ma mie, si l'occasion en arrive telle, je vous prie de me la laisser porter seul, et ne vous en tourmenter; car pour un que Dieu nous peut ôter, et recevant la fortune* (le sort) *comme venant de lui gracieusement, il nous en peut donner une douzaine. Vous savez davantage en quel état vous êtes, et cela doit nous donner en telle disgrâce grand réconfort. Nous sommes encore tous deux jeunes assez pour en avoir beaucoup. Remettons en Dieu et nous et notre affaire et vous verrez que bien nous en viendra.* »

Le petit Henri de Beaumont fut enterré un mois plus tard, le 21 septembre, à Vendôme, dans la collégiale Saint-Georges, qui abritait la nécropole familiale des Bourbons. On inhuma, au cours de la même cérémonie, la mère d'Antoine, Françoise

15

d'Alençon, morte deux ans plus tôt, dont le corps embaumé attendait une occasion d'être déposé dans le caveau. En l'absence de son mari, qui commande l'armée en Picardie, Jeanne préside seule ces obsèques, femme de vingt-cinq ans, amoureuse, mariée depuis cinq ans, et qui rencontre, en perdant son enfant, le premier des immenses chagrins de sa vie.

Désormais, tous ses espoirs vont sur l'autre, sur celui qui vient, que Jeanne porte depuis le début du printemps, une nuit de rencontre fugitive entre le chef de guerre et sa femme, à proximité du front, à Abbeville.

L'enfant vient dans le chagrin, mais son approche conjure le malheur. Ainsi, en cet automne 1553, dans les semaines qui suivent le deuil, le ton de joie un peu forcée d'Antoine, cherchant à rasséréner sa femme, à se rassurer sans doute aussi, en évoquant la danse de l'enfant à naître :

« Ne laissez pas, je vous prie, de me mander de l'état en quoi vous êtes, car j'y prends fort grand plaisir et principalement quand j'entends qu'il est endémené (agité) et qu'il se bouge. Je vous promets, ma mie, qu'il ne se peut dire plus grand contentement que celui que vous m'avez donné par votre lettre, et je vous prie de continuer... Vous ne sauriez me donner plus grand contentement que celui-là. »

Que la mort fût, à cette époque, un péril presque courant pour les enfants en bas âge, qu'il y ait eu beaucoup moins d'intimité entre parents, spécialement dans la très haute aristocratie, et leurs enfants confiés à des nourrices lointaines, tout cela est vrai. Il demeure que Jeanne et Antoine avaient été très attachés au bébé, jouant entre eux, dans la tendresse des correspondances, à imiter ses balbutiements :

« Je puis bien assurer, ma mie, que dès que le camp sera rompu, je ne manquerai pas de vous aller trouver avec aussi bonne dévotion de faire bonne chère que j'eus jamais en ma vie. Vous ferez bien, mon fils et vous, de vous mettre en bon état de me recueillir, ou autrement, je dirai " a pu " comme fait le petit mignon. »

Cette disparition du premier-né, au moment de l'entrée dans la vie d'Henri, ne pouvait manquer de faire une marque profonde au cœur de la mère, et sans qu'il en ait lui-même conscience, à la personnalité de l'enfant.

D'autant que cette mort ravive du même coup l'angoisse dynastique de son grand-père, le roi de Navarre. Jeanne, en effet, est fille unique. Ce n'est pas un obstacle pour régner. Au royaume de Navarre, la loi salique n'existe pas. Les femmes montent sur le trône à leur tour, comme les hommes. Jeanne régnera donc. Mais si elle demeurait sans descendance, ce serait la fin d'une lignée royale déjà amputée d'une partie de son territoire, et qui n'a que son sang pour toute légitimité.

Béarn et Navarre : le rêve pyrénéen

Il n'est pas facile pour des esprits modernes de comprendre ce que sont la Navarre et le Béarn, dont l'histoire marquera si profondément toute la dynastie d'Henri et certains choix du futur roi de France.

Les souverains de Béarn, vicomtes d'abord, puis seigneurs de différentes dénominations, ont mis près de cinq siècles pour offrir à leur principauté pyrénéenne l'indépendance, et enfin la couronne qui garantirait à jamais cette indépendance.

Le cadre territorial du Béarn se constitue très tôt, entre le IXe et le XIIe siècle, unissant progressivement le piémont pyrénéen, la plaine des gaves de Pau et d'Oloron, les coteaux qui les entourent, et les hautes vallées d'Ossau, d'Aspe et de Barétous.

Dès le XIVe siècle un écrivain amoureux du Béarn, peut-être Gaston Fébus lui-même qui en conquit la souveraineté, dépeint le charme sous lequel ne cessent de vivre tous ceux qui ont rencontré le Béarn :

« *Gorgé de pluies qui l'arrosent et de vives fontaines, florissant de plantes et d'arbres au temps printanier, ce jardin embaumant d'odeurs aromatiques, favorisant par ses ombres réparatrices et amènes ceux qui cherchent le repos, ceint de tours qui se dressent haut dans le ciel, il nourrit le paon vêtu de couleurs variées. Ce pays fertile produit des fruits abondants et délicieux ; il s'étend au couchant, retraite pour Phebus déclinant. O combien estimable est le paysan qui le cultive ! Admirable domaine du taureau. La vache mère protège le jardin de ses cornes. Que la main de l'homme téméraire, ô mère, blessée par tes cornes, se détourne à bon droit d'y entrer. Que tout homme désireux de dérober les fruits de ce jardin prenne garde de ne point être retenu par celui qui le cultive.* »

D'une certaine manière tout est dit : d'abord le charme, conscience de l'exceptionnelle beauté d'un pays vert, comme dédié à la fécondité, adossé à la muraille pyrénéenne. En Béarn, les Pyrénées sont partout présentes, et partout bienfaisantes puisqu'elles accrochent les nuages, garantissent la pluie nourricière et forment une frontière physique entre le sud aragonais et navarrais, souvent aride, paysage de sierras rocheuses et desséchées, et le nord, aujourd'hui français, prairies grasses et riches troupeaux. L'élevage y tient une telle place que les vaches forment les armes du Béarn, aussi célèbres dans tout l'ensemble pyrénéen que devaient l'être plus au nord les fleurs de lys.

Mais après le charme le texte vieux de six cents ans dit aussi la menace : ce pays sans pareil, n'y touchez pas; qui s'y frotte s'y pique. C'est l'écho de la devise de Fébus : *Toque'y si gauses!* (Touche-s-y si tu l'oses!), l'affirmation d'un peuple guerrier, d'une tradition assez dissuasive pour qu'en mille ans d'histoire, à part trois mois de guerre civile, personne n'ose porter la guerre sur son sol.

Trois ensembles donc, sur environ 4 000 kilomètres carrés, les hautes vallées pyrénéennes, la plaine des gaves, gave d'Oloron et gave de Pau, et les coteaux du nord-est, pour former une principauté parmi les plus petites d'Europe, et conquérir pourtant, en sept siècles d'histoire, de l'an mil à la Révolution française, un rôle de tout premier plan sur l'échiquier européen, à égalité avec les grands royaumes d'Occident.

Dans la farouche entreprise de la conquête de leur indépendance, les seigneurs béarnais ont d'abord joué de l'éloignement de leurs suzerains. Un jeu complexe d'héritages, d'alliances et de choix politiques, leur permit, bien que vassaux en titre – et successivement des ducs de Gascogne, des rois d'Aragon et des rois d'Angleterre – de gagner une marge d'autonomie si large qu'elle allait servir de base à la première grande aventure politique, celle de Gaston Fébus.

Ce qu'a apporté au Béarn, au milieu du xIVe siècle, le flamboyant Gaston III, qui se fit appeler Fébus, parce que sa chevelure d'un blond roux le couronnait de soleil, ne peut être évoqué ici qu'allusivement. Un incroyable héros médiéval, lettré, d'une audace sans pareille à la guerre comme en politique, follement adonné à la chasse et à l'amour, sans scrupule dans la répudiation de sa femme comme dans le meurtre de son fils, accompli de sa main, mais qui le plongera dans le remords, au moins littéraire, génie militaire, génie artistique, génie financier, Gaston Fébus le démesuré est, deux cents ans avant Henri IV, la première figure légendaire du Béarn. C'est lui qui, à dix-sept années de distance,

18

refusera l'hommage au roi de France d'abord, en 1347, au Prince noir, fils du roi d'Angleterre, ensuite, en 1364, affirmant au visage de ces deux rois « qu'il ne tenait son pays de Béarn que de Dieu et de nul homme au monde », et convoquant des notaires pour que cette affirmation inouïe fût consignée pour l'éternité. C'est lui qui construira autour du Béarn un appareil de forteresses sans précédent. C'est lui qui le dotera d'une armée populaire, mobilisable à tout instant et d'une organisation administrative d'avant-garde. C'est lui qui, laissant à sa mort un trésor inouï de plus de 700 000 florins, permettra à ses descendants d'envisager une politique d'indépendance pourvue de véritables moyens financiers, réalité sans exemple à l'époque où la politique des plus grands se nourrit d'expédients.

Le miracle, né de l'histoire et sans doute aussi de la géographie, fut que cette principauté pyrénéenne, prise en tenailles entre l'impérialisme français et l'impérialisme espagnol, « un pou entre deux singes », comme dira le grand-père d'Henri IV, puisse au travers des siècles sauver et renforcer son indépendance.

Louis XI, un siècle plus tard, donnera à cette indépendance un aval irréfutable. Partout où il se rend dans son royaume, il se fait précéder par son grand écuyer portant devant lui son épée nue, symbole du pouvoir et de la justice du roi, levée vers le ciel. Mais franchissant la frontière de Béarn, il accomplit ce geste solennel, rapporté dans sa *Chronique* par Guillaume Leseur :

> « *A son entrée en Béarn, le roi fit mettre à bas son épée et dit ces paroles à son écuyer Garguessalle : " Je suis maintenant dans un pays qui est une terre d'Empire et qui ne dépend en rien de moi ; aussi, tant que je chevaucherai dans ce pays-ci, vous, grand écuyer, ne portez point mon épée, car on ne doit point le faire ici. " »*

Il ne manquait à cette indépendance que le signe irréfutable : une couronne. Les vicomtes souverains de Béarn, dotés de possessions familiales nombreuses (en réalité la plus grande partie du Sud-Ouest depuis l'alliance, au XIIIᵉ siècle avec la famille de Foix, et à la fin du XVᵉ avec la famille d'Albret), reconnus dans leur statut de pays souverain, d'Etat « distinct et séparé de la couronne de France », n'ont cessé de rêver au stade ultime de l'indépendance, le titre de rois.

Or, au sud des Pyrénées, où commence aujourd'hui l'Espagne, deux royaumes pyrénéens, l'Aragon et la Navarre, sont directement frontaliers du Béarn. L'Aragon, de l'autre côté du col du

Somport. La Navarre qui est allée jusqu'à traverser le col de Roncevaux pour installer une part de sa souveraineté sur les balcons qui dominent le pays basque français.

Le rêve de la couronne d'Aragon, longuement caressé, s'est dissous avec le mariage de Ferdinand d'Aragon et d'Isabelle la Catholique, reine de Castille. Reste la Navarre.

L'histoire du royaume de Navarre, elle aussi, vient de loin. Ses racines plongent à plus de cinq siècles, au temps de la colonisation maure, pour qui il fut à la fois un des enjeux et un des principaux obstacles. C'est dans les tumultes de la Reconquista chrétienne sur l'Islam que se constitue la Navarre, le royaume de Pampelune, au temps même où vont et viennent, au pied des Pyrénées, les vagues alternées des musulmans et des Francs qui s'efforcent de reprendre les premiers hectares de la péninsule. Peu après l'an mil, Sancho el Mayor annexe l'Aragon, la Biscaye et fait briller jusqu'en Castille et en Léon les armes de Navarre. Sa mort, et sa succession, ruinent ce premier royaume, et la Navarre devient à son tour une possession de l'Aragon.

Il faut attendre la fin du XIIᵉ siècle pour qu'elle retrouve son indépendance et une certaine capacité d'expansion. Le royaume franchit le col de Roncevaux, un des chemins favoris des pèlerins de Saint-Jacques, pour venir occuper, du côté aujourd'hui français, les vallées de la Nive, de la Bidouze et de la Joyeuse. C'est pour les Navarrais « l'au-delà des monts », l'*ultrapuertos*, qui rassemble les pays de Mixe, et de Cize, Arberoue et Ostabarret, aujourd'hui trois cantons des Pyrénées-Atlantiques, quelques arpents de prairies et de forêts, qui sont aussi un balcon sur les principautés gasconnes, toutes rattachées à la couronne de France.

Curieusement, en un temps où les conquêtes se voient reprises aussitôt qu'accomplies, la *Tierra de ultrapuertos* demeurera possession de Navarre pendant plus de trois cents ans, jusqu'au début du XVIᵉ siècle.

A la fin du XVᵉ siècle et au début du XVIᵉ, les souverains de Béarn vont, en quelques années, atteindre leur but et gagner le trône de Navarre. Mais ils perdront presque aussitôt le royaume sur lequel régnait cette dynastie, devenant des rois sans royaume, parvenus néanmoins à attacher à la principauté indépendante du Béarn le prestige d'une couronne.

Pour en revenir au début du XVᵉ siècle, on fait alors épouser à un héritier de Béarn l'infante de Navarre. Hélas! Elle meurt avant d'avoir pu mettre au monde le premier héritier souverain du Béarn et de la Navarre. On recommence quelques années plus tard, en 1434. Le prince héritier de Béarn, futur Gaston IV, épouse l'infante Eléonore. C'est, depuis Gaston Fébus, le troisième mariage, en moins de cent ans, entre un héritier de Béarn et une princesse de Navarre.

Mais, cette fois, une querelle de succession confuse mettant en péril, par l'intermédiaire de ce jeu à trois, Navarre, Aragon, Béarn, l'équilibre politique de l'Europe va offrir à la famille de Béarn l'occasion de parvenir à ses fins.

Blanche, reine de Navarre, a épousé Jean, frère du roi d'Aragon. Quand elle meurt, son mari, simple prince consort, revendique le trône et se fait appeler Jean II de Navarre.

C'est un scandale dynastique puisque Blanche et Jean ont eu trois enfants : un prince héritier légitime, don Carlos, et deux filles, Blanche et Eléonore, épouse de Gaston, vicomte souverain de Béarn. Pour honorer ses prétentions, Jean II a besoin d'appuis. Il négocie le soutien de Gaston, contre l'abandon de Saint-Jean-Pied-de-Port, véritable clé de la Navarre septentrionale, et la décision de déshériter Carlos et sa sœur au profit d'Eléonore.

Quinze ans plus tard, il devient, par la mort de son frère, roi d'Aragon. Remarié, il a un fils, Ferdinand, destiné à assurer par son mariage avec Isabelle l'unité de la monarchie ibérique. La Navarre tombe donc par logique dynastique du côté aragonais et, plus tard, espagnol.

Mais la France est aussi directement concernée par cette affaire. Eléonore et Gaston IV ont eu un fils lui aussi prénommé Gaston (c'est le troisième que nous rencontrons). Or Gaston IV joue depuis près de vingt ans un tel rôle à la cour de France qu'il a obtenu, pour son fils Gaston de Béarn, la main de Madeleine de France, sœur du jeune roi Louis XI. Leur fils, François Fébus, est donc, à la fois, l'héritier légitime de Béarn et de Navarre et le neveu du roi de France. C'est dire combien il est capital pour Louis XI d'empêcher que la Navarre, clé des Pyrénées, porte d'une invasion par le sud, ne tombe du côté de la monarchie ibérique.

Louis XI apportant tout son appui, le jeune François Fébus est couronné roi de Navarre dans la cathédrale de Pampelune, le 6 novembre 1481. Il n'a pas quinze ans. Mais, par l'intermédiaire de son sacre, c'est un effort séculaire de la famille de Béarn qui trouve son achèvement. A la tête du Béarn indépendant, il y a désormais un roi. Les cours d'Europe ont un égal, au pied des Pyrénées. La famille de Navarre et de Béarn est riche de possessions dans tout le sud-ouest de la France. Elle dispose d'un Etat de l'autre côté des Pyrénées. Elle joue un rôle majeur à la cour de France. Partie de rien, de quelques arpents de piémont, à force d'habileté politique et de volonté, elle vient d'inscrire une nouvelle étoile au firmament politique de l'Europe.

Le rêve, hélas! ne restera pas longtemps intact. Le jeune François Fébus meurt au château de Pau, à peine âgé de seize ans, le 30 janvier 1483. Il est resté roi de Navarre quinze mois. Sa sœur Catherine, qui hérite de son trône, n'est âgée que de treize ans. Elle est reconnue dame de Béarn par les Etats et reine de Navarre par les Cortès. Son mariage va devenir l'enjeu d'une lutte dynastique européenne.

Ferdinand et Isabelle voient en cette jeune fille l'occasion unique d'établir avec une amplitude inespérée la monarchie ibérique. Ils proposent, pour l'épouser, leur fils, l'infant Juan, il est vrai à peine âgé de trois ans. Louis XI, à qui il ne reste que quelques mois à vivre, combat ce projet de toutes ses forces. Il redoute plus que tout l'établissement d'une puissance unifiée au sud des Pyrénées. Ses partisans avancent, contre l'infant, le nom de Jean d'Albret, héritier de la riche famille qui possède l'immense territoire qui va des Landes à l'Agenais, du Périgord au vicomté de Limoges. Choix politique capital : c'est celui du camp français et en même temps celui qui permet de placer sous la dépendance du Béarn et de la Navarre, déjà possesseurs du comté de Foix, l'essentiel des terres de notre Aquitaine, Bordeaux et Bayonne exceptées.

Saisis des deux propositions, les Etats de Béarn méditent leur décision. Ils finissent par trancher en faveur de Jean d'Albret.

Catherine et Jean seront couronnés reine et roi de Navarre à Pampelune, dix ans plus tard, en 1594. Albret, Foix, Navarre et Béarn se trouvent réunis entre les mêmes mains. La monarchie espagnole unifiée ne peut accepter de voir un ensemble puissant à ses portes. De son côté Louis XII, tout occupé par l'entreprise italienne, reste profondément indifférent aux Pyrénées. Ferdinand a beau jeu d'utiliser l'affaiblissement du royaume de France. Le 21 juillet 1512, ses troupes envahissent Pampelune. Les souverains de Navarre perdent leur royaume.

Pendant des décennies, leur obsession sera de récupérer Pampelune et la Navarre d'autrefois. Entreprises militaires, manœuvres diplomatiques, tout sera bon à Jean, à Henri d'Albret, à Antoine de Bourbon pour tenter de repasser les monts. En 1521, les troupes du roi de France prennent bien Pampelune, mais le jeune Henri d'Albret, roi de Navarre, n'est pas associé à l'aventure qui tourne court en raison de l'extrême maladresse politique et militaire du capitaine d'Esparros, commandant les troupes. Au lieu de se présenter comme l'instrument du rétablissement de la couronne de Navarre, ce dernier fait afficher partout les armes de France, ce qui met le peuple en furie. Au lieu de fortifier Pampelune et de consolider sa garnison, il licencie les Gascons, merveilleux soldats qui ont permis le succès de l'expédition. De surcroît, il se lance à la conquête de l'Espagne. L'accumulation d'autant d'erreurs ne pouvait qu'être fatale : vaincu à Logrono, vaincu à Noain, il est obligé d'abandonner Pampelune. En quelques semaines, les Castillans et les Aragonais reprennent la Navarre espagnole. Les tractations ultérieures complexes que tenteront les d'Albret n'y changeront rien : jamais les rois de Navarre ne récupéreront Pampelune.

L'obsession, pourtant, sera toujours vive et l'amertume aussi. Dans l'adhésion du Béarn au protestantisme, il y aura, à n'en pas douter, une part de rancœur contre le soutien du pape à ces rois catholiques qui ont spolié la dynastie de Navarre.

L'histoire d'Henri IV en porte profondément la trace, lui qui est, dès sa naissance, prince de Viane : à la différence de son frère aîné disparu, il ne porte pas un nom Bourbon, mais le nom traditionnel du prince héritier du royaume de Navarre.

Reste à éclairer un aspect de l'histoire du Béarn : la surprenante vie institutionnelle de cet Etat indépendant, qui a modifié fortement les rapports sociaux, leur donnant une coloration démocratique qu'Henri IV n'oubliera jamais, au point de rappeler dans les moments les plus tendus et les plus humiliants pour lui le vieux proverbe béarnais : « *Lo biarnes qu'eï praube, mes no baxe cap.* » (Le Béarnais est pauvre, mais il ne baisse pas la tête.)

C'est du tout début de notre millénaire que viennent les droits individuels béarnais, textes fondateurs du droit de l'Etat et monuments de la conscience collective du peuple. Ces textes se nomment *fors*, for d'Oloron, for de Morlaas, du latin *forum*, place publique, le lieu de la politique et de la justice. Ce sont les équivalents béarnais des *fueros* ibériques, ces constitutions, ces règles administratives, octroyées par les rois wisigoths d'Espagne.

Le premier for du Béarn est donné par Centulle V le Jeune à la ville d'Oloron à peu près en 1080. Morlaas, alors capitale du Béarn, reçut le sien en 1117. Que disent ces textes, réédités et enrichis à différentes époques, mais jamais bouleversés dans leur substance, auxquels pendant six siècles furent constamment rattachées les libertés béarnaises ?

D'abord, et quelle que soit l'époque du texte, un préambule, qui commence toujours par cette formule-clé de l'inconscient collectif du peuple béarnais : « *Aquets son los fors de Bearn, en losquaus fe mention que antiquemens en Bearn, no have senhor.* » (Voilà les fors de Béarn, en lesquels il est fait mention de ce que, autrefois, en Béarn, il n'y avait pas de seigneur.) A cette entrée en matière est rattaché le mythe de la recherche *d'un seigneur par le peuple*, avec ses différentes étapes : le peuple essaie plusieurs prétendants au pouvoir, les renvoie ou les tue parce qu'ils ne le respectent pas, et finit par choisir, entre les deux fils jumeaux d'un seigneur catalan, celui *qui a les mains ouvertes*.

Un peuple qui choisit ses seigneurs, qui s'arroge le droit de les tuer en cas de faute, cette idée de la nature profondément républicaine du pouvoir, montant du peuple et non pas descendant vers lui, marquera constamment l'histoire du Béarn et, notamment, fondera le refus de l'hommage de Gaston Fébus aux rois de France et d'Angleterre. Elle formera durablement les relations sociales en un pays où le servage et la sujétion à la noblesse n'existeront jamais sous la forme impérieuse que nous leur connaissons ailleurs en France.

C'est aussi pourquoi la citoyenneté béarnaise ne ressemblera, dès le début de notre millénaire, à aucune autre. D'abord, par l'étendue des garanties accordées : le droit des gens s'impose d'emblée avec une force inconnue ailleurs. Cinq cents ans avant l'*habeas corpus*, toutes les garanties des libertés individuelles sont accordées aux Béarnais : interdiction d'arrestation arbitraire, inviolabilité du domicile, liberté du droit de succession, exemptions fiscales, fixation des règles du service militaire.

S'y ajoutent, lorsqu'il s'agit en particulier des fors des vallées, d'innombrables limitations aux droits du vicomte, lequel, par exemple, ne peut entrer en Aspe que sous les conditions suivantes : arrêter son cheval au ruisseau frontalier de la vallée lorsque ses deux sabots antérieurs atteignent l'eau, et avant de continuer, laisser deux otages aux Aspois.

Les fors règlent le droit. Les institutions sont en étroite correspondance avec eux. Dès Gaston Fébus qui, il est vrai, ne s'était pas trop embarrassé du respect des traditions pyrénéennes, la philosophie des fors triomphe dans la création des Etats de Béarn, qui ne sont pas seulement comme ce fut ailleurs le cas une cour de justice, mais une véritable institution démocratique, une assemblée du peuple, investie de pouvoirs très importants, en particulier dans le domaine de la nomination du souverain. Impressionnés par l'entreprise historique de Gaston Fébus, les Béarnais avaient, en effet, mal supporté son manque de respect des fors. Ils n'attendirent pas plus de huit jours après sa mort pour mettre bon ordre aux relations entre eux et leur souverain.

Dans une situation dynastique confuse, les Etats de Béarn se réunissent pour la première fois et imposent leur candidat à la succession de Gaston. Mais ce candidat devra accepter en matière de libertés populaires des conditions impératives. Les Etats deviennent les arbitres en matière de succession dynastique ; ils ont droit de regard sur la politique étrangère et sur l'ensemble des prélèvements fiscaux. Nul ne peut être reçu vicomte s'il ne prête serment de respect aux Etats et aux fors. Le droit leur est reconnu, en cas de manquement d'un vicomte, de changer de souverain. La codification – en 1391 ! –, et en langue béarnaise, donc accessible à tous, cent cinquante ans avant l'ordonnance de Villers-Cotterêts, d'un tel pouvoir, fonde un régime d'une essence profondément originale, à la vérité quasi démocratique.

Il faut y ajouter que tous les citoyens béarnais, quelle que soit leur condition, sont représentés aux Etats. Deux chambres composent l'Assemblée : le *Grand Corps* qui représente les nobles et le clergé et le *Second Corps* où siègent les délégués de toutes les communautés villageoises. Fait complètement original, en cas de désaccord sur les projets et les textes, le Second Corps possède un droit de veto absolu, au-delà même de l'arbitrage du souverain. Henri d'Albret, le grand-père d'Henri IV, devait reprendre en un code de droit moderne l'ensemble des fors et du droit des Etats, soumettant de surcroît les ordonnances des évêques à la censure du vicomte. Cette laïcisation marquait l'achèvement de la modernisation du droit local béarnais. Plus que jamais, ce droit apparaissait à ceux qui lui étaient soumis comme la charte des libertés béarnaises.

C'est pourquoi beaucoup d'historiens se tromperont lorsqu'ils chercheront à mettre la culture démocratique d'Henri IV sur le compte de son enfance parmi les paysans. Cette fraternité de jeux sera de trop courte durée pour le marquer durablement. C'est dans le caractère parfaitement original, unique même, des institutions du Béarn en cette première partie du millénaire qu'il faut chercher l'origine de cette tradition et de cette culture. Henri de Navarre descendait de la seule famille d'Europe qui devait, depuis des siècles, régner sur une république !

La naissance

Henri d'Albret, roi de Navarre, qui règne en Béarn, est donc soucieux du petit prince qui va naître. Quelques semaines après l'annonce de la disparition du frère aîné, il écrit à Jeanne :

« Ma fille, je ne vous dirai l'aise que ce m'a été d'avoir entendu la continuation de vos beaux maux, pour ce que, m'étant de si près que vous êtes, vous devez sentir tout ce que je sens bien ou mal. Et pour ce que, pour le présent, je n'ai que faire de vous réconforter de vos malheurs, je recommanderai vos passe-temps et votre petit fruit à la patience des femmes. Bien vous prie que vous gardez et que n'ayez point de peur de perdre votre place pour les derniers, car je n'aurai encore de longtemps le plaisir que j'ai de vous; mais j'aimerai bien le petit enfant... Je serai bien aise si je pouvais être sauté là où vous êtes, mais le saut est bien grand. Toutefois, si ma santé le peut porter, après avoir été aux bains, je ne faudrai (je ne manquerai) de vous aller voir. Et cependant, je vous serai votre bon père et ami, Henri. »

La naissance d'Henri sera l'occasion d'une lutte d'influence auprès de Jeanne. Antoine aurait souhaité une naissance à La Flèche, dans une possession des Bourbons. Henri d'Albret voulait une naissance à Pau : ce serait le choix de Navarre. C'est finalement l'avis du roi de Navarre qui l'emporta. Un des tout premiers chroniqueurs d'Henri IV, son précepteur Palma-Cayet, nous rapporte même que le roi aurait exercé pour arracher la décision un véritable chantage. Accusant Jeanne et Antoine d'avoir été négligents dans la surveillance de leur fils aîné, désireux de prendre directement sous son autorité la naissance et les premiers mois de l'enfant, il aurait menacé, si satisfaction ne lui était pas donnée, de se remarier pour avoir un héritier direct. C'est qu'Henri d'Albret, contrairement à l'image que la légende en a gardée, est encore jeune, puisqu'il a à peine cinquante ans.

Les époux se retrouvent à Compiègne au début du mois d'octobre. Le subterfuge du grand-père a trouvé, nous dit encore Palma-Cayet, quelque raffinement. C'est maintenant d'un testament qu'il s'agit, dont une *« grande dame »* s'est vantée de pouvoir attendre *« une grande faveur »*. L'inquiétude des époux grandit. Antoine et Jeanne prennent la décision de contenter le grand-père irascible et d'organiser l'accouchement en Béarn. Le soin qu'il convenait de prendre d'une jeune femme fort avancée dans sa grossesse, qui vient de vivre un immense chagrin, impose des

26

précautions. Le voyage, en litière mal suspendue, par les chemins heurtés de la France de l'époque, durera plus de quinze jours. C'est le 4 décembre que Jeanne atteint Pau. L'accouchement est imminent. Il aura lieu dix jours après.

Encore faut-il lever le souci de ce testament :

« Ce fut, durant ces dix jours, à tâcher de voir ce testament par tous les moyens qu'il lui fut possible : ce qu'elle obtint sans l'ouvrir. Il était dans une grosse boîte d'or, et dessus une grosse chaîne d'or qui eût pu faire vingt-cinq ou trente tours à l'entour du col. Elle la demanda ; il lui promit, disant en langage béarnais : " Elle sera tienne, mais que tu m'aies montré ce que tu portes ; et enfin que tu ne me fasses point une pleureuse ou un enfant rechigné, je te promets de te donner tout, pourvu qu'en enfantant tu chantes une chanson en béarnais, et si quand tu enfanteras j'y veux être. " Pour cet effet, il commanda à un sien valet de chambre nommé Cotin, vieux serviteur, qu'il la servît à la chambre et, à l'heure qu'elle serait en travail d'enfant, qu'il le vînt appeler à quelque heure que ce fût, même en son plus profond sommeil. »

La chambre est au premier étage de l'aile sud d'un château, déjà profondément remanié. Le château est gris et rouge. De l'ancienne forteresse de Gaston Fébus ne subsiste que le haut donjon de brique, identique à celui de toutes les forteresses dont le Flamboyant a entouré son Béarn. Les corps de bâtiment, construits de galets appareillés du gave tout proche, fermés sur la cour intérieure, ont été repris dans le goût de la Renaissance. Henri d'Albret et Marguerite de Navarre ont créé une façade sur les Pyrénées, percé de hautes fenêtres les murs jusque-là garantis par de rares meurtrières, édifié de majestueux escaliers, et surtout aménagé des jardins qui sont parmi les plus beaux d'Europe. Les vents coulis parcourent les appartements aux planchers de bois que les cheminées tiédissent à peine. Mais le temps n'est pas au confort.

C'est donc dans l'immense chambre au premier étage que Jeanne passe les derniers jours précédant la naissance. L'enfant naîtra dans la nuit du 12 au 13 décembre 1553, entre une heure et deux heures du matin. Jeanne se remet entre les mains des femmes, à la lueur du feu immense auprès duquel chauffe l'eau de l'accouchement, qui permettra tout à l'heure de laver l'enfant. Les femmes du XVIe siècle ne se couchent pas pour mettre au monde leurs enfants. Elles sont plus souvent à demi assises, jambes ouvertes, le dos et la tête abandonnés en arrière, la matrone expérimentée à leurs genoux, les ombres dansent, venues des flammes ou des lampes à huile. Tout se passe comme Henri le souhaitait :

« Les douleurs pour enfanter prirent la princesse. Au-dessus de sa chambre était celle du roi son père qui, averti par Cotin, soudain descend. Elle l'oyant (l'entendant) *commence à chanter* (un) *motet en langue béarnaise. »*

Ce cantique, entré dans la légende, nous est bien connu :

> *Nouste-Daune deù cap deù poun,*
> *Ayudad me ad aquest'hore!*
> *Pregats au Diù deù ceù*
> *Qu'em bouille biè delivra leù*
> *Que mon frut que sorte dehore.*
> *D'u maynat qu'em hassie lou doun :*
> *Tout dinqu'au haut dous mounts l'implore.*
> *Nouste-Daune deù cap doù poun,*
> *Ayudat-me ad aqueste hore!*
>
> (Notre-Dame du Bout du Pont,
> Aidez-moi à cette heure,
> Priez le Dieu du ciel,
> Qu'il accepte de venir me délivrer vite,
> Que mon fruit sorte.
> D'un garçon qu'il me fasse don :
> Tout, jusqu'en haut des monts l'implore.
> Notre-Dame du Bout du Pont,
> Aidez-moi à cette heure!)

Notre-Dame du Bout du Pont, c'était une église et une statue miraculeuse. Au pied du château, en effet, coule le gave, torrent par l'allure, rivière d'importance par la largeur et par le débit, dont les crues et les caprices sont redoutés, familier des saumons qui, la saison venue, remontent de l'Océan. Sur le gave, à quelques dizaines de mètres du château, un pont vers le faubourg voisin de Jurançon. La vierge du Bout du Pont, sans doute en raison de l'ampleur de sa taille, était réputée souveraine pour la délivrance des accouchées. Jeanne, en tout cas, nous dit Palma-Cayet, en éprouva la vertu :

« Aussi n'eut-elle pas plus tôt parachevé son motet que naquit le prince. Etant délivrée, le roi mit la chaîne d'or au cou de la prin-

cesse, et lui donna la boîte d'or où était son testament, dont toute-fois il emporta la clef, lui disant : " Voilà qui est à vous, ma fille, mais ceci est à moi ", prenant l'enfant dans sa grande robe, sans attendre qu'il fût bonnement accommodé, et l'emporta en sa chambre. »

C'est le premier prince de Béarn qui naît à Pau. Le vieux roi triomphe. Un garçon! Henri II de Navarre a encore dans l'oreille les moqueries des Espagnols au moment de la naissance de Jeanne : *« Milagro, la vaca hizò una oveja ! »* (Miracle, la vache – la vache des armes de Béarn – a fait une brebis!) Il tient sa ven-geance. Il peut aujourd'hui élever son petit-fils devant sa cour réveillée à la hâte, devant ses partisans, et proclamer sa réponse, en un cri de triomphe sauvage, en un cri de défi, dans la langue des ennemis héréditaires : *« Ahora, mire, aquesta oveja pariò un leon ! »* (Maintenant, regarde, cette brebis a accouché d'un lion!)

Autour de la naissance chacun sait ce que la légende, autant que l'histoire, a établi : le baptême béarnais prodigué par ce grand-père, jeune encore mais qui n'a plus que dix-huit mois à vivre, et qui le sent, exultant de la naissance d'un héritier. La mort du frère aîné, qu'il attribue à l'absence de soins, peut seule expliquer l'attitude du roi : contre toute coutume, il donnera lui-même, à l'enfant qui vient de naître, des soins très différents de ceux que les sages-femmes du temps prodiguent habituellement au nouveau-né. Pour laver le bébé des mucosités de la naissance, c'est de vin chaud que l'on use habituellement. La première sub-stance dont on enduit ses lèvres, c'est une eau tiède étendue de miel. La virilité de Navarre n'a que faire de ces douceurs, du moins si la chronique dit vrai :

« Ainsi vint ce petit prince au monde, sans pleurer ni crier, et la première viande (nourriture) *qu'il reçut fut de la main de son grand-père, le (...) roi Henri, qui lui bailla une pilule de la thé-riaque des gens de village, qui est une tête d'ail, dont il lui frotta ses petites lèvres, lesquelles il se fripa l'une contre l'autre, comme pour sucer; ce qu'ayant vu le roi, et prenant de là une bonne conjecture qu'il serait d'un bon naturel, il lui présenta du vin dans sa coupe; à l'odeur, ce petit prince branla la tête comme peut faire un enfant, et lors ledit seigneur roi lui dit : " Tu seras un vrai Béarnais. " »*

Ce cérémonial, qui fixa une légende – combien d'enfants béar-nais ou Bourbons ont dû à cette tradition le baptême au jurançon et à l'ail! – a été souvent commenté. Hardouin de Péréfixe pense non sans vraisemblance qu'il s'agit d'abord d'une démarche symbolique destinée à donner au futur roi de France « un tempérament plus mâle et plus vigoureux ». D'autres évoquent une coutume béarnaise plus ancienne, qu'aucun témoignage n'atteste. Les derniers y voient une mesure prophylactique, l'ail représentant aux yeux des Gascons, si l'on en croit Montaigne, le médicament universel, panacée à toutes les contagions, antidote à tous les poisons. On pensait à peu près de même du vin, dont on se servait, nous venons de le voir, comme antiseptique après la naissance, et dont on imaginait qu'il purifiait l'eau.

Mais la légende y a vu davantage : une sorte de baptême laïque et épicurien, à l'image de celui que Rabelais avait imaginé pour Gargantua, le premier élément biographique dans la construction d'une image : après la race épuisée des Valois, s'enracine en Béarn une race nouvelle dont la vitalité éclate aux yeux de tous dès sa naissance, par la simplicité de sa coutume et sa bonhomie :

« *Tous ces propos soient dits avec la révérence due à Leurs Majestés ; mais c'est aussi pour montrer que les Princes ont des affections semblables aux autres, et néanmoins qui importent principalement quand il y va de l'intérêt de leurs Etats.* »

Autre élément de légende : Henri eut, on le sait, pour berceau une écaille de tortue, que le château conserve comme une précieuse relique, non sans avoir conçu à son égard, pendant des décennies, comme une ironie narquoise. C'était, croyait-on, un bon moyen de nourrir l'appétit de folklore des visiteurs du lieu, fort nombreux, que de leur présenter un objet, faux sans doute, mais propre à entraîner leur imagination. Il fallut des travaux récents pour établir que l'objet, dans le goût des *curiosités* de l'époque, était bien authentique et que les révolutionnaires, le 1er mai 1793, n'avaient brûlé en place publique qu'une copie.

Le baptême chrétien eut lieu le 6 mars 1554. Ce fut l'occasion pour Henri II d'organiser une cérémonie fastueuse, en tout cas aux yeux du Béarn du XVIe siècle. La salle du trône de Béarn, au premier étage du château, accueillit ce jour-là toute la noblesse béarnaise. Les parrains, ceux qui, interrogés par l'évêque, annonçaient les noms de l'enfant, étaient deux rois. Le grand-père, roi de Navarre, et le roi de France, représenté par l'oncle du petit prince, le frère d'Antoine, Charles de Bourbon, cardinal de Vendôme. La marraine était la sœur d'Henri d'Albret, Isabeau, dame de Rohan. La salle était illuminée d'un immense buisson de cierges, plus de deux cents kilos de cire. Le peuple béarnais se pressait dans la cour et l'on alluma, à la fin de la cérémonie religieuse, un immense feu de joie dans les jardins. De loin en loin, de coteau en coteau, on voyait d'autres feux s'allumer dans la nuit du printemps béarnais. Chaque communauté villageoise, qui n'avait pas eu une telle occasion depuis des décennies, célébra ainsi dans une même ferveur celui qu'ils nommeraient plus tard « *Noste Henric* ».

On voit que, de la naissance au baptême, la lutte d'influence entre Bourbon et Navarre se trouve tranchée : l'événement souligne la prééminence et le triomphe du grand-père. Le père est presque effacé. C'est la dynastie de Navarre et de Béarn qui a trouvé son héritier, bien plus qu'un Bourbon qui vient de naître. La situation est ainsi bien différente de la naissance du premier Henri, né dans un château Bourbon, baptisé et élevé chez eux. Jeanne est revenue à sa lignée et à son père. Et c'est ce prince de la Renaissance qui va dominer de sa personnalité les premiers pas du futur roi de France.

Prince providentiel, destiné par les siens à sauver la liberté et la substance même d'un Etat pyrénéen libre, toujours en butte aux pressions de l'Espagne et de la France, petit frère survivant d'un aîné mort au moment où il allait naître, enjeu d'un conflit silencieux entre deux traditions familiales et bientôt d'une haine brûlante entre son père et sa mère, les raisons ne manquaient pas pour qu'Henri ne se sentît point tout à fait comme les autres. Investi, au moment même de sa naissance, de missions providentielles, après une mise en scène de son arrivée dans le monde, dont le but était de confirmer aux yeux de tous la réalité de la mission politique de l'enfant pour relever la maison de Navarre, Henri, affectivement et politiquement était, pour tous les siens, la dernière chance. Le destin bien entendu en déciderait autrement : ses conquêtes s'offriraient au nord et non pas au sud des Pyrénées et c'est par le sang Bourbon que ce Navarre serait amené à régner sur l'immense royaume de France. Mais qui sait quels traits de la sensibilité de l'enfant, distance narquoise par rapport à l'événement, faim de vivre et de vivre libre, goût de la proximité qui se moque de toutes les étiquettes de cour, furent reçus de cette renaissance pyrénéenne dont il recueillait l'héritage en entrant dans le monde.

Chapitre 2

L'ENFANCE DÉCHIRÉE

Pour Henri de Navarre, l'enfance durera neuf ans. Il connaîtra les étapes ordinaires de la vie d'un bébé, puis d'un enfant du XVIᵉ siècle ; celles moins ordinaires de l'héritier d'une famille souveraine, en pays de liberté ; et puis, très vite, il se trouvera livré au cyclone de la guerre politique, de l'affrontement religieux, de la haine amoureuse et l'objet d'un déchaînement de violences publiques et privées que nul n'aurait soupçonnées, et après lequel rien, pour lui, ne sera plus jamais pareil.

Les enfances d'un roi

A la fin des années 1500, les bébés sont ligotés, pour leur bien. Cela durera d'ailleurs au moins deux siècles et dans la campagne pyrénéenne jusqu'au XIXᵉ siècle. Il faudra attendre Rousseau et son *Emile* pour que l'on commence à théoriser les bienfaits des corps en liberté. Jusque-là, on professe que, pour que les corps soient droits, il convient de les former au moule des bandelettes étroitement serrées, les jambes liées l'une à l'autre et les bras immobilisés le long du buste. Aucun mouvement n'est permis durant la première année et pour plus de sécurité le bébé est attaché au berceau. Cette momie n'est pas facile à constituer, ce qui fait que l'enfant n'est quasiment pas changé : une fois par jour, en général. Ne professe-t-on pas que la crasse protège, que l'urine est bienfaisante ? L'on interdit ainsi de nettoyer le crâne de l'enfant des croûtes qui s'y forment, car la fontanelle pourrait s'en trouver menacée, de même que pour fortifier les ongles, on évite de les couper avant dix-huit mois ou deux ans. Si le bébé attrape des poux, on prend bien soin, à l'épouillage, d'en épargner quelques-uns, puisqu'ils « mangent le mauvais sang ».

Dans le cas des fils de famille noble, il convient d'ajouter aux risques d'une si épouvantable hygiène les nécessités de l'allaitement par nourrice, la mère n'imaginant pas de s'acquitter elle-même de ce rôle. Le cas d'Henri est extraordinaire : une maladie contagieuse s'étant déclarée au cours de cet hiver, il ne fallut, en effet, pas moins de huit nourrices successives (nous connaissons les noms de sept d'entre elles), la dernière étant la femme d'un laboureur de Billère, un faubourg de Pau, Jeanne Lafourcade, épouse de Jean de Lassansaa, dont la maison existe encore aujourd'hui.

S'il a survécu à ces épreuves, le bébé est libéré, autour de l'âge de dix-huit mois, et revêtu d'une robe, parfois soutenue (pas trop de liberté!) par un corset de baleines. Un cadre de bois à roulettes permet à l'enfant, comme un *youpala* d'aujourd'hui, de se familiariser avec la station debout et les premiers mouvements des jambes et des bras, jusque-là strictement interdits.

A l'entrée de l'âge de la robe, Henri est demeuré seul en Béarn avec son grand-père malade qui traverse les derniers mois de sa vie. Antoine et Jeanne, à nouveau enceinte, sont repartis vers le nord. La décision est prise de confier l'enfant à une famille béarnaise, les Miossens, qui vivent à quinze kilomètres au sud de Pau, à Coarraze. Le père est de la famille d'Albret, et lieutenant général du roi de Navarre, et la mère Suzanne de Bourbon-Busset.

La légende d'Henri IV se servira beaucoup de ce séjour à Coarraze pour illustrer le thème du roi populaire. Henri aurait vécu toute son enfance au milieu des bergers dans un bourg de montagne, sautant de rocher en rocher à la poursuite des isards, les bouquetins des Pyrénées. Dès les premiers chroniqueurs, cette image est fixée, comme une exigence du grand-père, méfiant à l'égard des douceurs enfiévrées et maléfiques de la cour de France :

« *Là où ce prince fut élevé et nourri dignement en prince, mais en sorte qu'il était duit* (conduit) *au labeur et mangeait souvent du pain commun, le grand-père le voulant ainsi, afin que de jeunesse il s'apprît à la nécessité. Tant que vécut le bon roi Henri d'Albret, il ne voulut que son petit-fils fût mignardé délicatement et a été vu à la mode du pays parmi les autres enfants du village, quelquefois pieds descaux et nu-tête, tant en hiver qu'en été, qui est une des causes pour lesquelles les Béarnais sont robustes et agiles singulièrement.* » (Palma-Cayet, *Chronologie novénaire*.)

A la suite de Palma-Cayet, les chroniqueurs successifs et la légende locale s'en sont donné à cœur joie. C'est à Coarraze que, durant de longues années, Henri aurait appris le peuple, sa noblesse et sa familiarité, et cueilli les premiers baisers des jeunes filles brunes, en les portant d'un pied sûr d'une rive à l'autre du gave qui danse sur les galets.

La géographie, pas plus que la chronologie ne permettent, hélas! d'accorder à ce conte trop de crédit. Coarraze n'est pas en montagne, mais un des plus beaux villages de la plaine du gave de Pau. Le château initial, dont ne subsiste qu'une tour, flanquée aujourd'hui d'une belle demeure XVIIIe, domine la plaine de quelques mètres seulement. Il n'y a point là de rochers escarpés, mais la douceur la plus champêtre. Le premier séjour d'Henri de Navarre à Coarraze, pour important qu'il ait été pour la plus petite enfance du futur souverain, n'a pas duré plus de dix-huit mois. Il s'achève alors qu'Henri n'a pas deux ans, âge qui ne laisse guère le loisir de chasser l'isard à la course et de séduire les premières bergères! Reviendra-t-il à Coarraze? Sans doute. Même si nous n'avons pas de preuve de séjours ultérieurs, nous savons qu'à l'âge de cinq ans il fut à nouveau confié à la tutelle de Suzanne de Bourbon-Busset. En tout état de cause, ses séjours n'auront pu être qu'épisodiques, et l'empreinte de Coarraze sur sa vie appartiendra à la légende ou aux mythes de la très jeune enfance.

Henri d'Albret meurt en effet le 24 mai 1555. Jeanne est couronnée reine de Navarre et Antoine, « seigneur de sa femme », devient roi. Il convient que le jeune prince fasse l'apprentissage de ses premières obligations dynastiques. A la fin du mois de juin 1556 (à deux ans et demi), il est nommé capitaine d'une compagnie de cinquante hommes d'armes. En novembre, c'est le premier voyage à la cour de France. Le couple royal profite de ce voyage pour reprendre contact avec une partie des possessions familiales. On est à Limoges pour Noël, à Vendôme à la fin janvier. Le 12 février, le petit prince est présenté à la cour. On est peut-être à Amiens. La famille s'avance vers le roi de France, Henri II.

« Sitôt que le roi Henri l'eut vu, si éveillé et si gentil, il le prit et le baisa puis lui demanda : " Voulez-vous être mon fils ? " Mais le petit prince lui répondit (montrant Antoine) *: " Ed que es lo pay "* (c'est lui qui est mon père). *Le roi très chrétien, prenant plaisir à la naïveté de la réponse, lui demanda encore : " Eh bien, voulez-vous être mon gendre ? " Il regarda son père, et puis lui répondit :*

« *o bè* » (oui, je veux bien). *Depuis aussi les deux rois se promirent que leurs enfants étant venus en âge, ledit sieur prince épouserait madame Marguerite de France, plus âgée que lui d'environ six mois.* » (Palma-Cayet, *Chronologie novénaire.*)

Sourire d'un moment de détente? En aucune manière. Quelques jours après, Antoine de Bourbon tient cette annonce pour si assurée qu'il en confirme l'annonce à la duchesse de Guise :

« *Et sous cette apparence encore que j'estime que vous soyez assez avertie de l'honneur qu'il a plu au roi de me faire ayant agréable le mariage de madame Marguerite sa fille avec mon fils aîné, je m'en réjouirai avec vous aussi par cette lettre m'assurant que ne peut advenir tant d'heur et de bien à ma maison qui est la vôtre même que vous n'en receviez autant ou plus de contentement et plaisir que je saurais faire.* »

Henri a trois ans, une part de son destin vient de se sceller.

En attendant, la famille reprend la route de Pau, où la présence des souverains est attestée en octobre. Ce sera pour une courte période, puisque dès l'hiver suivant, Antoine et Jeanne songent à défendre leur place à la cour qu'ils regagnent, sans leur fils. L'enfant Henri est nommé régent, sous la tutelle de sa gouvernante et d'un conseil composé du sire de Miossens et de Louis d'Albret.

C'est à ce titre qu'il préside en août puis en septembre l'assemblée des Etats, petit bonhomme juché sur la cathèdre solennelle entouré, camail pourpre à sa droite et violet à sa gauche, du cardinal d'Armagnac et de l'évêque d'Oloron. Il signe ses premiers documents officiels, comme une lettre aux habitants de la vallée d'Ossau.

L'année suivante il fera, croit-on, partie du cortège, conduit par son père, qui accompagnera Elisabeth de France jusqu'à la frontière de Roncevaux, en plein hiver pyrénéen, dans l'inconfort des neiges et des glaces, à la rencontre de son destin de reine d'Espagne que le roi Philippe II a épousée par procuration six mois plus tôt, mais qu'il n'a pas daigné venir chercher lui-même.

Nous sommes le 1er janvier 1560. La vie du royaume de France et la vie d'Henri basculent de concert. Le 30 juin de l'année précédente, Henri II a été blessé à mort dans le tournoi des noces d'Elisabeth avec Philippe II. La lance brisée de Montgomery entrée sous la visière plonge la France dans le temps le plus incertain de son histoire. Commence l'ère des rois faibles et de la puissante, de l'intraitable tristesse de Catherine de Médicis. Les guerres de religion vont pouvoir flamber. Au bout de ce chemin, il y a le changement de dynastie et le trône de France pour l'enfant béarnais. Mais il ne sera pas épargné. Les déchirements de la guerre n'affectent pas que les combattants. Dans ces haines, il arrive que des enfants aussi se trouvent broyés. Tout est en marche, même si nul ne le sait, dans la vie d'Henri, comme tout est en marche dans l'histoire de France.

Jeanne et Antoine

Henri, Jeanne et Antoine. Transmission mystérieuse qui n'est pas seulement celle de la vie, mais celle des angoisses sourdes et des débats intérieurs autour desquels la vie, comme un lierre, monte et s'organise.

Jeanne d'Albret est un personnage fascinant, souvent négligé ou caricaturé par une histoire assez peu féministe, et encore moins favorable au calvinisme féminin.

Jeanne, c'est l'histoire d'une passion, violente en même temps que contenue. S'il faut remonter ce fleuve jusqu'à ses sources, c'est à Marguerite d'Angoulême sa mère et Henri II d'Albret que nous sommes conduits, deux personnages d'exception. Le père, nous l'avons vu, est un grand seigneur indépendant de la Renaissance, grand au royaume de France et roi chez lui, chef d'Etat à la volonté puissante, habité par la question dynastique et profondément réformateur.

Henri II a récrit les fors de Béarn, codifié la constitution de ses Etats, appelé auprès de lui, à Pau, des imprimeurs et des intellectuels, construit une administration. Il a constamment essayé de jouer son jeu dans la politique européenne, toujours avec l'idée de reconstruire le royaume de Navarre, de faire renaître l'entité pyrénéenne. Il n'a jamais oublié qu'il était né en Navarre espagnole ni renoncé à la querelle personnelle – c'est une forme d'intimité – qu'il entretenait avec les Espagnols. En même temps, un des plus proches du roi François Ier, qu'il accompagne pendant les guerres d'Italie, vainqueur avec lui à Marignan, prisonnier avec lui à Pavie, mais saisissant la bonne fortune d'une évasion avant d'avoir à acquitter la rançon démesurée dont seront frappés ses compagnons d'infortune.

François Ier sorti de sa prison italienne donnera à son ami le roi de Navarre le plus précieux de ses biens, un des caractères les plus forts et les plus originaux du siècle, sa sœur aînée, unique et chérie, Marguerite d'Angoulême, devenue veuve du duc d'Alençon. Elle a onze ans de plus que lui, trente-cinq contre vingt-quatre. Pour tous les intellectuels d'Occident elle est « la Marguerite des Marguerites », femme de lettres, de culture, de philosophie. Si l'on y songe, il n'est aucun des princes français de notre histoire dont l'œuvre soit aujourd'hui inscrite au programme de nos études littéraires. Sauf une, l'*Heptaméron*. Hymne à l'amour sous toutes ses formes, du plus éthéré, du plus religieux, au plus criminel et au plus scatologique, ce recueil de contes est écrit quelque vingt ans après son second mariage. Marguerite de Navarre, éprise d'absolu, a été fascinée, pendant tout le temps de sa formation intellectuelle, par l'expérience spirituelle et la réflexion mystique. Elle appelle auprès d'elle ce que l'Europe compte de plus prestigieux comme théologiens, évangélistes, et écrivains. Au premier rang d'entre eux, Clément Marot, secrétaire de la reine de Navarre et Pierre de Ronsard qui écrira les plus beaux poèmes de son deuil.

Le chemin de la vie est douloureux pour Marguerite. Le premier mariage avait été sans joie. Le second ne sera pas plus heureux. Elle est, dans les premiers mois, très éprise de son si jeune mari. Mais elle constate vite le chapelet de ses infidélités. Elle est plus tourmentée encore. Mère d'une fillette dès sa première année de mariage, elle attend vainement le garçon qu'elle doit à Henri. Tout au long de sa vie conjugale, Marguerite sera obsédée par l'idée de donner un héritier à la couronne de Navarre. Jusqu'à plus de cinquante ans, elle vivra au rythme des grossesses espérées, jamais conduites à leur terme, habitées par le doute. Ecoutons-la, par exemple, confier son obsession à son frère adoré, François Ier, le 1er mars 1543 – elle a cinquante et un ans! :

« *Quant à mon ventre, il ne faut* (manque) *point de grossir, et ne puis vous celer que je ne sente bouger chose qui a vie. Je ne l'ai senti sous la main qu'un matin; ni jamais je ne le sens bien fort au repos; mais quand j'ai faim et que je me promène, il ne faut point de grossir. Il est vrai que les maux que j'ai eus tous les mois avecques fièvre me rendent si faible que je suis quelquefois huit jours sans le sentir... Mais depuis quatre jours a bien enforci son bougement. J'avais délibéré ne vous écrire rien que quelque autre ne l'ait senti bouger sous la main; mais si cettui-ci fait comme les autres, je demeurerais trop longtemps.* » (Raymond Ritter, *Les Solitudes de Marguerite de Navarre.*)

...et révéler son inquiétude à son mari quelques jours après :

« Je ne puis entendre qu'un enfant de Gascogne fût si endormi que ce que j'ai dedans. Si est-ce, Monseigneur, que depuis que je suis en ce lieu, je l'ai senti bouger presque tous les jours, mais c'est bien faiblement. J'ai bien eu d'autres enfants qui étaient deux mois sans bouger, mais ce ne sont pas ceux qui ont vécu; combien que ma fille était si faible que jamais femme ne la sentit sous la main. Par quoi, Monseigneur, je me garde le mieux que je puis sous cette doute, et n'y mets point tant mon espérance que le contraire me sût donner peine. » (Raymond Ritter.)

Obsession de la maternité, toujours déçue : celle-là, comme la plupart des précédentes grossesses, s'acheva par une fausse-couche. Henri d'Albret et Marguerite n'eurent qu'un seul enfant vivant, Jeanne, dont la santé fragile et le caractère entier durent tant à sa mère.

Les déceptions de Marguerite ne s'arrêtèrent pas à sa vie de femme. Elle fut profondément attristée de ne point conserver, auprès de son frère, le rôle d'inspiratrice passionnée qu'elle avait pu un moment espérer. Il est vrai que François Ier l'aimait, mais cette amitié fraternelle n'avait rien de la passion exclusive et ombrageuse que Marguerite avait formée pour son jeune frère. Elle ne put ignorer longtemps les aventures de son deuxième mari, et, incapable de lui donner un fils, elle se sentait mal placée pour les lui reprocher. Souffrance multipliée. Elle fut incapable de peser assez, malgré ses efforts, sur les décisions de son royal frère pour le convaincre de seconder le rêve de reconquête de la Navarre par les armes ou, au moins, par le mariage de sa fille. Elle dut enfin endurer la vie de ces provinces lointaines du Sud-Ouest, à plusieurs dizaines de jours de marche de Paris, loin de la cour brillante qu'elle aimait.

Marguerite n'eut alors qu'un recours : elle aiguisa son esprit. *Ubi spiritus, ibi libertas. « Où est l'esprit est la liberté »* faisait-elle broder à la suite de saint Paul sur les dernières tapisseries de sa vie. *« Désespérer, c'est le pire »*, affirmait-elle aussi. Pour ne pas désespérer, il lui restait la foi, la philosophie, les écrivains du temps, son œuvre.

C'est à elle que Rabelais dédia son *Tiers Livre* :

Esprit abstrait, ravi et extatic,
Qui fréquentant les cieux, ton origine,
As délaissé ton hôte et domestic,
Ton corps concords, qui tant se morigine
A tes édits en vie pérégrine.
Sans sentiment et comme en apathie,
Voudrais-tu point faire quelque sortie
De ton manoir divin, perpétuel,
Et çà-bas voir une tierce partie
Des faits joyeux du bon Pantagruel?

D'elle encore, voilà ce que dit, devant le Sénat de Venise, Matteo Dandolo au cours du compte rendu de son ambassade à la cour de France :

« *Elle a cinquante ans. Elle est de complexion délicate, de sorte qu'elle ne semble pas devoir vivre longtemps. Toutefois, comme elle observe une grande modération dans sa façon de vivre et qu'elle est d'esprit très raisonnable, il se pourrait qu'elle atteigne un âge avancé. Je crois qu'elle est la plus savante, je ne dis pas parmi les femmes de France, mais peut-être encore parmi les hommes. Comme je ne puis douter que Votre Sérénité n'en soit amplement instruite, je ne m'étendrai pas davantage sur ce point. J'affirme cependant qu'en ce qui touche les affaires d'Etat, je ne pense pas qu'il puisse y avoir propos plus pertinents que les siens. Pour ce qui est de la doctrine chrétienne, elle y fait preuve de tant d'intelligence et de savoir que j'estime que peu de gens sont capables d'en parler mieux... Elle est éloquentissime.* » (Raymond Ritter.)

Pour ne pas désespérer, il lui reste enfin sa fille.

Jeanne est née en 1528, la première année du mariage de ses parents. Deux traits dominent son enfance, la solitude et la complicité intellectuelle avec sa mère.

C'est probablement pour ménager sa santé que l'enfance de Jeanne est confinée au château de Plessis-lès-Tours. Malgré son âge relativement avancé pour l'époque, trente-six ans, sa mère suit en tous lieux son jeune époux et ses vingt-cinq ans. Jeanne est fragile, atteinte très tôt par la tuberculose qui multiplie ses ravages en ce début de XVIe siècle. Elle est frappée d'eczémas, de jaunisses. Dès son enfance, elle connaîtra la toux, l'étouffement du sang et les vomissements, les douleurs de ventre. Très jeune adolescente, on lui découvre au cou ces abcès suppurants, tuberculeux, que l'on nomme à l'époque écrouelles. Surtout, malgré la présence de sa nourrice, la baillive de Caen, elle souffre, sensibilité exacerbée, de la constante absence de ses parents. Plus tard, elle refusera de se séparer, quels que soient ses voyages, de sa fille, la petite Catherine.

Pour retrouver sa mère et partager quelque chose avec elle, elle entreprend de parcourir le même chemin intellectuel. Il est vrai qu'elle peut facilement y être aidée. Clément Marot accompagne sa mère lorsqu'elle vient lui rendre visite! Elle a neuf ans lorsque le virtuose l'aide à mettre en vers l'épître suivante à sa cousine, petite sœur du roi Henri II :

> *Voyant que la reine ma mère*
> *Trouve à présent la rime amère,*
> *Madame, m'est pris fantaisie*
> *De vous montrer qu'en poésie*
> *Sa fille suis. Arrière prose*
> *Puisque rimer maintenant j'ose.*

(Yves Cazaux, « Jeanne d'Albret et Henri de Navarre », in *Revue de Pau et du Béarn*.)

Jeanne a treize ans lorsque ses parents se trouvent forcés par François Ier à ménager pour l'enfant un mariage politique. Le roi a besoin contre l'empereur d'une alliance allemande. Il choisit donc de marier sa nièce avec le duc de Clèves. C'est choquer violemment la volonté de ses parents qui rêvent pour Jeanne soit du dauphin de France, soit de l'infant d'Espagne. C'est choquer aussi la sensibilité de leur fille qui crie à François Ier venu lui rendre visite : « *Je me jetterai dans un puits plutôt que d'épouser le duc de Clèves.* » François Ier est fou de rage. Il est déterminé à passer outre et ne va pas laisser compromettre sa politique par une morveuse et ses parents qui lui doivent tout. La situation est d'autant plus critique que Marguerite de Navarre ajoute à sa tuberculose chronique et à ses cinquante ans une grave hémiplégie. On finit par s'accorder sur une stratégie : on célèbrera le mariage; le gain politique sera ainsi acquis. Mais, tirant argument de l'âge de la « mariée », on refusera consommation et vie commune et on accumulera les éléments d'une éventuelle annulation. On multiplie donc les apparences de contrainte. Sa nourrice la fouette pour « forcer » sa volonté; on lui fait signer devant notaire une protestation contre la violence qui lui est faite; on va même jusqu'à la traîner à l'autel où, s'étouffant de sanglots, elle prend bien soin de ne pas prononcer le « oui » sacramentel.

En guise de « nuit de noces », on constatera seulement que les deux « époux » sont entrés dans le même lit et que le duc de Clèves, en signe de possession, a placé sa jambe entre celles de l'adolescente. Cela suffira, la volonté du roi aura été faite, et qui vivra verra.

On vit, en effet. Le mariage avec le duc de Clèves fut annulé sans autre difficulté à la demande des deux époux par le pape Paul III en 1545.

Les historiens ont pendant longtemps pris très au sérieux la violence faite à Jeanne. Les arguments, développés par Raymond Ritter et Yves Cazaux, en faveur de la complicité des parents et de l'enfant, peut-être de François Ier lui-même, dans ce simulacre paraissent fort convaincants. Il demeure que sur la sensibilité toujours exacerbée d'une petite fille la succession de ces événements et le déchaînement de ces passions ne purent être que fort troublants.

Le temps passe. Jeanne a quitté Plessis. Le roi François Ier est mort. Henri II avise son oncle et sa tante qu'il a décidé de donner Jeanne à un prince du sang, Antoine de Bourbon. Pour l'ambition des rois de Navarre, pour celle de Marguerite surtout, épouse et sœur de roi, c'est un parti négligeable. En effet, le projet a mûri de faire épouser à Jeanne rien moins que l'infant d'Espagne, don Felipe, en échange – toujours! – de la restitution de la Navarre espagnole. Ils tergiversent donc. Mais, cette fois, Jeanne ne sera pas complice : elle est bel et bien amoureuse du beau cavalier. Elle est devenue absolument indifférente aux pressions de ses parents, qui de surcroît sont pris dans une de ces mésententes conjugales complexes et raffinées, nourries de jalousie et de vieille incompréhension.

Le fiancé qu'Henri II donne à Jeanne d'Albret est, nous l'avons vu, de lignée prestigieuse, même si la proximité avec la dynastie régnante est moins grande que celle de Jeanne. Pourtant la loi salique fait de lui le premier prince du sang, puisque l'épuisement des Valois fait pressentir le terme de la branche aînée de la maison de France. Chef de la maison cadette, il n'est plus séparé du trône que par les trois fils d'Henri II et de Catherine de Médicis, qui vont régner successivement, et successivement disparaître dans le quart de siècle à venir. Ses biens ne sont pas minces puisqu'il apporte à la communauté navarraise le duché de Vendôme, le comté de Marle et des terres dans le nord de la France et des Pays-Bas, ainsi que Condé et la Fère-en-Brie offerts par le cardinal de Bourbon. Au physique, c'est un cavalier, grand, robuste, habitué aux combats, portant barbe taillée. Il est un des arbitres des élégances de la cour, où il a contribué à introduire l'usage des bagues et des boucles d'oreille pour les hommes.

Au moral, c'est un personnage controversé. Extrêmement courageux au combat, « *brave et vaillant*, dit Brantôme, *car de cette race de Bourbon il n'y en a point d'autre* »; « *le plus estimé homme de guerre qu'il y ait en France* », note Albuquerque. En même temps, il est d'une crédulité qui frise le ridicule et sera si constamment manipulé, changera d'avis si souvent, notamment en matière religieuse, qu'on le surnommera « l'échangeur ». C'est un caractère faible et d'une grande fragilité psychique. Ce n'est pas seulement vrai avec les femmes, pour lesquelles il montre un grand appétit. Mais il se révélera aussi, par exemple, kleptomane :

« *J'ai appris de ses serviteurs domestiques*, notera l'historiographe Dupleix, *qu'il avait une seule mauvaise habitude, laquelle semblait procéder de quelque influence de Mercure. C'est qu'il ne pouvait s'empêcher de dérober quelque petite chose partout où il allait ; de sorte que les siens visitaient le soir les pochettes de ses chausses après qu'il était couché, et prenaient ce qu'ils y trouvaient : lui-même, le plus souvent, leur commandant de ce faire et leur nommant ceux à qui ces chosettes appartenaient, afin de les leur rendre.* »

Jeanne, à vingt ans, ne voit pourtant que le beau cavalier, auréolé de gloire militaire. Il est vrai qu'il a commandé des hommes au combat dès l'âge de dix-sept ans. Il a dix-huit ans lorsque son père meurt. Il devient duc de Vendôme et gouverneur de Picardie. Entre vingt et trente ans, on lui confie des commandements très importants au cours des campagnes de Piémont, de Picardie, d'Artois, de Hainaut, de Sambre.

Le grand capitaine est lui aussi frappé par la beauté grave de la princesse de Navarre, sa grâce fragile, la force du caractère qui l'anime. Henri II est leur garant, le principal acteur de ces noces. Henri d'Albret, lui-même, se laisse fléchir.

Le mariage est une fête. L'amour physique aussi, et la danse. Jeanne rit comme elle ne rira plus jamais. « *On ne vit jamais mariée plus joyeuse que celle-ci et ne fit jamais que rire.* »

En quelques mois, cette joie est communicative. Entre les deux époux, c'est une idylle romantique et presque moderne : mots doux échangés, escapades amoureuses, permissions volées.

Marguerite, dont la vie s'achève, est bientôt séduite. Pour l'amour de Jeanne, elle oublie en quelques mois toutes ses réserves, et associe Antoine à cet amour :

Si elle vous aime, elle fait son devoir,
Et je m'accorde à son heureuse allée.
En vous voyant, demourra consolée,
Car rien que vous ne la peut secourir.
De jour en jour nous la voyons périr,
Qui du départ m'a fait croître l'envie,
Puisque sans vous, mon fils, elle est sans vie.
Soyez-lui donc vie et contentement,
Tant que l'amour soit si également
En vos deux cœurs pour jamais n'en partir.
Qu'un seul vouloir, un penser, un partir
Soit de vous deux, sans séparation ;
En cela gît ma consolation.
Et puis amour en vos cœurs triomphant
Par le doux fruit d'un tout petit enfant
Vous consolant, tous nous consolera ;
Dont à mon Dieu ma bouche parlera
En chant plaisant immortelle louange,
Et ma tristesse en plaisir fera change.
Doncques, mon fils, que j'aime si très fort
Que plus ne puis, au moins avant ma mort,
Avecques moi suppliez ce bon Dieu
Que mère-grand par vous sois en ce lieu.
(Raymond Ritter, *Les Solitudes de Marguerite de Navarre*.)

Antoine de Bourbon participe à cette euphorie. « *On ne nous mettra jamais du nombre des mauvais maris...* », écrit-il au duc d'Aumale en ces premières semaines de mariage.

Marguerite ne sera pas exaucée. Elle s'éteint trois ans avant la naissance du premier Henri, quatre ans presque jour pour jour avant celle du futur Henri IV.

L'année qui suivra cette seconde naissance sera la première de la longue crise personnelle et religieuse qui opposera Jeanne et Antoine, en un déchaînement de passion, d'abord retenue, puis explosive. La première année du long chemin de désillusion que devra parcourir Jeanne.

En 1554 – Henri a un an –, la liaison d'Antoine avec l'une des filles d'honneur de Catherine de Médicis, Louise de la Béraudière, surnommée « la belle Rouet », devient publique. En effet, la maîtresse accouche d'un fils, le futur cardinal Charles de Bourbon qui sera toute sa vie un véritable frère pour Henri et mourra de chagrin un mois après son assassinat.

Sans doute Jeanne avait-elle conçu des doutes plus tôt. On le devine sans peine à lire les dénégations d'Antoine dans une lettre qui date de l'été précédent :

« *Quant au premier* (point de la lettre de Jeanne), *je vous puis assurer, ma mie, que vous ne fûtes jamais mieux en ma bonne grâce ni si bien que vous êtes à présent, et crois que continuant ce que vous faites, que toujours elle augmentera ; pour le second point, je vous dirai que ne me portai jamais mieux... Quant à la tierce, je n'ai offensé ni Dieu ni vous et n'ai volonté d'y commencer. Je vais tous les jours sur chevaux qui trottent et m'en trouve bien, parquoi n'ai envie ni besoin de haquenée...* »

Avec la naissance de l'enfant de Louise, les dénégations ne sont plus de saison. Le mariage pourtant connaîtra quelques répits. Antoine et Jeanne se retrouveront en Béarn et des lettres affectueuses seront de nouveau échangées :

« *Ma mie, j'espère vous voir bientôt si vous êtes si gaillarde que m'écrivez. Quant à nous, nous faisons bonne chère depuis le matin jusques au soir, à cheval, avec tous les plaisirs de volerie qui se peuvent souhaiter. Mais cela ne me contente tant que me fait le plaisir d'être couché chaudement auprès de vous, qui sera, s'il plaît à Dieu, samedi.* »

Le doute, le sentiment d'abandon qui est celui de Jeanne d'Albret, après son enfance solitaire, et l'intermède de quelques années heureuses, est rendu plus douloureux par les drames familiaux qu'elle traverse.

Jeanne connaît, en effet, le chagrin de perdre deux autres de ses enfants. Le 26 avril 1556, c'est une petite fille, Madeleine, qui meurt à l'âge de quinze jours. L'année suivante, c'est le petit frère d'Henri, Louis-Charles, âgé de deux ans, qui disparaît dans des circonstances tragiques :

« *Comme ce prince était très beau, désiré d'être tenu d'un chacun, un gentilhomme et la nourrice se le baillèrent plusieurs fois de l'un à l'autre par le dehors de la croisée, quelquefois feignant de le prendre, ce qui fut cause du grand malheur qui arriva ; car le gentilhomme feignant de le prendre et ne le prenant de fait, la nourrice, s'attendant qu'il le prît, lâcha prise, et le petit prince comte de Marle tomba en bas sur le perron où il se froissa une côte. Le gentilhomme saute aussitôt de la fenêtre en bas, car c'était du premier étage et, relevant le prince, il le reporte à la nourrice toute éplorée, qui l'apaisa du mieux qu'elle put, lui baillant à téter. Le roi, M. de Vendôme et la princesse étaient allés à la chasse. On tut cet accident. J'ai ouï dire à ses anciens serviteurs valets de chambre que, si la nourrice eût averti de cet inconvénient, il y eût eu moyen de le rabiler; mais son mal rengrégeant en pis, finalement il mourut au grand regret du roi, de M. de Vendôme et de la princesse ses père et mère. »* (Palma-Cayet, *Chronologie novénaire.*)

Il faudra attendre février 1559, pour que vienne au monde un enfant qui vivra, Catherine, la petite sœur disgraciée d'Henri (elle sera boiteuse, malingre et très voûtée), profondément aimée de sa mère et de son frère, et dont le rôle politique sera important auprès des deux « bases » du roi, le protestantisme et le Béarn.

Entre les deux époux, la querelle religieuse va servir de prétexte et d'aliment aux dissensions sentimentales.

Curieusement, c'est Antoine qui se montre le premier sensible à la fascination évangéliste. Jeanne résiste.

« La princesse, jeune et belle, écrit Brantôme, *aimait bien d'abord tout autant une danse qu'un sermon et ne se plaisait à cette nouveauté de religion; elle le montra un jour au roi, son mari, lui disant tout à trac que, s'il se voulait ruiner et faire confisquer son bien, elle ne voulait point perdre le sien ni si peu qu'il lui était resté des rois ses prédécesseurs. »*

Elle prend même en août 1555 un édit contre les hérétiques et pour la conservation de la foi catholique. En décembre, au contraire, elle penche pour le calvinisme.

Chez Antoine, l'hésitation religieuse est surtout commandée par la stratégie politique. Si ses intérêts le rapprochent du trône de France, Antoine est catholique. Si, au contraire, il s'estime méprisé et lésé, il fait le choix huguenot. C'est le cas à la fin des années 1550. Antoine, déçu de n'entrevoir aucun avantage pour la Navarre, donne tous les signes d'une conversion profonde. Il s'entoure de ministres prêcheurs et donne à son fils un précepteur réformé, La Gaucherie. Il est désormais l'une des personnalités militaires les plus en vue du camp protestant, alors que les Guise dominent la cour de France.

La mort de François II (5 décembre 1560) va tout changer. Le jeune roi, Charles IX, est seulement âgé de dix ans. Un régent doit être nommé. Antoine, premier prince du sang, peut espérer la place. En fait, c'est Catherine de Médicis qui l'emporte, mais elle a l'habileté de proposer à Antoine une compensation. Il est nommé, en mars 1561, lieutenant général du royaume. En même temps, on entreprend de le bercer d'illusions sur la Navarre. Une fois de plus, Antoine est persuadé que son destin va s'accomplir. Il prend le commandement de l'armée catholique qui entreprend, au printemps de 1562, la reconquête du royaume.

Revirement trop brutal : dans le camp protestant, c'est le scandale. Antoine devient l'exemple même de l'apostat. Pour noircir encore son image, on met sa volte-face sur le compte des femmes. Calvin le juge : « *Totus est Venereus* » (il est tout entier la proie de Vénus). On fait la liste de ses conquêtes, et on donne complaisamment à sa femme les détails de ces débauches. Jeanne a rejoint à Saint-Germain-en-Laye la cour qui rentre du sacre de Charles IX. Elle ne cesse, depuis son arrivée, d'être tenue à l'écart et publiquement humiliée.

Brantôme raconte la scène et l'attitude d'une « *dame de par le monde que je sais, laquelle était la maîtresse d'un grand prince de France, et très fort favorisée et aimée de lui. Un jour, la femme de ce prince vint à la cour, qui avait entendu nouvelle de ses amours, et en était très malcontente et fort jalouse ; et ainsi qu'elle vint à saluer toutes les dames et filles de la cour, cette-ci aussi se présenta comme les autres à recevoir sa salutation et la baiser ; mais cette princesse se tourna aussitôt par-derrière, de l'autre côté, ne daignant la regarder ni faire cas, et va saluer d'autres. Cette dame, s'en sentant piquée, se mit à dire assez bas et non tant que la princesse ne l'entendît, et d'autres : " Vous me tournez le cul, et, par saint Jean, ce baiser refusé vous en coûtera-t-il bien d'autres que votre mari ne vous donnera pas pour l'amour de moi. "* »

Jeanne ne peut plus lutter sur le plan amoureux. Elle est désespérée : « *Je crains, écrit-elle à sa belle-sœur, que mon mari ne soit ou malade, ou marri contre moi, ou si amoureux qu'il ne lui convient de moi, car il y a trois semaines et plus que je n'ai eu de ses nouvelles, ni de pas un de ses gens.* »

Jeanne n'a pas d'autre recours que l'exaltation religieuse. Plus Antoine sera apostat, plus elle sera prosélyte. Catherine de Médicis l'incite-t-elle à modérer ses ardeurs calvinistes ? Jeanne répond orgueilleusement :

« *Madame, si j'avais mon fils et tous les royaumes du monde dans la main, je les jetterais tous au fond de la mer plutôt que de perdre mon salut.* »

Quel enfant, dans l'histoire, aura été l'enjeu d'un tel divorce? Il a huit ans. Son père et sa mère vont se livrer à la folie brûlante de la haine conjugale. Son père est chef de l'armée du trône et de l'autel. Sa mère est l'âme du parti protestant. D'un bout à l'autre de l'Europe, on cite l'un en exemple et l'on voue l'autre aux gémonies :

« *Nous avons de quoi bénir Dieu*, écrit Calvin à Jeanne, *de ce qu'il besogne vertueusement en vous, et vous fait surmonter tout ce qui vous pourrait divertir du bon chemin.* »

Quant à Antoine, écrit au même moment Théodore de Bèze, « *il s'est tellement débourdé à notre grand regret que non seulement il a scandalisé l'Eglise mais, ce qui plus est, il s'est déclaré le chef et le protecteur de ceux qui ont les mains sanglantes des enfants de Dieu* ».

D'un bout à l'autre de l'Europe, on a les yeux fixés sur ce couple. On jure que les générations n'oublieront, de l'un et de l'autre, ni le crime ni la vertu. Et c'est d'Henri, l'enfant sensible, que l'on va faire l'enjeu de la guerre de religion, de la guerre amoureuse.

A la cour, Jeanne multiplie les provocations. Elle organise des prêches publics dans ses appartements. Elle fait le tour des assemblées de Paris pour conforter les fidèles. Henri lui-même s'associe à ce défi : un jour d'octobre, la porte de la chambre de la reine où Catherine de Médicis se trouve en réunion avec le cardinal de Ferrare, légat du pape, est forcée par une bruyante procession : les princes, Henri en tête accoutré en cardinal, le jeune roi Charles IX et sa suite de gamins de cour affublés de soutanes d'évêques et de bures de moines, le tout monté sur des ânes qui braient dans leur affolement d'être conduits de force à l'intérieur du palais! En novembre, c'est l'enfant roi qui se déguise en évêque.

Tout au long de l'hiver 1562, la crise s'aggrave. En janvier, un édit, préparé par Michel de l'Hospital, a donné au culte réformé une certaine légalité. Partout, en France, les assemblées se multiplient et se renforcent en nombre. De Paris à Rome et à Madrid, le camp catholique s'affole.

Les hommes de l'Espagne font miroiter à l'esprit faible d'Antoine des promesses insensées. Pourquoi n'obtiendrait-il pas, en échange de ses droits sur la Navarre, le royaume de Sardaigne? Le lieutenant général se sent tous les jours plus catholique. Et si, au lieu de sa femme revêche, il épousait la belle Marie Stuart, la très jeune veuve de François II ? En tout cas, son autorité de maître et seigneur est en jeu. Il ne peut plus se laisser bafouer, sur le chapitre religieux, par sa femme.

C'est alors la rouge colère qui va aveugler les anciens amoureux. Antoine interdit à sa femme d'assister à la Cène. Elle s'échappe. Il la fait ramener de force. On est dans les premiers jours de mars. François de Guise vient de commettre sur les protestants le massacre de Wassy en Champagne. Au cri de « Tue, tue, mordieu, tue ces huguenots! », il a chargé à la tête de deux cents hommes en armes une assemblée en prières et assassiné quelque soixante-quinze calvinistes. La politique d'apaisement n'aura duré que deux mois. La folie meurtrière est de nouveau maîtresse du terrain. Il faut trancher. Jeanne désobéit encore une fois aux injonctions de son mari. Antoine prononce son bannissement de la cour.

Larmes et fureur. Avant de partir, Jeanne a seulement pu embrasser son enfant, invoquer l'Eternel, lui faire jurer fidélité à la vraie foi : « *Elle lui a adressé une longue et sévère remontrance, pour lui persuader de n'aller jamais à la messe, jusqu'à lui dire que, s'il ne lui obéissait en cela, il pouvait s'assurer qu'elle le déshériterait.* » Jeanne est partie, avec seulement la petite sœur.

Elle se retire à Vendôme, la propriété des Bourbons. Là, elle rameute la résistance protestante. Pour venger le massacre de la population protestante de Wassy, il faut à tout prix lever une armée et c'est Condé, le frère d'Antoine, qui la commandera! Un déchaînement de violences prend pour cible l'église collégiale de Vendôme. On force les sépultures des Bourbons, celles-là même où sont enterrés les aïeux de son mari, sa belle-mère et l'enfant qu'elle aima tant. La profanation la laisse impavide, tout entière tournée vers sa vengeance. Au lieu de faire jeter en prison les auteurs de ces exactions, elle accepte pour financer la campagne militaire les objets précieux trouvés dans les tombeaux.

Antoine est ivre de rage. La cour fait chorus avec lui, prête désormais à excuser toute action entreprise contre l'épouse et la mère dénaturée. Blaise de Monluc, qui ne passe pas pour un tendre, est chargé de l'arrêter afin qu'elle soit « recluse en une forteresse ». Jeanne, décidée à continuer le combat, retrouve ses réflexes de souveraine indépendante. Elle prend tous les risques, passe entre les mailles du filet, et se replie en Béarn. Le petit Henri s'inquiète, seul à aimer la reine de Navarre dans une cour où la nouvelle de la profanation a emporté les dernières barrières du respect ou de l'indifférence. Le 26 septembre, il écrit, du haut de ses huit ans, à un des compagnons de fuite de sa mère, et c'est l'enfant déchiré que l'on entend :

« *Larchant, écrivez-moi pour me mettre hors de peine de la reine, ma mère, car j'ai si grande peur qu'il lui advienne mal de ce voyage où vous êtes, que le plus grand plaisir que l'on me puisse faire, c'est m'en mander souvent. Dieu vous veuille bien conduire et reconduire en toute sûreté, priant Dieu vous conserver.* »

Chagrin, solitude et culpabilité. Le printemps et l'été seront parmi les plus difficiles qu'enfant puisse traverser. Dès le départ de sa mère, ramener la brebis égarée à la religion catholique devient un enjeu de pouvoir, un signe du retour à la norme. Tous ceux qui l'ont en charge se voient immédiatement remplacés. La Gaucherie est congédié. Le nouveau précepteur sera Jean de Losses « *auquel le roi de Navarre le donne en charge expressément pour le divertir de sa religion et le nourrir en la romaine* ». Le collège de Navarre l'accueillera pour une formation dont la rigueur sera désormais impossible à suspecter.

Mais l'enfant a juré. La conjuration de ces adultes pour ramener à la messe le prince de huit ans se heurte à cette volonté d'enfant, au serment donné au moment de la séparation, à la pureté d'une âme qui dit non. Les cours d'Europe suivent pas à pas l'incroyable épreuve de force. Tous les jours, de toute la cour, ce sont des menaces. Bientôt, ce sera le fouet. Le prince, enfermé dans son chagrin et dans son serment, continue de dire non. Deux mois après le départ de Jeanne, Henri résiste toujours :

« *Tout reste dans le même état*, rapporte le 19 mai l'ambassadeur d'Espagne. *D'après le dire des gens, le jeune homme est encore très enfant, bien qu'il soit vif, intelligent et fort joli, et montre être ferme dans l'opinion de sa mère.* »

Il faudra attendre le mois de juin pour que les adultes forcent enfin la fidélité et l'obstination d'Henri. Et c'est sous la contrainte physique qu'ils le traîneront à la messe. C'est la première abjuration du fils de Jeanne, sans qu'il ose jamais l'avouer à sa mère, ni alors, ni plus tard. Son père, à son tour, lui demande un serment de fidélité et de respect à la foi catholique. Huit ans, trois mois de résistance, deux serments contraires. Le coup moral est si lourd que l'enfant tombe malade. Rougeole grave ou variole, on craint pour sa vie. Au point que son père inquiet songe à le confier à Renée de France, duchesse de Ferrare, un des rares caractères indépendants à la cour, indulgente aux protestants et estimée des catholiques. Juste intuition d'Antoine : la maladie d'Henri n'est pas seulement physique; c'est à sa sensibilité qu'il convient de donner quelque répit. Là seulement il se rétablira. De ce moment date la lettre à Jeanne citée plus haut, première lettre personnelle d'Henri que nous détenions.

Son père passe le voir, le dernier jour du mois d'août, alors qu'il repartait pour la guerre. Eperdu de solitude, l'enfant l'a supplié de le laisser l'accompagner. Le lieutenant général a ri. Auprès de la duchesse de Ferrare, l'été terrible paraît s'achever et l'épreuve s'éloigner. Qui devinerait que le pire est à venir?

La mort du père

L'armée catholique rassemblée fait route vers Rouen, tenu depuis plusieurs mois par les réformés aidés des Anglais. Elle y arrive le 27 septembre. C'est Montgomery qui commande l'armée des assiégés. Du côté catholique, tous les chefs militaires sont là, et d'abord Catherine de Médicis, qui va de tranchée en tranchée, armée d'une arbalète, et qui secoue les hommes.

Depuis les remparts, les arquebuses des défenseurs font des ravages. Au contraire, les assaillants ont installé leurs batteries sur les hauteurs qui dominent la ville. Leurs fantassins s'enterrent dans des tranchées creusées presque sous le rempart. Les fossés seuls empêchent qu'on charge contre la muraille. Le siège dure depuis quinze jours et les assauts sont toujours repoussés, au prix d'un grand nombre de victimes.

Le 16 octobre 1562, en début d'après-midi, Antoine, qui n'a pas quitté les avant-postes, s'isole quelques instants pour un besoin naturel. Il est pris sous le feu d'une arquebuse et reçoit un projectile, véritable petit boulet, à l'épaule gauche. Il est jeté à terre et relevé par Guise. La balle s'est logée dans la tête de l'humérus, et ne pourra jamais en être extraite :

« *Sa blessure,* nous dit de Bèze, *était en l'omoplate du bras gauche, entrant la balle jusqu'à la jointure, avec une petite portion d'os demeurée entre la balle et la plaie, au moyen de quoi le tréfonds ne pouvait donner jusqu'à la balle pour la tirer dehors.* »

Au premier abord, les « chirurgiens » – celui d'Antoine, depuis plus de vingt ans, s'appelle Raphaël de Taillevis de Mézière – ne tiennent pas la blessure pour très grave. Seul Ambroise Paré est alarmé :

« *On ne put trouver la balle ; je la cherchai bien exactement ; j'aperçus par conjecture qu'elle était entrée dans la tête de l'os du haut du bras et qu'elle avait coulé en la cavité dudit os, qui faisait qu'on ne pouvait pas la trouver. La plus grande part la disaient être entrée et perdue dans le corps. Monsieur de la Roche-sur-Yon, qui aimait intimement le roi de Navarre, me tira à part et s'enquit si le coup était mortel : je lui dis que oui, parce que toutes les plaies faites aux grandes jointures, et principalement les plaies contuses, étaient mortelles, selon les auteurs qui en ont écrit. Il s'enquit des autres* (chirurgiens) *ce qui leur en semblait et principalement audit Gilbert : qui lui dit avoir une grande espérance que le roi, son maître, guérirait, et fut le dit prince bien joyeux.* » (Ferron, « La Blessure et la mort d'Antoine de Bourbon », *Revue des Sciences, Lettres et Arts de Pau*.)

Quatre jours plus tard, c'est le même débat. Ambroise Paré maintient son jugement contre celui de tous ses « confrères » :

« *Le roi et la reine mère et monsieur le cardinal de Bourbon, son frère, et monsieur le prince de la Roche-sur-Yon et monsieur de Guise, et autres grands personnages, après que nous eûmes pansé le roi de Navarre, voulurent faire faire une consultation en leurs présences où il y avait plusieurs médecins et chirurgiens. Chacun en dit ce qu'il lui semblait, et il n'y eut pas un d'iceux qui n'eussent bonne espérance, disaient-ils, que le roi guérirait ; et moi je persistais toujours au contraire. Monseigneur le prince de la Roche-sur-Yon qui m'aimait, me retira à part, et me dit que j'étais seul contre l'opinion de tous les autres, et me priait de n'être opiniâtre contre tant de gens de bien. Je lui répondis que lorsque je connaîtrais bons signes de guérison, je changerais mon avis.* » (Ferron.)

Les ambassadeurs accourus envoient dans les cours d'Europe des dépêches contradictoires. Onze jours après la blessure, après une intense préparation d'artillerie et un assaut de six heures, très lourd en pertes humaines, l'armée catholique entre dans Rouen par la brèche de la porte Saint-Hilaire.

Antoine de Bourbon veut se faire porter dans la ville malgré son état. Les soldats démolissent le mur de sa chambre, prennent son lit sur leurs épaules, lui font suivre le chemin des assaillants au travers de la brèche, offrent un tour de ville au son des tambours, l'installent enfin dans une maison rouennaise.

Paré avait raison contre tous. L'infection triomphe dont Théodore de Bèze nous donne les terribles symptômes :

« *Il fallut lui faire une ouverture au bras, dont il sortit une puanteur si grande que plusieurs furent contraints de sortir, ne la pouvant porter. Encore, nonobstant cette ouverture, une autre aposthume* (abcès) *lui vint au genou du côté même et fut-on contraint, outre cela, de lui faire une contre-ouverture entre les côtes du côté de la plaie, premièrement avec un cautère potentiel, et puis avec le rasoir, sans qu'il en sortît aucune matière, mais bien lui en survint de la fièvre.* » (Ferron.)

Le roi, qui sent la brûlure de la mort, a invité Jeanne à le rejoindre. Hasard malheureux ou mauvaise volonté, elle ne viendra pas. Peut-être dit-elle la vérité en affirmant qu'elle en aurait été détournée par de rassurantes nouvelles reçues du gouverneur de Bordeaux. Peut-être sa jalousie et sa colère suffisent-elles à expliquer cette absence.

Car, en même temps, l'éternel inconstant a appelé Louise, qui elle, venant il est vrai de moins loin, est arrivée dès la fin octobre. La cour, au mépris de toute vraisemblance, entretient la rumeur que l'aggravation de l'état de santé d'Antoine est due à des excès amoureux. Cette rumeur durera trois siècles ! En réalité, la gangrène fait des progrès effrayants, la fièvre emporte le pauvre roi de Navarre dans tous les délires.

Pour essayer d'échapper à la mort qui le presse, et qu'il met sur le compte du mauvais air de Rouen, il donne l'ordre d'affréter une galère pour remonter la Seine. Autour de lui, les ministres des différentes confessions se disputent son âme. Il se confesse le 9 novembre à un prêtre catholique. Mais les protestants paraissent bien avoir reçu ses dernières pensées :

« *Pensant le lendemain être échappé, dit à ceux qui étaient arrêtés à l'entour de lui :* " *je sais bien que vous direz partout, le roi de Navarre s'est reconnu et s'est déclaré huguenot ; ne vous souciez point* (...), *je veux vivre et mourir en l'opinion d'Auguste* " (la confession d'Augsbourg : le luthéranisme). *Etant donc au bateau, il lui sembla qu'il se portait mieux, mais tôt après, étant*

*saisi d'un extrême frisson et de grandes sueurs survenantes, étant
en rêverie, il commença à dire :* " *Je veux envoyer Raphaël* (Taillevis, son médecin) *à Genève pour être ministre ; faites-le venir,
qu'il me fasse les prières.* " *A quoi obéissant Raphaël fit les
prières.* » (Ferron.)

Le 17 novembre au soir, dans un dernier sursaut, le roi de
Navarre appelle « *un valet italien qu'il aimait, auquel, en le prenant par la barbe, il dit, en expirant, à neuf heures du soir :* " *Servez bien mon fils, et qu'il serve bien le roi !* " »

L'enfant seul

Henri de Navarre se retrouve orphelin. Une nouvelle fois, c'est
une image ambiguë que son père lui laisse. Ce capitaine qui n'a
peur de rien est mort en ligne, mais pas en combattant. Il n'est
pas mort en héros. La renommée ne manquera pas de dauber
cruellement. Voltaire nous rapporte l'épitaphe sarcastique qu'on
broda autour de l'accident :

> *Ami français, le prince ici gisant
> Vécut sans gloire et mourut en pissant.*

Le père manquera donc désormais, et un peu aussi l'image
d'une mort exemplaire.
L'année 1562 s'achève. Henri a vécu le pire de ce que peut imaginer un enfant. La haine entre ses parents. Sa situation d'enjeu
dans leur séparation. L'exigence de chacun d'entre eux de prouver son amour exclusif par la déclaration de fidélité à la foi qu'ils
confessent. La menace, s'il cède à l'autre, de perdre leur amour.
La pression morale et physique la plus insupportable pour le
contraindre à trahir la promesse faite à sa mère. L'abandon à la
volonté du père. Les remords qui conduisent à la maladie. Le sentiment de culpabilité. L'inquiétude pour la sauvegarde de la mère
bannie. La mort du père, enfin.
Lorsqu'on aura à réfléchir à l'attitude d'Henri face à la religion,
il faudra se souvenir de cette année terrible. Et mesurer aussi la
fragilité de la frontière qui, malgré la violence des passions, séparait l'une de l'autre les confessions affrontées. En quelques
années, Jeanne et Antoine, et le petit Henri à leur suite, auront
plusieurs fois changé d'Eglise. Tout cela, de surcroît, se nouait à

l'intérieur de la même famille. Que pouvait comprendre un enfant à une guerre si violente dans laquelle sa mère était chef d'un camp, son père à la tête de l'armée de l'autre camp, cependant que son oncle paternel commandait contre son père l'armée du camp de sa mère?

Ces blessures ne seront pas les dernières. Il faudra que le petit prince s'endurcisse encore. Car sa mère n'en récupérera pas la garde. Il demeurera à la cour, seul, ayant seulement retrouvé ses précepteurs huguenots – encore un changement de religion pour le prince qui ne pourra plus jamais être un enfant.

Chapitre 3

ÉTUDES ET SOLITUDE

Désormais, et pour de longues années, Henri vivra seul. Père disparu, mère absente. Son univers sera celui de la cour, de ses cousins princiers et royaux. Autour de lui, pour entourer son enfance, des hommes, des réformés. Catherine de Médicis, pour garder le jeune prince à la cour, a consenti tout de suite à rendre à sa mère la responsabilité de son éducation. Ses précepteurs protestants ont été rappelés, et d'abord La Gaucherie, congédié au printemps. Louis de Goulard, sieur de Beauvoir, sera son gouverneur. Pons de Pons, sieur de Lacaze, le surintendant de sa maison. C'est par ces hommes que son éducation sera assurée. C'est par eux qu'il convient de saisir l'édification de la personnalité du futur roi de France.

Mais la cour est aussi une école, lieu de formation aux rapports sociaux, à l'étiquette, à l'architecture même d'une société où tout et tous dépendent du souverain et de la religion.

La formation intellectuelle du prince de Navarre

C'est à Jeanne d'Albret que l'on doit le souci d'assurer au jeune prince une formation intellectuelle à peu près complète. « *Elle fut le véritable intendant de l'éducation de son fils* » (*Mémoires* du duc de Nevers). Elle met notamment un soin particulier à choisir des précepteurs rassurants sur le plan religieux en même temps qu'efficaces d'un point de vue pédagogique. Cette exigence est sans tendresse. La Gaucherie en fait la cruelle – et injuste – expérience :

« *Les sept ans que feu M. de la Gaucherie a tenu mon fils, il les a perdus, n'ayant nuls fondements ou rudiments, en sorte que le bâtiment, qui se montrait apparent, parce qu'il lui avait fort appris par cœur, sans art, est tombé en ruine. »*

L'enjeu de la formation intellectuelle d'Henri revêt une signification plus large, et Jeanne en est parfaitement consciente. Il n'est plus possible, au siècle de l'humanisme triomphant, d'accepter qu'un prince soit seulement un *« âne couronné »* (*« asinus coronatus »*) : *« Je n'entends pas que mon fils soit un âne couronné, un illustre ignorant »* (J. d'Albret). On se trouve en effet vers 1560 à l'apogée du mouvement humaniste que les guerres de religions allaient provisoirement ruiner : l'éducation se voit reconnaître le rôle majeur. *« On ne naît pas homme on le devient »*, assure Erasme.

La noblesse avait longtemps fait fierté de son ignorance, de son mépris de l'abstraction intellectuelle. Mais elle a désormais à faire face à la montée des nouvelles élites bourgeoises, liées au développement des échanges économiques et au rôle accru du droit dans la vie sociale. La noblesse ne peut plus se contenter de sa bravoure aux armes, au risque de se trouver dépassée par des groupes sociaux plus entraînés au maniement du verbe et des notions juridiques.

La formation intellectuelle d'Henri va le faire entrer de plain-pied dans cet univers humaniste. Elève au Collège de Navarre, son éducation privée sera assurée par quatre figures masculines, les précepteurs qui se succéderont auprès de lui de 1560 à 1568 : La Gaucherie, assisté de Palma-Cayet, Jean-Baptiste Morély et Florent Chrétien, auxquels il faudrait ajouter l'éphémère Jean de Losses. Ces quatre maîtres étaient extrêmement différents, dans leurs méthodes et leur personnalité même.

Tous les jours, pendant six années, de sept à treize ans, sauf pendant ses trois mois de disgrâce, Henri a vécu sous l'influence de Francis de la Gaucherie. Ce protestant pieux, cultivé, austère, tranchait sur la mode pédagogique de son temps. La plupart des intellectuels d'alors, écœurés par la dégénérescence du latin médiéval, se montraient soucieux d'en revenir à la pureté de la langue classique. L'exercice privilégié, constamment repris, était l'*imitatio*, l'imitation des Anciens, particulièrement de ce parangon de la vertu linguistique que figurait Cicéron.

La Gaucherie était plus indépendant. Ce n'était pas tant la forme qu'il recherchait que le fond, moins la rhétorique d'un Cicéron que la pratique de Suétone, Tacite ou César, pas tant la correction grammaticale latine et grecque que l'expression, pas tant le texte que l'exercice.

La langue et la morale : il y avait plusieurs exercices dont la pratique permettait de concilier ces deux recherches. *« Il lui apprit par cœur*, nous rapporte Hardouin de Péréfixe, *plusieurs belles sentences, comme celle-ci : " Ou vaincre avec justice, ou mourir avec gloire ".* » Plus tard, Henri reprendrait la formule jusqu'à provoquer la reine mère, mais en n'en retenant que la mâle fierté – vaincre ou mourir –, sans s'embarrasser des considérations morales qui l'accompagnaient. Exemples de grammaire, en même temps que maximes de vie ou de gouvernement : *« Les princes sur leur peuple ont autorité grande ; mais Dieu plus fortement dessus les rois commande »*; *« Il faut chasser la sédition de la cité »*; *« Endurer le froid avec constance, ne pas se laisser abattre par la chaleur »* ... ces sentences ne devaient jamais quitter l'esprit d'Henri. Le sens de la formule qui le servit tant dans le commandement des hommes en resterait profondément imprégné : *« J'ai autrefois appris deux vers latins :* Oderunt peccare boni virtutis amore, oderunt peccare mali, formidine pœnæ, *(les purs détestent le péché par amour de la vertu, les méchants par crainte du châtiment) »*, dira-t-il un jour en forme de menace pour admonester des parlementaires trop indépendants à son goût.

L'étude des grands textes historiques, particulièrement des *Vies* de Plutarque, conciliait, elle aussi, la langue et la réflexion morale. Henri était, face à ces textes, particulièrement sensible, pleurant sans retenue à l'évocation des exploits les plus magnanimes. Ainsi se constitua son panthéon de modèles historiques : César, Scipion. Plutarque, *« l'instituteur de (son) bas-âge »*, se trouva plus tard complété par la *Guerre des Gaules*, véritable manuel d'initiation à la stratégie militaire, qu'Henri traduisit intégralement.

Surtout, La Gaucherie avait sur les langues anciennes un parti pris qui paraît encore d'avant-garde aujourd'hui. Il pratiquait l'éducation orale à ces langues anciennes, les utilisait comme langues de conversation courante, et non pas fixées dans des formes arrêtées. Ainsi faisait-il acte de foi en leur rendant la vie au contraire des philologues intégristes qui les condamnaient à devenir langues mortes. De fait, Henri apprit le grec et le latin *« par forme d'usage, sans préceptes, comme nous apprenons nos langues maternelles »*. Sans doute n'eut-il jamais une maîtrise impeccable des deux grammaires, ni une véritable érudition, mais il en connut assez pour que Scaliger note qu'il ne fallait pas mal parler latin devant lui sous peine de s'entendre durement reprendre.

La Gaucherie était donc un enseignant d'avant-garde, défenseur d'une pédagogie du sens et de la morale, éloignée des savoirs desséchés et des formalismes. Le même souci d'un savoir vivant avait conduit le précepteur favori de l'enfant à faire une part appréciable au dessin, à des rudiments de science, aux langues étrangères.

Cette éducation bien surprenante pour l'époque, qui contribua à donner à Henri tant d'originalité, reposait aussi sur une relation affective forte entre le maître et son élève. C'est que l'enfant était vif et turbulent. L'autorité naturelle de ce maître exigeant et honnête n'aurait pas suffi à fixer l'attention de son élève. Mais jamais ne se démentit l'engagement de leur première rencontre : « *Il faudra l'aimer comme moi-même* », lui recommanda Jeanne en présentant le précepteur. « *Je le veux bien, s'il veut m'aimer.* »

Probablement à l'initiative de La Gaucherie, Jeanne d'Albret nomma, en 1562, Palma-Cayet comme précepteur-adjoint. Plus jeune que La Gaucherie – il avait alors trente-huit ans –, il s'affirmait déjà comme un des esprits les plus brillants de son époque. Il avait été le disciple remarqué du célèbre philosophe Ramus et avait suivi ce dernier dans sa conversion au protestantisme. S'il s'inscrivait totalement dans la mouvance humaniste, Palma-Cayet était cependant un personnage étrange, comme l'illustra la suite de sa vie. Versé dans les sciences occultes, « *il était*, nous dit le contemporain Pierre de l'Estoile, *grand alchimiste et souffleur* » à tel point qu'on l'avait surnommé « Petrus Magnus ». Il écrivit d'ailleurs une *Histoire prodigieuse et lamentable du docteur Fauste, grand magicien* (traduite d'un ouvrage allemand en 1603). L'homme était également sensible aux exaltations de la chair et soutint les thèses les plus audacieuses, assurant que le septième commandement ne défendait ni la simple fornication ni même l'adultère et préconisait une prostitution officielle... Palma-Cayet fut assurément plus prudent à l'époque où il enseignait le jeune Henri, mais sans doute apparaissait-il déjà, à l'opposé du sage La Gaucherie, comme une sorte de « voleur de feu », tenté par les exaltations des sens comme par celles de l'esprit.

Il est difficile d'évaluer l'influence de Palma-Cayet sur Henri, qui suivit ses enseignements durant plus de quatre ans. Devenu roi, il le nomma historien officiel sous le titre de « chronologue du roi », mais il le considérait sans doute comme un esprit tortueux, jugeant ainsi avec scepticisme son abjuration du protestantisme en 1595, de peu postérieure à la sienne : « *Il y a longtemps que je connais Cayet : il ne m'a pas surpris d'avoir fait ce qu'il a fait.* »

Les deux précepteurs suivants furent beaucoup plus classiques que l'étrange duo La Gaucherie – Palma-Cayet : ils incarnaient des figures plus conventionnelles, pour l'époque.

Jean-Baptiste Morély fut choisi en 1566 à la mort de La Gaucherie pour lui succéder. D'une pédagogie beaucoup plus classique, il s'attacha à enseigner avec rigueur les grammaires latine et grecque à son élève et Jeanne se trouva fort satisfaite de cette ardeur qui faisait, d'après elle, qu'Henri en avait plus appris en quelques mois qu'en plusieurs années auparavant. Mais, surtout, Morély était un théologien passionné. Son zèle évangéliste ne pouvait que plaire à Jeanne, même s'il le conduisait à un protestantisme extrémiste, remettant en cause toute idée de hiérarchie et d'institution dans l'Eglise. Cette conception très démocratique conduisait à faire de l'assemblée des fidèles la seule instance légitime pour la définition des dogmes et des règles. Il fut en conséquence condamné et excommunié par le Synode national de l'Eglise calviniste... Comme il s'obstinait dans ses positions, Jeanne d'Albret, sur les instances du Consistoire de Genève, se résigna à congédier ce serviteur qu'elle appréciait pourtant beaucoup. Il n'officia donc auprès du jeune Henri que quelques mois.

Florent Chrétien, qui vint le remplacer, était le fils d'un ancien médecin de François Ier. Versé dès le plus jeune âge dans l'étude des humanités, il eut pour maître de grec le célèbre Henri Estienne et s'en montra manifestement digne. Les contemporains (Casaubon, Scaliger, de Thou) s'accordent à dire qu'il écrivait en grec avec la pureté des Anciens. Sa réputation d'érudit lui valut d'être choisi, âgé seulement de vingt-cinq ans, comme précepteur du prince de Béarn.

Si, bien plus tard, Henri accepta de payer une rançon de mille écus pour le libérer des ligueurs qui l'avaient fait prisonnier, Florent Chrétien n'eut guère droit à la gratitude d'Henri une fois ce dernier sur le trône. Henri se montra, semble-t-il, assez sceptique face à ce jeune érudit, qui n'avait, il faut le souligner, qu'une dizaine d'années de plus que lui. Florent Chrétien en fut d'ailleurs fort conscient car il concéda, un jour : « *Mes paroles lui ont fort peu servi...* »

Une éducation bourgeoise

Henri fréquentera durant près de deux ans le meilleur collège de Paris, peut-être à partir de mars 1562 sur décision de Jeanne, peut-être un peu plus tard sur celle d'Antoine. Quoi qu'il en soit sa scolarité ne se prolonge pas au-delà de mars 1564, date du départ de la cour pour le tour de France royal. Y a-t-il au choix du collège de Navarre des raisons purement scolaires ? Jeanne y aurait adressé son fils, en effet, pour parfaire sa grammaire. On a vu à quel point elle s'inquiétait des approximations de La Gaucherie. Mais le début de cette scolarité intervient à un moment de conflit violent entre les deux parents. Henri est à la cour sous le contrôle de son père qui vient de congédier La Gaucherie. Faire le choix du collège de Navarre réputé pour son orthodoxie religieuse, c'est aussi le moyen de lui assurer une éducation catholique insoupçonnable. Sans doute Antoine, lui-même ancien élève du collège, ressent-il aussi le désir de perpétuer une tradition de père à fils.

Aussi étrange que cela puisse paraître, il n'y a pas à cette époque de distinction claire entre ce que nous appelons enseignement secondaire et enseignement supérieur. Au Moyen Age finissant les collèges n'étaient la plupart du temps que de simples institutions charitables destinées à héberger les étudiants les plus pauvres. Ces derniers devaient suivre des cours auprès des maîtres plus ou moins réputés de la ville. Il s'agissait en quelque sorte de pensions ou d'internats. L'enseignement se dispensait à l'extérieur au sein de petites écoles autonomes ; un maître ayant obtenu une licence de l'université accueillait quelques élèves chez lui ou dans un local loué et ses étudiants le rétribuaient directement. Ainsi à Paris tout au long de la rue du Fouarre s'égrenaient de petites écoles longtemps très réputées où les étudiants de la capitale venaient acquérir leurs rudiments.

Très vite, de lieux d'hébergement les collèges devinrent lieux d'enseignement. D'abord sous la forme d'études, de répétitions, assurées par les étudiants les plus expérimentés au profit de leurs condisciples, puis progressivement ces pratiques se fixèrent et l'on vit apparaître des maîtres au sein des collèges qui concurrencèrent les petites écoles. Au XVIe siècle, les dernières écoles de la rue du Fouarre disparurent ainsi, victimes de la concurrence des collèges...

Mais, dès lors, les collèges risquaient de menacer également les « Facultés des Arts », les Universités, où se donnait l'enseignement de base – les sept « arts libéraux », de la grammaire à la métaphysique –, dont la maîtrise était préalable aux études supérieures proprement dites, au sein des trois facultés supérieures, Théologie, Droit et Médecine.

Aussi l'Université obtint-elle d'exercer à partir du milieu du xve siècle le contrôle direct des collèges, qui devinrent désormais le lieu d'élection des facultés, principalement des facultés des Arts. Les universités anglaises d'Oxford et de Cambridge ont, d'ailleurs, conservé un système analogue : elles sont constituées d'un ensemble de collèges fondés par des donateurs et autonomes alors qu'en France, sous l'impulsion des Jésuites, les collèges se sont détachés de l'Université pour former des établissements d'enseignement secondaire.

L'Université de Paris au milieu du xvie siècle comprenait plus d'une cinquantaine de collèges, au premier rang desquels le collège de la Sorbonne et le collège de Navarre.

La frontière entre le primaire, le secondaire et même le supérieur n'avait donc pas d'existence sensible. L'on pouvait trouver au sein d'un même collège des enfants de huit, neuf ans et des jeunes gens de vingt à vingt-cinq ans. Ignace de Loyola lui-même n'avait-il pas décidé de s'inscrire au collège de Montaigu à l'âge de trente-sept ans !

Le collège de Navarre offre un éventail assez large de cours, trois cycles de la fin de l'école primaire à l'enseignement universitaire, dirions-nous aujourd'hui : un cycle de grammaire, où le jeune Henri âgé de huit à neuf ans sera naturellement inscrit, un cycle en arts, un cycle en théologie.

Au cours du siècle précédent les collèges avaient connu une dérive étonnante. Les études y avaient été oubliées pour laisser la première place aux exaltations propres à l'adolescence : les collégiens recevaient des femmes, organisaient des fêtes et, protégés par les privilèges universitaires, semaient régulièrement le désordre dans la Cité.

Cette évolution fut jugée si scandaleuse qu'à la fin du siècle s'amorça une réaction vigoureuse, inspirée de l'idéal de la vie monacale. Le collège redevint un univers clos. Les étudiants furent soumis à une règle stricte et pouvaient être expulsés pour mauvaise conduite. Les élèves boursiers furent ainsi astreints à des prières, matin et soir, à des repas frugaux et à l'interdiction de sortie. Les pensionnaires payants bénéficiaient de conditions de vie plus agréables, comme les élèves externes : ce fut sans doute le statut d'Henri. Tous devaient porter l'uniforme, obligatoire depuis 1452, avec, pour les bacheliers et les maîtres, la robe longue, le chaperon, la barrette et les souliers à bout carré. Les élèves devaient changer chaque semaine leur chemise blanche, entretenir leurs chausses et porter une longue tunique grise pardessus, avec un surtout de laine en hiver. Au collège de Navarre, la livrée était noire.

L'établissement, fondé en 1309 grâce à un legs de Jeanne de Navarre, épouse de Philippe le Bel, avait acquis très vite une grande réputation. Les plus grands maîtres, Nicolas d'Oresme ou Jean de Gerson, y avaient exercé. Les archives et le trésor de l'Université y étaient déposés.

Le collège, aujourd'hui disparu, se situait à l'ancien emplacement de l'Ecole polytechnique, près de la rue des Ecoles, au cœur du quartier Latin. Ses bâtiments ressemblaient à ceux du lycée Henri IV d'aujourd'hui. Un corps principal de deux étages avec deux niveaux de combles au-dessus. Ils étaient construits autour d'une chapelle, dont l'architecture austère et recherchée exprimait l'élan de l'époque. La façade, centrée sur un portail en arc brisé, était flanquée, à gauche, d'une tourelle d'angle de plan octogonal devant laquelle s'élevait une fontaine monumentale.

L'ensemble donnait sur un vaste jardin. Mais le cœur du collège était sa bibliothèque, célèbre pour l'abondance et la richesse de ses volumes, que l'on venait consulter de toute l'Europe. Au-dessous de la bibliothèque le réfectoire. L'édifice de plan rectangulaire et à deux niveaux était couvert d'une toiture à forte pente. Au rez-de-chaussée, de hautes fenêtres en arc brisé encadraient une porte basse et laissaient la lumière inonder une haute pièce voûtée en ogives. Cette salle monumentale pouvait servir de salle des Actes, en particulier pour la collation des grades les plus prestigieux et du doctorat. La bibliothèque, à l'étage, était éclairée de dix-neuf fenêtres étroites et très rapprochées entre elles.

Le collège accueillait une petite centaine d'élèves, issus de l'élite de la bourgeoisie et, de plus en plus, de la haute noblesse. Que les enfants princiers y fussent placés montrait bien quel enjeu social la formation était désormais devenue. Auprès d'Henri, ses cousins Henri d'Anjou et Henri de Guise suivaient la même scolarité.

Les cours étaient dispensés dans le cadre de classes distinctes. C'était une vraie révolution : jusqu'au milieu du xve siècle, le collège était unique, rassemblant les élèves de tous niveaux pour suivre la même scolarité.

La pédagogie reposait avant tout sur les commentaires de lectures. Mais elle donnait également sa part au théâtre, dont la pratique dans le cadre de l'enseignement était traditionnelle depuis le Moyen Age. Le théâtre canalisait les débordements des élèves et servait à former l'expression comme l'atteste Montaigne qui n'avait pas oublié, quand il écrivit les *Essais*, les éloges obtenus comme acteur au collège de Guyenne :

« Mettrai-je en compte cette faculté de mon enfance ? Une assurance de visage, et souplesse de voix et de geste à m'appliquer aux rôles que j'entreprenais (...). C'est un exercice que je ne mêlais point aux jeunes enfants de maison, et j'ai vu nos princes s'y adonner depuis en personne, à l'exemple d'aucuns des anciens... »

Les sujets et le genre des pièces avaient beaucoup évolué depuis le Moyen Age. Tragédies latines ou comédies à la mode antique mêlées de proverbes dramatiques, comme les *Dialogues*, joués sur le théâtre du collège de Navarre, avaient remplacé les sujets purement religieux. Plus largement, le théâtre, même s'il connut par la suite en France une évolution bien différente, codifiée et formalisée, devenait peu à peu le lieu d'expression d'une société. Ce sera pourtant beaucoup plus tard, avec le développement de l'enseignement jésuite, à la demande d'Henri IV à la fin de son règne, que le théâtre connaîtra son apogée pédagogique.

Henri de Navarre au collège de Navarre : a-t-on assez songé à la fierté de l'enfant entrant en ces bâtiments solennels qui portaient le nom même de sa famille ? A-t-on assez songé que ce collège de Navarre était, en ces temps où les collégiens s'organisaient en nations, selon leur origine, le chef-lieu de la « Nation » de France ? Ainsi se croisent les fils qui tissent les destinées...

La cour de France

Depuis 1561, Henri appartenait à un univers nouveau et fastueux, la plus prestigieuse cour de la chrétienté, sans grand rapport avec le petit groupe de hobereaux et d'artistes qui animaient la cour de Navarre (J.-M. Solmon, *La Cour de France*).

La *curia regis*, l'entourage des nobles qui gravitaient autour du roi, s'était, au cours du Moyen Age et, surtout depuis l'avènement des Valois au début du XIV⁰ siècle, peu à peu codifiée, adoptant une organisation de plus en plus élaborée. Les organes du gouvernement et de l'administration royale avaient progressivement acquis une existence autonome, qu'il s'agisse de la chambre des comptes, du conseil d'Etat, du parlement de justice de Paris, entraînant l'émergence d'une nouvelle élite administrative, la future noblesse de robe, les « robins ».

Parallèlement, la fonction sociale et politique de la cour, destinée à assurer la cohésion des grands nobles autour du roi et, par le biais de leurs clientèles, du royaume tout entier, s'était elle-même développée à partir de son activité logistique : assurer l'hébergement, la vie quotidienne, les déplacements d'un entourage nobiliaire de plus en plus nombreux du fait de la centralisation du pouvoir royal.

Le terme de cour, de *curia*, qui désignait initialement le conseil des Grands auprès du roi, définissait désormais l'ensemble de la société attachée à la personne royale.

Il est bien difficile d'estimer précisément le nombre de ceux qui la composaient. Quand la cour devait se déplacer, 6 000 à 8 000 chevaux étaient nécessaires, mais ce chiffre n'a pas grande signification. Les nobles allaient et venaient sans arrêt entre leurs domaines provinciaux et la cour. Celle-ci n'avait pas encore un prestige suffisant pour les fixer en permanence auprès du roi. Les visites des nobles étaient souvent intéressées, à la recherche de quelque faveur. L'organisation de cette société en réduction était assurée par plusieurs grands officiers de la couronne.

Le grand maître de l'Hôtel – ou grand maître de France – veillait à l'intendance générale. Cette fonction était convoitée car elle permettait d'accéder à la personne royale. Le grand maître était également surintendant du domaine royal, il nommait quantité d'officiers subalternes, ce qui lui permettait d'entretenir une nombreuse clientèle. Depuis 1559 cette fonction, jusqu'alors détenue par les Montmorency, était échue à François de Guise (1515-1563). Ce fut l'une des raisons de l'influence de la maison de Lorraine sur les jeunes François II et Charles IX.

Aux côtés du grand maître se trouvaient des officiers spécialisés, également fort prestigieux. La Chambre, l'ensemble des serviteurs attachés au service personnel du roi, était dirigée depuis 1545 par le seul grand chambellan. Cet office était lui aussi assuré par François de Guise. Avant cette date, il devait partager ses prérogatives avec le grand chambrier, office longtemps réservé aux Bourbons. Mais la trahison du connétable de Bourbon en 1527 avait fait perdre à la lignée cet office, finalement supprimé en 1545. Jamais les Bourbons n'obtinrent une charge équivalente malgré le rang de premier prince de sang d'Antoine.

D'autres officiers importants dirigeaient la maison du roi. Sa gestion était assurée par le maître de la Chambre aux deniers, dont le budget, distinct de celui de l'administration du royaume, était approuvé en conseil. Le premier maître d'Hôtel commandait à une véritable armée de serviteurs pour satisfaire l'appétit royal. Le grand écuyer organisait les fréquents déplacements de la cour, avec hommes et chevaux.

Enfin la chasse, plaisir royal par excellence, mobilisait de nombreux gentilshommes. Il y avait un grand louvetier, un grand fauconnier, surtout un grand veneur. Cette charge, permettant de participer aux loisirs du roi et donc fort convoitée, était également détenue par François de Guise.

C'était donc dans un univers complexe et largement hostile à sa lignée que le petit prince de Viane devait évoluer.

La cour n'était pas seulement constituée de la « maison du roi ». La reine avait sa propre « maison », tout comme les autres membres de la famille royale. En 1563, à l'époque où Henri de Navarre fréquentait la cour, les enfants royaux de Catherine de Médicis disposaient d'une maison de 112 officiers domestiques. Cette troupe était composée d'une gouvernante, de gentilshommes servants ou gardes du corps, de dames d'honneur, etc. Il était impensable qu'un grand noble n'eût pas une suite de serviteurs aussi nombreuse que l'exigeait son rang.

Chacun de ces grands était le « patron » d'une clientèle dont l'importance numérique reflétait directement son pouvoir. Il obtenait du roi grâces et faveurs pour ses protégés. Il entretenait ainsi des fidélités où argent, honneur et religion se mêlaient étroitement pour tisser des liens entre les hommes.

Catherine de Médicis avait très tôt compris la nécessité de prendre en compte ces clientèles et les tensions qu'engendrait leur inévitable rivalité. En retour, le roi bénéficiait de ces réseaux dont les ramifications en province allaient jusqu'aux plus humbles paysans. La cour était devenue un instrument de pouvoir très efficace pour contrôler la noblesse et, à travers elle, l'ensemble du territoire. Comme l'expliquait Montaigne : « *C'était une très utile manière d'attirer par honneur et ambitions les hommes à l'obéissance.* »

Le petit prince de Viane disposait d'une « maison » bien modeste, mais suffisante pour pourvoir à ses besoins. La composition de son entourage fut, on l'a vu, un véritable enjeu et un motif de dissensions entre Antoine de Bourbon et Jeanne d'Albret. Henri étant mineur, sa maison était dirigée par un gouverneur. Il avait la charge de gérer les dépenses du jeune roi, d'organiser son service et de veiller à sa personne et à son éducation, assurée, on l'a vu, par des précepteurs.

La vie de cour était, pour partie, une vie de voyages. Paris, depuis longtemps la capitale de la France, abritait les administrations, mais la résidence royale n'y était pas établie à demeure. La cour, nomade, accompagnait le roi. Elle allait de château en château dans le Val-de-Loire ou en Ile-de-France. Le petit roi de Navarre suivit donc la cour à Saint-Germain-en-Laye, à Fontainebleau, encore à Saint-Germain puis à Vincennes au printemps 1562 quand la guerre éclata.

Au cours du XVIe siècle la cour s'était peu à peu organisée autour d'un véritable cérémonial. La codification des gestes, la mise au point d'une étiquette, permettaient d'ordonner la masse grossissante des courtisans. L'accès à la personne royale lui-même était de plus en plus réglementé. Tout au long de la journée on mettait en scène le souverain en majesté.

La cour vivait au rythme du roi. Les portes du palais ouvraient dès cinq heures du matin, heure à laquelle la famille royale se levait pour assister à une messe privée. La matinée était occupée par la réunion du Conseil des finances. La grand-messe avait lieu à neuf heures. Bordenave rapporte qu'Henri de Navarre faisait preuve à cette occasion de son indépendance religieuse : « *Ayant ainsi accompagné le roy allant à la messe, s'en retournait sans y entrer.* »

Au « dîner », notre déjeuner d'aujourd'hui, seuls quelques privilégiés partageaient le repas du roi. Après quoi, celui-ci se retirait en son cabinet. Seuls les intimes pouvaient alors l'approcher. Puis il participait à une chasse, une promenade ou bien une partie de jeu de paume. Le reste de l'après-midi était occupé par la réunion du conseil d'Etat et par les audiences royales. A quatre heures de l'après-midi, on assistait aux vêpres, suivies du souper du roi à six heures. Enfin, on donnait un bal ou un concert. Le roi se couchait vers huit heures, imité par la cour. Alors le palais n'était plus animé que par les serviteurs qui rangeaient et nettoyaient.

Les divertissements à la cour étaient extrêmement importants. Il ne s'agissait pas seulement d'occuper les courtisans, encore que Catherine de Médicis enseignât à ses fils qu'il fallait tout faire pour « *contenter sa noblesse* ». Les distractions, loin d'être purement gratuites, cherchaient souvent à rendre sensibles à tous des valeurs et une symbolique propres à renforcer la cohérence de la noblesse autour du pouvoir royal. A une époque où la lecture demeurait réservée à une petite élite, les fêtes de la Renaissance avaient une fonction idéologique et symbolique de représentation et de manifestation du pouvoir royal.

La nature même des divertissements était assez variée. Le goût des tournois médiévaux demeurait vif, mais, sous l'influence de Catherine, la faveur des courtisans allait de plus en plus aux mascarades, aux ballets, aux courses de bague, etc. Les nobles pratiquaient volontiers la musique et le chant. Marguerite de Valois chantait en s'accompagnant du luth, instrument à la mode marquant une éducation soignée. Même les hommes, si l'on en croit Brantôme, pratiquaient cet instrument. Le jeune Henri se retrouvait donc au sein d'un univers aux pratiques culturelles intenses et raffinées.

Henri vivait à la cour de France au milieu d'une petite société enfantine, où se côtoyaient les futurs protagonistes des événements à venir. Henri, comme le remarquait Pierre Matthieu, fut le compagnon du « *duc d'Anjou qui fut son roi et du duc de Guise qui le voulut être* ».

Charles IX, Maximilien de son premier prénom, avait douze ans en 1562. Le « roi morveux » comme on le surnommait alors, régnait également sur cette cour enfantine. Alexandre, le duc d'Anjou, le futur Henri III, avait alors dix ans et demi. La préférence que lui accordait Catherine de Médicis nourrissait la jalousie de l'aîné. Hercule François, le duc d'Alençon, avait l'âge d'Henri, neuf ans, et le jeune Henri de Guise treize ans. Marguerite, la « promise » d'Henri, avait le même âge que lui. Mais Henri, nous dit-on, préférait déjà une autre fille, Charlotte de la Tremoille... François de Ségur et Francis de la Rochefoucauld étaient les amis les plus proches d'Henri.

Ces enfants apprenaient ensemble la vie de cour. Leurs relations n'étaient pas toujours idylliques. Tous imbus de leur rang, ils mêlaient aux vanités enfantines les querelles de préséance et de distinction du monde des adultes. La personnalité d'Henri, il est vrai, était déjà très affirmée et, d'après les contemporains, il avait un ascendant certain sur la petite troupe des enfants princiers. Ainsi, en octobre 1561, lors du séjour de Jeanne d'Albret à Saint-Germain, le petit « Vendômet » organisa la mascarade qui scandalisa le cardinal de Ferrare.

Fatalement, les intrigues des adultes rejaillissaient sur ces enfants. La vie de cour reproduisait chez eux les tensions qui existaient entre leurs familles. Sans surprise, une rivalité s'était déclarée entre Henri de Navarre et Henri de Guise, sans doute avivée par l'assassinat, par les huguenots, du père de ce dernier en représailles du massacre de Wassy :

« *Il y a eu une escarmouche en parole et en geste entre le prince de Navarre et le jeune Guise, pour laquelle ils ont été châtiés. Certains pensent que ces deux tempéraments s'accorderont difficilement par la suite.* » (J.-P. Babelon, dépêche diplomatique du 15 mai 1563.)

Très tôt les jeunes nobles devaient apprendre le maniement des armes. Outre que le port de l'épée était un signe distinctif de la noblesse, l'habileté au combat participait à l'honneur et au prestige de la lignée. De hauts faits d'armes avaient d'ailleurs valu aux Bourbons une solide réputation de bravoure. Car les vertus guerrières du jeune noble attestaient aussi de sa valeur morale. Le bon guerrier devait être courageux, loyal, fort et juste dans les combats. Une telle maîtrise de soi exigeait une forme d'ascétisme. De fait, La Gaucherie tenait, tout comme Jeanne d'Albret, à forger à son élève un solide caractère. Selon une tradition rapportée par l'historien Antoine, il le soumettait à un régime spartiate propre à développer ses qualités physiques et morales :

« *Pour se délasser de ses fatigues, le jeune prince passait la nuit tout habillé sur une paillasse, où souvent il dormait mieux que dans son lit ordinaire. Son sommeil était borné à cinq ou six heures. Sa nourriture, par sa frugalité, était parfaitement conforme à ce genre de vie. Les ragoûts et les friandises en étaient totalement exclus. Grâce à cette éducation mâle et nerveuse, Henri fut en état de supporter par la suite des peines excessives et multipliées qu'il eut à souffrir pour conquérir son royaume : aussi avoua-t-il plus d'une fois qu'il avait les plus grandes obligations à La Gaucherie, et que, sans lui, accablé de lassitude, et souvent découragé, il serait resté à moitié chemin, dans des circonstances néanmoins où il n'y avait pas un moment à perdre, et où il s'agissait de sa vie ou de sa couronne.* » (A. Antoine, *La Jeunesse de Henri IV*.)

Les fils de princes recevaient aussi à la cour un enseignement militaire en commun. Dans le cadre de cette petite « académie », Henri révéla bien vite ses qualités de soldat et de capitaine.

Les leçons d'équitation étaient dispensées par François de Carnavalet, au manège des Tuileries. Le maniement des armes était enseigné par M. de la Coste, un ancien lieutenant des gardes du roi. Selon Antoine, Henri fit de tels progrès que La Coste le promut « capitaine ».

Avec le maniement des armes, la chasse constituait le sport noble par excellence. Le roi de France possédait dans ses domaines d'Ile-de-France d'immenses réserves où il avait seul le droit de chasser. Les baillis étaient impitoyables avec les « vilains » pris en flagrant délit de braconnage et les paysans qui défrichaient une parcelle sans autorisation.

Grâce à cette protection draconienne des forêts royales, on y trouvait tout le gibier de haute futaie, cerfs et daims, dont les gentilshommes se montraient particulièrement amateurs.

A proximité, s'étaient naturellement établies la plupart des résidences royales : Chantilly, Fontainebleau, Saint-Germain-en-Laye...

Dans ce domaine, Henri déployait déjà des talents remarquables. Il avait de qui tenir : son ancêtre, Gaston Fébus (1331-1391), comte de Foix et vicomte de Béarn, le plus grand théoricien et praticien de l'art cynégétique de son temps, avait écrit un *Livre de chasse* qui, au XVIe siècle encore, était l'ouvrage de référence sur le sujet et figurait en bonne place dans la bibliothèque du roi de France.

Surtout Henri partageait avec le jeune roi Charles IX le goût du jeu de paume, qui connaissait alors une vogue extraordinaire. On comptait 296 jeux de paume à Paris et toute résidence aristocratique se devait de posséder un terrain couvert pour jouer par tous les temps.

Henri faisait montre à ce jeu d'une adresse redoutable. Il est vrai que les jeux de pelote étaient, et restent, particulièrement populaires dans le royaume pyrénéen. En l'occurrence, ils constituaient un terrain supplémentaire d'émulation pour nos jeunes seigneurs. Selon une anecdote invérifiable de l'historien Antoine, le petit Charles IX n'admettait pas de perdre face au Béarnais : c'était une question de préséance. Quant à Henri, en vertu de son propre titre royal, il refusait de s'effacer volontairement face à son souverain !

Enfin, le jeune prince de Navarre dut aussi apprendre à se vêtir avec goût et magnificence. La nécessité de tenir son rang obligeait en effet les courtisans à soigner leur apparence. Toute parcimonie dans ce domaine était à bannir. Seuls les officiers subalternes et les officiers de l'administration royale gardaient des habits gris ou noirs, gage de leur sérieux et de leur probité morale.

Catherine de Médicis, en bonne Italienne, avait encouragé le goût pour les riches parures, les étoffes précieuses et les couleurs vives et contrastées. Même les hommes se prêtaient au jeu : manteaux de satin pêche avec dentelle d'argent, pourpoints et chausses de satin incarnat, capes de taffetas et velour noir... Sur ce terrain aussi sévissait une brillante émulation : il fallait bien attirer l'attention du roi ou de la reine mère. L'octroi d'une faveur pouvait alors largement compenser pareil investissement. Mais les élus étaient peu nombreux et beaucoup de moralistes accusaient la vie de cour de ruiner les familles.

Les bijoux étaient particulièrement appréciés pour rehausser les tenues. Perles, émaux et pierreries ornaient les chaînes de pourpoint des hommes comme des femmes. Même l'austère Jeanne d'Albret avait à l'époque un collier de diamants estimé à 160 000 écus. Les armes d'apparat, incrustées de joyaux, étaient indispensables au moindre gentilhomme un peu titré.

La cour était le lieu où s'élaboraient toutes les modes, y compris linguistiques. Le prince « provincial » qu'était Henri dut certainement subir à son arrivée les sarcasmes des courtisans. L'accent du Sud-Ouest n'était pas encore au goût du jour. Il existait un véritable « parler courtisan » : on remplaçait systématiquement *e* par *a*, *p* par *b* et parfois *q* par *g* ! Par ailleurs au lieu de prononcer le mot « Français » *Françoué*, on disait *« Francès »*, usage que nous avons fini par admettre...

Henri Estienne a pourfendu dans ses *Dialogues* ces afféteries déplacées au moment même où les humanistes érudits s'efforçaient de normaliser le français à la lumière de la philologie.

A cette prononciation, qui paraissait au peuple ridicule, s'ajoutaient quantité d'italianismes. Là encore Estienne s'est plu à railler ce snobisme dû au prestige de la culture italienne et à l'exemple de la reine mère. Ainsi, on disait par exemple : *« Sa maison est fort discote* (à l'écart), *principalement pour un homme qui est déjà un peu straque* (épuisé)... »

Catherine de Médicis et Henri

Catherine de Médicis, nous l'avons vu, avait laissé à Henri le libre exercice de sa religion dans sa maison. Parallèlement à cette tolérance de façade, elle déployait toute une stratégie d'influence autour du jeune prince. L'éducation qui lui était réservée relevait en effet d'un enjeu stratégique puisqu'elle conditionnerait largement les relations du jeune roi de Navarre, premier prince de sang et futur chef naturel du parti protestant, avec la royauté française.

Or Henri, malgré son tout jeune âge, manifestait déjà un vif esprit d'indépendance, comme l'illustra un jour un concours de sentences, où il proposa celle qu'il préférait et qu'il avait apprise, on l'a vu, auprès de La Gaucherie :

« De toutes les sentences qu'il a apprises, il n'en a affecté pas une tant comme celle qui dit : aut vincere, aut mori (vaincre ou mourir), de laquelle il usa en une blanque (loterie) qui fut ouverte, l'an 1563 et 1564, dans le cloître Saint-Germain de l'Auxerrois, là où par plusieurs fois ce billet fut lu, et emporta plusieurs bénéfices. La reine mère, Catherine de Médicis, voulait savoir de lui-même que c'était à dire, ce qu'elle ne put jamais obtenir de lui, et ne voulut s'expliquer, quoiqu'il ne fût qu'un enfant. Néanmoins elle en savait bien le sens, car elle le sait trop bien assistée ; mais elle défendit de lui en apprendre plus de telles, disant que c'était pour le rendre opiniâtre. »

Cette anecdote évoque un des loisirs favoris de la cour. On allait jouer à la loterie au beau milieu des Parisiens, tirant au sort des maximes au lieu de numéros.

L'inquiétude que Catherine témoigna face à la devise « vaincre ou mourir » que le prince de Viane avait élue était compréhensible. Elle allait à l'encontre du compromis qu'elle cherchait à instaurer entre les factions rivales de la cour. Il fallait donc apprivoiser ce remuant petit Béarnais et lui inculquer les principes de loyauté et de soumission à l'égard de la royauté française. Tous les moyens pédagogiques étaient bons pour ce projet, qui fit notamment l'objet d'une étrange saynète...

Catherine avait en effet gardé de ses origines italiennes un goût pour le théâtre et, en particulier, pour les « pastorales », genre fort prisé outre-monts. Ces idylles bucoliques mettaient en scène, dans un cadre rustique, et derrière des prénoms puisés dans la mythologie ou l'histoire antique, des personnages bien réels. Ces représentations étaient particulièrement appréciées car on y reconnaissait généralement les différentes personnalités de la cour.

Lors du carnaval de 1564, à Fontainebleau, Henri participa à la première pastorale française, *Genièvre*, adaptée d'un épisode du *Roland furieux*. Ecrite par Ronsard sur une idée de Catherine de Médicis, mise en musique par l'organiste du roi Nicolas de la

Grotte et jouée dans des décors somptueux, cette pièce fut un événement culturel considérable. La distribution en était, il est vrai, soigneusement choisie. Henri jouait le rôle de Navarrin, Charles IX jouait Carlin, le duc d'Orléans Orléantin, le duc d'Alençon celui d'Angelot, Henri de Guise Guisin, et Marguerite Margot. On se doute qu'il s'agissait de rôles de composition. L'intrigue était inspirée de l'actualité et faisait implicitement référence au conflit religieux. Le message politique dicté par Catherine était clair : il avertissait des risques d'une guerre civile et préconisait pour tous la loyauté et la fidélité à la personne du roi.

Henri était le premier visé. Une voyante béarnaise l'enjoignait en vers (de Ronsard...) de demeurer un sujet fidèle :

> *Pour ce, jeune berger, il te faut dès l'enfance*
> *Aller trouver Carlin le grand pasteur de France*
> *Ta force vient de lui. Lors suivant mon destin*
> *En France je vins voir le grand pasteur Carlin,*
> *Carlin que j'aime autant qu'une vermeille rose*
> *Aime la blanche main de celle qui l'arrose,*
> *Que les prés les ruisseaux, les ruisseaux la verdeur*
> *Car de son amitié procède ma grandeur.*

On se doute bien qu'à travers la personne d'Henri, c'étaient en fait Jeanne d'Albret et le parti huguenot qui étaient visés.

La reine mère commença par octroyer une charge honorifique au prince de Viane. Il fallait bien rehausser quelque peu les Bourbons par rapport aux Montmorency et aux Guises. Par lettres patentes du 26 décembre 1562, elle attribua à Henri la charge de lieutenant général du roi et gouverneur de Guyenne. Mais, parce qu'Henri n'était pas en âge d'exercer cette fonction, Catherine désigna peu de temps après un nouveau lieutenant général à cet office. Or ce fut Blaise de Monluc, hobereau gascon, féroce capitaine catholique. Jeanne d'Albret protesta vainement contre ce choix qu'elle considérait comme un affront. Catherine ne voulait pas prendre de risque en nommant un huguenot dans une région aussi sensible.

Une autre fois, elle fit signer à Henri, à peine âgé de dix ans, un texte condamnant l'entrée dans le royaume des reîtres appelés par le prince de Condé, chef du parti protestant et oncle d'Henri. Jeanne d'Albret réagit une nouvelle fois auprès de la reine mère, se plaignant de ce que l'on entretenait son fils dans « *la haine de l'Eglise réformée* ».

Au-delà de son apparente bienveillance, Catherine tenait donc le jeune prince en otage.

L'initiation d'un prince

Néanmoins Henri sut toujours tirer le meilleur parti de sa situation et comprendre ce qui lui convenait. L'étude restait pour lui « l'œuvre d'un prince trop inactif », comme il l'écrivit un jour au bas d'un dessin, « *opus principis otiosi* ». Car l'intelligence d'Henri était d'abord celle de l'action, ainsi qu'il le reconnut, à l'âge de quinze ans, devant une assemblée de notables :

« Je ne me suis pas tant étudié pour parler comme vous ; mais je vous assure que si je ne dis pas assez bien, je ferai mieux, car je sais beaucoup mieux faire que dire. »

S'il était, comme en atteste Sully, l'homme d'une honnête culture. *(« Quant aux sciences et gentils exercices, il savait assez bien l'histoire des hommes illustres, celle de France et de quelques autres Etats, entendait bien le latin, assez bien l'espagnol, l'italien, et les mathématiques, pour ce qui regardait la mécanique des fortifications, bâtiments et ordre de milice. »),* le crédit en revient à son premier précepteur. La Gaucherie avait su initier aux connaissances de l'esprit un enfant pourtant plus porté aux défoulements du corps qu'aux exercices de méditation. Sans lui, Henri, par son naturel résolument extraverti, serait peut-être tombé dans le travers de bien des hommes d'action, le mépris de la vie intellectuelle. Henri en savait assez pour connaître les règles du jeu de l'esprit et pour user en maître d'une redoutable rhétorique, pour ne pas être dupe non plus des ruses et des exaltations de l'intelligence propres à son époque.

C'est aussi que la succession de ses trois autres précepteurs a largement déterminé chez Henri un rapport particulier aux choses de l'esprit, à la fois respectueux de l'intelligence et méfiant face à toute habileté intellectuelle excessive.

Si La Gaucherie fut idéalement cet équilibre qu'un Montaigne n'aurait pas désavoué, ses successeurs représentèrent, aux yeux de l'adolescent, les trois pièges de l'esprit auxquels l'époque était confrontée : l'exaltation mystique des sciences occultes (Palma-Cayet), l'exaltation érudite (Florent Chrétien) et l'exaltation théologique (Jean-Baptiste Morély). Sans doute le jeune Henri, qui n'était pas un contemplatif ni un intellectuel, ne pouvait-il se formuler de telles remarques, mais les leçons de ses trois derniers maîtres lui inspirèrent certainement une connaissance intuitive de ces exaltations et de leurs risques en même temps qu'une défiance à leur égard.

Inversement, si l'influence pédagogique et intellectuelle de La Gaucherie a été prépondérante, c'est en raison du lien affectif de l'élève et du maître. Les années à la cour furent pour Henri, orphelin de père et éloigné de sa mère, des années de détresse et de solitude affective, dans un milieu inconnu et hostile. Tout montre que La Gaucherie joua durant ces années charnières un rôle presque paternel.

On n'a pas assez insisté sur ce point : Henri, en vivant à la cour de France, a certainement fait l'expérience de la pauvreté, non pas, bien sûr, de la pauvreté matérielle, mais d'une forme de pauvreté sociale, celle de l'enfant seul, sans défenseur face à ce pouvoir autour duquel tout tourne. Ce fut sans doute la conscience de ne plus être le seul vrai prince, d'être un parmi les autres, désarmé, petit provincial soudain confronté aux règles subtiles du jeu courtisan. Cependant, éloigné de toutes ses références habituelles, privé de sa mère, Henri restait « de bonne maison », et sut tirer parti de ce qui était un véritable bouleversement de son univers d'enfant.

Il apprit d'abord à maîtriser les indispensables codes sociaux qui régissaient les élites nobiliaires de son temps. Il dut exercer, par nécessité, sa capacité d'adaptation, sachant désarmer par un sourire et par sa bonne grâce les jugements critiques, mais acceptant volontiers le jeu des rivalités et des compétitions.

Cette faculté d'adaptation ne se constitua pas, on l'a vu, au détriment de son affirmation personnelle, elle la renforça au contraire. Henri ne changea pas son accent béarnais et dut, on s'en doute, affronter quelques quolibets. L'expérience de la cour rejoint là celle de l'enfance béarnaise : Henri apprit très tôt la nécessité de se confronter à autrui, développant une vive intelligence des rapports de force.

Tout cela lui donnera une sensibilité sociale exceptionnelle : Henri pouvait comprendre aussi bien un paysan (il lui arriva par la suite, devenu roi, de se déguiser en paysan) qu'un noble ou un grand seigneur.

Il eut même une certaine connaissance des références des élites administratives grâce à sa scolarité au collège de Navarre. Cette vie collégienne lui fut probablement pour lui une brève initiation à la société bourgeoise. Henri fut le dernier enfant royal à suivre, ne serait-ce que partiellement, un enseignement commun dans un collège. Par la suite, l'éducation des princes se fit exclusivement par le système du préceptorat.

On le voit, il y a dans cette formation initiale d'Henri enfant et jeune adolescent une première appréhension des réalités politiques de sa vie future.

C'est bien sûr la sensibilisation, grâce aux textes des Anciens, à la vie des hommes illustres, aux aléas de leur destinée comme aux vertus théoriques, toutes littéraires, de leur caractère.

C'est, à la cour, l'expérience de la dissimulation, face aux pressions plus ou moins explicites que l'on exerce sur lui.

C'est également la première expérience de ce qui est à l'époque la scène de la vie politique française. De ce point de vue, le pari de Catherine de Médicis est réussi : elle a fait d'Henri un jeune prince français, et ses ambitions seront françaises avant que d'être navarraises. Ses points de comparaison seront les autres jeunes princes de la cour de France et c'est vers la cour de France que, désormais, il ne cessera de regarder.

Une intelligence et une pratique précoce des rapports de force, l'acquisition des codes sociaux les plus divers, une solide formation générale et rhétorique : on n'est pas loin de la définition du parfait viatique pour un futur politique.

Chapitre 4

L'APPRENTI POLITIQUE

Une adolescence politique : ainsi apparaissent les années 1564 à 1569. Années d'initiation, sous la coupe impérieuse et protectrice de Catherine de Médicis, à la vie de cour et à ses intrigues, années de découverte du royaume, puisque la reine mère organise pour le dauphin, de 1564 à 1566, un voyage extraordinaire à travers un pays en pleine effervescence, un véritable tour de France royal. Puis ce sera l'association étroite, par Jeanne d'Albret, du jeune Henri à la gestion des possessions familiales : il faut préparer l'adolescent (Henri avait treize ans en 1566) à son futur métier de roi – au moins pyrénéen.

C'est ainsi que le jeune prince de Navarre fait son entrée sur la scène politique nationale. Et si la bataille de Jarnac, en 1569, ne constitue pas vraiment la première épreuve des armes, elle conduit du moins, après la mort de son oncle Condé, à l'investiture d'Henri comme chef symbolique du parti huguenot. Ce sera, en tout cas, son baptême du feu politique.

Un royal tour de France

Après un an de guerre ouverte, l'usure des deux camps permet à Catherine de reprendre la situation en main : les principaux chefs ont été éliminés, en particulier François de Guise (tué devant Orléans).

Le 19 mai 1563, l'édit d'Amboise établit une nouvelle paix dans le royaume. Les conditions de ce nouvel édit se révèlent d'ailleurs assez sévères pour les Réformés. Le culte protestant n'est autorisé que dans les maisons seigneuriales de seigneurs hauts justiciers, pour leur famille et leurs sujets, et dans celles des seigneurs possédant simple fief, pour leur famille seulement. Le libre exercice du culte n'est admis que dans une seule ville par bailliage ou sénéchaussée, dans les faubourgs, à l'extérieur des enceintes urbaines. Enfin, le culte protestant est interdit à Paris, ville royale.

C'est trop ou pas assez selon les clans. L'édit d'Amboise vise à maintenir une coexistence pacifique entre les deux cultes, laquelle ne peut être viable sans la garantie du pouvoir royal. Il faut donc manifester à tous la permanence de la royauté et Catherine de Médicis imagine d'organiser, pour la première fois dans l'histoire, un véritable tour de France royal destiné à offrir la présence du roi à l'ensemble des Français.

Certes, durant le haut Moyen Age, les rois de France allaient de domaine en domaine sans avoir de capitale et l'ensemble du gouvernement se déplaçait avec les monarques. Au XVIᵉ siècle encore, on l'a vu, la cour allait fréquemment d'une résidence à l'autre.

Jamais, pourtant, un souverain n'avait organisé une visite systématique de son royaume.

Il est évidemment très difficile de recueillir des données chiffrées fiables sur le train du roi de France. Les historiens évoquent le chiffre incroyable de 15 000 chevaux pour transporter la cour! C'était, quoi qu'il en soit, la plus grosse suite jamais réunie. 15 000 chevaux devaient former une caravane sur 4 à 5 lieues. À une époque où seulement 25 villes françaises dépassaient les 10 000 habitants, c'était une véritable métropole nomade qui se déplaçait avec le roi, à elle seule une démonstration de force de la monarchie.

Un tel cortège ne pouvait parcourir plus de 20 à 30 km par jour. C'est à ce train sénatorial que furent accomplis quelque 4 000 à 5 000 km. Il y eut 201 journées de déplacement sur les 829 journées que dura le périple. En quelque 196 étapes le jeune Charles IX put visiter les Français et se faire découvrir d'eux.

L'itinéraire avait été soigneusement établi. C'était en premier lieu un voyage aux frontières du royaume. Celles-ci étaient fort différentes de nos frontières actuelles, en particulier celles de l'Est, fixées à la Meuse lors du partage de Verdun en 843. S'approchant de la Lorraine et s'arrêtant dans la ville de Bar, le cortège traversa ensuite la Bourgogne, province d'Empire passée définitivement aux Valois lors du traité de Crépy en 1544. Vingt ans après, il s'agissait d'affirmer cette possession et de s'assurer de la fidélité de ses habitants. Le roi s'embarqua à Chalon-sur-Saône. La cour descendit la rivière et, après une étape de 5 jours à

Mâcon, parvint à Lyon le 5 juin. L'itinéraire se poursuivit par la vallée du Rhône, Aix-en-Provence et Hyères. De là, la cour repartit vers Arles, Montpellier et Narbonne.

Un tel voyage, tout royal qu'il était, restait une expédition aléatoire et inconfortable. Les routes du xvie siècle étaient de simples chemins vaguement empierrés que les intempéries rendaient vite impraticables. Quand cela était possible, on épargnait à la famille royale les incommodités des chemins en empruntant les voies d'eau : elle descendit la Saône entre Chalon et Lyon, ainsi que, dans la suite du voyage, l'Adour entre Dax et Bayonne. Mais, pendant ce temps, le gros du cortège s'épuisait sur la route, au péril des bêtes et des hommes :

« *Et ce dit jour* (le 12 juillet 1565, au retour de Bayonne), *il faisait si grand chaud qu'il mourut plusieurs personnes et chevaux, à cause de la chaleur, et du long et fâcheux chemin.* » (Abel Jouan, *Recueil et discours du voyage du Roy Charles IX..., 1566*, cité par Boutier.)

En tête du cortège progressaient les cavaliers. Puis venaient les litières et les coches, ancêtres du carrosse, qui commencèrent à se généraliser au milieu du xvie siècle grâce à l'influence italienne. Chevaux et mulets portaient les bagages et les serviteurs de la cour. Enfin, de nombreux marcheurs suivaient le cortège.

Cet inconfort obligeait à de nombreuses étapes pour le repos des hommes et des bêtes.

Chaque étape était soigneusement préparée. Il fallait prévenir les autorités locales de l'arrivée de la cour. Les édiles devaient alors emmagasiner des quantités extraordinaires de vivres et de fourrage pour faire face à cet énorme accroissement de la population. Compte tenu de la précarité des récoltes, toute une région se trouvait mise à contribution. Cela représentait une ponction démesurée sur les marchés, dont les retombées furent du reste dramatiques en 1565, année de mauvaise récolte. Le logement posait des problèmes insolubles aux modestes bourgades traversées. Toutes les maisons étaient souvent requises.

Une autre menace pesait sur la caravane royale : la peste. A partir de Lyon, elle ne quitta plus le cortège. Cette épidémie, venue du midi de la France, s'était déclarée après les ravages de la première guerre civile. La situation était dramatique dans l'agglomération lyonnaise :

« *Ils jettent un grand nombre* (de cadavres) *dans le fleuve, parce qu'ils n'ont pas assez d'argent pour creuser les tombes. Presque une maison sur trois est fermée pour cause de peste. Aujourd'hui, au déclin du jour à dix heures du matin, un homme est resté nu, dans la rue à gémir et agoniser : il n'est pas encore mort. Autour de la ville, il y a les tentes des pestiférés, en plus de ceux qui sont enfermés dans leurs maisons. Le troisième ou le quatrième jour les conduit soit à la mort, soit vers un espoir de guérison, et alors ils sont d'autant plus en danger de mourir de faim, à cause de la peur et du manque d'humanité des gens, qu'ils ont échappé à la peste.* » (Smith, cité par Boutier.)

Si les plus humbles étaient touchés les premiers, les courtisans furent aussi victimes de l'épidémie. Le décès, à Lyon, d'une dame d'honneur de Jeanne d'Albret démontra que personne n'était à l'abri. L'opinion populaire aussi bien que les médecins les plus réputés de l'époque voyaient dans la peste un fléau de Dieu, voulu pour punir une humanité pécheresse :

« *Lorsque il plaît au Seigneur des Seigneurs, et créateur de toute chose, user de ses justes jugements, nulle de ses créatures ne peut éviter sa fureur épouvantable.* » (Ambroise Paré, *Traité de la peste.*)

Cette épidémie, qu'on disait annoncée par saint Jean dans l'Apocalypse, entretenait un climat millénariste. Une chrétienté déchirée, un royaume au bord de l'anarchie, une population décimée par la peste : n'étaient-ce pas les signes de la venue de l'Antéchrist et de la Révélation finale ?

Les fêtes, la pompe officielle ne parvenaient plus à masquer l'angoisse qui commençait à sourdre dans les esprits au fur et à mesure des difficultés du voyage et de la progression de l'épidémie. Catherine de Médicis ne pouvait plus reculer, la cour était condamnée à donner le spectacle d'un dernier bal, d'une liesse générale avant le chaos...

Le jeune Henri était donc du périple. Selon Palma-Cayet, il étonnait par sa prestance :

« *En tout le grand voyage que le roi Charles fit autour de son royaume l'an 1564 et 1565, le prince de Navarre l'accompagna, et se montra courageux à se représenter au rang qui lui appartenait en toute révérence, si bien qu'on ne le pouvait vaincre d'honnêteté ni emporter de bravade, prévoyant toujours le but des actions.* » (Palma-Cayet, *Chronologie novénaire.*)

Surtout ce voyage fut pour Henri l'occasion de revoir sa mère, également conviée au voyage par Catherine de Médicis, non sans arrière-pensées comme en attestent les *Mémoires* de Jeanne :

« *Avec belles promesses et flatteries l'on m'attire à la cour au voyage de Lyon, m'assurant et promettant rendre satisfaite et contente de tant de plaintes que j'avais ci-devant faites de Monluc, et autres mes affaires.* »

C'est sur la Saône, lors de l'étape de Mâcon, que la reine de Navarre rejoignit le convoi royal. Elle arriva le 1er juin, « *accompagnée de près de deux cents chevaux, de toutes sortes gens de sa maison et autres* ».

Ce fut une mère fanatiquement acquise à la cause protestante qu'Henri retrouva. Dans sa suite se trouvaient huit ministres calvinistes, tout de noir vêtus, comme leur maîtresse, et, dès l'annonce de l'arrivée de la reine de Navarre, se forma un attroupement de douze cents huguenots. Les incidents que l'on pouvait craindre ne se firent pas attendre : le lendemain de son arrivée, qui était jour de Fête-Dieu, occasion particulièrement significative, lors de la procession, des membres de sa suite se mirent à insulter le cortège par « *des gestes belliqueux et paroles insolentes* ». (Abel Jouan, cité par Boutier.)

Devant le scandale, Catherine de Médicis dut prendre à son encontre des mesures autoritaires :

« *On lui a absolument défendu les prêches en cour, et parlé de châtier les gens qui n'avaient fait démonstration de révérence au Saint-Sacrement, quand, le jour de la Fête-Dieu, l'on fit la procession; par où, en celle qui se fit à l'octave, l'on se comporta en sa maison avec toute modestie.* » (Correspondance de l'ambassadeur d'Espagne.)

L'arrivée du cortège à Lyon, où existait une communauté protestante très active, n'arrangea pas les relations entre les deux reines. Jeanne y rencontra Pierre Viret, l'un des théologiens protestants les plus en vue depuis le récent décès de Jean Calvin. Elle devait plus tard le faire venir en Béarn pour diriger le collège d'Orthez.

Reçue par la reine mère le 9 juillet à Crémieu, Jeanne demanda à retourner en Béarn avec son fils. Catherine refusa tout net et l'invita à rester sur ses terres du Vendômois avec une gratification de 150 000 livres en compensation. La reine de Navarre se résolut à quitter son fils le 14 août, non sans avoir fait prêcher une dernière fois. Plus que jamais, Henri demeurait un otage à la cour de France.

Le cortège royal arriva le 17 octobre à Salon-de-Provence, où vivait Michel de Notre-Dame, le célèbre Nostradamus, qui devait mourir l'année suivante. Pierre de l'Estoile rapporta bien plus tard dans son journal la légendaire rencontre entre le devin et le prince :

« Le prince n'avait que dix à onze ans, et était nommé le prince de Béarn et de Navarre, lorsque, au voyage que le roi Charles IX fit en 1564, étant arrivé avec Sa Majesté à Salon de Crau, en Provence, où Nostradamus faisait sa demeure, celui-ci pria son gouverneur qu'il put voir ce jeune prince. Le lendemain, le prince étant nu à son lever, dans le temps qu'on lui donnait sa chemise, Nostradamus fut introduit dans sa chambre, et l'ayant contemplé assez longtemps, il dit au gouverneur qu'il aurait tout l'héritage. " Et si Dieu, ajouta-t-il, vous fait grâce de vivre jusques là, vous aurez pour maître un roi de France et de Navarre. " Ce qui semblait alors incroyable est arrivé de nos jours ; laquelle histoire prophétique le roi a depuis raconté fort souvent même à la reine, y ajoutant, par gausserie, qu'à cause qu'on tardait trop à lui bailler la chemise, afin que Nostradamus pût le contempler à l'aise, il eut peur qu'on voulait lui donner le fouet. »

Le 12 janvier 1565, devant Carcassonne, le cœur du jeune Henri de Navarre s'émeut. La vue des cimes enneigées des Pyrénées lui rappelle la proximité du pays de Foix, terre dont il est le comte. Le cortège royal, remontant vers Toulouse puis Bordeaux, évite soigneusement le Béarn et la Navarre, terres de pleine souveraineté. Il n'aurait pu y pénétrer qu'avec l'autorisation expresse de la reine Jeanne d'Albret, au prix d'inévitables querelles de préséance...

Le cortège royal se rend ensuite de Bordeaux à Bazas où, le dimanche 6 mai, on donne en son honneur *« un combat de taureaux, où des hommes attaquent ces animaux avec de grands aiguillons ».* Cheminant par Captieux, Mont-de-Marsan et Dax, le roi et sa suite embarquèrent à Saubusse pour descendre l'Adour. Charles IX parvint le mardi 29 mai à Bayonne, mais l'entrée solennelle n'a lieu que le 3 juin. Les maisons de la ville ont été décorées de tapisseries et le pavé des rues jonché de verdure. Après la revue des 27 compagnies de la milice bourgeoise de la ville, il franchit à cheval la porte du faubourg de Saint-Esprit, décorée d'un tableau représentant la ville avec, pour devise, une poésie de circonstance (allusion à la devise bayonnaise *Numquam polluta*, en référence à la signification basque, « l'eau pure », du nom de la ville.)

> *Du hault des cieux jadis je fus elue*
> *Pour aux Gaulois rendre fidelité :*
> *Donc, ô mon Roy, titre de non pollue,*
> *Jusques ici sans fléchir où porté.*

Allégories et décorations ponctuaient l'itinéraire du roi. Comme tous les seigneurs de la suite, Henri reçut pour la circonstance une tenue luxueuse aux frais de la couronne, composée d'un casque de velours cramoisi, brodé de larges bandes d'argent, d'un pourpoint et de chausses de satin de même couleur.

Mais cette entrée n'était que le prélude à des festivités prodigieuses. La venue de Catherine de Médicis dans cette partie reculée du royaume ne devait rien au hasard. Il s'agissait d'organiser une entrevue diplomatique avec l'Espagne. Dès 1559, Catherine avait appelé de ses vœux une rencontre au sommet. Philippe II avait décliné l'offre mais accepté le principe d'une entrevue entre sa belle-mère et sa femme, Elisabeth de Valois. Il avait exigé l'absence de Jeanne d'Albret, dont il ne reconnaissait pas le titre de reine de Navarre; quant à l'enfant Henri de Navarre, il n'était pas question de le considérer comme prince de Viane, mais seulement comme premier prince de sang de la maison de France.

Catherine fit apporter à Bayonne d'énormes quantités de victuailles, ainsi que des meubles précieux, des bijoux, des habits, pour les quelque dix-sept jours que devait durer l'entrevue. Charles IX accueillit sa sœur, accompagnée du duc d'Albe, le 14 juin sur la rivière Bidassoa qui sépare les deux pays.

C'est tard dans la soirée du 15 juin que l'ensemble du cortège franco-espagnol fit son entrée dans Bayonne. Des milliers de cierges éclairaient le défilé. A la porte Saint-Léon, les échevins remirent à la reine d'Espagne les clefs de la ville. Elle monta vers la cathédrale Notre-Dame pour assister à un *Te Deum*.

Pendant trois jours ce ne furent que festins somptueux. Charles IX profita de l'affluence pour toucher les écrouelles. Le 19 juin, se déroula une course de bagues. De plus en plus ce divertissement remplaçait avec le carrousel les tournois jugés trop dangereux depuis la fin tragique d'Henri II.

Chaque cavalier, à quatre reprises, lançait son cheval au galop pour enfiler avec sa lance un anneau de bronze placé à l'extrémité d'un poteau. Ce jour-là le prix fut remporté par le sire de la Chastre, gentilhomme du roi, qui reçut en récompense une bague ornée d'un riche diamant.

Le 20 juin, on organisa sur l'Adour un combat naval opposant deux escadres de navires. La nuit venue, un feu d'artifice fut tiré à la grande joie des Bayonnais.

Le 21 juin, les festivités prirent une allure plus religieuse avec les processions de la Fête-Dieu. Mais ces manifestations de piété furent suivies d'un tournoi et d'une mascarade autour du « Château enchanté ». Dans une construction de bois élevée pour la circonstance, plusieurs demoiselles et chevaliers étaient retenus prisonniers. Le scénario reconstituait tout un monde magique où Merlin l'enchanteur côtoyait fées, nains et géants.

Parmi les figurants, Henri de Navarre commandait une bande de six chevaliers vêtus de velours brodé d'argent. Le jeune prince fit une belle composition puisque, à en croire Palma-Cayet, les Espagnols, malgré la haine qu'ils vouaient aux siens, reconnurent sa prestance. Le duc de Medina de Rioseco se serait même exclamé :

« *Me parece este principe o es imperador o lo ha de ser...* »
(Il me semble que ce prince est un empereur ou bien il le sera...)

Pour ce spectacle aussi, Catherine avait veillé au symbolisme de la mise en scène. Merlin avait prédit que seul « *le plus brave et vaillant, qui porta jamais armes* » vaincrait le sortilège. Deux champions furent distingués : Monsieur frère du roi (le duc d'Orléans), qui réussit à vaincre le géant, et surtout Charles IX lui-même, qui seul put entrer dans la tour et délivrer les prisonniers. Le message politique était clair. Seul le roi pouvait terrasser les démons qui menaçaient la paix du royaume. L'ardeur guerrière des nobles paraissait désormais impuissante sans l'intervention royale. C'était donc dans la fidélité à la personne de Charles IX que devaient résider l'unité et la prospérité du royaume.

Le samedi 23 juin, une grande mascarade fut organisée sur l'Adour. Un repas champêtre avait été apprêté sur l'île de Lahonce en amont de Bayonne. Trois cents embarcations y transportèrent les deux cours. Au milieu de cette flotte, un grand vaisseau peint et doré avait la forme d'un château fort.

Tout au long du trajet, les courtisans purent admirer des animaux et personnages fantastiques. On vit, reconstituée, une énorme baleine pourchassée par une douzaine de pêcheurs basques. Après un combat, l'animal laissa jaillir des quantités énormes de vin rouge qui teintèrent les eaux de l'Adour. Plus loin, une tortue de mer gigantesque surmontée de six tritons de drap d'argent attira l'attention du vaisseau royal par un concert de cornets. Puis apparut Neptune lui-même sur un char tiré par trois chevaux. Il fit au roi un discours de bienvenue, trônant sur une grande coquille dorée, bientôt relayé par les chants d'Arion assis sur des dauphins, accompagné de la lyre et suivi de trois sirènes.

Sur l'île, dans une prairie ovale, une grande salle octogonale accueillit les invités du roi loin de la foule des Bayonnais. Des danseurs costumés y représentaient les différentes régions de France. A minuit, après avoir manqué d'essuyer un terrible orage d'été, les courtisans se retirèrent sur les embarcations où ils purent à nouveau admirer les ballets nautiques éclairés par des torches.

Il serait fastidieux de raconter par le menu tous les tournois, mascarades et spectacles qui se déroulèrent encore jusqu'au 1er juillet. Ce jour-là fut organisé le traditionnel échange de présents. Le lendemain Elisabeth de Valois repartit vers l'Espagne. Pendant ce temps, le roi Charles séjournait à Saint-Jean-de-Luz, goûtant aux plaisirs du Pays Basque :

« Il y séjourna huit jours, pendant lesquels il prit plaisir à se faire promener à la grande mer avec des barques, et à voir danser des filles à la mode de basque, qui sont toutes tondues, celles qui ne sont pas mariées, et ont toutes chacun un tambourin fait en matière de crible, auquel y a force sonnettes, et dans une danse qu'ils appellent Canadelles et l'autre le Bendel. »
(Abel Jouan.)

L'entrevue de Bayonne avait aussi été l'occasion de traiter de sujets infiniment plus graves. Lors des entrevues discrètes entre Catherine de Médicis et le duc d'Albe, le bras droit de Philippe II, il fut ainsi question d'un projet de mariage entre Marguerite et l'infant Carlos. Cette proposition française ne reçut aucun écho favorable. Quant aux Espagnols, ils firent des remarques sur la politique religieuse de la reine mère, qu'ils trouvaient trop complaisante avec les huguenots.

Certains historiographes protestants ont affirmé que Catherine aurait arrêté à Bayonne le principe d'un massacre des protestants, faisant de la Saint-Barthélemy une machination suggérée par les Espagnols huit ans auparavant... Henri IV lui-même prétendit bien plus tard avoir surpris lors de cette rencontre des propos espagnols ambigus. Le duc d'Albe aurait déclaré que « *dix mille grenouilles ne valent pas la tête d'un saumon* », évoquant ainsi l'assassinat de l'amiral de Coligny qui, en 1572, devait déclencher le célèbre massacre.

Ce témoignage d'un enfant âgé alors de onze ans est bien fragile, mais, de fait, les marges de manœuvre étaient de plus en plus étroites pour continuer une politique d'équilibre entre les factions.

La cour quitta Bayonne le 2 juillet et prit la direction de Nérac, la capitale du duché d'Albret. Jeanne d'Albret y donna « *quatre jours de gala* ». Elle put enfin retrouver son fils qu'elle n'avait pas vu depuis une année. Mais il lui fallut aussi résister aux pressions de la reine mère qui voulait rétablir la religion catholique en Béarn.

La cour reprit ensuite son chemin, ponctué de plusieurs autres étapes, vers Paris. Jeanne d'Albret devait à nouveau rejoindre la caravane royale à Blois. Elle nourrissait en fait le projet d'enlever son fils de la cour de France et de le ramener en Béarn, quelle que fût l'opposition de Catherine de Médicis.

Jeanne et son fils

Pendant le séjour à la cour de France, qu'elle avait rejointe en janvier 1566, Jeanne entama une véritable reprise en main de son fils. Jusqu'alors elle n'avait pu qu'orchestrer de loin son éducation. Désormais, elle allait elle-même s'employer à lui donner une formation politique pour compléter sa formation intellectuelle et religieuse. Henri devait apprendre « *le métier auquel Dieu l'a appelé; pour après quand l'âge et les moyens lui seront donnés, les employer avec sa vie au service de Dieu, de son roi, et de son sang* ». (Jeanne d'Albret, *Mémoires*.)

A côté des « Miroirs au Prince », ouvrages rédigés pour l'éducation morale des souverains et commentaires d'« exemples », empruntés à la Bible (le roi David) ou à l'histoire ancienne, il fallait une pédagogie concrète des réalités de l'action politique.

Ce fut l'objet de plusieurs voyages en compagnie de Jeanne, durant lesquels elle lui prodiguait de véritables leçons de choses politiques. Elle commença par lui faire visiter ses principaux domaines :

« *La cour revenue à Paris, la reine de Navarre requit sa majesté d'aller voir sa maison de Marle, en Picardie, là où elle mena le prince, son fils, qu'elle menait avec elle.* » (N. de Bordenave, *Histoire de Béarn et de Navarre.*)

Le second voyage lui permit de visiter Vendôme, Beaumont-sur-Sarthe, Sainte-Suzanne et La Flèche...

Le 21 mai, Jeanne fit également visiter à Henri et à sa sœur Catherine les installations de l'imprimeur-éditeur parisien le plus réputé, Robert Estienne (1528-1592). Là, les enfants de Navarre assistèrent à toutes les étapes de l'impression d'un livre et Jeanne improvisa à cette occasion un quatrain :

> *Art singulier, d'ici aux derniers ans*
> *Représentez aux enfans de ma race,*
> *Que j'ai suivi des craignant-Dieu la trace*
> *Afin qu'ils soient des mêmes pas suivants.*

Robert Estienne y joignit une réponse sous forme de sonnet puis en fit un imprimé qu'il distribua aux membres de la famille. La leçon de Jeanne était claire : « l'art singulier » de l'imprimerie devait diffuser la parole religieuse et royale. Henri ne l'oublierait jamais.

Jeanne profita aussi de son séjour à Paris pour régler une affaire de famille particulièrement épineuse. L'oncle d'Henri, le cardinal de Bourbon (1523-1590), voulait annuler la renonciation qu'il avait faite de ses droits sur certaines terres des Bourbons-Vendôme. Il en avait appelé à la justice royale. C'est pourquoi Jeanne dut intervenir pour que ce patrimoine restât dévolu à son fils. Catherine lui donna satisfaction pour de simples raisons politiques.

Au même moment, d'autres soucis préoccupaient la reine de Navarre. La situation politique et religieuse se dégradait en Béarn et Jeanne méditait depuis longtemps de retrouver son royaume avec son fils, l'arrachant ainsi à la cour de France. Le projet, à en croire Bordenave, était prémédité dès l'origine :

« *Elle se retira en ses pays au-delà de la Garonne, emmenant son fils avec elle, qui estoit le principal dessein pour lequel elle estoit venue en la cour de France.* » (N. de Bordenave, *Histoire de Béarn et de Navarre.*)

Quand Catherine de Médicis apprit la nouvelle, elle laissa éclater sa fureur, appelant Jeanne « *la créature la plus dévergondée du monde* »... (Lettre de l'ambassadeur d'Espagne du 13 février 1567, citée par N.L. Rœlker, *Jeanne d'Albret, reine de Navarre.*)

Passées l'indignation et la fureur face à l'« enlèvement » d'Henri en Béarn par sa mère, Catherine de Médicis ne renonça pas pour autant à sa stratégie de neutralisation de la reine de Navarre par le truchement de son fils. Il lui fallait à nouveau attirer Henri à la cour :

« Ils me voulaient attirer à la cour et mon fils aussi, sous ombre de me voir honorer et me rendre médiatrice entre le roi et ses sujets de la religion réformée, m'alléguant que jamais la paix ne serait bien assurée, parce que le roi et la reine ne pouvaient, comme ils disaient, s'assurer de la bonne volonté de ceux de ladite religion réformée, et par conséquent s'y fier, comme il était nécessaire, ni lesdits sujets en pareil cas de leurs roi et reine et que moi seule avais les parties requises pour cette négociation (...). Voilà de quelle glue étaient frottées les belles paroles, dont on me voulait prendre à la pipée. » (Jeanne d'Albret, *Mémoires*.)

Catherine ne désirait surtout pas que Jeanne et son fils demeurent dans le Sud-Ouest en raison des risques de troubles. Jeanne insistait au contraire sur l'utilité pour son fils de rester en Guyenne afin d'assumer pleinement sa charge de gouverneur du roi dans cette province traditionnellement dévolue à la famille d'Albert. Mais la reine mère ne voulait rien savoir :

« (le) fils était trop jeune pour se mêler des affaires, et qu'il fallait qu'il allât à la cour pour accompagner le roi en ses honnêtes passe-temps, et ne fallait qu'il s'amusât qu'à se jouer. » (Jeanne d'Albret.)

Catherine de Médicis organisa même un complot pour récupérer son petit otage :

« (Le) projet était d'envoyer Jean de Losses, seigneur de Banes, ancien gouverneur de mon fils, vers moi, avec double charge, la voie de douceur et de rigueur, de douceur, dis-je, en paroles et non de fait, car il me devait remplir les oreilles de belles promesses, pour tirer mon fils à la cour, me présentant faveur, honneur et profit. Et parce qu'ils ne craignaient que je percerais jusques au fond de leur malice, et que, découvrant ce sucre, j'y apercevrais l'amer qu'il couvrait, et que, connaissant cela, j'userais en pareilles ruses, leur rendant de belles paroles et assurance d'envoyer mon fils, délayant cependant, la seconde charge de rigueur dudit Losse était d'enlever mon fils d'entre mes bras, ou par cautelle, allant à la chasse, ou par force, s'aidant des moyens

de Monluc, et d'aucuns de mes sujets naturels, dont je fus avertie de divers endroits, dès l'heure que ledit Losses se mit en chemin, lequel fut arrêté par la main de Dieu d'un flux de ventre, qui fut cause que j'eus loisir de penser à me garder. » (Jeanne d'Albret.)

Cette maladie inopinée du ravisseur était – Catherine n'en doutait pas – une intervention divine en faveur de Jeanne...

Lorsque la famille de Navarre arriva à Pau le 1er février 1567, elle découvrit un pays en proie à une grave crise politico-religieuse : une partie importante de la population s'était insurgée contre les ordonnances religieuses de juillet 1566 qui proscri-vaient le culte catholique.

Bien oublieuse de la tradition démocratique de la société béar-naise, Jeanne avait une conception autoritaire du pouvoir royal. Elle estimait que sa souveraineté était une *« puissance que Dieu lui avait déléguée sur ses sujets »*. Il était donc de son devoir de veiller au salut de son peuple.

Non seulement elle réitéra, à son retour, la proscription de la religion catholique mais elle voulut aussi interdire l'usure, les jeux de hasard et d'argent, l'ivrognerie, la débauche et la prostitu-tion. Elle remettait également en cause les prérogatives des Etats de Béarn et les modalités d'accès aux offices :

« Pour donc obéir au commandement du Seigneur (nous devons) satisfaire au devoir et à l'office du chrétien, respondre à la vocation que nous avons de Dieu, procurer tout le salut de notre peuple et sujets, conserver le lien de la police et paix publique en son entier, suivre diligemment l'exemple de nos bons princes et rois, prévenir l'horrible fureur du jugement de Dieu... » (Ordonnance ecclésiastique de 1566.)

Cette conception était si contraire aux coutumes béarnaises qui accordaient aux Etats un large contrôle sur la politique du vicomte, et aux mœurs des Béarnais, trop bons vivants pour ce régime calviniste, que le Béarn se trouva au bord de l'insurrec-tion. La famille de Navarre vivait, à Pau, dans la crainte d'un complot, d'un empoisonnement ou d'un soulèvement. C'est dans ce climat très tendu qu'Henri de Navarre prit les armes pour res-taurer l'ordre.

La pacification de la Basse-Navarre

En Navarre, les résistances à la politique de Jeanne furent particulièrement farouches. D'après les historiographes officiels, il s'agissait d'un complot dirigé en sous-main par les Espagnols :

« Ceux de la Basse-Navarre, conduits par les sieurs de Luxe et de Damesan et quelques autres gentilshommes, voyant la reine, veuve et le prince, son fils, enfant, sollicités par quelques-uns des principaux du Conseil de France, quelques Béarnais et autres malcontents, sous ombre de défendre la religion romaine, (...) les fors, privilèges et libertés tant de Navarre que de Béarn, firent une ligue secrète pour mettre hors du Royaume la religion réformée et chasser quelques ministres qui y prêchaient ». (N. de Bordenave, *Histoire de Béarn et Navarre.*)

Un des capitaines de Jeanne avait même été fait prisonnier :

« Il fut promptement amené par les gentilshommes de la ligue, accompagnés de la populace de Navarre et de Soule qu'ils avaient élevée par un baffroi (tocsin) général. » (N. de Bordenave, *Histoire de Béarn et Navarre.*)

Il fallait réagir :

« La reine pour éteindre le feu de cette sédition avant qu'il fût embrasé davantage, assembla promptement la noblesse et les compagnies des paysans de Béarn, et envoya en Navarre le prince son fils avec quelques pièces d'artillerie. Avec le prince furent en ce voyage les seigneurs de Gramont, de Bénac, de Basillac, de Larborgt, le vicomte de Labadan et plusieurs autres gentilshommes des terres de la reine. » (Jeanne d'Albret.)

Ce fut pour Henri le baptême du feu. Cette première expédition militaire contre une sédition de ses propres sujets était une mission difficile. Il lui fallait montrer de la bravoure, non pas pour combattre, mais pour éviter justement le recours aux armes. En réalité, la manœuvre de Jeanne fut habile. En envoyant l'infant de Navarre, elle forçait le respect de ses sujets :

« Mais mes ligueurs n'ouïrent plutôt le bruit de la levée de ces troupes qu'ils ne se retirassent aux montagnes et Ferrières de la Valcarle. Et pour couvrir leur fuite et ne découvrir leur peu de force, ils faisaient entendre au peuple qu'ils se retiraient seule-

ment pour le respect qu'ils devaient à la personne de leur prince et non pour crainte qu'ils eussent de ses forces. Le prince les poursuivit jusques au-delà de Saint-Jean-Pied-de-Port. » (Jeanne d'Albret.)

Le stratagème avait donc fonctionné, puisque les séditieux s'étaient enfuis du côté espagnol. Face au malaise général de la population, cette expédition ne pouvait pas rester une simple opération de police. Après son départ, les meneurs reprendraient sûrement leur subversion. Aussi Henri, à peine âgé de quinze ans, prit-il une initiative politique assez étonnante :

« *Ne les ayant pu attraper (le Prince) assembla le peuple en un lieu appelé La Camargue où il leur fit remontrer en leur langue par Etchard, qui était de leur nation.* »

Henri ne parlait pas le basque, bien que ce fût la langue de la Navarre. Chacun sait l'extrême complexité de cette langue, qui n'est pas indo-européenne. Le discours qu'Henri tint, grâce à son interprète, fut sa première harangue. Il leur remontra les erreurs qu'ils venaient de commettre :

« *La faute qu'ils avaient faite de suivre les chefs de cette séditieuse ligue, qui, au premier vent de l'arrivée des forces de la reine, sa mère, s'en étaient fuis, intimidés de leur propre conscience et faute et combattus par leur même faiblesse, plus que par ses forces, les ayant laissés misérables en proie et à la merci de l'avarice et cruauté des soldats étrangers, si par l'exprès commandement de la reine, sa mère, il ne leur tenait la bride, laquelle comme la mère faisait ses enfants, les aimait plus puissants que faibles, vifs que morts, riches que pauvres et convertis que subvertis; et ne tiendrait qu'à eux qu'ils ne jouissent d'un long, assuré et libre repos. Que ceux-là semblaient dignes de quelque excuse qui, leur étant refusé l'accès vers leur prince pour lui présenter leurs doléances et étant traités plutôt en esclaves qu'en sujets avec toute injustice, tyrannie et cruauté, étaient contraints de recourir aux armes, pour la défense de leurs vies, patrie et libertés, mais qu'eux ne s'étant jamais présentés à leur reine sans avoir reçu d'elle toute bénigne audience et appointement aussi favorable que la loi, les fors et la raison lui permettaient, étaient plutôt entrés en une volontaire sédition que contrainte défense et s'étaient rendus indignes de toute excuse, et dignes plutôt de punition que de commisération, de peine que de pitié, de supplice que de grâce.* »

Après ces propos comminatoires et l'inévitable dénonciation d'un complot de l'étranger venaient des considérations plus clémentes, au moins pour ceux qui rentreraient dans le rang :

« *Mais qu'il espérait que sa venue les rendrait plus sages et plus avisés, et leur ferait mieux considérer les horribles maux qui talonnent une sédition auparavant de la commencer, et ne se laisseraient une autre fois tromper si facilement à ceux qui cherchaient d'exécuter leurs passions (et affections) à leur dépens et s'agrandir par leur ruine et par la désolation de leurs misérables familles ; et sous couleur de défendre la liberté publique les voulaient finement mener captifs en la servitude d'un autre prince qu'ils ne connaissaient point, ou, comme il était vraisemblable, eux-mêmes se voulaient rendre leurs tyrans ; et sous ombre de religion les distraire de la fidèle obéissance que la religion enseignait de rendre aux supérieurs.*

Toutefois qu'ils s'assurassent que tout ainsi que leurs pères avaient jadis expérimenté la bénignité, clémence et bénévolence des rois, ses prédécesseurs, que la reine, sa mère, et lui, qui descendaient de droite ligne des premiers rois de Navarre, ne se laisseraient jamais surmonter à eux en justice, bonté ou bonne volonté en l'endroit de leurs sujets. Et s'ils se montraient bons sujets, la reine se montrerait encore meilleure princesse, et n'altérerait leurs privilèges, fors, coutumes et libertés ni les forcerait en leur religion (attendant que Dieu par sa grâce les appelât à la connaissance de sa vérité, comme il l'en priait très humblement) et leur promettait qu'encore qu'il fût très bien assuré de la bonne volonté de la reine, sa mère, en leur endroit, il leur servirait néanmoins de bon avocat et meilleur ami envers elle, et voulait qu'en toutes leurs affaires ils s'adressassent à lui sans honte ni crainte de l'importuner, et ils connaîtraient par effet quelle était l'affection qu'il leur portait, et ne se pourraient jamais plaindre qu'ils les eut trompés ou repus de la fumée de la cour, comme faisaient plusieurs, qui après avoir longtemps entretenu les poursuivants de vaines espérances et reçu force présents les renvoyaient sans rien. » (N. de Bordenave, *Histoire de Béarn et Navarre*.)

Ce morceau d'éloquence témoignait déjà des qualités politiques d'Henri. Sa rhétorique était simple et bien articulée. L'occasion lui permettait aussi de mettre en avant sa propre personne comme intermédiaire privilégié avec la reine.

Selon l'historien de l'époque Bordenave, le discours fit une forte impression. Le peuple n'avait pas l'habitude d'entendre un enfant – même royal – parler avec une telle assurance :

94

« *Le peuple prêta attentivement l'oreille aux remontrances de ce jeune prince et avec grandes acclamations promit d'être à l'avenir plus fidèle et ne faire plus rien au déservice de leur reine et d'être plus avisés pour ne se laisser piper par ceux qui, sous un prétendu zèle de religion et de la vindication de leurs fors et coutumes générales, prétendaient finement leur particulière grandeur et vindicte de leurs mécontentements.* »

Trois jours plus tard, Jeanne d'Albret alla à Saint-Palais présider la séance des Etats de la Basse-Navarre : elle prononça un pardon général, à l'exception de trois meneurs qui furent pendus... Malgré la réussite de cette campagne de pacification, la Navarre, rétive à la Réforme, demeura un terreau favorable au parti catholique.

La bataille de Jarnac

En ces temps de guerres de religion, les édits se succédaient mais n'étaient guère appliqués, fournissant ainsi des prétextes pour de nouvelles hostilités.

Le 25 août, le prince de Condé prononça un manifeste où il dénonçait les manquements au dernier édit signé, l'édit de pacification de Longjumeau (23 mars 1568). Une armée huguenote se formait déjà, annonçant de nouveaux combats.

Les tensions s'exacerbaient sur l'ensemble de la France. Catherine était en proie aux mêmes affres que Jeanne. Chacune devait faire face à une agitation politico-religieuse menée par le camp adverse.

Jeanne témoigne, dans ses *Mémoires*, de son hésitation en ces circonstances difficiles :

« *Je pris loisir d'entrer jusques au plus profond cabinet de ma conscience (...). Et cette conscience, ce qui l'incitait le plus était mon fils étant déjà grand et sinon pour porter les armes, au moins pour devoir être à l'école militaire, (...) et qu'il me faisait grand mal de voir en cet âge parmi les femmes; (...) car le plus grand désir que j'aie jamais eu, ça a été qu'il sacrifiât ses prémices d'armes pour la gloire de son Dieu, le service de son roi et le soutien de sa patrie, et le devoir au sang dont il est issu (...) C'est alors que, vraiment, j'eus la guerre en mes entrailles et, toutefois, je suis demeurée enfin victorieuse par la grâce de mon Dieu... »* (Jeanne d'Albret.)

Animée par cette pulsion de guerre « *en ses entrailles* », convaincue d'être l'instrument de Dieu, Jeanne résolut d'accompagner son fils auprès de son oncle le prince de Condé et de l'amiral de Coligny. Ils quittèrent Nérac le 6 septembre pour rejoindre l'armée huguenote qui se trouvait en Saintonge.

Catherine de Médicis tenta de négocier une nouvelle fois avec la reine de Navarre. Elle envoya un médiateur pour la dissuader de se joindre à l'insurrection. C'est Henri lui-même qui porta la contradiction au messager de la reine mère :

« *Quand M. de la Mothe demanda à mon fils pourquoi il était parti de chez nous, et s'allait mêler en ces troubles, mon dit fils, avec la promptitude de l'âge et du pays lui répondit que c'était pour épargner le drap du deuil du premier, que, mourant tous ensemble, ils n'en auraient point de besoin, et que c'était la raison pour quoi il allait trouver Monsieur son oncle, pour vivre et mourir avec lui... Je crois que ledit La Mothe lui fit cette harangue à l'improviste pour le cuider* (juger) *si sot et si jeune qu'il fût là sans savoir pourquoi. Il lui donna bien à connaître le lendemain qu'il n'ignorait point qui était le tison et le flambeau qui embrasait et allumait la France. Car ayant plaint du ledit La Mothe de ce feu, il lui dit qu'il entreprendrait de l'éteindre avec un seau d'eau. La Mothe ne l'entendant point, lui demanda pourquoi. Il répondit : " En le faisant boire au cardinal de Lorraine jusques à crever ! "* » (Jeanne d'Albret.)

De telles reparties manifestaient, à en croire Jeanne, l'intelligence et la vivacité de l'enfant :

« *Je n'ai écrit ici ces deux contes de mon fils pour le vanter, ni me rendre historiographe de ses actes, mais pour faire connaître à chacun (...) que ce n'est point son imbécillité, comme ils disent, qui l'a laissé surprendre en cette cause. Si à l'âge de quinze ans, il était encore imbécile, ce serait une mauvaise espérance de lui à l'avenir, ce que, Dieu merci ! personne n'a de lui (...). Et l'on voit bien que le zèle qu'il a plu à Dieu lui mettre dans le cœur de sa gloire, le service de son roi, auquel il n'est pas si enfant qu'il ne sache quel devoir il doit, et l'amitié des siens si proches, sont les trois cordes qui l'y ont tiré.* » (Jeanne d'Albret.)

Ce triple argument du devoir envers Dieu, le roi et le sang familial, était implacable. C'était désormais aux armes de parler...

La suite de la reine de Navarre arriva à Cognac le 23 septembre, où elle rejoignit l'armée menée par le prince de Condé.

Le 28, ils firent une entrée solennelle à La Rochelle. Cette ville était la citadelle du protestantisme français. Aussi les magistrats réservèrent-ils l'accueil le plus chaleureux à Jeanne et à son fils. C'est Henri qui répondit à leur harangue, avec « *plein de gaillardise de cœur et gentillesse d'esprit* ».

Mais Jeanne d'Albret, si éprise de pureté religieuse, si ferme dans sa volonté de faire triompher son idéal, n'en était pas moins femme. Au moment de la séparation, la mère parut un instant l'emporter sur la reine :

« *Je livrai là, écrit-elle, mon fils, entre les mains de Monsieur son oncle, afin que sous sa conduite et à l'école de sa prudence et vaillance, il apprît le métier auquel Dieu l'a appelé... Ceux qui ne me connaissent que mère et par conséquent femme, ou mon fils que pour enfant, nourri délicatement et doucement avec moi, jugeront que, à ce départ de lui et moi, il y eut, selon la proximité, le sexe et l'âge, beaucoup de larmes. Mais, afin de faire paraître à un chacun de quelle affection je l'ai consacré à une si excellente œuvre, et de quelle allégresse il y est allé, je dirai que la joie qui, d'un côté et d'autre, riait en nos yeux, était ouverte en nos visages, de telle façon que le contentement de s'abandonner l'un l'autre pour telle occasion, surmontait toutes les difficultés que le sexe, l'âge et le sang y eussent apportées... Il partit et je suis demeurée à La Rochelle, privée du plaisir de mes maisons, mais encore trop heureuse et contente de pâtir pour mon Dieu !* » (Jeanne d'Albret.)

La guerre au XVIe siècle était faite de deux types de combats : la guerre de siège et la bataille rangée. La guerre de siège faisait partie de l'ordinaire de la guerre, ponctuée par la prise de places fortes : chacun occupait des villes stratégiques que l'adversaire cherchait à reprendre. Les sièges n'étaient pas spécialement spectaculaires : bien souvent une trahison ou l'usure des réserves de l'assiégé étaient les moyens les plus efficaces pour les assaillants. Ils n'en étaient pas moins dangereux comme l'avait illustré la triste fin d'Antoine de Bourbon.

Les batailles rangées étaient plus rares. Elles étaient particulièrement appréciées des nobles car cette forme de combat convenait bien à la tradition chevaleresque. C'était de fait pour eux le meilleur moyen de montrer leur vaillance et leur bravoure. Les conceptions médiévales étaient encore vigoureuses au XVIe siècle. Certes, les armes à feu avaient profondément changé les données du combat. Les canons (bien que peu mobiles) parvenaient à casser une charge de cavalerie, ne serait-ce qu'en effrayant les chevaux. Les arquebusiers, groupés en carré, pouvaient, grâce à leur fréquence de tir, tuer les cavaliers à distance. Cela ne valait cependant que par beau temps, car la pluie rendait vite impossible la mise à feu des arquebuses.

A l'instar de Blaise de Monluc, les nobles déploraient ces méthodes nouvelles qui privilégiaient l'efficacité plutôt que l'honneur. Pour eux, les batailles rangées devaient rester des « ordalies », des jugements de Dieu où, les deux armées s'affrontant loyalement, la main de Dieu déterminait l'issue du combat.

Les préparatifs de la guerre allaient bon train des deux côtés. Le commandement de l'armée royale avait été confié au duc d'Anjou, le frère du roi (le futur Henri III). Agé de dix-huit ans, il était aidé par des chefs de guerre confirmés qui s'étaient répartis les différents corps de la troupe : l'avant-garde et la « bataille », c'est-à-dire l'infanterie et l'arrière-garde. Pendant que cette armée s'organisait à Orléans, d'autres forces étaient demeurées auprès de Charles IX et une troisième armée se dirigeait vers Metz pour empêcher les reîtres allemands d'entrer dans le royaume et de se joindre aux huguenots.

Tous ces préparatifs se faisaient dans une atmosphère mystique. Comme le voulaient les usages royaux, on ramena, en une procession entre l'abbaye de Saint-Denis et la Sainte-Chapelle, les restes des martyrs saint Denis, Rustique et Eleuthère. Le cardinal de Lorraine et le duc d'Anjou en conduisaient le cortège, comme chefs spirituels et guerriers de l'expédition. A la Sainte-Chapelle, Charles IX fit une oraison puis plaça les insignes royaux sur l'autel, à proximité du corps des martyrs. Ils resteraient là, sous cette sainte protection, jusqu'à la victoire du roi.

Du côté des protestants, il y avait beaucoup moins de cérémonial et plus d'improvisation. Armée temporaire et hétéroclite, elle offrait un aspect de plus en plus débraillé au fur et à mesure que l'on s'approchait de l'hiver :

« Les piétons dauphinois, languedociens et autres (...) venus en un climat du tout différent au leur, et au plus profond de l'hiver, étaient contraints de se nourrir d'autres, et du tout différentes viandes, que celles de leur pays. Ce qui leur causa tant de flux de ventre, fièvres lentes et autres maladies, joint les pauvres habits qu'ils avaient, que ce désastre en emporta plus de quatre ou cinq mille, quelque peine qu'on pût mettre en Poitou pour les secourir en leurs maladies, et plus beaucoup qui se tirèrent les uns de la garnison, pour suivre leurs métiers, et les autres se débandèrent,

qui çà, qui là, pour aller revoir leurs maisons : du foyer desquelles puis après il fut impossible de les tirer. » (Henri de la Popelinière, *La Vraye et Entière Histoire de ces derniers troubles...*)

Mal payés, les soldats huguenots se servaient sur le pays et Henri dut être le témoin de massacres horribles, perpétrés par une armée affamée et impatiente d'en découdre avec les troupes royales. Pour entretenir tant bien que mal les 15 000 hommes environ qui composaient cette armée, Jeanne d'Albret, le prince de Condé et l'amiral de Coligny décidèrent de saisir les biens ecclésiastiques de la région et de prélever un impôt à La Rochelle. Mais, pour affronter les 26 000 soldats catholiques, les huguenots espéraient le renfort de troupes venues du Languedoc ou d'Allemagne.

Pendant tout l'hiver, les deux armées cherchèrent en vain à engager le combat. Le 22 décembre, les troupes adverses s'étaient croisées à Loudun, mais le combat n'était pas possible à cause du verglas qui paralysait la cavalerie. Il fallut attendre le début du mois de mars pour que commence une bataille décisive.

L'armée protestante, voulant rejoindre les renforts venus du midi, quitta Niort pour Saint-Jean-d'Angely, Saintes et Cognac. Le 4 mars, elle repartit pour prendre la petite ville de Jarnac qui commandait un pont sur la Charente. On disait l'armée royale toute proche. Les troupes huguenotes étaient dispersées en divers lieux entre Cognac, où logeait Condé, Jarnac où se trouvait Coligny et Bassac, où stationnaient 800 cavaliers pour barrer la route aux troupes royales. Cette dispersion, qui devait s'avérer fatale, était chose ordinaire : c'était le seul moyen de loger et de nourrir une armée aussi importante au XVIe siècle.

Les troupes royales se tenaient à Châteauneuf, sur la rive gauche de la Charente. Dans la nuit du 12 au 13 mars, le duc d'Anjou fit construire un pont et passer toute son armée sur la rive droite.

Coligny ne fut prévenu que trop tardivement de cette manœuvre audacieuse et dut engager le combat à Bassac contre les troupes de Guise et Montpensier dans de très mauvaises conditions.

Condé avait installé Henri de Navarre et son propre fils à Cognac. Averti de l'engagement militaire, il laissa en cette place d'importantes troupes pour la sécurité des jeunes princes et vola au secours de l'amiral de Coligny. Malgré le contrordre de ce dernier, il se lança dans la bataille avec quelques cavaliers et fit preuve d'un courage exceptionnel :

« Il arriva que ce prince, mettant son casque, un coursier du comte de la Rochefoucault lui met l'os de la jambe en pièces, qui perçait la botte. Il montre ce spectacle aux plus proches, et leur ayant dit : " Voici, noblesse vraiment française, ce que nous avons tant désiré. Allons achever ce que les premières charges ont commencé, et vous souvenez en quel état Louis de Bourbon entre au combat pour Christ et sa patrie. " Répondant à la devise de sa cornette, qui animait un Curse romain de ces mots : " Doux le péril pour Christ et le pays. " Achevant ces paroles, il baisse la tête et donne à huit cents lances, dans lesquelles sa troupe parut peu. » (Agrippa d'Aubigné, *Histoire universelle.*)

Cet assaut de Louis de Condé fut suicidaire :

« (Il) se mêla de telle furie qu'il renversa et fit reculer tous ceux qui l'osèrent attendre; jusques à ce que son cheval blessé, l'eut versé par terre, ne pouvant faire le devoir qu'il eut bien souhaité : car les dernières troupes françaises, pour soutenir les premiers qui reculaient ce reste mêlèrent si furieusement parmi les protestants, que la grande partie d'iceux restèrent sur place ou morts, ou fort blessés. Mêmement, monsieur le prince de Condé qui se vit aussitôt dessous son cheval, qui n'en pouvait plus, pour les coups qu'il avait reçus : de sorte, que pour n'avoir été suivi des siens qui le devaient rafraîchir d'un second cheval et mêmement ainsi que tout secours lui défaillait pour lui aider à se relever, fut contraint de céder à la force et au grand nombre des catholiques qui survenaient file à file. » (Henri de la Popelinière, *La Vraye et Entière Histoire de ces derniers troubles...*)

C'est alors que survint le drame :

« Le bruit étant par l'armée des ennemis que ledit seigneur prince était prisonnier, y accoururent plusieurs, entre lesquels un nommé Montesquiou, capitaine des gardes de monsieur frère du roi, s'y trouva, lequel par-derrière lui donna un coup de pistolet dans la tête, qui sortit au-dessous de l'œil, dont ledit prince mourut. » (Jean de Serres, *Mémoires de la troisième guerre civile et des derniers troubles en France.*)

C'était là un véritable assassinat, car le prince de Condé mourait, victime d'un geste de lâcheté au mépris de la parole donnée.

En effet, le code d'honneur qui régissait les combats protégeait la vie des seigneurs. Le plus souvent, on faisait des prisonniers en vue d'obtenir des rançons : ce traitement était appliqué aux grands, ceux dont la vie pouvait se monnayer très cher, et non à la piétaille qui ne valait rien... Une pyramide érigée à l'est du village de Triac perpétue le lieu présumé de cette mort.

Ainsi la haine avait pris le dessus sur les principes traditionnels de la noblesse. Le sort réservé à la dépouille de Condé ne fut guère plus honorable :

« Son corps fut chargé sur une vieille ânesse qui se trouva là à propos, plus par dérision que pour autre sujet ; et fut porté ainsi, bras et jambes pendantes, à Jarnac, en une salle basse, sous celle de Monsieur, et sa chambre, où ledit prince le jour avant avait logé (...).

Ledit prince demeura assez en spectacle à tous ceux du camp qui le voulurent aller voir ; puis M. de Longueville, son beau-frère, en demanda le corps à Monsieur, pour le faire ensevelir, ce qui lui fut octroyé librement. Il fut fait de lui cette épitaphe :

> *L'an mil cinq cent soixante-neuf,*
> *Entre Jarnac et Châteauneuf,*
> *Fut porté mort sur une ânesse,*
> *Celui qui voulait ôter la messe. »*
> (Brantôme, *Grands Capitaines français*.)

Dans cette guerre civile et religieuse, le camp adverse, parce qu'hérétique, se voyait refuser tout geste d'humanité. Les interdits qui entouraient les dépouilles mortelles n'avaient plus cours. Une étape nouvelle dans le déchaînement de la violence avait été franchie lors de la bataille de Jarnac.

A la tête des protestants

Henri de Navarre et son cousin, Henri d'Enghien (désormais de Condé), n'avaient pas participé à cette bataille. Malgré la déclaration provocante d'Henri, on avait joué la sécurité des princes.

Jeanne d'Albret, sous le coup de la nouvelle de la défaite et de la mort de Condé, écrivit à son fils pour le réconforter :

« Je sais, mon fils, que Dieu vous a donné assez bon jugement pour sentir de quelle importance vous est cette perte, qui est d'un

*second père, qui vous conduisait et favorisait et tenait si cher;
mais aussi ayant cette connaissance, vous devez croire qu'encore
qu'il vous ait en cela affligé et châtié, que pour cela il ne vous
abandonnera point. Feu monsieur votre oncle vous a laissé la
mémoire de sa chrétienne vie, son honnête fin pour patron, afin
qu'en suivant ce zèle qu'il avait à la gloire de Dieu, vous vous ren-
diez digne neveu d'un tel oncle et de reconnaître cette obligation
envers vos cousins et principalement envers celui d'Enghien,
l'aimant comme frère, et nourrissant ensemble une amitié liée par
devoir de sang et religion, qui ne sépare jamais.*

*« Vous avez aussi monsieur l'amiral, pour lequel je ne vous fais
point de nouveau commandement; vous en savez ma volonté.
Encore que l'affliction soit grande, fortifiez-vous en Dieu, et le
faites plus craindre et révérer en votre camp qu'il n'a été; afin
qu'en lieu d'un second châtiment que nous méritons bien, il lui
plaise, nous faisant miséricorde, essuyer les larmes de nos yeux,
et ne permettre que ses ennemis et les nôtres se glorifient en blasphémant son nom.*

*« Je vous assure, mon fils, que je suis si triste que je ne le fus
jamais guère plus, et ma sœur qui est extrêmement désolée. Vous
ferez bien de lui écrire un mot pour l'assurer que vous reconnaî-
trez l'obligation qu'aviez à feu monsieur le prince, en son endroit
et de ses enfants. Outre cette grande perte irréparable de mon
frère, je regrette tant de gens de bien et même des vôtres, que je ne
vous puis dire ce que j'en souffre. Je supplie Dieu nous consoler
tous, mon fils. Vous avez monsieur de Beauvoir qui vous
conduira en tout. Obéissez-lui plus que jamais. Et sur cela je prierai Dieu vous avoir, mon Fils, en sa très sainte garde.*

> *De La Rochelle, le vingt-sept mars,*
> *Par votre bonne mère et amie, Jehanne. »*

Les restes de l'armée huguenote avaient longé la Charente
jusqu'à Tonnay-Charente. Là, on fit une revue des troupes :

*« Toute la cavalerie fut mandée en un même jour en deux divers
lieux. Le prince de Navarre avec le sieur Amiral reconnut la
bataille et les sieurs d'Andelot et comte de la Rochefoucaut
l'avant-garde. Il y fut reconnu environ quatre mille chevaucheurs
bien montés et armés, et ayant bon cœur de poursuivre la cause
jusques à bonne issue. Là fut lu à ladite cavalerie, comme quoi
monsieur le prince de Navarre se déclarait chef de ladite armée, et
qu'il permettait de n'abandonner le camp jusques à bonne paix et*

heureuse issue et pour ce faire n'y vouloir épargner sa vie ni ses biens. Cette lecture faite, ladite cavalerie prêta serment de n'abandonner l'armée sans son congé, et de n'y épargner ni vie ni biens. » (Jean de Serres, *Mémoires de la troisième guerre civile et des derniers troubles en France*, 1571.)

Lourde responsabilité pour un jeune prince de quinze ans que de prendre la tête d'une armée en déroute! Son serment, répété après lui par le jeune Henri de Condé, avait sans doute été rédigé par sa mère, grande ordonnatrice de cette cérémonie :

« Nous, Henri prince de Navarre, duc de Vendômois et de Beaumont, premier pair de France, comte de Marle, baron d'Epernon et de Montdoubleau, Blou, Brion et Aurilly, seigneur de Poysi, de Ham, Bohan, Beaurevoir, d'Anguyen en Flandres, gouverneur, lieutenant général et amiral pour le roi monseigneur, dans les pays de Guyenne et de Poitou, et Henri de Bourbon, prince de Condé, duc d'Anguyen, aussi pair de France, jurons et promettons devant Dieu et ses anges, que puisqu'il a plu à la noblesse, et autres troupes françaises, desquelles cette sainte armée est composée, de nous élire pour leurs chefs et conducteurs : nous vivrons et mourrons avec eux et ne les abandonnerons jusques à ce que les affaires de ce royaume soient réduites en tel état que Dieu y soit servi et honoré, notre roi soit délivré de ceux qui le tenant et le possédant, tyrannisent tous ceux qui en ce royaume font profession de la religion réformée, y puissent vivre en repos et sûreté avec libre et entier exercice de ladite religion. » (*Histoire de notre temps*, 1570, livre anonyme probablement écrit par C. Landrin et C. Martel.)

Les capitaines répondirent par un serment du même style :

« Et nous susdits jurons au Dieu vivant, que nous exposerons nos personnes, vies et biens sous la charge et obéissance desdits sieurs prince de Navarre et de Condé : lesquels nous reconnaissons pour chefs et conducteurs de cette sainte armée, promettant d'obéir à tout ce que par eux ou par ceux qui auront charge sous eux, nous sera commandé aller dans les villes et lieux qui nous seront ordonnés, garder de point en point les ordonnances militaires ci-devant publiées, et autres qu'il plaira auxdits seigneurs princes, sous leur congé et licence pour quelques occasions que ce soit, jusques à ce que Dieu leur aura fait la grâce que par une bonne et avantageuse victoire sur les ennemis de la religion, ou

par un traité de paix remettre les affaires du royaume en tel état que Dieu y soit servi et honoré, et que ceux de ladite religion y puisse être et vivre en repos et sûreté, avec libre et entier exercice de ladite religion. » (*Histoire de notre temps*, 1570.)

La mort du prince de Condé ne changeait rien pour Henri dans le cadre de la succession de France, mais elle faisait de lui le chef du parti des huguenots. Il serait bien sûr aidé par Coligny sur le plan militaire, mais c'était un pas supplémentaire pour le jeune roi de Navarre faisant son entrée dans la vie politique du royaume.

Le premier acte officiel qu'Henri signe dans le cadre de ses nouvelles fonctions est une ordonnance militaire (publiée à Saintes le 15 mars 1569). Ce texte qui porte sans doute la marque de Jeanne instaure une discipline peu en rapport avec les mœurs qu'adopterait lui-même Henri plus tard :

« *Et parce qu'il est malaisé de jouer aux cartes, dés, et autres jeux de sort, sans, outre la perte du temps, offenser Dieu, joint que par ce moyen plusieurs s'étant embarqués en icelui jeu y perdent grandes et notables sommes de deniers, lesquelles seraient mieux employées en chevaux, armes et autres équipages de guerre, dont ils demeurent à cause desdits jeux, en partie dégarnis. Lesdits seigneurs princes font défense à tous, capitaines, gentilshommes, soldats et autres, de quelque qualité et condition qu'ils soient, de jouer aux dés, cartes et autres jeux de sort (...).*

« *Item sont faites défenses auxdits capitaines gentilshommes, soldats et autres étant à la suite du camp, de jurer ou de blasphémer le nom de Dieu, et ce à peine de la vie, pour le regard des blasphèmes exécrables par lesquels la puissance de Dieu est maugréée, dépitée ou révoquée en doute, ou autres semblables indignes d'un chrétien (...).*

« *Item sont faites défenses aux susdits capitaines, gentilshommes, soldats et autres de commettre aucun acte de paillardise, ou lubricité sous peine de la vie, qui sera rigoureusement exécuté contre les transgresseurs.* » (*Histoire de notre temps*, 1570.)

Cette ordonnance se situait dans le droit fil du mouvement de civilisation des mœurs qui s'engageait. Elle revêtait une forte signification religieuse. On interdisait les jeux de hasard, car ils faisaient appel à une intervention divine, on interdisait les blasphèmes parce qu'ils constituaient, dans le cadre d'une guerre sainte, une atteinte à Dieu insupportable. Les « paillardises », autres habitudes d'une armée en campagne, étaient elles aussi incompatibles avec les objectifs spirituels de cette guerre calviniste.

Mais cette ordonnance ne faisait que s'ajouter à des règlements tout aussi stricts dictés par le défunt prince de Condé. Henri renouvelait les interdits, resserrait la discipline, car sur le terrain ses troupes donnaient un spectacle peu édifiant : les soldats affamés se précipitaient sur la moindre ferme du pays pour piller et violer, en attendant d'être correctement payés...

Une autre décision du tout nouveau chef des armées huguenotes fut d'adresser une lettre au vainqueur de Jarnac, le duc d'Anjou, pour procéder aux échanges de prisonniers :

« Monsieur,
D'autant que, depuis la dernière rencontre des deux armées, il se trouve à dire de ce parti quelques gentilshommes dont on n'a encore eu aucunes nouvelles, qui fait juger qu'ils sont morts ou prisonniers, cela me fait dépêcher devers vous ce trompette, vous suppliant très humblement de commander que par lui me soit envoyé un rôle desdits morts et prisonniers, entre lesquels il se peut être qu'il n'en y ait qui sont blessés, et auxquels j'estime, pour être gentilshommes français, bons sujets et serviteurs du roi, que vous voudrez bien, Monsieur, qu'il soit donné secours pour leur guérison.

« Mais encore vous en veux-je bien supplier très humblement et qu'il vous plaise commander bien expressément qu'ils soient pansés et traités en leurs nécessités, et davantage de permettre que de leurs gens et serviteurs les puissent aller trouver avec des chirurgiens pour leur faire service; et si ainsi vous plaît l'accorder, envoyer un trompette de votre armée, pour sûrement conduire ceux qui iront trouver leur maître.

« Au reste, Monsieur, nous avons en nos mains quelques prisonniers des vôtres comme aussi vous en avez bien des nôtres. S'il vous plaît trouver bon de les mettre à rançon ou d'en faire échange, nous y entendrons volontiers, comme aussi le devoir de la guerre le requiert bien ainsi, et vous plaira m'en mander votre volonté. Attendant laquelle, je présenterai mes très humbles recommandations à vos bonnes grâces, suppliant le Créateur vous donner, Monsieur, heureuse et longue vie.

De Saint-d'Angély, ce dix-huitième de mars 1569,
Votre très humble et très obéissant frère et serviteur,
Henri. »

A l'occasion d'une grave défaite, Henri était devenu le chef du parti huguenot. Cet adolescent de quinze ans ne pouvait évidemment rétablir la situation : le 3 octobre 1569, l'armée était à nouveau battue à Moncontour...

Cette direction honorifique était surtout pour le premier prince de sang l'occasion d'affirmer son rang. Sa mère l'avait voulu ainsi, il était le symbole de la religion opprimée et de la résistance au clan tout-puissant des Guise. Peu à peu cependant l'amiral lui enseigna l'art de la guerre puisque, si l'on en croit Agrippa d'Aubigné, il conduisit à Arnay-le-Duc sa première charge de cavalerie. Cette bataille sauva les huguenots de la déroute complète et permit de signer en août 1570 la paix de Saint-Germain, qui accordait aux réformés de larges concessions dont la liberté de conscience dans tout le royaume. Mais ce résultat ne pouvait faire oublier toutes les horreurs commises de part et d'autre.

L'apprentissage de la France

Un des traits les plus originaux de cet apprentissage politique d'Henri est sans doute sa dimension géographique. Henri, tout jeune, apprit à connaître l'immensité et la diversité de la France. Sa géographie subjective se limitait alors aux deux pôles extrêmes de sa vie, son Béarn natal et la cour de France.

Sans doute avait-il eu déjà l'occasion d'étudier, avec La Gaucherie, une carte de la France telle qu'on se la figurait alors, vague approximation de ses contours réels. Mais cette représentation restait bien abstraite pour un enfant.

Le tour de France royal permit d'abord à Henri d'en connaître l'immensité. La France d'alors, à l'aune de l'espace-temps, était plus vaste que la planète tout entière aujourd'hui. Si, on l'a vu, la vitesse moyenne du convoi royal avoisinait 20 km par jour, la vitesse maximale de circulation des hommes et des informations (par l'intermédiaire de coursiers-relais) était de 100 à 200 km par jour. Encore ces temps ont-ils à peine valeur indicative tant les conditions de transport étaient aléatoires.

Il fallut ainsi deux jours pour annoncer, de Fontainebleau à Lyon, la naissance d'un enfant royal, mais une semaine pour que parvienne à Lyon la nouvelle de la bataille de Jarnac. L'actualité se vivait en différé.

A cette échelle, le Béarn était plus vaste pour l'homme de l'époque que la France, voire l'Europe, pour l'homme d'aujourd'hui.

Ce tour de France permit aussi au jeune prince, outre la prise de conscience de l'immensité du royaume, d'en découvrir sa diversité. Cette caractéristique essentielle est aujourd'hui difficilement imaginable : le royaume de France d'alors était une mosaïque de pays différents, chacun avec sa propre langue, sa propre culture. L'entité pyrénéenne des Albret, du Pays Basque au comté de Foix, recouvrait elle-même des langues et des cultures très différentes. Cette première grande pérégrination, suivie de bien d'autres au gré des innombrables chevauchées du roi-soldat, contribua assurément à faire plus tard d'Henri IV le roi de France qui connut le mieux son royaume, peut-être le seul roi de France à le connaître vraiment...

La passion de la géographie ne devait plus quitter Henri, comme l'illustrèrent plus tard à la fois ses projets coloniaux et le souci d'avant-garde qui fut le sien d'une cartographie aussi exacte que possible du royaume.

Le tour de France royal permit également l'apprentissage de la communication, la prise de conscience du rôle de la représentation symbolique dans la vie politique.

En l'absence de tout moyen de communication immédiate et relayée sur l'ensemble du territoire, le tour de France royal était, au sens propre, une vaste opération médiatique, la seule façon de représenter concrètement et symboliquement, à l'échelle géante de la nation, l'idéal monarchique à une nation française ébranlée par les divisions religieuses. C'était aussi une opération directement politique, permettant de resserrer les liens de fidélité et de solidarité avec l'ensemble des élites locales.

De ce point de vue, la première expédition dirigée par Henri, une fois revenu dans ses terres pyrénéennes, pour apaiser les troubles qui agitaient aussi les marges de la Navarre, constitue l'application des principes du tour de France royal : manifester l'autorité et la légitimité du pouvoir par la présence même du prince. La campagne en Basse-Navarre du jeune Henri de Navarre fut bien plus que sa première expédition militaire : ce fut sa première opération de communication.

Ces années du tour de France, du séjour en Béarn, l'épisode de Jarnac et l'investiture marquent donc véritablement l'initiation politique d'Henri : initiation aux rumeurs et aux intrigues, jusqu'à la trouble allusion à un assassinat éventuel de Coligny. Ce sera également un véritable apprentissage administratif aux côtés de Jeanne, qui lui fait visiter leurs différentes possessions et l'associe sans nul doute à la gestion des affaires.

Plus significative encore, l'expérience précoce et inhabituelle pour l'époque du jeu parlementaire et de la négociation politique : avec les Etats de Navarre et les Etats de Béarn, Henri se trouve confronté à une configuration institutionnelle presque unique en Europe, à mi-chemin entre la monarchie traditionnelle et nos modernes démocraties, la structure politique de l'Etat pyrénéen accordant une importance égale à la légitimité de représentativité et à la légitimité dynastique traditionnelle.

Cette pratique parlementaire devait par la suite s'avérer très précieuse au futur chef de l'Union protestante, confédération de villes ayant une structure démocratique, comme au futur roi de France contraint d'imposer son autorité à différentes assemblées de notables durant les premières années de son règne.

L'art de la négociation et du compromis est peut-être l'une des compétences les plus délicates et les plus décisives du métier de politique. Henri, en « rusé Béarnais », s'y exerce très tôt. Mais peut-être cette ruse légendaire du Béarnais est-elle précisément liée à une pratique ancestrale du jeu démocratique.

Henri s'est donc trouvé à la confluence de deux modèles politiques : l'antique démocratie béarnaise et l'absolutisme intransigeant de Jeanne d'Albret. Le style politique du roi de France et de Navarre devait plus tard en réaliser la synthèse, manifestant à la fois une autorité sans faille et un sens aigu du compromis.

Chapitre 5

L'ÉTÉ DU DESTIN

Henri a dix-huit ans. Le projet de mariage avec Marguerite, conçu par son père et le roi Henri II il y a quinze ans est maintenant devenu celui de Catherine de Médicis elle-même. Elle convaincra Jeanne d'Albret, épuisée par la maladie, de célébrer ces noces qui seront celles de la réconciliation de tout un peuple. Pour le royaume de France, c'est la troisième occasion en un siècle de reforger les liens avec le royaume de Navarre. Mais, en 1572, c'est aller bien au-delà et proposer au pays déchiré un projet de pacification. Le premier des protestants va épouser la première des catholiques. C'est aussi, pour la reine mère, une décision de la plus extrême prudence : car si ses fils venaient à disparaître, le trône reviendrait à son gendre, sa fille serait reine et la couronne de France demeurerait dans sa descendance ; joli pied de nez à une loi salique que Catherine a toujours trouvée profondément injuste.

Normalement, c'est donc vers la paix que le royaume va basculer et vers un avenir accompli qu'Henri et Margot, également jeunes, également brillants, doivent être conduits. Ces noces seront, il est vrai, le grand tournant du siècle. Mais c'est la tragédie qui les marquera, éclaboussées de sang au grand soleil du mois d'août.

La Saint-Barthélemy sera l'événement crucial du XVIe siècle, faisant entrer les guerres de religion dans une phase nouvelle, impliquant et compromettant le pouvoir royal, jusque-là arbitre plus ou moins impuissant des partis opposés, dans un crime aussi terrible qu'incohérent. Elle est surtout une des dates les plus ineffaçables de l'histoire de France, le symbole de notre capacité d'intolérance et de folie meurtrière. Notre identité et notre sensibilité nationales sont d'une certaine manière filles de la Saint-

109

Barthélemy. Désormais, il n'y aura pas, pour Henri IV et tous ses successeurs, de question politique plus brûlante que de savoir comment gouvernants et régimes construiront la France pour éviter le retour de cet été de sang.

D'une certaine manière, la Saint-Barthélemy demeure un mystère : ce crime collectif est comme l'expression même des haines du temps, mais dans cette poudrière, qui jeta l'allumette? Fascinant, le déchaînement inouï de la violence et de la cruauté reste toujours difficile à imaginer pour nos esprits de la fin du XXe siècle.

Ce drame collectif, enfin, sera la tragédie personnelle du prince de Navarre, transformant à jamais celui à qui il reviendrait, bien plus tard, de restaurer la légitimité ensanglantée de la monarchie.

Des noces de réconciliation

Le mariage d'Henri de Navarre ne peut manquer d'être un acte politique très important. Sa situation de chef de l'alliance protestante, bien au-delà de l'importance politique de son domaine pyrénéen et de sa situation de roi, font se tourner vers lui tous les regards. S'il se marie dans l'univers protestant, c'est la constitution d'un front qui peut donner à l'Europe un visage nouveau. S'il choisit, au contraire, l'univers catholique, c'est un pas très important vers l'apaisement.

Henri a dix-sept ans lorsque viennent les premières propositions, et pas les moindres. Pas les moins surprenantes, non plus : c'est d'Elisabeth d'Angleterre qu'il s'agit. La grande reine est célibataire. Elle construit patiemment cette sorte particulière de protestantisme qu'est l'Eglise d'Angleterre. C'est par elle que le schisme décidé par son père s'est incarné assez profondément pour durer quatre siècles. Elle a puissamment aidé militairement et financièrement les huguenots français. Ses conseillers redoutent l'alliance navarraise pour la sœur du roi de France, et l'alliance française pour la Navarre. Ce serait dans la lutte européenne le risque d'un recul très important. Pourquoi ne pas aller jusqu'au bout de la logique protestante et proposer, au lieu du mariage français, le mariage anglais? C'est chose faite à l'automne 1570. Pour faire bonne mesure, on ajoute à la proposition pour Henri une proposition pour sa sœur Catherine : elle pourrait épouser le roi d'Ecosse!

Jeanne d'Albret n'hésite pas : ce sera non, sans examen. D'abord parce qu'elle considère que les conversations avec la cour de France sont engagées depuis bien longtemps. Ensuite parce qu'elle sait que l'antagonisme ancien entre Français et Anglais pourrait à jamais écarter Henri de ses droits éventuels à la couronne de France. Et enfin, c'est évidemment le plus important, parce qu'Elisabeth a vingt ans de plus qu'Henri! Elle ne peut pas accepter l'idée d'un mariage aussi déséquilibré et qui risquerait de demeurer stérile. Elle n'a rien oublié des difficultés de ses parents, dont la différence d'âge était seulement de onze ans... Et puis, elle ne veut pas demeurer seule en Béarn, son fils et sa fille ayant quitté le sol du Continent.

Dire non à Elisabeth, c'est dire oui à Margot. Une ambassade est dépêchée à Jeanne par la cour de France en novembre 1571. La reine de Navarre pose deux conditions préalables à toute négociation : qu'on lui rende la ville de Lectoure et que l'on démolisse une croix plantée à Paris pour perpétuer le souvenir du supplice de deux hérétiques.

Ces deux conditions satisfaites, prenant son temps, elle se dirige vers la cour qui est à Blois. Les négociations commencent et se focalisent, évidemment, sur le sujet de la religion des époux. Jeanne veut obtenir que Marguerite se convertisse au protestantisme. Catherine élude. Margot refuse carrément. Sa position de principe demeurera toujours inébranlable, comme elle s'en explique dans ses *Mémoires*, évoquant le premier entretien sur le sujet avec la reine mère :

« *Sortant de table* (Monsieur de Méru qui venait de s'entretenir du mariage avec Catherine de Médicis) *me dit qu'elle lui avait dit de m'en parler. Je lui dis que c'était chose superflue, n'ayant volonté que la sienne; qu'à la vérité je la supplierais d'avoir égard combien j'étais catholique et qu'il me fâcherait fort d'épouser personne qui ne fût de ma religion. Après, la reine, allant en son cabinet, m'appela et me dit que messieurs de Montmorency lui avaient proposé ce mariage, et qu'elle en voulait bien savoir ma volonté; à quoi je répondis n'avoir ni volonté ni élection que la sienne et je la suppliais de se souvenir que j'étais fort catholique. Au bout de quelque temps, les propos s'en continuant toujours, la reine de Navarre vint à la cour, où le mariage fut accordé avant sa mort.* »

Combattant pour l'harmonie religieuse dans le mariage de son fils, Jeanne est sur le terrain même où elle a engagé sa vie. Contre toute raison elle s'obstine. Elle écrit à Henri le 21 février :

« Mon fils, je vous prie et recommande ne bouger de Béarn que vous n'ayez une seconde dépêche de moi... L'on ne parle que de vous faire venir et hâter, même avant la conclusion que la reine m'a dit deux ou trois fois dépendre de vous. Et parce que je vois bien que ladite dame croit que tout ce que je lui dis vient de moi et qu'avez quelque opinion à part, je vous prie, quand vous m'écrirez, mandez-moi que vous me suppliez de me souvenir bien de tout ce que m'avez dit, et surtout de savoir la volonté de Madame sur le fait de la religion, et qu'il n'y a que cela qui vous empêche de vous résoudre, afin que, lui montrant cela de votre main, elle croie mieux votre volonté.

Je vous dirai que Madame m'a fait tout l'honneur et bonne chère qu'il est possible, et m'a dit franchement combien elle vous a agréable ; de la façon de quoi elle est et du jugement qu'elle a, avec le crédit vers la reine sa mère et le roi et messieurs ses frères, si elle embrasse la religion, je puis dire que nous sommes les plus heureux du monde, et non seulement notre maison, mais tout le royaume de France aura part en cet heur ; aussi, si elle demeure opiniâtre en sa religion, il ne peut être que ce mariage ne fût la ruine premièrement de nos amis et de nos pays, et un tel support aux papistes qu'avec la bonne volonté que nous porte la reine mère, nous serons ruinés avec les églises de France. Par quoi, mon fils, si jamais vous priâtes Dieu, je vous prie que ce soit maintenant, afin qu'il m'assiste en cette négociation et que ce mariage ne se fasse en son ire pour nous punir. »

Henri, en bon fils, envoie le 1ᵉʳ mars l'attestation écrite demandée :

« Ma mère, j'ai reçu la lettre qu'il vous a plu m'écrire... Quant à moi, je vous supplierai seulement vouloir avoir souvenance de ce que je vous dis (...) et principalement de savoir la volonté de Madame sur le fait de la religion. J'ai bien vu par votre discours qu'ils ne tendent à rien sinon qu'à me faire aller à la cour, pensant me séparer de la religion et de vous ; mais je vous supplierai de croire que, quelque embûche qu'ils me puissent dresser pour ce fait, qu'ils ne gagneront, car il n'y aura jamais plus obéissant fils à mère que je vous serai. »

Catherine ne bronche pas sous le nouvel assaut. Comme à l'habitude, elle rit et se fait matoise. En fait, elle n'a qu'un but : fatiguer la pauvre Jeanne, bien près du désespoir, pour la faire céder :

« Je m'assure que, si vous saviez la peine en quoi je suis, vous auriez pitié de moi ; car l'on me tient toutes les rigueurs du monde et des propos vains et moqueries, au lieu de traiter avec moi avec gravité, comme le fait le mérite. De sorte que je crève, parce que je me suis si bien résolue de ne me courroucer point que c'est un miracle de voir ma patience... Je crains bien de tomber malade, car je ne me trouve guère bien. »

Jeanne ignorait à quel point elle était vraiment malade. Il lui restait moins de trois mois à vivre. Mais les conversations finiront bien par se conclure. C'est fait au début du mois d'avril. Marguerite ne renoncera pas à sa religion, mais le mariage ne sera pas célébré à l'intérieur de l'église. On demandera une dispense au pape pour un mariage mixte, mais s'il la refuse, le mariage aura lieu tout de même. Quelques jours après, on signe le contrat. On peut désormais demander à Henri de rejoindre la cour, non sans de touchantes recommandations maternelles :

« Je vous prie regarder à trois choses : d'accommoder votre grâce, de parler hardiment, et même en lieux où vous serez appelé à part, car notez que vous imprimerez à votre arrivée l'opinion que l'on aura de vous ci-après ; accoutumez vos cheveux à se relever mais non pas (à l'ancienne mode) ; je vous recommande la dernière comme celle que j'ai la plus en ma fantaisie ; je voudrais que vous vous proposiez tous les allèchements que l'on pourra donner pour vous débaucher, soit en votre vie, soit en votre religion, pour établir contre cela une constance invincible ; car je sais que c'est leur but, ils ne le cèlent pas. »

Henri ne reverra pourtant jamais sa mère. Atteint de ces fièvres qui le poursuivirent toute sa vie, comme elles accablaient tant de ses contemporains, il ne put quitter Pau avant la fin mai.

Le 4 juin, Jeanne, de son côté, est prise d'une pleurésie, complication ultime de sa tuberculose.

« Etant donc cette vertueuse princesse venue à Paris le quinzième jour du mois de mai 1572 pour l'exécution de ce mariage, et pour y faire apprêter ce qui était nécessaire pour les solennités d'icelui, eu égard à la grandeur des deux maisons qui se conjoignaient par alliance, elle ne cessa d'aller journellement çà et là par la ville, ès maisons, et boutiques des artisans, pour voir ce qui serait propre pour le jour de la solennité, tant de ce qui concernait les habits nuptiaux, et autres dont elle prétendait faire présent,

113

que de plusieurs choses nécessaires. En quoi faisant elle prit si grand travail, même étant lors les chaleurs fort véhémentes, qu'enfin le mercredi 4 de juin, elle tomba malade au lit d'une fièvre continue, causée d'un mal de poumons, où dès longtemps s'étaient formés quelques apostumes (pourriture), lesquels émus et irrités par un travail continuel, lui enflammèrent cette fièvre, qui ne l'abandonna point jusqu'à ce qu'elle rendît son âme à Dieu, au grand regret de plusieurs amateurs de la religion, et du repos de ce royaume. »

Jeanne était morte en chrétienne, protestant « *que la vie lui était peu de chose pour son regard particulier, vu qu'elle ne cessait continuellement d'offenser son Dieu en cette chair, mais qu'elle regardait aucunement à la jeunesse des enfants qu'il lui avait donnés pour les voir privés de sa présence en ce bas âge. " Et toutefois, dit-elle, je m'assure que Dieu leur sera pour père et protecteur comme il m'a été en mes plus grandes afflictions ; de sorte que je les remets du tout à sa providence à fin d'y pourvoir." Voilà ses propres paroles* ».

Des rumeurs d'empoisonnement avaient circulé mais une autopsie n'avait rien révélé, sinon une tumeur tuberculeuse. « *Et parce qu'aucuns du vulgaire estimaient qu'on lui eût fait quelque tort, et que même on s'était efforcé d'attenter à sa vie, par poison, elle fut ouverte avec toute diligence et curiosité par plusieurs doctes et experts médecins et chirurgiens, qui lui trouvèrent les parties nobles fort belles et entières, hormis les poumons, qui étaient de longue main intéressés du côté droit où il s'était forgé une dureté extraordinaire, et un gros apostume. Chose qu'ils ingèrent tous avoir été (quant aux hommes) la seule cause de sa mort. Voilà en bref ce que j'ai pensé mériter d'être couché par écrit sur ce fait.* » Après la Saint-Barthélemy, ces rumeurs seront reprises. On raconta une histoire de gants empoisonnés offerts par Catherine. Reprise par Dumas dans *La Reine Margot*, cette rumeur, à laquelle rien ne prouve qu'Henri ait attaché quelque crédit, traversera cependant les siècles...

Jeanne est morte le 9 juin au matin. C'est le 13 juin qu'Henri, à Chaunay en Poitou, est rejoint par la nouvelle. Il dit aussitôt son chagrin à son lieutenant général en Béarn, d'Arros :

« *Monsieur d'Arros, j'ai reçu en ce lieu la plus triste nouvelle qui m'eût su advenir en ce monde, qui est la perte de la reine ma mère, que Dieu a appelée à soi ces jours passés, étant morte d'un mal de pleurésie qui lui a duré cinq jours et quatre heures. Je ne vous saurais dire, Monsieur d'Arros, en quel deuil et angoisse je suis réduit, qui est si extrême que m'est bien malaisé de le supporter. Toutefois, je loue Dieu du tout.*

Or, puisque, après la mort de ladite reine ma mère, j'ai succédé en ses lieux et place, il m'est donc besoin que je prenne le soin de tout ce qui était de sa charge et domination, qui me fait vous prier bien fort, Monsieur d'Arros, de continuer comme vous avez fait en son vivant, la charge qu'elle vous avait baillée, en son absence, en ses pays de delà, de la même fidélité et affection que vous avez toujours montrée, et tenir principalement la main à ce que les édits et ordonnances faits par Sa Majesté soient, à l'avenir, comme je le désire, gardés et observés inviolablement.

De Chaunay, ce treizième jour de juin, mil cinq cent septante deux. Votre bon maître et ami, Henri.

Je vous prie tenir la main surtout à l'observation des ordonnances ecclésiastiques; car ladite feue reine, ma mère, m'en a chargé particulièrement par son testament. »

Henri, avec Catherine, assistera le 1er juillet à l'inhumation de leur mère à Vendôme. Le 8 juillet, il entrera dans Paris, accueilli à Palaiseau par le cardinal de Bourbon et le duc de Montpensier. Les noces engagées, il n'était pas question, même pour un deuil aussi proche, d'en reporter la célébration.

La cérémonie est fixée au 18 août. Le calendrier prévoit la fête de la Saint-Barthélemy le 24 : six jours pour croire à la paix retrouvée.

Les noces d'Henri de Navarre et de Marguerite de Valois furent resplendissantes, comme il convenait à la prestance d'Henri, à l'éblouissante beauté de Marguerite et à leurs dix-neuf ans.

La beauté de Marguerite n'a cessé de faire rêver, quatre siècles durant, mise en scène, lumineuse et charnelle, par la plume chavirée de Brantôme :

« Pour parler donc de la beauté de cette rare princesse, je crois que toutes celles qui sont, qui seront et jamais ont été, près de la sienne sont laides, et ne sont point beautés... tant ses traits sont beaux, ses linéaments bien tirés et ses yeux si transparents et agréables... ; et qui plus est ce beau visage est fondé sur un corps de la plus belle, superbe et riche taille qui se puisse voir, accompagné d'un port et d'une si grave majesté qu'on la prendra toujours pour une déesse du ciel plus que pour une princesse de la terre...

Beaux accoutrements et belles parures n'osèrent jamais entreprendre de couvrir sa belle gorge ni son beau sein, craignant de faire tort à la vue du monde qui se passait sur un si bel objet. Car jamais n'en fut vue une si belle ni si blanche, si pleine ni si charnue, qu'elle montrait si plein et si découverte, que la plupart des courtisans en mouraient, voire des dames que j'ai vues..., de ses plus privées, avec licence la baiser par un grand ravissement.

Un jour de Pâques fleuries..., je la vis paraître en la procession, si belle que rien au monde de plus beau n'eût su se faire voir, car outre la beauté de son visage et de sa belle taille de corps, elle était très superbement et richement parée et vêtue : son beau visage blanc qui ressemblait un ciel en sa plus grande et blanche sérénité, était orné par la tête de si grande quantité de grosses perles et riches pierreries et surtout de diamants brillants mis en forme d'étoiles, qu'on eût dit que le naturel du visage et l'artifice des étoiles en pierreries contondaient (rivalisaient) avec le ciel quand il est bien étoilé, pour en tirer la forme. »

A notre goût de la fin du XXe siècle, le visage de Marguerite s'impose moins directement : port altier, pommettes hautes, mais on devine déjà les joues qui tomberont et l'abondance, comme chez sa mère, du double menton. La bouche est sensuelle, le nez un peu fort, le regard complice et souverain. Mais les gravures nous dérobent le charme, le magnétisme, le goût de vivre assez peu surprenant, après tout, chez la descendante de François Ier et de Laurent le Magnifique.

Quant à Henri, s'il n'a jamais fait se pâmer les mémorialistes, il n'en était pas moins un jeune prince fort avenant : *« Il n'est pas grand, mais il est bien fait. Sans barbe encore, il a les cheveux noirs, l'esprit vif et hardi, comme celui de sa mère. »*

Sans doute se développa-t-il assez tard dans son adolescence, car Jeanne d'Albret, en mère émue, se flattait, quelques jours avant sa mort, de la taille atteinte par son fils : *« L'on ne peut croire à votre grandeur en cette cour. Quant à moi, je pense que vous êtes de la grandeur de Monsieur le Duc qui est d'un doigt moins que la mesure qu'a apportée Saint-Martin. »* Le regard de la mère était sans doute flatteur. Le duc d'Anjou, futur Henri III, était très grand, un mètre quatre-vingt-trois. Henri de Navarre n'atteignait sans doute pas un mètre soixante-dix. Mais, bien découpé, vigoureux et fin, musclé, légèrement cambré, accoutumé à vivre à cheval, il était un jeune cavalier riant et séduisant. Du jeune lutin espiègle que nous décrivent les témoins de son enfance, il a gardé un regard vif et mobile. Le nez s'affirme, qui promet de marquer son visage de la signature si caractéristique des Bourbons. Les cheveux drus, presque roux quand il était enfant, plus foncés par la suite avant de blanchir tôt, se dressent sur un front haut, donnant à la silhouette un élan et un éclat presque romantiques.

On célébra les fiançailles le 17 juin au soir. Pour que la fiancée et le fiancé ne dorment pas sous le même toit la nuit précédant leur mariage, l'on accompagna Margot, en cortège, jusqu'à l'évêché de Paris où elle passa la nuit.

Le lendemain matin, sous le soleil, on découvrit la richesse des parures nuptiales :

« Le roi de Navarre et sa troupe y ayant laissé et changé le deuil en habits très riches et beaux (...), moi habillée à la royale avec la couronne et couette d'hermine mouchetée qui se met au-devant du corps, toute brillante des pierreries de la couronne, et le grand manteau bleu à quatre aunes de queue porté par trois princesses. » (Marguerite de Valois, *Mémoires*.)

Entre l'évêché et Notre-Dame une galerie de bois tendue de blanc conduit à la scène élevée devant le parvis, au pied de laquelle se bouscule, *« s'étouffe »*, nous dit de Thou, témoin oculaire, la foule des grands jours. Le concours de peuple est si frappant que Marguerite a la même impression d'affluence, *« s'étouffant à regarder passer (...) les noces et toute la cour »*. (Marguerite de Valois, *Mémoires*.)

Les longues négociations de Blois avaient mis au point ce compromis : une bénédiction « œcuménique » serait donnée, sur le parvis, par le cardinal de Bourbon, agissant en tant qu'oncle et non en tant que prêtre. Ce serait le mariage proprement dit. Une messe serait dite ensuite, mais à laquelle Henri n'assisterait pas, se contentant de conduire galamment Margot jusqu'à l'autel et se retirant avant le début de l'office :

« Et fut ledit mariage béni par monseigneur le cardinal de Bourbon, archevêque de Rouen, oncle du roi de Navarre, dedans l'église de Notre-Dame de Paris, où fut chantée la messe, à laquelle n'assista ledit de Navarre; toutefois entra dedans ladite église et convoya épousée jusque dedans le chœur d'icelle église en son siège qui lui était là préparé, et, sitôt qu'elle fut prosternée à genoux, le roi de Navarre lui fit la révérence et se retira de l'église. » (Claude Haton, *Mémoires*.)

La messe solennelle dédiée à la jeune mariée solitaire dure plusieurs heures. Henri attend à l'évêché la fin de la cérémonie, puis revient accueillir son épouse à la sortie de Notre-Dame, lui donne son premier baiser conjugal devant toute la famille royale. Commencent ensuite les festivités.

Quatre jours durant, alternèrent les repas de gala, les bals, les divertissements au théâtre, les saynètes allégoriques, les cavalcades de chars, les ballets. Le jeudi 21, les festivités s'achevèrent par une joute où les jeunes seigneurs devaient participer déguisés et par une course de bagues.

Ambiance étrange : aux noces, protestants et catholiques suivent ensemble la fête, dansent ensemble, applaudissent, boivent et dévorent assis aux mêmes tables. Dans la rue, Paris est nerveux. Les rumeurs les plus folles courent la ville, acquise à la Ligue. On dit que le jeune roi va se faire huguenot, que la religion est trahie. On se montre du doigt les capitaines protestants en armes par les rues. L'histoire hésite, suspendue quelques heures dans un Paris surchauffé, écrasé de soleil, entre la réconciliation née du mariage politique et la folie. Au centre de l'ouragan qui se forme, Henri et Marguerite croient encore à l'avenir heureux. Illusion d'adolescents :

« La fortune, qui ne laisse jamais une félicité entière aux humains, changea bientôt cet heureux état de triomphe et de noces en un tout contraire, par cette blessure de l'amiral. » (Marguerite de Valois, *Mémoires*.)

De soleil et de sang

C'est le lendemain que tout bascule. Le vendredi 22 août au matin, les festivités achevées la veille au soir, l'amiral de Coligny, sortant du conseil, absorbé par la lecture d'un courrier, est renversé par un coup de feu, une arquebusade, tirée de la fenêtre d'une maison appartenant à un proche des Guise.

S'étant détourné au dernier moment, il ne fut que blessé au bras :

« Tout ainsi que celui qui délâcha l'arquebuse en eut débandé le ressort, ledit amiral se détourna pour penser cheminer avant, qui fut la cause que la balle qui sortit de ladite arquebuse ne lui entra pas dedans l'estomac, comme pensait celui qui la lâcha, mais seulement le frappa par la main, et coulant le long de son bras, la

balle ou boulet s'alla planter dedans une de ses épaules. » (Claude Haton, *Mémoires.*)

Coligny fut aussitôt transporté chez lui cependant que l'assassin parvenait à s'enfuir.

L'auteur de l'attentat était un client des Guise, Charles de Maurevert, qui, semble-t-il, avait déjà essayé d'attenter à la vie de l'amiral quelques années plus tôt, lors de la bataille de Moncontour.

A en croire Pierre de l'Estoile, une paysanne aurait averti Coligny du péril qui l'attendait :

« Une paysanne de Châtillon, sujette de l'amiral, comme il fut prêt de monter à cheval pour venir à Paris aux noces du roi de Navarre, s'en vint à lui, et se jetant à ses pieds, et lui embrassant les genoux par grande affection : " Ah ! s'écria-t-elle, notre bon maître, où vous allez à Paris ; car vous y mourrez, vous et tous ceux qui iront avec vous. Au moins, disait-elle en pleurant, si vous n'avez pas pitié de vous, ayez pitié de madame, de vos enfants, et de tant de gens de bien qui y périront à votre occasion. " Et comme l'amiral la rebutait et lui disait qu'elle n'était pas bien sage, cette pauvre femme s'alla jeter aux pieds de madame l'amirale, la priant de vouloir garder son mari d'y aller, parce qu'elle était bien assurée que, s'il allait une fois à Paris, il n'en reviendrait jamais, et ainsi serait la cause de la mort de plus de dix mille hommes après lui. Entendu de la bouche d'un qui l'a vu et ouï. » (Pierre de l'Estoile, *Mémoires.*)

Dans le climat de haine et d'exaspération qui régnait, il pouvait s'agir d'un acte isolé. Mais, plus probablement, l'attentat avait été commandité par les Guise. Maurevert, en effet, était de leur parti. Plusieurs raisons pouvaient expliquer un tel acte. Les motivations politiques étaient évidentes : affaiblir le parti ennemi en éliminant son chef. Il s'y ajoutait pour le duc de Guise des raisons plus personnelles : venger la mort de son père, dont il jugeait Coligny responsable, *« pour la vengeance de la mort de feu M. de Guise son père, que ledit amiral avait fait tuer de même façon par Poltrot »* (Marguerite de Valois, *Mémoires*), bien que le rôle de Coligny dans l'assassinat de François de Guise ne fût jamais établi.

Mais il pouvait également s'agir d'un coup des Espagnols, furieux de voir Coligny pousser la France à la guerre en Flandre. Les agents de l'Espagne à Paris ne manquaient pas.

La rumeur, en tout cas, désignait les Guise. Tel était d'ailleurs, semble-t-il, le sentiment du *« roi Charles, se doutant bien que ledit*

Maurevert avait fait ce coup à la persuasion de M. de Guise ». (Marguerite de Valois, *Mémoires*.)

La responsabilité de Catherine paraît devoir, à ce moment, être écartée : l'attentat eût en effet été toute la négation de la politique d'équilibre et de réconciliation qu'elle s'efforçait de conduire depuis plusieurs années et dont le mariage princier devait être l'apothéose.

La réaction de Charles IX paraît également le disculper de toute préméditation machiavélique. Il apprit la nouvelle alors qu'il était « *avec le roi de Navarre et le prince de Condé en un tripot à jouer à la paume, qui en furent moult ébahis* ». (Claude Haton, *Mémoires*.)

Son premier mouvement fut de rechercher le coupable et l'instigateur. Pour lui, la responsabilité de Guise était évidente et « *si M. de Guise ne se fut tenu caché tout ce jour-là, le roi l'eût fait prendre (...) à cause de ce que j'ai dit ci-dessus, de l'affection qu'il avait à M. l'amiral, à La Nouë et à Teligny, desquels il goûtait l'esprit et la valeur, étant prince si généreux qu'il ne s'affectionnait qu'à ceux en qui il reconnaissait telles qualités* ». (Marguerite de Valois, *Mémoires*.)

« *Ceux de Guise demandent leur congé, comme se voyant accusés et qu'on venait de prendre prisonniers quelques-uns de leurs domestiques, sur un simple soupçon. Le roi leur fait une réponse froide, envoie quérir son beau-frère, pour lui dire que les soupçons des guisarts sentaient l'envie de mal faire, avec de grands juriments qu'ils les devait bien châtier.* » (Agrippa d'Aubigné, *Histoire universelle*.)

Les portes de Paris furent fermées « *pour arrêter et prendre prisonnier celui qui avait fait ce coup, pour en faire punition exemplaire par justice, au contentement dudit amiral et ses gens, toutefois ne fut trouvé* ». (Claude Haton, *Mémoires*.)

Charles IX voulut aussitôt donner aux protestants des gages de sa bonne foi et de son soutien en envoyant à Coligny ses propres chirurgiens et en lui rendant une visite d'amitié, allant « *lui-même en sa personne visiter ledit amiral, pour s'informer de lui qui l'avait frappé, comment, où et pour quelle occasion, en lui promettant foi de roi que, s'il savait qui avait fait ce coup et qu'on le pût prendre prisonnier, qu'il le ferait exécuter par justice, ou contentement de lui et des siens* ». (Claude Haton, *Mémoires*.)

Le roi décida même d'envoyer quelques hommes de sa garde protéger le domicile de Coligny.

Jusqu'ici, toutes les sources que nous avons semblent concorder : la royauté n'était pas compromise dans l'attentat contre Coligny. Elle n'y avait du reste aucun intérêt et c'est en toute bonne foi que Charles IX voulut réconforter les protestants.

L'étincelle, pourtant, avait été portée dans la poudrière. Sans doute l'amiral n'était-il que blessé, sans doute le roi l'avait-il assuré de sa solidarité. Mais la tension ne pouvait que monter. L'angoisse et la colère se répandirent dans le camp huguenot où Coligny était l'autorité militaire et civile la plus respectée. Son âge, son emprise sur les esprits, son apparence rigoureuse ajoutaient à son prestige. Comme une traînée de poudre, la nouvelle de l'attentat contre Coligny circula parmi les compagnons d'Henri. Les noces finies, très nombreux sont ceux qui s'apprêtaient à quitter Paris. Fallait-il se regrouper autour d'Henri, donner le signal d'un départ général, emporter le blessé pour mieux le protéger ?

Une réunion eut lieu le soir même dans la maison de Coligny. Henri demanda une garde pour la maison. Il l'obtint, mais son chef était, de notoriété publique, un ennemi de Coligny. La situation devenait dramatique : rester, c'était courir un très grand risque. Mais partir, c'était ruiner une politique et donner une victoire, presque déshonorante, à ceux qui avaient commandité l'attentat. C'était aussi avouer que les capitaines huguenots, les Gascons sans peur, cèdent à la première menace. C'était perdre la face. Henri de Navarre s'engagea. Il obtint des assurances du roi et plaida pour qu'on reste. Sa jeune autorité l'emporta.

Les huguenots restèrent dans le piège qui se resserrait autour d'eux. Tous les premiers, tous les grands du camp protestant allaient bientôt y être pris. C'est en grand nombre qu'ils avaient fait le voyage à Paris pour le mariage de leur protecteur naturel avec la fille de France, sur la foi qu'ils seraient bien accueillis et qu'aucun mal ne leur serait fait. Le roi n'avait-il pas envoyé « *par tout son royaume des lettres de confirmation de son édit de paix* ». (Pierre de l'Estoile, *Mémoires pour servir à l'histoire de France*.) Presque tous s'étaient installés à Paris même.

Confiant dans la parole du roi mais se méfiant des Guise, c'est cependant « *tous armés et bien montés, comme s'ils eussent voulu aller à la guerre* » (Claude Haton, *Mémoires*) qu'ils étaient venus. Deux armées se trouvaient donc face à face, nourries de haines et de rancœurs. A tout moment, le fracas des armes menaçait de succéder brutalement à l'étourdissement des fêtes.

« *Le roi (...) fit approcher de soi les princes guisiens et autres catholiques de France, et les pria de se trouver au banquet royal du mariage de sa sœur; ce qu'ils firent en grand doute et en armes comme les huguenots.* » (Claude Haton, *Mémoires*.)

Ce soir du 22 août, tous les éléments de la tragédie étaient donc en place.

Le monde protestant était évidemment en grand émoi. Si certains avaient opté pour la conciliation, de nombreux huguenots réclamaient vengeance, suggérant même que, si on ne leur rendait pas justice, ils se la feraient eux-mêmes. D'aucuns proféraient des menaces, comme Pardaillon, reçu au souper de la reine mère, et qui « *découvrit par ses menaces, au souper de la reine ma mère, la mauvaise intention des huguenots* ». (Marguerite de Valois, *Mémoires*.)

Ces propos inconsidérés eurent tôt fait d'exciter les imaginations des catholiques trop zélés : les protestants allaient bientôt déchaîner leurs instincts de vengeance et – qui sait – attenter peut-être à la famille royale... Telle était la conviction de beaucoup de catholiques, comme le prêtre Claude Haton, qui affirma que « *fut telle la résolution de leur conseil qu'ils s'armeraient et feraient armer tous les huguenots de leur suite et ceux de Paris, pour à jour et heure opportune, qui devait être au pénultième jour du mois d'août, assaillir le roi et les catholiques, les massacrer et du tout exterminer* ». (Claude Haton, *Mémoires*.)

Un tel projet n'exista sans doute jamais que dans l'imagination de Claude Haton et de très nombreux catholiques. Tout montre au contraire que les chefs du parti huguenot firent preuve d'une grande modération. Auraient-ils voulu tenter un coup de force qu'ils se seraient aussitôt trouvés en position très délicate dans un Paris ultra-catholique et acquis aux Guise. C'eût été une démarche proprement suicidaire et peu sensée dans la mesure où le roi leur avait promis justice. Mais les paroles imprudentes de protestants excédés par l'attentat firent rapidement leur chemin dans les imaginations. Et il reste les révélations qu'un protestant aurait faites et qui auraient décidé la cour :

« *A la fin un huguenot (...) fit avertir le roi qu'il eut à se garder qu'il ne tombât dans des mains furieuses, et que lui et le sang de France eussent à se sauver.* » (Claude Haton, *Mémoires*.)

Après l'attentat raté contre Coligny, Paris était en effet en ébullition, comme l'attestent les registres du bureau de la ville de Paris : dès l'après-midi du 22, des ordres furent donnés pour faire face à un début d'émeute armée. Le peuple de Paris s'était toujours montré hostile au mariage princier, jugé contre nature. Les prêtres dans les églises, les prédicateurs illuminés dans les rues l'exhortaient depuis des semaines à refuser cette compromission, véritable signe de la fin des temps. Les rumeurs d'un coup de force protestant ne faisaient qu'attiser cette haine. Les bourgeois n'étaient guère plus favorables, excédés par les dernières menées fiscales du pouvoir royal : le parlement comme la prévôté des marchands avaient choisi leur camp, qui était celui des Guise.

Henri de Guise, contrôlant la capitale par son immense clientèle, jouissant d'une insolente popularité, se trouvait le véritable maître d'un Paris quasi insurrectionnel. Il pouvait également compter sur une force armée considérable : outre ses propres soldats, les milices bourgeoises et même, pour une grande partie, les troupes royales, catholiques et aisément soudoyables, lui étaient acquises ; le chef des gardes royaux que Charles IX avait placé auprès de Coligny n'était-il pas un ennemi personnel de ce dernier ?

La mise en accusation des Guise, initialement envisagée par Charles IX, sincèrement désireux de rendre justice à Coligny, s'avérait impossible dans un tel contexte. Les soupçons explicites du roi n'avaient fait qu'exacerber le ressentiment des Parisiens : ils n'accepteraient certainement pas que l'on touche à leur héros ; il fallait en finir avec les protestants...

En quelques heures, les rapports de force s'étaient modifiés ou, plus exactement, révélés. Apparemment isolés, poursuivis par le roi, la veille cloîtrés dans leur hôtel fortifié du Marais, les Guise, le soir du 23 août apparaissaient à la cour, participaient au conseil du roi, y conduisaient apparemment les délibérations.

Le roi fut ainsi mis en demeure de choisir : ou les protestants avec le risque d'une véritable insurrection populaire dirigée contre le pouvoir royal, ou le parti des Guise avec, à la clé, le sacrifice des huguenots.

Catherine de Médicis a-t-elle soudain envisagé, devant le développement de la situation, de faire un coup stratégique en profitant du rapport de force manifestement défavorable aux protestants, dans un Paris très hostile et dominé par les Guise, pour en supprimer les forces vives et régler ainsi le problème lancinant des guerres civiles ? Cette hypothèse ne peut être exclue mais elle ne dut être envisagée par la reine mère qu'en dernière instance, comme une ultime raison dans une situation indécise ne laissant en fait au pouvoir royal qu'une très faible marge de manœuvre.

L'affolement, la panique sont donc dans les deux camps. Autour du roi, l'on se presse. On affirme qu'un « complot » protestant se prépare, que l'enlèvement de sa mère et de ses frères est programmé pour les heures qui viennent, véritable coup d'Etat. Ce « complot » doit être prévenu. Si on le laisse se développer, il sera trop tard. Charles IX résiste, assiégé par les arguments des ligueurs. Et puis le jeune homme fragile cède d'un seul coup. Que s'accomplissent les destins.

Le 23 août 1572, quelques minutes avant minuit, le massacre « préventif » des protestants est décidé. En quelques heures, on prévient les Parisiens catholiques, les troupes de soldats, on rassemble puis on distribue les armes nécessaires.

Le duc de Guise préside aux préparatifs, en s'appuyant sur les relais de sa clientèle :

« *Dès le soir (...) il loge ses capitaines aux deux côtés du Louvre, avec charge de n'en laisser sortir aucun serviteur des princes de Bourbon. Pour Cossins* (qui « gardait » Coligny), *on lui augmente et rafraîchit ses hommes avec la même charge, pour la maison qu'il gardait. De là il envoya quérir le président Charron, prévôt des marchands depuis peu de jours. Celui-là avertit tous les capitaines de la ville de se tenir prêts devant la maison de ville à minuit. Là ils reçurent de la bouche de Marcel* (ancien prévôt des marchands), *parce qu'il avait grand crédit vers le roi, le commandement bien venu, quoiqu'étrange, surtout défense de n'épargner aucun et que toutes les villes de France faisaient comme eux, qu'ils prissent tous pour marque un linge blanc au bras gauche et une croix au chapeau, qu'ils sauraient l'heure de l'exécution par le tocsin de la grosse cloche du palais et qu'ils missent du feu aux fenêtres.* » (Agrippa d'Aubigné, *Histoire universelle*.)

Le massacre de la Saint-Barthélemy commença par la maison de Coligny :

« *Le premier tocsin entendu, il fallut laisser courre le duc de Guise et le chevalier d'Angoulême, qui toute la nuit avaient mis ordre partout, prennent le duc d'Aumale et viennent au logis de l'amiral qui, oyant le bruit, s'imagina que c'était une émeute contre le roi même. Mais il changea d'opinion quand Cossins, s'étant fait ouvrir par celui qui avait les clefs, le poignarda à la vue des Suisses, desquels un fut tué en voulant remparer la porte. Ce fut La Bonne maître d'hôtel. Quelques Suisses que le roi de Navarre avait donnés à l'amiral pour la garde de son logis accoururent avec d'autres domestiques, regagnèrent la porte en poussant et mirent des coffres derrière. A travers elle fut tué un Suisse;*

et un jeune homme, nommé Certen, qui aidait à porter un coffre, s'en courut à la chambre, de laquelle s'étaient déjà sauvés Cornaton, le jeune Yolet, Merlin, le secrétaire Belon, le contrôleur Bruneau et le chirurgien Thomas. Il n'y était resté que Nicolas Mousche, Trucheman, qui ne se voulut sauver, quoique prié par son maître, qui leur avait avancé ce propos disant : " Mes amis, je n'ai plus que faire de secours humain; c'est ma mort que je reçois volontiers de la main de Dieu, sauvez-vous. " Cossins, ayant fait rompre la porte avec quelque travail, trouva l'amiral à genoux, appuyé contre son lit. L'amiral le voyant, et Besme qui se jetait devant Cossins et lui demandait : " Es-tu l'amiral ? " La réponse fut, selon le rapport du capitaine Atain, qui, avec Sarlaboz-Cardillac et un Italien, suivaient Cossins : " Jeune homme, respecte ma vieillesse. " Et puis au premier coup : " Au moins, dit-il, si je mourais de la main d'un cavalier et non point de ce goujat. " A ces mots, Besme lui redoubla un coup d'épée à travers le corps et, en la retirant, lui donna sur la tête un grand estramasson. » (Agrippa d'Aubigné, *Histoire universelle.*)

Le peuple de Paris, ivre de ressentiment et de rage, infligea au corps de l'amiral un second supplice, en un de ces déchaînements sanglants comme il en vient aux foules, qui s'exaltent dans l'exaction. Il « *en coupe toutes les parties qui se pouvaient couper, surtout la tête, qui alla jusqu'à Rome; ils le traînent par les rues, selon ce qu'il avait prédit sans y penser, le jettent en l'eau, l'en retirent pour le pendre par les pieds à Montfaucon, et allument quelques flammes dessous, pour employer à leur vengeance tous les éléments* ». (Agrippa d'Aubigné, *Histoire universelle.*)

A en croire Claude Haton, les « petits enfants » ne furent pas en reste :

« *Les petits enfants de la rue et autres l'enlevèrent avec cordes qu'il lui mirent aux pieds et au cou et le traînèrent par les autres rues dudit Paris (...) Ils lui firent son procès, tout ainsi que s'ils eussent été juges et gens de justice, et par leur sentence le condamnèrent à être traîné par lesdites rues de Paris d'un carrefour à l'autre, comme vilain, séditieux et perturbateur du repos public, conspirateur contre son roi, proditeur (traître) de sa patrie, et finalement à être brûlé à petit feu comme hérétique et huguenot, et fut par ces enfants cette sentence sur lui prononcée de carrefour à autre, lue et publiée par les rues où il fut par eux traîné; et étant parvenus au lieu par eux désigné pour le brûler, allumèrent un feu de feurre (fourrage) et de bois sur son corps. Ceci fait ils se lassèrent de le plus promener, et pour en détrapper la terre, le jetèrent dedans la rivière de Seine pour le rafraîchir, où il fut quelque trois ou quatre jours.* » (Claude Haton, *Mémoires.*)

Le jugement des enfants ne faisait qu'anticiper la sentence d'un autre procès posthume, « *fait par messieurs de la cour de parlement, lesquels (...) le condamnèrent crimineux de lèse-majesté divine et humaine contre Dieu et le roi, son corps à être traîné sur une claie par les rues de Paris avec un cheval, à être dégradé lui et sa postérité du titre de noblesse, et à être pendu au gibet de Montfaucon de Paris, ses biens, meubles et immeubles confisqué au roi et remis au domaine de sa majesté, sa maison de Châtillon-sur-Loing, qui était son principal domicile, à être abattue et rasée rez pied rez terre, ses armoiries et écussons rompus et jetés par terre en quelque lieu qu'ils fussent vus et trouvés.*

Cette sentence rendue contre lui fut son corps levé de la rivière comme indigne d'être viande des poissons, et fut par le bourreau traîné par les rues et de là mené au gibet du Montfaucon prendre, pour être viande et charogne des vers et des corbeaux, où il fut quelque quinze ou vingt jours avant qu'aucuns de ses amis eussent le moyen de faire couper les cordes qui le soutenaient et de le faire tomber au bas dudit gibet, où ils le firent de nuit enterrer. » (Claude Haton, *Mémoires.*)

Ce crime et sa mise en scène furent en fait emblématiques de tout le massacre de la Saint-Barthélemy et, plus largement, des horreurs des guerres de religion.

Avertis par le tocsin, aussitôt exhortés au massacre par les guisarts et leurs innombrables relais dans la capitale, les Parisiens se livrèrent tout entiers à l'ivresse du déchaînement de la violence et des instincts auquel on les invitait :

« *Le peuple travaillait à tuer ses voisins. Tous ceux qui ont décrit cette journée, et par-dessus tous ce grand sénateur de Thou, n'ont point de honte de dire de leur ville même que les capitaines et dixainiers excitaient* (chefs de quartier) *leurs bourgeois à une triste et horrible face partout ; si bien que par le bruit, les reniements de ceux qui se rencontraient au meurtre et à la proie on ne s'entendait point par les rues ; l'air résonnait des hurlements des mourants ou de ceux qu'on dépouillait à la mort ; les corps détranchés tombaient des fenêtres ; les portes cochères et autres étaient bouchées de corps achevés ou languissants ; le milieu des rues de ceux qu'on traînait non sur le pavé, mais sur le sang qui cherchait la rivière ; on ne pouvait dénombrer la multitude des* morts, hommes, femmes et enfants, quelques-uns sortant du ventre des mères. » (Agrippa d'Aubigné.)

Comme toujours, la violence était sœur de la mesquinerie, la religion servant de prétexte au règlement de vieux contentieux personnels, par exemple un procès :

« Le marquis de Resnel (...) fut tué pour un procès qu'il avait avec son cousin germain. » (Agrippa d'Aubigné.)

Tel autre par jalousie et sans considération de sa science :

« Pierre Ramus, excellent docteur, tiré de son étude, est précipité par la fenêtre. Son corps et les boyaux, qui lui sortaient par les plaies, furent fouettés le long des rues par les petits écoliers, ameutés à cela par son envieux charpentier. » (Agrippa d'Aubigné.)

Les milliers de protestants qui étaient venus ou habitaient à Paris furent livrés en pâture, trois jours durant, aux instincts sadiques de la foule.

« Les portes de la ville de Paris ne furent ouvertes à personne qui fût (...) ni de trois jours après, et (...) furent les trois jours employés à chercher les huguenots et huguenotes de la ville de Paris et autres lieux, et à tuer et à massacrer ceux qui furent trouvés dedans ladite ville. » (Claude Haton.)

On massacrait les vieillards et les femmes :

« Brion, ayant passé quatre-vingts ans, et blanc comme neige, fut poignardé. » (Agrippa d'Aubigné.)
« La damoiselle d'Yverny (...), huguenote parfaite, fut trouvée et prise dedans l'Hôtel-Dieu de Paris, revêtue en habit de nonnain pour penser sauver sa vie, fut dudit Hôtel-Dieu tirée par ceux qui la poursuivaient, et tuée sur le bord de la rivière de Seine et son corps jeté en ladite rivière. » (Claude Haton.)

On n'épargnait pas même les enfants :

« La Force, pris au lit avec ses deux enfants, fut poignardé avec le plus grand. Le petit, âgé de douze ans, se mêlant toujours avec les corps de son père et de son frère, tout couvert de sang, fut laissé pour mort. » (Agrippa d'Aubigné.)

127

« *Un oncle tua deux petites nièces qui s'étaient cachées sous le lit, pensant qu'on les voulait fouetter.* » (Agrippa d'Aubigné.)

On les torturait parfois pour extirper d'eux la fausse religion :

« *Une tante (...), aidée de son mari, tourmenta trois semaines avec fouets et fers chauds deux de leurs nièces ; mais, ne pouvant par tourments faire renoncer leur religion, ils les jetèrent à minuit dehors.* » (Agrippa d'Aubigné.)

On s'amusait à jouer avec eux pour mieux les tuer ensuite, à l'image, deux siècles plus tôt, de Gilles de Rais. Pis encore, c'étaient parfois des enfants qui tuaient des enfants :

« *On vit traîner des enfants en maillot par d'autres enfants de dix ans.* » (Agrippa d'Aubigné.)

Certains se perdaient dans l'ivresse du massacre et du sang versé, comme ce « *coquin nommé Thomas (qui) se vantait des grands meurtres qu'il faisait journellement des huguenots, et d'en avoir tué de sa main pour un jour jusqu'à quatre-vingts ; mangeait ordinairement avec les mains et bras tout sanglants, disant que ce lui était honneur, parce que ce sang était sang d'hérétique* ». (Pierre de l'Estoile.)

Comme souvent, l'imagination débridée, le fantasme collectif accompagnaient la transgression des massacres. On rapportait qu'au cimetière des Saints-Innocents, une aubépine morte depuis plusieurs années avait reverdi, qui opérait de surcroît d'étonnantes guérisons :

« *Aucuns malades languissants, ayant ouï ce miracle, se firent porter audit cimetière pour voir ladite épine ; lesquels, étant là avec ferme foi, firent leur prière à Dieu en l'honneur de notre dame vierge Marie et devant son image qui est en ladite chapelle, pour recouvrer leur santé, et, après leur oraison faite, s'en retournèrent en leurs maisons sains et guéris de leur maladie, chose très véritable et bien approuvée.* » (Claude Haton.)

« *Si ce n'était point un abus (...) fait par un art magique ou enchantement d'enchanteurs, sorciers ou Vaudois* », c'était donc un signe céleste montrant « *que Dieu, par ce miracle, approuvait et avait pour agréable la sédition catholique et la mort de son grand ennemi l'amiral et des siens.* » (Claude Haton.)

Mais d'autres tenaient que c'était là au contraire un signe de consolation pour les victimes, considérant « *que cette fleur avait paru dans le champ des innocents meurtris* (dans le cimetière des Saints-Innocents) *et non pas des meurtriers* ». (Agrippa d'Aubigné.)

Telle était la fièvre religieuse du temps en un monde où chacun cherchait dans les signes la justification de sa conduite. Et plus la culpabilité et l'incertitude étaient grandes, plus fortes étaient la recherche et l'interprétation des signes.

Le roi et la reine mère eux-mêmes, qui avaient permis le massacre, s'affolèrent de ces débordements sanguinaires. Tout cela dépassait ce qu'ils avaient imaginé. Le pouvoir royal fit mine de réagir. En une grande cérémonie officielle, le 27 août, il prononça une déclaration solennelle pour faire « *cesser la sédition et dire par ses hérauts, aux carrefours de la ville de Paris, que chacun devait s'arrêter et laisser en paix toutes personnes sans plus tuer* ». (Claude Haton.) Pour autant, il assumait le massacre et en présentait la justification officielle : prévenir une révolte des protestants. La volonté de préserver l'image d'un pouvoir royal souverain était manifeste dès les premières paroles du roi : il ne fallait pas laisser s'accréditer l'idée que le roi avait été « forcé » par les Guise et débordé par le peuple parisien.

Le souverain affirmait parallèlement sa volonté de maintenir la politique de tolérance et de respecter les « *édits de pacification, qu'il a toujours entendu, comme encore il veut et entend, observer, garder et entretenir* » et réitérait l'ordre de laisser désormais les huguenots en paix.

Mais ces déclarations n'avaient plus la moindre crédibilité : elles demeurèrent lettre morte et les violences reprirent de plus belle, ne s'apaisant que par défaut de victimes. Elles se répandirent également en province. Malgré « *la déclaration susdite pour empêcher que le semblable ne fût exécuté en (...) villes et provinces qui avait été fait audit Paris (...), sédition fut faite dans lesdites villes et autres sur les huguenots d'icelles, la plus grande partie desquels furent meurtris et saccagés comme avaient été ceux dudit Paris* ». (Claude Haton.)

La province n'eut, en matière de cruauté, rien à envier à la capitale, comme à Castres, où l'on força des huguenots, pour preuve de la sincérité de leur abjuration, à tuer eux-mêmes leurs compagnons restés protestants...

Quelques villes cependant se distinguèrent heureusement, au premier rang desquelles Bayonne. Le roi, dépassé en province comme à Paris, avait voulu, là aussi, après l'échec de ses injonctions d'apaisement, masquer son évidente impuissance en envoyant des ordres de massacre. Le gouverneur de Bayonne répondit en ces termes :

« *Sire, j'ai communiqué le commandement de Votre Majesté à ses fidèles habitants et gens de guerre de la garnison. Je n'y ai trouvé que bons citoyens et braves soldats, mais pas un bourreau. C'est pourquoi eux et moi supplions très humblement votre dite Majesté de vouloir employer en choses possibles, quelques hasardeuses qu'elles soient, nos bras et nos vies, comme étant autant qu'elles dureront.* » (Agrippa d'Aubigné.)

Henri et la Saint-Barthélemy

Henri, ainsi que le prince de Condé, furent épargnés par cette effroyable tuerie. Ils étaient princes de sang : attenter à leur personne, c'était faire couler du sang royal. Cette proximité symbolique était encore renforcée, pour Henri, par son mariage avec Marguerite, la sœur du roi. Cette protection de Marguerite fut-elle simplement celle des liens symboliques du mariage?

Marguerite, dans ses *Mémoires*, rapporte qu'Henri aurait passé la nuit avec elle, entouré de quelques-uns de ses compagnons :

« *Le roi mon mari, qui s'était mis au lit, me demanda que je m'en allasse coucher. Ce que je fis, et trouvai son lit entouré de trente ou quarante huguenots que je ne connaissais point encore; car il y avait fort peu de temps que j'étais mariée. Toute la nuit ils ne firent que parler de l'accident qui était advenu à monsieur l'amiral. La nuit se passa de cette façon sans fermer l'œil. Au point du jour le roi mon mari dit qu'il voulait aller jouer à la paume en attendant que le roi Charles fût éveillé.* » (Marguerite de Valois.)

C'est après le départ d'Henri que Marguerite aurait, brusquement, découvert ce qui se passait, un huguenot poursuivi se précipitant dans ses appartements et se jetant sur elle pour se protéger :

« *Voici un homme frappant des pieds et des mains à la porte, et criant : " Navarre, Navarre. " Ma nourrice, pensant que ce fut un*

*gentilhomme nommé M. de Tejan, qui avait un coup d'épée dans
le coude et un coup d'hallebarde dans le bras, et était encore poursuivi de quatre archers qui entrèrent tous après lui en ma
chambre. Lui se voulant garantir, se jeta dessus mon lit. Moi sentant ces hommes qui me tenaient, je me jette à la ruelle, et lui
après moi, me tenant toujours à travers du corps. Je ne connaissais point cet homme, et ne savais s'il venait là pour m'offenser,
ou si les archers en voulaient à lui ou à moi. Nous criions tous
deux, et étions aussi effrayés l'un que l'autre. Enfin, Dieu voulut
que M. de Nançay, capitaine des gardes, y vint, qui me trouvant
en cet état là, encore qu'il y eut de la compassion, ne se put tenir
de rire, et se courrouça fort aux archers de cette indiscrétion ; il les
fit sortir et me donna la vie de ce pauvre homme qui me tenait,
lequel je fis coucher et panser dans mon cabinet jusqu'à tant qu'il
fut du tout guéri. »* (Marguerite de Valois.)

Margot sauva de même la vie de quelques-uns des plus fidèles
serviteurs d'Henri :

*« M. de Miossens, premier gentilhomme du roi mon mari, et
Armagnac, son premier valet de chambre, m'y vinrent trouver
pour me prier de leur sauver la vie. Je m'allai jeter à genoux
devant le roi et la reine ma mère pour leur demander ce qu'enfin
ils m'accordèrent. »* (Marguerite de Valois.)

Brantôme, pour sa part, confère à Margot un rôle décisif : elle
aurait sauvé la vie de son mari. Mais il donne deux variantes.
D'après la première, c'est en se jetant aux genoux du roi qu' *« elle
lui sauva la vie au massacre de la Saint-Barthélemy, car, indubi-
tablement, il était proscrit et couché sur le papier rouge, comme
on dit, parce qu'on disait qu'il fallait ôter les racines, comme le
roi de Navarre, le prince de Condé, l'amiral et autres grands ».*
(Brantôme.)
D'après la seconde, c'est en le cachant sous ses robes qu'elle le
protège du meurtre programmé :

Fameux vertugadin d'une charmante reine,
Tu défends un honneur qui se défend sans peine
Mais la gloire est plus grande en un plus noble emploi
Tu sauves un héros en recélant un roi. (Brantôme.)

En revanche, d'après la correspondance de l'ambassadeur de
Florence, généralement bien informé, le roi Charles IX aurait,

dès le soir même, avant le déclenchement du massacre, demandé Henri et le prince de Condé, qui seraient restés dans les appartements royaux, laissant à l'entrée leurs fidèles compagnons que le roi de Navarre, conscient de la tragédie qui s'annonçait, aurait tristement salués : *« Adieu, mes amis, leur dit-il ; Dieu sait si nous nous verrons jamais plus ! »* (Correspondance de l'ambassadeur de Florence.)

Les princes de sang, Henri de Navarre et Henri de Condé, eurent donc la vie sauve, mais le prix de cette clémence fut l'abjuration de la foi protestante, exigée par Charles IX :

« Il fit appeler le roi de Navarre et le prince de Condé, auxquels il déclara que tout ce qu'ils voient était par son commandement, qu'il n'avait eu d'autre moyen pour couper broche à toutes les guerres et séditions, qu'il ne perdrait jamais la mémoire des maux qu'on lui avait faits, mêmement qu'eux deux lui avaient donné une occasion de haine mortelle pour s'être faits chefs de ses ennemis ; mais qu'il donnait cela à l'alliance et au sang, pourvu qu'ils changeassent de vie et surtout de religion, n'en voulant plus souffrir en son royaume que la catholique romaine, comme reçue de ses ancêtres ; qu'ils avisassent donc s'ils lui voulaient complaire en cela, ou qu'ils se préparassent à perdre la vie et être traités comme leurs compagnons. » (Agrippa d'Aubigné.)

Dans l'esprit du roi, cette abjuration et le retour à la foi catholique des deux princes du sang rétablissaient l'ordre naturel du monde, ébranlé par la coexistence des deux religions. Charles IX, contraint à avaliser le massacre initié par les Guise, s'efforçait désormais de penser que, avec la disparition des chefs huguenots, la division du royaume pourrait cesser. Les réactions des deux princes furent très différentes. Le prince de Condé parut se rebeller :

« Quant à ma religion, Dieu seul, qui m'en a donné la connaissance, est celui à qui j'en dois rendre compte. Faites de ma vie et de mes biens ce qu'il vous plaira ; je suis résolu de ne renoncer à la vérité, que je connais bien, par aucunes menaces, ni par le péril de mort où je me vois. » (Agrippa d'Aubigné.)

Cette attitude mit Charles IX en fureur, qui menaça Condé : *« si dans trois jours il ne changeait pas de langage, il le ferait étrangler ».*

Henri, quant à lui, choisit une démarche bien différente, se montrant à la fois « *doux comme un agneau* » et nuancé : « *Le roi de Navarre, étonné, demanda, à la première fois, qu'on laissât en paix leur vie et leur conscience, et qu'ils étaient prêts d'obéir au roi en toutes choses.* » (Agrippa d'Aubigné.)

Pour autant, ce fut Condé qui abjura le premier... Henri exigea d'abord, ce sera sa stratégie préférée, de se faire instruire dans la religion catholique – ce qui fut assez curieusement facilité par la personnalité même de son professeur, Hugues de Roziers, un des pasteurs protestants de son entourage, qui venait lui-même d'abjurer :

« *Un des prédicants du roi de Navarre et des plus estimés en la prétendue religion (...), nommé Hugues de Roziers (...), confessa que plusieurs causes l'avaient induit à se faire hérétique, mais que, après qu'il avait mûrement pensé laquelle des deux églises, catholique ou réformée, était la meilleure, il avait reconnu la romaine être la vraie église de Jésus-Christ, déclarant qu'il avait plus de quatre ans qu'il désirait trouver quelque occasion honnête pour le faire retirer de son erreur, ce qu'il n'avait su faire avant ce jour de sédition bartholonienne.* » (Claude Haton.)

Faut-il préciser qu'Hugues de Roziers changea à nouveau de religion par la suite...

Cette abjuration des princes de sang fut complétée par une confession formelle de leurs errements adressée au pape, qui s'en réjouit fortement, leur donnant aussitôt « *absolution de leurs péchés et dispenses de leurs mariages, et fit faire dedans la ville de Rome les feux de joie par les carrefours des rues, sonner toutes les cloches des églises de ladite ville et chanter en icelles* Te Deum Laudamus ». (Claude Haton.)

Henri, à la Saint-Michel, un mois après la Saint-Barthélemy, assista à la messe, avec les fidèles de cette religion, dans laquelle son père, dix ans plus tôt, l'avait fait entrer au prix, déjà, d'une première abjuration...

Henri eut à subir une autre humiliation.

On lui fit ainsi promulguer, quelques semaines plus tard, un édit annulant les ordonnances de sa mère et rétablissant le culte catholique en Béarn, édit que les Etats du Béarn refusèrent d'entériner. Puis il lui fallut bientôt accompagner l'armée royale qui marchait sur La Rochelle, le principal refuge huguenot, et même combattre contre ses amis.

Henri, bien plus tard, dévoila ce que fut pour le jeune homme qu'il était la détresse de ces temps :

« *Furent massacrés ceux qui m'avaient accompagné à Paris,
dont la plupart n'avaient pas bougé de leurs maisons durant les
troubles. Entre autres fut tué Beauvois, qui m'avait gouverné
depuis l'âge de neuf ans. Vous pouvez penser quel regret ce me fut,
voyant mourir ceux qui étaient venus à ma simple parole et sans
autre assurance que le roi m'avait faite, me faisant cet honneur de
m'écrire que je le vinsse trouver, et m'assurant qu'il me tiendrait
comme frère. Et ce déplaisir me fut tel que j'eusse voulu les racheter de ma propre vie, puisqu'ils perdaient la leur à mon occasion.
Et même les voyant tués jusqu'au chevet de mon lit, je demeurai
seul, dénué d'amis.* »

Henri avait près de dix-neuf ans à la Saint-Barthélemy. Il avait
vu à cet âge massacrer tous ses amis et ses parents les plus
proches. Sa réponse naturelle eût pu être celle de la haine, de la
vengeance rentrée et du ressentiment destructeur vis-à-vis de
ceux qui l'avaient ainsi meurtri. Tout au contraire, il affecta un
détachement étonnant. On le vit ainsi prendre plaisir aux
combats, s'amusant d'une arme nouvelle, l'arquebuse à mèche,
dont il avait, pour la première fois, à se servir, « *tirant souvent et
de fort bonne grâce* ». (Brantôme.)

Le plus surprenant restait son attitude à l'égard de ceux qui
l'entouraient, ceux-là mêmes qui avaient massacré ses proches,
l'avaient contraint à abjurer et le tenaient en sujétion : « *il faisait
bonne mine, et dissimulait ses déplaisirs avec un tel artifice qu'il
ne semblait pas qu'il eut aucun ressentiment de ce qui s'était
passé* ». (Villegomblain.) Il traitait naturellement ses amis comme
ses ennemis, avec le même mélange d'ironie et de bienveillance,
avec la même bonne humeur fondamentale :

« *Il faisait le rieur et le bon compagnon de tout ce qui s'y passait, et se moquait de ceux qui y étaient attrapés ; car dès sa plus
grande jeunesse, il se donnait du bon temps de tout, se plaisant à
se moquer, sans guère d'exceptions de personne, et parlait en railleries, mais toutefois de telle façon qu'on ne s'en offensait guère,
car il y apportait une grâce, familiarité et complaisance après
cela, qu'elles effaçaient aussitôt la malveillance qu'on porte
communément à de telles humeurs.* » (Villegomblain.)

Il est vrai aussi que, faute d'issue possible, l'amour de la vie est
provisoirement plus fort que le souvenir et la crainte de la mort.

Le temps des horreurs

Car la mort est partout. Au-delà de la Saint-Barthélemy, c'est l'époque tout entière qui fut prise d'une frénésie meurtrière. La violence et la cruauté embrasèrent les gens ordinaires qui, semble-t-il, n'eurent rien à envier aux raffinements sadiques des pires capitaines. Un bon témoignage nous en est donné par Claude Haton, l'une des rares figures de l'Ancien Régime issues d'un milieu relativement populaire à nous avoir légué ses mémoires. Son manuscrit date de 1601 et embrasse les années 1553 à 1582.

Prêtre à Provins, à partir de 1651, il est tout à fait représentatif du « bon catholique » de l'époque, qui n'hésite pas à prendre les armes quand il y a nécessité : il fut d'ailleurs fait prisonnier par les huguenots.

Son récit est d'autant plus digne de foi qu'il s'agit souvent d'un témoignage direct concernant les violences de son propre camp.

Il évoque ainsi l'engrenage – trop classique – de la violence qui poussa, par exemple, les catholiques et les protestants de la ville de Sens à s'entretuer. Les hostilités commencèrent par de simples provocations, puis débuta l'escalade de la méfiance : les huguenots s'armèrent pour assister en sécurité à leurs prêches, les catholiques redoutèrent alors une sédition armée si bien qu'un jour, malgré les exhortations du prêtre, quelques excités déclenchèrent le massacre en attaquant les huguenots réunis pour leur prêche :

« *Tout en un moment sans y penser, ils furent assaillis en leurs prêches par des gens inconnus des villages et faubourgs, qui, si vivement se ruèrent sur eux à coups de pierres et de bâtons, comme pieux de haies et leviers, que les huguenots n'eurent le loisir de mettre à heure la main à leurs pistolets et arquebuses les premiers. Lesquels, étant surpris, n'ayant pas ce jour-là leur capitaine gascon et ses gens à leur garde, fut la mêlée fort grande au désavantage du prédicant et de ses audacieux huguenots, qui en assez bon nombre furent sur-le-champ tués et leur halle abattue et du tout ruinée en moins d'une demi-heure, sans y demeurer bois entier couché ni debout.* » (Claude Haton, *Mémoires*.)

A Provins, c'est à un morbide simulacre judiciaire que se livrèrent des enfants fort jeunes sur le cadavre d'un pauvre huguenot déjà pendu à une potence :

« *Après qu'il fut mort, et que le bourreau l'eut abandonné, les petits enfants de Provins, de l'âge de douze ans et au-dessous, montèrent avec l'échelle au plus haut de la potence, et, après avoir coupé la corde, le firent tomber sur le pavé, et là lui mirent une corde au cou et une autre aux pieds, et furent quelque temps à le tirer, les uns par le cou, les autres par les pieds, pour tâcher d'en demeurer les maîtres : mais s'étant mis autant d'un côté que d'autre, la force ne savait à qui céder le lieu.* »

Les femmes furent les premières victimes du désordre et du déchaînement des violences. Certaines se sauvèrent au prix de leur dignité et « *gagnèrent leur vie et rançon à la peine et ouvrage de leur corps, et Dieu sait comment les charitables huguenots furent fait coupaux* ». Pis, à la violence sexuelle s'ajoutait parfois, en une mise en scène dérisoire, la violence spirituelle. Claude Haton évoque ainsi cette pauvre protestante qui, après avoir subi, la nuit durant, les outrages de catholiques, fut contrainte d'aller à l'église s'asperger d'eau bénite...

A côté du déchaînement des gens ordinaires, ces guerres eurent également leurs hauts faits de cruauté, des massacres illustres dont la terrible renommée est encore présente dans nos mémoires. De grands noms, dont l'évocation remplit toujours d'effroi, en signent le sanglant souvenir, comme celui du baron des Adrets. Les « sauteries » qu'il organisait sont restées célèbres : on contraignait les prisonniers à se jeter du haut d'une falaise ou d'une quelconque hauteur. C'était même un divertissement très prisé, notamment à l'issue des festins. « *Saint-Pont inventeur de toutes cruautés, qui bouffonnait en les exécutant ; et, au sortir des festins qu'il faisait, donnait aux dames le plaisir de voir sauter quelque quantité du pont en bas.* » (Agrippa d'Aubigné, *Histoire universelle*.)

Les sauteries de Mascon furent ainsi fameuses, « *où le gouverneur dépendait en festin pour donner ses ébattements au fruit, pour apprendre jusqu'aux enfants et aux filles à voir mourir les huguenots sans pitié* ». (Ibid.)

On n'était de fait jamais en peine d'imaginer de nouvelles horreurs :

« *On en fit mourir quantité de petites piqûres de poignard, afin, disaient-ils, qu'ils se sentissent mourir ; les autres empalés de diverses façons ; plusieurs brûlés à petit feu ; quelques-uns sciés. Il y eut des vieillards décrépits, qui depuis longtemps ne quittaient plus le lit ; ceux-là furent traînés à la place pour accroître le spectacle. Plusieurs villageois augmentèrent le nombre ; les femmes pendues aux fenêtres et aux portes ; les enfants arrachés de leur sein par les pieds et froissés contre les murailles. »* (Agrippa d'Aubigné.)

Il y avait à ces violences les raisons que l'on trouve aux désordres de toute guerre : le règne de la force brute en l'absence de tout ordre établi, l'engrenage de la méfiance et de la vengeance. Le baron des Adrets s'en expliqua d'ailleurs fort bien un jour à Agrippa d'Aubigné, qui lui demandait *« pourquoi il avait usé de cruauté mal convenable à sa grande valeur ? » : « Que nul ne fait cruauté, répondit-il, en la rendant ; que les premières s'appellent cruauté, les secondes justices (...) Qu'il leur avait rendu quelque pareille en beaucoup moindre quantité, ayant égard au passé et à l'avenir (...), que le seul moyen de faire cesser les barbaries des ennemis est de leur rendre les revanches. »*

Mais, au-delà de la simple vengeance, il s'agissait de donner à la dureté de la guerre un caractère exemplaire et définitif. Il fallait endurcir le cœur des soldats, qu'en n'ayant point de pitié pour leurs adversaires, ils ne puissent espérer de leur part aucune indulgence en retour. Il ne pouvait être question que les troupes *« filent du derrière en bonne occasion (...). En leur ôtant l'espoir de tout pardon, il fallait qu'elles ne vissent abri que l'ombre des drapeaux, ni vie qu'en la victoire ».* (Agrippa d'Aubigné.)

D'où la mise en scène exemplaire des massacres et, plus encore, la diabolisation de l'ennemi auquel on supposait, à l'instar des procès de sorcellerie, les pires pratiques. Les catholiques étaient ainsi persuadés que les huguenots se livraient à la débauche collective et que c'était là le secret de leurs prêches. Même un prêtre modéré et parfaitement lucide sur son propre camp comme Claude Haton partageait cette conviction :

« Les prières faites, il était permis aux hommes de s'approcher des femmes et les femmes des hommes, chacun d'eux où son plaisir conduisait ; et après s'être entresalués et chéris les uns les autres le ministre ou prédicant qui tenait le lieu de commander annonçait la charité qu'ils devaient les uns aux autres de leurs biens et de leurs corps pour s'entretenir en cette religion, et, en soufflant et éteignant les chandelles qui étaient devant lui, disait tel mots "Au nom de Dieu, accomplissez la charité fraternelle, chacun d'entre vous jouissant de ce qu'il aime." Ce fait et dit,

chacun d'entre eux s'accommodait à sa chacune, et prenaient là le contentement de leurs désirs. » (Claude Haton, *Mémoires*.)

Cette diabolisation, comme l'a bien montré l'historien D. Crouzet, culminait dans l'exhibition des corps : à Orange, des femmes tuées après qu'on leur a mis « *des cornes de bœufs, ou des pierres, ou de petits pieux, dans les endroits que la pudeur ne permet pas de nommer* » ; ailleurs, des cadavres nus dans des attitudes suggestives, voire enlacés avec des pourceaux, ou encore défigurés au point d'en « *perdre toute forme humaine* ». La violence et la haine vengeresse s'exerçaient donc jusqu'après la mort, comme l'avait d'emblée illustré le sort fait au cadavre de Coligny, traîné, brûlé, écartelé, jeté à la Seine. Il s'agissait par là de rendre l'hérétique à l'état de bestialité et d'immondice. Pour preuve la nature des supplices infligés, qui anticipait en quelque sorte les tortures de l'enfer : arrachage des yeux ou des oreilles, du nez ou des lèvres... A Orléans en 1572, pour punir un huguenot d'avoir refusé le jeûne du Carême, on l'obligea à manger des excréments humains avant de le tuer... Ailleurs, on étouffa des hérétiques en leur faisant avaler des feuillets de Bible en français. La lecture de la Bible était, dans le catholicisme, réservée aux clercs et les calvinistes, qui prétendaient y avoir directement accès, devaient périr par où ils avaient péché...

Les violences des guerres de religion ne faisaient donc qu'anticiper ou manifester, dans l'esprit de ceux qui les commettaient, le jugement de Dieu.

Comme un péché originel

Dans la mémoire de la France, la Saint-Barthélemy est ineffaçable. D'une certaine manière, c'est là que s'achève le monde ancien, ordonné autour du principe dynastique et religieux. Jusqu'à la Saint-Barthélemy, les guerres de religion sont seulement religieuses. Elles sont claniques. La royauté peut être discutée, mais elle demeure arbitre. Les ligueurs sont un parti, les huguenots en sont un autre ; la royauté peut se rapprocher de l'un ou de l'autre, mais ne saurait commander le massacre des uns par les autres. En participant au crime de la Ligue, Catherine de Médicis entraîne le principe royal dans l'attentat contre une partie de la France. Le pouvoir royal pourra redevenir fort ; il ne sera plus jamais l'arbitre insoupçonnable. La constante référence paternelle – le roi père pour ses sujets – se trouve aussi brutalement et définitivement rompue que par un infanticide.

La France n'oubliera jamais.

Parmi les Français, les protestants, bien entendu, en demeureront marqués. J'ai gardé le souvenir le plus vif de mes discussions d'enfance, prudentes et pudiques, avec nos camarades, lointains descendants des huguenots de l'époque d'Henri IV. Ils appartenaient à une communauté très originale, vivant à l'écart, demeurée fidèle à l'esprit des premiers prêches, tenant les Ecritures pour seule référence et perpétuant l'austérité des premiers calvinistes. Ils étaient, comme nous, enfants des Pyrénées. Pourtant, à quatre siècles de distance, l'événement qui avait marqué la vie de leurs ancêtres n'était nullement effacé. Ils en parlaient avec révolte. Il continuait à brûler leur mémoire.

A quel moment précis la responsabilité du pouvoir royal fut-elle directement engagée? On ne le saura sans doute jamais. L'erreur indéniable, la faute, résida dans la justification du massacre, au bénéfice d'un bref répit politique mais au prix de la perte de sa légitimité essentielle.

Ce dérapage était en fait l'aveu de l'échec de la politique de Catherine de Médicis, politique qui reposait avant tout sur l'appréciation des rapports de force : équilibre entre les partis en s'appuyant tantôt sur l'un, tantôt sur l'autre, et affirmation cérémoniale et symbolique de la royauté. Or, en se mettant, par cet incessant jeu de bascule entre l'un ou l'autre bord, au niveau des partis – et non au-dessus –, et en remettant en cause ses propres engagements au gré des rapports de force, la monarchie ne pouvait qu'affaiblir sa position et vider la symbolique royale de tout son sens.

S'agissait-il des origines florentines de la reine mère? Machiavel n'avait pas tout dit ni tout vu : la question du pouvoir, au-delà de la gestion des rapports de force et des apparences, est celle de la légitimité et de la crédibilité royales. Catherine de Médicis en avait bien compris la dimension symbolique quand elle avait organisé, avec le tour de France royal, une gigantesque représentation médiatique de la monarchie. Tout montre qu'elle savait aussi, dès le début des conflits de religion, bien avant l'édit de Nantes, que la solution résidait dans une coexistence pacifique des religions : les édits successifs de tolérance qu'elle s'était vainement efforcé d'appliquer en furent l'illustration. Mais, en acceptant, pour un répit bien temporaire, de justifier le massacre de la Saint-Barthélemy, elle avait ruiné le crédit de sa politique et l'avenir de ses enfants rois.

Seul un pouvoir royal fort et cohérent pouvait imposer une solution de compromis durable. Les temps, il est vrai, étaient d'une violence extrême et la gestion politicienne de Catherine de Médicis n'avait que bien peu de chance face au déchaînement de l'ivresse de la fin des temps, des haines religieuses et de l'intolérance.

Aux causes tragiquement communes de l'horreur des guerres s'ajoutaient en effet la folie d'un monde en perdition, une atmosphère de fin des temps qu'il nous est aujourd'hui très difficile de comprendre, mais qui, seule, permet d'expliquer les véritables rituels d'atrocités qui scandèrent ces années terribles.

Le monde, la France vivaient dans la crainte de l'imminence de la fin du monde. Cette angoisse n'avait pas quitté l'humanité depuis le Moyen Age. Les vagues millénaristes n'avaient pas cessé de réapparaître. Annoncer l'Apocalypse était devenu une figure de style presque obligée des sermons et des discours religieux. Mais, depuis quelques décennies, cette angoisse avait revêtu une dimension nouvelle, exacerbée par le doute sur les fondements mêmes de la religion que révélait et qu'exprimait la Réforme. Il n'y avait plus une seule foi mais bien deux confessions qui, très rapidement, s'étaient mutuellement exclues. La Réforme insinuait le doute le plus radical qu'il fût possible d'imaginer puisque c'était au nom de la raison et des Ecritures elles-mêmes qu'elle mettait en cause la légitimité de la tradition et de l'instruction catholiques.

Or la société entière, tout l'homme de cette époque, vivait dans l'obsession du salut. L'omniprésence de la mort, la misère et la maladie, l'incapacité à se représenter rationnellement le monde faisaient de l'existence et de l'univers un théâtre d'ombres, où tout était signe du jugement divin.

Allait-on être sauvé ou, au contraire, voué aux gémonies, aux tourments éternels de l'enfer? Cette question taraudait l'esprit, imprégnait tous les actes. Même si, durant la vie, on préférait jouir sans inquiétude des plaisirs terrestres, cette angoisse revenait hanter le mourant.

C'est pour nous, aujourd'hui, une représentation inimaginable car notre vie est à elle-même sa propre justification : sa fin naturelle est la recherche du bonheur. Entre cette obsession du Salut, reposant sur la vision idéale de la sainteté, du renoncement total aux désirs, et la réalité de la vie des hommes, l'écart était bien sûr immense et ce fossé accroissait encore la culpabilité. Tout l'espoir de ces générations reposait alors sur une institution, l'Eglise. L'Eglise, revêtue du pouvoir d'absoudre les péchés, pouvait seule conjurer l'angoisse individuelle et collective du Salut.

La légitimité même de l'Eglise mise en cause, c'était donc l'espérance du Salut de toute une société qui se trouvait ébranlée, c'était l'ordre du monde qui risquait d'être bouleversé. C'est pourquoi, sans doute, l'obsession du Salut connut un paroxysme en ce milieu du xvie siècle, renforçant tour à tour les deux réponses opposées, catholique et calviniste.

Pour le catholique, il fallait à tout prix défendre l'Eglise, l'institution sur laquelle reposait l'espérance. En la bafouant, les huguenots menaçaient l'ordre du monde, ils appelaient la vengeance divine. Pis, ils devenaient la manifestation de la fin des temps, ces « faux prophètes » qu'annonçait l'Evangile : « *plusieurs viendront sous les peaux de brebis, qui seront loups ravissants* ».

La présence des hérétiques était la preuve que la fin était proche « *du dernier temps, où maintenant nous sommes* » comme le répétaient les prêtres les plus ardents de l'époque. Les prédicateurs et les libellistes s'accordaient tous : la colère de Dieu était imminente et, si l'on ne faisait rien, si l'on ne purifiait pas le royaume de l'hérésie, elle déferlerait impitoyable. Seule une violence purificatrice et salvatrice pourrait encore écarter le courroux de Dieu et rétablir l'ordre naturel du monde.

Pour les calvinistes, l'angoisse du Salut se renversait en certitude du Salut, par le mystère de la Grâce. Celle-ci ne passait plus par une médiation institutionnelle mais devenait don de Dieu seul. Le chrétien, pour parvenir à cette conviction, se prouvait à lui-même, par la pureté de ses actes, qu'il était bien élu, qu'il incarnait bien la manifestation de la Grâce.

Dans cette perspective, l'Eglise catholique, ses traditions, ses images et, pour le réformé, ses superstitions étaient une injure à la grandeur incommensurable de Dieu, et devaient être supprimées.

Les violences huguenotes étaient, en ce sens-là, des fureurs iconoclastes : on tuait les prêtres comme on brisait les images impies. L'idolâtrie devait disparaître et les vrais croyants, élus par Dieu, devaient, en l'exterminant, manifester sa toute-puissance.

Chacune à sa manière, la foi catholique et la foi calviniste, justifiait donc l'extermination de l'autre parti, l'exacerbation de la violence et des instincts meurtriers.

Tel était le cadre de ces massacres, un monde ivre de culpabilité, éperdu d'angoisse face à l'imminence de la fin des temps, où l'humanité se jouait à elle-même la tragédie de l'Apocalypse. Mais la révélation de ces années horribles n'était autre que celle de la nature humaine, conjurant dans le déchaînement des violences l'angoisse de la mort et de la souffrance.

C'était, bien souvent, une violence de dérision et il est saisissant de constater combien les hommes de ce temps semblaient rire de la mort et de la souffrance, alors même qu'ils les côtoyaient quotidiennement. Le baron des Adrets « se bouffonnant » au spectacle de ses « sauteries », les enfants s'amusant d'un cadavre comme d'un jouet sous les rires de leurs parents, l'exagération carnavalesque des supplices révélaient cette dérision, cette jouissance sardonique de la souffrance. C'était un engrenage infernal : plus la mort et la souffrance se faisaient présentes, plus il fallait donner la mort et la souffrance pour en conjurer l'angoisse.

Cette folie furieuse des guerres de religion avait en commun avec les violences des croisades, quelques siècles plus tôt, ou, quelques siècles plus tard, avec les atrocités et les génocides des idéologies, qu'elle était légitimée, justifiée par un idéal, par l'idéal le plus élevé que pouvait imaginer l'humanité de l'époque : c'était la folie vengeresse de Dieu.

Le cas n'était certainement pas nouveau dans l'histoire de l'humanité, mais, pour la première fois peut-être, il avait pris ce tour systématique, idéologique et pour ainsi dire organisé.

Nous autres, hommes de la modernité et de la rationalité, ne pouvons qu'être ébahis par les abjurations répétées de ce temps. Bien sûr leur sincérité était douteuse : on changeait de religion pour sauver sa vie et les confessions, les regrets avaient autant de valeur que ceux des accusés dans les procès staliniens... Lorsqu'il s'agissait de princes de sang, l'abjuration avait, de surcroît, une signification avant tout symbolique très forte, marquant le retour du royaume tout entier à sa religion originelle.

Pourtant, comme nous l'avons vu avec Antoine de Bourbon, ces abjurations ne paraissaient guère marquer les consciences. La décision prise, c'était comme un homme nouveau qui l'assumait, aussi peu préoccupé de cohérence personnelle que s'il n'avait jamais nourri le moindre doute.

Curieusement, Henri différa, sur ce point, de la plupart des hommes de son temps. On a vu plus haut qu'il posa lors de sa conversion une étrange condition : il exigea qu'on l'instruise de la vérité de la religion catholique et des erreurs de la religion réformée. Ce n'était pas seulement pour gagner un peu de temps et de dignité ; c'était invoquer, au-dessus de l'autorité du dogme, la puissance du jugement, du libre-arbitre et de la raison. C'était aussi affirmer le principe d'une cohérence de la vie.

Le même souci d'une démarche cohérente et progressive, préservant les apparences de la sincérité et de l'indépendance, se retrouverait, une vingtaine d'années plus tard, lors de l'abjuration définitive : Henri refusa alors à nouveau une rupture brusque et immédiate et préféra, selon le même scénario, une instruction préalable qui dura plusieurs semaines.

Cette capacité à intégrer et mettre en scène ses ruptures dans une continuité de soi quand d'autres procédaient par revirements brusques et ambivalents montrait également une étonnante capacité de relativisation. La religion était sans nul doute quelque chose de très grave pour Henri, mais les apparences de la religion lui importaient moins. Elles appartenaient au monde. Quand Condé, Charles IX et la plupart de ses contemporains croyaient aux personnages qu'ils figuraient, Henri savait qu'il ne jouait qu'un rôle et pouvait dès lors d'autant plus librement en moduler les apparences.

Infiniment plus étonnante que son abjuration du protestantisme, fut l'attitude générale d'Henri, jeune homme de dix-neuf ans, qui après avoir vu assassiner ses meilleurs amis, complètement isolé dans un milieu presque entièrement hostile, paraît le plus jovial et le plus aimable qui soit avec les assassins eux-mêmes. Il me paraît important d'y revenir : il y a là un des traits les plus profonds de la personnalité d'Henri.

Au-delà de la simple dissimulation ou d'un refoulement du ressentiment, il y avait sans doute bien plus : la conviction que les hommes, de quelque côté qu'ils fussent, étaient les mêmes. Ce n'était pas chez lui pensée de philosophe. C'était une intuition et une leçon de la vie, acquise dès les contradictions de l'enfance, dès les chantages et les pressions religieuses ambivalentes des parents, apprise dans les jeux enfantins à Coarraze comme dans les représentations et les artifices de la cour.

Plus profondément, il s'agissait d'une réaction de survie parce que, là encore, son enfance, soumise d'emblée à des contradictions insupportables, l'avait prédisposé à vivre malgré tout, par-dessus tout. La réaction en elle-même se comprend. Lorsque la précarité de la vie est totale et que toute action pour lui donner un sens véritable paraît vaine, il ne reste qu'à tirer le meilleur parti de l'instant qui passe.

Il y avait enfin dans cette attitude une forme de dérision, non pas au sens commun du terme, qui voit en la dérision la forme arrogante de la résignation, mais en son sens propre : Henri riait de la vie, s'en moquait comme on se moque de ce que l'on aime toujours mais que l'on ne prend plus au sérieux. Il déridait sa vie. La dérision d'Henri, forgée dès l'enfance par nécessité de survie, était une sublimation de l'angoisse.

Pour autant, la souffrance ne fut jamais oubliée et la Saint-Barthélemy prédestina Henri à son rôle de réconciliateur.

Souffrance et culpabilité : pour nous, la Saint-Barthélemy est un chapitre de l'histoire. Pour les contemporains elle est souffrance charnelle et sang répandu. Henri est le contemporain absolu de la Saint-Barthélemy, en ce sens que le drame s'est noué autour de lui et a déterminé son destin. Ce jeune garçon de dix-huit ans, qui conduit Margot à l'autel avant de lui tirer sa révérence, est encore dans l'enfance, même si le chagrin de la mort de sa mère vient de creuser un sillon profond dans sa sensibilité. Mais le massacre! Ce sont ses noces qui le commandent...

C'est lui qui avait conseillé à ses amis, à l'amiral, de demeurer à Paris, lui qui avait cru à la bonne foi du roi et de Catherine de Médicis, qui en avait persuadé pour leur plus grand malheur les chefs huguenots. Tous furent les victimes de cette confiance : six mille à treize mille hommes, selon les estimations, la force même de la noblesse protestante, les plus hautes lignées, les plus jeunes pousses.

De ce bain de sang Henri porte la responsabilité. Il n'en est pas l'auteur, mais il en est la cause : comment ne le saurait-il pas? Il faudra de surcroît faire bonne figure aux assassins, sourire aux égorgeurs, paraître avoir oublié les éventrations et les amis dépecés, les boulets d'arquebuse dans les visages les plus fidèles, le sang dont on avait la charge sur le pavé du Louvre et les rues de Paris. Dix-huit ans... Comment la charge d'Henri ne serait-elle pas trop lourde? Comment aurait-il eu un autre choix que de s'enfoncer dans le désespoir ou la révolte, ou de rechercher l'oubli dans le rire et la douceur des peaux? Il faudra à Henri un long temps de mûrissement, les retrouvailles avec le combat, pour se pardonner à soi-même. Mais le jour où il pourra franchir ce pas, il aura en même temps gagné la liberté de vaincre la folie sanglante et la passion qui la commande. Parce qu'il a été victime, et forcé à la complaisance, il aura en main de pouvoir pardonner et apaiser. Seul celui qui a dû triompher de la haine et du ressentiment saura un jour libérer le pays de l'intolérance.

Seul un roi victime lui-même de l'infamie de la Saint-Barthélemy pourra pleinement rétablir l'honneur et la légitimité de la monarchie.

Chapitre 6

LA CAPTIVITÉ DORÉE

Après la Saint-Barthélemy s'ouvre une période très ambiguë de la vie d'Henri, une vie de captivité, même si la cage est dorée, pendant près de quatre années, à la cour de France, au milieu de ceux qui viennent de massacrer les siens.

Mais ce sont aussi les années de la découverte du plaisir et, bientôt, les attaches de la sensualité se révéleront aussi fortes que celles de la contrainte. Qu'il s'agisse de sa destinée politique ou de sa vie affective, de son attitude à l'égard de Margot, épouse à la fois complice et délaissée, Henri n'a encore rien choisi. En lui, l'homme hésite, silencieux, impénétrable dans le rire et les plaisirs, entre la complaisance et le risque.

Il n'y a là nullement un héros captif. Simplement un jeune homme qui n'a pas choisi son destin. Il vient de subir la plus douloureuse et la plus humiliante des défaites. Pourtant, il a décidé de ne rien laisser transparaître du débat intérieur qu'il n'a pas tranché. Sa liberté intérieure s'est aussi nourrie de ce temps d'hésitation où il a eu à décider non pas seulement ce que serait sa vie, mais d'abord ce que serait son caractère.

Les premières tentatives d'évasion

Durant les deux années qui suivirent la Saint-Barthélemy, Henri de Navarre multiplia les tentatives pour fuir sa captivité dorée, profitant d'une situation politique confuse et propice aux intrigues.

La cour continuait à vivre des jours fastueux, bien loin apparemment de la guerre civile endémique qui divisait le royaume, affectant l'oubli d'une Saint-Barthélemy toujours présente dans les esprits.

Face à l'évidence des horreurs commises, une opposition nouvelle, constituée de modérés favorables à une certaine tolérance, commençait à s'affirmer. Elle n'avait jusque-là concerné qu'un petit nombre d'intellectuels et l'élite de l'administration royale. Cette attitude demeurait largement incomprise, affectée du qualificatif péjoratif de « politique » ou de « machiavélien ». Peu à peu, ces modérés, jusqu'alors marginaux, trouvèrent un appui nouveau auprès de certains grands nobles écartés du pouvoir qui voyaient là une justification idéologique à leurs ambitions. Le mouvement des « Malcontents » constitua bientôt une coalition hétéroclite, regroupant principalement des catholiques modérés, des nobles en mal d'intrigues mais aussi des protestants, tels le prince de Condé ou même le jeune Maximilien de Béthune, futur duc de Sully.

Il fallait aux Malcontents une légitimité dynastique et emblématique. Ce fut le rôle de Monsieur, le plus jeune frère du roi Charles IX, François, duc d'Alençon.

François d'Alençon (prénommé Hercule durant son enfance) ressentait une double frustration vis-à-vis de ses deux frères aînés. Il n'était pas roi, contrairement à Charles IX, et il n'était pas l'objet exclusif de l'amour de sa mère, contrairement à Henri d'Anjou. Catherine de Médicis ne disait-elle pas, à propos de son dernier fils, que « *ce petit moricaud n'est que guerre et tempête dans son cerveau* ». Instable, François l'était assurément et, en ces temps troublés, les occasions d'intrigues ne manquaient pas. C'était donc tout naturellement qu'il était devenu le chef de file des Malcontents.

Mais François d'Alençon n'avait à vingt ans ni le charisme ni la force de caractère d'un chef de parti. Tout le monde savait qu'il intriguait, mais jamais il n'osait aller jusqu'à la rupture franche. Ses complots échouaient les uns après les autres.

Lors du siège de La Rochelle, Monsieur avait imaginé de s'emparer de la flotte française avec l'aide du prince de Condé et d'Henri de Navarre. Il espérait provoquer une insurrection contre son frère avec le secours de l'Angleterre. Henri fut, semble-t-il, étroitement mêlé à ce complot. Il dut s'en expliquer à Catherine de Médicis jouant, à en croire Marguerite de Valois, au jeune prince inexpérimenté, abusé par une fausse rumeur, ayant agi parce qu'il croyait « *qu'on voulait faire une seconde Saint-Barthélemy, et que Monsieur le duc* (d'Alençon) *et moi n'y serions non plus épargnés que les autres* ». (Marguerite de Valois, *Mémoire justificatif pour Henri de Bourbon*, cité par P. de Vaissière.)

146

La santé du roi Charles IX atteint de tuberculose nourrissait bien des inquiétudes et bien des ambitions. Les spéculations allaient bon train. En mai 1573, la Diète polonaise avait cependant proclamé Henri d'Anjou, frère cadet de Charles IX et futur Henri III, roi de Pologne. C'était pour Catherine de Médicis une victoire diplomatique : elle avait réussi à placer un de ses fils sur un trône vacant.

Or Charles IX refusa d'accorder à François d'Alençon la lieutenance générale du royaume, rendue vacante par le départ d'Henri d'Anjou. On lui proposait seulement le titre de son frère. Cette vexation relança les intrigues et suscita une tentative de fuite conjointe d'Henri de Navarre et de François d'Alençon. A l'occasion du déplacement de la cour pour accompagner le nouveau roi de Pologne aux frontières du royaume, ils avaient prévu de quitter le cortège entre Soissons et Compiègne pour rejoindre l'armée de Ludovic de Nassau. Ils étaient en relation avec d'autres Malcontents qui craignaient de voir le tout nouveau Henri de Pologne, jugé trop catholique, accéder un jour au trône de France. Parmi eux se trouvaient, entre autres, le prince de Condé, le duc de Montmorency, Bouillon, Turenne.

Mais Marguerite de Valois, qui eut vent de ce projet par hasard, le dénonça à sa mère et à son frère :

« *Soudain j'allais voir le roi et la reine ma mère, et leur dis que j'avais chose à leur communiquer qui leur importait fort, et que je ne la leur dirais jamais qu'il ne leur plût me promettre que cela ne porterait aucun préjudice à ceux que je leur nommerais et qu'ils y remédieraient sans faire semblant de rien savoir. Lors je leur dis que mon frère et le roi mon mari s'en devaient le lendemain aller rendre à des troupes de huguenots, qui les venaient chercher à cause de l'obligation qu'ils avaient faite à la mort de l'amiral, qui était bien excusable pour leur enfance ; et que je les suppliais leur pardonner et, sans leur en montrer nulle apparence, les empêcher de s'en aller, ce qu'ils m'accordèrent, et fut l'affaire conduite par telle prudence que, sans qu'ils puissent savoir d'où leur venait cet empêchement, ils n'eurent jamais moyen d'échapper.* » (Marguerite de Valois, *Mémoires*.)

L'échec de « l'entreprise de Soissons » ne découragea pas les deux compères. François d'Alençon tira la leçon de son échec en sollicitant, pour la tentative suivante, l'aide de sa sœur. Elle accepta à condition que cela ne se fît pas au préjudice de Charles IX, ignorant, à l'en croire, la nature réelle de ce complot.

Alors que Charles IX agonisait au château de Saint-Germain, les conjurés projetaient d'imposer la candidature d'Alençon au trône. Un peu partout se préparaient des opérations. Montgomery devait débarquer d'Angleterre en Normandie, François de la Nouë comptait soulever le Poitou. Henry de Montmorency-Danville contrôlait le Languedoc. Quant à Henri de Condé, il devait prendre la tête d'une armée de vingt mille hommes en Allemagne. Le coup était prévu pour le 22 février 1574 mais, une fois de plus, le complot fut éventé.

La réaction de Catherine de Médicis fut énergique. A travers ce complot, elle était, en effet, directement visée. Si elle laissa partir le prince de Condé, elle soumit le duc d'Alençon et Henri à un interrogatoire serré. Ils furent obligés de signer un texte condamnant les troubles qui s'étaient déclarés dans le royaume.

Marguerite se montra à cette occasion totalement solidaire de son mari et elle rédigea un plaidoyer qui fut présenté à la cour, *le Mémoire justificatif pour Henri de Bourbon* :

« Dieu me fit la grâce de le dresser si bien qu'il en demeura satisfait, et le commissaire étonné de le voir si bien préparé. »
(Marguerite de Valois, *Mémoires*.)

Elle parvint à atténuer les responsabilités de son époux. Ce furent donc des subalternes qui payèrent : Joseph de Boniface, seigneur de la Mole (que l'on disait être l'amant de Marguerite), et Annibal de Coconato (dit comte de Coconas) furent décapités en place de Grève.

La mort du roi Charles IX survint le 30 mai 1574. Une anecdote pathétique, mais invérifiable, est rapportée à ce sujet par Hardouin de Péréfixe :

« Le roi Charles IX étant proche de la mort, comme il haïssait et ses deux frères et sa mère, peut-être avec quelque raison, envoya quérir notre Henri auquel il avait reconnu de l'honneur et de la foi et lui recommanda très affectueusement sa femme et sa fille. »
(Hardouin de Péréfixe, *Histoire d'Henri le Grand*.)

Après avoir vainement essayé de s'enfuir à l'occasion des obsèques de Charles IX et après un dernier échec au mois de juillet, Henri parut abandonner toute velléité d'évasion. Il suivit alors la cour à Lyon pour accueillir le nouveau roi, Henri III, qui avait quitté son trône de Pologne pour venir occuper celui, autrement plus prestigieux, de France.

Henri à la cour de France

Pendant un an et demi Henri se montra un premier prince de sang entièrement consacré aux mondanités et aux plaisirs frivoles de la cour. Pas d'intrigue, plus de tentative de fuite, comme s'il se désintéressait des affaires du royaume.

Catherine de Médicis, il est vrai, disposait dans son fameux « escadron volant » d'une arme de choix pour neutraliser conjointement Henri de Navarre et François d'Alençon : Charlotte de Beaune, baronne de Sauve. Cette belle créature avait suscité une passion simultanée chez les deux comparses qui se retrouvèrent pour le coup rivaux. Le témoignage de Marguerite de Valois est très clair, même si elle en fait porter la responsabilité à Henri III et non à la reine mère :

« Il conçut une extrême jalousie contre mon frère d'Alençon, ayant pour suspecte et portant impatiemment l'union de lui et du roi mon mari (...) et que les plus propres expédients pour les diviser étaient (...) de faire que Mme de Sauve, qu'ils servaient tous deux, les ménageât tous deux de telle façon qu'ils entrèrent en extrême jalousie l'un de l'autre (...) En peu de temps, elle rendit l'amour de mon frère et du roi mon mari (...) en une telle extrémité (oubliant toute ambition, tout devoir, tout dessein), qu'ils n'avaient plus autre chose en l'esprit que la recherche de cette femme. » (Marguerite de Valois, *Mémoires*.)

C'était le temps des amours et, à en croire Marguerite, les hommages répétés qu'Henri prodiguait à Mme de Sauve et à quelques autres l'épuisaient littéralement, lui laissant sans doute fort peu d'énergie pour comploter :

« En ce même temps, écrit Marguerite, en une nuit, survint à mon mari une fois grande faiblesse, en laquelle il demeura évanoui l'espace d'une heure (qui lui venait, comme je crois, d'excès qu'il avait fait avec les femmes, car je ne l'y avais jamais vu sujet), en laquelle je le servis et assistais comme le devoir me le commandait, de quoi il resta si content de moi qu'il s'en louait à tout le monde, disant que sans que je m'en étais aperçue et avais soudain couru à le secourir et appeler mes femmes et ses gens, qu'il était mort. » (Marguerite de Navarre, *Mémoires*.)

S'adonnant sans restriction aux plaisirs de la vie courtisane, Henri devint rapidement l'une des figures de la cour de

France. Elégant, raffiné, brillant et jovial, il s'affichait désormais auprès du roi comme un loyal courtisan et un joyeux compagnon :

« *Il aimait la fréquentation des gens qui étaient d'humeur gaie et joviale, qui aimaient à draper* (se moquer) *comme lui, étant en perpétuel mouvement d'exercice, soit à la chasse, soit à la paume ou à la balle forcée, ou, s'il faisait mauvais temps, voir ribler et fôlâtrer dans sa chambre. Il aimait les fous et à leur faire faire de mal; toutes ces diversités de passer son temps, et de le faire passer à tous ceux qui le visitaient et allaient voir le firent rechercher au bien vouloir presque de toute la jeunesse de la cour.* » (Villegomblain, *Mémoires*, cité par P. de Vaissière.)

Il se montrait galant avec les dames, bel esprit avec les mondains, cassant avec les importuns. « *Il obligeait aussi toutes sortes de personnes à l'aimer, et feignait d'aimer tout le monde.* » Il alla même jusqu'à afficher des relations très cordiales avec Henri de Guise :

« *Ainsi M. de Guise ayant été extrêmement blessé à Dormans d'une grande arquebusade dans le village, et porté comme demi-mort, à Château-Thierry, le roi de Navarre, aussitôt qu'il le sut, pris la piste pour l'aller visiter, rendant, ce semblait, à toute cette maison tous signes d'amitié, avec une apparence de familiarité comme fraternelle bien que, en son âme, il ne les aimât nullement, comme il le témoigna du depuis...* » (Villegomblain, *Mémoires*.)

Avec le roi et la reine mère notre Béarnais se montrait fort déférent, et tissait imperceptiblement un réseau de relations plus ou moins sûres, susceptibles un jour de se révéler utile.

« *Pendant que ce prince fut à la cour, il se gouvernait ainsi avec tous, faisant bon visage et se rendit indifféremment avec toutes sortes de personnes, en familiarisant fort avec ceux desquels il pensait tirer quelques bons avis et nouvelles.(...) Il avait tellement manié toutes sortes de gens, que (...) beaucoup de seigneurs et gentilshommes s'approchaient de ce prince, et sa maison était le réceptacle et rendez-vous de la plus grande part de la jeunesse de la cour, et se montrait capable et propre pour les maintenir en bonne volonté envers lui.* » (Villegomblain, *Mémoires*.)

Il était assurément devenu l'un des personnages les plus en vue de la cour et l'un des plus proches du roi. Mais derrière ces apparences joviales et courtoises, la suspicion et la haine fomentaient une atmosphère malsaine, comme Henri le confia un jour à Jean de Miossens, son gouverneur en Béarn :

« *La cour est la plus étrange (chose) que vous ayez jamais vue. Nous sommes presque toujours prêts à nous couper la gorge les uns aux autres. Nous portons dagues de Mailles, et bien souvent la cuirassine sous la cape. Séverac vous en dira les occasions. Le roi est aussi bien menacé que moi, il m'aime beaucoup plus que jamais. Monsieur de Guise et Monsieur de Mayne ne bougent d'avec moi (...). Vous ne vîtes jamais comme je suis fort en cette cour d'amis ; je brave tout le monde (...). Je n'attends que l'heure de donner une petite bataille, car ils disent qu'ils me tueront, et je veux gagner les devants.* » (Lettre d'Henri de Navarre à Jean de Miossens, 2 janvier 1576.)

C'était donc une comédie de la fraternité et de l'insouciance qui se donnait à la cour, au moment où se tramaient les préparatifs d'une nouvelle guerre civile.

La fuite de la cour

Selon Marguerite de Valois, une nouvelle conjuration se préparait au début du mois de septembre 1575. Délaissant leur rivalité amoureuse, Henri de Navarre et François d'Alençon avaient conclu une nouvelle alliance. Le projet était cependant ambigu : d'Alençon partirait le premier et ce n'était qu'ultérieurement qu'Henri devait le rejoindre.

Le 15 septembre, peu avant le souper du soir, François d'Alençon, changeant de manteau pour ne pas être reconnu, montait dans le carrosse d'une dame amie et passait la porte Saint-Honoré pour retrouver, à quelques lieues de Paris, une troupe de trois cents hommes.

La colère d'Henri III et de Catherine fut immense. Lorsque la reine mère montra à Henri de Navarre la déclaration d'Alençon à Dreux, il répondit en parfait hypocrite :

« *"Je sais assez ce que valent toutes ces déclarations-là. On m'en a assez fait faire pendant que j'étais avec le feu amiral (de Coligny) et les autres huguenots. Avant qu'il en soit peu de temps, Monsieur m'en dira des nouvelles et de ces gens qui le mettent en besogne. Il sera au commencement leur maître, mais peu à peu ils*

en feront leur valet. Je sais ce qu'en vaut l'aune " (...). Il dissimu-
lait ainsi dextrement l'intelligence qu'il avait de cette entreprise. »
(Pierre de l'Estoile, *Mémoires*, cité par P. de Vaissière.)

Bien évidemment, la reine-mère renforça le dispositif de surveillance autour du roi de Navarre, lui donnant pour gardes des
« *soldats choisis, passionnés catholiques et qui, la plupart,*
avaient exécuté au massacre de la Saint-Barthélemy ». C'était
mésestimer le charme séducteur de « *ce prince, duquel la courtoi-*
sie et agréable conversation fit de ses geôliers ses gardes et, pour la
plupart, exécuteurs de ses volontés » et « *sut bien rendre les*
espions doubles et se servir de ses ennemis ».

Sa volonté d'indépendance était aussi « *arrêtée par amourettes*
que la reine même suscitait, ayant de longtemps reconnu que
c'était la partie la plus tendre de ce prince. Ce fut cette chaîne qui
le ramena en sa prison (...) et mit en fuite ceux qui l'avaient
assisté en cette affaire ou rendit fort étonnés ceux qui, par opiniâ-
treté, demeurèrent auprès de lui ». (Agrippa d'Aubigné, *Histoire*
universelle.)

S'ajoutait aux gardes et aux maîtresses la promesse de la lieutenance du royaume, à laquelle Henri de Navarre feignit de croire.
Cette promesse permettait à Catherine de Médecis de brouiller les
deux conjurés, le duc d'Alençon espérant depuis toujours cette
charge.

Quelques semaines plus tard, une trêve était signée, entérinant
un partage du pays entre les partis, promettant au parti de Monsieur plusieurs villes de sûreté, reconnaissant au parti protestant
ses places fortes, la liberté de culte à l'intérieur de leurs murs,
ainsi que dans deux villes de chaque gouvernement.

Mais la trêve, à peine signée, fut aussitôt violée. Vingt mille
mercenaires rassemblés en Allemagne avaient traversé la Meuse
le 9 janvier, tandis que, du Midi, montait une armée huguenote.
Ces deux armées se retrouvèrent en Bourgogne. L'enjeu était
désormais clair : soit Henri rejoignait le camp des Malcontents,
soit il continuait sa vie de courtisan. Mais, dans ce cas, il risquait
de s'effacer définitivement devant son beau-frère d'Alençon ou
son cousin Condé...

Agrippa d'Aubigné, alors écuyer du roi de Navarre, rapporte
dans un passage d'une grande beauté littéraire de son *Histoire*
universelle, qu'avec Jean d'Armagnac, le premier valet de
chambre du roi, il se préparait à quitter son maître pour
rejoindre les insurgés, quand, un soir :

« *Armagnac, ayant tiré le rideau du lit où son maître tremblait d'une fièvre éphémère, comme ces deux avaient l'oreille près du chevet de leur maître, ils l'entendirent soupirer et puis, plus attentivement, ouïrent qu'il achevait de chanter le psaume LXXXVIII, au couplet qui déplore l'éloignement des fidèles amis.*

Armagnac pressa l'autre de prendre ce temps pour parler hardiment. Ce conseil suivi promptement et le rideau ouvert, voici les propos que ce prince entendit :

" Sire, il est donc vrai que l'esprit de Dieu travaille et habite encore en vous ? Vous soupirez à Dieu pour l'absence de vos amis et fidèles serviteurs, et en même temps ils sont ensemble soupirant pour la vôtre et travaillant à votre liberté. Mais vous n'avez que des larmes aux yeux, et eux les armes aux mains.

Ils combattent vos ennemis et vous, (vous) les servez. Ils les remplissent de craintes véritables, et vous les courtisez pour des espérances fausses. Ils ne craignent que Dieu, vous une femme devant laquelle vous joignez les mains quand vos amis ont le poing fermé. Ils sont à cheval et vous à genoux. Ils se font demander la paix à coudes et à mains jointes, n'ayant point de part en leur guerre, vous n'en avez point en leur paix.

Voilà, Monsieur, le grief de ceux qui ont gardé votre berceau et qui ne prennent pas grand plaisir de travailler sous les auspices de celui qui a ses autels à contrepoil des leurs.

Quel esprit d'étourdissement vous fait choisir d'être valet ici au lieu d'être le maître là ? Le mépris des méprisés où vous seriez le premier de tous ceux qu'on redoute ? N'êtes-vous point las de vous cacher derrière vous-même, si se cacher était permis à un prince né comme vous ? Vous êtes criminel de votre grandeur et des offenses que vous avez reçues. Ceux qui ont fait la Saint-Barthélemy s'en souviennent bien et ne peuvent croire que ceux qui l'ont soufferte l'aient mise en oubli. Encore si les choses honteuses vous étaient sûres, mais vous n'avez rien à craindre tant que de demeurer.

Pour nous deux, nous parlions de nous enfuir demain quand vos propos nous ont fait tirer le rideau. Avisez, Sire, qu'après nous les mains qui vous serviront n'oseront refuser d'employer sur vous le poison et le couteau. " » (Agrippa d'Aubigné, *Histoire universelle*.)

Y eut-il seulement cette rencontre de fidélités, ou la fuite était-elle préparée de longue main ? Le choix en tout cas était fait.

Le premier effort d'Henri fut de dissiper les rumeurs qui couraient déjà sur sa fuite éventuelle par une véritable ruse de Béarnais :

« Deux jours avant son évasion, il avait couru un bruit à la cour et par Paris que le roi de Navarre s'en était fui. Et, de fait, le roi et la reine mère en eurent opinion, pour être informés qu'il n'avait couché à Paris, et ne savaient ce qu'il était devenu, jusqu'à ce que, le lendemain matin, bien tard, lorsqu'ils ne l'attendaient plus, il vint à l'improviste trouver tout botté leurs Majestés, à la Sainte-Chapelle, et leur dit en riant à sa manière accoutumée : Qu'il avait ramené celui qu'ils cherchaient et pour lequel ils étaient tant en peine ; qu'il lui était bien aisé de le faire (s'échapper), s'il en eut eu envie ; mais que jamais il ne lui était tombé au cœur. Ce qu'il leur avait bien voulu faire paraître, afin que, dorénavant, ils n'eussent plus de telles opinions, et qu'ils s'assurassent qu'il ne s'éloignerait jamais de leurs Majestés que par leur commandement, mais mourrait auprès d'eux et à leurs pieds, pour leur service.

Vrai trait de Béarnais, le prince s'étant, en effet, résolu de s'en aller le lendemain, et ayant joué ce jeu si à propos, afin que le roi et la reine ne se pussent défier si tôt de la partie qui en était faite. »
(Pierre de L'Estoile, *Journal de Henri III*, 1576, cité par P. de Vaissière.)

Henri se mit activement à préparer son départ. Pour déjouer l'attention du roi, il fit une petite comédie en se rendant le 1er février chez le Balafré :

« Au point du jour, le roi de Navarre s'alla jeter dans le lit du duc de Guise et, avec les alliances qu'ils avaient fait de maître et de compère, eurent plusieurs familiers discours ; ceux du Béarnais tendant à ce point qu'aux dépens de plusieurs vanités et vanteries de ce qu'il ferait quand il serait général. Le duc courut en apprêter à rire au roi, comme il avait déjà fait auparavant sur d'autres vanités échappées sans artifice ; mais à cette fois qu'il parlait par une feinte étudiée, il lui en donna autant qu'il fallait pour le mépris. Ils le tenaient donc prisonnier de cette espérance. Et ainsi il trompa à son tour par la même feinte qui l'avait trompé. »
(Agrippa d'Aubigné, *Histoire universelle*.)

154

P. de l'Estoile rajoute que ce jour-là les deux compères firent ensemble une promenade à la foire Saint-Germain, et là, devant les badauds :

« Il fit caresses extraordinaires (au duc de Guise), *le voulant emmener à la chasse avec lui, et le tenait embrassé plus d'un demi quart d'heure devant tout le peuple. »* (P. de l'Estoile, *Journal d'Henri III*, 1576, cité par P. de Vaissière.)

Le 3 février, comme il en avait l'habitude, Henri partit chasser du côté de Senlis. La trahison de l'un des conjurés précipita les plans d'évasion. Après avoir habilement écarté les deux espions de la reine mère, il décida de partir dans la nuit :

« Il y eut de la peine à démêler les forêts en une nuit très obscure et fort glaciale ; le secours de Frontenac lui fut en cela fidèle et bien à propos. Il passe donc l'eau au point du jour à une lieue de Poissy, passe au grand pays de Beauce tout semé de chevau-légers, repaît deux heures à Châteauneuf, là, prend son maréchal des logis, L'Espine, pour guide à l'heure que les compagnies pouvaient être averties, et, le lendemain, il entra d'assez bonne heure dans Alençon. Au matin d'après, son médecin Caillard lui offre son enfant, afin qu'il fût de sa main présenté au baptême ; ce qu'il accepta. Et cette nouveauté le fit recevoir sans nulle autre façon ni cérémonie. On chanta ce jour-là au prêche le psaume qui commence : " Seigneur le roi s'éjouira d'avoir eu délivrance, etc. " (...). Dedans trois jours arrivèrent à Alençon deux cent cinquante gentilshommes. » (Agrippa d'Aubigné, *Histoire universelle.*)

Cette narration romanesque a souvent été mise en doute par les historiens. R. Ritter pense que cette fuite fut peut-être favorisée par la reine mère qui espérait une dispute entre Condé, Navarre et Alençon pour la direction des Malcontents...

Agrippa d'Aubigné qui fut un témoin privilégié de la fuite du roi de Navarre rapporte deux incidents qui provoquèrent l'hilarité de la petite troupe.

Le premier eut lieu dans un village des environs de Montfort-l'Amaury, où Henri dut s'arrêter pour aller soulager ses flancs d'un inopportun fardeau :

« Etant arrivé au roi de faire ses affaires dans une mée, une vieille, qui l'y surprit, lui fendait la tête par-derrière, d'un coup de serpe, sans Aubigné qui l'empêcha, et dit à son maître, pour le

faire rire : " Si vous eussiez eu cette honorable fin, je vous eusse
donné un tombeau en style de Saint-Innocent. " C'était :

> *Cy-gît un roi, par merveille,*
> *Qui mourut, comme Dieu permet,*
> *D'un coup de serpe et d'une vieille,*
> *Comme il chiait dans une met. »*
> (Agrippa d'Aubigné, *Histoire universelle*.)

Le second incident arriva dans la même journée. Un gentilhomme des environs offrit ses services pour guider la troupe à
Roquelaure, un des compagnons d'Henri, qui lui semblait par ses
habits le seigneur le plus titré. Il n'avait pas reconnu le roi de
Navarre, avec qui il s'entretint très librement :

« *Des bonnes fortunes de la cour, et surtout des princesses, où il
n'épargnait pas la reine de Navarre. En arrivant la nuit aux portes
de Châteauneuf, il arriva à Frontenac de dire au capitaine
L'Espine, maréchal des logis de ce prince, comme il parlait dessus
la muraille : " Ouvrez à votre maître ! " Le gentilhomme, qui savait
à qui appartenait Châteauneuf, entra en une grande peur, et Aubigné lui fit prendre un chemin égaré pour se sauver et ne retourner
de trois jours chez lui. »* (Agrippa d'Aubigné, *Histoire universelle*.)

Henri retrouvait enfin la liberté. Selon Pierre de l'Estoile, une
fois la Loire traversée, il se serait exclamé :

« *Loué soit Dieu, qui m'a délivré ! On a fait mourir la reine ma
mère à Paris, on y a tué M. l'amiral, et tous nos meilleurs serviteurs ; on n'avait pas envie de me mieux faire, si Dieu ne m'avait
gardé. Je n'y retourne plus si on ne m'y traîne. »*

Tout le monde attendait du roi de Navarre un retour à la religion réformée. Or Henri assista à un baptême protestant mais
non au prêche. Selon Agrippa d'Aubigné, la suite du roi de
Navarre demeura trois mois sans accomplir d'acte religieux,
chose inouïe pour l'époque :

« *C'était que, demeurant catholique, on donnerait* (à Henri) *la
Guyenne pour apanage, Blaye, le Château-Trompette et Bayonne
pour assurance, ce qu'on ne pourrait et ne voudrait, ayant changé
que le prince de Condé, bien uni avec lui, disposerait d'un parti et
lui de l'autre, et par ce moyen ils embrasseraient tout. (...) C'était
que Monsieur craignait d'être supplanté de toute créance au parti.
La cour de Saumur et de Thouars fut donc trois mois sans religion ; si bien que d'elle il ne se présenta à la cène que deux gentilshommes. »* (Agrippa d'Aubigné, *Histoire universelle*.)

156

C'était là faire preuve d'un opportunisme total en matière de foi. Ce n'est que trois mois plus tard qu'il revint au protestantisme, lors d'une abjuration solennelle qui eut lieu à La Rochelle. Il y avait, il est vrai, des choses plus importantes que la religion, à en croire une boutade d'Henri après sa fuite :

« Je n'ai regret que pour deux choses que j'ai laissées à Paris, la messe et ma femme : toutefois pour la messe, j'essaierai de m'en passer ; mais pour ma femme, je ne puis, et la veux ravoir. » (P. de l'Estoile, *Mémoires*.)

Henri et Margot

Henri voulait *« ravoir »* Margot. Ainsi est éclairée d'un jour inattendu leur vie de couple en ces premières années de leur mariage. Henri et Margot appartiennent à la liste des couples maudits de l'histoire. Leurs noces, qui auraient dû être des noces de réconciliation, furent, selon l'expression de Jean-Pierre Babelon, des noces de sang. Les infidélités réciproques des époux, leurs divergences religieuses, l'absence d'enfants, des tempéraments enfin diamétralement opposés auraient marqué cette union du sceau de la fatalité.

Pourtant, personnages d'exception l'un et l'autre, ils ne furent pas seulement indifférents l'un à l'autre. Une vraie complicité les rapprocha souvent, très éloignée des caricatures de la tradition. Il est vrai que Marguerite fascinait, à cette époque, au moins autant qu'Henri.

Parfaitement à son aise à la cour, la jeune reine de Navarre faisait et défaisait la mode. Un jour qu'elle disait *« s'habiller selon la mode qui courra »*, la reine mère lui répondit : *« Pourquoi dites-vous cela, ma fille ? Car c'est vous qui inventez et produisez les belles façons de s'habiller ; et, en quelque part que vous alliez, la cour les prendra de vous, et non vous de la cour. »*

Il est vrai qu'elle variait à souhait les toilettes, tantôt *« vêtue d'une robe de satin blanc avec force clinquant, et un peu d'incarnadin mêlé, avec un voile de crêpe tané, ou gaze à la romaine, jeté sur sa tête comme négligemment »*, tantôt *« d'une robe d'orangé et noir »*, ou *« avec ses cheveux naturels, sans y ajouter aucun artifice de perruque »*, voire *« d'une robe de drap d'or frisé »*, la tête ornée de *« si grande quantité de grosses perles et riches pierreries, et surtout de diamants brillants mis en forme d'étoiles »*.

En fait, Marguerite de Valois incarnait, de façon plus générale, l'idéal de la femme de cour, capable à volonté de se montrer *« grave et pleine de majesté et éloquente en ses hauts discours et sérieux »* et de faire de *« bons et plaisants mots, et brocarder si gentiment (...) que sa compagnie est plus agréable que toute autre au monde ».* (Brantôme.)

C'était une danseuse merveilleuse, accomplie dans tous les genres et manifestant sa grâce en d'éblouissants duos avec son frère Henri III. Mais ce fut aussi une grande intellectuelle, l'inspiratrice des poètes et des lettrés. Au reste, toujours à en croire Brantôme, la beauté de l'esprit n'avait rien à envier à la beauté du corps :

« Mais il faut dire quelque chose de sa belle âme, qui est si bien logée en si beau corps. Or, si elle l'a portée belle dès sa naissance, elle l'a su bien garder et entretenir; car elle se plaît fort aux lettres et à la lecture, et ayant été jeune, et en son âge parfait. Aussi peut-on dire d'elle que c'est la princesse, voire la dame, qui soit au monde la plus éloquente et la mieux disante, qui a le plus bel air de parler, et le plus agréable qu'on saurait voir. »

Elle fréquentait assidûment le « salon vert » de la « Maréchale de Retz », l'un des premiers « salons », où l'on entretenait, dans un cabinet décoré de verdure, une ambiance maniériste et précieuse. Elle faisait partie des neuf muses ou nymphes, c'est-à-dire des plus proches amies de la maîtresse des lieux, à qui les poètes dédiaient leurs œuvres. Dans le goût de l'époque, la « Maréchale » avait attribué à ces égéries un nom antique : Marguerite reçut ceux de Callipante et d'Erye ou Eryce. *« La perle unique du monde et sa fleur immortelle »* célébrée par Philippe Desportes inspira d'innombrables poèmes, comme ce *Sonnet pour la déesse Eryce* :

> *On l'aime en la voyant, mais sans la mériter,*
> *Puisque d'autres flambeaux que ceux d'un Jupiter*
> *Ne pourraient animer une beauté si rare.*
> *C'est pourquoi sans aimer sa jeunesse se perd,*
> *Et qu'elle honore tant sa France et son Navarre*
> *Que sans elle on n'y voit que l'effroi d'un désert.*

(Extrait de l'*Album de la maréchale de Retz*, cité par E. Viennot, *Marguerite de Valois*.)

En dehors des milieux littéraires mondains, Montaigne lui-même lui dédia en 1580 le chapitre le plus long des *Essais*, l'*Apo-*

logie de Raymond Sebond. Il s'adressait, sans la nommer, à Marguerite :

« *Vous, pour qui j'ai pris la peine d'étendre un si long corps, contre ma coutume, ne me refuserez point de maintenir votre Sebond par la forme ordinaire d'argumenter, de quoi vous êtes tous les jours instruite, et exercerez en cela votre esprit et votre étude : car ce dernier tour d'escrime ici, il ne le faut employer que comme un extrême remède.* »

Elle se montrait, il est vrai, « *fort curieuse de recouvrer tous les beaux livres nouveaux (...), et quand elle a entrepris de lire un livre, tant grand et long soit-il, elle ne s'y s'arrête jamais, souvent en perd le manger et le dormir* ». (Brantôme.) D'ailleurs, loin d'être seulement une inspiratrice, Marguerite était elle-même écrivain et artiste :

« *Elle-même compose, tant en prose qu'en vers. Sur quoi ne faut penser autrement que ses compositions ne soient très belles, doctes et plaisantes, car elle en sait bien l'art : et si on les pouvait voir en lumière, le monde en tirerait un grand plaisir et profit.*
Elle fait souvent quelques vers et stances très belles, qu'elle fait chanter (et même qu'elle chante, car elle a la voix belle et agréable, l'entremêlant avec le luth qu'elle touche bien gentiment), à de petits enfants chantres qu'elle a ; et par ainsi elle passe son temps... » (Brantôme, *Vie des dames illustres*, « Marguerite de Valois ».)

Dans la tradition des femmes lettrées de la Renaissance, Marguerite de Valois était bien l'héritière d'une autre Marguerite de Valois, Marguerite de Navarre, l'auteur de *L'Heptaméron*. Capable de faire montre d'une aisance et d'une éloquence exceptionnelles elle pouvait, par exemple, répondre en latin aux ambassadeurs de Pologne, « *si pertinemment, et si éloquemment, sans s'aider d'aucun truchement, ayant fort bien entendu et compris sa harangue, que tous en entrèrent en si grande admiration, que d'une voix ils l'appelèrent une seconde Minerve ou déesse de l'éloquence* ». (Brantôme, *Vie des dames illustres*, « Marguerite de Valois ».)

Si grands cependant que fussent les talents de sa femme, Henri ne succomba pas à Margot. Il faut dire que leur mariage n'avait pas commencé dans l'enthousiasme amoureux.

Il s'agissait d'abord de politique : comme le disait un pamphlet, Charles IX avait donné le cœur de sa sœur « *non pas au prince de*

Navarre (mais) *à tous les huguenots, pour se marier comme avec eux ». (Le Réveille-Matin des Français.)*

C'était d'ailleurs, on l'a vu, un vieux projet. Dès le premier séjour du jeune Henri à la cour de France, ils avaient été en quelque sorte promis l'un à l'autre et c'est ce qu'ils durent se représenter mutuellement durant leur enfance.

Mais suivant les aléas du jeu politique de Catherine de Médicis, d'autres projets avaient couru. Dans les années précédant le mariage, on avait ainsi envisagé de marier Marguerite au roi du Portugal, voire à Henri de Guise. Elle ne s'était pas montrée hostile à cette idée et aurait même noué une idylle avec le fringant catholique. Au mois de juin, aux dires de l'ambassadeur d'Espagne, une correspondance entre Marguerite et le Balafré aurait été découverte par la reine mère. En juillet, l'ambassadeur d'Angleterre révéla qu'il s'agissait de véritables tractations de mariage, recueillant, selon lui, la faveur de Marguerite. La rumeur circulait dans toutes les cours d'Europe.

A en croire Brantôme, Marguerite semblait apprécier la cour du duc de Guise. Elle ne craignait pas de se compromettre avec lui. D'après lui, on donna à cette époque une représentation théâtrale à huis clos dans une salle du Louvre. La pièce, écrite par l'admirateur de Marguerite, le poète Philippe Desportes, s'intitulait *Paradis d'Amour*. Les six acteurs en étaient les seuls spectateurs. Comme d'habitude dans le théâtre de cour, la fiction servait de paravent commode à des situations bien réelles, et dans *Paradis d'Amour*, il s'agissait d'intrigues sentimentales. Le duc d'Anjou était le personnage principal, Eurylas, lequel convolait avec Olympe, alias Françoise d'Estrée, sa maîtresse du moment. Le rôle féminin de Fleurdelys, au nom révélateur, était joué par Marguerite. Son partenaire était Nirée, en qui tout le monde vit, à peine déguisé, l'anagramme du prénom du duc de Guise.

D'après *Le Divorce satyrique*, un pamphlet très violent de 1607, Henri de Guise fut même fort bien récompensé de ses avances, qui « *songeait à parvenir de ses impudiques baisers aux noces, et d'en fortifier ses prétextes et ses desseins, ayant rompu dextrement le traité de mariage d'elle et du roi de Portugal déjà fort avancé et en bons termes ».*

Les dénégations de Marguerite, dans ses *Mémoires*, sur cette liaison qui, rétrospectivement, paraissait scandaleuse sont-elles crédibles? Sans doute pas. Mais la liaison avec Guise n'alla probablement pas aussi loin que le suggérait *Le Divorce satyrique* : la vertu de sa fille était trop stratégique pour que Catherine de Médicis la laissât sans surveillance.

C'est donc dans un contexte effectivement assez trouble que l'union d'Henri et de Margot s'engagea. On a vu la suite : la tragédie du massacre, le sang versé jusque dans la chambre de Margot, mais aussi, en des circonstances aussi dramatiques, la fidélité à Henri, jusqu'à résister aux pressions exercées par Catherine de Médicis, au lendemain de la Saint-Barthélemy, pour la démarier d'un époux désormais plus encombrant qu'utile, au prétexte que l'union n'aurait pas été consommée :

« Cinq ou six jours après, (...) elle me prend à serment de lui dire vérité, et me demanda si le roi mon mari était homme, me disant que, si cela n'était, elle avait moyen de me démarier. Je la suppliai de croire que je ne me connaissais pas en ce qu'elle me demandait ; aussi pouvais-je dire alors comme cette Romaine à qui son mari se courrouçant de ce qu'elle ne l'avait averti qu'il avait l'haleine mauvaise, lui répondit qu'elle croyait que tous les hommes l'eussent semblable, ne s'étant jamais approchée d'autre homme que lui (...). Mais quoi que ce fut, puisqu'elle m'y avait mise j'y voulais demeurer, me doutant bien que ce qu'on voulait m'en séparer était pour lui faire un mauvais sort. » (Marguerite de Valois, *Mémoires*.)

C'était assurément une preuve sinon d'amour, en tout cas de fidélité et d'affection. De fait, on l'a vu, c'est problablement à sa condition d'époux de la fille de France qu'Henri dut d'être préservé, non seulement pendant la Saint-Barthélemy, mais durant ses années de captivité à la cour. Peut-être y avait-il aussi dans la réaction de Margot une revendication d'indépendance à l'égard d'une mère qui ne se laissait pas facilement oublier ?

La légende, le roman ou le film présentent souvent la reine Margot comme légère. Elle était, en fait, passionnément engagée en toutes choses, profondément catholique par exemple. Enfant, elle avait résisté avec la dernière énergie aux pressions de son frère, le futur Henri III, influencé par le protestantisme, *« qui sans cesse me criait de changer de religion, jetant souvent mes Heures dans le feu, et au lieu me donnant des psaumes et prières huguenotes, me contreignant les porter, (...) disant que c'était enfance et sottise qui me le faisait faire ; qu'il paraissait bien que je n'avais point d'entendement ; que tous ceux qui avaient de l'esprit, de quelque âge et sexe qu'ils fussent, oyant prêché la charité, s'étaient retirés de l'abus de cette bigoterie, mais que je serais aussi sotte que ma gouvernante. Et mon frère d'Anjou, y ajoutant les menaces, disait que la reine ma mère me ferait fouetter (...). Je* lui répondis à telles menaces, fondant en larmes, comme l'âge de sept ou huit ans où j'étais lors y est assez tendre, qu'il me fît tuer s'il voulait, que je souffrirais tout ce que l'on me saurait faire, plutôt que de me damner. » (Marguerite de Valois, *Mémoires*.)

Cette fidélité au catholicisme fut par la suite l'occasion de conflits avec Henri. Alors que, après sa fuite de la cour, elle était venue le rejoindre à Pau, en 1578, Henri l'autorisa à dire des messes dans la chapelle du château mais sans qu'aucun Palois ne pût y assister. A en croire Brantôme, elle qui n'avait « *chose tant sur le cœur que telle indignité d'être privée de l'exercice de sa religion (...), jura et protesta qu'elle ne mettrait plus les pieds en ce pays-là, d'autant qu'elle voulait être libre dans l'exercice de sa religion* ».

Henri, dès le début de sa captivité dorée, connut bien des aventures amoureuses. A l'en croire, Marguerite aurait accepté de bonne grâce les infidélités de son mari. C'est même, on l'a vu, avec une étonnante compassion qu'elle semblait s'inquiéter des « *excès qu'il avait fait avec les femmes* ». Elle prétend aussi, à propos de la liaison d'Henri avec Madame de Sauve, qu'elle n'en était nullement jalouse et qu'Henri ne lui cachait rien de cette relation, lui en ayant « *toujours parlé aussi librement qu'à une sœur, connaissant bien que je n'en étais aucunement jalouse, ne désirant que son contentement* ». Cette relation jeta cependant quelque ombrage sur cette entente car « *cette femme, pour mieux jouer son jeu, persuada au roi mon mari que j'en étais jalouse et pour cette cause je tenais le parti de mon frère* » et le « *disposait toujours davantage (...) à me haïr et s'éloigner de moi ; de sorte qu'il ne me parlait plus* ». (Marguerite de Valois, *Mémoires*.)

La belle Charlotte de Sauve était manipulée par Catherine de Médicis. Le développement de tant d'intrigues mêlées ajoutait encore à la complexité des relations et des sentiments. Marguerite, déchirée entre deux loyautés n'avait-elle pas dénoncé à Catherine de Médicis l'un des premiers projets de fuite de son mari ?

La tolérance de Marguerite de Valois à l'égard des incartades amoureuses d'Henri traduisait sans doute une réelle amitié. La liberté de mœurs d'Henri, il est vrai, n'était pas inhabituelle à la cour où les jeux et les rivalités de l'amour se substituaient à ceux de la guerre. De plus, à en croire la rumeur, Margot elle-même ne se privait pas. Femme aux mœurs dépravées, quasi-nymphomane, c'est dans *Le Divorce satyrique* que cette légende noire trouve sa source. L'auteur, non sans habileté, invoque le témoignage d'Henri IV lui-même :

162

« *Le roi Charles... protestait sous mille serments qu'il ne donnerait pas sa Margot (C'est ainsi que le roi en riant l'appelait) seulement pour femme au roi de Navarre, mais à tous les huguenots de son royaume. O prophétie véritable, et digne d'une sainte et divine inspiration ! S'il eût mis le général et non le particulier, et qu'au lieu des huguenots seuls, il eût compris tous les hommes : car il n'y a sorte, espèce ou qualité d'iceux en toute la France avec qui cette dépravée n'ait exercée sa lubricité, pour servir indifféremment à ses voluptés, et ne lui importe d'âge, de grandeur, ni d'extraction ; pourvu qu'elle saoule et satisfasse à ses appétits.* »

« *Vicieuse et folle* », Marguerite aurait eu ce tempérament depuis l'âge de douze ans, épuisant tous ses amants successifs :

« *Elle n'en a jusqu'ici depuis l'âge de douze ans dédits personnes, auquel âge Antragues ou Clarins (car tous deux ont cru avoir obtenu les premiers cette gloire) et ont éprouvé les prémices de sa chaleur en augmentant tous les jours ; et eux n'étant point suffisants de l'éteindre (encore qu'Antragues y fit un effort qui lui a depuis abrégé la vie), elle jeta l'œil sur Martigues, et l'arrêta si longtemps qu'elle l'enrôla sous son enseigne ; et ils en donnèrent l'un et l'autre tant de connaissance que c'était l'entretien et le discours communs de tous les soldats dans les armées...* » (*Le Divorce satyrique.*)

Plus gravement, le texte accuse Marguerite d'avoir eu des relations incestueuses avec François d'Alençon et, évidemment, Henri III :

« *Elle ajouta à ses sales conquêtes ses jeunes frères, dont l'un à savoir François continua cet inceste toute sa vie, et Henry la désestima tellement depuis que depuis il ne la put aimer, ayant même à la longue aperçu que les ans au lieu d'amoindrir ses désirs augmentaient ses vices, et qu'aussi mouvante que le mercure elle branlait pour le moindre sujet qui l'approchait.* »

Au fil du texte, Marguerite était également accusée d'avoir donné naissance à des enfants illégitimes et de s'être fait avorter. Elle aurait pratiqué la sorcellerie pour retenir ses amants.

Outre le foisonnement de détails sur la dépravation de Marguerite, *Le Divorce satyrique* évoque largement la liaison de la jeune femme avec La Mole, ce proche du duc d'Alençon, que nous avons vu condamné à mort en 1574. C'est dans *Le Divorce satyrique* que l'on trouve la célèbre anecdote sur l'exécution de La Mole et de Coconas, bien peu crédible mais répétée à l'envi :

« *(Leurs têtes) ne furent pas longtemps exposées à la vue du peuple, car la nuit advenant ma prude femme et Madame de Nevers sa compagne fidèle et amante de Coconas, les ayant fait enlever, les portèrent dans les carrosses enterrer de leurs propres mains dans la chapelle Saint-Martin-des-Martyrs qui est sous Montmartre.* » (*Le Divorce satyrique.*)

On lui connaît en 1575 un autre amant en la personne de Bussy d'Amboise, un favori de François d'Alençon, âgé de vingt-cinq ans, et connu pour ses frasques amoureuses. Henri III s'empara de l'affaire pour ternir l'honneur de sa sœur et renvoya Bussy de la cour. Peu après il exigea le départ d'une fille de la suite de Marguerite au prétexte qu'« *il ne faut point laisser à des jeunes princesses des filles qu'elles eussent en si particulière amitié* ». (Marguerite de Navarre, *Mémoires.*)

Henri de Navarre, quant à lui, fit preuve à l'égard de sa femme sinon d'une confiance totale, en tout cas d'une compréhension comparable à celle qu'elle lui manifestait, n'hésitant pas à la soutenir lorsque son honneur était attaqué, comme l'illustra une anecdote. En août 1574, l'un des mignons d'Henri III l'avait accusée à Lyon d'avoir rendu visite à un amant, Charles d'Entragues. Henri III chercha à exploiter l'affaire en attisant le sens de l'honneur et la jalousie du roi de Navarre, mais, à en croire Marguerite, ce fut sans succès :

« *Car moi revenant, ce jour-là en ma chambre, j'y trouvai le roi, mon mari, qui, soudain qu'il me vit, se prit à rire et me dit : " Allez chez la reine, votre mère, que j'assure que vous en reviendrez bien en colère. " Je lui demandai pourquoi et ce qu'il y avait. Il me dit : " Je ne vous le dirai pas, mais suffise à vous que je n'en crains rien, et que ce sont interventions pour nous brouiller vous et moi ".* » (Marguerite de Valois, *Mémoires.*)

Henri n'était pas dupe du manège joué par le roi et la reine mère qui cherchaient à lui faire demander le divorce. Marguerite put d'ailleurs prouver, grâce à des témoins de l'entrevue extérieurs à son entourage, que cette visite d'Entragues s'était passée tout à fait honorablement.

La dernière année de la présence d'Henri à la cour vit gravement se dégrader son mariage. Epouse délaissée, Margot était en outre suspecte aux deux partis. Elle souffrait d'avoir été accusée de traîtrise par Henri III et d'être désormais tenue à l'écart des projets de son mari. Prétextant une amourette de ce dernier, elle laissa un jour éclater son chagrin : « *Je restais offensée que, ne pouvant plus résister à la juste douleur que je ressentais (...), je ne me pus plus forcer de rechercher le roi, mon mari, de sorte que nous ne couchions plus ensemble.* » (Marguerite de Valois, *Mémoires.*)

A son départ de la cour, en février 1576, cela faisait six mois que les deux époux n'avaient plus eu de relation physique. C'est sans elle qu'il était parti. Il l'avait abandonnée à la cour de France sans même l'avertir, sans un mot d'adieu :

« *Durant (ma) maladie le roi mon mari, ou qu'il fût occupé à disposer de son partement, ou qu'ayant à laisser bientôt la cour, il voulut donner ce temps qu'il avait à y être à la seule volupté de jouir de la présence de sa maîtresse madame de Sauve (...), il ne se souvenait point de parler à moi comme il avait promis à mon frère, et partit de cette façon sans me dire à Dieu.* » (Marguerite de Valois, *Mémoires.*)

Pourtant, quelque temps après sa fuite, Henri, pressé sans doute par son entourage choqué par sa goujaterie, libre aussi de l'influence de sa « Circé Madame de Sauve », s'était repris et écrivit à Margot une « *très honnête lettre (...) où il me priait d'oublier tout ce qui s'était passé entre nous, et croire qu'il me voulait aimer, et me le faire paraître plus qu'il n'avait jamais fait ; me commandant aussi de le tenir averti de l'état des affaires qui se passaient où j'étais, de mon état et de celui de mon frère ; car ils étaient éloignés bien qu'amis d'intelligence, mon frère étant vers la Champagne, et le roi mon mari en Gascogne.* » (Marguerite de Valois, *Mémoires.*)

Il faudra cependant attendre 1578 pour qu'Henri et Margot se retrouvent en Béarn. Il y avait peut-être, comme le suggérait Brantôme, quelque funeste fatalité condamnant les amours des reines de Navarre :

« *Le roi Antoine dernier mourut aussi, étant en mauvais ménage avec la reine Jeanne sa femme. Notre reine Marguerite est ainsi un peu en division et avec le roi son mari.* »

Rien cependant n'était encore définitivement joué en 1576. Brantôme, de fait, restait optimiste, affirmant que « *Dieu les met-*

tra un jour en bonne union, en dépit du temps misérable ». (Brantôme.)

Le prince incertain

Incertitudes d'un homme encore très jeune, hésitations d'un prince sur son avenir, découverte des intrigues, des amours et des plaisirs à la cour de France, Henri n'est pas encore Henri. Qu'il s'agisse de son union avec Marguerite, de l'impact de la vie de cour sur sa personnalité, de ses hésitations sur sa propre destinée, les années de captivité dorée sont aussi des années de formation, à lui-même et aux autres.

Les premières années de l'union d'Henri et de Marguerite paraissent ambiguës. Margot fut une très grande princesse de son temps : elle acheva l'éducation d'Henri. Sans doute l'aida-t-elle à maîtriser les règles et les codes du jeu si subtil de la cour, mais elle contribua surtout à son éducation politique. D'un point de vue affectif, une complicité évidente semblait réunir les deux époux, qui s'exprima par la connivence politique, au moins au début, et par une grande indulgence mutuelle à l'égard des aventures de l'autre.

La tolérance d'Henri à l'égard des échappées de sa femme est de ce point de vue plus étonnante, plus atypique et « moderne », que la tolérance de Margot : si l'infidélité conjugale du mari faisait partie des mœurs, l'épouse était soumise à l'obligation d'une bien plus stricte vertu, ne serait-ce que pour s'assurer de la légitimité de la descendance.

Reste que leur complicité connut rapidement deux limites. Margot, en voulant participer au jeu des intrigues politiques, s'y brûla les ailes. Suscitant la méfiance de son frère comme de son mari, elle se trouva en butte à un terrible isolement, déchirée entre deux loyautés qui ne lui permirent pas de jouer un vrai rôle.

L'autre limite est plus profonde, presque tragique. Margot a sans doute, à sa manière, aimé Henri. Bien sûr, comme toute adolescente, elle a ressenti – sinon vécu – d'autres élans amoureux, mais sa fidélité à son mari au lendemain de la Saint-Barthélemy comme après l'échec de la tentative de Saint-Germain, alors que tout la poussait à l'abandonner, révèle un attachement plus profond, l'aspiration authentique et émouvante à une réelle et profonde vie de couple. Le caractère d'Henri, son inclination immédiate à multiplier les aventures et les infidélités ont cassé cet espoir et probablement poussé Marguerite à chercher de son côté dans la multiplication des aventures amoureuses une compensation à cet échec. Délaissée et incomprise, elle vit une terrible humiliation et un désarroi profond.

Quant à Henri, à mille lieues du personnage rugueux et rabelaisien que nous a légué le mythe, il est encore un fort joli prince, avenant et bien élevé, crédité par tous d'une prestance certaine.

De ce point de vue, la captivité dorée a parachevé son éducation au point d'en faire une des figures de référence de la cour, à l'égal d'Henri III ou d'Henri de Guise, modèles de la vie courtisane.

La captivité à la cour, école du raffinement, a été aussi une école de la dissimulation et a, en ce sens, contribué à l'éducation politique du prince. L'évolution d'Henri est manifeste. Après l'échec de la seconde tentative, dévoilée par Margot, Henri apprend à ne plus s'ouvrir à sa femme de ses futurs projets. Et seule, la pratique assidue de cette dissimulation lui permettra de réussir son évasion future.

Le séjour contraint à la cour de France a définitivement ancré Henri au jeu politique du royaume de France, évitant au roi de Navarre, quelques années plus tard, lorsque la France ligueuse du Nord et la France huguenote du Midi seraient durablement opposées, de se replier sur le projet d'un Etat méridional autonome.

L'ancrage français d'Henri, plus ou moins contraint, s'est produit par imprégnation : les intrigues, les rivalités et les ambitions, seraient désormais françaises. Il ne peut plus désormais se satisfaire d'un destin pyrénéen, au risque de perdre le sentiment de sa propre valeur. Catherine de Médicis, de ce point de vue, a gagné son pari : le premier séjour à la cour de France, le mariage avec Marguerite, la captivité dorée enfin ont achevé de faire d'Henri un prince français.

La captivité dorée du prince de Navarre constitue probablement l'une des périodes de la vie d'Henri IV les plus étrangères à sa légende. Henri s'y révèle un jeune courtisan plus sensible aux charmes des femmes et aux rivalités mondaines de gentilshommes qu'à la nécessité de son destin.

Ses premières tentatives de fuite paraissent velléitaires, presque immatures, à l'image des vains projets de son comparse d'intrigue le duc d'Alençon. Le témoignage d'Agrippa d'Aubigné en dit long sur le sentiment de ses compagnons : Henri, ne songeant plus qu'aux plaisirs, paraissait avoir oublié sa mission.

A l'inverse, les propos d'Henri sur le souvenir de la Saint-Barthélemy, qu'il s'agisse de sa lettre à son gouverneur en Béarn ou, plus tard, de ses souvenirs sur cette période de son existence, révèlent un jeune homme perdu et isolé dans un milieu terriblement hostile.

Mais Henri, qui laisse passer l'orage, n'a pas choisi.

En 1576, rien n'est encore révélé, et si, par quelque hasard ou par quelque traverse, la vie d'Henri s'était arrêtée là, nous garderions probablement l'image d'un prince inconsistant et un peu médiocre, à l'instar en somme de François d'Alençon ou d'Antoine de Bourbon, son père.

Henri, en 1576, est un prince libre, mais au sens le moins profond du mot : libre à la cour de France, libre de mœurs, assez peu prisonnier des conventions et des conformismes, libre enfin, c'est-à-dire incertain, de sa propre destinée...

Chapitre 7

LA FRANCE ÉCLATÉE

La France, plus que jamais, se trouve divisée, en proie aux antagonismes des partis et des religions. A ces clivages d'ordre idéologique s'ajoute aussi l'opposition de plus en plus nette entre une France du Midi protestante et une France du Nord catholique.

Le problème de succession posé par la mort de l'héritier du trône va ouvrir, face à un roi en exercice de plus en plus impuissant, la perspective inimaginable d'un roi protestant sur le trône de France. Les passions s'embrasent, les ambitions aussi.

Tout est possible, y compris l'éclatement définitif de la France. Chaque parti alimente ce risque, aussi bien que le jeu des alliances et des guerres entre les trois Henri : Henri III, Henri de Navarre et Henri de Guise.

Les Provinces-Unies du Midi

La Saint-Barthélemy avait si gravement traumatisé la communauté protestante que de très nombreux huguenots avaient fui à l'étranger ou s'étaient réfugiés dans les contrées protestantes du Midi.

Dans ces régions, dès la fin de l'année 1572, des révoltes avaient éclaté. En 1573, une assemblée des insurgés s'était tenue à Millau, avec l'autorisation du roi, et avait jeté les bases d'une organisation autonome. Peu à peu, les provinces dominées par les protestants entrèrent en sécession. Au milieu des années 1580, la Gascogne, la Guyenne, les provinces du Centre-Ouest, le Languedoc, la Provence, le Dauphiné, constituaient un ensemble pratiquement indépendant, justifiant l'appellation de « Provinces-Unies du Midi » employée par Jean Delumeau et Janine Garrisson-Estèbe par analogie avec la sécession des Pays-Bas qui s'étaient dégagés de la tutelle espagnole et avaient pris ce nom. A l'époque on parlait de l'« Union » ou, plus vaguement, des « républiques ».

L'organisation politique des Provinces-Unies du Midi était en effet surprenante.

Après la Saint-Barthélemy, le contrat de confiance entre les huguenots et la royauté des Valois avait été rompu. Charles IX, nouvel Hérode, avait massacré les innocents.

Des libelles et des pamphlets, *Le Réveille-Matin des Français* (1573), *La Gaule française* (1576), *Vindiciae contra Tyranos* (1579) mettaient directement en cause sa souveraineté. Ainsi, pour l'un d'eux, *« Le peuple avait tout autant de puissance et d'autorité sur le roi, comme le roi sur le peuple »* (François Hotman, *La Gaule française*) et, dans certains cas, l'auteur allait jusqu'à justifier le régicide en se référant à Calvin :

« Car tantôt Il (Dieu) *suscite manifestement quelques-uns de ses serviteurs et les assure de son commandement pour délivrer le peuple iniquement affligé d'une domination injuste. »* (J. Calvin, *L'Institution chrétienne.*)

Mais, au-delà de ces thèses extrêmes et monstrueuses au plus grand nombre, *Le Réveille-Matin* proposait une organisation démocratique de la vie politique avec une véritable constitution, très proche de celle finalement adoptée par l'assemblée de Millau en 1573.

La ville était la base de cette organisation politique. Des consuls et des magistrats élus exerçaient la « police », la justice, et prélevaient les impôts qui devaient donc alimenter non pas les caisses du roi, mais celles de l'Union. Les villes étaient regroupées en généralités ou provinces. Chacune d'elles avait à sa tête une assemblée, avec *« les principaux de la noblesse de ladite généralité »*. Tous les trois mois, ce conseil nommait un chef militaire, un gouvernement, un conseil permanent. La gestion de l'impôt (la taille) était assurée par un receveur général provincial.

Le niveau fédéral, appelé l'*« Union »*, était assumé par des assemblées politiques. Ces états généraux du Midi devaient se réunir deux fois par an. Ils étaient composés de députés des trois états de chacune des assemblées provinciales, lesquelles exerçaient les droits régaliens : elles établissaient les impôts, nommaient les magistrats et le chef militaire, légiféraient en toute matière religieuse ou politique. Elles entretenaient les ministres protestants.

Lors de la première assemblée politique qui eut lieu à Millau en 1574, les députés prirent une décision très importante :

« *Ils nommèrent, élirent et prirent dès à présent pour leur chef, gouverneur et protecteur, sieur le prince de Condé, au lieu et autorité dudit seigneur roi de France et de Pologne.* »

Ce n'était pas véritablement un acte de sécession dans la mesure où l'on ne faisait pas de Condé un roi. Son rôle était de chasser les mauvais conseillers du roi, de restaurer le bon roi, puis de provoquer une réunion des états généraux du royaume. Henri de Condé avait le titre de « *protecteur* », l'équivalent du *Stathouder* des Provinces-Unies hollandaises. La souveraineté restait le privilège de la seule assemblée qui déléguait au protecteur l'initiative militaire.

L'assemblée de Nîmes, réunissant également des représentants catholiques, élabora en décembre 1575 un nouveau règlement de 124 articles pour compléter les institutions. Ce texte fonctionna pendant treize ans jusqu'en 1588. Peu à peu les Provinces-Unies du Midi devenaient un Etat indépendant sur lequel le roi de France n'était plus en mesure d'exercer son autorité.

Henri de Condé, parti en Suisse et en Allemagne pour recruter des reîtres, dut abandonner ses fonctions. Chose étonnante, l'assemblée choisit un catholique modéré pour lui succéder, Henri de Montmorency-Danville, gouverneur du Languedoc en disgrâce auprès du roi. Ce choix, tout comme la présence de catholiques aux assemblées, montrait clairement l'idéal de coexistence pacifique des religions qui inspirait cette organisation.

En 1576, après son évasion de la cour de France, Henri IV devint tout naturellement le nouveau protecteur de l'Union. Tout roi de Navarre, prince de sang et gouverneur de Guyenne qu'il était, il lui fallait néanmoins, comme protecteur élu, gouverner selon les règles de la constitution de l'Union et respecter les volontés des assemblées. Sans doute les palabres infinies des assemblées n'étaient-elles pas vraiment de son goût, si l'on en croit une lettre adressée à sa maîtresse Corisande :

« *Vraiment, s'il se refaisait encore une assemblée je deviendrais fou.* » (Lettre du 22 décembre 1588.)

Mais, dans les faits, l'état de guerre quasi permanent donnait à Henri d'immenses prérogatives et lui permettait de renforcer son pouvoir.

A partir de 1584, après la mort du duc d'Alençon, sa qualité d'héritier possible de la couronne de France accrut encore son autorité et, en 1588, l'assemblée de La Rochelle lui donnait le titre, plus déférent, de « Premier prince de sang et protecteur des Eglises réformées ». Des réformes constitutionnelles, modifiant le système de représentation au profit des provinces et non des villes et fixant la périodicité des assemblées politiques à deux ans, accentuèrent encore cette évolution.

La France ligueuse

Henri III n'ayant pas d'enfants, son frère cadet, François, duc d'Alençon puis d'Anjou (après l'accession au trône de Henri III), devenait l'héritier présomptif de la couronne. Or il était tombé malade dans les Pays-Bas, où les états généraux l'avaient désigné comme « protecteur » des Provinces-Unies protestantes insurgées contre le roi d'Espagne. Discrédité à la suite d'un coup de force contre la ville d'Anvers (il espérait gouverner en pleine souveraineté), Monsieur avait dû partir précipitamment. Il souffrait sans doute d'une tuberculose. L'aggravation brutale de son état de santé l'obligea à s'arrêter à Château-Thierry, où il expira au terme d'une pénible agonie.

Ce décès du frère cadet d'Henri III ajouta à la division religieuse du royaume le problème de la succession au trône de France : Henri de Navarre devenait à son tour l'héritier présomptif de la couronne...

En effet, la loi salique excluait non seulement l'accession au trône des femmes mais aussi la transmission du pouvoir par les femmes. Cette loi fondamentale du royaume avait en réalité été « inventée » en 1328 pour résoudre la succession de Charles IV le Bel au détriment du roi d'Angleterre. Ironie de l'histoire, la loi salique, qui avait établi la dynastie des Valois, risquait fort désormais d'en marquer la fin. Car l'application des principes de cette loi obligeait à remonter très loin dans la généalogie des rois de France, de vingt degrés, jusqu'à Saint Louis, pour trouver une branche cadette perpétuée par des mâles : les Bourbons. Henri de Navarre avait donc fait un pas décisif en direction du trône de France. Si, comme tout le laissait supposer, le couple royal restait stérile, alors le titre de roi de France lui serait mécaniquement dévolu.

La situation était inédite. Les règles de succession monarchique désignaient comme roi un prince non catholique ! La chose était inadmissible pour le parti catholique, car cela signifiait qu'à terme la France deviendrait une monarchie protestante. Le fameux adage « *cujus regio, ejus religio* » (Tel prince, telle religion) supposait que les sujets devaient avoir la même foi que leur souverain.

Selon les métaphores corporelles utilisées alors, on ne pouvait imaginer une tête calviniste avec un corps catholique. Les ligueurs annonçaient comme inéluctable l'obligation pour tous les Français d'abjurer la religion catholique dès lors qu'Henri serait roi. Cette crainte était sincère, car elle s'inscrivait dans une logique politique qui allait de soi. La très grande majorité des Français, restée fidèle à Rome, redoutait l'accession des Bourbons.

Les juristes catholiques faisaient aussi valoir que l'accession au trône du Béarnais violerait des lois fondamentales du royaume au moins aussi importantes que la loi salique. Le roi de France était sacré. L'onction, administrée par l'archevêque de Reims en utilisant le Saint-Chrême conservé dans la Sainte-Ampoule, n'avait aucun sens en dehors de la religion catholique, qui en faisait un véritable sacrement.

De plus, au cours de la cérémonie, avant de recevoir l'onction, le roi promettait, par un serment rituel, de défendre la foi catholique et de protéger les biens de l'Eglise. Le non-respect de cette clause ou, pis, son parjure faisaient encourir une peine d'excommunication au roi et « l'interdit » sur le royaume, c'est-à-dire l'interdiction de célébrer l'eucharistie pour l'ensemble des fidèles. Dans ce cas extrême, le pape avait le pouvoir d'annuler tous les serments faits devant Dieu et, dès lors, les sujets se trouvaient déliés de leur serment de fidélité envers le roi.

A la légitimité du sang invoquée par Henri de Navarre et ses partisans, les catholiques opposaient donc la légitimité religieuse. A une époque où tout pouvoir venait de Dieu, il était impensable d'accepter un roi hérétique.

On comprend mieux que 1584 ait signifié le raidissement brutal des ultra-catholiques et leur rassemblement en une organisation autonome, dirigée par une personnalité charismatique, Henri de Guise. A l'instar de l'Union protestante, la Ligue finit par constituer un véritable Etat dans l'Etat, menaçant le pouvoir royal et l'unité de la France, contrôlant plus ou moins complètement la Bretagne, la Bourgogne, le vaste ensemble champenois et lorrain, la Picardie et même, après 1588, la capitale.

Les débuts de la Ligue, quelques années plus tôt, avaient pourtant été relativement modérés.

Une première Ligue catholique s'était en effet manifestée en 1576 à Péronne, où la population locale, noblesse et bourgeoisie confondues, ne voulait pas de Henri de Condé comme gouverneur de Picardie. La nomination de ce prince huguenot, accordée par le roi lors de la paix avec les Malcontents, avait été ressentie comme un camouflet. A l'instigation du gouverneur de la ville, suivi de quelque cent cinquante gentilshommes, une assemblée composée de représentants des trois ordres avait procédé à l'élection d'un conseil permanent.

Ce mouvement provincial afficha très vite des ambitions plus larges invitant des princes et d'autres communautés urbaines à ratifier son manifeste. Il affirmait défendre la foi, le roi dont on soulignait qu'il tenait sa dignité par « la grâce de Dieu », mais aussi les franchises et les privilèges provinciaux. Les villes et les bourgades qui ne prêteraient pas le serment d'affiliation seraient considérées comme ennemies.

Face à l'ampleur du mouvement, Henri III avait accepté de prendre la tête de cette « *Association faite entre les princes, seigneurs et gentilshommes... tant de l'état ecclésiastique que de la noblesse et tiers état* » pour mieux en canaliser les ardeurs : il parvint ainsi à substituer au serment des ligueurs un texte de son cru, plus respectueux des prérogatives royales. De fait, le mouvement parut s'apaiser avec la reprise des combats contre les huguenots. Mais la mort de François d'Alençon, en faisant planer la menace d'un roi protestant, et les ambitions du duc de Guise lui donnèrent une ampleur nouvelle.

Henri de Guise était un véritable grand seigneur : sa prestance, sa beauté et son allure chevaleresque en faisaient une personnalité comparable à celle du Béarnais et, depuis leur enfance commune à la cour de France, un rival de toujours.

Cette aisance lui valait une étonnante popularité, « *la facilité, la douceur, la popularité, compagnes inséparables de l'ambition. Pour commander aux grands, il s'assujettissait aux moindres : d'un bout de rue à l'autre il passait le bonnet au poing, saluant, ou de la tête, ou de la main, ou de la parole, jusqu'au plus petit crocheteur* ». (Cité par A. Jouanna.)

Soucieux de sa popularité, Henri de Guise portait fièrement une balafre, comme son père, ce qui lui avait valu le même surnom. Les Guise affirmaient symboliquement par cette blessure leur piété et leur bravoure héréditaires. L'assassinat de son père par un protestant avait renforcé l'engagement d'Henri de Guise pour la cause catholique.

Derrière cette personnalité d'exception se profilait en fait tout un clan, composé de ses frères, le cardinal de Guise, archevêque de Reims, le duc de Mayenne, et de ses cousins germains, le duc d'Aumale, le duc d'Elbeuf et le duc de Mercœur. Henri pouvait également compter sur Louise de Lorraine, épouse d'Henri III. La famille des Guise, par ses possessions dans l'est de la France, avait une position stratégique, à la charnière du royaume de France et de l'Empire espagnol des Habsbourg. De fait, les Guise s'opposaient à toute alliance entre la France et les pays protestants et prônaient au contraire une sainte alliance des pays catholiques pour écraser les hérétiques, fût-ce au prix de l'abaissement de la France, prise en tenailles par les possessions espagnoles.

Ce dévouement aveugle à la cause catholique fit même d'Henri de Guise l'agent secret stipendié de Philippe II. Il entretenait avec lui une correspondance où, sous le nom de code de *Mucius*, il dévoilait les ordres secrets d'Henri III. Ce rôle peu glorieux était soigneusement tenu dans l'ombre. Seule subsistait l'image du guerrier valeureux, soucieux de sa popularité, qui venait défiler triomphalement à Paris pour se donner une image d'homme providentiel.

La surenchère ultra-catholique et pro-espagnole d'Henri de Guise gênait Catherine de Médicis et Henri III, en troublant leur jeu politique de compromis et d'équilibre. Son rôle dans le massacre de la Saint-Barthélemy était assez éloquent. Quant à sa popularité, elle pouvait se révéler menaçante pour le roi et, peut-être, lui faire nourrir des ambitions démesurées.

Henri de Guise voulut-il devenir roi? Certains de ses partisans voyaient en lui un lointain descendant de Charlemagne qui, en se substituant aux Valois dégénérés, aurait défendu la foi menacée par les hérétiques. Louis d'Orléans le déclarait sans ambages :

« *Tous les Français, les villes et les Provinces désiraient pour souverain le duc de Guise.* » (L. d'Orléans, *Second avertissement*.)

Henri de Guise ne démentait pas les généalogistes et les pamphlétaires complaisants, mais la réalisation de ses projets passait par le respect, au moins apparent, de la personne d'Henri III. Ses ambitions se cachaient derrière une apparente déférence, parfois presque provocante, comme lorsqu'il demanda à voir le roi parce qu'il « *désirerait lui embrasser les genoux* » (*Journal d'un curé*

175

ligueur.) Un mémoire écrit par Pierre d'Epinac, un archevêque ligueur, donne peut-être le scénario politique que s'était fixé le duc de Guise : conquérir la confiance du roi et maîtriser ainsi la cour, se faire attribuer le titre de connétable puis, à l'instar de Charles Martel, avoir suffisamment de puissance et de prestige pour revendiquer le titre royal.

Faute de pouvoir imposer tout de suite le candidat de leur cœur, les ligueurs devaient afficher un prétendant au trône crédible. Ils le trouvèrent en la personne du cardinal de Bourbon (1523-1590). Agé alors de soixante et un ans, influençable et, de l'avis de beaucoup, peu intelligent, Charles se prêta au jeu, au mépris de la solidarité familiale des Bourbons. Le choix de la Ligue était logique : si l'on considérait qu'Henri était frappé d'incapacité à régner, alors le « mâle » suivant était Charles de Bourbon. Il s'agissait en fait d'un prétendant de transition : non seulement sa personnalité était peu convaincante mais, surtout, les impératifs de succession lui imposaient de renoncer à ses vœux, de se marier et d'avoir un fils.

En attendant, il fallait un programme et une organisation susceptibles de relayer de pareilles ambitions.

En décembre 1584, un accord entre les Guise, le cardinal de Bourbon et l'ambassadeur du roi d'Espagne instituait la « Sainte Ligue » et, en mars 1585, le manifeste de Péronne en présentait le projet politique.

Dans une déclaration solennelle (*la Déclaration des causes qui ont mu Monseigneur le cardinal de Bourbon, et les princes, pairs, prélats, seigneurs, villes et communautez catholiques de ce royaume de France, de s'opposer à ceux qui veulent subvertir la religion de l'Etat*) le cardinal de Bourbon, à qui on avait tenu la main, déplorait les troubles religieux qui dévastaient le pays depuis vingt-quatre ans. Il déplorait aussi les minorités successives qui avaient affaibli le pouvoir royal. Henri III étant sans enfants, il fallait régler le problème de la succession pour échapper à de nouveaux troubles. Les ligueurs se défendaient d'avoir pris les armes contre Henri III mais affirmaient au contraire se battre pour « *la défense et tuition* (protection) *de sa personne, de sa vie et de son Etat* ».

Le texte accusait également les mignons du roi, Epernon et Joyeuse, de piller les caisses du royaume et d'avoir une influence politique néfaste. Jusqu'alors, les « mignons » n'étaient que des compagnons de plaisir du roi et ils ne jouaient que des rôles politiques de second plan. Or ces deux gentilshommes avaient été promus duc et pairs et, dans l'ordre du protocole, placés immédiatement après les princes de sang. Le mariage de Joyeuse avec la belle-sœur du roi, célébré en grande pompe pour la somme fabuleuse de deux millions de livres, fit grand scandale. Surtout, les nombreuses charges que recevait Epernon (que l'on surnommait « l'archimignon ») pénalisaient les autres clientèles : quand celui-ci reçut, à l'occasion la mort de Joyeuse à Coutras, la totalité des charges du défunt, la fureur de Guise fut à son comble.

De fait, les grandes familles nobiliaires ne pouvaient tolérer ce qu'elles considéraient comme une confiscation de la personne et des finances du roi.

Au-delà de ces attaques de circonstance, le projet ligueur insistait sur l'unité catholique du royaume, la religion catholique, apostolique et romaine étant « *le plus fort lien de l'Etat* ».

Le combat religieux était donc nécessaire à la sauvegarde de l'Etat :

« Ainsi donc puisque la conservation de la religion est celle de l'Etat, et que les Français ont estimé toujours, auxquels a été impiété et horreur de penser le contraire, la Ligue des princes catholiques ne peut être dite adversaire à l'Etat, mais, au contraire, utile et profitable. » (Discours sur les calomnies.)

Le roi devait être soumis à la volonté de Dieu et aux intérêts supérieurs de l'Eglise. Les ligueurs étaient des ultramontains, reconnaissant au pape le pouvoir d'imposer en France comme ailleurs les décrets de l'Eglise. Concrètement, la Ligue demandait la réception en France des canons du concile de Trente, jusque-là repoussés au nom des libertés et privilèges de l'Eglise de France. Elle pourfendait les tenants du gallicanisme, accusés de cryptoprotestantisme, pour qui l'Eglise – et donc le pape – ne pouvait en aucun cas exercer un pouvoir temporel sur les sujets du roi et devait s'en tenir à un simple magistère spirituel...

Les ligueurs exhortaient ainsi le roi à saisir « *l'occasion présente aux cheveux, de remercier Dieu, qui lui a excité de si bons sujets et volontaires serviteurs, pour mettre la main avec lui, et sous l'autorité de sa Majesté, à la liberté des enfants de Dieu, à l'avancement du règne de son fils Jésus-Christ, à l'extirpation des hérésies, et au rétablissement de son état, en quoi faisant Dieu l'aimera, bénira sa couche, son règne et son peuple, allongera ses jours, les honorera par toute la terre et gravera le mérite de sa mémoire les générations éternelles. » (Remontrance aux catholiques*, cité par Myriam Yardeni, *La Conscience nationale en France pendant les guerres de religion (1559-1598)*.)

A cette vision quasi théocratique de l'Etat, les ligueurs associaient une organisation décentralisée du royaume.

Cette revendication contre la concentration des pouvoirs entre les mains du roi se faisait au nom des coutumes et des traditions, dans un esprit très féodaliste. Cela revenait concrètement à donner plus de pouvoir aux gouverneurs des provinces et à attribuer ces charges à de grands nobles.

Déjà s'esquissait un partage : au duc d'Aumale la Picardie, au duc de Mayenne la Bourgogne, au duc de Mercœur la Bretagne et au duc de Guise le vaste ensemble champenois et lorrain. Des négociations secrètes avaient essayé d'associer Henri de Navarre à ce projet en lui promettant une bonne partie de l'Aquitaine et du Languedoc.

La Ligue faisait également abusivement référence à une ancienne forme : elle proposait l'institution d'états généraux du royaume tous les trois ans *« avec entière liberté à chacun d'y faire ses plaintes, auxquelles n'aura été dûment pourvu »*. Ils auraient discuté des impôts et des autres questions importantes pour le royaume. Elle réclamait aussi la garantie des offices des magistrats et la reconnaissance de la pleine souveraineté des jugements des parlements. Un tel programme ne pouvait que séduire nobles et bourgeois en défendant ouvertement leurs intérêts...

L'idéologie politique de la Ligue s'adressait aussi aux bourgeoisies urbaines. Organisée sur la base d'une fédération de villes, elle entendait revivifier une autre coutume médiévale, celle des autonomies urbaines.

Catholique, décentralisée, féodale et communale, la France rêvée par les ligueurs était censée restaurer les « bonnes coutumes » et renouer avec un âge d'or. Ce projet avait d'ailleurs sa cohérence. La vision religieuse unificatrice constituait en quelque sorte le ciment de la nation mais celle-ci s'organisait de façon décentralisée, à partir des relais traditionnels des provinces, des communautés urbaines, des organisations de quartier, des milices bourgeoises, des confréries religieuses, assurant ainsi la cohésion et l'appartenance des hommes à tous les niveaux de la société.

L'idéologie ligueuse était assurément séduisante pour tous les corps intermédiaires, du modeste milicien aux grands de la noblesse en passant par les magistrats et les conseillers des parlements de justice. Mais la Ligue sut également diffuser son projet jusque dans les couches les plus populaires de la société. Si le manifeste de Péronne s'adressait aux élites, d'innombrables pamphlets et libelles assuraient auprès du peuple et, tout spécialement, du petit peuple parisien, la promotion du projet ligueur et du bel Henri de Guise.

En quelques années, la Ligue avait acquis une véritable implantation nationale.

Dès le printemps 1585, Henri de Guise, aidé de quelque 10 000 mercenaires suisses et allemands, s'était emparé de Toul et de Verdun cependant que d'autres villes tombaient aux mains des ligueurs : Doullens, Mézières, Dijon, Auxerre, Orléans, Lyon, etc.

Progressivement se dessinèrent les contours d'une France ligueuse géographiquement située au nord d'une ligne Nantes-Grenoble. Seule, au Midi, Toulouse semblait accorder ses faveurs à la Ligue. La résurgence des particularismes provinciaux et l'ambition des princes laissait craindre l'émergence de nouvelles principautés féodales dans des régions unies à la couronne depuis peu. Les grands ligueurs drainaient derrière eux des fidèles et des clients. Mais la plupart des nobles ne se prononçaient pas. Ainsi, selon l'historien Jean-Marie Constant, 74 % des nobles catholiques restaient prudemment neutres contre 10 % de partisans de la Ligue et 16 % de partisans du roi.

La situation à Paris était pour le roi bien plus inquiétante. La capitale était toujours en proie à une intense agitation religieuse. Les prédicateurs catholiques entretenaient un climat d'angoisse et de fanatisme.

Dès janvier 1585, à partir des milieux de la haute société parisienne proches de la famille de Lorraine, la Ligue avait progressivement recruté par cooptation dans des milieux de plus en plus populaires. C'était devenu une véritable société secrète dont les membres devaient prêter serment, ce qui donnait une dimension presque mystique à l'adhésion et à l'activisme des ligueurs.

Très vite la Ligue s'était dotée d'un conseil de neuf ou dix personnes, clercs ou laïcs, pour en assurer la direction et contrôler le recrutement. Elle s'était organisée selon les seize quartiers de la ville, eux-mêmes divisés en dizaines. Le duc de Guise, soucieux de contrôler un mouvement de plus en plus considérable, lui donna ensuite une structure plus militaire, avec cinq circonscriptions commandées chacune par un colonel et deux capitaines et, à sa tête, un conseil regroupant les colonels, les chefs historiques du mouvement et un « chef et conducteur » tout dévoué à sa personne.

Forte de cette organisation, la Ligue menait une propagande efficace, prédisant une Saint-Barthélemy des catholiques si le Béarnais montait sur le trône et exploitant l'émotion suscitée par l'exécution de la reine catholique d'Ecosse Marie Stuart par Elisabeth en 1587. Les difficultés économiques, la pression fiscale et les violations répétées des franchises de la ville par le roi fournissaient un terreau fertile pour la propagande contre Henri III. Ce dernier fut obligé, à plusieurs reprises, de sévir contre les ligueurs les plus virulents. Le 2 septembre 1587, l'emprisonnement de prédicateurs extrémistes offrit l'occasion d'une première insurrection qu'Henri III ne réprima que mollement, révélant à la Ligue sa propre force.

D'après Nicolas Poulains, un informateur d'Henri III infiltré dans le mouvement, la Ligue était capable, au printemps de 1588, de mobiliser à Paris une milice de trente mille bourgeois armés.

Le jeu des trois Henri

Henri III se trouvait donc à nouveau confronté en 1584 à une agitation ligueuse. Il ne pouvait plus rester silencieux dans un débat engageant sa propre succession. Si son attitude paraissait hésitante et versatile, c'est qu'il n'avait guère les moyens de trancher un problème insoluble par les moyens de la paix. Henri III seul ne pouvait s'imposer à l'un ou l'autre parti. Il lui fallait donc s'appuyer sur l'un pour réduire l'autre.

Si l'on en croit Duplessis-Mornay, c'est d'abord vers son beau-frère Henri de Navarre qu'il se tourna :

« Sa majesté, après son dîner, étant devant le feu, monsieur du Maine présent et un grand nombre de gentilshommes, après un long discours de la maladie de son Altesse (François d'Anjou), *dit ses mots : "Aujourd'hui, je reconnais le roi de Navarre pour mon seul et unique héritier. C'est un prince bien-né et de bon naturel. Mon naturel a toujours été de l'aimer, et je sais qu'il m'aime. Il est un peu colère et piquant, mais le fond en est bon. Je m'assure que mes humeurs lui plairont et que nous nous accommoderons bien ensemble."* » (Lettre du 14 avril 1584 de Duplessis-Mornay à Henri de Navarre, citée par Pierre de Vaissière.)

De fait, Henri III avait écrit à Henri de Navarre pour le prévenir des risques qu'il encourait :

« Mon Frère,
Je vous avise que je n'ai pu empêcher, quelque résistance que j'aie faite, les mauvais desseins du duc de Guise. Il est armé,

tenez-vous sur vos gardes et n'attendez rien. J'ai entendu que vous êtes à Castres pour parlementer avec mon cousin le duc de Montmorency, dont je suis bien aise, afin que vous pourvoyez à vos affaires. Je vous enverrai un gentilhomme à Montauban, qui vous avertira de ma volonté.

Votre bon frère, Henri. » (Lettre d'Henri III à Henri de Navarre, reçue le 23 mars 1585.)

Henri III avait même envoyé l'« archimignon » en mission secrète pour proposer à Henri de Navarre d'abjurer le protestantisme afin de le reconnaître officiellement comme son successeur et d'éviter ainsi une grave crise au royaume. A en croire un dialogue, sans doute fictif, entre trois des conseillers d'Henri, un catholique, un protestant, un modéré, l'affaire était effectivement délicate. Pour le catholique, il fallait accepter car c'était la seule façon de pouvoir régner un jour pacifiquement : « *Ne vaudrait-il pas mieux ouïr cinq cents messes tous les jours, que d'allumer une guerre civile ?* » Le conseiller protestant de s'indigner d'un tel opportunisme, et d'exiger en échange du retour à la cour d'Henri le châtiment des responsables de la Saint-Barthélemy. Le troisième, quant à lui, envisageait les effets d'une abjuration :

« *Devenu catholique, le roi serait abandonné des uns, mal servi par les autres : abandonné des uns, et c'est quelque chose de perdre un parti si éprouvé et assuré que celui de ceux de la religion l'est ; mal servi des autres, qui ne croiraient pas à sa sincérité.* »

Renvoyant dos à dos les deux autres conseillers, il proposait au roi de persister dans sa foi tout en pratiquant une politique religieuse pluraliste fondée sur la tolérance mutuelle :

« *Les deux factions qui semblent si incompatibles, se trouvant ainsi doucement rassemblées par la clémence, dépouilleront elles-mêmes toute haine et rancune et renonceront à toutes ligues séditieuses.* »

Henri de Navarre, suivant cet avis, refusa poliment le projet d'Henri III mais lui proposa d'unir les troupes huguenotes aux troupes royales pour écraser la Ligue. Henri III, profondément catholique et conscient qu'une alliance avec les protestants lui aliénerait définitivement son peuple, ne pouvait que refuser à son tour pareille offre, au grand dam du Navarrais. Il se trouvait désormais seul face à une Ligue de plus en plus populaire. Il préféra à nouveau s'efforcer de canaliser le mouvement ligueur plutôt que de l'affronter.

Les négociations entre Catherine de Médicis et les Guise aboutirent à la signature du traité de Nemours (7 juillet 1585) : le roi s'engageait à prendre la direction « *desdits sujets unis* », à extirper l'hérésie, à ne reconnaître aucun protestant comme héritier, à protéger les ligueurs, à donner des garanties aux villes adhérentes, à ne tolérer aucune autre union. Les chefs ligueurs obtenaient des faveurs, des pensions et surtout des gouvernements de places fortes (Toul, Verdun, Châlons, Saint-Dizier...). La Ligue, ainsi officialisée, contrôlait directement une partie du royaume. Henri III avait juré d'observer ce traité et de le faire jurer à tous ses officiers...

Le 18 juillet, un édit de proscription fut pris à l'égard des protestants : révocation de tous les édits antérieurs, interdiction du culte protestant, expulsion de tous les ministres du royaume. Les protestants n'auraient plus accès aux emplois publics et devraient restituer les places de sûreté.

Quant à Henri de Navarre, il était déclaré déchu de ses droits à la couronne au bénéfice du cardinal de Bourbon. Là-dessus, le pape Sixte Quint publia une bulle d'excommunication contre Henri de Navarre et son cousin Henri de Condé, « *génération bâtarde de l'illustre et si signalée famille des Bourbons* ». Il privait Henri de tout droit à la couronne de France et lui retirait sa souveraineté sur la Navarre et le Béarn. Tous ses sujets étaient déliés du serment de fidélité en raison de son hérésie. Cette bulle immédiatement publiée à Paris provoqua la joie du camp ligueur qui y trouvait la caution morale de ses thèses.

A la nouvelle du traité de Nemours, Henri de Navarre écrivit à Henri III une lettre où il exprimait toute son amertume de le voir se ranger du côté de la Ligue :

« Il vous plut de m'écrire le jugement que vous faisiez à très bon droit de leurs intentions : que vous connaissiez, quelque prétexte qu'ils prissent, qu'ils entreprenaient sur votre personne et sur votre couronne, qu'ils voulaient s'accroître et grandir à vos dépens et à votre dommage, et prétendaient que la totale ruine et dissipation de votre Etat. C'étaient les mots de vos lettres, Monseigneur, et me faisiez cet honneur, en reconnaissant la conjonction de ma fortune avec celle de Votre Majesté, d'ajouter expressément qu'ils pourchassaient ma ruine avec la vôtre (...).

Et maintenant, Monseigneur, quand j'ouïs dire tout à coup que Votre Majesté a traité une paix avec ceux qui se sont élevés contre votre service, à condition que vos édits soient rompus, vos loyaux sujets bannis, les conspirateurs armés, et armés de votre force et de votre autorité contre vos très obéissants et fidèles sujets et contre moi-même qui ai cet honneur de vous appartenir (...); je laisse à juger à Votre Majesté en quel labyrinthe je me trouve et quelle espérance me peut (...) rester... » (Lettre du 21 juillet 1585.)

Henri de Navarre allait devoir faire face à une mobilisation sans précédent. Après avoir assuré ses positions en Navarre et en Béarn contre d'éventuelles menées des ligueurs, il partit vers la Saintonge et le Poitou, au contact des régions ligueuses, en contournant les armées du duc de Mayenne qui occupait les deux rives de la Garonne. Trois armées royales avaient été mobilisées contre les huguenots. Tandis que le « mignon » duc de Joyeuse se dirigeait vers le Languedoc par l'Auvergne, et que l'« archi-mignon » duc d'Epernon marchait sur la Provence, le maréchal de Biron allait sur la Saintonge et le duc de Guise tenait l'est du royaume contre les mercenaires recrutés par les huguenots en Allemagne.

Ces manœuvres avaient toutefois leurs limites car les finances royales étaient au plus bas. Au mois de juillet 1586, la situation paraissait figée. Catherine de Médicis partit en octobre dans le Poitou parlementer avec Henri de Navarre. L'entrevue eut lieu au château de Saint-Brice, entre Cognac et Jarnac, le 13 décembre 1586. D'après un compte rendu miraculeusement conservé et reproduit par l'historien Pierre de Vaissière, un dialogue surréaliste se serait engagé entre la reine mère et son gendre. Ce fut d'abord un échange de politesses, la déférence d'Henri, piquée parfois d'une repartie, répondant à la douceur mielleuse, presque maternelle, de Catherine de Médicis :

« " Eh bien, mon fils, ferons-nous quelque chose de bon ?
— Il ne tiendra pas à moi, Madame, c'est ce que je désire, repart le roi de Navarre.
— Il faut donc que vous nous disiez ce que vous désirez pour cela.
— Mes désirs, Madame, ne sont que ceux de Vos Majestés.
— Laissons ces cérémonies et me dites ce que vous demandez.
— Madame, je ne demande rien, et ne suis venu que pour recevoir vos commandements.
— Là, là, faites quelque ouverture.
— Madame, il n'y a point ici d'ouverture pour moi. " »

Cet équivoque fut aussitôt remarqué par les dames pour un trait de galanterie de ce prince qui, en tout temps et en toutes sortes de discours, faisait voir la vivacité de ses reparties. »

Mais, très vite, Henri de Navarre brisait le vernis hypocrite de la conversation. Ce n'était pas lui qui voulait la ruine du royaume : il était prêt à obéir à son roi mais ce dernier n'avait-il pas dressé huit armées pour le ruiner?

La discussion prit enfin un tour plus personnel, Henri disant à la reine noire des vérités que, depuis des années sans doute, il gardait en lui-même :

« Le roi qui m'est comme père, au lieu de me nourrir comme son enfant et ne me perdre, m'a fait la guerre en loup, et quant à vous, Madame, vous me l'avez faite en lionne!

— Eh! quoi, ne vous ai-je pas été toujours bonne mère?

— Oui, Madame, mais ce n'a été qu'en ma jeunesse, car, depuis six ans, je reconnais tout le contraire.

— Mais, mon fils, laissons cela! Voulez-vous que la peine que j'ai prise depuis six mois ou environ demeure infructueuse, après m'avoir tenue si longtemps à baguenauder?

— Madame, ce n'est pas moi qui en suis cause, au contraire c'est vous. Je ne vous empêche pas que vous reposiez en votre lit, mais vous, depuis dix-huit mois, m'empêchez de coucher dans le mien.

— Eh! quoi, serai-je toujours dans cette peine, moi qui ne demande que le repos?

— Madame cette peine vous plaît et vous nourrit; si vous étiez en repos, vous ne sauriez vivre longuement.

— Comment, je vous ai vu autrefois si doux et si traitable, et, à présent, je vois sortir votre courroux par les yeux, et l'entends par vos paroles.

— Madame, il est vrai que les longues traverses et les fâcheux traitements dont vous avez usé en mon endroit m'ont fait changer et perdre ce qui était de mon naturel. »

L'entrevue s'était malgré tout terminée par la promesse d'une trêve.

Coutras

Dès le mois de septembre 1586, les hostilités reprirent, permettant à Henri de Navarre de renforcer sa position en Poitou malgré les efforts du duc de Joyeuse. A l'automne 1587, apprenant que les renforts allemands attendus par les huguenots venaient d'entrer dans le royaume par la Lorraine, Joyeuse, voulant empêcher à tout prix la jonction des troupes protestantes, résolut d'arrêter le Béarnais dans les environs de Coutras.

La bataille qui allait s'engager constituait pour Henri un enjeu personnel autant que stratégique. C'était la première grande bataille qu'il allait livrer : il y jouait sa réputation de chef de guerre.

Comme d'habitude, les armées se cherchèrent quelque peu avant d'être face à face : les moyens de communication ne permettaient pas une circulation rapide des informations, l'ennemi n'était jamais localisé avec précision et les chefs d'armées ne pouvaient pas donner d'ordres en temps réel...

Henri avait déjà fait passer la Dronne à la plupart de ses troupes et s'était installé à Coutras. Joyeuse le pressait à l'intérieur du confluent de l'Isle et de la Dronne. Il n'avait plus le temps de battre en retraite, il lui fallait donc livrer bataille.

Au petit matin du 20 octobre, les deux armées se disposèrent dans une petite plaine à l'est de Coutras. L'armée protestante était composée d'environ 4 000 à 5 000 fantassins et environ 1 500 cavaliers. Du côté des ligueurs et des royaux, il y avait le même nombre de fantassins et environ 1 800 cavaliers. Il s'agissait, à l'échelle de l'époque, d'armées considérables. La topographie donnait un léger avantage à Henri. Il installa l'artillerie sur une petite butte sur sa gauche. A sa droite, dans un chemin creux, il mit ses arquebusiers. Entre ces deux positions fortes il avait disposé ses troupes en gardant une partie de sa cavalerie cachée en retrait.

La bataille s'ouvrit vers 10 heures du matin. Henri se retourna vers ses compagnons :

« *Mes compagnons, il en va de la gloire de Dieu, de l'honneur et de nos vies, soit pour se sauver ou pour vaincre. Le chemin en est devant nous. Allons au nom de Dieu, pour qui nous combattons !* » (Agrippa d'Aubigné, *Histoire universelle*.)

Il aurait ensuite apostrophé ses cousins Condé et Soissons :

« *Souvenez-vous que vous êtes du sang des Bourbons ! Et vive Dieu ! Je vous ferai voir que je suis votre aîné !* »

Condé de lui répondre :

« *Nous nous montrerons bons cadets !* » (Pierre Matthieu.)

Puis pour se donner du courage, toute l'armée entonna le psaume CXVIII :

La voici l'heureuse journée
Que Dieu a faite à plein désir
Par nous soit joie démenée
Et prenons en elle plaisir.
(Agrippa d'Aubigné.)

Les canonnades de l'artillerie protestante obligèrent le duc de Joyeuse à lancer l'assaut. Dans un premier temps, les troupes catholiques semblèrent l'emporter. Une partie d'entre elles avait traversé l'armée huguenote. Mais l'intervention de la cavalerie mise en réserve et des arquebusiers disloqua la charge. Ce fut alors, dans la plus grande confusion, un corps à corps où, en véritable capitaine, Henri manifesta sa bravoure :

« *Henri s'apercevant dans la chaleur de l'action que quelques-uns des siens se mettaient devant lui à dessein de défendre et couvrir sa personne, leur cria : " A quartier, je vous prie; ne m'offusquez pas, je veux paraître. " En effet, il enfonça les premiers rangs des catholiques, fit des prisonniers de sa main et en vint jusqu'à colleter le brave Casteau-Regnard, cornette des gendarmes, lui criant d'un ton qui n'était qu'à lui : " Rends-toi, Philistin! " »*
(Agrippa d'Aubigné.)

C'est dans cet affrontement que Joyeuse et son frère Saint-Sauveur trouvèrent la mort. A cette nouvelle les catholiques se démobilisèrent, poursuivis et harcelés par la cavalerie d'Henri. Il y eut plus de 2 000 morts dans les rangs de l'armée royale. Cette victoire éclatante lavait les défaites, dix-huit ans plus tôt, de Jarnac et Moncontour. Agrippa d'Aubigné, qui y avait participé, pouvait la célébrer avec emphase :

Vois deux camps, dont l'un prie et soupire en s'armant,
L'autre présomptueux menace en blasphémant.
O Coutras! combien tôt cette petite plaine
Est de cinq mille morts et de vengeance pleine!
(Agrippa d'Aubigné, *Les Tragiques.*)

Pour autant, Coutras ne fut pas Jarnac à l'envers. Elle ne donna pas lieu sur les dépouilles du mignon du roi aux mêmes actes abominables qui avaient été commis, à l'époque, sur le prince de

Condé. Les deux corps nus furent étendus sur une table, recouverts d'un linceul, dans la salle de l'auberge du Cheval-Blanc à Coutras où Henri était hébergé.

Le 22 octobre, les dépouilles furent acheminées à Libourne et restituées pour recevoir les honneurs religieux. Henri, se gardant de tout triomphalisme et connaissant l'affection du roi pour le duc de Joyeuse, écrivit à Henri III une lettre touchante :

« *Mon cousin,*

(...) Je suis bien marri qu'en cette journée je ne pus faire différence des bons et naturels Français d'avec les partisans et adhérents de la Ligue, mais pour le moins ceux qui sont restés en mes mains témoigneront de la courtoisie qu'ils ont trouvée en moi et mes serviteurs qui les ont pris. Croyez, mon cousin, qu'il me fâche fort du sang qui se répand, et qu'il ne tiendra point à moi qu'il ne s'étanche, mais chacun connaît mon innocence. » (Lettre du 23 octobre 1587.)

Henri fit preuve de la même modération dans l'exploitation stratégique de la victoire. Loin d'opérer la jonction avec les troupes allemandes, il s'en revint en Béarn. Voulait-il, comme Agrippa d'Aubigné le suggéra, rejoindre sa maîtresse Corisande? Il n'était pas non plus dans son intérêt d'affaiblir davantage le roi, qui serait alors tombé dans la dépendance totale de la Ligue.

Les humiliations d'Henri III

De fait, Coutras avait encore affaibli la position d'Henri III face à son cousin Henri de Guise. Pour se prémunir d'un coup de force, il lui interdit de venir à Paris et y rassembla des troupes sûres. Las, bravant l'interdiction, le héros de la Ligue vint se faire acclamer par les Parisiens et déclencha l'émeute. La révolte commença le 12 mai 1588 dans le quartier Latin, à la faculté de théologie de la Sorbonne, puis se répandit dans toute la cité.

Pour empêcher les soldats royaux de passer, les Parisiens tendaient des chaînes, enlevaient des pavés et entassaient des « barrils » remplis de terre, inventant ainsi nos modernes « barricades ».

Les troupes royales, laissées sans ordre du roi, se disloquaient cependant que commençait une grande tuerie des Suisses. Il ne restait à Henri III qu'à s'enfuir de sa capitale, qu'il aurait saluée de mots d'amertume : « *Ville ingrate, je t'ai aimée plus que ma propre femme.* » La liberté de mouvement du roi n'était qu'apparente : il était en fait bel et bien prisonnier de la Ligue.

Guise lui demanda le renvoi de l'archimignon, d'Epernon et de son frère La Valette. Il avait également dissous la municipalité de Paris, restée fidèle au roi, au profit d'un conseil acquis à sa cause. En juillet 1588, Henri III fut contraint de signer un « Edit d'union des sujets catholiques », réitérant sa volonté de persécuter les hérétiques et déclarant coupables de crime de lèse-majesté ceux qui refuseraient d'y adhérer.

Le roi voulut cependant reprendre l'initiative en convoquant des états généraux à Blois mais l'assemblée des trois ordres du royaume se révéla très majoritairement ligueuse et proclama l'édit d'Union comme loi fondamentale du royaume.

Henri III joua alors son va-tout. Alors que commençaient les délibérations des états généraux, enhardi par l'échec de l'Invincible Armada espagnole devant les côtes anglaises, il fit assassiner Henri de Guise et son frère le cardinal de Lorraine, le 23 décembre 1588. Leurs corps furent brûlés et leurs cendres jetées dans la Loire.

Entre Henri III et la Ligue, c'était désormais la guerre ouverte. Mais le roi ne contrôlait plus qu'une petite partie du royaume. Si le Dauphiné restait fidèle et que Bordeaux et Angers avaient été reprises sur la Ligue, le roi ne gardait plus, au centre du pays, que Tours, Blois et Beaugency. Le reste la France était aux mains soit des ligueurs, soit des huguenots.

La capitale elle-même paraissait irrécupérable. La Ligue y prenait des allures révolutionnaires. Les discours régicides se multipliaient et la chasse aux partisans du roi était ouverte. La Sorbonne avait déclaré la déchéance du « tyran ».

A la tête de la Ligue, le duc de Mayenne, frère du Balafré, reçut le titre de lieutenant général de l'Etat et de la couronne de France. Relativement modéré, il dut affronter la radicalisation des éléments populaires de la Ligue, la petite et moyenne bourgeoisie et le petit monde de la boutique et de l'artisanat. Alors que la Ligue prenait la forme d'un véritable gouvernement, ils protestaient contre l'accaparement des fonctions et du pouvoir par les officiers de l'administration et par la noblesse.

Parallèlement, les ligueurs extrémistes et ultra-catholiques affirmaient de plus en plus clairement leurs sentiments pro-espagnols. Philippe II, il est vrai, n'avait pas ménagé son soutien à la Ligue, lui accordant une subvention mensuelle de 50 000 écus. Après l'assassinat du duc de Guise, beaucoup se tournèrent plus franchement encore vers l'Espagne, seule capable, à leurs yeux, de faire obstacle à l'ennemi protestant, comme l'exprimait Louis d'Orléans :

« *Qui n'aimera donc mieux être espagnol que huguenot ? Qui voudrait échanger les vertus des uns avec les vices des autres ? Mais les Français (disent-ils) ne doivent avoir intelligence aux Espagnols. Qui leur a dit cela ? De quelle école vient cette doctrine que de Genève ? Qui tient cette proposition que les ministres ? Ne sera-t-il loisible de s'entendre avec l'Espagnol contre les communs ennemis de la France ? N'avez-vous pas la paix avec l'Espagnol ? Le roi d'Espagne n'est-il pas un bon prince ? Qu'a-t-il fait depuis la paix au préjudice de votre Etat ?* » (Louis d'Orléans, *Premier et second avertissements*, 1590.)

La France menacée

L'historiographie traditionnelle a sans doute sous-estimé le risque d'éclatement de la France à cette époque. La France telle qu'elle s'est construite nous paraît une évidence. Cette évidence nous semble dès lors avoir toujours été le sens inéluctable de l'histoire. Peut-être aussi l'historiographie républicaine du xixe siècle, voulant gommer les derniers particularismes régionaux, ne tenait-elle pas à ressusciter les vieux démons d'un séparatisme méridional.

Pourtant, au-delà de la guerre civile proprement dite, la France protestante du Midi d'un côté, la France ligueuse du Nord d'un autre côté, avaient progressivement adopté des formes d'organisation autonomes. L'éclatement menaçait ; plusieurs forces concouraient à faire de ces deux Frances deux entités indépendantes.

Il y avait, bien sûr, l'opposition religieuse : la France ligueuse était catholique ou ultra-catholique, la France du Midi était politiquement dominée par les protestants. Mais d'autres facteurs venaient renforcer cette séparation fondamentale, comme le révélait le soutien paradoxal des élites catholiques modérées du Midi à l'Union protestante.

Il y avait la cohérence géographique : la France ligueuse contrôlait la plus grande partie du nord et de l'est de la France, et, à son apogée, après le traité de Nemours qui mettait Henri III en quasi-tutelle, toute la France au-dessus de la Loire et du Dauphiné. L'Union d'Henri de Navarre contrôlait la majeure partie du Languedoc, du Dauphiné, de la Gascogne et du Poitou. Le roi ne contrôlait personnellement que quelques villes du Val de Loire.

Progressivement, ces deux Etats embryonnaires, au départ des ligues de villes, acquéraient une continuité territoriale : c'était particulièrement vrai pour l'Union du Midi, et cela se traduisit d'ailleurs par une modification du système de représentation, à partir des provinces et non plus des villes.

La cohérence linguistique de chacune des deux Frances, dont les tracés recouvraient peu ou prou la délimitation entre pays de langue d'oc et de langue d'oïl, définissait aussi une identité culturelle spécifique, prémices d'un sentiment national. On pourrait aussi évoquer la différence des systèmes juridiques, droit écrit directement dérivé du droit romain dans le Midi, droit coutumier dans la France du nord.

Chaque union avait, sur ces bases, édifié une organisation politique et administrative propre, tout particulièrement dans le Midi. Alors que la Ligue connaissait des difficultés pour passer du stade de mouvement politique à celui d'une organisation para-étatique et trouvait en face d'elle une administration royale qui ne lui était pas forcément acquise, l'organisation de l'Union du Midi sut parfaitement intégrer l'administration en place et lui donner une dynamique autonome. Il s'y ajoutait aussi, dans ce dernier cas, une cohérence politique très forte, à la convergence de plusieurs légitimités : la couronne de Navarre, la souveraineté béarnaise, le gouvernement de Guyenne, la destinée commune, depuis plus d'un siècle, des possessions pyrénéennes des Albret, l'autonomie traditionnelle du Languedoc enfin.

De même, l'organisation politique choisie, de type fédéral, constituait visiblement, sous l'égide du protecteur, une structure de gouvernement viable pour cet ensemble.

Enfin, à une époque où une république sans roi était impensable, chacune des deux France pouvait se retrouver en son prince. Le duc de Guise, s'appuyant sur la légitimité religieuse, aurait pu, à moyen terme, prétendre à la succession d'Henri III, en suivant le scénario qui avait déjà installé les Capétiens quelques siècles auparavant. Henri de Navarre bénéficiait, quant à lui, d'une indiscutable légitimité dynastique.

Malgré l'enracinement de l'idéal de la monarchie française, la France se serait scindée en deux entités indépendantes si le conflit avait continué dans les conditions analogues à celles de cette décennie tragique, si la coalition de la Ligue et d'Henri III avait perduré, acculant Henri de Navarre à consolider ses posi-

190

tions dans le Midi plutôt que de tenter une vaine conquête du royaume de France : son repli après sa victoire à Coutras, plutôt que de partir vers le nord opérer la jonction avec les troupes allemandes, pouvait aussi avoir cette signification, de même que son implication personnelle dans le gouvernement de la principauté naissante. La ligne de front se serait progressivement stabilisée et serait sans doute devenue, au fil des années, une frontière. On aurait ainsi assisté au même phénomène qu'au Pays-Bas quelques années plus tôt où les Provinces-Unies du nord, à dominante protestante, s'étaient émancipées, donnant naissance à la coupure entre la Hollande et la Belgique.

L'originalité politique des Provinces-Unies du Midi préfigurait certains aspects du projet politique d'Henri de Navarre, en même temps que nos démocraties modernes.

C'était, tout d'abord, la tolérance de la diversité religieuse. Même si le projet religieux de l'Union – défendre l'Eglise réformée – était clair, les catholiques n'en étaient pas rejetés. Fait incroyable pour l'époque, un catholique modéré avait été élu à sa tête avant le retour d'Henri de Navarre. Même s'il y avait un projet d'essence religieuse, la structure politique et étatique était en quelque sorte désacralisée et laïcisée. Cette logique annonçait d'une certaine façon l'esprit de l'édit de Nantes.

L'autre originalité résidait dans le caractère fédéral et représentatif de l'organisation politique, avec une constitution élaborée et, d'une certaine façon, la responsabilité du pouvoir exécutif devant l'assemblée représentative. L'état de guerre, en renforçant le rôle du protecteur – tout comme, *mutatis mutandis*, dans les Provinces-Unies hollandaises, dont l'organisation était analogue –, réduisit certes cette dimension démocratique mais permit sans doute de stabiliser l'ensemble. L'originalité des Provinces-Unies du Midi était donc réelle et s'opposait assurément, malgré l'analogie apparente de la structure fédérale et des tendances démocratiques, au projet ligueur, d'inspiration théocratique et médiévale, qui voulait en fait un retour à la mystique religieuse du pouvoir et aux autonomies urbaines et provinciales du Moyen Age.

Qu'il s'agisse de la tolérance religieuse ou de l'organisation politique, les bases d'une construction viable et durable d'une entité méridionale autonome étaient donc posées.

L'histoire a hésité. Ce qu'auraient pu donner ces Provinces-Unies du Midi si l'histoire leur avait prêté vie, il n'est pas impossible de l'imaginer. Le résultat en eût certainement été une nation et une culture très riches, conjuguant, en une alchimie inédite latino-calviniste, l'esprit protestant d'une part, la culture et le tempérament méridional d'autre part.

Ces années à la tête des Provinces-Unies du Midi furent aussi l'occasion pour Henri d'un apprentissage, en grandeur réelle, de son futur métier de roi. Déjà apparaissent son pragmatisme et sa lassitude face aux assemblées. Il en accepte pourtant le principe, qu'il a appris à respecter en Béarn.

Mais, confronté à un état de guerre quasi permanent et soucieux d'efficacité, sûr, aussi, de ses prérogatives et de sa propre légitimité, il parvient à imposer progressivement son pouvoir à une organisation pourtant complexe. Il apprend à gérer un pays et une administration, dans le droit fil, sans doute, des enseignements prodigués autrefois par sa mère. Capitaine et soldat reconnu, il se révèle surtout chef de guerre, capable d'organiser une bataille décisive.

Il n'en reste pas moins homme d'honneur, refusant d'infliger à ses ennemis les humiliations que les siens avaient subies vingt ans plus tôt et respectueux de la souffrance des autres.

Il n'en reste pas moins simplement homme, préférant rejoindre sa maîtresse plutôt que de poursuivre les opérations.

Il y a dans l'histoire de ce temps quelque chose d'étrange et de saisissant. Toutes ces guerres, tous ces conflits aux enjeux multiples et d'envergure nationale sont des affaires de personnes, en l'occurrence des affaires de cousins. Les trois Henri se sont connus enfants à la cour de France. Ils ont passé leur jeunesse ensemble, se partageant ou se disputant les conquêtes féminines et les distinctions de la cour, jouant, chassant, dansant, dormant ensemble et s'embrassant mille fois. Dans l'ombre se tient toujours la reine mère, Catherine de Médicis, voyant s'éteindre, l'un après l'autre, ses fils et, avec eux, toute une dynastie. Peut-on imaginer les sentiments des uns et des autres derrière le jeu subtil des intérêts politiques : la jalousie de Guise, le seul qui n'ait pas de couronne, à l'égard de ses cousins, les humiliations d'Henri III face à la condescendance triomphante de Guise, l'amertume infinie, nourrie de mille culpabilités enfouies, de Catherine de Médicis ? Que seraient, derrière la convivialité de façade, les relations entre les hommes politiques d'aujourd'hui si, aux ambitions personnelles et aux enjeux politiques, s'ajoutaient la force et les obligations des liens familiaux ?

Là aussi, Henri se révèle. Face à l'hypocrisie mielleuse des propos et des protestations réitérées de dévouement et d'amitié, Henri tient un discours de vérité, sans haine, mais terriblement direct et tranchant. L'entrevue avec Catherine de Médicis revêt en ce sens une intensité dramatique exceptionnelle. Henri se manifeste à lui-même. Il ose désormais briser les tabous des discours convenus. Ce charisme propre à tout discours de vérité ne le quittera pas.

Chapitre 8

SOUS LE REGARD DES FEMMES...

La fuite de la cour en 1576 a été une renaissance. Commence les temps de guerre où Henri, sillonnant sans cesse le royaume en une succession d'escarmouches et de vraies batailles, risque et rejoue chaque fois sa vie et son destin. Années de précarité et d'inconfort, sans doute aussi harassantes pour le corps qu'éprouvantes pour l'esprit, elles réservent pourtant à l'amour, entre les chevauchées et les campagnes rythmées par la succession des saisons, une place essentielle.

Margot, Corisande, Gabrielle, seront pour cette époque capitale de la vie d'Henri des noms aussi décisifs que ceux de Coutras, d'Arques et d'Ivry. Les visages féminins ne cesseront d'être autant de jalons dans sa vie. Non pas, ou si peu, comme des conquêtes ajoutées à la collection, mais comme le lieu de la recherche jamais achevée, souvent malheureuse, d'une tendresse où pourrait se reposer l'enfant déchiré.

Les frasques d'un couple princier

Après la fuite de la cour de France, Henri peut savourer sa liberté retrouvée. A vingt-trois ans, il est au mieux de sa vitalité. Redécouvrant la vie de garçon, élégant, sportif et spirituel, le roi de Navarre, « *étant*, à en croire Margot, *son naturel de se plaire parmi les femmes* », se sert de tous ses atouts pour séduire. Sully a noté depuis longtemps son entrain aux jeux de la cour, « *à tous lesquels exercices il se plaisait à la vérité davantage lorsqu'il s'y rencontrait de belles filles et femmes qui le regardaient et s'en entendait louer.* » (*Les Economies royales.*)

Les deux années passées loin de sa femme comptèrent beaucoup dans sa réputation de Vert Galant.

Selon Agrippa d'Aubigné, dès son retour en Gascogne, Henri voulut coucher avec la « petite Tignonville », fille de la gouvernante de sa sœur Catherine de Bourbon. Il proposa à son serviteur de l'assister dans le travail de séduction. D'après d'Aubigné, Henri était coutumier de cette pratique :

« *De là, le roi de Navarre fit son voyage en Gascogne... Sur ce point étant commencées les amours du jeune roi et de la jeune Tignonville qui, tant qu'elle fut fille, résista vertueusement, le roi voulait y employer Aubigné, ayant posé pour chose sûre que rien ne lui était impossible. Celui-ci, assez vicieux en grandes choses, et qui peut-être n'eût refusé ce service par caprice à un sien compagnon, se banda tellement contre le nom et l'effet de maquereau qu'il nommait vice de " besace " que les caresses démesurées de son maître ou les infinies supplications, jusqu'à joindre les mains devant lui à genoux, ne le purent émouvoir.* » (Agrippa d'Aubigné, *Mémoires*. Cité par Lescure, *Les Amours d'Henri IV*.)

De fait, Henri échoua dans ses tentatives et dut attendre que la demoiselle de Tignonville devînt la comtesse de Pangeas en 1581 pour parvenir à ses fins. Mais il ne renonça pas pour autant à sa boulimie de conquêtes féminines, ne négligeant aucune proie, y compris les prostituées les moins reluisantes...

Agrippa d'Aubigné, dans *La Confession du sieur de Sancy*, pamphlet qu'il publia anonymement, dresse de cette période un bilan sans complaisance pour son ancien maître. Il cite le testament imaginaire d'un gentilhomme gascon, du nom de Salbeuf, compagnon d'Henri de Navarre à Nérac, qui révélait toutes les maladies vénériennes que son maître aurait attrapés dans cette vie dissolue et dénonçait son ingratitude et son cynisme :

« *Il demandait premièrement pardon à Dieu, et puis au roi son maître, d'avoir servi aux infâmes amours de ce prince avec Catherine du Luc d'Agen, qui depuis mourut de faim, elle et l'enfant qu'elle avait du roi. De la demoiselle de Montagu, que le chevalier (Blaise de) Monluc avait livré entre les mains de ce prince par les mains dudit Salbeuf, à quoi il eut beaucoup de peine, l'une qu'elle aimait ledit chevalier au point qu'elle avait couru à Rome jusqu'à lui, et aussi pour le mépris qu'elle avait conçu de ce prince, pour lors plein de morpions, gagné en couchant avec Arnaudine, garce du Veneur la Brosse. Ces poux espagnols, las de posséder les parties basses, ou étant trop pressés de logis, avaient pris un domicile éminent dans les aisselles, les sourcils, le rond des cheveux, siège* » *de la couronne. Il alléguait encore pour preuve une chaude-pisse qu'il lui fit prendre dans l'étable de Tignonville à Agen, lui aidant à surprendre la putain du palefrenier. (...) Il avait encore assisté aux amours de Dayel, Fosseuse, Fleurette fille du jardinier de Nérac, de Martine femme du docteur de la princesse de Condé, de la femme de Sponde, d'Ester Imbert qui mourut, aussi bien que le père d'Ester mort de faim à Saint-Denis, poursuivant la pension de sa fille. »* (Agrippa d'Aubigné, *La Confession du sieur de Sancy*.)

Henri savait pourtant se montrer généreux à l'égard de ceux qui l'avaient aidé dans ses plaisirs, surtout lorsqu'il s'agissait du mari lui-même, comme l'illustre une anecdote, transmise de génération en génération et recueillie par l'historien Pierre de Vaissière. Henri, au retour d'une partie de chasse, se serait arrêté, incognito, chez un humble charbonnier, dénommé Capchicot, qui l'hébergea volontiers pour la nuit. Ce dernier avait une épouse fort jolie et, bien entendu, Henri, le lendemain matin ne put s'empêcher de l'honorer... Henri n'oublia pas une si belle matinée et, bien des années plus tard, il anoblit le brave Capchicot pour « services rendus »...

Seconder le roi de Navarre dans ses entreprises amoureuses n'était cependant pas de tout repos, comme en fit un jour amèrement l'expérience un de ses compagnons, Brilbaut. Laissons Agrippa d'Aubigné raconter la mésaventure :

« Le roi de Navarre, étant lors à Agen, avait promis à une vieille maquerelle, nommée Marroquin, de lui donner une nuitée de Sa Majesté, pourvu qu'elle lui livrât une de ses belles-sœurs (...). Un soir que ce prince se dérobait par l'écurie avec le sieur de Duras et quelques autres, et Péroton qui portait l'échelle, un jeune rousseau qui s'appelait Brilbaut toujours brillant, se faisant de fête, quoique souvent repoussé, se mit de la compagnie, mal venu du commencement ; mais quand l'escalade fut posée à la fenêtre, il prit un mal de cœur au roi en pensant aux boutons qui servaient de poinçon à la Nymphe ; il se repentit donc d'acheter si cher un repenti : il se tourna vers Brilbaut, lui demanda s'il était son serviteur ? L'autre ayant protesté :

— Allez, pour moi, dit-il, et revenez sans parler.

— Que cela advienne, dit Brilbaut, que je me mette à la place de mon maître.

Le roi ajoute :

— C'est manque de courage. Où est l'honneur ? Si vous en avez, vous ferez ce que je vous commande.

Quand le paladin vit qu'il y allait de sa réputation, il sauta en l'échelle (...) trouva la fenêtre ouverte. Il entra et alla au lit, où il fut reçu avec harangues basses et baisers. Il voulut bien exécuter tout habillé; mais la dame dit que ce n'était pas fait en prince. Elle donc le déchausse et lui ôte son pourpoint. Entre les linceux, la courtisane voulut du préambule:

— Quoi, Sire, ne saurais-je avoir une parole d'un prince qui fait tant d'honneur à une pauvre demoiselle?
Tant fut pressé le muet qu'il fallut dire à l'oreille:
— Parlez bas, je ne suis pas le roi.
— Qui diable êtes-vous donc? lui répond-elle. »

Le stratagème dévoilé, notre pauvre bougre, poursuivi par les frères de la diablesse, fut attrapé, battu et finalement ramené, un panache de mulet accroché au derrière, à la chambre du roi, où il fut reçu très honorablement, tout le monde criant « vive l'honneur et l'amour ensemble! » (Agrippa d'Aubigné, *Les Aventures du baron de Fœneste*, cité par R. Ritter, *Corisande d'Andouins*.)

Mais d'autres histoires, plus terribles que cocasses, circulaient sur la sexualité débridée d'Henri. A en croire un pamphlet, lors d'un bal donné en l'honneur de ses jeunes compagnons, en 1576 à Agen, Henri aurait ordonné d'éteindre les lumières... :

« *Les citoyens de la ville d'Agen en sauraient bien dire, et n'ont pas oublié ce misérable soir, où (...) il fit éteindre les chandelles, pour forcer (violer) leurs femmes et leurs filles. Et sait-on que la contrainte de l'honneur força quelques-unes de se vouloir précipiter par les fenêtres, et que les autres moururent d'effroi, de regret et de douleur.* » (Louis d'Orléans, *Avertissement des catholiques anglais aux Français catholiques*.)

Fait troublant, la même histoire est rapportée par un religieux d'Agen qui, dans un livre écrit cinq ans après les faits, évoque ce bal funeste:

« *Lequel étant parachevé, les chandelles et lumières étant éteintes, quelque bon nombre d'honnêtes dames, tant mariées qu'à marier, furent déshonorées vilainement...* » (Extrait cité par Pierre de Vaissière, *Henri IV*.)

La rumeur fut en tout cas assez sérieuse pour que Duplessis-Mornay, le fidèle conseiller d'Henri, prenne la plume pour défendre la réputation de son roi.

Celui-ci, cependant, avait entrepris des démarches officielles pour faire venir à ses côtés Marguerite restée à la cour de France.

Celles-ci restèrent vaines deux ans jusqu'à ce que Catherine de Médicis, jugeant à nouveau opportun de se rapprocher de son gendre, décidât d'accompagner sa fille dans le Sud-Ouest au printemps 1578, promettant même de régler enfin à Henri la dot qui n'avait jamais été payée.

Marguerite était-elle heureuse de retrouver bientôt son époux ? C'est ce qu'elle prétend dans ses *Mémoires*, se considérant comme captive à la cour de France. Mais, d'après, Pierre de l'Estoile, c'était « *à son grand regret et corps défendant, selon le bruit commun* ». (P. de l'Estoile, *Mémoires*.)

La rumeur lui prêtait en effet, en l'absence de son mari, une vie encore plus licencieuse : une cure thermale à Spa, au prétexte de sa santé – en fait pour une mission diplomatique secrète – n'avait-elle pas été l'occasion de bien des débauches ?

Les retrouvailles furent cependant chaleureuses, au moins à en croire Marguerite, car Henri se précipita aussitôt sur Dayelle, l'une des filles de « l'escadron volant » que la reine mère ne manquait jamais d'amener avec elle :

« *Parce que le roi mon mari était devenu fort amoureux de Dayelle (...) ; ce qui n'empêchait pas que je ne reçusse beaucoup d'honneur et d'amitié du roi qui m'en témoignait autant que j'en eusse pu désirer, m'ayant conté, dès le premier jour que nous arrivâmes, tous les artifices que l'on lui avait faits, pendant qu'il était à la cour, pour nous mettre mal ensemble.* » (Marguerite de Valois, *Mémoires*.)

Marguerite, au même moment, aurait eu une aventure avec le vicomte de Turenne ainsi qu'avec son chancelier. Si les mœurs du couple royal n'étaient apparemment guère changées par leurs retrouvailles, la venue de la reine de Navarre donna en revanche un éclat nouveau à la cour de Nérac. Son rayonnement en fit bientôt l'égale de la cour de France, loin des conflits religieux :

« *Notre Cour était si belle et si plaisante, que nous n'enviions point celle de France (...) moi avec bon nombre de dames et de filles, et le roi mon mari étant suivi d'une belle troupe de seigneurs et gentilshommes, aussi honnêtes gens que les plus galants que j'ai vu à la cour (...). Nous nous rassemblions pour nous aller promener ensemble, ou dans un très beau jardin, qui a des allées de lauriers et de cyprès fort longues, ou dans le parc que j'avais fait faire, en des allées de trois mille pas qui sont au long de la rivière ; et le reste de la journée se passait en toutes sortes de plaisirs honnêtes, le bal se tenant l'après dînée et le soir.* » (Marguerite de Valois, *Mémoires*.)

A Pau, terre béarnaise encore soumise aux lois implacables de Jeanne d'Albret, Marguerite avait souffert des restrictions faites à l'exercice du culte catholique : elle n'avait eu le droit de faire dire la messe que dans le château, sans qu'aucun Palois ne puisse y assister... Elle avait dès lors résolu de ne plus jamais y retourner.

Nérac, en revanche, était un havre de tolérance. Marguerite regrettait certes que la plupart des gentilshommes soient huguenots, mais « *de cette diversité de religion, il ne s'en oyait point parler, le roi mon mari et la princesse sa sœur allant d'un côté au prêche, et moi et mon train à la messe en une chapelle qui est dans le parc* ». (Marguerite, *Mémoires*.)

Marguerite, en digne élève de la maréchale de Retz, tenait salon. Les grands esprits du temps s'y pressaient : François de Candale, évêque mathématicien et herméneute, traducteur en français d'Hermès Trimégiste, le grand érudit Joseph Scaliger, originaire d'Agen, surnommé le « Prince des Lettres », Duplessis-Mornay bien sûr, mais aussi le premier d'entre eux, Michel de Montaigne qui séjourna très souvent à la cour en 1579 et 1580. Telle était « l'académie de Nérac », plus brillante encore que l'académie créée à la cour de France par Henri III. Arbitre des concours de poèmes, Marguerite transcrivait sur son cahier les plus beaux d'entre eux, tandis que la musique, le théâtre et la danse avaient aussi leur place à Nérac.

La renommée de la cour dépassa les frontières du royaume de France et inspira même à Shakespeare le cadre de sa comédie *Love's Labours Lost* (*Peines d'amour perdues*) publiée en 1598. L'intrigue en était plutôt cocasse. Le roi de Navarre y faisait le serment de passer « *trois années d'études, sans parler à aucune femme de sa cour* ». (*Peines d'Amour perdues*.) Aussi constant que son modèle réel il rompait évidemment son vœu, encourant le dépit de la princesse de France (alias Marguerite) :

« – *Le roi : Ne me reprochez pas ce que vous-même avez provoqué. C'est la vertu de vos yeux qui a dû rompre mon vœu.*

– *La princesse de France : Vous invoquez à tort la vertu : c'est de vice que vous devriez parler ; car l'office de la vertu n'est jamais de rompre les vœux des hommes. Ah ! par mon virginal honneur, aussi pur encore que le lis immaculé, je le jure, dussé-je endurer un monde de tourments, je ne consentirai pas à accepter l'hospitalité dans votre maison, tant je répugne à causer la rupture d'un vœu prononcé de bonne foi face au ciel... »* (Shakespeare, *Peines d'amour perdues.*)

Le choix par Shakespeare de Nérac pour cadre de ces subtilités sentimentales n'était pas infondé : la cour de Marguerite de Valois vouait à l'amour un culte tout platonicien, inspirés des philosophies de la Renaissance qui, telles celle de Marcile Ficin, qui faisaient de l'amour de la femme et de sa beauté une préfiguration de l'amour divin. Castiglione, dans son traité *Le Courtisan*, en avait dérivé un *vade mecum* de la vie de la cour. C'était en fait renouer avec la tradition de la première Marguerite de Navarre qui, quelques décennies plus tôt, dans *L'Heptaméron*, avait célébré les vertus de l'amour.

Mais les raffinements et les subtilités de ces discours amoureux n'avaient pas grand écho chez les gentilshommes gascons, qui aspiraient à des plaisirs moins éthérés :

« L'aise y amena les vices, comme la chaleur les serpents. La reine de Navarre eut bientôt dérouillé les esprits et fait rouiller les armes. Elle apprit au roi son mari qu'un cavalier était sans âme quand il était sans amour, et l'exercice qu'elle en faisait n'était nullement caché, voulant par là que la publique profession sentît quelque vertu et que le secret fût la marque du vice. Ce prince tendre de ce côté, eut bientôt appris à caresser les serviteurs de sa femme, elle à caresser les maîtresses du roi son mari. » (Agrippa d'Aubigné, *Histoire universelle.*)

Et Marguerite elle-même, dans un court dialogue composé à Nérac, *La Ruelle mal assortie*, célébrait un érotisme dénué de toute ambiguïté :

« Approchez-vous, mon Peton, car vous êtes mieux près que loin. Et puisque vous êtes plus propre à satisfaire au goût qu'à l'ouïe, recherchons d'entre un nombre infini de baisers diversifiés, lequel sera le plus savoureux pour le continuer. O! qu'ils sont doux et maintenant assaisonnés pour mon goût! Cela me ravit, et n'y a sur moi petite partie qui n'y participe, et où ne furète et n'arrive quelque étincelle de volupté... Ha! J'en suis hors d'haleine et m'en faut avouer que, pour si beau que soit le discours, cet ébattement le surpasse; et peut-on bien dire, sans se tromper : rien de si doux, s'il n'était si court. » (Marguerite de Valois, « La ruelle mal assortie », in *Mémoires.*)

Bien entendu, l'amour avec Henri était bien éloigné de cette sensualité esthète et aiguisée. Marguerite – c'est devenu un trait de légende – déplorait *« cette fâcheuse senteur de l'aile et du pied »* (Marguerite de Valois, *Mémoires*), caractéristique de son mari sans que cela préoccupe notre Béarnais : *« Ne vous étonnez pas si, poudreux et suant au retour de la chasse, ma femme avait mal au cœur de me caresser, jusqu'à faire changer les draps où nous n'avions seulement demeuré qu'un quart d'heure ensemble ! »* (Le Divorce satyrique.)

Mais les Pyrénées toutes proches pouvaient offrir d'autres plaisirs aux hôtes de Nérac. Ainsi le roi de Navarre, Marguerite et Fosseuse, une suivante qu'Henri venait d'engrosser, partirent en effet plusieurs semaines prendre les eaux.

Dès le XVIe siècle, des stations thermales s'étaient développées dans les Pyrénées occidentales. Les nobles, à l'imitation des Anciens, avaient redécouvert les vertus thérapeutiques des sources minérales. Les plus célèbres étaient celles de Bagnères-de-Bigorre, où Marguerite se rendit, de Cauterets et, en Béarn, les Eaux-Bonnes et les Eaux-Chaudes, en vallée d'Ossau. Ces stations étaient traditionnellement fréquentées par les souverains de Béarn. La première, Marguerite de Navarre met en scène les personnages de son *Heptaméron* au retour d'une cure à Cauterets :

« Le premier jour de septembre, lorsque les bains commencent d'entrer en leur vertu, se trouvèrent à ceux de Cauterets plusieurs personnes tant de France que d'Espagne, les uns pour boire de l'eau, les autres pour s'y baigner et les autres pour prendre de la fange ; qui sont choses si merveilleuses que les malades abandonnés des médecins s'en retournent tous guéris... » (Marguerite de Navarre, *L'Heptaméron*.)

On s'y rendait pour soigner des blessures, mais aussi pour guérir la stérilité. Dans ce dernier cas, le médical confinait au religieux : il fallait faire un vœu en prenant des eaux *« empregnadères »*. L'eau de Bagnères avait justement cette qualité, et ce fut peut-être un motif de cure pour Margot. A en croire une satire de l'époque, *Le Discours des bains de Cauterets*, des soins de massages y étaient également proposés par des « frotteurs » :

Car, j'en connais plusieurs qui pense prou savoir,
Que si leurs pauvres femmes enfants ne peut avoir,
Ils se vont adresser aux sorciers, aux sorcières.
Les autres font aller leurs femmes à Bagnères,

Aucun en autre lieu les font aller trotter
Ou bien à Cauterets pour se faire frotter.

La vie en cure ne se passait pas dans de luxueux hôtels comme le XIXe siècle en construisit dans ces stations thermales. Aux Eaux-Chaudes, les jurats de Laruns louaient des « cabanes » aux curistes et devaient organiser le ravitaillement de ce hameau reculé dans la vallée. Le thermalisme se faisait donc au contact de la nature et les premières manifestations du pyrénéisme datent de cette époque. Depuis les Eaux-Chaudes, les plus courageux partaient en expédition escalader les 2 885 mètres du pic du Midi d'Ossau, *« Yan Per »*, dont la silhouette imposante bornait l'horizon de la vallée.

Déjà, en 1552, François de Candale avait fait l'ascension du pic pour procéder à des calculs d'altitude. En 1591, il fut imité par Palma-Cayet, l'ancien précepteur d'Henri de Navarre. Le roi lui-même aimait la montagne :

« Car son plaisir c'est courir par les forêts, faire déloger les grandes bêtes de leur tanières, ramper jusques aux coupets (sommets) *des hautes montagnes, sans aide ni de pied ni de main d'aucun autre. »*

(Texte de Henri de Monanteuil, *Panégéric d'Henri IV, Roi de France, Très Chrétien, Très Invincible, Très Clément*, Paris, 1594, ouvrage cité par Y. Cazaux, *Henri IV*.)

L'éclat et les plaisirs de la cour de Nérac, les complaisances réciproques des époux ne doivent pas faire illusion. L'entente toute relative du couple princier demeurait bien fragile.

Les amourettes d'Henri avec les suivantes de Marguerite, que celle-ci tolérait pourtant volontiers, précipitèrent le dissentiment du couple princier. Marguerite, en composant sa suite de jeunes filles en fleur, songeait-elle à son propre plaisir, ainsi que l'avait une fois perfidement suggéré son frère, ou espérait-elle, en proposant aux sens aiguisés de son mari de tels appâts, maîtriser ses ardeurs et le garder malgré tout sous son influence ?

Après Dayelle, la jeune suivante de Catherine de Médicis, Henri s'était amouraché de Rebours, une fille d'honneur de Marguerite. La suivante se retourna vite contre sa maîtresse : c'était, à en croire Margot, *« une fille malicieuse, qui ne m'aimait point, et qui me faisait tous les mauvais offices qu'elle pouvait à mon endroit »*. (Marguerite de Valois, *Mémoires*.)

Rebours tomba malade au printemps 1579, « *laquelle*, nous dit Marguerite, *le roi mon mari perdant des yeux perdit aussi d'affet* (d'affection) *commença à s'embarquer avec Fosseuse, qui était plus belle pour lors, toute enfant et toute bonne* ». Aux dires de Brantôme, Marguerite assista la Rebours durant son agonie, malgré sa rancune.

La « Petite Fosseuse », Françoise de Montmorency-Fosseux de son vrai nom, n'avait que quatorze ans. Elle s'entendait bien avec Margot, de sorte que s'instaura une manière de ménage à trois : « *Le roi mon mari ne laissait de vivre avec moi en pareille privauté et amitié que si j'eusse été sa sœur, voyant que je désirais le contenter en toutes choses.* » (Marguerite de Valois, *Mémoires*.)

Margot, d'après Agrippa d'Aubigné, se préoccupa même de l'éducation de la jeune fille :

« *Cette jeune fille (Fosseuse) craintive pour son âge au commencement, ne pouvait bien pratiquer les leçons de sa maîtresse ; elle la faisait aider par une fille de chambre nommé Xainte, avec laquelle le roi de Navarre familiarisait.* » (Agrippa d'Aubigné, *Histoire universelle*.)

Et, dans un premier temps, Fosseuse sembla contribuer au bonheur et à la stabilité du couple princier, du moins si l'on en croit Margot qui évoque « *les quatre ou cinq heureuses années que j'avais passées avec lui en Gascogne pendant que Fosseuse s'y conduisait avec bonheur* ». (Marguerite de Valois, *Mémoires*.)

La venue à Nérac de François d'Alençon, le frère de Margot, dérangea ce bel équilibre. Ayant décidément les mêmes goûts qu'Henri, il engagea avec ce dernier une nouvelle rivalité, comparable à celle qui, quelques années plus tôt, les avaient déjà opposés autour de Madame de Sauve...

Mais Fosseuse se trouva enceinte d'Henri : première grossesse attribuée à un roi assez peu fertile, en tout cas dans sa jeunesse. Ce fut, pour Marguerite, un terrible désarroi, la preuve était faite de sa responsabilité dans l'impossibilité du couple à avoir des enfants. Si sa stérilité persistait, ne pouvant donner un héritier au roi de Navarre, elle deviendrait une épouse bien encombrante.

Fosseuse l'avait bien compris qui, dès lors, se serait montrée arrogante avec Marguerite, « *se persuadant, si elle avait un fils, et qu'elle put se défaire de moi, d'épouser le roi mon mari* ». (Marguerite de Valois, *Mémoires*.)

L'attitude d'Henri à l'égard de sa femme s'en trouva profondément changée : « *Il s'étrangeait de moi, il se cachait et n'avait plus ma présence si agréable.* » (Marguerite de Valois, *Mémoires*.)

Le roi mit un comble à la cruauté en enjoignant à Margot de veiller à l'acccouchement de Fosseuse. Marguerite en fut blessée pour longtemps. « *Dieu voulut qu'elle ne fît qu'une fille qui encore était morte.* » Margot, de son côté, connut quelques espérances, très vite déçues, de grossesse.

Fosseuse fut à nouveau l'occasion d'un incident lorsque, ayant suivi Marguerite dans un voyage à la cour de France en 1581, celle-ci décida de la renvoyer dans sa famille : Henri, furieux, dépêcha, au scandale général, un de ses fidèles compagnons, Frontenac, rechercher la jeune femme. C'était un camouflet pour Marguerite et l'ensemble de la famille royale.

Catherine de Médicis dut tancer son gendre, en une lettre indignée, lui rappelant que « *ce n'est pas la façon de traiter les femmes de bien et de telle maison que de les injurier à l'appétit d'une putain publique* ». (Lettre de Catherine de Médicis du 12 juin 1582.)

L'union d'Henri et de Margot, depuis le début, était affaire de haute politique. Leur désunion publique risquait d'engager le royaume dans des troubles plus graves encore, disait en substance la reine mère.

La rumeur d'une liaison de Margot avec le grand écuyer de François d'Alençon donna à Henri le prétexte d'une riposte dans cette guerre des réputations que se livraient, à travers les ébats de leurs princes, la cour huguenote et la cour catholique :

« *Que si la reine sa femme avait commis faute qui peut mériter une telle indignité, (...) il lui demandait justice comme au maître de maison et père de la famille ; sinon, et que cet acte eût été précipité sur le rapport de quelques calomniateurs, (...) qu'il le suppliait d'en faire une punition exemplaire.* » (Agrippa d'Aubigné, *Mémoires*.)

Margot, déjà humiliée par son frère qui avait répandu à tous les échos les noms de ses amants, ne retrouva son mari et la cour de Navarre qu'au printemps 1584. L'accueil fut si glacial qu'elle s'effondra en larmes.

Henri, alors en pleine idylle avec Corisande, ne séjournait d'ailleurs plus guère à Nérac. Epouse délaissée et humiliée, elle quitta Nérac pour Agen au printemps 1585 et, rejetée par le parti huguenot de son mari comme par le parti royal de son frère, elle se rallia, moins par conviction que par nécessité, à la Ligue.

Chassée d'Agen quelques mois plus tard, Marguerite devait alors entamer un long exil à l'intérieur du royaume. Séjournant par la suite à Usson, princesse de sang et femme du roi, elle n'était plus reine de France qu'en titre : chacun savait qu'Henri IV recherchait alors une nouvelle épouse susceptible de lui donner un héritier.

Corisande

Alors que les relations avec Marguerite finissaient lentement de se dégrader, Henri commençait une liaison fort différente de ses précédentes aventures. Ce n'était plus, cette fois, une jeune courtisane, une fille d'honneur ou de quelque suivante, mais une princesse accomplie et raffinée. Il ne s'agissait plus de simples passades amoureuses mais, apparemment, d'un lien profond et complexe.

En fait, les témoignages d'époque nous suggèrent un roi à la recherche d'une certaine stabilité affective, avec des maîtresses officielles, Corisande d'abord, puis Gabrielle.

Née vers 1554, Diane d'Andoins était issue de l'une des baronnies les plus titrées du Béarn. Son père, Paul d'Andoins, était mort en 1562 au siège de Rouen comme Antoine de Bourbon.

On l'avait mariée à l'héritier d'une très puissante famille de Gascogne, le comte de Guiche Philibert de Gramont, qui était resté fidèle à la cause catholique. Les Gramont, à la tête d'une faction nobiliaire navarraise, avaient eu maille à partir avec Jeanne d'Albret et Henri de Navarre. Ils soupçonnaient ces grands féodaux d'être pro-espagnols. Philibert avait pourtant participé en 1576 à l'évasion de la cour d'Henri de Navarre, mais, en 1580, il avait rejoint le parti d'Henri III et participé au siège de La Fère, forteresse d'Henri de Navarre détenue par des huguenots. Blessé mortellement par une arquebusade, il laissait derrière lui une jeune veuve de vingt-six ans et deux enfants.

Si Margot avait incarné l'idéal humaniste de la Renaissance, Corisande vivait intensément l'idéal chevaleresque du Moyen Age, tel qu'il avait été magnifié par *Amadis de Gaule*. C'était son roman préféré, celui-là même qu'Henri se faisait lire avant de s'endormir. Véritable phénomène de société, ce livre rassemblait tous les lieux communs de l'amour courtois et tous les thèmes chevaleresques qu'affectionnait la noblesse. A en croire Brantôme, cette œuvre, qui paraît à nos yeux modernes étonnante de longueurs et de circonvolutions subtiles, n'était pas exempte d'un certain érotisme :

« Je voudrais avoir autant de centaines d'écus comme il y a de filles, tant du monde que des religieuses, qui se sont jadis émues, polluées et dépucelées par la lecture des Amadis de Gaule! *»* (Brantôme, *Les Dames galantes.*)

Bien qu'elle eût, de son baptême, un prénom déjà fort enchanteur, Diane trouva dans *Amadis* le pseudonyme romanesque de Corisande qu'elle adopta définitivement en 1578.

Corisande y était *« l'une des plus belles dames du monde »*, vivant sur l'île de Bravisande où elle retenait prisonnier un paladin qu'elle aimait à la folie. Corisande, c'était aussi l'anagramme de son nom et de son prénom. Mais depuis 1580 la jeune veuve n'avait plus de chevalier...

Sans doute moins intellectuelle et mondaine que Marguerite, Corisande n'en était pas moins une femme d'esprit et de culture. Elle côtoyait les auteurs humanistes et suscita l'éloge de Montaigne, qui lui dédia les sonnets d'Etienne de la Boétie :

« J'ai voulu que ces vers, en quelque lieu qu'ils se vissent, portassent votre nom en tête, pour l'honneur que ce leur sera d'avoir pour guide cette grande Corisande d'Andoins. Ce présent m'a semblé vous être propre, d'autant qu'il est peu de dames de France qui jugent mieux et se servent plus à propos que vous de la poésie et puisqu'il n'en est point qui la puisse rendre vive et animée, comme vous faites, par ces beaux et riches accords de quoi, parmi un million d'autres beautés, nature vous a étrennée. Madame ces vers méritent que vous les chérissiez, car vous serez de mon avis qu'il en est point sorti de Gascogne qui eussent plus d'invention et de gentillesse, et qui témoignent d'être sortis d'une plus riche main. » (Montaigne, *Les Essais.*)

C'est Catherine de Bourbon, la sœur d'Henri, qui les présenta l'un à l'autre. Henri rendit sa première visite à Corisande dans son château d'Hagetmau, le 20 janvier 1583. La jeune femme vivait assez isolée dans cette bourgade de Chalosse, à une vingtaine de kilomètres du Béarn et ne fréquentait que très peu le milieu courtisan. Henri prit l'habitude de la visiter, délaissant sa suite et sa femme. Les rencontres furent nombreuses de 1583 à février 1585.

Corisande était fervente catholique, résistant fermement aux pressions du roi sur ce chapitre, et beaucoup dans l'entourage d'Henri déploraient son ascendant, craignant qu'elle ne cherche à le faire abjurer. A en croire Agrippa d'Aubigné, celle qu'il appelait la « garce en quartier » avait « empoisonné l'esprit du roi ».

Corisande eut très vite sur Henri, qu'elle appelait « mon petiot », un ascendant affectif considérable, comme l'illustrait leur correspondance assidue. Henri, sans cesse à chevaucher et guerroyer, attachait la plus grande importance à ces échanges épistolaires.

Il aimait y évoquer les aléas de la guerre incessante que, loin du havre de Hagetmau, il devait conduire :

« Hier le maréchal et le grand prieur vinrent nous présenter la bataille, sachant très bien que j'avais congédié toutes mes troupes ; ce fut au haut des vignes, du côté d'Agen. Ils étaient 500 chevaux, et près de 3 000 hommes de pied. Après avoir été cinq heures à mettre leur ordre, qui fut assez confus, ils partirent, résolus de nous jeter dans les fossés de la ville ; ce qu'ils devaient véritablement faire, car toute leur infanterie vint au combat. Nous les reçûmes à la muraille de ma vigne, qui est la plus loin, et nous retirâmes au pas, toujours escarmouchant, jusqu'à cinq cents pas de la ville, où était notre gros, qui pouvait être de 300 arquebusiers. L'on les ramena de là jusqu'où ils nous avaient assaillis. C'est la plus furieuse escarmouche que j'aie jamais vue, et du moindre effet ; car il n'y a eu que trois soldats blessés, tous de ma garde, dont les deux n'est rien. Il y demeura deux des leurs, dont nous eûmes la dépouille, et d'autres qu'ils retirèrent à notre vue, et force blessés, que nous voyons amener. » (Lettre datée du 1er mars 1588.)

Parfois les descriptions étaient plus bucoliques, reflétant chez Henri une sensibilité assez éloignée de l'image traditionnelle :

« C'est une île renfermée de marais bocageux où, de cent en cent pas, il y a des canaux, de toutes largeurs ; les bateaux, de toutes grandeurs. Parmi ces déserts, mille jardins où l'on ne va que par bateau. L'île a deux lieues de tour ainsi environnée ; passe une rivière par le pied du château, au milieu du bourg qui est aussi logeable que Pau. Peu de maisons qui n'entre de sa porte dans son petit bateau. Cette rivière s'étend en deux bras, qui portent non seulement grands bateaux, mais les navires de cinquante tonneaux y viennent. Il n'y a que deux lieues jusqu'à la mer.

Certes, c'est un canal, non une rivière. Contremont vont les grands bateaux jusques à Niort, où il y a douze lieues; infinis moulins et métairies insulées; tant de sortes d'oiseaux qui chantent, de toute sorte de ceux de mer. Je vous envoie des plumes. De poisson, c'est une monstruosité que la quantité, la grandeur et le prix. (...) C'est un lieu de grand trafic et tout par bateaux. La terre très pleine de blés et très beaux. L'on y peut être plaisamment en paix et sûrement en guerre. L'on s'y peut réjouir avec ce que l'on aime et plaindre une absence. Ha! qu'il y fait bon chanter. » (Lettre du 17 juin 1588.)

C'étaient, presque à chaque lettre, des protestations d'amour renouvelées :

« *J'ai reçu une lettre de vous, ma maîtresse, par laquelle vous me mandez que ne me voulez mal, mais que vous ne pouvez assurer en chose si mobile que moi. Ce m'a été un extrême plaisir de savoir le premier, et vous avez grand tort de demeurer au doute qu'êtes. Quelle action des miennes avez-vous connue muable? Je dis pour votre regard. Votre soupçon tournait; et vous pensiez que ce fut moi. J'ai demeuré toujours fixe en l'amour et service que je vous ai voué. Dieu m'en est témoin (...) Je vous baise un million de fois les mains.* » (Lettre d'Henri à Corisande, datée du 1er mars 1588, publié par J.-P. Babelon.)

C'était enfin, dans les moments les plus difficiles, loin de toute mâle fierté, l'aveu du désarroi :

« *Le Diable est déchaîné. Je suis à plaindre, et est merveille que je ne succombe sous le faix. Si je n'étais huguenot, je me ferais turc. Ha! les violentes épreuves par où l'on sonde ma cervelle! Je ne puis faillir d'être bientôt ou fou ou habile homme. Cette année sera ma pierre de touche. C'est un mal bien douloureux que le domestique! Toutes les géhennes que peut recevoir un esprit sont sans cesse exercées sur le mien. Je dis toutes ensemble. Plaignez-moi, mon âme, et n'y portez point votre espèce de tourment. C'est celui que j'appréhende le plus...* » (Lettre d'Henri à Corisande, datée du 8 mars 1588, citée par J.-P. Babelon.)

En réponse, Corisande savait manifester à l'égard de son « petiot » une attention presque maternelle : « *Ce m'est beaucoup de contentement de savoir que vous commencez à prendre garde à vous.* » Elle se voulait rassurante sur un avenir pourtant incer-

tain et se muait même à l'occasion en conseillère politique, forti-
fiant l'ambition d'Henri et lui conseillant la prudence et la dissimulation :

*« Si vous êtes forcé de courir une malheureuse fortune, faites
voir à vos serviteurs et à vos ennemis un visage constant et assuré
au milieu de vos désastres. Cela servira à ceux qui vous veulent
nuire de songer à eux devant que d'attaquer une personne que la
mort me saurait étonner. »* (Cité par R. Ritter, *Une dame de chevalerie, Corisande d'Andoins*.)

Une autre fois elle lui dit aussi : *« Tenez-moi la promesse que
vous m'avez faite de vous fier en peu de personnes, et parlez
moins que vous n'avez fait : vos affaires ne s'en porteront que
mieux. »*

Henri, en bon élève, lui répondit un jour *« avoir atteint la perfection en l'art de dissimuler »*...

Corisande semblait aspirer au rôle de confidente et conseillère
exclusive, trouvant dans les séparations obligées et dans cette solitude partagée une raison supplémentaire de connivence :

*« Pour mon regard, croyez que je me fie de moi seule et de rien
de plus, car je sais que je n'ai à moi rien de plus fidèle que moi et
que moi et que tout le reste peut changer de volonté. »* (Lettre du
21 mars 1588.)

Corisande eut assurément le privilège des confidences d'Henri
mais elle n'eut jamais l'exclusivité de ses caresses. Certes, cette
liaison manifestait clairement chez Henri le besoin d'un ancrage
affectif solide, à mille lieues des amourettes furtives ou enflam-
mées qui avaient longtemps été son lot. Mais l'attrait des amours
passagères demeurait, rendu presque inéluctable par la solitude
des expéditions militaires.

Aux frontières de la Normandie, il s'amouracha ainsi d'une
autre *« veuve qui tenait grand rang (...), la marquise de Guercheville (...), très belle et encore jeune (...), si aimable aux yeux de ce
grand roi, qu'il oublia facilement celle à qui il avait fait tant de
protestations contraires (...), qu'il ne lui était resté que la seule
mémoire de son nom »*. (*Les Amours du grand Alcandre*, in
*Recueil de diverses pièces servans à l'Histoire de Henri III roi de
France*, 1663.)

La dernière foucade d'Henri, il est vrai, *« avait des appas qui ne
se trouvaient point en la première »* et *« avait été nourrie dans la
plus belle cour et la plus polie de ce temps »*, la cour de France.
Henri, pour gagner les faveurs de sa nouvelle maîtresse, lui parla

même de mariage. Il lui fit, en réalité, épouser un gentilhomme de sa cour, Charles du Plessis-Liancourt, mari de complaisance, comme souvent plus tard Henri devrait en rechercher pour ses amies.

Il y eut bien d'autres conquêtes, jusque derrière les murs des cloîtres, telle *« une jeune et belle abbesse de Montmartre »* qui *« lui fit oublier ces deux premières »* (Corisande et la marquise de Guercheville) et *« demeura maîtresse de son cœur un peu de temps »*.

Henri, de plus en plus souvent, prétexterait de l'insécurité des chemins pour ne plus aller visiter Corisande. Leur dernière nuit eut lieu le 10 décembre 1587. En mars 1588, Henri s'écriait encore, dans l'une de ses lettres :

« Dieu sait quel regret ce m'est de partir d'ici sans vous aller baiser les mains ! Certes, mon cœur, j'en suis au grabat. » (Lettre du 8 mars 1588.)

Leur correspondance adopta alors un tour moins intime. Leur amour se transforma peu à peu : *« Au moins il devait conserver de l'amitié, ce qu'il a fait toute sa vie. »* (*Les Amours du grand Alcandre.*)

Henri devenu roi de France, Corisande se rendrait à plusieurs reprises à la cour, jusqu'à affronter la vision de son *« petiot »* caressant ostensiblement sa nouvelle maîtresse, Gabrielle. *« A la vue des caresses du roi et des beautés d'elle (Gabrielle), cette femme (Corisande) qui déjà avait au visage toutes les couleurs d'un coq d'Inde, se ternissait et enflammait de si étranges mutations. »* (Agrippa d'Aubigné, *Mémoires.*)

Une autre femme en effet avait à nouveau le double privilège du cœur et de l'esprit d'Henri.

Gabrielle

Avec Gabrielle, la quête affective et sensuelle d'Henri devait prendre un tour plus pathétique. Pour la première fois, une femme se refusait à lui, insensible, au moins dans un premier temps, aux pressions les plus fortes comme aux prérogatives royales qui, jusque-là, avaient ouvert à Henri l'intimité des plus vertueuses comme des plus faciles. Et, par ce refus même, elle acquérait sur lui un ascendant extraordinaire, le condamnant à mendier les miettes de son affection...

Gabrielle était la fille d'Antoine d'Estrées, ancien gouverneur de La Fère, place forte appartenant aux domaines du roi de Navarre. Malgré son jeune âge, dix-sept ans, Gabrielle avait déjà connu plusieurs aventures amoureuses lorsque, en 1590, il fit sa connaissance. Son amant Bellegarde, ancien mignon d'Henri III et compagnon d'armes du nouveau roi, avait imprudemment suscité la curiosité de ce dernier en ne cessant de vanter l'extrême beauté de Gabrielle et Henri, suivant sa pente naturelle, était tombé amoureux de la maîtresse de son confident :

« *Ce pauvre amant fut à ce coup l'ouvrier de son malheur, puisqu'il perdit par cette vue la liberté de voir sa maîtresse, et hasarda l'amitié de son maître, et le bonheur de la fortune. En vérité nous avons plus à nous garder de nous-mêmes que de tous les autres.* » (*Les Amours du grand Alcandre.*)

Henri, bientôt furieusement jaloux de son ami, le pressa en effet de céder la place, ne voulant plus « *de compagnon en son amour* ». Las, la belle se refusait toujours à ses avances et, très attachée à son Bellegarde, s'indignait du procédé et partait se retirer dans la maison familiale.
Henri en fut tout ébahi :

« *Le roi à qui ses ennemis n'avaient jamais donné de l'étonnement, en reçut un si grand par la colère de sa maîtresse, qu'il ne savait à quoi se résoudre.* »

Il fallait certainement, en vrai soldat, se montrer audacieux. Henri, négligeant « *la guerre qui y était de toutes parts, prit les habits d'un paysan, mit un sac de paille sur sa tête, et à pied se rendit à la maison où elle était* ».
La réaction de Gabrielle fut encore plus courroucée : « *elle le reçut très mal, et (...) ne voulut demeurer qu'un moment avec lui, et encore ce fut pour lui dire qu'il était si mal qu'elle ne pouvait le regarder, et elle se retira là-dessus* ». (*Les Amours du grand Alcandre.*)

Plus la belle se refusait et plus la passion s'aiguisait. Henri n'était plus le fringant jeune homme de la cour de France. C'était maintenant un homme d'une quarantaine d'années, prématurément vieilli par les combats et les chevauchées incessantes.
Mais il était le roi. La nomination du père de Gabrielle comme lieutenant général en Ile-de-France eut bientôt raison des résis-

tances de la belle. En 1592, on maria la jeune femme à un époux complaisant et qui, de notoriété publique, souffrait d'impuissance : grâce à la complicité (intéressée) de ce noble picard, Nicolas de Liancourt, les apparences étaient sauves et la belle à l'abri de rivaux éventuels.

La passion amoureuse inspirait à Henri, courant toujours de bataille en bataille, de ville assiégée en ville à prendre, une correspondance enflammée. Un jour, il invoquait le « charme » de sa dulcinée : terme qu'il faut prendre dans son acception première. Gabrielle lui avait jeté un sort, il était dans une totale dépendance :

« *Je ne sais quel charme vous avez usé, mais je ne supporterais point les autres absences avec tant d'impatience que cette-ci ; il me semble qu'il y a déjà un siècle que je suis éloigné de vous. Vous n'aurez que faire de solliciter mon retour ; je n'ai artère ni muscle qui à chaque moment ne me représente l'heur de vous voir, et ne me fasse sentir du déplaisir de votre absence. Croyez, ma chère souveraine, que l'amour ne me violenta jamais tant qu'il fait.* » (Lettre d'Henri IV à Gabrielle d'Estrées du 10 février 1593.)

Parfois Henri, sans doute naturellement peu porté aux subtilités de la préciosité, recourait à quelque collaborateur pour renouveler le genre de ses lettres, telles ces stances en fait rédigées par un évêque de son entourage :

Charmante Gabrielle,
Percé de mille dards,
Quand la gloire m'appelle
Sous les drapeaux de Mars,
Cruelle départie,
Malheureux jour !
Que ne suis-je sans vie
Ou sans amour !

L'amour sans nulle peine
M'a, par vos doux regards,
Comme un grand capitaine,
Mis sous ses étendards.
Cruelle départie...

Je n'ai pu dans la guerre
Qu'un royaume gagner ;
Mais sur toute la terre

> *Vos yeux doivent régner.*
> *Cruelle départie...*
>
> *Partagez ma couronne,*
> *Le prix de ma valeur;*
> *Je la tiens de Bellone,*
> *Tenez-la de mon cœur.*
> *Cruelle départie...*
>
> (Lettre du 21 mai 1593.)

L'amour nourrissait enfin une jalousie presque pitoyable. Parfois le ton se faisait inquisiteur, parfois ironique ou impérieux, mais il révélait toujours la même impuissance :

« *Il n'y a rien qui ne continue plus mes soupçons, ni qui les puisse plus augmenter que la façon dont vous procédez en mon endroit*

(...) quelques attaques que je vous aie données assez découvertement, vous avez fait semblant de ne les point entendre ; ainsi l'ai-je jugé par les réponses. C'est pourquoi hier je commençais ma lettre par : " Il n'y a pire sourd que qui ne veut ouïr."

(...) Il ne faut plus parler de " je ferai ", il faut dire " je fais ". Résolvez-vous donc, ma maîtresse, de n'avoir qu'un serviteur. Il est en vous de me changer, il est en vous de m'obliger... »

« *Quelle folie ne fit commettre la jalousie ?* » reconnaissait à un autre moment Henri, furieux et blessé de l'amour persistant de Gabrielle pour son « compétiteur », Bellegarde.

Ainsi contrarié se fortifiait et grandissait l'amour naissant du futur roi. Gabrielle n'était pas séduite. Elle avait même fort honnêtement résisté, d'abord physiquement, plus tard par une tenace indifférence affective. Mais les temps allaient venir où les prestiges d'une possible couronne la gagneraient, elle aussi, au charme un peu mûr du vieil et royal adolescent.

Catherine de Bourbon

Le tableau de l'univers féminin d'Henri serait incomplet sans l'évocation de Catherine de Bourbon, la sœur et la complice du roi de Navarre, qui bénéficiait de son entière confiance. Henri absent lui confia la lieutenance du royaume de Navarre et du Béarn.

214

Catherine est bien la fille de Jeanne d'Albret. D'abord par sa foi protestante, rigoureuse et implacable, qu'elle réaffirme aussitôt après avoir quitté la cour où, au printemps 1576, deux compagnons d'Henri, dont le futur Sully, sont allés la chercher. Protestante elle est et le restera, malgré toutes les pressions, après la conversion définitive de son frère au catholicisme. Mieux, c'est elle qui, en 1576, convainc Henri, après plusieurs semaines d'incertitude religieuse, d'abjurer le catholicisme, religion obligée de sa captivité dorée.

Par son obstination religieuse, Catherine est donc la véritable héritière de Jeanne. Elle l'est aussi par son aspect un peu frêle, par sa santé chancelante : tuberculose, scoliose et boiterie. Elle l'est encore par son raffinement et sa culture. Comme sa mère et sa grand-mère, la grande Marguerite, elle écrit de fort beaux poèmes, parle plusieurs langues et aime la toilette. Comme Corisande, elle chante en jouant du luth.

Mais, pas plus que Corisande, qui était d'ailleurs son amie, elle ne sera heureuse en amour, victime d'une malédiction sentimentale dont Henri fut le principal artisan.

Le grand amour de Catherine était en effet son cousin, Charles, le comte de Soissons. C'était un fort bel homme, grand et de belle prestance, devenu « *amateur de fastes et de formalité* ». C'est d'ailleurs Henri lui-même qui amorça et encouragea cette union. Il pensait ainsi, en cette année cruciale de 1588, renforcer l'union des Bourbons, en arrachant son cousin à la cour d'Henri III. Soissons joua du reste à certains moments un rôle d'intermédiaire entre les deux rois. Mais, bien vite – soupçonna-t-il Charles de duplicité? –, l'attitude d'Henri changea du tout au tout.

En fait, alors qu'après la mort d'Henri III, certains modérés se montraient prêts à accepter un Bourbon catholique, Soissons, en épousant sa sœur, devenait un rival pour le trône. Henri n'avait pas d'enfant, sa femme Margot étant réputée stérile. L'union de Soissons avec Catherine pourrait nourrir chez lui et chez ses futurs enfants des prétentions nouvelles.

D'où la fureur extraordinaire d'Henri lorsque, en 1592, il apprit que Soissons et Catherine s'étaient retrouvés en Béarn avec la complicité de Corisande. Des ordres furent donnés pour séparer les deux amoureux cependant qu'Henri exprimait froidement son courroux à Corisande, l'avertissant sèchement « *que toutes personnes qui voudraient brouiller ma sœur avec moi, je ne leur pardonnerai jamais* ».

Peut-être encore Soissons avait-il trop de prestance et de charme. Henri semble avoir toujours nourri des sentiments ambigus à l'égard de son cousin. Peut-être aussi Catherine incarnait-elle inconsciemment pour Henri la figure morale de sa mère. S'il en était ainsi, le spectacle d'une telle passion avait pu susciter en lui un émoi certain.

Catherine, aigrie, se raidissant, comme sa mère autrefois, dans une religiosité de plus en plus austère, lui en voulut sans doute toujours.

Après qu'on eut envisagé différents partis, c'est finalement, en 1598, à un fervent catholique, le duc lorrain de Bar, que fut mariée, à l'âge de quarante ans, l'obstinée huguenote.

Catherine, au début réticente, parut s'accommoder de ce mariage, considérant « *qu'il fait bien meilleur dormir en compagnie que seule...* » Las, l'Eglise se montrant hostile à cette union d'un prince catholique avec une huguenote, le duc de Bar devait se séparer d'elle et c'est dans la solitude qu'elle mourut, se croyant une fois de plus enceinte, en 1604.

Henri, finalement, avait joué avec l'avenir sentimental de Catherine comme on avait joué avec le sien propre.

Le roi qui aimait tant les femmes

Bien des éléments dont nous disposons sur la vie intime d'Henri proviennent de rumeurs, rassemblées et relayées par les pamphlets, au premier rang desquels *Le Divorce satyrique* et les *Amours du grand Alcandre*. Les auteurs supposés en sont cependant suffisamment fiables et bien des faits cités assez avérés par ailleurs pour qu'on leur accorde un certain crédit, à l'exagération et à la formulation près.

Mais la force des rumeurs et leur caractère obsessionnel concernant la sexualité des grands a quelque chose d'étonnant. Il suffit souvent de bien peu pour qu'une rumeur naisse, qu'elle s'affirme et se développe. On se satisfait de la vague vraisemblance des apparences...

C'est encore plus spectaculaire dans ces années troubles du xvie siècle où l'on voit les différents partis se livrer à une véritable guerre des réputations. Marguerite, comme Henri, est très exposée, attaquée par son propre frère le roi qui cite publiquement les noms de ses amants. Dans l'affaire de sa liaison avec le jeune Champvallon, elle est vilipendée des deux côtés. Henri III éloigne son amant supposé, tandis que son mari exige des explications. C'est aussi la crainte des rumeurs qui conduit le roi, aux débuts de ses relations avec Corisande, à une relative discrétion, plus vulnérable qu'il est aux armes de la rumeur qu'à celles du fer et du feu des batailles.

Faut-il attribuer au choc de deux sensibilités, de deux civilisations, celle de la brutalité et celle du raffinement, l'échec des relations entre Henri et Margot ?

Il y a, d'abord, bien sûr, une raison objective : la stérilité de Margot, en tout cas l'impossibilité qui fut la sienne d'avoir des enfants d'Henri. La blessure de la grossesse de Fosseuse, son propre désir d'enfant, le disent douloureusement. A une époque où la valeur de la femme résidait dans sa capacité à procréer et, lorsqu'elle était reine, à assurer l'avenir d'une dynastie, la situation de Margot était véritablement tragique. Par sa stérilité, c'était également tout le projet politique et dynastique de Catherine de Médicis qui se trouvait mis en échec.

Mais Marguerite n'était pas une femme commune. Par sa personnalité et son raffinement, elle pouvait donner à sa fonction de reine une tout autre envergure. Les premières années à Nérac, avant que la stérilité de Marguerite ne soit avérée et que les relations entre les deux époux ne se dégradent, furent à ce propos exemplaires. Elle a, en quelques années, voire en quelques mois, transformé la cour sans doute la plus rustique d'Europe en l'une des plus brillantes.

Elle parvint presque à domestiquer les rudes Gascons de l'entourage d'Henri et Henri lui-même. Le roi de Navarre, occupé par quelque amourette choisie parmi ses suivantes, concéda, semble-t-il, de bonne grâce, à son épouse le rôle de maîtresse de la cour et d'organisatrice des festivités. En lui permettant d'afficher une des cours les plus prestigieuses du temps, ne servait-elle pas son projet politique ? Marguerite connut, à l'en croire, trois ou quatre années de bonheur à Nérac, trois ou quatre années où elle joua magnifiquement son rôle de reine, prenant le lointain relais de la grande Marguerite de Navarre.

L'érotisme illustrait également la différence des sensibilités. Dans le cas de Marguerite, il s'agit d'une sensualité subtile, d'un véritable érotisme, où la représentation et la mise en scène du désir et des glissements progressifs importent autant que le plaisir lui-même. L'amour y revêt aussi une dimension contemplative, la beauté charnelle préfigurant la beauté spirituelle.

Il n'y a pas de place pour l'odeur de suint dans un tel raffinement.

Dans le cas d'Henri, il s'agit davantage de sexualité que de sensualité. Mais comme le montreraient ses liaisons ultérieures avec

217

Corisande et Gabrielle, Marguerite n'apportait pas à Henri l'apaisement affectif, la réconciliation intérieure dont il avait besoin. Marguerite portait en elle-même trop d'angoisse, une angoisse qu'elle s'efforçait de conjurer par l'art, la sensualité, la représentation sociale et la religion.

Il reste pour nous, en Margot, l'image d'une femme étrangement moderne, par sa volonté d'émancipation intellectuelle et politique aussi bien que par la liberté de sa vie privée. Marguerite de Valois, au contraire des représentations qui sont parvenues jusqu'à nous, a peut-être été l'une des premières héroïnes, contrainte et douloureuse, de l'émancipation féminine.

Dans la vie d'Henri, Corisande est une île.

Elle apporte au jeune homme l'équilibre et la parole, la patience et la douceur. Le raffinement et la sensibilité sont là aussi, sous leur forme la plus féminine, loin de l'intellectualité assurée de Margot.

Corisande révèle Henri à lui-même, à sa destinée. Elle encourage son amant à aller jusqu'au bout de son aventure et devient sa conseillère privilégiée. Il est révélateur que l'affirmation chez Henri d'une ligne politique et d'un discours cohérents, clairement perceptible à partir de 1584, coïncide avec l'épanouissement de sa liaison avec Corisande.

Loin de tout opportunisme, elle persiste dans sa foi catholique. Ses conseils sont de pondération et de prudence, de persévérance aussi : un jour viendra où la destinée d'Henri se réaliser.

Avec Gabrielle, c'est une autre tendance qui s'amorce, celle qui conduira à plusieurs reprises un homme d'âge désormais mûr à rechercher des femmes de plus en plus jeunes et sensuelles. Pour la première fois, avec Gabrielle, Henri est rejeté. Pourtant, cette humiliation accroît la fascination et nourrit une dépendance sentimentale de plus en plus obsessionnelle.

Gabrielle a laissé la réputation d'une redoutable croqueuse d'hommes, usant et abusant de son pouvoir sur Henri au profit de ses proches.

La première réaction de Gabrielle est parfaitement sincère et non calculée. Mais les parents de Gabrielle, par opportunisme, Henri lui-même, par sa dépendance presque pitoyable comme par l'insistance de ses pressions, ont induit le cynisme de Gabrielle. Ses réactions initiales paraissent en fait exceptionnellement saines : elle a le courage de se refuser au roi lui-même, parce qu'elle ne l'aime pas, qu'elle en aime un autre. On veut lui interdire de voir celui qu'elle aime, ses parents mêmes marchandent sa vertu. Comment la jeune Gabrielle ne basculerait-elle pas dans le cynisme, usant de ses charmes au plus près de ses intérêts ?

Elle se prendra par la suite au jeu, lorsque de simple amourette elle deviendra maîtresse officielle, quasi-épouse du roi. Ce sera alors une autre affaire, où les sentiments, plus ou moins authentiques, la fierté et la pleine identification à son nouveau rôle lui feront rêver d'être un jour reine... Mais, jusque dans cette démesure, elle gardera un sens aigu de la négociation, de la gestion des rapports de force, même dans les relation les plus intimes.

Henri IV malheureux en amour? La question peut sembler pure provocation. Pourtant, dans sa quête éperdue de l'amour qui console, charnel ou affectif, on voit bien qu'Henri sera toujours déçu. A une seule exception près, celle de Corisande, celle de ses maîtresses qui aura eu le moins de relations physiques avec lui (au point que la réalité même de leurs rapports a pu être contestée), ses amours ont toujours un goût d'inachevé. Ce sont, pour la plupart, des amours à la course, amours de capitaine en campagne, liaisons de rencontre et souvent ancillaires, amours de garnison fugaces, dont rien ne reste, à peine le souvenir.

Ce sont souvent, et plus souvent encore à mesure que l'âge s'avancera, des amours déçues, en décalage, où chacune de ses maîtresses, et Margot elle-même, cherche un prince charmant, élégant et raffiné, et ne reçoit en partage qu'un cavalier vêtu de drap, amant furtif dont l'odeur, même pour l'époque, est devenue insupportable.

Ce sont des amours où rien ne reste d'échanges véritables et simples. Le roi, qui écrit si bien, que traduit-il? Ses combats, mais pas ses plans. Ses protestations de passion ou de fidélité, mais le plus souvent à contretemps. Ses plaintes de n'être point aimé – c'est le plus émouvant – n'ont jamais ému personne. Viendra le jour de la course à la couronne : dès qu'il apparaîtra à tous, et à toutes, que la répudiation de Margot est inéluctable, cet homme peu aimé deviendra un roi très recherché. Ce n'était probablement pas l'idéal affectif de l'enfant qui aima tant les femmes...

Chapitre 9

L'ALLIANCE DES DEUX ROIS

La France paraît au bord de l'éclatement, atteignant un degré inouï de décomposition et de confusion.

Deux hommes, pourtant, séparés par la religion, mais unis par la haute idée qu'ils partagent de leur commune destinée royale, vont prendre l'initiative de se retrouver, passant outre aux haines, aux ressentiments et aux méfiances accumulées, amorçant une dynamique de réconciliation. A en croire la mémoire des peuples, les deux hommes étaient pourtant aussi dissemblables qu'il est possible d'imaginer, Henri III, fin de race d'une dynastie décadente, et Henri IV le fondateur.

Le rapprochement

Ce fut d'abord l'appel d'Henri de Navarre aux Français. A peu près au même moment, à l'automne 1588, la France protestante et la France ligueuse tenaient leurs assemblées. Il s'agissait pour chaque camp de renforcer sa cohérence et d'affirmer ses positions. Cependant qu'à Blois, la majorité ligueuse des états généraux était prise de court par l'assassinat d'Henri de Guise, Henri et les députés des églises, réunis à La Rochelle, faisaient le serment solennel « *de demeurer inséparablement unis en la religion comprise en la confession de foi (...) desdites Eglises réformées* » et de s'apporter « *aide, support et assistance mutuelle des uns envers les autres, selon la nécessité, afin de nous pouvoir plus aisément maintenir contre les efforts et violence des ennemis de Dieu, élevés contre l'autorité du roi et couronne de France, et avancer vivement le règne de Notre-Seigneur Jésus-Christ* ». (Serment d'Union des membres des Eglises, in *Histoire des assemblées politiques des Réformes de France.*)

Moment crucial, alors que l'unité du royaume n'avait jamais été si gravement menacée, Henri de Navarre prit l'initiative d'écrire aux députés de Blois. Sa lettre était un véritable plaidoyer pour l'unité du royaume dans lequel il expliquait point par point sa position. Par le ton, c'était déjà un discours de roi.

Il insistait d'abord sur la force de son camp qui n'avait pu être réduit malgré la conjonction de la Ligue et des armées royales :

« Je ferais le soldat, si je vous disais par ordre quelles armées, depuis quatre ans, sont venues à moi. Vous penseriez que je vous voulusse conter mes vaillances. Non, ce n'est pas mon intention. Que plût à Dieu que je n'eusse jamais été capitaine, puisque mon apprentissage se devait faire à tels dépens. J'aurais bien plutôt fait de vous demander quels chefs la France a encore de reste, après ceux qui sont venus contre moi. J'ai vu en quatre ans dix armées, dix lieutenants du roi, ayant derrière eux les forces et l'appui du premier royaume de la chrétienté. » (Lettre du roi de Navarre aux trois états de ce royaume, contenant la déclaration dudit seigneur sur les choses advenues en France depuis le 23eme jour de décembre 1588.)

Henri évoquait ensuite clairement le problème de sa religion et expliquait pourquoi sa conversion n'était pas pour l'instant envisageable :

« On m'a souvent sommé de changer de religion. Mais comment ? La dague à la gorge. Quand je n'eusse point eu de respect à ma conscience, celui de mon honneur m'en eût empêché par manière de dire. Qui ouït jamais parler que l'on voulut tuer un Turc, un païen naturel : le tuer, dis-je, pour la religion, avant que d'essayer de le convertir ? Encore estimé-je que le plus grand de mes ennemis ne me pense pas plus éloigné de la crainte et de la connaissance de Dieu qu'un Turc, et cependant on est plus sévère contre moi, que l'on ne serait contre ce barbare.

Que diraient de moi les plus affectionnés à la religion catholique si, après avoir vécu jusqu'à trente ans d'une sorte, ils me voyaient subitement changer ma religion, sous l'espérance d'un royaume ? Que diraient ceux qui m'ont vu et éprouvé courageux si honteusement je quittais, par la peur, la façon de laquelle j'ai servi Dieu dès le jour de ma naissance ? Voilà des raisons qui touchent l'honneur du monde. Mais au fond quelle conscience ? Avoir été nourri, instruit et élevé en une profession de foi, et sans ouïr et sans parler, tout d'un coup se jeter de l'autre côté. Non, messieurs, ce ne sera jamais le roi de Navarre, y eut-il trente couronnes à gagner. Tant s'en faut qu'il lui en prenne envie pour l'espérance d'une seule. »

Mais il ouvrait en même temps la perspective d'une conversion, pour peu qu'on y mette les formes : « *Instruisez-moi : je ne suis point opiniâtre. Prenez le chemin d'instruire, vous y profiterez infiniment. Car si vous me montrez une autre vérité que celle que je crois, je m'y rendrai et ferai plus.* »

Il analyse ensuite l'état de désolation du pays, malade de la guerre civile :

« Notre état est extrêmement malade ; chacun le voit par tous les signes : on juge que la cause du mal est la guerre civile, maladie presque incurable, de laquelle nul état n'échappa jamais : ou, s'il en est relevé, si cette apoplexie ne l'a emporté du tout, elle s'est au moins terminée en paralysie, en la perte entière de la moitié du corps.

Quel remède ? Nul autre que la paix, qui fait l'ordre au cœur de ce royaume, qui, par l'ordre, chasse les désobéissances et malignes humeurs, purge les corrompues, et les remplit de bon sang, de bonnes volontés ; qui, en somme, le fait vivre. C'est la paix, c'est la paix qu'il faut demander à Dieu, pour son seul remède, pour sa seule guérison : qui en cherche d'autre, au lieu de le guérir, le veut empoisonner.

Je vous conjure donc tous, par cet écrit, autant catholiques, serviteurs du roi monseigneur, comme ceux qui ne le sont pas. Je vous appelle comme Français. Je vous somme que vous ayez pitié de cet Etat, de vous-mêmes, qui, le sapant par le pied, ne vous sauverez jamais, que la ruine ne vous en accable ; de moi encore, que vous contraignez par force à voir, à souffrir, à faire des choses, que sans les armes, je mourrais mille fois plutôt que de voir, de souffrir et de faire ; je vous conjure de dépouiller à ce coup les misérables aigreurs de guerre et de violences (...) pour reprendre les haleines de paix et d'union, les volontés d'obéissance et d'ordre, les esprits de concorde, par laquelle les moindres Etats deviennent puissants, et par laquelle le nôtre a si longuement fleuri le premier royaume de ceux de la chrétienté. »

Henri dénonce aussi les risques de partition du pays et de dérive féodale, liés à l'idéologie ligueuse :

« *Que deviendront les villes quand, sous une apparence de vaine liberté, elles auront renversé l'ancien ordre de ce bel Etat; quand elles auront toute la noblesse ennemie, le plat pays envieux et désireux quand et quand de les saccager, s'imaginant dans leurs coffres, dans leurs boutiques, des richesses sans compte ?* »

Le futur roi s'adresse enfin à son peuple :

« *Et toi, peuple, quand ta noblesse et tes villes seront divisées, quel repos auras-tu ? Peuple, le grenier du royaume, le champ fertile de cet Etat, de qui le travail nourrit les princes, la sueur les abreuve, les métiers les entretiennent, l'industrie leur donne les délices à rechange, à qui auras-tu recours quand la noblesse te foulera, quand les villes te feront contribuer ? Au roi, qui ne commandera aux uns ni aux autres ? Aux officiers de justice, où seront-ils ? A ses lieutenants, quelle sera leur puissance ? Au maire d'une ville, quel droit aura-t-il sur la noblesse ? Au chef de la noblesse, quel ordre parmi eux ? Pitié, confusion, désordres, misères partout, et voilà le fait de la guerre.* »

A l'issue de cette harangue, Henri dévoile ses propositions. Il préconise une coexistence pacifique entre les deux religions et suggère leur réconciliation progressive :

« *Aussi ne souffrirai-je ni ne permettrai jamais que les catholiques soient contraints en la leur, ni en leur exercice libre de la religion; déclarant en outre que aux villes qui avec moi s'uniront en cette volonté, qui se mettront sous l'obéissance du roi mon seigneur et la mienne, je ne permettrai qu'il soit innové aucune chose ni en la police, ni en l'Eglise, si non en tant que cela concernera la liberté d'un chacun, prenant derechef tant les personnes que les biens des catholiques, et spécialement des ecclésiastiques, sous ma protection et sauvegarde, ayant de longtemps appris que le vrai et unique moyen de réunir les peuples au service de Dieu, et d'établir la piété en un Etat, c'est la douceur, la paix, les bons exemples; non la guerre, ni les désordres; et que, par les désordres, les vices et les méchancetés naissent au monde.* »

Bien entendu, ce discours, par sa tonalité comme par la diffusion qui en serait donnée, s'adressait, par-dessus les députés de Blois, aux Français eux-mêmes et à Henri III.

Ce dernier, après l'assassinat de Guise et la déclaration de guerre de la Ligue à son endroit, était plus désemparé et isolé que jamais. Des pamphlets d'une violence inouïe et des prédicateurs enflammés appelaient ouvertement au meurtre du roi, promettant la palme du martyre au tyrannicide... Dans un tel contexte, Henri de Navarre, par son discours de réconciliation, se présentait comme le seul recours possible pour Henri III. La jonction des troupes huguenotes et de l'armée royale permettrait de rétablir l'ordre et, à terme, on pouvait espérer la conversion du Béarnais.

Une trêve entre les deux princes fut rendue officielle le 26 avril 1589. Henri III invita son beau-frère à venir le rejoindre : il ne s'étaient pas revus depuis 1576. Le rendez-vous avait été fixé à Plessis-lès-Tours, le 30 avril 1589. C'était un événement inouï. Les proches d'Henri de Navarre en étaient profondément troublés, eux pour qui Henri III incarnait l'antéchrist :

« De toute sa troupe nul n'avait de manteau et de panache que lui ; tous avaient l'écharpe blanche, et lui, vêtu en soldat, le pourpoint tout usé sur les épaules et aux côtés de porter la cuirasse, le haut et chausses de velours de feuille morte, le manteau d'écarlate le chapeau gris avec un grand panache blanc, où il y avait une très belle médaille, étant accompagné de messieurs le duc de Monbazon et le maréchal d'Aumont, qui étaient venus le trouver de la part du roi, arriva au château du Plessis. Le roi était venu (...). Toute la noblesse était dans le parc, avec une multitude de peuple curieux de voir cette entrevue. Aussitôt que le roi de Navarre fut entré dans le château, on alla avertir le roi, lequel s'achemina le long du jeu de paillemail, cependant que le roi de Navarre et les siens descendaient l'escalier par lequel on sortait du château pour entrer dans le parc. Au pied des marches, le Grand Prieur de France, depuis appelé M. le comte d'Auvergne, assisté de MM. de Sourdis, de Liancourt, et autres chevaliers des ordres du roi, le reçurent et, l'accompagnant pour aller vers Sa Majesté, au bruit que les archers firent criant : " Place, place! Voici le roi!" la presse (la foule) se fendit, et, sitôt que le roi de Navarre vit Sa Majesté, il s'inclina, et le roi vint l'embrasser.

Les embrassements et salutations réitérées plusieurs fois, avec une mutuelle démonstration d'un grand contentement de part et d'autre, le roi pensant avec le roi de Navarre faire un tour de promenade dans le parc, il lui fut impossible pour la multitude du peuple, dont les arbres mêmes étaient tous chargés. L'on n'entendait partout que ces cris d'allégresse de Vive le roi! Quelques-uns criaient aussi Vivent les rois! Ainsi Leurs Majestés, ne pouvant aller de part ni d'autre, rentrèrent dans le château, où se tint le

Conseil, et y demeurèrent l'espace de deux heures. » (Palma-Cayet, *Chronologie novénaire.*)

En signe d'alliance, Henri III passa même l'écharpe blanche des huguenots autour du cou, au grand scandale d'une partie de son entourage. Le maréchal d'Aumont approuva ce geste disant qu'il n'y avait que les « *bougres* » (les homosexuels, dans le jargon de l'époque) qui ne voulaient pas souffrir les huguenots...

Cette union eut pour résultat une offensive spectaculaire contre les armées ligueuses du duc de Mayenne. Au cours du mois de juin tombèrent les villes de Pithiviers, Etampes, Pontoise, L'Isle-Adam, Beaumont, Creil et Saint-Cloud. Fallait-il tenter un siège de Paris ? L'envie n'en manquait pas au Béarnais, tout ragaillardi par ces victoires :

« *J'avoue qu'il y va du royaume à bon escient d'être venu baiser cette belle ville et ne lui mettre pas la main au sein !* » (Agrippa d'Aubigné, *Histoire universelle.*)

La fortune semblait donc sourire aux retrouvailles des deux cousins.

Les deux cousins

Les deux rois étaient à la fois très proches, par leur enfance partagée à la cour de France puis, à nouveau, par la vie de cour lors de la captivité dorée du Béarnais après la Saint-Barthélemy, et très dissemblables, par leur personnalité et leur façon de vivre.

Leur apparence suffisait déjà à les distinguer. Henri III bénéficiait d'une prestance extraordinaire : très grand pour l'époque (1,84 m), élancé et distingué, c'était un parfait roi en « majesté ». Cette allure tranchait avec celle d'Henri de Navarre, petit et toujours un peu débraillé. Mais les manières assurées du Valois cachaient mal un caractère instable et cyclothymique. La tranquille sérénité qu'il affichait en public pouvait soudain se muer en une colère brutale. Sa sœur, Marguerite de Valois, en fit plusieurs fois les frais.

Bel esprit, facilement railleur et caustique avec ses proches, le roi de France avait de remarquables qualités d'orateur. Doué d'une excellente mémoire, il aimait improviser ses discours et convaincre par la virtuosité de son verbe. Des collaborateurs lui préparaient certes le texte de ses harangues comme Jacques Davy

Du Perron, ecclésiastique qui devint par la suite un de ses proches. Le prélat avait ainsi passé deux nuits entières à rédiger le discours d'ouverture des états généraux de Blois. Mais le roi, délaissant l'œuvre de son conseiller, préféra improviser : « *Le roi ne jugea pas devoir la prononcer ainsi qu'elle lui avait été donnée, mais en prit les principaux lieux qu'il étendit et accommoda selon la partie et la trempe de son esprit.* » (Du Perron, cité par Pierre Chevallier, *Henri III.*)

Cette éloquence naturelle était assurément un point commun avec le Béarnais, mais le style orné et la subtilité des arguments du Valois s'opposaient au tour extrêmement direct et parfois tranchant des discours d'Henri de Navarre.

Fin lettré, Henri III avait décidé en 1576 de fonder une académie au sein du palais. Elle rassemblait toutes les sommités littéraires de l'époque, notamment Ronsard, Philippe Desportes et Agrippa d'Aubigné. Elle se réunissait deux fois par semaine dans le cabinet du roi. Henri de Navarre l'imita d'ailleurs, en fondant à Nérac une académie du même modèle.

Henri III n'aimait pas les exercices physiques violents. Il avait pourtant bien connu la vie militaire. Lors de la troisième guerre civile, il avait fait preuve de courage et de vaillance aux batailles de Jarnac et de Moncontour. Mais, depuis qu'il était monté sur le trône, on ne le voyait plus sur les champs de bataille. Il ne pratiquait que l'équitation, évitant les tournois ou la chasse. L'opinion publique blâmait ce comportement étranger aux racines guerrières de la monarchie française. Henri III, au rebours de la tradition féodale, se voyait plutôt en roi philosophe.

La réticence d'Henri aux exercices physiques s'expliquait également par une santé aussi précaire que celle de ses frères et sœurs. Il se disait souvent sujet à des maux de tête. En 1575, il fut atteint d'hémorroïdes, en 1579 ce fut la goutte. Mais surtout, comme Charles IX et François d'Alençon, il souffrait d'affections tuberculeuses. Ainsi, en 1580, son visage se couvrit de boutons, ce qui fit dire aux mauvaises langues qu'il était atteint de la syphilis. Henri III se faisait souvent saigner (technique alors toute nouvelle) et prenait les eaux à Bourbon-Lancy, Pougues et Spa. Il négligeait de plus en plus l'exercice physique, préférant s'enfermer dans son cabinet et travailler aux dossiers du gouvernement.

Les cures thermales et les pèlerinages fréquents où ils se rendaient avec la reine avaient aussi pour but de soigner la stérilité du couple. Les pamphlets et les libelles en faisaient un sujet de railleries, l'imputant à l'impuissance du roi. Obsédé par sa propre succession, Henri III essaya quantité de remèdes propres à assurer la fécondation de son épouse. Bien évidemment, ces problèmes affectaient l'entente des deux époux mais Henri, par fidélité, n'envisagea jamais sérieusement de répudier la reine Louise. Face à l'échec des diverses thérapies et des pèlerinages, le roi s'était peu à peu résigné, se pliant à ce qu'il croyait être la volonté divine.

Henri III était un roi mystique. Profondément catholique, sa piété annonçait le « siècle des saints ». Il appréciait les retraites monacales : il aimait se retirer chez les « Hiéronymites », les ermites de Saint-Jérôme, qu'il avait établis dans le bois de Vincennes à proximité de la résidence royale. Cette piété s'accompagnait d'une culpabilité exacerbée. Il favorisa à Paris la création de compagnies de pénitents blancs, noirs et gris, qui enrôlaient des laïcs et organisaient des processions. Henri III aimait se joindre à eux, ce qui faisait dire à Pierre de l'Estoile que *« le roi montrait son front à la Ligue, couvert d'un sac de pénitent et d'ermite, au lieu que César opposait l'autorité de son visage armé à ses légions mutinées »*.

De fait, cette religiosité agaçait les modérés, qui attendaient de lui une reprise en main énergique du royaume, tout comme les ligueurs, qui n'y voyaient qu'une mise en scène.

C'est avec la même angoisse coupable qu'il envisageait le problème de sa succession et l'accession éventuelle d'un protestant au trône représentait pour lui un dilemme déchirant : son insistance à convaincre son cousin de se convertir au catholicisme n'avait pas qu'une signification politique.

Il reste la question fameuse des mœurs efféminées d'Henri III, bien étudiée par l'historien Pierre Chevallier. Henri III avait assurément des manières parfois étranges, presque puériles.

Il avait ainsi des passe-temps inattendus pour un roi, comme le jeu du bilboquet :

« En ce temps (1585) *le roi commença de porter un bilboquet à la main, même allant par les rues et s'en jouait comme font les petits enfants. Et, à son imitation, les ducs d'Epernon et de Joyeuse et plusieurs autres courtisans s'en accommodaient, qui étaient, en ce suivis par des gentilshommes, pages, laquais et jeunes gens de toute sorte. »* (Pierre de l'Estoile, *Mémoires.*)

Cette mode lancée par le roi ne dura qu'un temps, comme ensuite celle des découpages. Henri aimait également la compagnie de petits chiens. Mais son excentricité était surtout vestimentaire. Dès 1572, il s'était fait remarquer par son goût pour les habits luxueux et les parures de bijoux :

« *Sa façon de s'habiller et ses agissements prétentieux le font paraître délicat et efféminé, car, en plus des riches habits qu'il porte, tous couverts de broderies d'or, de pierreries et de perles du plus grand prix, il donne une extrême recherche à son linge et à l'arrangement de sa chevelure. Il a d'ordinaire au cou un double collier d'ambre serti d'or qui flotte sur sa poitrine et répand une suave odeur. Mais ce qui, plus que tout le reste, selon moi, lui fait perdre beaucoup de sa dignité, c'est d'avoir les oreilles percées comme les femmes, et encore ne se contente-t-il pas d'une seule boucle d'oreille, mais en porte deux avec pendants de pierreries et de perles.* » (Témoignage du Vénitien Morosini, cité par Pierre Chevallier, *Henri III*.)

En réalité, il était ordinaire en France qu'un homme se fît percer les oreilles, et la pratique était devenue fréquente à la cour depuis qu'Antoine de Bourbon en avait introduit la mode. Les jeunes courtisans affectionnaient eux aussi des vêtements aux couleurs vives et des parures précieuses. Les portraits d'Henri de Navarre jeune le montrent même arborant un double rang de perles à son cou. L'âge aidant, Henri III, délaissant ce goût baroque, arbora des tenues plus sobres, mais on garda l'image du jeune prince aux attitudes et aux costumes provocants.

Ces manières se voulaient tout simplement raffinées. Partisan d'une étiquette très rigoureuse, il essayait d'imposer à une noblesse souvent très rude des civilités, des formes de politesse et même des usages de table alors inhabituels, comme la fourchette. Sa cour devait être le creuset de la mode, du mouvement de civilisation des mœurs qui s'engageait. Bien des gentilshommes, plus accoutumés à la brutalité de la vie des camps, méprisaient ces manières, volontiers qualifiées d'« efféminées ».

La cour souffrait en tout cas d'une image déplorable dans l'opinion publique. On blâmait la licence qui y régnait, à laquelle Henri III participait sans limite si l'on en croit l'une des historiettes de Tallemant des Réaux :

« *Henri III fit bien pis à une illustre courtisane. Il coucha une nuit avec elle; le lendemain elle faisait l'entendue et disait à tout le monde qu'elle avait couché avec les dieux. "Mais, lui dit quelqu'un, les dieux font-ils mieux que les hommes? — Ils payent mieux, dit-elle, mais ils ne font que cela; à patience 1 200 écus d'or sont bons ". Le roi le sut et lui fit passer douze Suisses sur le corps* (de la courtisane) *à cinq sols pièce. " Cette fois-là, dit-il, elle pourra se vanter d'avoir été bien foutue et mal payée. »* (Tallemant des Réaux, *Historiettes*.)

Si Henri III n'aimait pas la chasse, il traquait inlassablement le gibier féminin qui peuplait la cour :

« Ce prince s'amuse à une chasse de palais : il court vaillamment les femmes et, une fois qu'il les tient, il n'en démord pas de sitôt. » (Témoignage du Vénitien Correro, cité par Pierre Chevallier, *Henri III*.)

Cela nous amène évidemment à poser la question de l'homosexualité d'Henri III.

Le sujet a fait couler beaucoup d'encre. Ce fut longtemps un motif privilégié du sombre portrait du roi dégénéré. Mais, par un curieux renversement, la récente réhabilitation d'Henri III par les historiens, et notamment par Pierre Chevallier, en vient à nier maintenant cet aspect de sa personnalité. Le comportement d'Henri III que nous qualifierions aujourd'hui d'homosexuel, n'avait pas à l'époque la même signification. Les témoignages d'affection et d'amitié entre hommes, les embrassades, les baisers étaient tout à fait communs, de même que, pour deux amis, le fait de dormir ensemble dans le même lit, sans qu'il y ait forcément d'ambiguïté.

Pour autant, il existe des témoignages explicites sur l'homosexualité d'Henri III, comme celui de René de Lucinge :

« Il a été imbu du vice que la nature déteste, lequel jamais il n'a pu désapprendre (...). Son cabinet a été un vrai sérail de lubricité et paillardise, une école de sodomie, où se sont achevés de sales ébats que tout le monde a pu savoir. » (Lucinge, *Miroir des Princes*.)

Henri III avait autour de lui des mignons, compagnons en qui on a vu ses partenaires sexuels officiels. Mignon était pourtant un terme banal désignant le serviteur d'un grand, ou tout simplement, un synonyme de compagnon. Pour suggérer un autre sens, on parlait de « mignon de couchette ».

François d'O était le principal des quatre mignons du roi. Quant à Jean-Louis Nogaret de la Valette et Anne de Batarnay de Joyeuse, on les appelait les « archimignons ». Le roi leur avait attribué respectivement les titres de duc d'Epernon et duc de Joyeuse. Tous étaient des favoris : ils l'aidaient et le conseillaient. Dévoués au roi, ils menaient ses armées au combat. Ils étaient aussi ses compagnons de débauche, partageant souvent les mêmes femmes que lui. Jouant auprès du roi un rôle normalement dévolu à des Grands, ils attirèrent sur eux le ressentiment, accusés d'éloigner « *de la privée conversation de sa majesté, non seulement les princes et la noblesse, mais tout ce qu'il y a de plus proche, n'y donnant accès qu'à ce qui est deux* ». (Déclaration de l'Union, citée par A. Jouanna, *Le Devoir de révolte*.)

La générosité que le roi affichait à leur égard suscitait bien des jalousies et nourrissait la rumeur de liaisons coupables. Henri III inaugurait en fait une pratique absolutiste en choisissant ses collaborateurs dans la petite noblesse et en faisant d'eux ses « créatures ». Il évitait ainsi de donner aux Grands trop de pouvoir. Il avait davantage confiance en la loyauté et en la fidélité de ces conseillers qui lui devaient tout et qu'il avait choisis qu'en celles de grands imbus de leurs prérogatives et de leur indépendance.

Si les manières raffinées d'Henri III contrastaient avec celles, triviales et négligées, du Béarnais, il en allait de même pour ses méthodes de travail : le premier était rompu aux dossiers de cabinet ; le second se fiait à sa démarche intuitive et à son sens de l'improvisation permanente. Leurs projets politiques, en revanche, les rapprochaient. Ils exprimaient la même recherche d'un équilibre face aux excès et aux intolérances des partis, le même rêve d'une puissance royale élevée au-dessus des factions et des intérêts particuliers, fussent-ils d'apparence religieuse. Pour y parvenir, ils avaient la même volonté d'imposer un pouvoir absolu aux factions nobiliaires. L'un échoua, l'autre réussit dans cette entreprise. Mais tous deux payèrent à cette ambition le tribut de leur vie, sous le couteau d'un fanatique religieux.

L'assassinat d'Henri III

Alors qu'Henri de Navarre continuait à se rapprocher des murs de la capitale pour tester les capacités défensives des assiégés, Henri III séjournait à Saint-Cloud dans le château de l'évêque de Paris. Le 1ᵉʳ août, il eut la visite d'un frère prêcheur à l'étrange allure, qui déclarait se nommer Jacques Clément :

« *Ce jeune jacobin, âgé de vingt et deux ans, natif d'un village nommé Sorbonne* (Sorbon, près de Rethel, dans les Ardennes), *ayant commis quelques crimes énormes auxquels les cloîtres sont sujets, et s'en confessant à son prieur, nommé Bourgoin, fut par lui premièrement incité à expier ses fautes en se vouant à Dieu; cela en termes généraux pour le commencement. Et depuis, cet homme étant reconnu pour être d'humeur mélancolique, on le fit loger et exercer dans la chambre des Méditations (...). Les uns disent qu'on lui donna des recettes pour se faire invisible et que ses instructeurs feignaient habilement de ne le voir plus après quelques paroles prononcées et quelques poudres jetées en l'air; le choquaient sans y penser et n'oubliaient pour leur vilonnerie aucune invention, jusqu'aux nourritures affaiblissant le cerveau... »* (Agrippa d'Aubigné, *Histoire universelle*.)

Henri III accepta de le recevoir alors qu'il était sur sa chaise percée, dans une posture peu conforme à l'idéal de majesté qu'il incarnait d'habitude. Mais c'était chose courante au XVI⁰ siècle, à une époque où la morale et la pudeur n'obligeaient pas à s'isoler pour faire ses besoins naturels :

« Il était environ huit heures du matin, quand le roi fut averti qu'un moine de Paris voulait lui parler et il était sur sa chaise percée, ayant une robe de chambre sur les épaules. Lorsqu'il entendit que ses gardes faisaient difficulté de le laisser entrer : dont il se courrouça, et dit qu'on le fît entrer; et que si on le rebutait on dirait qu'il chassait les moines, et ne les voulait voir. »

Jacques Clément entra et, prétextant un message confidentiel, s'approcha d'Henri III pour le poignarder :

« Aussitôt le jacobin entra, ayant un couteau tout nu dans sa manche; et ayant fait une profonde révérence au roi, qui venait de se lever, et n'avait encore ses chausses attachées, lui présenta des lettres de la part du comte de Brienne, et lui dit qu'outre le contenu des lettres, il était chargé de dire en secret à Sa Majesté quelque chose d'importance. Lors le roi commanda à ceux qui étaient près de lui de se retirer, et commença à lire la lettre que le moine lui avait apportée, pour l'entendre après en secret; lequel moine voyant le roi attentif à lire, tira de sa manche son couteau, et lui donna droit dans le petit ventre, au-dessous du nombril, si avant qu'il laissa le couteau dans le trou; lequel le roi l'ayant retiré à grande force, en donna un coup de la pointe sur le sourcil gauche du moine, et s'écria : " Ha, le méchant moine ! Il m'a tué, qu'on le tue ! " Auquel cri étant vivement accourus les gardes et autres... » (Pierre de l'Estoile, *Mémoires*.)

Charles de Valois, un bâtard de Charles IX agé de seize ans et qu'Henri III avait en particulière affection, entendit d'une chambre voisine le cri du roi :

« A ce cri je me jette hors du lit, et, prenant le chemin du logis du roi, je trouvai que tout le monde y courait avec des cris qui perçaient le ciel de leurs voix et la terre de leurs larmes, sans paroles, sinon interrompues de sanglots et de soupirs. Au milieu de cette troupe confuse j'arrivai à la porte du logis de Sa Majesté, laquelle je trouvai fermée, tous les gardes en armes (...) qui défendaient l'entrée à tous ceux qui n'étaient pas seigneurs de qualité.

En entrant, je trouvai dans la cour le spectacle horrible de ce démon, lequel avait été jeté par les fenêtres ; et tous les gardes du corps en armes le long de l'escalier, qui fondaient en pleurs. Je laisse à juger à ceux qui savent la perte que j'ai faite, et le naturel sensible que j'ai, en quel état je pouvais être dans cet étonnement général. Avec cette douleur particulière et extrême, j'entrai dans la chambre du roi, que je trouvai sur son lit sans être encore pansé, sa chevelure toute pleine de sang, ayant reçu sa blessure un peu plus bas que le nombril, du côté droit.

Aussitôt qu'il m'aperçut, il me fit cet honneur de me prendre la main, me disant : " Mon fils (nom qu'il me donnait lorsqu'il me parlait en particulier), ne vous fâchez point ; ces méchants m'ont voulu tuer, mais Dieu m'a préservé de leur malice : ceci ne sera rien. "

Je ne pus repartir à ces paroles que par des larmes et des sanglots : de sorte que M. d'O et quelques autres me retirèrent d'auprès de Sa Majesté, et, me menant devers une fenêtre, me firent connaître qu'il ne fallait pas que je continuasse ces marques véritables de mon déplaisir, parce qu'affligeant Sa Majesté cela augmenterait son mal. » (Duc d'Angoulême, *Mémoires*.)

Le diagnostic du premier chirurgien fut sans appel : *« Le boyau était percé »* et, en privé, il convenait qu'il ne voyait pas *« qu'on puisse sauver le roi. »*

L'agonie du roi dura quinze heures. Henri III, à l'article de la mort était partagé entre un optimisme de façade et le souci d'assurer son salut, comme nous le rapporte Charles de Valois. C'est avec assurance qu'il fit, à voix haute, une prière émouvante de sincérité, alors que son aumônier commençait à dire une messe :

« " Mon Dieu, mon créateur et rédempteur, comme durant ma vie j'ai toujours cru que toutes mes bonnes fortunes venaient de

vos seules volontés, que la possession de mes royaumes ne m'était donnée que par l'ordre qu'il a plu à votre puissance éternelle d'y établir, maintenant que je me vois dans les dernières heures de mon être, je demande à votre miséricorde divine qu'il vous plaise avoir soin du salut de mon âme ; et comme vous êtes le seul juge de nos pensées, le scrutateur de nos cœurs, vous savez, mon Seigneur et mon Dieu, que rien ne m'est si cher que la manutention de la vraie religion catholique, apostolique et romaine, de laquelle j'ai toujours fait profession : ce qui me fait vous adresser encore cette parole et prière, afin que, si je suis utile aux peuples desquels vous m'avez commis la charge en prolongeant mes jours, vous m'assistiez de la grâce de votre Saint Esprit, pour ne me séparer jamais de ce que je vous dois. Sinon disposez-en ainsi que votre divine bonté le trouvera plus à propos pour l'utilité générale de tout ce royaume et le salut particulier de mon âme, protestant que toutes mes volontés sont resignées sans regret aux ineffables décrets de votre éternité.

Tous ceux qui étaient dans la chambre ouïrent facilement cette prière, parce que Sa Majesté la prononça avec des paroles si articulées, que l'on eût jugé qu'elle n'avait aucune douleur. Cela ne laissa pas de renouveler les larmes de tous les auditeurs : de quoi Sa Majesté s'aperçut ; car étant appuyée sur moi : " Je suis marri, dit-elle, d'avoir affligé des serviteurs. " » (Duc d'Angoulême, *Mémoires.*)

On administra ensuite un lavement au roi, mais le remède préféré des médecins du temps sembla aggraver le mal :

« *Les médecins, exécutant leur résolution, lui firent prendre un lavement qu'il ne rendit qu'à moitié, le reste s'étant étendu dans le ventre par la fente qui était faite à l'intestin ; sur quoi les médecins jugèrent qu'il ne pouvait en échapper.* » (Duc d'Angoulême, *Mémoires.*)

Henri de Navarre, immédiatement averti, se précipita auprès de son roi :

« *Entrant dans la chambre, Sa Majesté lui tendit la main, et le roi de Navarre la baisa ; ensuite il lui dit : " Mon frère, vous voyez comme vos ennemis et les miens m'ont traité ; il faut que vous preniez garde qu'ils ne vous en fassent autant. " Ce sont les mêmes mots dont le roi usa au roi de Navarre, lequel ayant le naturel enclin à la compassion, se sentant surpris, fut quelque* temps à lui répondre que, sa blessure n'étant point dangereuse, il fallait espérer que bientôt il monterait à cheval, et châtirait ceux qui étaient cause de cet attentat. »

Henri III d'exhorter, en une ultime tentative, son cousin à se convertir :

« *Mon frère, je le sens bien, c'est à vous de posséder le droit auquel j'ai travaillé pour vous conserver ce que Dieu vous a donné ; c'est ce qui m'a mis en l'état où vous me voyez. Je ne me repens point ; car la justice, de laquelle j'ai toujours été le protecteur, veut que vous succédiez après moi à ce royaume, dans lequel vous aurez beaucoup de traverses si vous ne vous résolvez à changer de religion. Je vous y exhorte autant pour le salut de votre âme que pour l'avantage du bien que je vous souhaite.* »

Puis, se justifiant une dernière fois de l'assassinat du duc de Guise, il engagea solennellement son entourage à reconnaître Henri de Navarre pour roi :

« *Messieurs, leur dit-il, approchez-vous, et écoutez mes dernières intentions sur les choses que vous devez observer quand il plaira à Dieu de me faire partir de ce monde. Vous savez que je vous ai toujours dit ce que ce qui s'est passé n'a pas été la vengeance des actions particulières que mes sujets rebelles ont commises contre moi et mon Etat, qui contre mon naturel m'ont donné sujet d'en venir aux extrémités ; mais que la connaissance certaine que j'avais que leurs desseins n'allaient qu'à usurper ma couronne contre toute sorte de droit et au préjudice du vrai héritier, après avoir tenté toutes les voies de douceur pour les en divertir ; que leur ambition a paru si démesurée, que tous les biens que je leur faisais pour tempérer leurs desseins servaient plutôt à accroître leur puissance qu'à diminuer leur mauvaise volonté : après une longue patience qu'ils imputaient plus à la nonchalance qu'au désir véritable que j'ai toujours eu de les retirer, je ne pouvais éviter ma ruine entière, et la subversion générale de cet Etat, qu'en apportant autant de justice que j'avais de bonté. J'ai été contraint d'user de l'autorité souveraine qu'il avait plu à la divine Providence de me donner sur eux ; mais comme leur rage ne s'est terminée qu'après l'assassinat qu'ils ont commis en ma personne, je vous prie comme mes amis, et vous ordonne comme votre roi, que vous reconnaissiez après ma mort mon frère que voilà ; que vous ayez la même affection et fidélité pour*

*lui que vous avez toujours eue pour moi, et que, pour ma satis-
faction et votre propre devoir, vous lui en prêtiez le serment en
ma présence. Et vous mon frère, que Dieu vous y assiste de sa
divine providence; mais aussi vous priai-je, mon frère, que vous
gouverniez cet Etat et tous ces peuples qui sont sujets à votre légitime obéissance par leurs propres volontés autant qu'ils y sont
obligés par la force de leur devoir. »*

Ce ne furent alors que larmes et serments de fidélité aux deux
rois :

*« Ces paroles achevées, auxquelles le roi de Navarre ne répondit
que par des larmes et des marques d'un grandissime respect, toute
la noblesse fondant aussi en larmes avec des paroles entrecoupées
de soupirs et de sanglots, jurèrent au roi de Navarre toute sorte de
fidélité, et dirent au roi qu'ils obéiraient ponctuellement à ses
commandements. »*

Henri III confia enfin à son cousin la protection de son jeune
neveu : *« " Mon frère, je vous laisse ma couronne et mon neveu; je
vous prie d'en avoir soin, et de l'aimer. Vous savez aussi comme
j'affectionne M. le Grand Ecuyer (Roger de Bellegarde), faites état
de lui je vous en prie, il vous servira fidèlement. " Ce que le roy de
Navarre accepta de bonne grâce, promettant à Sa Majesté d'observer ses commandements. »* (Duc d'Angoulême, *Mémoires*.)

C'est dans les bras de son jeune neveu qu'Henri III, quelques
heures plus tard, devait expirer :

*« Sur la minuit, (sa Majesté) étant appuyée sur moi, elle se
réveilla en sursaut, et, m'appelant, me dit : " Mon neveu, allez-
moi quérir Boulogne. " M. le grand lui demanda si elle sentait du
mal, " Oui, dit-elle, et tel que le sang me va suffoquer. " Aussitôt
on apporta de la bougie, mais elle avoit perdu la vue. Boulogne
étant arrivé, elle se réconcilia, et aussitôt après elle expira entre
mes bras. Messieurs d'Espernon, d'O, de Larchant, de Clermont,
de Richelieu et de Chemerault étaient dans la chambre, lesquels
eurent soin de me faire prendre et porter un matelas, où je demeurai jusque à ce que le sieur Cargret, mon gouverneur, avec mes
gens, me vinrent enlever et mettre au lit, car j'avais perdu tout
sentiment et toute connaissance. »* (Duc d'Angoulême, *Mémoires*.)

Ce drame laissa l'entourage d'Henri III stupéfait. Les nobles
présents réalisaient la portée du serment que le roi leur avait fait

prendre sur son lit de mort et que l'honneur leur défendait de parjurer. Il faudrait désormais servir un roi huguenot :

« *L'étonnement avait tellement saisi les esprits, que chacun se regardait sans se parler; et les affections étaient si diverses; que les uns minutaient leur retraite pour éviter les rencontres malheureuses qu'ils prévoyaient devoir suivre un tel accident; les autres, sous prétexte de la religion, protestaient de ne pouvoir servir un roi huguenot, et quelques autres songeaient à faire leur condition meilleure parmi le trouble de ce désastre.*

Mais ceux qui se souvenaient des derniers commandements du feu roi, et du serment de fidélité qu'ils avaient fait pour son successeur, attachés à leur devoir, et poussés de cette juste passion de venger la mort de leur maître, sans condition que celle du service, témoignèrent que, dans la tempête de cet affreux accident, ils ne voulaient rechercher d'autre abri que la justice de leur roi et la glorieuse protection de ses armes. » (Duc d'Angoulême, *Mémoires.*)*

Henri de Navarre était désormais Henri IV de France. Le premier des Bourbons s'occupa d'abord de recevoir les témoignages de fidélité de tous ceux qui étaient prêts à le servir comme ils avaient servi Henri III.

« *Le roi passa le reste de sa journée à recevoir tous ceux qui vinrent lui protester de leur fidélité ; il me fit cet honneur que de ne venir voir tenant M. de Bellegarde par la main, et me dit : " Je n'entreprends pas de vous consoler : la perte que vous avez faite est trop grande ; mais vous pouvez vous assurer que je me souviendrai des dernières paroles que le feu roi m'a dites en votre faveur, et vous en sentirez les effets. " Il commanda à mon gouverneur qu'il ne me laissât pas seul, et que le lendemain il me fît lever, et me mena dans son logis. Il dit devant moi la même chose à M. de Bellegarde, et lui ordonna de demeurer auprès de moi, sachant l'amitié qu'il me portait et l'affection que j'avais pour lui. J'étais lors âgé de quinze à seize ans, nourri dans le cabinet de mon maître, et élevé avec tant de soin qu'il n'y eut que la faiblesse de mon esprit qui m'ait empêché d'en profiter.*

Le lendemain, tous ceux qui avaient charge dans l'armée, et les principaux seigneurs catholiques, furent assemblés pour résoudre les formes que l'on devait tenir afin de rendre l'obéissance au roi, et aviser aux sûretés nécessaires pour conserver la religion catholique, apostolique et romaine. Les avis furent différents ; et j'entrerais dans le détail des choses desquelles j'ai dit ne vouloir pas me mêler, si je rapportais ce qui s'y passa. Il suffira de dire que la plus grande partie résolut d'obéir au roi sur les choses qui concernaient le gouvernement de l'État, et principalement la religion. » (Duc d'Angoulême, *Mémoires*.)

Mais, comme intimidé par sa nouvelle dignité, Henri IV se montra, selon le futur duc d'Angoulême, emprunté et maladroit. Son allure de soldat n'avait pas le port solennel d'Henri III. C'était le temps désormais de faire le roi de France et non plus celui de Navarre et même pour Henri une telle mue n'était pas facile :

« Sa Majesté ayant plus accoutumé de faire le soldat que le roi, trouvait de la peine à jouer ce personnage; neanmoins, moi présent, il dit à l'huissier de son cabinet qu'il n'en permit plus l'entrée qu'à ceux qui par naissance avaient accoutumé de trouver place dans celui du feu roi. Et même il me souvient qu'un nommé Bonnières, fort familier de son maître, reçut réprimande d'avoir voulu forcer l'huissier, le roi lui disant qu'il y avait différence entre le roi de Navarre et celui de France; et quoi que ce Bonnières ne fut que gentilhomme servant, ceux de la religion prétendue réformée en murmurèrent. » (Duc d'Angoulême, *Mémoires*.)

Le 4 août, le nouveau roi fit une déclaration solennelle promettant sa prochaine instruction en la foi catholique :

« Nous Henri, par la grâce de Dieu, roi de France et de Navarre, promettons et jurons en foi et parole de roi, par ces présentes, signées de notre main, à tous nos bons et fidèles sujets, de maintenir et conserver en notre royaume la religion catholique, apostolique et romaine dans son entier, sans y innover ni changer aucune chose (...) et que (...) nous sommes tout prêts et ne désirons rien davantage que d'être instruits par un bon et légitime et libre concile général et national pour en suivre et observer ce qui y sera conclu et arrêté : qu'à ces fins nous ferons convoquer et assembler dans six mois ou plus tôt s'il est possible. » (Duplessis-Mornay, *Mémoires et Correspondance*, déclaration du 4 août 1589.)

Henri s'engageait également à conserver la société, à maintenir les princes, seigneurs, gentilshommes dans leurs situations et prérogatives. Il n'y aurait pas de « chasse aux sorcières », ni de bouleversement de la société.

L'impossible conquête du royaume

Henri était roi, mais il lui restait à conquérir un royaume dont il ne maîtrisait encore que le sixième, essentiellement au sud. En quelques jours, la considérable armée de quarante mille hommes qui s'était rassemblée en vue du siège de Paris fondit comme neige au soleil. De nombreux nobles s'étaient bien vite retirés dans leurs terres pour ne pas avoir à honorer leur serment de fidélité à ce roi protestant.

Dans l'incertitude de leur avenir, les troupes huguenotes s'étaient aussi partiellement démobilisées. Dix-huit mille soldats à peine étaient demeurés sous les armes.

Le siège de Paris n'était plus sérieusement envisageable. Quant à retourner au sud de la Loire, c'eût été ébranler sa crédibilité de nouveau roi de France. Au début du mois d'août, Henri leva donc le camp pour se diriger avec le gros des troupes vers la Normandie et s'installer à Dieppe, acquise à sa cause, pour y attendre des renforts venus d'Angleterre.

Le duc de Mayenne, apprenant ce mouvement mobilisa une armée ligueuse de 25 000 à 30 000 soldats et s'avança en Normandie à la rencontre des armées loyalistes. A la tête de seulement 12 000 hommes, Henri préféra prendre les devants. Plutôt que de se cantonner dans la ville même, il organisa un dispositif défensif complexe au confluent de l'Arques et de la Béthune. A partir du château d'Arques, surplombant la rive gauche, des fortifications et des retranchements faisaient un ensemble défensif cohérent jusqu'à la ville même de Dieppe.

Averti que Mayenne voulait prendre la ville à revers, Henri fit compléter le dispositif par des retranchement sur la rive droite en face du château d'Arques, passage obligé des troupes ennemies. C'est dans ce carré défensif que Mayenne, sûr de la supériorité numérique de son armée, vint se jeter. Les formidables assauts des ligueurs parurent un moment ébranler l'armée royale, menaçant même Henri, qui manqua être fait prisonnier.

Le brouillard qui régnait en ce petit matin du 21 septembre accroissait encore la confusion, empêchant le tir des canons. Mais, le soleil découvert, le feu croisé des canons du château d'Arques et de quelques centaines d'arquebusiers venus de la garnison permit d'actionner le piège. Pour la cavalerie ligueuse, brisée dans son élan, ce fut bientôt la débâcle. La présence, à l'entour, de marais où s'enlisaient les chevaux ajoutait à son désarroi. Le piège s'était refermé. L'annonce de renforts protestants venus d'Angleterre acheva de désespérer les assaillants.

Mayenne tenta vainement une deuxième approche par la rive gauche de la Béthune le 26 septembre. Mais les renforts envoyés par Elisabeth ouvraient des perspectives nouvelles pour Henri IV : les hommes, les munitions et, surtout, l'argent (200 000 livres) arrivaient à point nommé. Fort de son succès à Arques, il se déroba aux troupes de Mayenne pour tenter un coup de force sur Paris. Le matin de la Toussaint (1er novembre 1589), les Parisiens furent réveillés par le tocsin : Henri IV à la tête de son armée attaquait les faubourgs de la rive gauche. Il pénétra jusqu'aux murs de la capitale. C'était une démonstration de force, mais il ne pouvait songer à faire un véritable siège. Il se retira le 3 novembre pour aller cueillir Etampes, ville ligueuse plus à sa portée.

L'hiver était là, et avec lui la pause annuelle des grandes manœuvres. On renvoyait dans leurs foyers une bonne partie des hommes. Henri se replia donc à Tours. Il y installa son gouvernement et éteignit les derniers foyers ligueurs de la région. Il se lança alors dans une conquête méthodique de la Normandie : Argentan, Sées, Falaise, Lisieux, Honfleur tombèrent successivement. Seule Rouen restait ligueuse.

Au printemps 1590, Mayenne, poussé par les Parisiens, se devait d'arrêter la progression du Béarnais : il se dirigea vers Dreux que le roi assiégeait. Henri IV vint à sa rencontre aux environs d'Ivry. Les forces étaient inégales : le roi marchait à la tête de 2 000 cavaliers et 8 000 fantassins alors que Mayenne en avait respectivement 8 000 et 12 000. Malgré cette disproportion Henri voulait en découdre, persuadé que sa bonne étoile continuerait à le servir. Le choc fut terrible : une partie des royaux se débanda. Alors, Henri harangua ses troupes :

« *Mes compagnons, Dieu est pour nous, voici ses ennemis et les nôtres, voici votre roi. A eux ! Si vos cornettes vous manquent, ralliez-vous à mon panache blanc, vous le trouverez au chemin de la victoire et de l'honneur !* »

Les cavaliers chargèrent : l'utilisation des pistolets fit merveille, les troupes de Mayenne taillées en pièces prirent la fuite, poursuivies par Henri. Au même moment, une autre armée ligueuse était vaincue à Issoire...

A Arques, comme à Ivry, Henri avait remporté la bataille malgré l'infériorité numérique de ses forces. Deux aspects d'un génie militaire qui ne lui avait jamais été reconnu auparavant s'étaient brutalement révélés. A Arques, c'est le génie tacticien qui piège l'élan de Mayenne. A Ivry, c'est le génie héroïque qui rameute autour de lui le courage défaillant de ses hommes.

La victoire d'Ivry fut d'ailleurs largement exploitée par la propagande royale, présentant Henri en roi victorieux, chef héroïque de la noblesse française. Pourtant l'obstination du peuple parisien enfermé dans ses murs lui interdisait la victoire finale : Henri restait un roi sans capitale.

Henri revint donc devant les murs de la capitale. L'importance des troupes rassemblées (5 000 cavaliers et 16 000 hommes de pied) permettait cette fois d'encercler totalement Paris. Mais il fallait compter avec la détermination des assiégés. Pour donner du courage aux volontaires de la milice, la Sorbonne avait promis la palme de martyre à tous ceux qui mourraient au combat contre l'hérétique, cependant que les processions destinées à galvaniser les esprits se succédaient.

La stratégie d'Henri fut celle du blocus : affamer les Parisiens en coupant les routes de ravitaillement de la capitale. Paris comptait alors 300 000 habitants. Certaines familles avaient fui la ville et son agitation ligueuse, mais ces départs avaient été largement compensés par l'arrivée d'une population rurale nombreuse venue y chercher refuge. Henri avait disposé de grosses pièces d'artillerie sur les collines de Montmartre et de Montfaucon. Les tirs à l'aveuglette entretenaient une insécurité permanente, pratique, hélas!, désormais courante de la guerre moderne.

Les mesures de rationnement prises par le conseil des Seize, noyau dur du parti ligueur, s'avérèrent rapidement insuffisantes. La population la plus pauvre fut rapidement contrainte de se nourrir avec des aliments de fortune :

« *Le beurre qui était auparavant le commun manger des pauvres, et valait quatre ou cinq sols la livre, valait deux et trois livres, les œufs dix et douze sols la pièce, le septier de blé entre cent et six vingt écus, et toutes les autres choses à la même couleur. J'ai vu manger à des pauvres, des chiens quasi tout crus par les rues, aux autres des tripes que l'on avait jetées dans le ruisseau, à d'autres des rats et souris...* » (*Mémoires de la Ligue*, « journal d'un curé ligueur. »)

Au bout de quelques semaines, on déplorait de nombreuses victimes de faim :

« *Voila donc l'état de cette louable ville tant pressée de faim, que non seulement les pauvres en mouraient, mais aussi les grandes maisons et plus riches, comme celles de Monsieur le Legat, de l'ambassadeur d'Espagne, des princes et des princesses, chaque jour les gentilshommes n'y mangeaient que six onces de pain, en la plupart des autres maisons, on ne pouvait quasi rien donner aux serviteurs et tout le menu peuple endurait la même nécessité. La chair était fort chère à cause que l'on avait mangé comme de droit mille chevaux et huit cent ânes que mulets : et les pauvres mangeaient des chiens, des chats, des rats, des feuilles de vignes, et autres herbes qu'ils trouvaient encore qu'ils soient fort chers. Entre autres, le gardien des Cordeliers m'a assuré qu'en trois semaines on n'avait pas mangé dans son couvent un morceau de pain, et qu'ils n'avaient qu'un peu de ces herbes que nous avons dit, et de ces bouillies faites de son avoine, comme les autres. Et beaucoup de ceux qui n'avaient de quoi acheter ces petites choses mouraient par les rues (qui doit bien donner à la louange de la Chrétienté et compassion de ce pauvre peuple, et s'en trouvait quelques matinées avec cent cinquante et quelques fois jusque à deux cents de morts de faim par les rues : et de compte fait, il se trouve qu'en trois mois il est bien mort treize mille personnes de faim.* » (*Mémoires de la Ligue*, « Journal d'un curé ligueur ».)*

Des cas d'anthropophagie étaient même rapportés, soit qu'ils fussent dus à la dernière nécessité, soit qu'ils émanent de l'imagination féconde des temps de terreur :

« *Bientôt après décéda une dame Parisienne riche de deux mille écus, après le décès de laquelle on découvrit qu'elle avait mangé deux de ses enfants par la manière qui s'ensuit. Les enfants étant morts de faim, cette dame leur mère leur fit faire à chacun un cercueil, puis en présence de gens y fit mettre et enterrer ses deux enfants. Tout aussitôt qu'elle se vit seule, elle les ôta, et mit en leur place autre chose d'égale pesanteur, puis fit porter solennellement les cercueils au lieu destiné pour leur sépulture, selon la coutume et usance de l'Eglise romaine. La dame étant de retour en sa maison, appela sa servante (...), lui montra les corps de ses deux enfants, disant :* " *la nécessité en laquelle tu vois que nous sommes m'a fait garder ces deux corps, à fin que nous les mangions, et puis nous mourions, prends-les donc, et les mets en pièces, puis nous les salerons du reste de notre temps, tous les jours nous en mangerons, au lieu de pain* ". *Mais la première désolée ne mangeait un morceau, qu'il ne fut abreuvé de ses larmes (...). Ce cas tant étrange, survenu à une dame opulente et riche étonna tellement les principaux bourgeois de la ville, qu'ils s'assemblèrent entre eux...* » (*Mémoires de la Ligue*, « journal d'un curé ligueur. »)

Henri n'appliqua cependant pas le blocus avec une rigueur absolue : le 24 juillet, il avait laissé sortir librement 3 000 pauvres de la capitale. Cette mansuétude n'était pas seulement une preuve de charité chrétienne, c'était surtout l'expression normale de la clémence royale. Même s'il était engagé dans une guerre sans merci contre des sujets rebelles, il ne pouvait déroger aux valeurs qui font les rois : il devait rester conforme au modèle idéal du roi juste et bon envers ses sujets.

Au bout de trois mois, Henri décida de lancer le 27 juillet un assaut général contre les faubourgs de la capitale. L'opération fut un succès, mais les assaillants se heurtèrent aux portes de Paris. Cette première avancée permit cependant à Henri d'engager des pourparlers en position de force avec l'évêque de Paris, Pierre de Gondi et l'archevêque de Lyon, Pierre d'Epinac, représentant la Ligue. Mais les discussions tournèrent court : les Ligueurs entendaient négocier avec le roi de Navarre et non avec le roi de France. C'était évidemment inacceptable pour Henri :

« *Je ne suis point dissimulé, je dis rondement et sans feintise ce que j'ai sur le cœur. J'aurais tort de vous dire que je ne veuille point une paix générale. Je la veux, je la désire, afin de pouvoir élargir les limites de ce royaume, et des moyens que j'en acquerrai soulager mon peuple, au lieu de le perdre et ruiner. Que si pour une bataille je donnerais un doigt, pour la paix générale, j'en donnerais deux. Mais ce que vous demandez ne se peut faire. J'aime ma ville de Paris. C'est ma fille aînée, j'en suis jaloux. Je lui veux faire plus de bien, plus de grâce et de miséricorde qu'elle ne m'en demande. Mais je veux qu'elle m'en sache gré et qu'elle doive ce bien à ma clémence et non au duc de Mayenne, ni au roi d'Espagne. S'ils lui avaient moyenné la paix et la grâce que je lui veux faire, elle leur devrait ce bien, elle leur en saurait gré, elle les tiendrait pour libérateurs et non point moi, ce que je ne veux pas. Davantage, ce que vous demandez de différer la capitulation et rédition de Paris jusqu'à une paix universelle, qui ne se peut faire qu'après plusieurs allées et venues, c'est chose trop préjudiciable à ma ville de Paris qui ne peut attendre un si long terme. Il est déjà mort tant de personnes de faim, que si elle attend encore huit ou dix jours, il en mourra dix ou vingt mille hommes, ce qui serait une étrange pitié.* »

Je suis vrai père de mon peuple. Je ressemble à cette vraie mère dans Salomon. J'aimerais quasi mieux n'avoir point de Paris que de l'avoir tout ruiné et dissipé après la mort de tant de pauvres personnes... » (Relation de l'entrevue de Saint-Antoine des Champs, citée par P. de Vaissière.)

Les Ligueurs cherchaient en réalité à gagner du temps, espérant l'arrivée du duc de Mayenne à la tête d'une armée de secours.

Celle-ci, à la fin du mois d'août, s'approcha effectivement de Paris. Fallait-il lever le siège pour livrer bataille en rase campagne, ou bien continuer le blocus de Paris? Henri préféra la première solution, pensant qu'une victoire décisive serait de nature à décourager les Parisiens. Mais les armées du duc de Mayenne et ses alliées espagnoles, les troupes du duc de Farnèse, évitèrent de prendre des risques, cherchant seulement à disperser les troupes royales et à défaire ainsi le blocus. Quand Henri comprit la manœuvre, il était trop tard. En vain essaya-t-il une ruse pour entrer dans Paris : le 20 janvier 1591, des soldats déguisés en paysans cherchèrent à tromper la vigilance du guet de la porte Saint-Antoine en arrivant à la tête d'un convoi de farine. Mais le subterfuge fut découvert et la tentative échoua lamentablement...

Henri opta, faute de mieux, pour une stratégie de long terme. Il fallait laisser la Ligue aller jusqu'au bout de ses contradictions. Le temps jouait en sa faveur. La terreur politique conduite par les éléments radicaux de la Ligue discréditait de plus en plus le mouvement auprès de la population parisienne : Jean Boucher, un docteur en Sorbonne, avait institué des tribunaux d'exception pour traquer les modérés ou « politiques ». Des listes de suspects circulaient, avec en face de chaque nom les lettres C (pour chassé), D (pour dagué) et P (pour pendu). Pendant ce temps, des tractations discrètes permettaient à Henri de garder le contact avec des personnalités parisiennes susceptibles de l'aider à conquérir la ville.

La première réconciliation

Dans la France déchirée, cette première étape de la réconciliation nationale que fut l'alliance d'Henri III et d'Henri de Navarre est un des seuls signes d'espoir qui se puissent discerner.

La légende dorée d'Henri IV n'a pas besoin, en guise de préambule, de la légende noire d'Henri III. Prince raffiné, désemparé par le brusque retour des temps à la rudesse du Moyen Age, roi savant et tourmenté quand on attendait un roi soldat, roi maniéré, inaccessible au peuple, roi dévot et contemplatif quand on voulait un guide charismatique, Henri III fut un roi incompris et, de fait, n'était sans doute pas le roi qu'il fallait à ces temps troublés.

Ame tourmentée, il était, selon l'heureuse expression de Pierre Chevallier, un vrai prince shakespearien. La sincérité de sa foi, sa force d'acceptation face aux aléas de la destinée et face à la mort forcent le respect. La question de sa succession représenta pour lui un terrible dilemme. Une affection réelle, la sincérité sachant reconnaître la sincérité le rapprochait assurément d'Henri de Navarre, de même que le sentiment de la légitimité dynastique.

Son insistance auprès d'Henri de Navarre pour qu'il se convertisse, ses hésitations face à une alliance éventuelle avec lui contre Henri de Guise, qu'il haïssait pourtant, révèlent avant tout, bien plus que des intérêts politiques, le déchirement d'une conscience qui veut savoir où aller. L'évidence du cœur, l'évidence aussi de la raison l'emportèrent finalement sur l'obsession théologique, au risque de sa vie, au risque de son salut. Henri III n'est pas loin d'être mort heureux, délivré d'une charge pénible, rasséréné par sa réconciliation avec son cousin, avec la conviction ultime d'avoir fait ce qu'il fallait faire.

Face aux hésitations et aux atermoiements d'Henri III, l'attitude d'Henri de Navarre apparaît en revanche d'une cohérence exemplaire. De sa réaction face aux premières propositions du roi en 1584 au discours du 4 août 1589 – et, bien au-delà, jusqu'à sa conversion même et à l'édit de Nantes –, sa ligne est constante : il est favorable à une coexistence pacifique des religions, refuse d'abjurer mais est prêt à envisager une instruction préalable à sa conversion et à la réconciliation religieuse du royaume. Son projet est magnifiquement exposé dans l'appel aux députés de Blois. Un trait nouveau apparaît, enfin, à la fois dans la forme même du discours et dans la critique des autonomies urbaines et des corporatismes : Henri a déjà le sentiment d'incarner les intérêts de son peuple face aux corps intermédiaires de la société et il entend s'adresser directement à lui.

Deux hommes ont eu un courage extraordinaire, dépassant les haines et les rancœurs, bousculant les conventions, pardonnant le sang versé du plus proche des amis, le sang du duc de Joyeuse, bien-aimé d'Henri III.

Ces deux hommes se sont rencontrés et ont voulu unir leurs forces.

Mais ni leur effort exemplaire, ni le nouveau rapport de force né de la conjonction des partis royaux et huguenots ne pouvaient suffire à réconcilier la France.

L'assassinat d'Henri III n'était pas le fait d'un fou mais de l'affolement de la société tout entière.

La résistance fanatique de la capitale à son nouveau roi le démontrait aussi. La solution à la crise du royaume ne pourrait être militaire. Elle ne serait pas davantage le fait d'un rapport de force politique. L'assassinat d'Henri III avait définitivement signé l'échec de la stratégie conduite, depuis près de trente ans, par les Valois.

Chapitre 10

LA FORCE DES SIGNES

Les retrouvailles des deux rois ont été le premier signe de la réconciliation de la France. Mais elles n'étaient encore qu'un signe, une promesse d'avenir. La voix des armes seule pouvait alors être entendue. L'assassinat d'Henri III ne change rien, sinon le roi. C'est toujours sur les champs de bataille que doit se jouer le destin de la France, comme l'illustrent les difficultés du siège de la capitale.

Mais, en 1593 et 1594, à six mois d'intervalle, deux initiatives majeures d'Henri IV feront basculer le cours du conflit. En décidant d'abjurer puis de se faire sacrer, Henri IV donne un sens nouveau à l'affrontement. Il ôte à ses adversaires tout prétexte à contester la légitimité du pouvoir. Tout peut commencer à rentrer dans l'ordre. L'issue des combats sera longtemps incertaine mais le roi, en recouvrant sa capitale, achèvera la reconquête symbolique du royaume...

L'histoire des hommes ne cesse d'emprunter à la logique de la tragédie antique. Gestion du temps dramatique, coups de théâtre, renversement des situations, la réalité de l'action politique fait sortir un ordre nouveau de l'apparent désordre d'événements aléatoires. Il y a donc un Henri IV metteur en scène, capable, dans un contexte politique et militaire chaotique, de frapper les trois coups de son véritable avènement. L'époque n'est pas seulement un décor : elle joue aussi son rôle, en obligeant à traiter à la fois du politique et du symbolique, puisqu'ils participent de la même réalité.

Il y a enfin, derrière les actes du prince et du roi, la vieille question de la sincérité de l'homme, de l'authenticité, lors de son abjuration, de sa démarche religieuse, comme une illustration de toutes les hésitations et des incertitudes spirituelles du temps.

L'abjuration

L'abjuration fut, à l'instar du sacre, une cérémonie exceptionnelle. Ce fut également une fête extraordinaire, celle du peuple retrouvant son roi, la fin du divorce sacrilège entre la religion du royaume et celle de son prince. Mais, derrière les apparences de la fête, ce fut surtout le moment le plus crucial et le plus controversé de la vie d'Henri IV.

L'abjuration d'Henri se déroula dans un lieu hautement symbolique : l'église de Saint-Denis. Paris était encore sous le contrôle des ligueurs du duc de Mayenne : le choix de Notre-Dame était donc impossible. Saint-Denis offrait l'avantage de la proximité immédiate de la capitale. C'était aussi, avec la cathédrale de Reims, un des hauts lieux de la monarchie française. En abjurant à Saint-Denis, c'est en présence de ses prédécesseurs, près des tombeaux d'Henri II, de François Ier, de Saint Louis, qu'Henri renouait le fil de la monarchie catholique.

En ce dimanche matin du 25 juillet 1593, Saint-Denis s'était mis à la fête. Tout avait été parfaitement préparé la veille : « *Cri fut fait sur le soir à Saint-Denis qu'on eût à faire nettoyer les rues, et tendre partout pour la procession générale du lendemain.* » (P. de l'Estoile). Le roi, en tenue de grand apparat, avait quitté le palais abbatial, où il résidait, vers huit heures du matin. C'est sous les acclamations de la foule qu'il s'avançait « *revêtu d'un pourpoint et chausses de satin blanc, d'un manteau et chapeau noir, assisté de plusieurs princes, grands seigneurs, des officiers de la couronne, et autres gentilshommes en grand nombre ; précédé des Suisses de sa garde, des gardes du corps écossais et français, de douze trompettes (...) les rues étaient tapissées et jonchées de fleurs, le peuple répétant mille fois : vive le Roi !* » (P. de l'Estoile.)

A l'entrée de l'église, les dépositaires du pouvoir spirituel attendaient le cortège du pouvoir temporel, avec, à leur tête, l'archevêque de Bourges « *assis en une chaire couverte de damas blanc, aux armes de France et de Navarre* », le cardinal de Bourbon, plusieurs évêques, et les religieux de Saint-Denis, tous réunis « *avec la croix, le livre des Evangiles et l'eau bénite* ». (P. de l'Estoile.)

Henri, tête nue, s'était agenouillé devant l'archevêque de Bourges. Suivit alors l'échange, conforme au cérémonial, des répliques traditionnelles, d'une exceptionnelle densité dramatique.

« *Ledit Seigneur de Bourges, qui faisait l'office, lui demanda qui il était. Sa Majesté lui répond : " Je suis le Roi. " Ledit sieur de*

Bourges réplique. " Que demandez-vous ? " " Je demande, dit Sa Majesté, à être reçu au giron de l'Eglise catholique, apostolique et romaine. " " Le voulez-vous ? " dit monseigneur de Bourges. A quoi Sa Majesté fit réponse : " Oui, je le veux et le désire ". » (Discours des cérémonies.)

Henri de s'agenouiller en disant la profession de foi catholique :

« *" Je proteste et jure devant la face de Dieu tout-puissant de vivre et mourir en la religion catholique, apostolique et romaine, de la protéger et défendre envers tous, au péril de mon sang et de ma vie, renonçant à toutes hérésies contraires à ladite Eglise catholique, apostolique et romaine. " Et à l'heure bailla à monsieur de Bourges un papier dedans lequel était la forme de sadite profession signée de sa main. » (Discours des cérémonies.)*

Le roi pouvait désormais recevoir l'absolution :

« *Cela fait, sa Majesté, encore à genoux à l'entrée de ladite église, baisa l'anneau sacré, et ayant reçu l'absolution et bénédiction dudit archevêque, fut relevé, non sans grand peine pour la grande multitude et presse du peuple épars en celle-ci, et jusque sur les voûtes et ouvertures des vitres. » (Palma-Cayet, Chronologie novénaire.)*

A nouveau reçu au sein de l'Eglise catholique, il pouvait pénétrer dans l'édifice lui-même, où les religieux le conduisirent jusqu'à l'autel. Là, Henri devait réitérer sa profession et son serment.

« *Sadite Majesté, étant à genoux devant le grand autel, réitéra sur les saints évangiles son serment et protestation ci-dessus, le peuple criant à haute voix : Vive le roi ! Vive le roi ! Vive le roi ! »* (Palma-Cayet.)

Le roi alla ensuite à confesse cependant que les voûtes de l'église retentissaient des accents du *Te Deum*.

« *Et à l'instant Sa Majesté (...) fut relevé derechef par M. le cardinal de Bourbon et par ledit archevêque, et conduit audit autel, où ayant fait le signe de la croix, il baisa ledit autel, et derrière celui-ci fut ouï en confession par ledit sieur archevêque. Ce pendant fut chanté en musique ce beau et très excellent cantique Te*

Deum laudamus, *d'une telle harmonie que les grands et petits pleuraient tous de joie, continuant de même voix à crier : Vive le roi! Vive le roi! Vive le roi! ».* (Palma-Cayet.)

Alors Henri put assister en présence des principales autorités politiques, religieuses et administratives à sa première messe depuis dix-sept ans, depuis sa fuite de la cour, en 1576 :

« Après la confession, ledit archevêque l'a conduit sur un oratoire couvert de velours cramoisi brun, semé de fleurs de lys d'or, sur lequel il s'est mis à genoux, et a entendu la grande messe, célébrée par l'évêque de Nantes. Autour du roi se sont placés les susdits princes, évêques et docteurs, et messieurs des cours souveraines ; à l'évangile, le cardinal de Bourbon lui a apporté le livre des évangiles à baiser, et a été très dévotement à l'offrande. » (P. de l'Estoile.)

Cette cérémonie, bien qu'elle eût revêtu la gravité d'un rite exceptionnel, était tout autant un spectacle. A chaque étape de son déroulement, la foule acclamait le roi retrouvé :

« Les grands et petits pleuraient de joie, continuant de même voix à crier : Vive le roi! Vive le roi! »

La liesse même des spectateurs participait à la cérémonie : *« Ladite messe finie, fut chanté mélodieusement en musique " vive le roi! " »* (Palma-Cayet.)

La messe devenait fête :

« et largesse faite de grande somme d'argent qui fut jeté dedans ladite église, avec un applaudissement du peuple ». (Palma-Cayet.)

Le retour d'Henri se fit avec le même faste que son arrivée.

« Et de là Sa Majesté, accompagnée de cinq à six cents seigneurs et gentilshommes, de ses gardes, de Suisses, Ecossais et Français, officiers de la prévôté de son hôtel, fut reconduite, le tambour battant, trompette sonnant, et artillerie jouant de dessus les murailles et boulevards de la ville jusqu'à son logis, avec continuel cri du peuple, disant : Vive le roi! Vive le roi! » (Palma-Cayet.)

La foule, qu'Henri avait laissé venir, se pressa de même à son dîner :

« *Le concours fut si grand que la table pensa être renversée.* »
(Cité par P. de Vaissière.)

Partout où il allait, le peuple semblait exulter d'allégresse, comme l'illustra une brève excursion à Montmartre (qui était à l'époque un village bien distinct de la capitale) :

« *Sa Majesté monta à cheval pour aller à Montmartre rendre grâces à Dieu en l'église dudit lieu, où, au sortir d'icelle, fut fait un grand feu de joie, et, à cet exemple, dans les villages de la vallée de Montmorency et les environs dudit Montmartre, et de là Sa Majesté retourna à Saint-Denis avec une réjouissance de tout le peuple qui l'attendait, en criant encore plus qu'auparavant : Vive le roi! Vive le roi! Vive le roi!* » (Palma-Cayet.)

Depuis son arrivée à Saint-Denis, le roi avait été accompagné, presque importuné, écrit-il à sa maîtresse, par les clameurs de la joie du peuple :

« *J'arrivai au souper de bonne heure, et fus importuné de " Dieu Garde! "* (Dieu le garde) *jusqu'à mon coucher.* » (P. de l'Estoile.)

Le peuple profitait de la présence de son roi, du roi qu'il pouvait enfin pleinement reconnaître comme tel, pour le dévisager sans vergogne. Ainsi, quelques jours après la cérémonie, alors qu'Henri se délassait en jouant à la paume, quelques femmes ne pouvaient s'empêcher de le comparer avec gourmandise au prince que proposait l'autre parti, le jeune fils du duc de Guise, encore tout chétif. Henri, il faut le dire, se prêtait de bonne grâce au spectacle :

« *Ce jour même, le roi jouant à la paume dans Saint-Denis, ayant avisé tout plein de femmes de Paris sous la galerie, qui avaient envie de le voir, et ne pouvaient à cause de ses archers, commanda auxdits archers de se retirer, pour leur faire place à ce qu'elles le pussent voir à leur aise. Et alors, l'une d'elles commença à dire à l'autre : " Ma commère, est-ce le roi dont on parle tant qu'on nous veut bailler? — Oui, dit-elle, c'est le roi. Il est bien plus beau que le nôtre de Paris, répondit-elle : il a le nez bien plus grand. "* » (P. de l'Estoile.)

De fait, l'événement semblait transcender les vieux clivages. Même les Parisiens, toujours assiégés, avaient profité de la trêve établie pour la circonstance :

« *Le roi (...) a ordonné qu'on écrivît à Paris, et à tous les lieux circonvoisins, que tous ceux qui voudraient assister à la cérémonie de sa conversion, qui se ferait le dimanche prochain, pourraient venir à Saint-Denis sans passeport et sans crainte aucune.* » (P. de l'Estoile.)

De nombreux curés de la capitale, pourtant réputés pour leur extrémisme, étaient venus malgré l'interdiction formelle du légat pontifical et des autorités ligueuses :

« *Le même jour, le sieur Benoît, curé de Saint-Eustache, et les autres curés de Paris qui ont assisté à la conversion du roi, ont écrit au légat pour demander la permission de retourner à Paris : offrant de se soumettre aux saints décrets et canons, et de disputer même contre leurs compagnons de la même Faculté, et de montrer qu'ils s'étaient acquittés de leur devoir, sans qu'on les puisse blâmer ni calomnier.* » (P. de l'Estoile.)

Ledit sieur Benoît devait d'ailleurs devenir plus tard l'un des plus proches collaborateurs du nouveau roi. La peine encourue était grande, puisque l'on risquait l'excommunication : le légat « *défendait aux ecclésiastiques (...) de se transporter à Saint-Denis, ville qu'il appelait être en l'obéissance de l'hérétique, sur peine d'encourir sentence d'excommunication, avec privation de bénéfices et dignités ecclésiastiques qu'ils pourraient obtenir* ». (Palma-Cayet.)

Les clivages semblaient à ce point dépassés qu'Henri, jouant à la paume, reçut la visite du rival que certains lui opposaient pour le trône, le cousin de feu le duc de Guise, Charles, duc d'Elbeuf, et c'est avec la plus grande bonhomie qu'il l'accueillit :

« *Le jour même, le duc d'Elbeuf vînt trouver le roi à Saint-Denis dans le jeu de paume. Le roi le voyant, quitta le jeu, et dit ces mots : " Il faut que j'accole ce gros garçon ". Et s'étant enfermé avec lui bien deux heures, le roi le fit boire d'autant, et but aussi ; puis fut avec lui jusqu'au grand marché, où ledit duc d'Elbeuf prit congé de Sa Majesté.* » (P. de l'Estoile.)

La conversion d'Henri le 25 juillet 1593 marque assurément le tournant symbolique majeur de la conquête du trône. Mais, pour autant, cette abjuration ne fut pas si brutale – et par là même, peut-être, si suspecte – qu'il ne semble à quelques siècles de distance.

Dès son avènement dynastique, à la mort d'Henri III, Henri avait en effet pris l'engagement, le 4 août 1589, « *d'être instruit par un bon et légitime et libre concile général et national* » engagement qu'il avait réitéré par lettres patentes en 1591.

Si nous nous interrogeons sur la brutalité du revirement religieux d'Henri IV, c'est en fait sa lenteur qui devrait nous surprendre : près de quatre ans ont séparé l'engagement de conversion de la cérémonie d'abjuration, au lieu des six mois annoncés.

Quels furent les arguments de la conversion, les raisons de son retard, les circonstances exactes de la décision d'Henri?

Le premier argument, le plus fort assurément, était de mettre un terme au divorce entre la religion du roi et celle de son peuple (environ 95 % des Français étaient catholiques). Ce n'était pas qu'une question de majorité, c'était avant tout une question de légitimité et de respect de la tradition. Comme l'illustrait la cérémonie traditionnelle du sacre, le roi « très chrétien » était l'oint de Dieu. C'était par un sacrement de l'Eglise catholique qu'il accédait à la plénitude de la dignité monarchique. Le convertir, c'était donc résoudre le dilemme qui, depuis 1584, opposait la légitimité dynastique à la légitimité religieuse et divisait le royaume. Sans quoi, comme l'expliqua un jour Henri à un pasteur, « *il n'y aurait ni roi ni royaume dans peu de temps en France* ». (Palma-Cayet.)

Par l'utilisation du symbole, Henri recherchait la conciliation et l'apaisement :

« *Mon dessein a été, depuis qu'il lui a plu de me donner le commandement souverain de tant de peuples, de préparer les moyens, au milieu de tant de troubles, pour leur faire avec le temps jouir d'une paix.* » (Palma-Cayet.)

Se convertir, c'était enfin l'espérance de modifier définitivement le rapport des forces à son avantage, en se ralliant tous « *les princes et officiers de la couronne, et toute la noblesse, et généralement tous ses bons et loyaux sujets catholiques de tous ordres* ». (Cérémonie d'abjuration d'Henri IV.)

Ce serait s'attacher définitivement les sympathies des politiques, des modérés de la Ligue et de la grande majorité de la noblesse qui, par essence, était aussi respectueuse du principe dynastique qu'elle était, par tradition, fidèle à la foi catholique.

Henri, aux dires de Palma-Cayet, s'expliqua auprès d'un de ses proches, au moment de rendre publique sa décision de se convertir, sur les raisons qui l'avaient jusqu'alors retenu : l'intransigeance du pape qui refusait d'entériner une éventuelle abjuration d'Henri, un rapport de force encore incertain face à la Ligue et, surtout, la crainte de voir disparaître son principal appui, celui des protestants, qui pouvaient choisir un autre protecteur. Le pasteur Duplessis-Mornay, son fidèle conseiller, l'avait averti : « *Gagnez les catholiques, mais ne perdez pas vos huguenots.* » Henri IV évoquait enfin l'immaturité des peuples « *qui demandaient la guerre et n'en avaient encore assez senti l'incommodité* ». (Palma-Cayet.)

Or, depuis 1589, les victoires d'Arques et d'Ivry, les divisions intestines de la Ligue, avec la mise à l'écart de ses éléments extrémistes, les gages donnés par Henri aux protestants par le rétablissement des anciens édits de tolérance, avaient conforté sa position.

Inversement, il y avait risque à trop tarder. D'autres prétentions au trône commençaient à s'affirmer et à rencontrer un certain crédit. Celles du roi d'Espagne pour l'infante, petite-fille d'Henri II par Elisabeth de Valois, ne furent jamais vraiment prises au sérieux. En revanche, la lassitude des ligueurs modérés et des catholiques royaux, face aux atermoiements d'Henri, constituait un risque certain.

Puisque ce dernier tardait à se convertir et s'excluait ainsi à leurs yeux de la succession, pourquoi ne pas choisir un autre prince de sang à l'appartenance catholique indiscutable ? Ce pouvait être, par exemple, le jeune Charles de Vendôme. Il était devenu cardinal de Bourbon après la mort de son vieil oncle, porteur du titre. Ce pouvait aussi être, toujours au sein de la famille de Bourbon, le comte de Soissons. Celui-ci était bien rallié à Henri IV mais la perspective d'une couronne le tenterait sûrement. D'autant qu'Henri s'était violemment opposé à sa liaison amoureuse avec sa sœur Catherine.

Tel était le projet du « tiers parti », susceptible de rassembler aussi bien des catholiques ralliés jusqu'ici à Henri IV mais impatients de son abjuration, que des ligueurs modérés hostiles à la solution espagnole.

De plus, à l'initiative du duc de Mayenne, des états généraux avaient été convoqués qui, même s'ils n'avaient pas la représentativité nécessaire, pouvaient légitimer la solution du tiers parti. Il fallait donc se convertir sans tarder, comme l'exprima de saisissante façon le marquis d'O, ancien favori d'Henri III passé, après la mort de son maître, au service d'Henri IV :

« *Sire, il ne faut plus tortignonner, vous avez dans huit jours un roi élu en France, le parti des princes catholiques, le pape, le roi d'Espagne, l'empereur, le duc de Savoie et tout ce que vous aviez déjà d'ennemis sur les bras. Et vous faut soutenir tout cela avec vos misérables huguenots, si vous ne prenez prompte et galante résolution d'ouïr une messe...*

Si vous étiez quelque prince fort dévot je craindrais de vous tenir ce langage. Mais vous vivez trop en bon compagnon, pour que nous vous soupçonnions de faire tout.

Craignez-vous d'offenser les huguenots qui sont toujours assez contents des rois, quand ils ont liberté de conscience, et qui, quand vous leur ferez du mal, vous mettront en leurs prières ? Avisez à choisir, ou de complaire à vos prophètes de Gascogne et retourner courir le guilledou, en nous faisant jouer à sauve qui peut, ou à vaincre la Ligue qui ne craint rien de vous tant que votre conversion pour étouffer le tiers parti à sa naissance et être, dans un mois, roi absolu de toute la France. » (Cité par P. de Vaissière.)

A ces raisons d'ordre politique, Sully, dans ses *Mémoires*, ajoute des motivations plus personnelles, « *la lassitude et l'ennui d'avoir toujours eu le hallecret* (armure) *sur le dos depuis l'âge de douze ans pour disputer sa vie et sa fortune; la vie dure, âpre et languide qu'il avait écoulée pendant ce temps; l'espérance et le désir d'une plus douce et agréable pour l'avenir* ». (Sully, *Economies royales.*)

Sully mentionne aussi les douces pressions de Gabrielle d'Estrées : « *Quelques-uns de ses plus confidents et tendres serviteurs, entre lesquels se peut mettre sa maîtresse, y firent apporter l'absolue conclusion.* » (Sully.)

La perspective – illusoire?– d'un mariage royal poussait en effet Gabrielle à rapprocher le roi de l'Eglise catholique, seule à pouvoir prononcer la dissolution du mariage d'Henri et de Margot. L'influence de Gabrielle dans la conversion d'Henri était, du reste, une rumeur convenue comme l'illustrèrent de nombreux libelles ou poèmes :

Gabriel vint jadis à la Vierge annoncer
Que le Sauveur du monde aurait naissance d'elle
Mais le roi, aujourd'hui, par une Gabrielle
A son propre salut a voulu renoncer.
(Cité par P. de Vaissière.)

La décision prise, restait à choisir la manière.

Le sacre

La méthode retenue par Henri fut fidèle à sa démarche toujours politique et pragmatique. Pour faire contrepoids aux états généraux convoqués par Mayenne et tenter une première conciliation, une « conférence » devait se réunir à Suresnes.

Une trêve avait été conclue, signe de la lassitude des esprits, et s'y retrouvaient aussi bien les royaux que des représentants de la Ligue. C'est cette circonstance œcuménique de la conférence de Suresnes qu'Henri choisit pour faire annoncer officiellement son intention de se convertir dans les plus brefs délais.

L'archevêque de Bourges, Renaud de Beaune, qui représentait Henri à la conférence de Suresnes, joua habilement. Il demanda d'abord aux protagonistes de la Ligue, dirigés par l'archevêque de Lyon, s'ils voulaient le roi catholique :

« Que nous répondez-vous sur la conversion du roi ? Ne nous voulez-vous pas aider à le faire catholique ? — Plût à Dieu, répondit l'archevêque de Lyon, qu'il fût bien bon catholique. »

Renaud de Bourges d'annoncer alors, après quelques considérations sur les maux du royaume, la *« conversion de Sa Majesté »*. Cette conversion passerait par une instruction préalable, avec *« bon nombre d'évêques et autres prélats et docteurs catholiques pour être instruit et se bien résoudre avec eux de tous les points concernant la religion catholique »*. Elle supposait aussi la présence *« de tous les princes et autres grands personnages de ce royaume, pour rendre l'acte de son instruction et de sa conversion plus solennelle et témoignée dans le royaume et parmi toutes les nations chrétiennes »*. (Palma-Cayet.)

La partie ne fut certes pas aussitôt gagnée. Quelques représentants de la Ligue alléguèrent aussitôt que le même Henri, qui prétendait se convertir au catholicisme, venait également de subventionner, comme protecteur de l'Union protestante, *« des ministres et écoliers en théologie (...) pour infecter toute la chrétienté du venin de l'hérésie »*. (Palma-Cayet.)

Une trêve de trois mois fut cependant signée. L'instruction du roi pouvait bientôt commencer.

On retrouvait dans cette démarche la même idée fondamentale qu'en 1572 au moment de son abjuration précédente, lorsque Henri IV, contraint de renoncer à la religion protestante, après le massacre de la Saint-Barthélemy, avait demandé une instruction préalable.

Henri avait également défendu ce principe lors de sa première déclaration royale du 4 août, promettant non de se reconvertir mais bien de recevoir les « enseignements » de la foi catholique.

Le procédé, indépendamment de sa signification théologique – la vérité de la foi découlerait de la bonne instruction –, revêtait deux avantages majeurs. Il donnait du temps. Il permettait même, éventuellement, de revenir en arrière, par exemple si les esprits ne paraissaient pas mûrs.

Il existait plusieurs possibilités pour organiser l'instruction d'Henri. Tout d'abord la solution du grand concile général et national, annoncée du reste par Henri IV aussitôt après la mort d'Henri III : d'une discussion franche et approfondie devait émerger la vérité. Mais elle comportait le risque d'exacerber les ressentiments et la mauvaise foi, les protagonistes repartant de toute façon sans avoir changé d'opinion. Bien souvent ces disputes de la vérité étaient surtout combats de vanité. C'est sans doute pour cette raison que, par souci de pragmatisme, Henri écarta toujours cette hypothèse. Le colloque de Poissy, trente ans plus tôt, en avait d'ailleurs bien illustré le caractère irréaliste. De plus cette grande controverse théologique, si elle avait eu lieu, se serait forcément conclue par la défaite symbolique des protestants, puisque son but était, par avance, l'abjuration du roi. Il eût été très maladroit d'humilier ces derniers.

C'est donc en convoquant plusieurs prélats renommés et représentatifs qu'Henri préféra organiser son instruction religieuse, parmi lesquels, notamment, René de Beaune, archevêque de Bourges, Jacques du Perron, évêque d'Evreux, Benoît, curé de Saint-Eustache, *« auxquels il dit qu'il était venu pour se faire instruire dans la religion catholique, et que dès le lendemain il commencerait ».* (Pierre de l'Estoile.)

Mais il fallait justifier la légitimité spirituelle de l'assemblée : pouvait-elle se substituer au jugement pontifical ?

Ces bons prélats furent d'avis, entre autres raisons, que la situation d'Henri IV, en perpétuel danger de mort « ainsi que l'on avait assassiné le feu roi Henri III » relevait de l'empêchement prévu par les canons de l'Eglise pour les pécheurs à l'article de la mort, que, dès lors, un simple prêtre pouvait absoudre même pour les péchés les plus graves, même en cas d'excommunication. La cause était entendue : Henri lui aussi pouvait recevoir l'absolution ; il irait voir le pape plus tard...

Le roi stupéfia les théologiens par sa maîtrise des sujets discutés :

« *Le vendredi 23 juillet, les docteurs, mandés à Saint-Denis, entrèrent dès le matin en conférence avec le roi sur le fait de sa conversion. Aux arguments desquels le roi répond et réplique si à propos, alléguant les passages de la Sainte Ecriture, qu'ils en demeurent étonnés, et empêchés de donner solutions valables à ses questions. Tant, qu'un des principaux d'entre eux dit le lendemain à quelqu'un qu'il n'avait jamais vu hérétique mieux instruit en son erreur, ni qui la défendît mieux, et en rendît meilleures raisons.* » (Pierre de l'Estoile.)

Bien loin de l'image d'un Henri léger et superficiel, ce goût pour la théologie, sans doute hérité de sa mère et de sa grand-mère, ne manque pas de surprendre. Henri, pourtant, exerçait depuis longtemps son esprit aux questions religieuses.

« *Depuis que ce prince eut été contraint de prendre les armes il ne laissa toutefois, au plus fort même de ses affaires, de conférer particulièrement avec ceux qu'il jugeait doctes des points principaux de sa religion, et se rendit tellement capable de soutenir des points débattus par les ministres, selon leur façon de faire, que plusieurs fois il en a étonné des plus entendus d'entre eux.* » (Palma-Cayet.)

A une culture théologique visiblement très solide s'ajoutaient la vivacité de l'intelligence et la compréhension immédiate des motivations des hommes et de leurs discours :

« *Je dirai que c'est de la seule vivacité de son esprit et l'exact jugement qu'il fait de toutes choses, en quoi il ne reçoit aucune comparaison avec prince ou philosophe qui ait jamais été; car je compare aussi les uns aux autres, mêmement* (surtout) *en ce qui concerne l'anacrise* (la sincérité) *des esprits, dont il est un vrai et très parfait anatomiste, si bien qu'il connaît les affections à la mise et les pensées au parler.* » (Palma-Cayet.)

Au cours de ces entretiens où se jouait la destinée du royaume, quels furent les points d'accord facile et les points d'achoppement? Les frontières entre les deux confessions étaient-elles si radicales? L'instruction dura trois jours, trois jours pour examiner tous les points de controverse entre la foi catholique et la foi huguenote, trois jours pour résoudre plus de trois décennies de doutes et de conflits.

L'accord se fit apparemment sans grande difficulté. Toutefois les chroniqueurs signalent plusieurs réticences significatives :

« *Le roi a reçu l'instruction sur les articles de la religion catholique, desquels le roi doutait le plus : savoir, l'invocation des saints, la confession auriculaire, et la puissance du pape.* » (Pierre de l'Estoile.)

Sur chaque point, les prélats s'efforcèrent de lui apporter les apaisements nécessaires, non sans une certaine subtilité :

« *Il fut, depuis les six heures du matin jusqu'à une heure après midi, assisté de M. l'archevêque de Bourges, grand aumônier de France, de messieurs les évêques de Nantes et du Mans, et de M. du Perron, nommé à l'évêché d'Evreux, auxquels il fit les trois questions suivantes : la première, s'il était nécessaire qu'il priât tous les saints par devoir de chrétien. On lui fit réponse qu'il suffisait que chacun prît un propre patron, néanmoins qu'il fallait toujours invoquer les saints selon les litanies, pour joindre tous nos vœux les uns avec les autres, et tous ensemble avec tous les saints. La seconde question fut de la confession auriculaire : car ce prince pensait pouvoir être sujet à certaines considérations qu'il leur dit, lesquelles ne sont point communes. Sur quoi lui fut dit que le juste s'accuse de soi-même, et toutefois que c'était le devoir d'un bon chrétien de reconnaître une faute où il n'y en avait point, et que le confesseur avait ce devoir de s'enquérir des choses nécessaires, à cause des cas réservés. La troisième fut touchant l'autorité papale : à quoi on lui dit qu'il avait toute autorité dans les causes purement spirituelles, et qu'aux temporelles il n'y pouvait toucher au préjudice de la liberté des rois et des royaumes.* » (Palma-Cayet.)

Le sérieux des sujets abordés n'empêcha pas Henri de conjuguer humour et théologie. Ainsi, sur le purgatoire : difficile à convaincre, Henri s'en tira avec une flèche empoisonnée :

« *Pour le regard du purgatoire, il leur dit qu'il le croirait, non comme article de foi, mais comme croyance de l'Eglise, de laquelle il était fils, et aussi pour leur faire plaisir, sachant que c'était le pain des prêtres...* » (Pierre de l'Estoile.)

C'était là une allusion bien sarcastique au commerce des indulgences, supposées réduire la durée de séjour au purgatoire. Ce fut également par une boutade qu'Henri régla la question de la prière pour les morts :

« *Quant ils vinrent à la prière des morts, il leur dit :* " *Laissons là le* Requiem, *je ne suis pas encore mort, et n'ai envie de mourir* ". » (Pierre de l'Estoile.)

Ainsi, même avec les questions religieuses, si dramatisées par ses contemporains, Henri savait rire. Ce n'était pas qu'il prît ces affaires à la légère. Le salut de son âme était en jeu, comme il le rappela, non sans émotion, à ses instructeurs :

« *Voici : " Je mets aujourd'hui mon âme entre vos mains. Je vous prie, prenez-y garde : car là où vous me faites entrer, je n'en sortirai que par la mort ; et de cela je le vous jure et proteste.* " *Et en ce disant, les larmes lui sortirent des yeux.* » (Pierre de l'Estoile.)

Il ne fallait pas cependant abuser de sa bonne volonté, comme il s'en expliqua à deux parlementaires venus lui rendre visite, ni « *l'astreindre à des serments étranges, et à signer et croire des badineries qu'il s'assurait que la plupart d'eux ne croyaient pas ; comme même du purgatoire* ».

Il y eut, semble-t-il, compromis : le texte de l'abjuration ne devait pas être trop précis sur les points délicats. Il ne fallait pas non plus demander au roi de prier en latin. A l'évêque chargé de l'instruire, qui lui demandait en quelle langue il priait, en français, comme les huguenots, ou en latin, comme les catholiques, Henri de répondre : « *Ni l'un, ni l'autre. Je prie en béarnais, comme mon grand-père me l'a appris.* »

Mais, au-delà de ces points de croyance ou de pratique d'une importance théologique somme toute relative, Henri, aux dires des chroniqueurs, aurait eus sur deux points essentiels, une position étonnante.

Il s'agit tout d'abord, peu avant sa conversion, de doutes ou de nuances qu'il aurait eus sur la foi protestante qui était alors la sienne. Il aurait ainsi dit à un des ministres protestants de sa maison :

« *Je ne vois ni ordre ni dévotion en cette religion ; elle ne gît qu'en un prêche, qui n'est autre chose qu'une langue qui parle bien français.* » (Palma-Cayet.)

Surtout, Henri, avant même son abjuration, avait choisi de croire à l'eucharistie, à la présence réelle du corps du Christ dans la cène :

260

« *J'ai ce scrupule qu'il faut croire que véritablement le corps de notre Seigneur est au sacrement, autrement tout ce qu'on fait en la religion n'est qu'une cérémonie.* » (Palma-Cayet.)

Il en convint d'ailleurs fort aisément lors de son instruction :

« *Mais, quant se vint à parler de la réalité du sacrement de l'autel, il leur dit : " Je n'en suis point en doute, car je l'ai toujours cru ".* » (Palma-Cayet.)

Les ambiguïtés de la foi d'Henri rejoignaient une position assez incertaine sur la valeur de l'une ou l'autre religion, s'en remettant avant tout à Dieu pour « *que, si sa religion est la bonne, comme il croit, il veuille lui confirmer et assurer ; que si elle est mauvaise, lui fasse entendre la bonne, et illuminer son esprit pour la suivre et y vivre et mourir* ». (Agrippa d'Aubigné, cité par C. Desplat.)

Il en était même venu, semble-t-il, à l'idée qu'il « *était possible en tous les cas de faire son salut dans l'une et l'autre confession* », renforcé en cette opinion par la présence dans son entourage, depuis sa réconciliation avec Henri III, aussi bien de catholiques que de protestants.

L'abjuration d'Henri IV fut donc l'aboutissement d'une délibération et d'un processus sincères, même s'il est clair que la date et les modalités de sa conversion furent clairement déterminées par des motivations et un contexte d'ordre politique.

Paris valait-il une messe ? Henri ne prononça sans doute jamais la célèbre formule. Il apostropha cependant un jour un de ses anciens coreligionnaires qui s'était décidé, lui aussi, à franchir le pas : « *Ah ! j'entends bien ce que c'est : vous avez volontiers quelque couronne à gagner.* » (Pierre de l'Estoile, cité par P. de Vaissière.)

Cela ne prouvait qu'une chose : qu'Henri savait rire des choses les plus graves.

Le sacre, six mois après, s'inscrivait dans la continuité de la conversion. En abjurant, Henri avait renoué avec la tradition monarchique, avec « *la religion catholique, que les rois ses prédécesseurs ont par tant de siècles et tant religieusement tenue et maintenue depuis Clovis, premier roi de France chrétien* ». (Nicolas de Thou, *Ordre des cérémonies*.)

L'indispensable légitimité religieuse pouvait enfin rejoindre l'indiscutable légitimité dynastique. C'était précisément ce que la cérémonie ancestrale du sacre devait révéler au monde, en faisant d'Henri le véritable « roi-prêtre » de la France.

Or il devait se montrer d'autant plus fidèle aux rites et aux mystères de la tradition monarchique que sa position était encore précaire : des provinces entières du royaume ne reconnaissaient pas son autorité cependant que la papauté, sous la pression de l'Espagne, n'acceptait pas son abjuration et le désignait toujours comme hérétique.

Seule la cérémonie du sacre, manifestant l'élection divine de la personne royale et conférant au magistère royal son essence religieuse, pouvait donner à Henri la plénitude de la reconnaissance et de la légitimité monarchique « *selon la coutume que les autres rois ses prédécesseurs ont toujours eue de procéder à leur sacre et couronnement bientôt après leur avènement à la couronne, comme étant ledit sacre le caractère de la royauté et de l'approbation publique du peuple français* ». (N. de Thou, *Ordre des cérémonies*.)

Il fallait, pour toutes ces raisons, un sacre irréprochable qui manifeste la même gloire et la même magnificence que les couronnements antérieurs. Las, le royaume était encore en guerre, en division. Les lieux symboliques les plus éminents, certaines des plus hautes autorités religieuses, les trésors enfin de la couronne échappaient toujours à Henri. Il fallait donc résoudre le dilemme : gagner du temps, sans rien perdre sur le plan symbolique.

Le lieu traditionnel du sacre des rois de France était bien sûr la cathédrale de Reims, depuis que saint Remi avait oint et couronné Clovis. Or, Reims était encore aux mains des ligueurs.

Pouvait-on se faire sacrer ailleurs qu'à Reims? Quelques conseillers érudits eurent tôt fait de retrouver un exemple ancien : Louis le Gros n'avait-il pas été sacré à Orléans en 1106? En ce temps-là aussi, l'accès à Reims était rendu dangereux par la présence d'ennemis.

On pouvait aussi songer à Saint-Denis, tombeau des rois de France, où avait eu lieu l'abjuration, mais cela semblerait à beaucoup une répétition, une redite. Notre-Dame de Paris était aux ennemis. Restait Chartres. C'était par l'archevêque de Chartres que Louis le Gros avait été couronné. La cathédrale, vouée à la Vierge, était un des lieux de culte les plus prestigieux de France.

Chartres était également un lieu géographique suffisamment central pour que tous puissent y accéder sans problème, « *ville* assise en lieu commode, et comme presque au nombril des endroits du royaume desquels Sa Majesté avait convoqué les princes et seigneurs, et les principaux de ses cours de parlement, pour assister à cette solennelle cérémonie ». (Nicolas de Thou, Ordre des cérémonies.)

Les ancêtres paternels d'Henri, les Bourbon-Vendôme, dont les domaines étaient tout proches, y avaient enfin prié : « avec chapelle propre, service divin, et obits (messes aniversaires) annuellement faits en ladite église de Chartres à leur intention au lendemain des cinq fêtes de Notre Dame ». (Palma-Cayet.)

Surtout, Chartres, récemment conquise, symbolisait la victoire royale.

L'huile sainte qui servait, depuis Clovis, à l'onction royale, le moment sans doute le plus mystérieux et le plus intense de la cérémonie, était contenue dans l'ampoule de saint Remi. Celle-ci se trouvait aussi à Reims, entre les mains des ligueurs. A moins de tenter une invraisemblable escapade pour enlever cette sainte ampoule, il fallait trouver une autre huile, revêtue d'une égale légitimité et d'un prestige équivalent.

Saint Martin, l'évangélisateur des Gaules, se substitua à saint Remi : on avait en effet trouvé, celée dans un monastère de Marmoutier, une ampoule contenant de l'huile bénite par le grand saint. Elle était encore plus ancienne et vénérable que l'huile de saint Remi et pouvait donc bien en faire office. Une telle trouvaille était assurément un signe du destin. Mais l'arracher aux religieux de Marmoutier ne fut pas aisé : il fallut leur promettre solennellement et devant notaire qu'on la leur rendrait après la cérémonie.

L'entrée de la sainte ampoule à Chartres fut l'occasion d'une majestueuse procession, « portée par un desdits religieux depuis la porte de la ville jusques en l'abbaye de Saint-Père, accompagnée du clergé et d'un grand nombre de peuple, et les rues furent tendues au passage, et en l'honneur et révérence de ce précieux reliquaire ». (Nicolas de Thou, Ordre des cérémonies.)

Les autres insignes du pouvoir royal n'étaient pas davantage disponibles, qu'il s'agisse de la couronne, du sceptre, de la main de justice, de l'épée... Traditionnellement gardés en l'église de Saint-Denis, ils avaient été détruits pour éviter, sans doute, qu'ils ne tombent entre les mains du Béarnais. Il fallut donc en faire de nouveaux :

« *On y fit apporter la couronne impériale close, la couronne moyenne, le sceptre royal, la main de justice, le manteau royal, la camisole, les sandales, les éperons, l'épée, la tunique et la dalmatique, et tous les autres ornements royaux, qu'il a fallu faire tout de neuf, et les plus beaux et riches qu'on a pu, puisque la félonie des rebelles a fait fondre, défaire et dissiper les autres de tout temps gardés en l'église de Saint-Denis en France, pour servir au sacre des Rois.* » (Nicolas de Thou, *Ordre des cérémonies*.)

Même les hauts dignitaires qui devaient conduire à la cérémonie et dont la liste était établie par la tradition, firent, à cause des absences ou des apparences partisanes, l'objet d'étranges substitutions avec, au premier chef, « *l'évêque de Chartres, auquel était demandé de représenter la personne de l'archevêque de Reims, premier des pairs de France, et faire l'office du sacre en son église* » (Palma-Cayet), mais aussi plusieurs autres évêques représentant leurs confrères absents et certains grands officiers royaux, en particulier le connétable, remplacé par le maréchal de Matignon.

La cathédrale de Chartres devait être transfigurée pour un événement si extraordinaire. Tout le chœur de l'église était ainsi paré et enluminé. C'était un foisonnement de couleurs et de matériaux, de « très riches tapisseries », de « tapis de soie », des « draps de toile d'argent damassés à feuillages rouges », du « satin bleu semé de fleurs de lys d'or »...

Tout avait été fait pour que la cérémonie fût aussi belle pour Henri que pour ses prédécesseurs, même si la pauvreté du temps et la brièveté de l'échéance obligeaient à des décors « *... non si magnifiques que les autres, mais tels que la brièveté du temps et le temps même a permis de les faire* ». (Nicolas de Thou, *Ordre des cérémonies*.)

Au-delà des ornements et des décors, l'espace avait une valeur symbolique. Tout le chœur et ses alentours étaient organisés autour de cette rencontre mystique entre la puissance divine, symbolisée par l'autel, et la puissance royale. Face à l'autel, on avait placé la cathèdre de l'évêque de Chartres, couverte d'un riche tapis. Puis se trouvait le trône royal, couvert d'un dais et richement paré. Derrière le roi, un peu en retrait, une « escabelle couverte de satin bleu semée de fleurs de lys » avait été préparée pour les grands dignitaires de la royauté, le chancelier, le connétable, le grand chambellan, etc. A la droite et à la gauche de l'autel des bancs couverts de tapis devaient accueillir les grands dignitaires ecclésiastiques, les grands serviteurs de l'Etat, les ambassadeurs. On avait aussi dressé un petit pavillon pour la confession du roi et un banc pour les grands devant recevoir les ornements royaux à différents moments de la cérémonie. Un peu plus loin seraient assis les chevaliers de l'Ordre du Saint-Esprit et, tout autour, comme pour un spectacle, des estrades où prendraient place les gentilshommes et dames de la cour, ainsi que différents notables.

Enfin, les galeries du chœur et de la nef étaient laissées « *à ceux qui y pourraient prendre place* »...

Il fallait une préparation spirituelle particulière à cette cérémonie d'essence religieuse, au mystère de l'élection divine des rois de France. La légitimité politique était indissociable de la légitimité religieuse. Un roi non catholique remettait en cause les fondements même de la société. Il fallait que la force symbolique du sacre emporte l'adhésion de tous. Henri l'avait bien compris.

Le roi était logé à l'hôtel de l'évêché où, au petit matin, on vint le chercher en grande pompe. C'était une bien majestueuse procession, ainsi que le voulait la tradition. Les évêques « *vêtus de leurs habits pontificaux, portant reliques des saints en leur col* » étaient précédés par force chanoines et enfants de chœur « *avec deux croix, chandeliers, encensiers et benoîtiers* (bénitiers) ».

Conformément à la tradition, le roi les attendait, hiératique, allongé sur un lit dans la première chambre, figurant le roi mort. Ses vêtements étaient ouverts de plusieurs fentes destinées à recevoir l'onction.

Après une brève oraison, les deux évêques désignés par la tradition soulevèrent Henri pour le mener à la porte de l'église en une étrange procession « *avec les archers du grand prévôt de l'hôtel du roi, puis le clergé ayant accompagné lesdits deux prélats, les Suisses de la garde, les trompettes, les hérauts, les chevaliers du Saint-Esprit, les huissiers de la chambre du roi avec leurs masses, les archers des gardes, les Ecossais près de la personne du roi* ». (Palma-Cayet.)

Le cortège était accompagné des premiers princes du royaume, les princes de Conti, comte de Soissons, duc de Montpensier, etc. Ils étaient parés des étoffes les plus précieuses et des habits les plus flamboyants.

Devant le roi marchait le connétable « *vêtu d'une tunique de toile d'argent damassée de violet, le manteau et le cercle sur la tête, et portant en la main droite, l'épée nue, droite, la pointe en haut* ». (Nicolas de Thou, *Ordre des cérémonies*.)

Arrivée à la porte de l'église, la procession marqua un temps d'arrêt. Puis le roi entra. Conduit à sa chaise par deux évêques, il s'avançait lentement cependant que se répétaient à l'infini les oraisons et les psaumes chantés par les chanoines, d'abord le psaume XX « *Domine, in virtute tua lœtabit rex* » puis « *Ecce mitto angelum meum* », etc. L'archevêque de Chartres accueillit le roi et fit plusieurs prières. Le roi, à son tour, en fit aussi « *pour obtenir de Dieu la grâce de gouverner ses sujets* ». La cérémonie pouvait commencer. Elle connut plusieurs grands moments, plusieurs étapes symboliques majeures.

Il y eut d'abord l'entrée de la sainte ampoule. Il y eut l'acclamation du roi par son peuple, reconnaissance plus que légitimation, la dignité royale dépendant des lois de succession du royaume et non d'une quelconque élection populaire.

Mais le rite le plus intense était sans nul doute celui de la sainte onction. Par des gestes sacrés, l'évêque de Chartres réalisait le mystère de l'élection divine du roi. C'est à cet instant précis que le roi, prince des laïcs, devenait un véritable roi-prêtre.

« *Il tira de ladite ampoule, par une aiguille d'or, un peu de liqueur de la grosseur d'un pois, et la mêla du doigt avec le saint chrême préparé à cette fin. Durant que la susdite mixture se faisait on chanta plusieurs antiphones, versets et oraisons.*

Ladite onction préparée, les attaches des vêtements du roi furent de fermer devant et derrière par lesdits évêques de Chartres, Nantes et Maillezais; puis Sa Majesté se prosterna devant l'appui de son oratoire, et l'évêque de Chartres quand à lui, pour requérir l'assistance de la grâce de Dieu pour la conservation de la France. Cependant les évêques de Nantes et Maillezais commencèrent à chanter la litanie que l'on a coutume de chanter en telle cérémonie, et le chœur leur répondait.

La litanie finie, l'évêque de Chartres se dressa debout pour dire sur le roi, demeuré encore prosterné en terre, plusieurs suffrages et oraisons, lesquelles dites, ledit sieur évêque s'assit comme en la consécration d'un évêque, et, avant qu'oindre le roi, fit encore plusieurs prières sur lui, après lesquelles, tenant en mains l'assiette sur laquelle était ladite sacrée onction, commença du pouce droit à oindre et sacrer le roi en sept parties, à savoir : premièrement, au sommet de la tête; secondement, sur l'estomac après que sa camisole et chemise lui furent avalées; tiercement, entre les deux épaules; quartement, en l'épaule droite, à la cinquième fois en l'épaule senestre (gauche); à la sixième au pli et jointure du bras droit; en la septième celle du bras gauche. » (Palma-Cayet.)

266

Sept fois répétée, l'onction était le privilège des rois de France. Elle renouvelait le lien mystique établi, pour la première fois, entre Dieu et la royauté de France, lors du baptême de Clovis : alors que saint Remi manquait de l'huile nécessaire à ce rite, une colombe avait apporté la sainte ampoule dans l'église même.

La sacralisation ainsi opérée de la personne royale était également manifestée par les vêtements que l'on donnait au roi immédiatement après l'onction, en particulier le manteau royal « représentant la chasuble du prêtre ».

Le mystère de l'onction réalisé, le roi pouvait désormais recevoir successivement les insignes du pouvoir royal : l'anneau, le sceptre, la main de justice, la couronne. Chacun avait une signification précise : l'alliance par laquelle le roi épousait son royaume, la puissance, la justice, la souveraineté ; une souveraineté totale puisque la couronne, à l'image de la couronne impériale, était fermée. C'est elle que le roi reçut en dernier :

« *L'évêque de Chartres prit sur l'autel la grande couronne close, et la souleva seul à deux mains sur le chef du roi sans le toucher.* » (Palma-Cayet.)

L'évêque pouvait désormais conduire le roi de l'autel jusqu'au trône que l'on avait placé un peu plus loin, dans le chœur. Les pairs du royaume l'accompagnaient, en touchant la couronne des mains pour manifester leur solidarité organique avec la monarchie. Le roi couronné monta vers son trône. L'archevêque fit alors une profonde révérence, puis s'exclama par trois fois : « *Vive le roi !* »

L'acclamation du peuple y répondit aussitôt, suivie de tirs d'arquebusades et de canons, des clameurs des trompettes et des hautbois, des roulements des tambours. Des pièces d'or étaient lancées, portant souvent l'effigie du roi.

Tout au long de la messe qui allait désormais se dérouler, la même allégresse se manifesta, comme le rapporte Nicolas de Thou :

« *Toutes les fois que le roi tournait tant soit peu le visage vers la nef, le peuple, qui y était en nombre innombrable, criait : Vive le roi ! et l'église retentissait de cris et d'arquebusades.* » (Nicolas de Thou, *Ordre des cérémonies*.)

Il y eut, le lendemain, une autre cérémonie, soulignant cette fois le lien entre Henri IV et son prédécesseur, qui vit le nouveau roi recevoir le collier de l'ordre du Saint-Esprit créé par Henri III.

L'entrée dans Paris

Le troisième acte de la réconciliation symbolique du royaume et de son roi légitime fut l'entrée dans Paris. Ce retour devait sceller l'alliance retrouvée du roi et de la ville qui, jusque-là, lui avait opposé une résistance fanatique.

L'abjuration (25 juillet 1593) puis le sacre (27 février 1594) avaient créé une nouvelle donne symbolique : il fallait, sur le même mode, mettre en scène la réconciliation de Paris avec son roi.

Ce fut d'abord le choix de Saint-Denis comme résidence. En optant pour ce lieu mythique de la monarchie française où il avait contracté son engagement religieux, Henri voulait montrer qu'il restait fidèle à la religion catholique. Il y menait depuis le 10 mars une vie apparemment insouciante, entretenant soigneusement sa popularité.

Un jour, une bourgeoise de Paris vint le voir incognito. Il lui confia un message à l'intention de ses partisans :

« Vous direz à mes bons serviteurs à Paris qu'ils ne se lassent de bien faire, que, pour moyenner toujours et faciliter leurs entreprises, je me tiendrai auprès de Paris avec mes forces et ne bougerai, mais qu'ils ne s'arrêtent au duc de Mayenne, car il les trompera et moi et tout s'il peut. Je n'attends rien de bon de lui... Ce néanmoins, je désire d'avoir la paix, voire et la veux acheter à tel prix que ce soit. Et tout ainsi que j'ai plus accordé à ceux de Meaux qu'ils ne m'ont demandé, ainsi en ferai-je autant à toutes les villes qui se voudront rendre et me reconnaître... Je leur promettrai que, de dix ans, ils ne paieront aucunes tailles, j'ennoblirai le corps de ville et les maintiendrai en leurs anciens privilèges et religion... Après cela, que Paris songe à soi, s'il veut ! Je ne lui ferai pis qu'aux autres, comme on peut penser, et mon plus grand soin est et sera de rendre pour jamais contents et heureux mes bons serviteurs qui y auront travaillé. S'il y en a d'autres qui me trahissent, Dieu est leur juge. Mais j'aime mieux mourir que vivre en défiance, laquelle aussi, tout bien considéré, nuit plus aux rois qu'elle ne leur sert. »

(Pierre de l'Estoile, *Mémoires*, cité par P. de Vaissière, *Henri IV*.)

Henri proposait en fait une négociation aux personnalités parisiennes, en flattant les intérêts privés comme ceux de l'ensemble de la population. Paris ne se donnerait peut-être pas. Mais il pourrait toujours l'acheter.

Le moment était opportun. Le duc de Mayenne, sentant le vent tourner, avait quitté Paris dès le 6 mars, accompagné de sa famille et de ses affaires. Henri envoya le 14 mars un de ses fidèles négocier avec le gouverneur de Paris la reddition de la ville : pour le gagner à la cause royaliste, il lui promit une forte somme d'argent et un bâton de maréchal. Aidé du prévôt des marchands et de quelques échevins secrètement ralliés, il allait orchestrer l'entrée d'Henri IV dans Paris, à l'insu du légat pontifical et de l'ambassadeur extraordinaire du roi d'Espagne, le duc de Feria.

Pour tromper les observateurs ennemis, Henri fit semblant de se retirer à Senlis. Le 20 mars, il quitta discrètement cette ville pour rassembler ses troupes aux environs de Dammartin et de la forêt de Montmorency. Le lendemain Brissac prépara le terrain. Il éloigna de la capitale l'une des meilleures compagnies sous un prétexte quelconque et fit distribuer sous le manteau des tracts annonçant qu'une paix avait été conclue entre le duc de Mayenne et Henri. Il envoya deux émissaires avertir le roi que tout serait prêt le 22 mars et qu'il ferait dégarnir la porte Neuve (près des Tuileries) et la porte Saint-Denis.

Henri partit donc de nuit et, à l'approche de la capitale, son armée (4 000 hommes environ) se scinda en deux. L'opération fut rondement menée selon une organisation bien réglée.

Un peu après quatre heures du matin, les troupes royales entraient à Paris par la porte Neuve, contrôlée par Brissac : « *Aussitôt que le pont-levis fut abattu, sans avoir patience que la barrière fut ouverte* », et, au nord, par la porte Saint-Denis, puis retournaient quelques canons « *pour tirer le long des grandes rues afin de saluer ceux qui se présenteraient pour remuer* ». Les quelques tentatives de résistance furent aussitôt réduites : « *25 ou 30 lansquenets qui étaient un corps de garde ayant fait contenance de vouloir résister furent incontinent taillés en pièces ou jetés en l'eau* ». Puis, « *sans s'amuser davantage* », nous dit Palma-Cayet, les soldats royaux prirent position dans tous les points stratégiques, en particulier les ponts.

A six heures, les troupes royales avaient fait leur jonction au Châtelet. Conformément aux ordres d'Henri IV, la ville avait été investie « *sans effusion de sang, fors de quelques lansquenets qui*

*voulurent mener les mains, et deux ou trois bourgeois de la ville,
la vie desquels le roi dit depuis avoir le désir de racheter, s'il eût
été en son pouvoir, de la somme de cinquante mille écus, pour
laisser un singulier témoignage à la postérité que le roi avait pris
Paris sans le meurtre d'un seul homme ».* (Pierre de l'Estoile,
Mémoires.)

Le roi pouvait désormais entrer dans sa capitale.

Henri IV franchit la porte Neuve, la même porte qu'Henri III
avait empruntée six ans auparavant pour fuir la capitale insurgée,
et fut accueilli par Brissac :

*« Aussitôt que le roi fut entré, le comte de Brissac lui présenta
une belle écharpe de broderie. Sa Majesté, en l'accolant* (l'embrassant), *l'honora du titre de maréchal de France, et lui donna son
écharpe blanche qu'il portait ; puis le prévôt des marchands,
L'Huillier, lui présenta aussi les clés de la ville, qu'il reçut avec
beaucoup de contentement. On avait fait à Sa Majesté cette réduction si facile qu'il ne s'était point armé, mais, sur le bruit qui
advint à cause desdits lansquenets, il commanda qu'on lui appor-
tât ses armes et prit sa cuirasse et sa salade. »*

Le roi défila alors à cheval dans les rues de Paris, se montrant
au peuple qui accourait de partout *« étonné de se voir dans une
telle ville, au milieu d'un si grand peuple »*, et défendant qu'on fît
la moindre violence : *« Ayant avisé un soldat qui prenait par force
du pain sur un boulanger, y courut lui-même, et le voulut tuer.*

*Passant devant les Innocents, et y restant arrêté avec sa troupe,
fut vu un homme à la fenêtre d'une maison qui fait le coin, lequel
la tête couverte, regarda longtemps Sa Majesté, sans faire seulement semblant de la saluer. Enfin voyant qu'on commençait à en
murmurer, ferma la fenêtre, et se retira. Ce qu'ayant été rapporté
au roi, s'en prit à rire, et cependant défendit très expressement
qu'on n'eût à entrer en ladite maison, pour y fâcher ou molester
aucun. »*

Ayant ôté sa salade, mettant pied à terre puis se laissant porter
par la foule, Henri IV se donnait à son peuple *« affamé de voir un
roi ».* (Pierre de l'Estoile.)

Tandis que les cloches de Paris sonnaient à toute volée, Henri
s'acheminait vers Notre-Dame, précédé de 500 hommes à pied,
pour assister à un *Te Deum* solennel en présence du peuple pari-

sien. Il y fut accueilli par l'évêque de Paris et plusieurs religieux qui lui présentèrent, un crucifix à la main, une image du Christ.

Cette mise en scène religieuse n'était pas anodine. L'archidiacre portant « *l'image et portrait du Christ* » à la vénération du roi le poussait à faire une démonstration publique de sa conversion à la religion catholique. Très symboliquement cette petite épreuve eut lieu sur le parvis de Notre-Dame. Le roi répondit en réitérant sa « *conversion à la religion catholique, apostolique et romaine, et profession que j'en ai dernièrement faite, en laquelle je proteste moyennant son aide de vivre et de mourir* ».

Le roi baisa ensuite la croix puis s'avança jusqu'à l'autel. La messe pouvait commencer et célébrer les retrouvailles du roi et de son peuple.

La communication ne négligeait aucun détail : « *Il fut vu à son côté un jeune enfant, comme de l'âge de six ans, beau en perfection et proprement habillé, qui empêchait aucunement ceux qui arrivaient de moment à autre pour donner avis à Sa Majesté de ce qui se faisait en la ville, et, pour mieux approcher, ils le voulaient faire sortir ou reculer; mais qu'un des curieux regardant dit assez haut : " Laissez cet enfant, c'est un bon ange qui conduit et assiste notre Roi. " Ce qu'étant entendu par Sa Majesté, il prit de sa main le bras de l'enfant, et, comme les seigneurs et gentilshommes essayaient de le faire lever, il le retint quelque espace de temps, et l'empêcha de sortir jusqu'à ce que volontairement il se retira sans qu'on s'aperçût de ce qu'il devint.* » (Palma-Cayet.)

Pendant qu'Henri était occupé à ces dévotions solennelles, ses partisans s'affairaient dans les rues de Paris pour rassurer la population. Brissac organisait la propagande du roi :

« *Cependant que le roi était dans Notre-Dame, lesdits sieurs comte de Brissac, prévôt des marchands, et Langlois échevin, accompagnés de quelques gens à cheval armés, et de hérauts et trompettes, allèrent par divers quartiers de la ville, annonçant de rue en rue à haute voix au peuple grâce et pardon, commandaient que l'on eût à prendre des écharpes blanches, et ne faire aucun remuement : ils se séparaient suivant les occasions, les uns allant par une rue, les autres par l'autre, puis se rejoignaient aux grandes places. Un nombre de petits enfants criant Vive le roi! suivaient les trompettes et les hérauts.* » (Palma-Cayet, *Chronologie novénaire*.)

Tous ces gens mobilisés distribuaient des tracts qu'Henri avait fait imprimer la veille à Saint-Denis, annonçant un pardon général pour les insurgés, y compris les chefs de la Ligue – les Seize – et réitérant sa promesse de vivre et mourir en la religion catholique. Par l'effet de cette propagande, l'inquiétude des Parisiens se transmuait en joie et, par un curieux renversement, suscitait l'adhésion de tous, y compris les ennemis d'hier, à la personne royale. « *Ces billets que l'on se donnait de main en main pour lire, le bruit qui courait aux quartiers éloignés que le roi était dans Notre-Dame, le son des cloches en signe de réjouissance, changea l'étonnement du peuple, et même d'aucuns factieux, en joie et assurance, tellement qu'en un moment il se rendit une si grande affluence de monde dans Notre-Dame, que l'église ni le parvis, ni les rues qui y abordent, n'étaient assez grands pour les pouvoir contenir.* » (Pala-Cayet, *Chronologie novénaire*.)

Ainsi furent désamorcées les résistances des ligueurs. Il y eut quelques velléités du côté du quartier Latin, aux alentours de la Sorbonne, mais le billet de pardon général et la liesse populaire dissuadèrent la plupart, tel le curé de Saint-Côme qui avait pris les armes mais s'en retourna bien vite « *prier Dieu et chanter* Te Deum *en son église pour l'heureuse réduction de Paris en l'obéissance de son roi* ». (Palma-Cayet.)

Seules les garnisons de la Bastille et de Vincennes tentèrent de résister. Les deux capitaines acceptèrent le dimanche 27 mars de rendre leur place-forte à condition de pouvoir se retirer dans une ville ligueuse. La répression fut clémente : il n'y eut que 140 bannis, soit de la capitale, soit du royaume. Du reste, les ligueurs les plus compromis s'enfuirent.

Quant aux troupes espagnoles qui cantonnaient dans Paris, elles bénéficièrent aussi de la mansuétude royale et purent partir dans l'honneur « *pour se retirer en Flandre pourvu qu'ils ne s'en rendissent point indignes en voulant se défendre; ce que lesdits duc de Feria et don Diego d'Ibarra, pour éviter le péril où ils étaient, acceptèrent aussitôt, Sa Majesté leur permettant de sortir le jour même le tambour battant, les drapeaux au vent, les armes sur l'épaule et la mèche éteinte, et même d'emporter tout leur bagage* ». (Palma-Cayet.)

Selon Pierre de l'Estoile, le duc de Feria se serait exclamé en entendant les propositions d'Henri : « *Ah! grand roi, grand roi!* » En interdisant une « chasse à l'Espagnol », Henri ne sauvait pas seulement les vies des soldats du roi catholique, mais aussi celles de nombreux Français. Car les troupes espagnoles n'auraient pas manqué d'exercer, dans leur retraite, des représailles sur les populations civiles. Cette « paix des braves » permettait à chacun de sauver la face et évitait à Henri d'entrer en conflit ouvert avec l'Espagne, à un moment où la guerre civile rendait le pays très vulnérable. Ce n'est que le 17 janvier 1595 qu'Henri IV déclara officiellement la guerre à Philippe II.

Mais pour l'heure, la population parisienne était à la fête. La capitale retrouvait un roi, et les réjouissances qui accompagnaient l'entrée d'Henri IV étaient un moyen de signifier la passation d'un nouveau contrat entre le souverain et son peuple :

« *Le roi étant sorti de Notre-Dame, monta à cheval et s'en alla au Louvre au même ordre qu'il était venu. Sur son chemin, les rues, les maisons, les boutiques et les fenêtres, étaient remplies de personnes de tout sexe, de tout âge et de toutes qualités, on n'entendait partout que le même cri de : Vive le roi ! Pour conclusion, en moins de deux heures après, toute la ville fut paisible, excepté la Bastille, et chacun reprit son exercice ordinaire, les boutiques furent ouvertes comme si changement quelconque n'y fut advenu, et le peuple se mêla sans crainte et avec toute privauté parmi les gens de guerre, sans recevoir d'eux, en leurs personnes, biens et familles, aucune perte, dommage ni déplaisir.* » (Palma-Cayet.)

Henri IV n'avait pas perdu son sens de l'humour et de la répartie, comme en témoigne cette anecdote qui montre qu'il ne se faisait guère d'illusions sur les motivations profondes de certains ralliements :

« *Puis le secrétaire Nicolas, Sa Majesté le manda à son dîner, pour en tirer du plaisir. Lui ayant demandé qui il avait suivi pendant les troubles, ledit Nicolas lui répondit qu'il avait à la vérité quitté le soleil et suivi la lune. " Mais que veux-tu dire de me voir ainsi à Paris comme j'y suis ? – Je dis, sire, répondit Nicolas, qu'on a rendu à César ce qui appartenait à César, comme il faut rendre à Dieu ce qui appartient à Dieu – Ventre Saint Gris, répondit le roi, on ne m'a pas fait comme à César, car on ne me l'a pas rendu à moi : on me l'a bien vendu. " Il dit cela en présence de M. de Brissac, du prévôt des marchands, et autres vendeurs qu'il appelait.* » (Pierre de l'Estoile.)

On rapportait ainsi le bon mot de Mme de Montpensier, sœur de Mayenne, au sujet de Brissac que les guisards accablaient de tous les maux :

« *Brissac avait fait plus que sa femme, qui, en quinze ans, n'avait fait chanter qu'un cocu, au lieu que lui, en huit jours, avait fait chanter plus de vingt mille perroquets à Paris.* » (Pierre de l'Estoile.)

L'après-midi, Henri s'offrit un petit plaisir, celui d'aller regarder défiler porte Saint-Denis les « *tercios* », ces régiments espagnols partant vers les Pays-Bas :

« *Il se mit à une fenêtre qui est au-dessus de la porte, de laquelle il voyait de front dans la grande rue Saint-Denis (...). Sa Majesté salua courtoisement tous les chefs des compagnies selon le rang qu'ils tenaient, même le duc de Feria, Ibarra et Taxis, auxquels le roi dit : " Recommandez moi à votre maître, mais n'y revenez plus. " Ce qui donna occasion de sourire aux seigneurs et gentilshommes, et aux archers des gardes qui y étaient présents, armés de pied en cap, tenant la pique en la main. Les soldats marchaient quatre à quatre, et, lorsqu'ils étaient au-devant de la fenêtre où était Sa Majesté, avertis de sa présence, ils levaient les yeux en haut, le regardant, tenant leurs chapeaux en la main, et puis, les têtes baissées, profondément ils s'inclinaient, et, faisant de très humbles révérences, sortaient de la ville. Et lors de cette sortie, il tombait une telle pluie que l'on disait qu'elle était envoyée du ciel sur leurs têtes pour montrer son courroux contre eux, et pour empêcher qu'aucun d'eux, quand il eût voulu, n'eût pu malfaire au roi, qui les regardait passer. Ils étaient au nombre de trois mille.* » (Palma-Cayet.)

Cette journée de fête fut triomphale pour Henri IV. Un peu partout les Parisiens exprimaient leur joie d'avoir retouvé leur roi et la paix.

« *Furent faits sur le soir par toutes les rues une infinité de feux de joie autour desquels les uns chantaient le* Te Deum laudamus, *les autres criaient : Vive le roi, et ce pour la grande aise qu'ils avaient de se voir, au lieu d'esclaves, avoir recouvré la liberté, honneurs et magistrats.* » (Palma-Cayet.)

Henri lui-même se laissait griser par l'ambiance, confessant à ses interlocuteurs être « *si enivré d'aise de me voir où je suis, que je ne sais ce que vous me dites, ni ce que je vous dois dire* » et faisant bonne fortune aux modestes présents de la ville :

« *A messieurs de la ville, qui lui présentèrent ce jour de l'hippocras, de la dragée et des flambeaux, suppliant Sa Majesté*

d'excuser la pauvreté de sa ville de Paris, il leur dit qu'il les remer-
ciait de ce que le jour d'avant ils lui avaient fait présent de leurs
cœurs, et maintenant de leurs biens ; qu'ils les acceptait de bon
cœur. Et pour montrer, qu'il demeurait avec eux et en leur garde,
et qu'il n'en voulait point d'autre que la leur. »

... plaisantant même de l'odeur de ses pieds :
« Comme il se mettait à table pour souper, il dit en riant qu'il
sentait bien à ses pieds, qui étaient moites, qu'il s'était crotté
venant à Paris ; mais pour le moins qu'il n'avait pas perdu ses
pas. » (Pierre de l'Estoile.)

Dix-huit jours après l'entrée dans Paris, un autre événement
acheva de consacrer l'autorité souveraine d'Henri IV. Le
dimanche de Pâques, 10 avril, il exerça pour la première fois le
pouvoir thaumaturgique que lui avait conféré le sacre : il « tou-
cha » les écrouelles, ces abcès tuberculeux purulents que les rois
de France étaient censés guérir en imposant les mains. Prononçant la fameuse formule *« Le roi te touche, Dieu te guérit »*,
Henri IV, selon de Thou, reçut quelque 960 scrofuleux. Même si
Henri trouvait ce genre de cérémonie fatigante – il devait rester
debout –, il se plia par la suite régulièrement à ce rituel. C'était
une manière de fortifier la légitimité de la nouvelle dynastie des
Bourbons, en montrant que le don thaumaturgique avait survécu
à la disparition des Valois.

Pour beaucoup de contemporains, l'entrée d'Henri IV dans
Paris fut un événement quasi miraculeux. Après avoir tenu tête au
roi pendant près de cinq ans, Paris s'était livrée sans résistance.
L'agitation de la Ligue était retombée comme un soufflet, au
grand dam de ceux qui appelaient encore la veille à lutter
jusqu'au martyre.

Cette reddition entraîna celle d'autres villes ligueuses comme
Rouen, Honfleur, Péronne, Troyes, Sens, Poitiers puis, au cours
de l'été, Amiens, Beauvais et, enfin, Reims, au mois de
novembre... Mais, même si l'on a prétendu à l'époque que *« le roi*
avait trouvé au Louvre les clés des villes de son royaume », il faudrait attendre 1598 pour réduire les derniers feux de la guerre
civile...

Le grand communicateur

Abjuration, sacre, entrée dans Paris, les trois actes de la réconciliation symbolique du royaume, furent aussi les éléments d'une véritable campagne de communication. N'essayons pas de projeter sur ces temps lointains les schémas convenus de notre actualité. La société d'Henri IV ne disposait pas de médias installés qui ressembleraient aux nôtres. La vie publique n'y était perçue que de loin, au travers du filtre d'innombrables transmissions de piéton à cavalier, de prêcheurs à fidèles, de clientèles de tripots. Le mode de circulation des informations le plus commun était finalement la rumeur, plus puissante encore que l'écrit, d'autant plus forte que la vérification était difficile et qu'en raison de la lenteur de communication, le spectacle du monde se faisait toujours en différé.

La logique de la communication de l'époque n'était donc pas fondée sur l'instantané. Il s'agissait, Henri le comprit mieux que personne, de susciter la transmission et l'amplification d'un événement par le bouche à oreille. Il fallait donc orchestrer de grands gestes irréfutables, inaltérables à la rumeur et susceptibles, au contraire, d'être magnifiés par elle avant d'être relayés et confirmés par les supports habituels de la propagande de l'époque, les libelles, les gravures ou les images que l'on colportait.

L'abjuration et le sacre constituent de ce point de vue des opérations exemplaires et orchestrées avec soin. Les emplacements de Saint-Denis comme de Chartres ont été soigneusement choisis. Le premier est tout proche d'un Paris encore contrôlé par la Ligue. Tout est fait pour que le plus grand nombre de Parisiens y affluent. Le second est facile d'accès et permet également l'accueil des provinciaux.

Chacun de ces événements a été annoncé longtemps à l'avance et toutes les élites du pays y sont présentes ou représentées, pour en assurer une communication efficace à travers les réseaux de fidélités et de clientèles qui constituaient la trame de la société de l'époque et autant de canaux d'information.

Le règlement minutieux des moindres détails des cérémonies sur la tradition de celles qui les ont précédées exprimait le souci d'une opération impeccable : à une époque où l'apparence manifestait l'essence, la forme irréprochable devait renforcer le caractère irréfutable du fond, qu'il s'agisse de la valeur de l'abjuration (en fait considérée comme nulle par la papauté) ou de la légitimité du sacre (en fait controversée dès lors que l'abjuration n'était pas reconnue par Rome).

Au-delà du faste, Henri IV savait jouer de sa personne et se mettre en scène par sa familiarité auprès des gens du peuple, se laissant admirer par les commères ou évoquant la moiteur de ses pieds devant les échevins de la capitale. Imagine-t-on, de nos jours, un haut personnage de l'Etat se permettre une telle liberté? C'est aussi la mise en scène du roi dans sa majesté et sa magnanimité, laissant passer des vivres aux Parisiens assiégés, pardonnant aux ligueurs et laissant enfin partir les troupes espagnoles dans la dignité tout en ponctuant leur départ d'un bon mot... Par ce mélange étonnant de majesté et de familiarité, Henri IV ne cessait de « cultiver » son personnage.

Il ne négligeait pas davantage l'utilisation des supports matériels de l'information. Chacun de ces grands événements était aussitôt relayé par des lithogravures et des tracts retraçant l'événement. Premier roi à avoir compris l'importance de l'imprimerie en politique, Henri IV fut aussi l'inventeur de la communication politique moderne.

Mais son génie stratégique fut, à ce moment encore très incertain du conflit, de changer brutalement les règles du jeu, de transposer ce dernier des champs de bataille au champ symbolique, en mettant en scène, autour de la manifestation de sa légitimité, la réconciliation du royaume. Il avait compris que, les affrontements étant d'abord symboliques, on ne pouvait les réduire que par des symboles.

On ne comprend pas la tragédie du siècle d'Henri IV si l'on oublie qu'alors la société tout entière s'organisait autour de la représentation religieuse et métaphysique du monde, autour du principe religieux, qu'il s'agisse du calendrier, du rythme des activités ou de l'organisation globale de la société en trois ordres.

Au siècle d'Henri IV, tout discours, toute proposition devaient être justifiés par la tradition, par la coutume, et le moindre écart par rapport aux façons habituelles d'agir devait être étayé par un précédent indiscutable : la justification du choix exceptionnel de la cathédrale de Chartres pour le sacre par le précédent de Louis VI le Gros est en ce sens exemplaire.

Dans un tel contexte, la religion et la tradition catholique représentaient la force structurante fondamentale de la vie individuelle et collective des hommes. Le roi était le dépositaire sacralisé et le garant de cet ordre politico-religieux. La légitimité politique était indissociable de la légitimité religieuse. Un roi protestant était, dans cette perspective, un roi destiné à demeurer contre nature.

Il n'y avait donc pas, d'un côté, les justes, ceux qui, avec Henri IV, reconnaissaient les règles de la succession dynastique, et, d'un autre côté, les « mauvais Français », ceux qui, par ambition, refusaient de reconnaître le souverain légitime. Pour les hommes de ce temps, la présence d'un roi non catholique sur le trône de France remettait en cause les fondements mêmes de la société et du pouvoir politique sacralisé.

Tant que le divorce entre la religion personnelle du roi et la religion du royaume n'était pas résolu, non seulement le pays restait divisé par un conflit destructeur mais l'existence organique du royaume s'en trouvait menacé.

Inversement, une fois acquise la réconciliation symbolique entre la légitimité dynastique et la légitimité religieuse, tout paraît revenir, comme par magie, dans l'ordre normal des choses. Alors que tous les assauts précédents, malgré des moyens considérables, avaient échoué, après l'abjuration et le sacre, la résistance de Paris paraît se dissoudre d'elle-même. Telle était aussi la signification de l'explosion extraordinaire de joie, de la liesse extatique du peuple après l'abjuration, comme au moment du sacre ou de l'entrée du roi dans Paris, expression d'un soulagement collectif indicible, de la délivrance de l'angoisse d'un ordre du monde contre nature.

La force d'Henri fut de comprendre tout cela et d'apporter à la crise du royaume la seule réponse possible, d'essence symbolique avant que d'être politique ou militaire.

Reste la question de la sincérité de l'abjuration d'Henri : ruse – consciente ou mi-consciente – de l'ambition, sacrifice de sa conviction individuelle au salut de la France, ou conversion sincère au catholicisme ?

Henri IV avait d'abord un formidable bon sens, l'intuition, face au dilemme religieux, que la réconciliation du royaume exigeait sa conversion et le sentiment profond – et assez révolutionnaire pour l'époque – que l'appartenance à l'une ou l'autre religion n'était pas si primordiale.

Les positions originales d'Henri IV révèlent tout d'abord que les frontières théologiques et dogmatiques entre les catholiques et les protestants n'étaient sans doute pas encore parfaitement stabilisées ou, à tout le moins, intégrées par les fidèles eux-mêmes. Mais elles sont aussi affaire d'histoire personnelle : c'était la sixième fois qu'Henri changeait de chapelle, dans un sens ou dans un autre. On se souvient quelle souffrance avait été sa première abjuration, celle de l'enfant de huit ans, contraint par son père à l'infidélité envers sa mère. Les autres changements eurent un sens moins profond : ils construisirent, en tout cas, la liberté d'un esprit, désormais capable de prendre ses distances avec les conventions régnantes pour se forger une foi personnelle.

Le fond de la foi d'Henri était, par là, sans doute plus protestant que catholique : elle trouvait sa justification dans un libre examen personnel et non dans la confiance aveugle en une tradition ou une institution. De la même façon, les convictions et les doutes d'Henri trouvent leur origine dans le respect des Ecritures, même si celles-ci le conduisent parfois à une position catholique : Henri croit volontiers à la présence réelle car il la trouve explicitement mentionnée dans les Evangiles (« Mangez et buvez en mémoire de moi car ce pain est mon corps et ce vin est mon sang... »), bien que Calvin en donne une interprétation symbolique. Inversement, le purgatoire, la prière des morts, l'invocation des saints le laissent dubitatif car on n'en trouve pas trace dans la Bible ; ce ne sont dès lors que rajouts, « badineries »...

Si la foi et la théologie intime d'Henri sont d'essence protestante sa religiosité concrète en revanche révélait une sensibilité probablement plus catholique et, par la suite, Henri fit toujours montre d'une grande piété, assistant avec ferveur aux offices et aux processions.

En fait, Henri n'était pas si loin de cette voie médiane entre le protestantisme et le catholicisme que représenta l'anglicanisme ; une théologie solidement arrimée aux textes bibliques, d'essence protestante, et une religiosité émouvante et fastueuse. A l'image de son père, à l'article de la mort, Henri, s'il avait été totalement libre des contingences politiques, aurait peut-être été sensible à la confession d'Augsbourg (le luthéranisme).

Peut-être, si le pape s'était obstiné dans son refus de reconnaître l'absolution décidée par les évêques de France, aurait-on assisté, sous l'égide d'Henri, à la naissance d'un véritable gallicanisme, une synthèse, à la française, des apports du protestantisme et du catholicisme...

La religion d'Henri évolua sans doute par la suite vers une foi catholique plus classique, comme l'illustrèrent ses pressions sur Sully pour le faire renoncer au protestantisme.

Sans doute cette évolution fut-elle liée à l'influence de son confesseur jésuite, le père Coton, ainsi qu'au sentiment que le royaume, pour connaître une paix durable, devait revenir progressivement à l'unité religieuse.

Ces propos sur la délibération religieuse d'Henri IV, sur sa modernité, ne doivent pas pour autant en réduire la portée tragique. Il reste qu'échappe au symbole la valeur de sa démarche de conversion. Comme il l'exprima lui-même un jour en larmes devant les prélats chargés de l'instruire, c'était son Salut qui se trouvait en jeu, c'est-à-dire, dans la conviction de l'époque, plus que sa vie même. Et c'est par un acte de foi supplémentaire que, d'une certaine façon, il fit le pari du catholicisme parce qu'il le fallait pour sauver le royaume, s'en remettant à Dieu, comme il le dit lui-même, pour la justesse de son choix.

Le dilemme personnel d'Henri IV obéissait en fait à une exigence intérieure : c'est parce qu'il avait porté en lui-même les contradictions et les angoisses de l'époque, jusqu'au risque de son propre Salut, qu'Henri IV pouvait apporter à la France la réconciliation spirituelle qu'elle attendait.

Chapitre 11

PACIFIER LE ROYAUME

La réconciliation symbolique a répondu à la question essentielle, celle de la légitimité du pouvoir. La condition préalable à tout apaisement durable du conflit qui, depuis trois décennies, ravage le royaume est remplie. Tout, ou presque, reste cependant à faire pour établir une paix véritable. Car la guerre est devenue l'état normal de la France, comme une seconde nature.

Il faut trouver les forces politiques susceptibles de soutenir le projet de réconciliation nationale qu'Henri IV porte en lui.

Il faut, pour la première fois, construire un compromis entre les deux religions et définir les règles d'une coexistence pacifique et tolérante.

Il faut encore apaiser la soif de violence et de domination des nobles et des seigneurs de la guerre, seuls véritables chefs en leurs provinces.

Il faut enfin, dans une guerre à la fois civile et européenne, écarter la menace extérieure et rassembler les Français contre l'ennemi espagnol.

Tels sont, au lendemain de l'entrée dans Paris, les quatre défis de la pacification de la France que, de 1594 à 1598, l'année de l'édit de Nantes, du traité de Vervins et des dernières résistances ligueuses, Henri IV va devoir relever.

L'affirmation des modérés : les « Politiques »

Les « Politiques » étaient des modérés, partisans de la coexistence pacifique des religions. Ni l'appellation ni le mouvement n'étaient nouveaux. Le terme était apparu en 1562 dès le premier édit de tolérance, dont les Politiques voulaient l'application effective. Leur souci était la paix, nécessaire au bien public, et, dans cette perspective, la restauration de l'autorité de l'Etat. De fait, ce mouvement intellectuel recrutait particulièrement parmi les serviteurs de l'Etat, les « robins », les officiers de la couronne et des parlements de justice. L'un des premiers théoriciens en fut Michel de l'Hospital, conseiller de Catherine de Médicis disgracié après 1568. Etienne Pasquier, l'un des chefs de file des Politiques, résumait leur doctrine en opposant :

« *Les uns soutenant, qu'à quelque condition que ce soit, il faut exterminer l'Hérétique par sang, par feu; (...) les autres qui pensent être plus retenus disent que tout cela ne pronostique rien que la ruine de l'Etat et par conséquent de notre Religion, qui en fait partie; et qu'il vaut mieux caler la voile.* » (Etienne Pasquier, *Œuvres*.)

En ces temps de haine et de passions brûlantes, les Politiques furent longtemps incompris et même exécrés, assimilés aux « tièdes » que Dieu vomit par-dessus tout :

« *S'il se trouve des gens qui s'opposent à leurs desseins, ils les traitent de Politiques, nom qu'ils ont inventé pour désigner leurs ennemis. Ces Politiques, si l'on en croit, sont plus dangereux et plus pernicieux que les hérétiques mêmes. Ils comprennent sous ce nom les catholiques qui sont ennemis des troubles et des factions.* » (J.-A. de Thou, *Histoire*.)

Pour les prédicateurs, les Politiques étaient des « machiavélistes » :

« *Les prêcheurs dans leurs chaires (...) crient à gueule bée contre ceux qui désirent rétablir nos affaires (...) les appelant tantôt Politiques, tantôt Machiavélistes, c'est-à-dire du tout sans religion.* » (Etienne Pasquier, *Œuvres*.)

Après trente années de guerre, la lassitude des combats répétés, la saturation des horreurs allaient naturellement contribuer au renforcement des Politiques. D'autre part, au début des années 1590, Henri IV saura bénéficier de la convergence de divers mouvements, comme les Malcontents et le Tiers-parti. Les Malcontents avaient regroupé, sous Henri III, des princes « mécontents » d'être écartés du pouvoir qui prenaient argument d'un catholicisme modéré pour s'opposer aux favoris du roi. Le Tiers-parti, lui, enrôlait des ligueurs modérés et se montrait de plus en plus hostile à la radicalisation et à l'attitude pro-espagnole de la Ligue. S'il ne voulait pas d'un roi protestant, la conversion d'Henri devait logiquement le rallier au nouveau roi.

Ce dernier sut également attirer auprès de lui tous les catholiques attachés à l'autonomie de l'Eglise gallicane face à la papauté, très nombreux parmi les officiers de l'administration et de la justice royales, qui refusaient d'enregistrer les décrets du concile de Trente et demandaient la suppression des tribunaux ecclésiastiques.

Parmi les protestants, l'idée de tolérance faisait aussi son chemin. De plus en plus nombreux étaient ceux qui méditaient les enseignements de l'expérience des « Provinces-Unies du Midi » où se côtoyaient huguenots (très majoritaires) et catholiques modérés.

L'affirmation de l'idée de tolérance au sein des élites intellectuelles et administratives du pays et, avec l'abjuration, le ralliement progressif des modérés de tout bord, furent donc une première étape vers l'établissement d'une coexistence pacifique des religions. Encore fallait-il, après l'indispensable réconciliation symbolique de l'abjuration et du sacre, rendre populaire l'idée d'une solution « politique » aux divisions du royaume et gagner la bataille des esprits. L'élite intellectuelle des Politiques allait jouer dans ce domaine un rôle décisif. A côté d'œuvres théoriques de haut niveau, elle se montra capable de susciter des pamphlets accessibles à un public moins lettré.

Le plus célèbre des pamphlets politiques fut *La Satyre Ménippée*. Publiée en 1594, maniant l'arme redoutable de l'ironie, elle ridiculisait les états généraux de la Ligue, dévoilant, avec une verve rabelaisienne, les arrière-pensées et les ambitions hypocrites de ses chefs :

« Telle fut à peu près la séance de messieurs les États : le tout sans dispute pour les préséances : hormis que le gardien des Cordeliers, et le prieur des Jacobins contestèrent quelque peu, à qui irait devant (...). Il y eut aussi un peu de garbouil (grabuge) entre mesdames de Belin et de Bussy, à l'occasion que l'une ayant lâché quelque mauvais vent pseudocatholique, madame de Belin dit tout haut à la Bussy : " Allons procureuse, la queue vous fume ! Vous venez ici parfumer les croix de Lorraine ! "

Mais monsieur le grand maître de Saulsay ayant ce bruit et en sachant la cause, leur cria, le bâton en la main : " Tout beau Mesdames, ne venez point ici conchier nos Etats, comme ma fille fit n'a pas longtemps le bal du feu roi en cette salle même. " Le bruit

et la mauvaise odeur passée, Monsieur le Lieutenant (le duc de
Mayenne) *commença à parler en cette façon, avec un grand
silence et attention de Messieurs les Etats :*

" *Messieurs, vous serez tous témoins que depuis que j'ai pris les
armes pour la Sainte-Ligue, j'ai toujours eu ma conservation en
telle recommandation que j'ai préféré de très bon cœur mon intérêt particulier, à la cause de Dieu, qui saura bien se garder sans
moi, et se venger de tous ses ennemis : même je puis dire avec
vérité que la mort de mes frères ne m'a point tant outré, quelque
bonne mine que j'aie faite, que le désir de marcher sur les terres
que mon père, et mon oncle le cardinal m'avaient tracées, et dans
lesquelles mon frère le Balafré était heureusement entré* "... »

La suite de ce discours parodique tournait en ridicule la décision de la Sorbonne d'élever au rang de martyrs ceux qui mourraient dans leur lutte contre Henri de Navarre :

« *Mon cousin le connétable d'Aumale ici présent, fit préalablement descendre le Saint-Esprit en poste sur une partie des Messieurs de la Sorbonne. Car aussitôt dit, aussitôt fait : et de là sont
procédés tous nos beaux exploits de guerre.* » (La Satyre Ménippée.)

Plus ambigu et distancié était *Le Dialogue d'entre le Maheutre
et le Manant*, paru lors de l'été 1593. Ecrit par un ligueur, il mettait en scène une conversation entre un politique, on disait aussi
un « Maheutre », et un ligueur de base, le manant. Cette réflexion
sur la décadence de la Ligue après la conversion du roi s'en prenait aux chefs du mouvement. Dénonçant leurs ambitions et leur
hypocrisie religieuse, l'auteur exaltait au contraire la pureté du
sentiment religieux populaire : *Le Dialogue* exprimait la tendance
égalitaire et anti-nobiliaire de la Ligue parisienne. Mayenne, qui
était la principale cible de ce pamphlet, essaya d'empêcher sa diffusion. Quant à Henri, il fit faire une version royaliste à laquelle il
donna la plus grande publicité.

Grâce à ces deux chefs-d'œuvre de la littérature pamphlétaire,
les Politiques et, avec eux, Henri IV avaient gagné la bataille des
mots. Qu'il s'agisse des élites ou des opinions populaires, les
esprits étaient désormais plus mûrs pour accepter le grand projet
d'Henri, celui d'une coexistence pacifique des religions autour
d'un pouvoir royal fort.

Le règlement de la question religieuse

Ce fut l'objet de l'édit de Mantes par lequel Henri (1591) mit fin à la proscription des protestants du royaume proclamée par Henri III sous la pression de la Ligue et rétablissait les précédents édits de tolérance, dont les dispositions anticipaient celles du futur édit de Nantes.

Henri accordait ainsi aux protestants la liberté de conscience, la liberté de culte dans un faubourg de ville par bailliage (ou sénéchaussée) ainsi que dans les châteaux des seigneurs protestants hauts justiciers. D'autre part, les huguenots étaient admis à toutes les charges publiques.

La portée de cet édit était limitée. Il lui fallait être enregistré par les parlements du royaume. Ceux qui étaient aux mains des ligueurs refusèrent tout net. Quant aux parlements loyalistes, ils se firent souvent tirer l'oreille pour reconnaître l'admission des huguenots aux charges administratives.

L'édit de Mantes permit cependant à Henri de conserver l'appui du parti huguenot, et la fidélité des Provinces-Unies à la veille de sa décision officielle d'abjurer le protestantisme. Mais, dans la mesure où il ne donnait aucun gage aux catholiques et où l'abjuration annoncée se faisait toujours attendre, cet édit renforçait la suspicion entretenue par la Ligue.

Après son abjuration, le 13 juillet 1593, Henri reçut l'absolution des évêques français. Mais, pour parfaire sa légitimité et ôter aux ligueurs leurs derniers arguments, il avait besoin de l'absolution pontificale. En dépit des réticences de son entourage gallican, qui jugeait inutile et dangereuse sur le plan juridique toute démarche en ce sens, Henri IV confia cette mission délicate auprès de Clément VIII à deux de ses proches conseillers, issus de l'entourage d'Henri III, l'abbé d'Ossat et Jacques du Perron. Ces derniers furent obligés de faire des promesses au nom d'Henri. Les conditions posées par le pape étaient intolérables pour des gallicans. Les concessions aux doctrines ultramontaines écornaient les prérogatives royales. Le pape avait notamment exigé la réception des canons du concile de Trente et le rétablissement du culte catholique en Béarn. Le 17 septembre 1595, les deux plénipotentiaires d'Henri IV reçurent à Rome l'absolution en son nom, non sans encourir, au préalable, la traditionnelle et symbolique humiliation.

D'après Pierre de l'Estoile, les deux procureurs du roi, agenouillés devant le souverain pontife, durent subir publiquement des coups de bâtons en lieu et place du roi, en signe de pénitence :

« *Pendant le chant du* Miserere, *Sa Sainteté ayant une baguette de Pénitencier frappait les épaules desdits du Perron et d'Ossat ainsi que l'on a accoutumé de faire aux hérétiques pénitents en acte de leur absolution.* » (P. de l'Estoile, *Mémoires.*)

Les deux ecclésiastiques y gagnèrent leur chapeau de cardinal. Le résultat était bien là : l'absolution pontificale privait les ligueurs de leur principal soutien...

La conversion du roi et son humiliation face au pape laissèrent cependant un goût amer aux protestants. Leur champion avait finalement abjuré pour accéder au trône. Allait-il changer d'attitude vis-à-vis des réformés ?

Sitôt après l'abjuration, Henri voulut rassurer ses anciens coreligionnaires :

« *Je fais présentement une dépêche générale pour vous donner à tous avis de la résolution que j'ai faite de faire dorénavant profession de la religion catholique, apostolique et romaine ; de laquelle, combien que je m'assure que vous aurez communication, j'ai bien voulu vous faire encore particulièrement cette-ci, pour vous prier de ne recevoir cette nouvelle avec une appréhension que ce changement, qui est mon particulier, en apporte aucun en ce qui est porté et permis par les édits précédents pour le fait de votre religion, ni aussi peu en l'affection que j'ai toujours portée à ceux qui en sont. Ce que j'en ai fait n'ayant été qu'à fort bonne intention, et principalement pour la sûre assurance que j'ai d'y pouvoir faire mon Salut, et pour n'être de ce point différent des rois mes prédécesseurs, qui ont heureusement et pacifiquement régné sur leurs sujets, espérant que Dieu me fera la même grâce, et que par ce moyen seraient ôtés non seulement les prétextes, mais aussi les causes des divisions et révoltes qui minent aujourd'hui cet Etat ; étant pour cela en mon intention qu'il ne soit fait aucune force ni violence aux consciences de mes sujets.*

Ce que je ne vous prie pas seulement de croire en votre particulier, mais de veiller et vous employer à ce que les autres n'en prennent aucune opinion, comme il leur sera justifié par tous mes déportements (comportements), *qu'ils n'en auront occasion d'en douter, et qu'ainsi qu'il a plu à Dieu m'ordonner roi de tous mes sujets, que je les aimerai et aurai tous en égale considération. Pre-*

nez-en bien cette créance, pour vous-même, et ne (vous) départis-
sez, je vous prie, de cette affection particulière que j'ai reconnue
en vous, comme vous verrez toujours accroître la mienne en votre
endroit. » (Lettre du 25 juillet 1593.)

Henri établissait dans cette lettre une claire distinction entre sa religion particulière, nous dirions privée, et sa politique religieuse. Distinction très difficile à tenir au XVIe siècle et un peu spécieuse dans le cas présent : c'était le roi très chrétien qui faisait les lois, pas le Henri intime et privé.

Mais déjà, des voix se faisaient entendre chez les réformés pour désigner un nouveau protecteur. Des motions avaient été adoptées en 1594 lors de certaines assemblées provinciales, et un projet du duc de Bouillon visait à faire désigner comme Protecteur de l'Union l'Electeur Palatin. Pour Henri si il y avait là matière à relancer les guerres de religion.

Il devait donc proposer enfin un cadre juridique indiscutable, reconnaissant l'existence et, dans une certaine mesure, l'autonomie des protestants. La tolérance qu'il appelait de ses vœux devait désormais être officiellement instituée dans le royaume.

Les discussions s'ouvrirent le 1er avril 1596. Les protestants étaient représentés par une assemblée générale qui siégea successivement dans plusieurs villes : Saintes, Loudun, Vendôme, Saumur, Châtellerault... Henri eut besoin pour cette longue négociation du prestige et de la loyauté de Duplessis-Mornay qui l'informait de tout ce qui se passait dans le camp huguenot. Les risques de sécession étaient grands. Alors qu'Henri tentait avec des troupes squelettiques de reprendre Amiens aux Espagnols, Bouillon et La Trémoille utilisèrent les troupes levées au nom du roi pour soulever des provinces contre lui... A la moindre faiblesse d'Henri, tout pouvait être compromis par des séditieux. La reprise d'Amiens renforça la position du roi, qui menaça alors de ne plus consulter les protestants. En février 1598, les négociations s'accélérèrent : l'assemblée protestante envoya le duc de Bouillon (Henri de Turenne) et quatre commissaires. Le 13 avril 1598, la signature de l'édit de Nantes concrétisait leurs efforts.

L'édit de Nantes a suscité de très nombreux commentaires. Si la tolérance est une manifestation du génie français, c'est dans cette législation unique dans l'Europe de la fin du XVIe siècle qu'elle trouve sa première manifestation : pour la première fois, un Etat traditionnellement théocentrique reconnaissait l'existence de deux religions et progressait par là officiellement vers l'esprit de laïcité.

Le texte est en fait composé d'un corps de 92 articles, suivis par 56 articles particuliers, dits « articles secrets ». Cet ensemble, inspiré du traité de pacification de 1577, se présente à la fois comme directement inspiré des circonstances et comme une organisation rationnelle de la religion en France.

L'édit reconnaît l'existence officielle de la « religion prétendue réformée » (la « RPR »), sans toutefois en faire l'égale de la religion catholique qui conserve seule rang de religion d'Etat. Il stipule que *« la religion catholique, apostolique et romaine sera remise et établie en tous lieux et endroits de notre royaume »*. Est instaurée une coexistence pacifique entre les deux confessions, figeant en l'état les rapports de force.

Le texte garantit la liberté de conscience et de culte aux protestants, non sans quelques restrictions. En dehors des régions à forte densité protestante dont on énumère les lieux de cultes particuliers, les protestants ont droit à des lieux de cultes dans deux villes par bailliage. Mais les temples doivent être bâtis hors les murs, dans les faubourgs. Les seigneurs hauts justiciers continuent à avoir le privilège de pouvoir ouvrir un lieu de culte dans leurs fiefs. Echappent à cette catégorie certaines villes ligueuses où la présence d'un temple pourrait provoquer des troubles : tel est, en particulier, le cas de Paris, où aucun temple ne doit s'ouvrir dans un rayon de 5 lieues, pas même à la cour du roi.

Les réformés peuvent accéder à toutes les places et à tous les offices. Cette mesure décisive ouvre enfin aux élites protestantes les possibilités de promotion sociale des catholiques. Ce point fut d'ailleurs l'objet d'une âpre polémique, tant de la part de l'Eglise qui perdait là un élément de pression sur les âmes, que des familles d'officiers catholiques qui espéraient se réserver l'exclusivité de la manne royale. Pour la justice royale, afin d'éviter tout risque de suspicion, on institue plusieurs chambres mi-parties, à Castres, Bordeaux et Grenoble, où les deux religions devaient se partager à égalité les postes de juges.

Enfin, le roi concède aux protestants quelque 150 places de sécurité. Ces villes fortifiées leur serviraient de refuges en cas de troubles. Gouvernées et administrées par eux, elles prolongent en fait l'Union des villes protestantes. Le parti protestant, même s'il était officiellement aboli, perdurait dans la pratique, embryon d'un Etat dans l'Etat. Une telle situation deviendrait inévitablement intolérable au fur et à mesure de l'affirmation de l'absolutisme bourbonien, conduisant Richelieu à supprimer ce dispositif par la force en 1629.

Plus largement, l'édit entend que sera désormais exclu le recours à la force et à la contrainte dans la conquête des âmes, défendant par exemple « *d'enlever par force ou induction, contre le gré de leurs parents, les enfants* » pour les faire baptiser et instruire dans l'une ou l'autre religion. Annonçant par certains aspects une démarche constitutionnelle moderne, l'ensemble de ces dispositions, de forme traditionnelle, assimile les protestants, à l'image des « bonnes villes » du royaume ou des corporations, à une communauté de plein droit dont l'édit énumère les privilèges et les franchises.

Sur le fond de la question religieuse, le texte ne se prononce évidemment pas mais il reconnaît implicitement la possibilité de faire son salut dans l'une ou l'autre confession et réaffirme l'idéal de l'unité chrétienne du royaume :

« *S'il ne lui a plu permettre que ce soit pour encore en une même forme de religion, que ce soit au moins d'une même intention, et avec une telle règle, qu'il n'y ait point pour cela de trouble et de tumulte entre eux : et que nous et ce royaume puissions toujours mériter et conserver le titre glorieux de Très-Chrétien.* » (Edit de Nantes, préambule.)

Formulation ambiguë pourtant, qui conduisait à interpréter le texte comme transitoire, en attendant la possibilité d'une réunification religieuse. Seules, en fait, la volonté et l'autorité du pouvoir royal pouvaient conférer à ce texte un caractère durable.

La pacification intérieure

L'abjuration, le sacre, l'entrée dans Paris, l'absolution pontificale, chacune de ces étapes avait réduit l'audience de la Ligue. La légitimité d'Henri IV était désormais indiscutable. Ceux qui continuaient malgré tout le combat de la Ligue étaient donc passibles des châtiments réservés aux criminels de lèse-majesté. C'est pourtant à une démarche beaucoup plus conciliante qu'Henri IV eut recours pour réduire les factieux.

Si les nobles ligueurs continuaient à lutter contre Henri IV, ce n'était certainement pas par conviction. Il fallait plutôt y voir le souci de ne pas perdre la face et l'espérance, en échange de leur ralliement, de quelques subsides du roi. Du temps d'Henri III déjà, l'obtention de pensions et de charges avait été l'une des motivations initiales du clan des Guise. Face à l'accession au pouvoir du Béarnais, désormais inéluctable, il importait également de ne pas encourir une disgrâce complète. Il s'ensuivait un drôle de jeu. On continuait à faire la guerre tout en amorçant discrètement des négociations. La cessation amiable des combats arrangeait tout le monde car personne n'était déshonoré. Ce n'était plus une reddition, mais un ralliement. Quant au roi, cela lui évitait une répression qui eût entaché son règne et réduisait d'autant la durée d'une guerre de plus en plus coûteuse à financer.

D'autre part, en ralliant ainsi chaque grand noble, c'était toute sa fidélité, toute sa clientèle que l'on neutralisait. Tout ce jeu de solidarités verticales aboutissait à faire du roi lui-même le patron des anciens insurgés. Tout le monde entrait ainsi indirectement dans la fidélité royale...

Henri ne se faisait aucune illusion sur la sincérité des derniers ralliés pas plus que sur l'obstination des derniers insurgés : il suffisait d'y mettre le prix ! Un jour, en 1599, dans un accès de colère à l'encontre des parlementaires parisiens, il s'en expliqua brutalement :

« Ne parlons point tant de la religion catholique, ni tous les grands criards catholiques et ecclésiastiques ! Que je leur donne à l'un deux mille livres de bénéfices, à l'autre une rente, ils ne diront plus mot ! Je juge de même contre tous les autres qui voudront parler. Il y a des méchants, qui montrent haïr le péché, mais c'est pour crainte de peine ; au lieu que les bons le haïssent pour l'amour de la vertu. J'ai autrefois appris deux vers latins,
Oderunt peccare boni, virtutis amore ;
Oderunt peccare mali, formidine pœnæ
(Les bons s'abstiennent de faire le mal par amour de la vertu, les méchants par crainte du châtiment, Horace.)
Il y a plus de vingt ans que je ne les ai dits à cette heure ! »
(« Les paroles que le roi a tenues à Messieurs de la cour de Parlement le 7 février 1599 », *Lettres missives de Henri IV.)*

Cette politique de libéralités royales était certes coûteuse, mais elle épargnait au royaume les pertes encore plus importantes causées par la guerre. Lorsque le comte d'Auvergne rentra à la cour, Henri IV écrivit ainsi à Pomponne de Bellièvre, son chancelier :

« L'argent que l'on emploiera à contenter ledit comte sera très bien employé pour le service du roi et le soulagement du pays d'Auvergne. » (Lettre d'Henri IV à Bellièvre, 15 novembre 1595.)

Cette stratégie était, pour partie, inspirée par Sully :

« *Ne vous souvient-il plus des conseils que vous m'avez tant de fois donnés, m'alléguant pour exemple celui d'un certain duc de Milan au roi Louis onzième, au temps de la guerre nommée du Bien public, qui était de séparer par intérêts particuliers tous ceux qui étaient ligués contre lui sous des prétextes généraux.* » (Lettre d'Henri à Rosny, 8 mars 1594, *Lettres missives d'Henri IV.*)

Un à un, les princes ligueurs négocièrent donc leur sortie. Le premier fut Honorat de Savoie, marquis de Villars. Fort de sa position à Rouen, il espérait vendre son ralliement au meilleur prix. Sully, envoyé par Henri négocier à Rouen, avait été scandalisé par ses exigences : 3 477 800 livres, plus le gouvernement de Haute-Normandie! Henri accepta le premier point mais refusa le second.

Le premier prince du clan des Guise à monnayer son ralliement fut Charles de Lorraine, duc d'Elbeuf. Avec un souci remarquable de précision, il demandait 940 824 livres et la confirmation de sa charge de Gouverneur de Poitiers. Puis ce fut le tour du jeune duc de Guise, qui vint au Louvre apporter sa soumission :

« *Car le prince étant arrivé, Sa Majesté le reçut avec un fort bon visage, l'embrassa par deux fois, et lui dit qu'il était le bienvenu et qu'il ressentirait du service qu'il lui avait fait de l'être venu trouver, et qu'il espérait lui donner plus de contentement que là où il avait été. Là-dessus, M. de Guise commençant à vouloir haranguer, et reprenant un peu ses esprits qu'il avait comme perdus, quand il s'était trouvé devant le roi, Sa Majesté lui dit en riant : " Mon cousin, vous n'êtes pas grand harangueur, non plus que moi. Je sais ce que vous voulez me dire; il n'y a qu'un mot en tout cela. Nous sommes sujets tous à faire des fautes et des jeunesses; j'oublie tout, mais n'y retournons plus. Me reconnaissant pour ce que je suis, je vous servirai de père; et il n'y a personne en cette cour que je voie de meilleur cœur que vous ".* » (Cité par P. de Vaissière, *Henri IV.*)

Ce geste coûta tout de même la bagatelle de 3 888 830 livres [1] au trésor royal, mais entraîna, outre le ralliement de son frère Joinville, le retour de la Champagne dans le giron royaliste. Charles III de Lorraine reçut également 3 766 825 livres pour se désolidariser de Philippe II et aider militairement Henri.

1. Presque 400 millions de nos francs!

Les pourparlers furent particulièrement difficiles avec Mayenne, le frère du Balafré. Soutenu par les Espagnols, il avait caressé un moment l'idée de se faire élire roi de France par les états généraux ligueurs. Dès le mois de mars 1595, les premiers contacts furent pris. Villeroy, Roquelaure et Sancy furent envoyés à Châlons pour entendre ses revendications. Il accepta, moyennant le gouvernement d'Ile-de-France et un bon pactole, de signer un traité le 29 août avec le roi. Le duc de Joyeuse signa dans la foulée, le 24 janvier 1596. Henri de Joyeuse, ancien moine capucin, qui tenait Toulouse, abandonna le combat moyennant 1 470 000 [1] livres et la lieutenance générale du Haut-Languedoc. Seul le duc d'Aumale préféra s'exiler plutôt que de se rendre.

La hauteur de vue que manifestait son plan de réconciliation n'empêchait pas Henri de se montrer fin politique, jusqu'à approcher la perversité. Lors des derniers soubresauts des princes ligueurs, il se plut à envoyer les princes nouvellement ralliés combattre les derniers séditieux. Ainsi, le duc d'Epernon, qui tenait la Provence, fut battu par le duc de Guise à Vidauban, et dut accepter d'abandonner la partie en échange de la confirmation du gouvernement de Limousin.

Le dernier à faire de la résistance, au fond de sa Bretagne, fut le duc de Mercœur. Le maréchal de Brissac, le ligueur qui avait livré Paris à Henri, fut envoyé à la tête des armées royales en juillet 1597. Cette campagne victorieuse permit à Henri de faire un voyage en mars 1598 en Bretagne. Avec la soumission du duc de Savoie (en 1601) s'éteignirent les derniers feux de la révolte nobiliaire que la Ligue avait allumés.

La reconquête du royaume s'était faite moins par les armes que par la force du symbole, par la politique et par l'argent. Le prix de cette paix peut sembler exorbitant. L'ensemble des subsides promis aux grands se montait à environ 30 millions [2] de livres, soit plus que le budget annuel de l'Etat à l'époque... Les caisses de l'Etat ne pouvaient en aucun cas couvrir tous les frais engagés par les promesses d'Henri. On s'en tirait en allouant une avance sur les recettes des impôts dans une province donnée. En fait, des sommes dues ne furent jamais payées dans leur totalité, mais tout le monde avait réussi à sauver la face et à maintenir son rang...

1. 150 millions.
2. Trois milliards de francs.

La pacification extérieure : la guerre avec l'Espagne

Depuis les événements de la Ligue, l'Espagne s'était directement immiscée dans les affaires françaises. L'aide matérielle apportée au clan des Guise, la tentative pour imposer un candidat de son choix au trône de France étaient autant de gestes intolérables pour la souveraineté du roi de France.

Henri ne pouvait ouvertement faire la guerre contre l'Espagne tant que sa légitimité n'était pas suffisamment établie. Après son abjuration et son sacre, il avait enfin les moyens d'entrer en conflit avec Philippe II. C'était indispensable pour priver les ligueurs d'un appui logistique et éviter la mainmise du monarque espagnol sur certaines provinces du royaume.

Henri déclara solennellement la guerre au roi d'Espagne le 17 janvier 1595. Il présenta ce conflit comme une lutte nationale destinée à laver l'honneur du roi et du pays :

« Or il serait superflu de dire que cette guerre étrangère est issue, comme une branche du tronc, de celle de la Ligue, ou plutôt que celle de la Ligue est un rejeton de la vieille souche de celle de l'Espagne : et que de cette longue tragédie de la guerre civile, l'Espagnol avait résolu de jouer le principal et dernier personnage. Car toutes ces rébellions des sujets de Sa Majesté n'ont été suscitées et fomentées que par les artifices, l'argent, et les forces de cet ancien ennemi de notre patrie, de laquelle il espérait de faire une adjonction à son domaine. » (*Discours de la déclaration de la guerre contre l'Espagnol*, 1595.)

Henri voulait s'appuyer sur le sentiment national des Français pour susciter une mobilisation du pays et discréditer les derniers factieux, désignés comme les ennemis de la patrie. Il reprenait la stratégie des Espagnols à leurs dépens : entreprendre une guerre étrangère pour faire l'unité du pays, porter les troubles chez les autres pour ne pas les avoir chez soi...

Les premières opérations qui éclatèrent contre l'Espagne ne furent pas distinctes de celles effectuées contre la Ligue. Alors que le duc de Bouillon s'employait à attaquer les troupes ennemies dans le Luxembourg, Biron faisait la guerre contre Mayenne en Bourgogne et Montmorency contre Nemours dans le Lyonnais.

Henri intervint personnellement pour barrer la route à don Francisco de Velasco, connétable de Castille, qui passa en juin 1595 les Alpes avec une armée de 12 000 hommes pour rejoindre

Mayenne et reconquérir la Franche-Comté prise par Charles de Lorraine. Le choc eut lieu le 5 juin à Fontaine-Française. Henri était parti avec une petite troupe de 200 cavaliers et 100 arquebusiers avec lesquels il chargea l'avant-garde espagnole. Croyant que le roi de France avait des renforts à proximité, Velasco préféra se retirer.

Cette petite victoire personnelle du roi ne compensait cependant pas les défaites françaises dans le nord de la France. Doullens et Cambrai tombèrent aux mains des Espagnols. Henri dut livrer un siège de six mois pour arriver à prendre La Fère (le 22 mai 1596), mais il arriva trop tard à Calais, qui fut investie par les ennemis.

Le 11 mars 1597, les Espagnols prirent sans coup férir la ville d'Amiens par la ruse : déguisés en paysans, des soldats avaient réussi à pénétrer dans la place. Henri IV fut particulièrement irrité par cette perte : par fierté, les échevins d'Amiens avaient peu de temps auparavant refusé l'aide des troupes royales pour garder leur ville.

Sully raconte que le roi, dès qu'il eut appris la nouvelle dans la nuit du 11 au 12, le convoqua dans sa chambre :

« (Il était) *dans sa petite chambre, au-delà de son cabinet aux oiseaux, ayant sa robe, son bonnet et ses bottines de nuit, se promenant à grands pas, tout pensif, la tête baissée, les deux mains derrière le dos, plusieurs de ses serviteurs déjà arrivés, appuyés tout droits contre les murailles, sans rien se dire les uns les autres, ni que le roi parlât à eux, ni eux à lui (...)* »

Un dialogue s'ensuivit :

« *Ha ! mon ami, quel malheur ! Amiens est pris !*
— Comment, Sire, Amiens pris ? Hé ! vrai Dieu, qui peut avoir pris une si grande et si puissante ville, et par quel moyen ?
*— Les Espagnols s'en sont saisis par la porte en plein jour, pendant que ses malheureux habitants, qui ne se sont pu garder et n'ont pas voulu que je gardasse, s'amusaient à se chauffer, à boire et à ramasser des noix que des soldats déguisés en paysans épandaient exprès près du corps de garde... C'est assez, fait le roi de France, il est temps de faire le roi de Navarre... *»

Et s'adressant à sa maîtresse qui arrivait inopinément :

« *Ma maîtresse, il faut quitter nos armes et monter à cheval, pour faire une autre guerre !* » (Sully, *Economies royales*).

Retardé en cours de route par une crise de coliques néphrétiques, le roi ne fut à Amiens que le 8 juin. Le 19 septembre, il mit en déroute une armée de secours envoyée par Philippe II pour débloquer les assiégés. Le 25 septembre, les Espagnols capitulaient et Henri put faire une entrée triomphale dans sa bonne ville. C'en était fini des ambitions espagnoles.

Pour Henri, la victoire ouvrait le temps de la négociation. Il utilisa à cette occasion les talents diplomatiques de son secrétaire d'Etat Villeroy, un ancien ligueur qui s'était rallié à sa cause. Au mois de janvier, Henri envoya comme plénipotentiaires Bellièvre et Sillery. Trois mois de discussions furent nécessaires pour faire rendre les six villes que les Espagnols avaient conquises dans le Nord ainsi que la place du Blavet, en Bretagne. Ils ne gardaient que Cambrai. Le traité de paix de Vervins, signé le 2 mai 1598, permettait à la France de sortir de la guerre au grand regret de ses anciens alliés protestants : l'Angleterre et les Pays-Bas. Ce traité, suivi, peu de temps après, de la mort de Philippe II, scellait la fin de la prépondérance espagnole en Europe.

La coexistence pacifique des religions

La signature de l'édit de Nantes et les traités ne pouvaient suffire à eux seuls à maintenir la paix religieuse. A une époque où la vision du monde, nécessairement dogmatique, ne pouvait supporter le doute, la révolution de la tolérance risquait à tout instant d'être remise en cause par l'exaspération des passions et des ambitions, à peine apaisées.

Déjà, les réticences des parlements de justice à enregistrer l'édit de Nantes avaient conduit à plusieurs amendements et il avait fallu la force de la conscience souveraine d'Henri IV pour l'imposer aussi au parlement de Paris :

« Je viens parler à vous, non point en habit royal, ou avec l'épée et la cape, comme mes prédécesseurs, ni comme un prince qui vient parler aux ambassadeurs étrangers, mais vêtu comme un père de famille, en pourpoint, pour parler familièrement à ses enfants. (...) Je vous prie de vérifier l'édit que j'ai accordé à ceux de la Religion. Ce que j'en ai fait est pour le bien de la paix ; je l'ai faite au-dehors, je la veux faire au-dedans de mon royaume. (...) Ne m'alléguez point la religion catholique. Je suis fils aîné de l'Eglise, nul de vous ne l'est, ni ne le peut être (...) Je vous ferai tous déclarer hérétiques, pour ne me vouloir pas obéir (...) Je suis

roi maintenant, et parle en roi. Je veux être obéi. » (Cité par P. de Vaissière.)

L'autorité restaurée de l'Etat, la fin du conflit avec l'Espagne, le destin personnel du roi, protestant converti, constituaient certes autant de garanties pour que cet édit, tout « irrévocable » qu'il fut en théorie, ne connaisse pas le sort de tous les édits précédents. Mais il fallait aussi une politique royale résolue et cohérente, définissant dans la pratique les règles du jeu de la coexistence pacifique des religions.

Un premier volet de la politique d'Henri IV en cette délicate matière fut de substituer au fracas sanglant des armes les subtilités rhétoriques des joutes théologiques. Il promit un concile général pour régler les différends religieux, lequel, sans cesse projeté, n'eut jamais lieu. Henri était-il d'ailleurs sincère ? Durant les premières années de son règne, il s'était toujours montré réticent face aux controverses publiques entre théologiens des deux bords, refusant même à plusieurs reprises à ses amis protestants l'autorisation d'organiser de telles disputes...

Tant que les passions de la guerre n'étaient pas apaisées, tout ce qui pouvait raviver les hostilités et les différences devait être proscrit. En revanche, une fois l'autorité de l'Etat rétablie et le royaume pacifié, il fallait au contraire, face à la permanence d'oppositions religieuses irréductibles, favoriser la transposition des conflits sur un plan intellectuel.

C'est pourquoi, en 1600, le roi accepta d'organiser une grande confrontation entre Duplessis-Mornay et Jacques du Perron, à laquelle il voulut donner la plus grande publicité.

La conférence eut lieu à Fontainebleau, en présence du roi. Ce dernier avait nommé six commissaires, trois catholiques, trois protestants. Le 4 mai eut lieu l'ouverture des débats. Le roi était assis au bout d'une grande table avec Du Perron à sa droite et Duplessis à sa gauche. Plus de deux cents personnes étaient venues assister à cet affrontement théologique qui opposait deux protagonistes de très haut niveau.

Du Perron avait auparavant communiqué une liste de soixante propositions qu'il se proposait de réfuter. Duplessis en choisit seize à défendre. Le débat commença à une heure de l'après-midi. Pendant l'après-midi neuf questions furent passées en revue. Duplessis fut déplorable face à un Du Perron plus brillant que jamais. Grâce à son éloquence et à son immense érudition, il démontra sur presque tous les points les erreurs de son adversaire, et même les commissaires protestants durent en convenir.

On arrêta à sept heures pour reprendre le lendemain. Mais on dut faire venir le médecin du roi, La Rivière, car Duplessis était malade, pris par des vomissements et des tremblements. Comme son état ne s'était toujours pas amélioré dans la soirée, on décida de clore le débat. L'ancien compagnon d'armes et conseiller huguenot d'Henri avait été humilié face à son maître.

Henri, roi fraîchement converti, ne pouvait que manifester publiquement sa joie, ce qu'il fit dans une lettre adressée au duc d'Epernon et destinée à être largement diffusée :

« Le diocèse d'Evreux (dont Du Perron était l'évêque) *a gagné celui de Saumur* (où Duplessis-Mornay était gouverneur)... *Ce porteur y était, qui vous contera comme j'y ai fait merveilles. Certes, c'est un des grands coups pour l'Eglise de Dieu qui se soit fait il y a longtemps. Suivant ces erres nous ramènerons plus de séparés de l'Eglise en un an, que par une autre voie en cinquante. Il a ouï le discours d'un chacun (...); il vous dira la façon que je veux que mes serviteurs tiennent pour tirer fruit de cette œuvre. »* (Lettres d'Henri IV au duc d'Epernon, *Lettres missives.*)

Sully, en revanche, fut évidemment attristé par l'échec de Duplessis-Mornay. Henri, goguenard, lui demanda :

« Alors, que penses-tu de ton pape (Duplessis-Mornay) *?*
— Je pense, Sire, qu'il est plus pape que vous ne le pensez. Ne voyez-vous pas qu'il a conferré le chapeau rouge (de cardinal) *à Monsieur d'Evreux ? »* (Sully, *Economies royales.*)

De fait, Jacques du Perron reçut la pourpre cardinalice en 1604.

Au-delà de l'issue, *a priori* incertaine, de cette controverse publique, il s'agissait bien de consacrer la nature désormais intellectuelle que devraient revêtir les dissensions religieuses.

Une autre condition pour une pacification religieuse durable était la stabilité des positions entre les deux confessions. L'esprit de l'édit de Nantes était très clair : il organisait la « tolérance » d'une minorité religieuse mais en circonscrivant strictement ses implantations et en figeant les rapports de force. Un développement trop fort du protestantisme aurait inévitablement mis en cause cette construction, en suscitant des demandes d'autorisation de lieux de culte nouveaux et en réveillant l'inquiétude de l'Eglise catholique de voir sa suprématie menacée.

La politique d'Henri IV s'inscrivit strictement dans cette logique. Le roi ordonna tout d'abord un recensement des protestants au lendemain de l'édit de Nantes. Ils étaient environ 1 250 000, soit 5 à 6 % de la population, principalement dans le Midi, où, selon l'expression de Jeanine Garrisson, se dessinait un « croissant huguenot », de La Rochelle à Valence.

Ailleurs, on trouvait des églises importantes dans le pays de Caux, en Orléanais, et dans la Beauce. En dehors de ces régions, il n'y avait guère que des communautés isolées et précaires.

Paris était un cas particulier. La communauté protestante était forte de 15 000 fidèles, soit 5 % de la population de la capitale. Parmi eux, des grands seigneurs de la cour, Sully bien sûr, mais aussi les Bouillon, La Trémoille, Rohan, Lesdiguières, etc. Tout ces grands sortaient de la ville pour aller suivre le culte au temple de Charenton, que le roi avait autorisé.

Circonscrit géographiquement, le monde protestant devait également être contrôlé par le pouvoir royal dans son fonctionnement même, pour éviter que cette église autonome, maîtrisant plus d'une centaine de places fortifiées, ne se transforme en un Etat dans l'Etat et ne constitue par là une nouvelle menace pour l'unité du royaume.

L'église protestante jouissait d'une autonomie contrôlée dans son fonctionnement interne. Chaque communauté était organisée en consistoire. Les ministres disaient le culte, enseignaient la Bible et administraient les deux seuls sacrements reconnus par les calvinistes : la communion et le baptême. L'administration du consistoire était confiée à un conseil des anciens et des diacres. Au nombre de six ou huit, ils géraient les biens de l'église mais veillaient aussi à la morale des fidèles : ils pouvaient excommunier ceux qui avaient une vie scandaleuse. Les consistoires déléguaient des représentants à des assemblées provinciales ou nationales, les synodes.

Ces « assemblées politiques » étaient autorisées par Henri, mais il les surveillait étroitement grâce à ses serviteurs dévoués, Duplessis-Mornay et Sully en particulier. Elles rédigeaient des cahiers de doléances pour le roi et désignaient des représentants à la cour. Par ailleurs le roi entretenait des universités protestantes, qui formaient les ministres du culte, à Saumur, Montauban, Digne, Nîmes et Orthez, pour éviter qu'ils n'aillent à l'étranger recevoir leur formation théologique.

Pour l'homogénéité du royaume, Henri IV ne cessa d'encourager à la conversion des élites protestantes. Il était notoire que les largesses royales allaient prioritairement aux protestants qui abjuraient. Les ministres qui revenaient à la foi catholique étaient systématiquement gratifiés par le roi, à commencer par son ancien précepteur Palma-Cayet. Les communautés protestantes ainsi spirituellement et socialement amoindries se trouvaient fragilisées.

Son projet était clair, comme il s'en ouvrit un jour très franchement au duc de Lesdiguières, un calviniste :

« *Il* (Henri) *sait que ceux de la religion se sont plaints de ce que le roi était curieux de désirer la conversion de cette qualité; mais qu'il répondait qu'il pouvait, pour le moins, avoir autant de liberté que les ministres et autres de la religion prétendue réformée, qui souhaitaient tous les jours que les catholiques se fissent de la religion. Que, comme roi et comme homme particulier, il avait deux volontés : comme particulier, il désirait qu'il n'y eut qu'une religion en tout l'Etat; comme roi, il désirait la même chose, mais néanmoins qu'il savait se commander et même qu'il servait des uns et des autres où il fallait...* » (Cité par Y. de La Brière, *Etudes*, 1904.)

En Béarn et en Navarre, la situation religieuse était particulière. L'édit de Nantes ne s'appliquait pas dans ces deux principautés souveraines, qu'Henri IV n'avait pas osé annexer au royaume de France, pratiquant seulement une « union personnelle » : par une sorte de « cumul des mandats », il était roi de France, par ailleurs roi de Navarre et vicomte souverain de Béarn. Louis XIII ne devait procéder à cette annexion qu'en 1620.

Les lois françaises n'avaient donc pas à être reçues par le Conseil souverain (ancêtre du Parlement de Navarre) qui siégeait à Pau. D'ailleurs, on raconte que pour flatter en souriant l'amour-propre de ses sujets béarnais et navarrais, il leur disait qu'il n'avait pas uni le Béarn à la France, mais la France au Béarn...

La situation, il est vrai, y était très différente. La religion catholique avait été abolie entre 1569 et 1571 par Jeanne d'Albret. Henri avait bien rendu un édit le 16 octobre 1572 pour la rétablir. Mais il était alors prisonnier à la cour et revenu au catholicisme sous la contrainte après la Saint-Barthélemy. Cet acte n'avait pas été enregistré par le Conseil souverain et n'avait jamais été appliqué.

Les ordonnances prises par Jeanne d'Albret en 1566 et 1571 avaient assuré la suprématie de la Réforme en Béarn. Cependant celle-ci n'avait pas réussi à conquérir la majorité des âmes. Les évêques catholiques estimaient à 10 % les protestants de la population béarnaise, chiffre confirmé par un recensement de 1668 (11,3 %). (Ch. Desplat, *La Principauté de Béarn.*)

Ce chiffre n'a rien d'étonnant quand on sait la faiblesse de l'encadrement calviniste : en 1578, soixante-dix pasteurs devaient se partager les quelque 423 paroisses béarnaises. A vrai dire, la Réforme, principalement implantée dans les villes, touchait surtout la noblesse et les robins. Tantôt à Orthez, tantôt à Lescar, une université assurait un large rayonnement parmi ces catégories sociales. La désorganisation de l'Eglise catholique et l'interdiction officielle de son culte préoccupaient le pape : à terme, le Béarn pouvait devenir un véritable pays calviniste servant, comme la Suisse, de « base arrière » pour les calvinistes de France.

Aussi, lors des négociations menées avec le pape en vue de son absolution, Henri IV avait dû accepter de rétablir la religion catholique en Béarn. Du Perron et d'Ossat s'y étaient engagés en son nom... Cette promesse, comme d'autres, resta lettre morte pendant longtemps. Tant que la situation religieuse du royaume de France n'était pas résolue, il n'y avait aucune raison de se hâter. En revanche, après l'édit de Nantes, Henri ne pouvait plus tergiverser.

L'édit de Fontainebleau, pris le 15 avril 1599, reposait sur les mêmes principes que celui de Nantes : il condamnait « *la force et contrainte des consciences parce que tels remèdes se sont toujours trouvés faibles ayant semé tumultes, discordes et dissensions* ». Mais le rapport de force était inversé : le culte catholique n'était autorisé que dans deux localités pour chacun des six « parsans » béarnais, en dehors des villes closes. Mais il offrait la possibilité de dire des messes privées dans tout le pays. Les biens ecclésiastiques confisqués et vendus pouvaient être rachetés par l'Eglise. Enfin, le roi promettait de nommer deux évêques sachant parler béarnais. On voit la symétrie que le roi recherchait entre l'édit de Fontainebleau et l'édit de Nantes : dans les deux Etats, les deux religions trouvaient droit de cité. Mais chacune d'entre elles avait son espace de prééminence, la religion catholique gardait un statut de religion d'Etat tolérante en France, le protestantisme avait une situation équivalente en Béarn. Ainsi ne se trouvaient offensés ni le lien historique traditionnel, ni l'amour-propre des plus engagés parmi les croyants des deux confessions.

L'année 1598 fut celle de tous les triomphes pour Henri IV. Il mettait fin à la guerre civile et à la guerre contre l'Espagne. Il établissait les bases d'une tolérance encore inédite. Il pacifiait après avoir réconcilié. Il faisait œuvre de paix durable dans le domaine le plus sensible, celui des passions religieuses.

L'artisan de la paix

L'édit de Nantes a valeur de texte symbole. La notion et le mot même de tolérance nous semblent aujourd'hui si communs qu'ils pourraient paraître banals. Mais leur surgissement dans la réalité politique et religieuse françaises sont bien l'œuvre d'Henri. Inventeur de la tolérance, il ne cesse de proposer à notre réflexion l'originalité et la décision de sa démarche, premières raisons de son succès, et à notre admiration le charisme réconciliateur d'un homme qui refuse d'être prisonnier des haines de son temps.

Plus encore peut-être que la déclaration des droits de l'homme, l'édit de Nantes incarne, dans l'imaginaire et l'histoire de notre pays, l'espérance de la liberté des hommes. Ce texte est un monument, parce qu'il est une rupture. Le principe politique reçu par tous, *« cujus regio, ejus religio »* (tel prince, telle religion), était le fondement même de l'absolutisme. La religion n'était pas considérée comme du domaine privé, mais comme la charpente même de l'Etat et de la société. Ce premier découplage entre Etat et religion est une révolution. Il ouvre la porte à la définition d'une laïcité de l'Etat, en le présentant comme arbitre entre les religions, ce qui est la signification même de la controverse de Fontainebleau : le roi s'assied à la table de la conférence théologique en arbitre et il va écouter les avocats de chacune des causes.

Tout révolutionnaire qu'il est dans sa conception, le texte de l'édit de Nantes se situe encore bien loin de la déclaration des droits de l'homme. Dans sa forme même, mélange curieux de solennité et d'articles de circonstance, il n'a rien d'une déclaration de principes universels. Il se rattache davantage à une confirmation de « privilèges » de l'Ancien Régime qu'à une constitution moderne. Dans son esprit, c'est une œuvre de pragmatisme quand la déclaration des droits de l'homme est pure et magnifique abstraction. L'idée même de tolérance y revêt d'ailleurs une signification plus étymologique que moderne : il s'agit de « tolérer » l'existence d'une minorité plus que d'accepter le principe même de la différence. Mais, précisément, l'édit de Nantes est le premier pas, celui sans lequel rien n'aurait été possible. Symboliquement, il continuera d'incarner le premier effort réel des Français pour surmonter leurs divisions religieuses.

301

La déclaration des droits de l'homme nous propose une direction idéale; elle constitue à ce titre un des textes fondateurs de la conscience de l'homme contemporain. Mais son étude devrait être inséparable de celle de l'édit de Nantes et de sa difficile genèse, comme une illustration de l'effort douloureux et fragile pour dépasser les tentations naturelles de la haine et de l'intolérance.

L'édit de Nantes aurait pourtant pu rester lettre morte. Depuis 1562, des édits de tolérance très semblables avaient été vainement promulgués. Pourquoi Henri IV a-t-il réussi là où, avant lui, Catherine de Médicis et les Valois avaient échoué? La raison profonde a déjà été évoquée. Par l'abjuration et le sacre, Henri IV avait réalisé la réconciliation symbolique de la France, s'instituant à la fois roi catholique et protecteur des protestants.

L'histoire personnelle et la légitimité symbolique désormais indiscutable d'Henri IV donnaient à ses tentatives de conciliation une crédibilité que ne pouvaient revêtir les démarches analogues des Valois, avant tout perçues comme des manœuvres dilatoires et tactiques.

Il y avait aussi la lassitude des peuples. Pour reprendre une expression d'Henri IV, après plus de trente ans de guerre, et plusieurs centaines de milliers de morts (sur une population de 16 à 18 millions d'habitants), le pays était exsangue et les peuples « *saoulés de guerre* ». Lorsque la lassitude dépasse la haine, lorsque la conscience de l'horreur l'emporte sur l'excitation guerrière, lorsque l'évidence de la similitude des souffrances subies de part et d'autre devient plus forte que le sentiment de la différence, le chemin de la paix est bien près d'être ouvert.

Dans ce contexte Henri IV a su conduire une tactique subtile, donnant des gages aux uns tout en rassurant les autres, maintenant un équilibre toujours instable, toujours près de la rupture mais toujours rétabli par cette étonnante intuition du moment et des rapports de force qu'avait le Béarnais.

C'est son sens politique qui a permis à Henri IV de rassembler tous les modérés, quelle que fût leur origine : élites administratives et intellectuelles, ligueurs modérés, grands nobles en mal d'ambition, protestants pragmatiques... Mais ce rassemblement eût été incohérent sans le ciment d'une idéologie. Ce fut l'enjeu de la guerre des pamphlets dans laquelle Henri IV montra à nouveau son talent de communicateur.

Cette convergence des modérés avait aussi une profonde signification sociologique. Elle se fit autour des grands robins, des grands serviteurs de l'Etat.

Les guerres de religion et leur dénouement ne sont pas seulement affaire d'épée et de théologie. Une vaste mutation de la société en constitue l'arrière-plan. Derrière les arguments religieux et dans un contexte d'affrontements métaphysiques sans précédent, s'est déroulée aussi une guerre des élites : tout se passe comme si la noblesse d'épée, sur le point de se voir dépossédée du pouvoir par l'élite des robins, dans un monde où les logiques administratives devenaient inéluctablement plus fortes, avait en quelque sorte trouvé dans l'état de guerre permanent le moyen de réaffirmer ses valeurs et de rétablir les règles d'un jeu social qui lui fût favorable, en une sorte de retour en arrière vers le Moyen Age.

Le dénouement confirme l'hypothèse : c'est en s'appuyant sur les robins et en combattant ou rachetant les derniers nobles va-t-en-guerre qu'Henri IV impose la paix. Peut alors s'engager une évolution très profonde des structures du pouvoir : la cour, les pensions et les dignités serviraient désormais à divertir la noblesse cependant que les réalités du pouvoir se joueraient ailleurs, confisquées par un roi qui s'appuie sur une élite administrative. Au conflit du roi avec la noblesse succéderait alors bientôt un conflit larvé avec sa propre administration, avec la nouvelle noblesse de robe.

Victoire dans la bataille des idées et de la communication, rassemblement des élites modérées et neutralisation, par les armes ou par l'argent, des extrémistes, Henri IV l'a définitivement emporté lorsqu'il a su déplacer le conflit en déclarant la guerre à l'Espagne, flattant le sentiment national et faisant des derniers factieux des ennemis de la patrie.

L'édit de Nantes n'a pas seulement mis un terme aux guerres de religion. A côté des garanties données à la minorité protestante, l'édit de Nantes définissait un rôle nouveau de l'Etat, un Etat arbitre, seul habilité à résoudre les conflits, seul habilité à utiliser la force. Désormais, la confrontation des intérêts et des opinions devrait s'effectuer sous le contrôle de l'Etat royal.

L'autre facteur de durée était la stabilisation des rapports de force. Dans le climat d'intolérance de l'époque, l'édit de Nantes ne pouvait régler durablement la coexistence pacifique des deux religions que si les rapports de force demeuraient stables. Si le protestantisme, très minoritaire, se développait et venait à menacer l'écrasante suprématie des catholiques, les guerres de religion recommenceraient immanquablement. D'où la démarche d'Henri IV qui, tout en respectant les engagements pris, s'attacha à circonscrire la religion réformée pour réduire progressivement son influence.

Il ne s'agissait pas d'un zèle de nouveau converti au catholicisme, ainsi que de nombreux protestants le lui ont reproché – il avait si souvent été contraint de faire cet aller et retour ! –, mais d'une question de pragmatisme : en Béarn, où les rapports de force étaient, d'un point de vue politique, inversés, il mit très logiquement en place un système symétrique de l'édit de Nantes, organisant la tolérance et le rétablissement progressif du catholicisme au sein d'un ensemble dominé par les protestants.

Mais le roi n'aurait pas réussi si l'homme n'avait pas été à la hauteur de son entreprise historique.

C'est d'abord affaire d'autorité naturelle. Le personnage s'impose face aux divergences d'une coalition fort hétéroclite, qu'il s'agisse de rappeler à l'ordre les huguenots ou, inversement, d'imposer aux parlementaires réticents l'accès des protestants aux charges officielles. Cette autorité transparaît dans le discours. C'est un discours charismatique au sens où la parole du roi, le « *je* » d'Henri IV, incarne l'intérêt général, incarne la nation tout entière contre la coalition hypocrite des intérêts particuliers et des corporatismes. Sa parole devient alors tranchante, s'anime et, parce qu'elle est parole de vérité, dissout les oppositions.

Si l'autorité personnelle lui permet d'imposer les compromis, une familiarité désarmante lui permet de réconcilier les hommes. Les retrouvailles avec le jeune duc de Guise sont exemplaires : il n'y a rien à dire, pas un mot. Le roi a compris et il a pardonné.

La familiarité d'Henri n'est pas une faconde superficielle, une convivialité chaleureuse de façade, vernis des ambitions ordinaires. Elle est profonde parce qu'elle repose sur une connaissance des hommes, de leur détresse et de leur vanité, parce qu'elle est aussi connaissance de soi et que celle-ci interdit de mépriser quiconque. La crispation des vanités et des ressentiments est souvent le premier obstacle à la réconciliation des hommes. C'est parce qu'il aime les hommes comme ils sont que le charisme d'Henri traverse les cuirasses et les traités de théologie, les remparts des châteaux isolés et l'hystérie des foules.

Chapitre 12

L'ART DE GOUVERNER

La pacification du royaume achevée, il faut gouverner. Cela exige d'autant plus d'autorité et d'énergie que le pays est en ruine.

« Je viendrai aux travaux qu'il me faudra supporter parmi les négoces et affaires politiques, et en l'établissement des ordres, lois, règlements et disciplines, tant civiles que militaires, lesquelles j'appréhende qu'il me conviendra vaquer assiduellement, n'ayant jamais eu l'humeur bien propre aux choses sédentaires, et me plaisant beaucoup plus à vêtir un harnais, piquer un cheval et donner un coup d'épée, qu'à faire des lois, tenir la main à l'observation d'icelles, être toujours assis dans un conseil à signer des arrêts, ou voir examiner des états de finance : et n'était que je m'attends d'être en cela secouru de Bellièvre, de vous, de Villeroy, de Sillery et de deux ou trois autres de mes serviteurs que j'ai en fantaisie, je m'estimerais plus malheureux en temps de paix qu'en temps de guerre... » (Sully, *Economies royales.*)

Au-delà de la conquête militaire et de l'apaisement politique et religieux, au-delà de la légitimité retrouvée et sanctifiée par le sacre, au-delà même de l'indiscutable adhésion populaire, le nouveau roi doit disposer des indispensables relais humains et administratifs.

Ce fut un enjeu particulièrement difficile pour Henri IV. Le roi convenait lui-même *« que les temps pacifiques lui avaient donné plus d'anxiétés, de peines et soucis, que tous les plus turbulents et les plus militaires ».* (Sully, *Economies royales.*)

Il faudra à Henri IV, qui avait jusqu'alors vécu parmi les soldats, s'entourer d'hommes à la fois expérimentés et fidèles. Il lui faudra aussi conquérir une administration déliquescente et généralement hostile.

La conquête et l'exercice concret du pouvoir par Henri IV, ce fut d'abord le choix des hommes et, notamment, le couple mythique qu'il forma avec Sully. L'efficacité de ce réseau permit seule la mise au pas et l'évolution profonde de l'administration, de l'organisation du gouvernement royal au contrôle des plus modestes représentants du roi dans les provinces.

Le roi en son conseil

L'ancienne *Curia Regis* médiévale avait progressivement éclaté en cours spécialisées. De hautes fonctions administratives, les grands offices de la couronne, s'étaient affirmées, âprement disputées entre la noblesse traditionnelle et les robins, issus de la bourgeoisie.

Le conseil royal était la principale instance de gouvernement. Les décisions étaient prises, « le roi étant en son conseil », qu'il s'agisse du « conseil privé » ou du « conseil secret ». Le conseil privé se réunissait les lundi, mercredi et vendredi ; il avait une fonction essentiellement juridique de définition des lois et d'arbitrage dans certaines affaires de justice, proche de celle de notre Conseil d'Etat. Mais c'était dans le « conseil secret » (ou « conseil étroit »), institué par François Ier, équivalent de nos conseils des ministres ou réunions de cabinet ministériel, que se prenaient généralement les décisions. Réunissant un petit nombre de proches conseillers, convoqués à la guise du roi selon l'ordre du jour, il pouvait traiter de tous les problèmes. Henri IV préférait cette structure souple à la structure trop formelle du « conseil privé » ; il en fit définitivement l'instance suprême de décision, qui prit d'ailleurs le nom révélateur de « conseil des affaires ».

Les conseillers du roi se répartirent d'une façon définitive sous Henri IV en quatre groupes distincts : les maîtres des requêtes, les conseillers d'Etat, les secrétaires d'Etat et le chancelier, les ministres.

Les maîtres des requêtes, au nombre d'une cinquantaine, étaient les techniciens du droit et de l'administration. Juristes, ils pouvaient juger des causes dans tout le royaume et rapportaient les affaires de justice présentées au conseil du roi. Henri IV, soucieux de la qualité de ces collaborateurs, en formalisa le recrutement en 1598 : pour devenir maître des requêtes, il faudrait désormais avoir plus de trente-deux ans, avoir été conseiller dans un parlement de justice, ou lieutenant de bailliage pendant six ans ou encore avocat au parlement pendant au moins douze ans... Souvent d'origine modeste, les maîtres des requêtes pouvaient espérer devenir un jour conseillers d'Etat.

Ceux-ci étaient à proprement parler les membres du conseil du roi. Mais les conseillers d'Etat étaient tellement nombreux que le roi aurait eu du mal à les réunir tous. Sous Henri IV leur effectif – variable – dépassait la centaine. L'inflation de leur nombre lors des guerres de religion avait traduit l'affaiblissement du roi : Henri avait dû en nommer de nouveaux pour s'assurer des fidélités. Dès lors, le titre de conseiller d'Etat était devenu une dignité que le roi attribuait en fonction de ses intérêts politiques.

On distinguait deux catégories de conseillers en fonction de leur profil. Il y avait en quelque sorte des « conseillers-nés », tous chefs de lignages nobles. Leur rang et leurs ambitions les disposaient tout naturellement à postuler à la qualité de conseiller, et ils avaient profité des régences et des troubles pour affluer au Conseil. Parmi eux on trouvait le duc de Montpensier, le comte de Soissons, les ducs de Nevers, de Mayenne, de Montmorency et de Retz. Le baron de Rosny, devenu duc de Sully, en faisait partie.

Il y avait aussi des « conseillers-techniciens ». C'étaient des juristes, souvent des anciens maîtres des requêtes ou d'anciens parlementaires, dont les compétences étaient nécessaires pour éclairer les décisions royales.

Ces robins trouvaient dans le service du roi une possibilité d'ascension sociale. Henri préféra évidemment ces hommes compétents et zélés à ceux issus de la haute noblesse. Ces conseillers d'Etat « ordinaires » (car accomplissant effectivement leur charge) devinrent sous Henri IV majoritaires dans tous les conseils. En formalisant le recrutement des maîtres des requêtes et en renforçant la place des juristes parmi les conseillers d'Etat, Henri IV posa les jalons d'une véritable méritocratie administrative.

Les secrétaires d'Etat, au nombre de quatre, avaient pour mission de noter au conseil du roi les décisions prises puis de veiller à l'expédition des actes. Par leur signature, ils attestaient l'authenticité de la décision du roi. Ils étaient spécialisés géographiquement, entretenant chacun une correspondance avec des provinces définies.

Les secrétaires d'Etat étaient des intimes du roi : ils assistaient à son lever. Dans les conseils, ils établissaient les rapports nécessaires. Assistés par des commis, ils rédigeaient pour le roi édits, ordonnances, traités et même contrats de mariage de la famille royale. Sans avoir le titre officiel de ministre, ils en avaient presque les compétences et le pouvoir.

Les papiers qu'ils avaient accumulés pendant leur carrière n'étaient pas déposés dans les archives royales, mais conservés dans leur famille comme s'ils étaient personnels. Ainsi de la correspondance que Nicolas de Neufville, seigneur de Villeroy, avait entretenue avec l'étranger : preuve supplémentaire de l'absence de claire limite entre les intérêts privés et la chose publique qui prévalait à l'époque.

Le chancelier était le premier grand officier de la couronne et, à ce titre, il était le personnage le plus important de l'entourage royal. Il était à la fois le chef de la justice et le « garde des sceaux » : il détenait les sceaux du roi, indispensables pour authentifier les actes royaux expédiés dans tout le royaume. Il avait le droit de refuser de sceller un document s'il le jugeait contraire à l'intérêt du royaume, contre l'avis des conseils et même contre l'avis du roi. Dans ce cas, l'acte était nul, la volonté royale ne pouvait être exécutée.

Le chancelier était inamovible : le roi le nommait à vie. Ce personnage redoutable devait avoir l'entière confiance du souverain. Il pouvait recevoir le commandement d'expéditions militaires, la présidence des états généraux et même, par commission spéciale, exercer toute la puissance royale.

Le roi était cependant libre de lui retirer les sceaux et de les confier à un « garde des sceaux », en attendant le décès du titulaire. Le chancelier disgracié continuait à porter son titre, à conserver ses dignités, à recevoir ses émoluments mais n'avait plus les pouvoirs de sa charge.

La continuité de l'Etat

La conquête du royaume n'avait pas seulement été militaire mais également administrative. Henri IV s'y était attelé dès 1589.

En effet, Henri III, lorsqu'il avait été chassé par la journée des Barricades, avait entraîné derrière lui tous les officiers loyalistes qui refusaient de servir la Ligue. Ils s'étaient établis auprès de leur souverain à Tours. Cette « bonne ville » tenait lieu de capitale du royaume, ou en tout cas de ce qui en restait... En fait, l'administration du royaume était coupée en deux par la guerre civile.

En réponse aux parlements ligueurs de Paris, Rouen, Toulouse, Dijon et Aix, le roi avait établi les nouveaux parlements de Tours, Châlons-sur-Marne, Caen, Carcassonne, Flavigny et Pertuis.

Depuis l'embrassade de Plessis-lès-Tours et sa réconciliation avec Henri III, Henri IV avait hérité de cette capitale de fortune. Sur son lit de mort, le dernier Valois avait pris soin de faire jurer à ses proches fidélité au nouveau roi. Au-delà de sa signification politique, le ralliement des proches d'Henri III était essentiel. La continuité de l'Etat était en jeu. La permanence des serviteurs des Valois était la plus sûre des démonstrations de la légitimité du Bourbon. C'était aussi pour Henri l'occasion d'élargir ses réseaux de fidélités et d'étoffer son soutien du côté catholique.

Dès le lendemain de la mort d'Henri III, de nombreux favoris s'étaient repentis d'avoir prêté serment à Henri IV. Il fallut une véritable négociation entre le nouveau roi et François d'O, « l'archimignon », surintendant des finances, leur porte-parole, pour que le 4 août 1589 soit ratifiée une « Déclaration » du roi à la noblesse. Le roi y promettait, entre autres, de ne pas changer les dogmes de l'Eglise catholique, de se soumettre aux conclusions d'un Concile général, de conférer les emplois publics vacants seulement à des catholiques, de ne pas toucher aux charges, dignités et privilèges des seigneurs et officiers restés loyaux, de reprendre enfin le personnel d'Henri III.

Grâce à ces concessions, mais aussi grâce à son habileté et son charisme, Henri IV réussit à gagner l'estime et la fidélité de la plupart des personnalités catholiques proches de l'ancien roi. Il y eut bien entendu quelques défections comme celle du garde des sceaux. Pour remplacer ce dernier, Henri rappela en 1590 un ancien titulaire de la charge, manifestant par là à nouveau son souci de continuité administrative.

Des protestants comme le duc d'Epernon, le duc de Thouars ou même son proche conseiller Duplessis-Mornay furent déçus. Beaucoup de huguenots pensaient que leur engagement auprès d'Henri serait enfin récompensé au moment de son accession au trône par la distribution de titres et d'offices royaux.

En fait, contesté dans sa légitimité par les catholiques, Henri IV ne pouvait propulser des favoris ou des huguenots trop marqués aux postes les plus enviés. Il jouait également la carte de la continuité parce qu'il avait besoin de serviteurs d'expérience pour s'imposer dans un pays au bord de l'éclatement.

Ainsi, sur les quatre secrétaires d'Etat d'Henri III, Henri IV en conserva trois, hommes à la fois compétents et intègres, chose rare alors que l'exercice du pouvoir dans l'entourage royal était le plus sûr moyen de s'enrichir. P. de l'Estoile fait ainsi l'éloge de l'un d'eux :

« *Il craignait Dieu et avait l'âme droite, outre l'ordinaire des courtisans de sa profession. On ne lui trouva d'argent que vingt-six écus.* » (P. de l'Estoile, *Mémoires*.)

Seul le quatrième, Pierre Forget, provenait de l'entourage du roi de Navarre.

On rencontrait aussi, bien sûr, de grands nobles aux plus hauts postes de l'Etat. Henri avait ainsi nommé, en 1593, Henri de Montmorency-Danville connétable de France. Sa position à la direction des armées de France assurait la fidélité d'une famille qui avait déjà eu l'honneur de porter ce titre.

Le marquis d'O était très présent. L'ex-archimignon se montrait fort à son aise, éternel représentant de la préciosité et de l'élégance de l'ancienne cour d'Henri III. Danseur réputé, il menait grand train de vie : ses charges de surintendant des finances et de surintendant des bâtiments, qu'Henri lui avait laissées, lui procuraient, disait-on, des émoluments extraordinaires... A sa mort, en 1594, Henri créa deux commissions à la place de ces deux offices...

Les grands nobles pourvoyaient les offices militaires prestigieux de gouverneurs de province. Henri préférait cependant les avoir auprès de lui, à la cour, plutôt que dans leur province, où ils pouvaient fomenter quelque complot. Leur présence fut de plus en plus rare dans le conseil des affaires, au fur et à mesure de l'avancement du règne, signe évident de la progression de l'absolutisme.

Des conseillers religieux atypiques

Le roi avait, dans une large mesure, la responsabilité du bon fonctionnement de l'Eglise. Il nommait en particulier à tous les grands bénéfices du royaume, aux charges d'abbés ou d'évêques. L'administration ecclésiastique et l'administration publique étaient en fait étroitement imbriquées, l'Eglise ayant à sa charge non seulement une fonction d'orientation spirituelle de la collectivité mais aussi des attributions qui relèveraient aujourd'hui du service public : assistance publique, éducation et enseignement supérieur, recherche, et même diplomatie (relations avec la papauté, négociations internationales, etc.). Les carrières de la « haute fonction publique » s'effectuaient autant au sein de la hiérarchie de l'Eglise que dans l'administration royale proprement dite.

Pour l'aider dans sa tâche d'administration ecclésiastique et, plus largement, dans son gouvernement royal, Henri IV disposait de quelques clercs réunis en un petit conseil qui, plus tard, sous Louis XIV, prendra le nom de « conseil de conscience ».

Les membres de ce « conseil religieux » présentaient des profils extrêmement divers et révélateurs des ambiguïtés de l'époque. A côté de personnalités à l'envergure morale incontestable, on y trouvait des figures certes hautes en couleur, mais aux mœurs et aux convictions plus qu'incertaines.

Jacques du Perron et Renaud de Beaune furent les principaux artisans de la conversion du roi. Tous deux eurent un parcours assez tortueux.

Fils de pasteur protestant, né en 1556, Du Perron avait abjuré en 1576 pour rejoindre ensuite l'entourage d'Henri III et prendre l'habit ecclésiastique. Il s'était rallié à Henri IV dès 1589 et obtint en 1591 l'évêché d'Evreux, en 1604 la pourpre cardinalice, pour finir, en 1608, à la tête du Collège de France.

Renaud de Beaune, né en 1547, avait d'abord hésité entre la carrière juridique et la carrière administrative. Evêque de Mende, puis archevêque de Bourges en 1581, on le vit d'abord, auprès d'Henri III, un des plus virulents partisans de la Ligue. Il fut pourtant un des premiers prélats à rallier le camp d'Henri IV après la mort d'Henri III et joua un rôle essentiel pour convaincre les autres évêques de soutenir le roi légitime. Lors de la cérémonie d'abjuration, il eut l'honneur de recevoir la première confession du roi, sans doute fort longue...

L'un comme l'autre étaient de subtils rhéteurs, mais tout spécialement Du Perron, dont l'érudition prodigieuse et l'éloquence éblouissante faisaient merveille.

Il se montrait volontiers ironique :

« C'était un fort bel homme. Il dit une fois une assez plaisante chose d'un prédicateur qui disait : " Monsieur saint Augustin, Monsieur saint Jérôme, etc. " : " vraiment ", dit-il, " il paraît bien que cet honnête homme n'a pas grande familiarité avec les Pères, car il les appelle encore Monsieur ". » (Tallemant des Réaux, *Historiettes.*)

Par goût ou par intérêt, il semblait disposé à défendre n'importe quelle cause :

« *Par manière de passe-temps (on l'avait vu) défendre le Coran de Mahomet et le Talmud des juifs, avec une telle dextérité que les esprits des auditeurs furent mi-partis, voulant, sans le voyage qui les fâchait, ou la pauvreté qui les étonnait, les uns coiffer le turban, les autres un bonnet orangé.* » (Aubigné, *La Confession de Sancy.*)

Un jour il prouvait l'existence de Dieu, le lendemain il proposait de démontrer le contraire :

« *... advint au dîner du roi que Monsieur du Perron (...) fit un brave discours contre les athéistes et comme il y avait un Dieu. Il le prouva par des raisons si claires, évidentes et à propos, qu'il semblait bien n'y avoir lieu aucun d'y contredire; à quoi le roi montra qu'il avait pris plaisir et l'en loua. Mais Du Perron s'oubliant, comme font ceux de son humeur, (...) va dire au roi : "Sire, j'ai prouvé aujourd'hui par raisons très bonnes et évidentes, qu'il y avait un Dieu; demain, Sire, s'il plaît à Votre Majesté me donner encore audience, je vous montrerai et prouverai par raisons aussi bonnes et évidentes qu'il n'y a point de Dieu."* » (P. de l'Estoile, *Mémoires.*)

Ses talents de persuasion lui permirent de convertir plusieurs personnalités protestantes et de gagner le surnom de « Monsieur le Convertisseur ». De telles aptitudes le désignaient pour être le controversiste officiel, défenseur de la foi catholique en même temps que des « libertés de l'Eglise » gallicane. Il fut aussi l'homme des missions délicates, notamment auprès du pape, qui reconnaissait volontiers sa force de conviction :

« *Prions Dieu qu'il inspire Du Perron, car il nous persuadera tout ce qu'il voudra!* »

Renaud de Beaune, quant à lui, était un homme d'appareil, celui qui contrôlait les réseaux du roi dans l'Eglise, manipulant avec habileté les assemblées du clergé et maîtrisant l'énorme administration ecclésiastique. A l'occasion du conflit entre le roi et la papauté sur la question de l'abjuration royale, il songea même un temps à prendre le titre de Patriarche des Gaules et à substituer son autorité à celle du pape...

Sa foi paraissait aussi incertaine que celle de Du Perron :

« *aucuns le disaient un peu léger en créance, et guère bon pour la balance de Monsieur saint Michel, où il pèse les bons chrétiens le jour du jugement, ainsi qu'on dit ».* (Minois, *Les Confessions du roi.*)

On lui attribuait un livre sur « *L'art de ne point croire en Dieu* » et on le soupçonnait de « *croire en Dieu piteusement* », « *comme en ses vieux souliers* ». (Roman d'Amat, *Dictionnaire de biographie française.*)

Nos deux compères aimaient également les plaisirs. Renaud de Beaune, « *d'un tempérament si chaud qu'il avait besoin d'un aliment presque continuel pour entretenir sa santé* » (J.-A. de Thou, *Mémoires*), prenait jusqu'à sept repas par jour.

Du Perron s'adonnait quant à lui sans vergogne à la débauche, rivalisant avec son ami, le prêtre de la cour Philippe Des Portes :

« *On dit qu'un jour ils gagèrent tous deux à qui ferait la plus grande impudence. Le soir, le cardinal dit à Des Portes :*
— J'ai mis mon... tout bandé dans la main à une dame.
— Et moi, dit Des Portes, je l'ai mis tout mou !
Ainsi il gagna. » (Tallemant des Réaux, *Historiettes.*)

Emporté par la syphilis, il n'en mourut pas moins saintement :

« *Il rapporta la vérole de Rome et en mourut. En mourant, il ne voulut jamais dire autre chose, quand il prit l'hostie, sinon qu'il la prenait comme les Apôtres l'avaient prise. On disait qu'il avait voulu mourir en fourbe, comme il avait vécu.* » (Tallemant des Réaux, *Historiettes.*)

Arnaud d'Ossat avait des origines sociales très modestes. Né en 1536 dans le diocèse d'Auch, il avait été recueilli à l'âge de neuf ans, après la mort de son père, simple maréchal-ferrant, par une famille noble qui assura son éducation. Très doué, il fut à Paris l'élève de Ramus et de Cujas avant d'être repéré par Paul de Foix, qui, nommé ambassadeur à Rome, en fit son secrétaire. C'est à cette époque qu'après avoir envisagé une carrière juridique il entra dans les ordres. Fidèle serviteur d'Henri III, il fut, avec Du Perron, l'artisan de la reconnaissance d'Henri IV par le pape.

Il obtint également la dissolution du mariage avec Marguerite de Valois. Henri le récompensa de ses services en le nommant évêque et en lui obtenant le chapeau de cardinal.

Il eut certainement beaucoup d'influence puisque Sully, inquiet de ce rival potentiel, dit grand mal de lui, dénonçant ses « *impertinents et ridicules conseils* ». (Sully, *Economies royales.*)

313

Sa vie fut pourtant irréprochable, à en croire les contemporains :

« *Par le cours uniforme de sa vie irrépréhensible, il mérita l'amour et l'admiration de tout le monde, et il se comporta si bien en cette cour pendant l'espace de 31 ans, qu'aucun homme de sens ne doutait que sans l'obstacle de ce qu'on appelle le péché originel, il ne fût arrivé, un jour, au faîte suprême de la puissance ecclésiastique avec cette même modestie qui l'avait porté contre son ambition à tous les autres grands honneurs.* » (De Thou, cité par Amelot, *Lettres de l'Ossat.*)

René Benoît fut, quant à lui, le premier confesseur attitré du roi, charge à laquelle il accéda, en 1593, à l'âge de soixante-douze ans et qu'il exerça jusqu'en 1603. Son parcours avait été assez tourmenté. Curé de la paroisse Saint-Eustache de Paris depuis 1567, il avait livré un combat sans merci contre les protestants tout en refusant les violences de la Ligue. Il avait rejoint Henri IV lors de son abjuration. Fils de laboureur, il avait gardé de ses origines une éloquence très directe, dépouillée de toute référence autre que biblique. Ce prédicateur populaire voulut mieux faire connaître la Bible en la traduisant en français, à l'instar des protestants et, qui plus est, en s'inspirant très directement de la Bible de Genève. Il se justifiait d'ailleurs du procédé :

« *... On m'objectera d'avoir pris quelque chose aux bibles hérétiques (...) ; puisque la guerre spirituelle est ouverte entre nous et eux, ne m'est-il pas permis de piller ?* » (Cité par G. Minois, *Les Confesseurs du roi.*)

Cette bible mi-catholique, mi-protestante, interdite à la fois par la Sorbonne et par la Papauté, témoigne de l'ouverture d'esprit du personnage. Il n'hésitait d'ailleurs pas à reconnaître son désarroi face aux problèmes théologiques liés à la traduction des textes sacrés :

« *Plus on y pense, moins on y entend.* » (Cité par G. Minois, *Les Confesseurs du roi.*)

Le confesseur du roi prenait à l'occasion d'étonnantes libertés avec les dogmes, comme en témoigne ce sermon du jeudi saint en 1601 :

« *Le bonhomme Benoît s'emporta tellement (...) que, parlant du jubilé, il dit des choses contraires à l'autorité du pape et res-*

pect dû à son pouvoir, et d'autres contre la forme dont le roi faisait la cène, et d'autres contre l'honneur dû à la croix. Etonnés et scandalisés des impertinences de l'orateur, les princes et les seigneurs de la cour, le clergé de la ville et du reste de la France là présents, se plaignirent vivement, et sans l'autorité du roi qui calma la foule, il courait la fortune d'être tumultueusement accablé, assommé ou noyé par le peuple. » (De Hurault de Cherverny, *Mémoires d'Etat.*)

Les convictions douteuses de Benoît et de son compère, Du Perron, archevêque de Bourges, rejaillissaient sur l'image du roi, si l'on en croit un libelle de l'époque :

De trois B garder se doit-on,
De Bourges, de Benoist et Bourbon;
Benoist croit Dieu piteusement,
Mais Dieu nous gard' de la finesse
Et de Bourbon et de sa messe (P. de l'Estoile, *Mémoires.*)

Henri IV appréciait ce prélat atypique à la fois pour son franc-parler et sa liberté d'esprit mais aussi pour la compréhension qu'il manifestait, en tant que confesseur, à l'égard des faiblesses du roi. Il sut ainsi se contenter de la résolution d'Henri de se séparer de sa maîtresse pendant la semaine sainte, bienséance qui resta dans les coutumes de la monarchie.

Henri le fit conseiller d'Etat, gouverneur du collège de Navarre et évêque.

Dès 1603, René Benoît avait été remplacé par un jésuite : le père Coton. Désormais, les rois de France choisiraient leur directeur de conscience au sein de la Compagnie de Jésus.

Pierre Coton, né en 1564, était issu de la petite noblesse. Se destinant lui aussi initialement à la magistrature, il décida, à dix-neuf ans, d'entrer dans la Compagnie. Son style était à l'opposé de celui de son prédécesseur. Beau, intelligent, cultivé et aimable, il usait de toutes les formes de séduction pour faire revenir les âmes dans le giron de l'Eglise et s'imposa aisément dans un milieu courtisan pourtant peu enclin aux pratiques de dévotion.

Très mystique, le père Coton avait déjà une spiritualité baroque. Il entretenait des relations avec des visionnaires et ne dédaignait pas de s'occuper de cas de possession. Mais sa spiritualité restait tolérante, comme l'atteste une lettre qu'il adressa à un pasteur :

« Permettez, permettez s'il vous plaît que je vous aime et que je haïsse vos conceptions ; que je vous affectionne et que je méprise vos habitudes ; que je loue vos qualités et que je vitupère, sauf l'honneur, votre condition ; que je me réjouisse des dons naturels que je vois en vous et que je soupire pour les surnaturels. » (Lettre citée par G. Minois, *Les Confesseurs du roi*.)

Le père Coton fut surtout un confesseur habile, suggérant par exemple à Henri, blasphémateur impénitent, de substituer « Jarnicoton » (je renie Coton) à « Jarnidieu » (je renie Dieu). Cette pratique était une stratégie courante des directeurs de conscience : on proposait de dire « morbleu » au lieu de « mort-Dieu », « pardi » (ou « parbleu ») au lieu de « par Dieu ».

Son nom devint d'ailleurs bientôt synonyme de la réticence d'Henri IV à l'égard de ses coreligionnaires d'hier : un jour que Sully demandait l'autorisation pour des pasteurs de prêcher dans les faubourgs de Paris, Henri lui répondit qu'il avait « du coton dans les oreilles ». Depuis, les protestants disaient que le roi avait du coton dans les oreilles quand il ne donnait pas suite à leurs requêtes...

Vers un nouveau gouvernement

Avec le temps, le conseil du roi se réduisit à une douzaine de proches. Certains jouèrent un grand rôle, comme Nicolas Harlay de Sancy au tout début, ou le président Jeannin, jusqu'à la fin du règne. D'autres encore, comme Barthélemy de Laffemas, eurent à l'occasion une influence considérable, mais trois furent particulièrement et durablement influents : Villeroy, le chancelier Bellièvre, et bien sûr le grand Sully.

Pour la plupart, ils étaient présents dès les débuts du règne et Henri, homme de fidélité, leur conserva sa confiance. Ils vieillirent avec lui et, à la fin du règne, on parlait du gouvernement des « barbons ».

Pourtant, derrière la stabilité apparente, des changements importants modifièrent l'équilibre de cet entourage. Au-delà des enjeux de personnes, il s'agissait d'une évolution profonde du gouvernement du roi : d'instance traditionnelle animée par les « conseillers naturels », émanant de la grande noblesse ou de l'élite des robins, celui-ci devenait de plus en plus clairement le relais personnel du pouvoir royal. La prééminence de Sully, l'homme du roi, sur le chancelier Bellièvre, dépositaire traditionnel de l'autorité royale, fut, de ce point de vue, exemplaire.

A l'image de l'entourage religieux, l'équipe des conseillers d'Henri IV était d'une étonnante variété.

La diversité des opinions comme des personnalités était pour Henri IV un principe de gouvernement. Trouvant les hommes de son entourage « *aussi divers en opinions qu'ils sont en complexion et desseins* », il y voyait une aide précieuse à la réflexion :

« *Un autre que moi aurait peiné à s'en bien servir, mais je connais tellement leurs fantaisies, que je tire même profit de leurs contestations et contrariétés, car par le moyen d'icelles toutes les affaires sont si bien épluchées et approfondies, qu'il m'est facile de choisir la meilleure résolution.* » (Sully, *Economies royales*.)

L'intuition, qu'avait Henri IV des desseins plus ou moins conscients qui sous-tendaient les propos de chacun, l'aidait à comprendre les tenants et les aboutissants des problèmes soulevés.

« *L'esprit infiniment vif et plein de pénétrations* », fin connaisseur des hommes, le Béarnais faisait effectivement « *profession de découvrir les intentions et les pensées des personnes, de leurs mines, gestes et paroles.* » (Sully, *Economies royales*.)

Parmi ces conseillers, Nicolas de Neufville, seigneur de Villeroy fut nommé secrétaire d'Etat après le décès de Louis Révol. Ses ancêtres vendaient du poisson sur les marchés de Dieppe et de Paris mais ces marchands avaient ensuite affirmé leur position sociale par l'achat de charges publiques et conquis leurs titres de noblesse au service des rois.

Villeroy avait servi Catherine de Médicis, puis Henri III, comme secrétaire d'Etat. Chassé parce que trop proche de la Ligue, il devint alors le conseiller de Mayenne. C'est en négociant pour le compte de ce dernier qu'il fit la connaissance d'Henri IV pour finalement passer à son service, participer aux tractations avec les derniers ligueurs, négocier la paix de Vervins avec l'Espagne, et devenir le ministre des Affaires étrangères du roi.

Henri IV estimait ce collaborateur efficace, disant avoir fait en un jour :

« *plus d'affaires avec M. de Villeroy que je n'en avais fait avec les autres en six mois* ». (P. Matthieu, *Remarques d'Etat*.)

Il louait aussi son dévouement :

« Les princes ont des serviteurs à tout prix et de toute façon ; les uns font leurs affaires premier que celles de leur maître, les autres font celles du maître et n'oublie les leurs ; mais Villeroy croit que celles de son maître sont les siennes et y apporte la même passion qu'un autre en sollicitant son procès ou travaillant à sa vigne. » (P. Matthieu, *Remarques d'Etat.*)

Sully lui-même, malgré sa rivalité avec Villeroy, rapporte un autre éloge qu'en fit le roi, soulignant sa *« grande routine dans les affaires et une connaissance entière dans celles qui se sont faites de son temps, auxquelles il a été employé dès sa première jeunesse ».* (Sully, *Economies royales.*)

Villeroy s'était opposé à la nomination de Sully comme surintendant des finances et les deux hommes s'affrontaient souvent lors des conseils. Ils appartenaient à deux univers différents, Villeroy au monde des « robins », Sully à la vieille noblesse d'épée. Leurs méthodes de travail différaient également : la brutalité fréquente de Sully contrastait avec l'« *habileté* (de Villeroy) *dans son silence et sa grande retenue à porter en public, "sa capacité" à temporiser, à patienter et à attendre fautes d'autrui »* (Sully, *Economies royales*). Ses attributions – la diplomatie – le protégeaient cependant de l'autorité jalouse de Sully mais, dans ce domaine aussi, il voulait *« conduire les affaires du monde par degrés »* (Lettre de Villeroy à Jeannin, 24 août 1607), très loin de l'impatience, parfois brutale, du ministre.

Dans l'organisation traditionnelle de la monarchie, l'office de chancelier, garde des sceaux et dépositaire de l'autorité royale, comme celui de connétable, chef des armées, constituaient les plus hautes fonctions.

Henri IV, en disgraciant, sous la pression de Sully, le chancelier Bellièvre et en nommant à ces deux offices des personnalités de second plan, en fit de simples charges honorifiques.

Le vieux Pomponne de Bellièvre, un robin qui avait déjà servi quatre rois, écarté par Henri III car trop proche de la Ligue puis repris par Henri IV, paraissait pourtant bien inoffensif. Las, pénétré des principes de la monarchie traditionnelle, il s'opposa violemment au projet de Sully de permettre aux mêmes familles de conserver, moyennant un droit annuel – la « Paulette » –, les charges officielles. Là où Sully voyait un moyen commode de faire rentrer de l'argent, Bellièvre, à juste titre, pronostiquait la décadence de la fonction publique royale. Usant de toutes ses prérogatives, le chancelier refusa d'inscrire ce projet à l'ordre du jour puis d'enregistrer la décision prise par le roi. Henri IV fut obligé de lui retirer les sceaux, officiellement en raison de son grand âge. Pomponne de Bellièvre conserva cependant sa fonction, inamovible, de chancelier :

« *Chancelier sans sceaux, desquels le roi l'avait déchargé quelque temps auparavant, à cause de son âge : ne lui ayant rien ôté que l'exercice et la peine et laissé le profit, dont toutefois le bonhomme ne se pouvait contenter, l'ambition étant ordinairement le dernier qui meurt en un vieux courtisan comme lui, honoré des rois de belles et grandes charges, dont il s'est toujours dignement et vertueusement acquitté.* » (P. de l'Estoile, *Mémoires*.)

Il conçut, semble-t-il, une réelle amertume de cette disgrâce, comme en témoigne Bassompierre s'adressant à un ami :

« *Monsieur, vous voyez un homme qui s'en va chercher une sépulture à Paris. J'ai servi les rois tant que j'ai pu le faire, et quand ils ont vu que je n'en étais plus capable, ils m'ont envoyé reposer et donner ordre au salut de mon âme, à quoi leurs affaires m'avaient empêché de penser.*

« *Mon ami, un chancelier sans sceaux est un apothicaire sans sucre.* » (Bassompierre, *Journal de ma vie*.)

Henri IV le remplaça par une personnalité de second plan, Brûlart de Sillery, nommé garde des sceaux puis chancelier après la mort de Bellièvre. Cette créature de Villeroy, prêt à toutes les complaisances, fut surnommé le « *trésorier des promesses* » (G. Carew, *A Relation of the State of France*, 1749). Fait extraordinaire à l'époque pour une telle fonction, il ne savait pas le latin !

L'office de connétable, si prestigieux, connut un sort analogue. Un connétable, il est vrai, pouvait devenir dangereux pour le roi comme l'avait montré, en d'autres temps, un des ancêtres d'Henri, le connétable Charles de Bourbon, traître à son roi François Ier. Le connétable, traditionnellement choisi parmi les plus grandes familles, pouvait relayer les velléités d'indépendance de la noblesse.

Henri IV vida cette fonction de sa substance au profit des charges de grand maître de l'artillerie et de surintendant des fortifications, toutes deux confiées à Sully. Il y nomma une personnalité médiocre, Henri de Montmorency-Danville, chevalier valeureux, que le roi appelait familièrement « son compère », mais aux capacités limitées, ne sachant ni lire ni écrire et signant d'une marque.

Le dessein d'Henri IV – affaiblir les offices traditionnels de chancelier et de connétable – était clair ; il ne s'en cachait pas :

« Tout peut me réussir par le moyen d'un connétable qui ne sait pas écrire et d'un chancelier qui ignore le latin. » (Roman d'Amat, *Dictionnaire de biographie française*, article Henri de Montmorency.)

Dans le même esprit, il avait, en 1594, supprimé la charge de surintendant des finances à la mort de son titulaire, François d'O, pour le remplacer par un conseil.

Henri IV préféra confier les véritables responsabilités du gouvernement à quelques ministres totalement dépendants de sa volonté, distinguant parmi eux un homme de confiance, véritable premier ministre : Sully.

Sully, ministre et confident

Chef de gouvernement au sens moderne du terme, Sully fut le véritable premier ministre d'Henri IV. La position de Sully marqua de ce point de vue une étape essentielle dans l'évolution des institutions et de l'administration vers un pouvoir royal fort et centralisé.

Dans les faits, cette évolution était inséparable d'un lien personnel unique entre le roi et son ministre. Le parcours de Sully révélait aussi la complexité des équilibres sociologiques et politiques à la tête du royaume. Sa personnalité même, à mille lieues de la figure du technocrate qu'en a retenu l'histoire, rendait plus riche encore l'analogie entre le roi et son premier secrétaire.

Maximilien de Béthune, né en 1559 à Rosny-sur-Seine, était issu d'une vieille famille noble, comptant parmi ses ancêtres le célèbre chroniqueur Jouvenel des Ursins, un archevêque de Reims, un Montmorency, et, semble-t-il, des comtes de Flandre. La maison des Béthune était assurément illustre mais également très diminuée et ruinée au milieu du XVIᵉ siècle. Par ailleurs, Sully, qui afficha toujours le plus grand mépris pour les « robins », descendait, par sa mère, d'une lignée de grands officiers de l'administration royale : on trouve ainsi parmi ses ascendants plusieurs conseillers aux parlements, un maître des requêtes, un président à la chambre des comptes, etc.

Faut-il voir dans l'ambiguïté de ces origines, alliant la noblesse de robe à la noblesse d'épée, et dans le déclassement de sa famille, la source d'un formidable esprit de revanche et d'une vanité devenue proverbiale?

« *L'orgueil de Rosny* (Sully) *rabattra qui tout le monde va bravant.* » (*Les Commandements de Maître Guillaume*, cité par J.-P. Babelon.)

S'appuyant sur des travaux de généalogistes complaisants, Sully n'hésitait pas à faire remonter sa lignée aux Otton, empereurs d'Allemagne, et à des rois de France :

« *S'il y a beaucoup d'hommes plus riches que nous en France, il en existe peu de plus noble maison ou de meilleur sang que nous, qui descendons d'un roi de France.* » (Lettre de Neville à Cecil, 26 janvier 1599.)

Les liens de Sully et d'Henri IV remontaient à l'adolescence. C'est à l'âge de douze ans – Henri en avait seize – que son père, protestant, le plaça auprès du roi de Navarre. Ce dernier le remarqua très vite puisqu'il fit compléter son éducation par son propre précepteur, Florent Chrestien.

Maximilien échappa de peu à la Saint-Barthélemy pendant laquelle son précepteur et son gouverneur furent tués. Revêtu de sa robe de collégien, un livre d'heures à la main, il était parvenu à s'enfuir chez le principal du collège de Bourgogne qui l'hébergea.

Ce baptême de sang scella définitivement la foi huguenote de Maximilien qui, à la différence de ses frères, lui resta toujours fidèle, résistant à toutes les pressions, même à celles d'Henri IV à la fin du règne.

Compagnon d'Henri durant sa captivité dorée à la cour, il le suivit lors de sa fuite en 1576. Dans toutes les batailles, il se révéla un guerrier aussi valeureux qu'audacieux, aussi à l'aise dans les corps à corps que dans les travaux de génie et de sape des fortifications.

Son dévouement au roi de Navarre ne fut cependant pas toujours exclusif : non dénué d'ambitions, il prêta un moment ses services à François d'Alençon, frère d'Henri III et héritier présomptif du trône, rival aussi d'Henri de Navarre, mais après la mort d'Alençon, en 1584, il rejoignit définitivement Henri. Maximilien, dont les frères, passés au catholicisme, appartenaient à l'entourage d'Henri III, joua aussi un certain rôle dans le rapprochement des deux rois.

Dès cette époque, Maximilien montra un solide sens de ses intérêts, accroissant sa fortune et fut bientôt capable de réunir un « fort gentil équipage » au sein de l'armée protestante. Il sut faire deux beaux mariages, d'abord avec une jeune femme de très noble extraction, descendante de Louis le Gros, puis, après la mort de celle-ci, avec la jeune veuve d'un robin, très avertie des choses de l'administration.

Henri appréciait Maximilien et le fit rentrer dès 1580 en son conseil de roi de Navarre. Roi de France, il se montra beaucoup plus circonspect. Il le nomma conseiller d'Etat en 1590, mais lui refusa les postes qu'il désirait, préférant même donner à son frère, Salomon de Béthune, catholique rallié, une des fonctions qu'il convoitait... Durant les premières années du règne, Maximilien était un jeune capitaine mal à son aise, au milieu de vieux robins expérimentés.

C'est en 1596, poussé par une situation financière dramatique, qu'Henri se résolut à imposer Sully au conseil des finances jusque-là dominé par Nicolas Harlay de Sancy et Pomponne de Bellièvre, avec mission, également confiée à d'autres conseillers, de partir en province pour trouver de l'argent au plus vite :

« *Or sus, mon ami, c'est à ce coup que je me suis résolu à me servir de votre personne aux plus importants conseils de mes affaires et surtout en celui des finances. Ne me promettez-vous pas d'être bon ménager et que vous et moi couperons bras et jambes à Madame Grivelée comme vous m'avez dit tant de fois que cela se pouvait faire, et par ce moyen me tirer de nécessité.* » (Lettre du roi à Sully, cité par Marie-Madeleine Martin, *Sully*.)

Sully, chargé des généralités de Tours et d'Orléans, se livra à une véritable razzia. Révoquant les officiers soupçonnés de malversations, prélevant des sommes et des rentes qu'il estimait dues au roi, touchant même aux gages des officiers, il revint triomphalement de son expédition à la tête d'un convoi de soixante-douze charrettes transportant plus d'un million et demi de livres...

L'assemblée des notables de Rouen, à la même époque, contribua aussi, par contrecoup, au renforcement de Sully.

Afin de mobiliser toutes les énergies pour le redressement de la France « *de pacifier en tout et par tout son royaume, et de pourvoir aux désordres et confusions de l'Etat* » et de disposer de nouvelles ressources financières, Henri IV avait décidé d'engager une grande consultation nationale sur les remèdes à porter à la crise, sous la forme d'une assemblée de notables. Partout en France, des réunions avaient eu lieu mais c'est à Rouen que les représentants des trois états de la nation étaient venus rencontrer le roi. C'est sous le signe de la liberté qu'Henri IV ouvrit le débat, rappelant qu'il « *n'avait nullement voulu imiter les rois ses devanciers, en l'affectation et désignation de certains députés particuliers à sa fantaisie (...) mais en avait déféré la nomination à ceux de l'Eglise, de la noblesse et du peuple, aussi ne voulait-il maintenant qu'ils étaient assemblés en corps, prescrire aucunes règles, formes, bornes et limites, mais en leur laissant la liberté entière de leurs opinions, voix, suffrages et délibérations, les priait-il seulement d'avoir pour principal but le rétablissement du royaume...* » (Sully, *Economies royales.*)

Le résultat de ces délibérations démocratiques fut un projet de réforme comprenant trois propositions principales et rédigé, semble-t-il, par Bellièvre :

« *La première, la composition d'un certain conseil, dont la nomination des conseillers appartiendrait à l'assemblée, et ensuite aux cours souveraines, et serait nommé le conseil de raison, d'autant qu'il la rendrait à un chacun. La seconde, la séparation de tous les revenus du royaume en deux portions, égales l'une desquelles montant, selon la présupposition de ces vénérables notables, à cinq millions d'écus, serait affectée au paiement des gages d'officiers, fiefs et aumônes, rentes, arrérages d'icelles, œuvres publiques et dettes du général et des particuliers, dont ce conseil de raison aurait la disposition et ordination absolue, sans que le roi, son conseil, ni les cours souveraines y eussent aucun pouvoir, ni qu'ils en pussent rien divertir, changer ni innover, laissant l'autre portion qui reviendrait à la même somme de cinq millions au roi, et à ceux de son conseil des finances, pour les dépenses de sa personne royale, sa maison, gens de guerre, artillerie, fortifications, garnisons, ambassades, pensions, dons, présents, récompenses, bienfaits, bâtiments et menus plaisirs de Sa Majesté. Et la troisième, l'imposition du sol pour livre, qui se lèverait sur toutes sortes de vivres, denrées et marchandises, tant menues fussent-elles, qui seraient vendues au détail.* » (Sully, *Economies royales.*)

C'était, ni plus ni moins, le projet, avec le « conseil de raison », d'un gouvernement représentatif et responsable et, à moyen terme, d'une monarchie parlementaire.

De façon étonnante, Henri IV parut approuver ces propositions, en particulier la constitution de ce « conseil de raison » déclarant « *qu'il approuvait les trois ouvertures qui lui avaient été faites de leur part, (...) et partant, les priait-il de nommer dans vingt-quatre heures ceux qu'ils estimaient devoir être de ce conseil de raison, qu'ils avaient demandé tant instamment, et dresser, pareil temps après, un état d'estimation de tous les revenus de France auquel fut comprise cette nouvelle imposition du sol pour livre par eux tant industrieusement inventée* ». (Sully, *Economies royales*.)

Le « conseil de raison » ne connut cependant qu'une existence éphémère. Henri, après une première phase d'expérimentation, se rangea aux arguments de Sully : vu l'impéritie de ces notables dans la gestion des provinces, ayant « *reconnu dans les provinces (...) les mauvais ménages qui s'y faisaient* » (Sully, *Economies royales*.), il eût été dangereux de leur confier la gestion du royaume ; d'autre part, leurs « *discordes et envies* » les rendraient incapables de prendre des décisions cohérentes ; enfin, ces mêmes notables, corrompus pour la plupart, « *ne procéderont pas aux justes évaluations de tous les revenus du royaume* ». (Sully, *Economies royales*.)

Le plan de Sully était tout autre : s'il reprit à son compte certaines des recommandations de sage gestion de l'assemblée des notables, il prônait en revanche la concentration des pouvoirs dans les mains du roi, la réduction de l'autonomie des instances intermédiaires et du pouvoir de ces notables auxquels, d'après lui, on ne pouvait se fier. Il promettait enfin des rentrées d'argent à brève échéance à partir de différents expédients. Cet épisode, décisif quant à la nature du régime, consacra l'avènement de Sully.

En 1598, la charge de surintendant des finances fut rétablie à son profit. Des fonctions nouvelles allaient échoir à Sully durant les années suivantes : grand voyer de France, voyer de Paris, grand maître de l'artillerie, surintendant des fortifications, surintendant des bâtiments, soit, dans notre langage, ministre des finances, des transports, de l'aménagement du territoire, de la défense, etc. Les titres ne lui manquèrent pas non plus, puisqu'il fut fait duc de Sully en 1606, seigneurie qu'il avait achetée en 1602.

La disgrâce de Bellièvre après son opposition à la Paulette en 1604 renforça encore la prééminence de Sully, le désignant ainsi comme principal ministre du roi. Elle consacra aussi le triomphe, souvent arrogant, de cet homme d'épée venu tardivement aux affaires sur les robins qu'il affectait tant de mépriser et qui l'avaient au début accueilli avec condescendance. Pour lui, Bellièvre et même Villeroy n'étaient qu'hommes de « *robe longue et d'écritoire* », seulement capables de « *prôner, caqueter, faire la mine, écrire et sceller* ». Leurs armes n'avaient rien d'héroïque, elles n'étaient que « *des mains de papier, des peaux de parchemins, des coups de ganivet, des traits de plumes, des paroles vaines, des sceaux et de la cire* ». (Sully, *Economies royales.*)

Certes, Sully, en vieux soldat épris d'efficacité, devait difficilement supporter les subtilités juridiques et rhétoriques de ses collègues de cabinet mais c'était là bien du mépris pour un homme qui, par sa mère, était issu d'une lignée de robins et, par sa femme comme par ses fonctions, avait rejoint leur monde.

Les premiers actes de Sully, son expédition dans la généralité d'Orléans, ses propositions pour remédier à la crise financière, révélaient davantage un sens aigu de l'improvisation qu'une véritable rigueur. Si Sully conserva toujours ce pragmatisme solide et généralement dénué de scrupules, il développa aussi à l'extrême les qualités et les compétences d'un véritable administrateur : la connaissance détaillée et approfondie des dossiers, la maîtrise, acquise sur le tas et avec l'aide de son épouse, des techniques administratives et financières, le goût et la méthode du travail de cabinet s'ajoutèrent au sens concret de l'organisation et de l'efficacité du militaire.

Les dossiers que nous avons gardés de lui sont ainsi presque tous minutieusement annotés, riches en états chiffrés et classés de façon systématique. Le même goût du classement apparaît dans la présentation du bilan de son gouvernement dans ses mémoires, avec « *trois états généraux* », un « *premier sommaire subdivisé en trois chefs* », un « *second sommaire subdivisé en trois chefs* », un « *troisième sommaire subdivisé en cinq chefs* », chacune des « *subdivisions* » mentionnées faisant elle-même l'objet d'une organisation propre...

A ce goût de la méthode s'ajoutait une capacité de travail hors du commun. Son emploi du temps était minutieusement réglé, partagé entre l'étude des dossiers en cours, les réunions du conseil et les audiences :

« *Dès les quatre heures du matin, soit été, soit hiver* », Sully se trouvait « *dans son cabinet à y travailler, afin de nettoyer tous les jours le tapis* (régler les affaires en suspens) », disant que « *qui en use autrement laissera beaucoup d'affaires indécises, sera cause de grandes crieries et confusions, et par conséquent se rendra incapable de bien exercer tant de charges ».*

A six heures et demie, Sully s'habillait pour aller au conseil d'État et des finances, qui se tenait le mardi, le jeudi et le samedi et y restait jusqu'à dix ou onze heures, sauf lorsque le roi le demandait, pour régler les affaires principales. Après un déjeuner frugal, l'après-midi était consacré aux audiences. Les lundi, mercredi et vendredi matin, Sully se consacrait à ses autres responsabilités de grand maître de l'artillerie, grand voyer de France, superintendant des fortifications et bâtiments, et, l'après-midi de ces jours était destiné au règlement de ses affaires personnelles.

Après souper, c'était le temps de la détente en famille et avec des amis, ayant défendu *« de ne laisser plus entrer personne pour affaires, s'ils ne venaient expressément du roi »*, puis, à dix heures du soir, du coucher. (Sully, *Economies royales*.)

Il était secondé dans sa tâche par de jeunes et brillants robins (avec, parmi eux, les frères Arnauld). Toujours attaché à marquer son identité militaire, il vivait principalement à l'Arsenal, où sa qualité de grand maître de l'artillerie l'autorisait à séjourner.

Henri IV aimait parfois à le visiter à l'improviste *« montant en haut sans qu'il voulût que l'on vous avertît, il frappa lui-même à la porte de votre cabinet et, vous demandant qui c'était, il répondit : " C'est le roi. " Vous vîntes ouvrir ; et en entrant il vit une grande table toute couverte de papiers et lettres écrites de votre main ; lors il appela quatre ou cinq de ceux qui étaient avec lui, à savoir, messieurs de Roquelaure, de Vic, le gouverneur de Calais, Zamet, La Varenne et Erard, l'ingénieur (car il vous venait parler des fortifications de Calais), et vous demanda : " Eh bien que faisiez-vous ? – Sire, répondîtes-vous, j'écrivais des lettres, et faisais des états et mémoires pour vos affaires, avec un agenda de tout ce qu'il faut que je fasse aujourd'hui, qu'il se fasse en votre conseil, et que fassent mes secrétaires et commis. – Et depuis quand êtes-vous là ? vous dit-il. – Dès les trois heures du matin, lui répondîtes-vous. – Eh bien, Roquelaure, pour combien voudriez-vous faire cette vie-là ? dit le roi – Par Dieu ! pour tous vos trésors, Sire, répondit-il. " »* (Sully, *Economies royales*.)

Un jour, comme un serviteur lui disait que Sully était en train d'écrire dans son cabinet, Henri IV s'écria :

« Pensez-vous en effet qu'on me dût dire qu'il fut à la chasse, ou au brelan, chez Coiffier, ou chez les dames ! Est-ce pas chose

étrangère à l'esprit de cet homme-là, qui ne se lasse jamais du travail des affaires. » (Cité par P. de Vaissière, *Henri IV.*)

Il est vrai que les méthodes de travail d'Henri IV devaient être bien différentes. Nous n'avons que peu de témoignages sur ce point.

Mais sa préférence pour le « conseil des affaires », qu'il pouvait convoquer pratiquement à l'improviste avec les conseillers de son choix, au détriment du « conseil privé », beaucoup plus solennel, son goût des visites impromptues à ses ministres, sa façon de tenir réunion en se promenant avec ses conseillers et faisant prendre des notes par l'un d'eux sur le dos d'un autre, révélaient assez le naturel du Béarnais...

Il était tout sauf un homme de cabinet et c'était en son jardin qu'Henri IV préférait délibérer : « *Comme donc après que Sa Majesté ayant reçu telles dépêches, se fut promenée assez longuement dans les hauts jardins en terrasses environnées de galeries de cette magnifique maison de Gaillon, avec messieurs le chancelier, le grand écuyer, d'O, de Fresnes et Forget, et, selon qu'il se peut conjecturer, fait lire toutes ces lettres venues de Provence, discouru avec eux sur icelles, et qu'ils se furent retirés, elle entra seule dans la galerie du bout de ce jardin.* » (Sully, *Economies royales.*)

Le jardin était le lieu des décisions importantes qu'il préparait avec Sully : « *Allons nous promener nous deux, seuls; car j'ai à vous entretenir longuement des choses dont j'ai été quatre fois près de vous parler.* » (Sully, *Economies royales.*)

Une grave indécision caractérisait souvent la façon de travailler d'Henri IV, tout à l'opposé de Sully, toujours prompt à trancher dans le vif. Par exemple, en 1602, en pleine crise, l'ambassadeur des Provinces-Unies, amies de la France, nous rapporte les hésitations du roi face à une éventuelle entrée en guerre : « *Les irrésolutions recommencent. L'on délibère sans rien résoudre. La guerre est bien apparente et les moyens d'achèvement très lents.* » (Nouaillac, *Lettres inédites de François d'Eersen à Jacques Valke,* cité par Y. Capax.)

A moins qu'il ne s'agisse d'une méthode de délibération, une façon de donner du temps au temps pour mieux voir évoluer les choses, pour mieux révéler à soi-même sa propre pensée. A ces indécisions fréquentes s'ajoutait une désinvolture désarmante d'Henri IV : on a maintes fois cité le cours variable de ses campagnes militaires en fonction de ses rendez-vous galants et au détriment de toute cohérence stratégique...

C'est pourquoi Sully ne dédaignait pas de donner à son roi de véritables cours de méthode sous la forme de maximes : beaucoup concernaient l'art de gouverner au quotidien, l'invitant, par exemple, à donner « *réponse précise et absolue sur tous les points des choses proposées* » par ses conseillers. (Sully, *Economies royales.*)

Une affection manifeste unissait ces deux hommes, le roi et son fidèle serviteur, Sully et son « *unique maître* ». Au-delà de la familiarité et de la solennité feinte des conversations, cette intimité d'amis d'enfance et de compagnons de combat n'excluait pas une certaine tendresse. Henri IV n'hésitait pas à prendre Sully par la main comme le lui rappelaient les rédacteurs de ses mémoires, le roi « *vous ayant pris par la main à nu, et passé ses doigts entre les vôtres comme c'était sa coutume* ». (Sully, *Economies royales.*)

La sincérité et la force des sentiments de Sully à son égard n'étaient d'ailleurs pas la moindre raison du choix de Sully pour principal ministre « *pour ce que d'ailleurs je reconnais que véritablement il aime ma personne* ». (Sully, *Economies royales.*)

Cette intimité permettait aussi à Sully d'être le conseiller des affaires personnelles du roi, son « *particulier confident, (...) participant à tous ses secrets, et plus intérieures pensées et desseins, jusqu'à (...) découvrir ses maladies cachées, ses plaisirs et déplaisirs domestiques, ses espérances, ses craintes, ses amours, ses amitiés et ses inimitiés* ». (Sully, *Economies royales.*)

Il pouvait ainsi lui donner son sentiment sur le choix d'une épouse :

« *... pour mon opinion, ni biens ni royale extraction vous sont point absolument nécessaires. Ayez seulement une femme que vous puissiez aimer et qui vous fasse des fils : car, moyennant cela, vous ne devez douter que tout ce qu'il y a de bons Français ne s'en rejouissent, ne reconnaissent pour rois les enfants qui viendront de ce mariage, et ne les aiment de tout leur cœur dans l'espérance qu'ils imiteront les vertus du père.* »

Avec son esprit de méthode, il lui recommandait même d'agir en cette matière non « *par songes et fantaisies, mais par vraie science et parfaite connaissance* ». (Sully, *Economies royales.*)

Le roi une fois marié avec Marie de Médicis, Sully joua à plusieurs reprises le rôle de conciliateur des deux époux, allant même jusqu'à dicter à Marie de Médicis une lettre très ferme à son mari... Sans complaisance, il n'hésitait pas à morigéner son souverain ami sur le chapitre de ses maîtresses.

L'ami savait pourtant aussi se montrer habile flatteur, offrant au roi pour le nouvel an des jetons d'or portant pour devise « *une plante de lys* ». (Sully, *Economies royales.*)

Ce lien amical n'empêchait pas Henri IV de se mettre parfois en colère : « *Il se mit en merveilleuse colère contre vous, et sortit de votre cabinet en grondant et réitérant ces paroles : " Voilà un homme que je ne saurais plus souffrir ; il ne fait jamais que me contredire, et trouver mauvais tout ce que je veux. "* » (Sully, *Economies royales.*)

Cependant, Henri manifesta toujours un soutien sans faille à son ministre, allant par exemple jusqu'à désavouer le duc d'Epernon, grand parmi les grands, qui avait menacé Sully en plein conseil. Celui-ci avait mis la main à l'épée et, alors que l'incident prenait de graves proportions, Henri IV promit à Sully, en forme de boutade et de désaveu pour d'Epernon, que s'il y avait un duel il lui servirait de second.

De Sully, on garde l'image d'un technocrate avant l'heure, d'un homme froid et, en bon protestant, parfaitement intègre. L'étude de sa personnalité, de sa vie privée et de sa façon d'être n'est pas sans surprise.

Que Sully fut attaché à la foi calviniste n'est pas douteux : Henri IV, malgré toutes les pressions, ne parvint pas à le faire changer de religion...

Qu'il fut attaché à l'intérêt général paraît également indiscutable. Mais l'exercice du pouvoir fut aussi pour lui l'occasion d'un formidable enrichissement personnel : ses charges ainsi que les gratifications du roi lui rapportaient plus de 150 000 livres par an [1]! Sa fortune, à sa mort, était estimée à plusieurs millions de livres, soit une part non négligeable du budget de l'Etat. L'enrichissement de ses proches n'était pas non plus niable : la perception du droit annuel sur la succession des charges publiques ne fut-elle pas affermée à l'un de ses plus proches collaborateurs et amis, Charles Paulet, qui en avait conçu le projet?

Sully lui-même, tout protestant qu'il fut, ne dédaigna pas de recevoir du roi le bénéfice de plusieurs abbayes.

---

1. Quinze millions de nos francs.

Cette fortune lui servit essentiellement à acquérir de nombreuses terres, dont la seigneurie de Sully-sur-Loire en 1602. Son goût de la propriété ne s'arrêta pas là. Il acquit ainsi en 1605 la terre de Boisbelle, qui était un franc-alleu. Il était donc le souverain d'une petite principauté, dont il fit confirmer le statut par lettres patentes du roi. Il projeta d'y construire une ville nouvelle, baptisée « Henrichemont ». Le célèbre architecte Salomon de la Brosse en dessina le plan géométrique : de la place centrale, appelée de Béthune puis Henri IV, partaient quatre rues dédiées à la reine et à ses trois fils (Dauphine, d'Orléans et d'Anjou). Les travaux commencèrent en 1609, mais la mort du roi, suivie de la disgrâce de Sully, empêcha l'achèvement du programme.

Ce goût du faste et de la grandeur s'exprimait aussi d'une façon presque puérile dans le cérémonial dont il aimait entourer sa vie quotidienne. Ainsi, lorsqu'il sortait se promener, y compris dans ses jardins, il se faisait précéder de Suisses en uniforme... :

« A Sully, où il s'était retiré sur la fin de ses jours, il avait (...) sept ou huit vieux reîtres de gentilshommes qui, au son de la cloche, se mettaient en haie pour lui faire honneur, quand il allait à la promenade (...) » (Tallemant des Réaux, *Historiettes*.)

Sa prétention à des origines royales, sa quête d'une souveraineté – fût-elle dérisoire –, son mépris arrogant des robins, dont il s'entourait pourtant, cette mise en scène de sa vie quotidienne, tout manifestait chez lui une vanité sociale dévorante, un besoin presque obsédant de l'estime conventionnelle des hommes.

Sully menait également la vie fastueuse d'un grand seigneur, amateur de plats et de plaisirs.

Henri IV appréciait tout particulièrement sa table, où il s'invitait sans façon :

« Monsieur le Grand Maître, je suis venu au festin sans prier. Serai-je mal dîné ?

— Cela se pourrait bien être, Sire, car je ne m'attendais pas à un honneur si excessif.

— Or, je vous assure bien que non, car j'ai visité vos cuisines, en vous attendant, où j'ai vu les plus beaux poissons qu'il est possible, et force ragoûts à la mode; et même pour ce que vous tardiez trop à mon gré, j'ai mangé de vos petites huîtres de chasse, les plus fraîches que l'on saurait manger, et bu de votre vin d'Arbois, le meilleur que j'aie jamais bu. » (Cité par P. de Vaissière, *Henri IV*.)

Sully était encore un danseur invétéré, si l'on en croit les *Economies royales* et Tallemant des Réaux : « *C'était une de ses folies que la danse. Tous les soirs, jusqu'à la mort d'Henri IV, un nommé La Roche, valet de chambre du roi, jouait sur le luth des danses du temps, et M. de Sully les dansait tout seul, avec je ne sais quel bonnet extravagant en tête qu'il avait d'ordinaire quand il était dans son cabinet.* » (Tallemant des Réaux, *Historiettes*.)

Il avait par ailleurs gardé des manières de soldat, cultivant même son côté paillard et soudard, y compris sous les lambris de l'Arsenal et du Louvre.

Tallemant des Réaux, pas toujours fiable il est vrai, rapporte ainsi sur Sully une anecdote scabreuse, révélatrice avant tout des mœurs de l'époque. Un jour qu'il corrigeait publiquement sa fille, la future duchesse de Rohan, par une fessée, il lui aurait prédit des amours heureuses après avoir curieusement examiné son anatomie intime :

« *M. de Sully avait prophétisé que sa fille serait une bonne dame ; car un jour, après l'avoir fessée à son ordinaire, devant les gens, il lui mit le doigt où vous savez, et se l'étant porté au nez : " Vertudieu ! dit-il, qu'il sera fin ! " On m'a dit que ce fut Arnauld du Fort, depuis maître de camp des Carabins, qui en eut le pucelage.* » (Tallemant des Réaux, *Historiettes*.)

Il faut aussi évoquer Sully comme écrivain insolite, auteur d'un roman curieux, écrit dans ses années de retraite, sur *Les estranges amours de la reine Myrrha*, amours incestueuses et riches d'anecdotes salaces.

Grand seigneur quelque peu arrogant, soudard à ses heures, Sully présentait malgré tout quelques apparences plus proches de l'image d'Epinal, celles d'un gentilhomme campagnard, prenant le plus grand soin de ses domaines, en particulier de sa seigneurie familiale de Rosny, heureux de « *tracer des plans des maisons et cartes du pays, à faire des extraits de livres, à labourer, planter et greffer en un jardin qu'il y avait là* » (Sully, *Economies royales*), « *bon ménager* » de son jardin comme il le fut du royaume et se trouvant comme son roi, mieux « *aux champs qu'à la ville* ».

La conquête de l'administration

Il ne suffisait pas au roi d'avoir des collaborateurs personnellement dévoués et compétents au sommet de l'Etat. Il lui fallait aussi des relais sûrs au sein de l'administration tout entière. Tel fut l'enjeu d'une évolution profonde de l'Etat engagée dès les débuts du règne.

Le xive siècle avait vu l'émergence de l'embryon d'un Etat moderne avec, en particulier, la création de structures stables d'administration, comme la chambre des comptes apparue en 1320. Le règne d'Henri IV marqua sans doute une deuxième étape dans le développement de l'Etat et de l'administration moderne.

La notion d'Etat et de service public demeurait bien abstraite pour les Français d'alors : seul existait vraiment le sentiment d'un pouvoir royal sacralisé au-dessus des pouvoirs locaux. Des penseurs de l'époque, comme Jean Bodin et Charles Loyseau, s'efforçaient cependant déjà de délimiter précisément les contours du domaine public. Ils inauguraient le terme de « fonction publique » cependant que le mot même d'« Etat » prenait peu à peu son acception moderne et autonome, distincte du sens trop général de chose publique – la *Res Publica* – comme de celui, trop restrictif, de monarchie.

A côté de la noblesse, qui avait constitué le premier relais de l'autorité royale au Moyen Age et dont la mission traditionnelle demeurait le service militaire du roi, une véritable administration s'était développée avec l'affirmation et l'implantation de la justice royale sur l'ensemble du territoire.

Une partie du conseil du roi s'était peu à peu spécialisée dans le traitement des affaires de justice pour devenir le Parlement de Paris (le terme de « Parlement » était synonyme de cour de justice) puis celui-ci avait essaimé donnant naissance à plusieurs parlements dans les provinces, mieux à même de juger selon les droits et coutumes du lieu. Mais, en dehors de la fonction prestigieuse de conseiller en un parlement, des officiers royaux plus modestes représentaient normalement l'autorité et la justice du roi jusque dans les plus éloignés bailliages du royaume. A côté de la fonction initiale de justice, d'autres fonctions étaient peu à peu apparues, notamment des officiers de finance, « élus », « trésoriers généraux », membres des différentes chambres des comptes, etc. On distinguait trois groupes hiérarchisés selon la fonction : un premier regroupait les présidents des Parlements et autres cours souveraines, les maîtres des requêtes, les conseillers des cours souveraines et les trésoriers généraux ; un second ensemble regroupait les officiers des bailliages et les « élus » (officiers de finances des « élections », circonscriptions financières) ; le troisième regroupait les notaires royaux, les huissiers et les sergents.

Au total, au milieu du XVIe siècle, il y avait entre 4 000 et 5 000 gens de justice et de finance dans le royaume de France, 4 000 à 5 000 fonctionnaires dirions-nous aujourd'hui (en dehors de l'armée qui comprenait environ 20 000 hommes).

Les officiers royaux et assimilés percevaient des gages qui allaient de quelques dizaines de livres par an à plusieurs milliers selon le poste. Ces gages, inchangés depuis des décennies, étaient généralement insuffisants. L'essentiel de leurs revenus provenait en fait des « épices », des dons de particuliers souhaitant voir ainsi leur affaire avancer au mieux. Poursuivre quelqu'un en justice était à l'époque une façon relativement courante d'essayer d'accroître son bien et, de fait, les gens aisés trouvaient naturel de consacrer entre 10 et 20 % de leurs revenus à des procédures ou des procès : les « plaideurs » représentaient déjà une réalité de la société du temps.

Mais le plus étonnant était sans doute le mode d'accès à ces postes. L'ensemble du recrutement de la « fonction publique ordinaire », comme l'appelait Charles Loyseau, se faisait sur le principe qui prévaut aujourd'hui encore pour les études de notaire, dernier office public à être vénal : les charges publiques s'achetaient, se revendaient même et se transmettaient...

Il fallait cependant une formation en droit mais, avec le temps, les degrés en droit s'étaient quelque peu galvaudés.

La vénalité des offices s'était progressivement imposée comme l'a bien montré Roland Mousnier. Le pouvoir royal y voyait une rentrée immédiate d'argent, même si, sur le long terme, il fallait payer les gages du fonctionnaire recruté.

Les officiers se voyaient ainsi détenteurs d'un capital en même temps que d'une dignité prestigieuse, patrimoine que, tout naturellement, ils cherchaient à transmettre à leurs enfants.

Les officiers royaux, d'agents administratifs nommés par le roi, devinrent ainsi un groupe social cohérent – les « hommes de robe », les « robins » –, échappant au pouvoir de désignation du roi et aspirant à se fondre avec la noblesse d'épée.

Le pouvoir royal s'efforça de limiter cette évolution, qui le privait du pouvoir de nomination et réduisait le nombre des offices à mettre sur le marché et, par là, les rentrées d'argent.

De multiples dispositions furent prises avec des droits de succession élevés et, surtout, l'obligation d'un délai de quarante jours entre la résignation de l'office et le décès de son titulaire. Cette obligation, étant donné le caractère généralement imprévisible de la mort, permettait au pouvoir royal de retrouver un volant d'offices libres à sa disposition.

Mais, dès lors, une mort subite pouvait priver une famille de ses revenus et ruiner les efforts d'ascension sociale de plusieurs générations. La monarchie, à court d'argent et soumise à la pression des officiers, dut à plusieurs reprises transiger et prévoir des dérogations moyennant une somme d'argent fixée par des « édits de survivance »...

Bien souvent, du reste, l'obligation des 40 jours n'était que théorique : la solidarité des officiers royaux aidant, on antidatait les résignations ou, plus sordidement, on retardait la déclaration du décès, au besoin en salant le corps.

Toujours pour des raisons d'argent, la monarchie, dans la seconde moitié du XVIᵉ siècle, avait multiplié les offices, parfois jusqu'à l'absurde. On en était ainsi parfois venu à répartir un office en deux ou trois charges distinctes exercées alternativement par chacun des détenteurs. Cela permettait de nouvelles rentrées financières mais cette multiplication inconsidérée des offices les dévaluait d'autant et suscitait logiquement l'hostilité des officiers déjà en place.

Henri IV lui-même, dans un premier temps, à court d'argent, avait eu recours à cet expédient, bien malgré lui à en croire ces explications :

« J'ai depuis quelques années fait vivre ma gendarmerie presque miraculeusement sans argent, à la ruine toutefois de mon peuple qui n'a plus aucun moyen. Il faut, donc, que j'aie recours aux moyens qui me restent. » (Cité par P. de Vaissière, *Henri IV.*)

Sully ne cachait pas son mépris pour tous ces officiers royaux, censés servir le roi mais s'opposant dans les faits à son pouvoir ou le détournant à leur profit personnel. Ce mépris était toutefois parfaitement logique pour un noble de vieille souche comme Sully : la noblesse d'épée traditionnelle supportait mal l'émergence d'une nouvelle noblesse administrative.

Henri IV, ayant connu dans son existence la diversité des conditions sociales, n'appartenait vraiment à aucun groupe social. Sa position n'en était pas moins aussi réticente que celle de Sully mais elle exprimait avant tout son indignation ou son impatience face à un corps qui, à ses yeux, vivait en parasite au détriment du « bon peuple ».

Il s'en expliqua d'ailleurs à plusieurs reprises fort crûment avec eux. A des officiers de la Chambre des comptes qui lui reprochaient une de ses mesures financières, il répondit ainsi un jour :

« Mais vous ne m'apportez point de remèdes pour m'en tirer, et moins pour faire vivre les armées. Si vous me faisiez offre de deux

ou trois mille écus chacun, ou me donniez avis de prendre vos gages ou ceux des trésoriers de France, ce serait moyen pour ne point faire des édits. Mais vous voulez être bien payés, et pensez avoir beaucoup fait quand vous m'avez fait des remontrances pleines de beaux discours et de belles paroles; et puis vous aller chauffer et faire tout à votre commodité. » (Cité par P. de Vaissière, *Henri IV.*)

Une autre fois, face au parlement de Bordeaux, il fut encore plus clair, dénonçant la mainmise sociale de cette corporation sur la richesse du pays :

« Vous dites que mon peuple est foulé. Eh! qui le foule que vous et votre compagnie, Oh! la méchante compagnie! Eh! qui gagne son procès à Bordeaux que celui qui a la plus grosse bourse, Tous mes parlements ne valent rien, mais vous êtes du pire de tous. Oh! la méchante compagnie! Je vous connais, je suis gascon comme vous. Quel est le paysan dont la vigne ne soit au président ou au conseiller? Il ne faut être que conseiller pour être riche aussitôt! » (Cité par P. de Vaissière, *Henri IV.*)

En effet, les officiers royaux avaient encore accru leur emprise à la faveur des guerres de religion en rachetant ou en prenant les terres de paysans endettés ou de nobles ruinés.

Dans les faits, les différentes dispositions prises par Henri IV et Sully modifièrent profondément l'appareil d'Etat.

Henri IV et Sully s'étaient tout d'abord efforcés de lutter contre les abus, avec le rétablissement de la clause des quarante jours en 1597 et l'annulation des « survivances » en 1598.

Cette fermeté eut des résultats très décevants. Les officiers royaux, mus par l'esprit de corps, continuaient à s'entraider pour conserver leur charge : ils ne pouvaient songer sérieusement à appliquer des mesures qui allaient à l'encontre de leurs intérêts. Quant aux offices qui revenaient à la désignation du roi, ce dernier, soumis à la pression des grands pour placer leurs protégés, ne pouvait réellement en disposer.

D'où, en 1602, la proposition de Sully : la dispense de la clause des quarante jours pour les officiers qui accepteraient de payer un « droit annuel » équivalent au soixantième de la valeur de l'office, appelée Paulette, du nom du financier auquel la perception de ce droit avait été affermée.

Ce système présentait certes de sérieux inconvénients, bien mis en évidence par Bellièvre dans un mémoire remis au roi : le roi ne pourrait plus désigner ou récuser les officiers, aucun office ne pourrait être supprimé dès lors que les titulaires auraient payé le droit annuel ; plus largement, ce système institutionnalisait définitivement le caractère patrimonial des charges publiques, accentuant la fermeture sociale et l'indépendance du groupe des officiers face au roi ; enfin le pouvoir royal, pour accroître le montant total de la Paulette, serait inévitablement tenté de multiplier à nouveau les offices... Bellièvre, en vieux serviteur de l'Etat, rêvait au contraire, de façon sans doute quelque peu idéaliste, d'une monarchie s'appuyant sur un petit nombre d'officiers choisis pour leur compétence et entièrement dévoués au pouvoir royal.

Mais l'Etat avait d'abord besoin d'argent et Henri IV répondit à Bellièvre que *« l'état de ses affaires l'obligeait à passer par-dessus ces considérations ».* Il accepta cependant quelques amendements : le roi continuerait à nommer directement les grands offices de la couronne ; par ailleurs, les financiers, auxquels on affermait la collecte des impôts et certaines rentes, n'avaient aucun droit sur les offices laissés vacants afin d'éviter toute spéculation excessive. Le droit annuel fut institué en 1604 et le chancelier Bellièvre y perdit, on l'a vu, ses sceaux.

Au plus haut niveau de l'Etat, les très hautes fonctions de secrétaire d'Etat, de contrôleur général des finances et de garde des sceaux échappaient heureusement à la vénalité des charges et restaient à la disposition totale du roi.

Henri IV et Sully, ne pouvant s'appuyer réellement sur les fonctionnaires traditionnels, généralisèrent le recours à des commissaires royaux, c'est-à-dire à des « chargés de mission », choisis librement par le pouvoir royal pour leurs compétences et leur dévouement, dépendant directement de lui et révocables *ad nutum*. Ils avaient charge d'exécuter les décisions du Conseil et certains d'entre eux furent de véritables « intendants de police, justice et finance », tels Raymond de Bissouze qui exerça en Guyenne de 1594 à 1611. Dans certains cas, des juridictions et des cours de justice extraordinaires furent même créées pour les aider dans leur tâche, se substituant ainsi temporairement aux chambres des comptes et aux parlements traditionnels.

Le rôle et le nom même des « parlements » traduisait bien toute l'ambiguïté de la fonction publique traditionnelle des officiers royaux. Il s'agissait de cours de justice et elles devaient enregistrer les décisions royales, celles-ci ayant valeur de règles du droit. Mais, de formalité administrative, l'enregistrement était devenu une délibération : le parlement pouvait refuser l'enregistrement et adresser au roi d'« humbles remontrances » s'il estimait que l'édit était contraire aux coutumes. Pour passer outre, le roi devait organiser un « lit de justice », cérémonie au cours de laquelle il imposait l'enregistrement de ses décisions.

Henri IV acceptait très mal les réticences des parlements, leur enjoignant, s'il le fallait, l'obéissance absolue :

« Je sais bien que tous édits nouveaux sont toujours odieux (...) Mais quand vous avez su ma volonté, vous deviez passer outre et ne vous arrêter aux formalités que vous pouviez faire en autre temps. » (Cité par P. de Vaissière, *Henri IV.*)

Henri IV était encouragé en ce sens par Sully, dont l'hostilité aux parlements était notoire :

« Il était fort craint par toutes les compagnies (les parlements), *auxquelles il diminuait toujours quelque chose. »* (Jules Gassot, *Sommaire mémorial.*)

La conquête administrative et humaine du pouvoir était un préalable indispensable à la politique de redressement économique et moral du pays. C'était aussi un enjeu particulièrement difficile pour le roi-soldat accédant au pouvoir dans un contexte d'hostilité et de déliquescence de l'appareil d'Etat.

L'homme de pouvoir

Se dessine le visage d'un Henri IV méconnu, homme d'appareil menant une stratégie cohérente pour maîtriser les relais humains et administratifs du pouvoir.

Ce fut d'abord sa capacité à rallier et à fidéliser l'ancien personnel administratif d'Henri III comme de la Ligue, même s'il était initialement hostile, quitte à faire patienter ses amis politiques de toujours, y compris Sully. Henri IV a immédiatement compris la nécessité de réconcilier et de rassurer une administration longtemps divisée et de s'appuyer sur les relais administratifs existants, garants de stabilité et d'efficacité.

Le choix initial de très grands robins pour gouverner le pays – Nicolas Harlay de Sancy, Pomponne de Bellièvre notamment – s'expliquait par la conscience qu'avait Henri IV de l'inexpérience de son entourage initial dans le domaine administratif.

Ce fut ensuite, une fois son pouvoir stabilisé, une fois Sully introduit et initié aux affaires, un étonnant machiavélisme d'appareil.

La substitution d'un conseil des finances à la fonction de surintendant des finances puis son rétablissement au profit de Sully, la dissociation temporaire des fonctions de garde des sceaux et de chancelier puis la neutralisation des offices, traditionnellement les plus importants du royaume, de chancelier et de connétable par la nomination de personnalités insignifiantes, enfin la concentration des fonctions les plus importantes entre les mains de Sully traduisaient une réelle intelligence des appareils de pouvoir.

Le contournement des circuits administratifs traditionnels par le recours systématique à des commissaires royaux, les pressions habilement exercées sur les fonctionnaires royaux ordinaires par la menace de juridictions exceptionnelles, créées pour être ensuite supprimées au moment opportun, marquent une démarche analogue dans la conduite de l'administration. Henri IV n'en fait pas mystère en plaisantant sur l'intérêt de nommer des incompétents aux charges de connétable et de chancelier...

Henri IV fut aussi l'inventeur de l'Etat moderne, imprimant à l'appareil d'Etat de notre pays deux caractéristiques majeures.

Ce fut d'abord l'affirmation de la fonction financière et budgétaire, de « l'Etat de finances », selon l'expression de Pierre Chaunu, de l'Etat collecteur et gestionnaire de ressources financières, fonction désormais plus importante que la fonction traditionnelle de justice. Celle-ci devint une fonction parmi d'autres, comme l'exprima la suprématie désormais avérée du surintendant des finances sur le chancelier, le triomphe de Sully sur Pomponne de Bellièvre.

Ce fut, d'autre part, la centralisation de l'administration avec la préfiguration des intendants et de nos modernes préfets.

Ce choix de la centralisation autoritaire ne fut cependant pas immédiat. L'initiative de l'assemblée des notables de Rouen, l'accueil d'abord favorable du projet d'un « conseil de raison » de la monarchie révèlent chez Henri IV le souci d'une démarche consensuelle et un *a priori* favorable à ce que nous appellerions aujourd'hui une monarchie parlementaire bien dans la continuité des pratiques politiques béarnaises. L'année 1596 a, de ce point de vue, marqué un véritable tournant. C'est dans un contexte de crise aiguë, et en constatant le degré d'impéritie et de corruption des relais normaux de l'administration et des élites traditionnelles, qu'Henri IV a choisi de concentrer entre ses mains la réalité du pouvoir. Ce réflexe de salut public était logique pour un homme qui vivait sa mission comme la défense du peuple de

France contre les abus des relais intermédiaires et des classes dirigeantes du pays. Un tel choix était courageux et nécessaire.

La stratégie d'Henri IV revêtait également une dimension sociologique, par sa gestion des élites. Il avait compris la nécessité d'en gérer les réseaux et d'assurer l'équilibre entre elles.

C'était évident sur le plan religieux : par sa propre personnalité, comme par le recours à Sully, il garantissait aux élites protestantes une présence symbolique à la tête du royaume pendant que, par le recours massif à des robins catholiques dans son entourage, il rassurait les élites catholiques.

C'était le même souci d'équilibre qui était également recherché dans la rivalité plus feutrée qui opposait à la noblesse d'épée le monde des robins et, dans une moindre mesure, les grands ecclésiastiques.

Ce qui se livrait au sommet de l'Etat, c'était une guerre des élites. Il importait qu'Henri fît une part équilibrée à chacune d'entre elles dans son entourage.

De ce point de vue, le conseil du roi faisait certes la part belle aux robins. Mais, sur le plan symbolique, la fonction de principal ministre du roi et celle de connétable demeuraient échues à des hommes de guerre issus d'illustres familles. Henri IV lui-même, en roi-guerrier, incarnait leur idéal. La cour, véritable instrument de pouvoir, était là pour amuser les nobles et satisfaire leur goût de la représentation.

L'attitude d'Henri IV face aux robins fut complexe. L'évolution du gouvernement royal vers un véritable ministériat, les règles nouvelles de recrutement des maîtres des requêtes, le goût de Sully, malgré son mépris affiché pour les hommes de robe, pour de jeunes administrateurs, le recrutement de nombreux commissaires royaux parmi les maîtres des requêtes, tout cela posait les jalons d'une véritable méritocratie administrative au sommet de l'Etat, facteur de mobilité sociale, comme l'attestent les origines souvent modestes de ces familles de robins.

Il y eut d'un autre côté, il est vrai, la Paulette, généralement considérée comme le point noir de l'œuvre d'Henri IV et comme l'une des racines de la crise de l'Ancien Régime. Il est vrai que le principe de la transmission des offices au sein d'une même famille et leur assimilation à un patrimoine comme un autre n'allaient pas *a priori* dans le sens d'un renouvellement des élites.

Mais le principe de la succession familiale concernant l'activité professionnelle et la condition sociale était à l'époque le principe dominant pour la quasi-totalité des métiers et des positions. Quant au principe de la vénalité, valable aujourd'hui encore pour les notaires, il était le seul possible dès lors que l'Etat n'était pas encore assez développé pour disposer d'une fonction publique pleinement intégrée.

Henri IV a agi sur ce plan avec le pragmatisme qui lui était coutumier. Son exaspération face aux abus des instances administratives ordinaires – les parlements de justice, les chambres des comptes, les bureaux de finance, etc. – était évidente, et un conflit ouvert fut à plusieurs reprises sur le point d'éclater. Ses premières tentatives pour mettre fin à la vénalité des offices avaient logiquement échoué parce que leur application incombait précisément à ceux dont elles entendaient réprimer les excès...

Henri IV, faisant le constat du caractère irréformable de l'administration royale, avait préféré transiger et rationaliser la vénalité et la succession des offices, faisant par là mieux accepter le recours aux commissaires royaux qui contournaient les relais administratifs traditionnels.

Il y avait peut-être aussi, au moins dans l'esprit de Sully, si attaché aux prérogatives de son ordre, un machiavélisme symbolique : en officialisant le caractère vénal des offices administratifs, la Paulette redorait indirectement le blason de la noblesse d'épée qui, elle, n'était pas à vendre et reposait, en théorie tout au moins, sur la vertu de la race.

Il est possible de reprocher à Henri IV d'avoir négligé les effets pervers à long terme de cette disposition mais, après les guerres de religion, la France encore fragile ne pouvait sans doute se permettre une guerre des administrations.

Comme l'affirmait Sully, pourtant si âpre à combattre les excès des officiers royaux, c'eût été « *une grande inprudence de vouloir tout à coup, par lois réformatives, arracher des abus et des corruptions de longtemps établies par un titre si puissant que celui de l'usage et de la coutume, qui ont des cheveux gris* ». (Sully, *Economies royales*.)

Le charismatique et le gestionnaire

L'étude de l'entourage d'Henri IV met en évidence la diversité et l'originalité des caractères des hommes qui le composent.

Quoi de commun entre la modération prudente et toujours courtoise de Villeroy et la brutalité des méthodes de Sully, en dehors du souci de servir au mieux les intérêts du roi ? La diversité des parcours de vie, au-delà de sa signification sociologique, révélait des sensibilités fort distinctes. La présence de plusieurs conseillers d'origine sociale très modeste, comme le cardinal d'Ossat, fils d'un maréchal-ferrant, traduisait le souci d'Henri IV de s'entourer de personnalités ayant connu, avant la réussite, les difficultés et les incertitudes de la vie.

Que dire également, à propos de l'entourage religieux, de la coexistence d'un prédicateur populaire avec un controversiste subtil, un homme d'appareil redoutable, un religieux à la piété austère et un prêtre de cour mystique? La relativité des mœurs, du vertueux cardinal d'Ossat au dépravé Du Perron, comme celle des convictions, l'un étant prêt à prouver l'inexistence de Dieu et son contraire, l'autre hésitant manifestement entre catholicisme et calvinisme, était elle-même extraordinaire pour une époque qui, précisément, ne supportait pas le doute.

Cette diversité permettait assurément à Henri IV de disposer de compétences très complémentaires en même temps que d'avis et de conseils reflétant des visions du monde contrastées. Elle reflétait surtout son goût pour des personnalités fortes et atypiques mais toujours authentiques.

Qu'il s'agisse de la pacification des différentes élites du pays ou de la diversité des personnalités de son entourage, Henri IV avait réussi, par une alchimie particulière, là où Henri III avait échoué.

La personnalité même du roi jouait pour beaucoup dans cette alchimie : son charisme, son intuition des caractères, sa familiarité avec chacun, sa façon de donner à l'un du compère, de rendre visite à l'improviste à l'autre, sa franchise et son sens de la formule contribuaient assurément à lui attacher une équipe de serviteurs dévoués et fidèles malgré leur diversité, malgré les conflits qui, parfois, pouvaient les diviser.

Ce charisme était aussi charisme de bonté et respect profond de chacun comme l'illustra la disgrâce de Bellièvre, réalisée tout en conservant au vieux chancelier les égards dus à son expérience. Une telle pratique, permettant au disgracié de « sauver la face », constituait une nouveauté pour l'époque.

Seul, enfin, ce charisme permit à Henri IV d'imposer un ministre principal qui ne dépendait que de lui sans susciter d'irrémédiables oppositions de la part des grands et des principaux officiers de la couronne. Là encore, le contraste avec les difficultés rencontrées par Henri III pour imposer ses « archimignons » était spectaculaire.

Henri IV et Sully, Sully et Henri IV, premier, sans doute, des couples inséparables de l'Histoire de France. A tel point qu'il sera difficile de distinguer, dans le bilan du règne, ce qui relevait du génie de l'un ou des compétences de l'autre.

Pourtant, le choix de Sully ne fut, pour Henri IV, ni si évident ni si rapide qu'on se le représente habituellement. Il fallut entre quatre et six années avant que Sully ne s'impose au gouvernement. Au-delà de l'apprentissage d'un homme encore jeune et inexpérimenté (Sully n'avait que 35 ans en 1594), au-delà de l'opportunité politique de nommer un homme de guerre protestant à la tête de robins catholiques, Henri IV a sans doute, un temps, réellement hésité, pensant pouvoir s'appuyer sans réserve sur un entourage traditionnel, en l'occurrence Nicolas Harlay de Sancy puis Pomponne de Bellièvre.

En homme politique charismatique, Henri IV avait une intuition directe de la réalité, de ses contradictions comme des réponses à leur apporter. Il se trouvait par là naturellement porteur d'un projet global et cohérent, d'une vision. Pour réaliser cette vision, il lui fallait rencontrer un de ces mécaniciens de la réalité du pouvoir, qui ont le caractère et la capacité d'accompagner les changements dans le concret et dans le temps. Encore fallait-il que les personnalités s'accordent.

Il n'y avait pas d'analogie possible entre un Pomponne de Bellièvre, la quintessence de l'homme de robe épris de subtilités et respectueux des usages traditionnels, et Henri IV, roi baroudeur soucieux d'efficacité immédiate.

Entre Sully et Henri IV, les différences étaient certes évidentes : une capacité de travail et d'étude des dossiers exceptionnelle, un sens aigu de l'organisation et de la méthode, une connaissance, patiemment acquise, des techniques de l'administration financière étaient le lot de Sully et faisaient défaut à Henri IV. Mais les analogies étaient également fortes : le goût de l'efficacité, fût-ce au détriment de quelques principes, la définition de leur rôle comme « bon mesnager » du royaume et défenseur d'un bon peuple opprimé par les classes intermédiaires, la connaissance directe des réalités de la vie sociale... Il y avait surtout ce passé commun de soldats, cette complicité à la fois paillarde et presque fraternelle qui donnait à Sully l'autorité suffisante pour morigéner son roi sur le chapitre de ses aventures féminines ou, à d'autres moments, sans doute, l'obliger à travailler, à étudier un dossier ennuyeux même s'il n'en avait pas envie.

Sully permit à Henri IV de se révéler, le mettant face à ses responsabilités de roi et lui donnant, par ses compétences et son dévouement, les moyens d'exercer effectivement ses responsabilités.

Qu'aurait donné le gouvernement d'Henri IV sans Sully ? Peut-être, à l'image des premières années du règne, Henri IV s'en serait-il entièrement remis aux robins de son entourage, donnant ainsi un tour plus conformiste à la politique du règne, ou peut-être se serait-il montré hésitant et velléitaire, un peu à l'image du jeune prince, avant que Corisande ne le révèle à son destin.

Sully, s'il révéla Henri IV, n'en demeurait pas moins un homme conventionnel. Il comprenait la vision du redressement de la France qu'avait Henri IV et pouvait lui donner forme. Mais, à la différence de son roi, il appartenait totalement à son siècle, au jeu des distinctions et des apparences du monde : sa vanité dévorante, liée sans doute à une volonté de revanche sur les humiliations subies par sa famille pendant sa jeunesse, son identification totale aux critères conventionnels de distinction (à cette époque les titres de noblesse), la mise en scène souvent ridicule de sa propre dignité, son arrogance enfin, tout cela révélait son incapacité à relativiser la signification du pouvoir et de la réussite sociale.

Henri IV, lui, savait que la valeur d'un homme ne dépend pas de sa position sociale. De là venaient sa familiarité naturelle, sa générosité de cœur avec tous, du plus humble au plus élevé : c'était là l'une des sources de son rayonnement et de sa capacité à gouverner les hommes.

Chapitre 13

MESNAGER LA FRANCE

Terrible est la situation du pays en 1594. Henri IV n'exagère en rien lorsqu'il déclare : « *Vous savez que lorsque Dieu m'appela à cette couronne, j'ai trouvé la France non seulement ruinée, mais presque perdue pour les Français.* » Un demi-siècle de guerres civiles et des conditions climatiques désastreuses laissent la France exsangue, « *non pas la France, mais le cadavre de la France* », selon l'expression de Pasquier. Or, dès 1598, l'ambassadeur de Venise pouvait affirmer que « *si, dans dix ans, le royaume n'est pas revenu à son antique splendeur, il s'en manquera de bien peu* ». (Cité par Madeleine Martin, *Sully.*)

Henri IV et Sully vont en peu d'années devenir les figures emblématiques de la bonne gestion des affaires publiques. Leur entreprise de redressement économique du pays sera très ambitieuse. Au-delà des différentes mesures d'allégement de la ponction fiscale et d'encouragement à l'activité, au-delà d'une bonne gestion, Henri IV et Sully vont concevoir et assumer une politique économique cohérente de développement, tout à fait étonnante pour l'époque et qui donnera à l'Etat un rôle nouveau.

Le redressement financier

Au moment de l'accession d'Henri IV au trône, la situation financière de l'Etat était catastrophique. La guerre civile avait considérablement accru les besoins financiers de l'Etat. Il s'ensuivit un alourdissement sans précédent de l'impôt. D'après Pierre Chaunu, le montant de l'impôt direct (essentiellement la « taille ») avait plus que doublé entre 1576 et 1588, passant de 8 millions à

18 millions de livres [1]. Cette augmentation de l'impôt ne suffisait pas à couvrir l'augmentation des dépenses. La dette de l'Etat, d'environ 133 millions de livres en 1588, grimpa jusqu'à 296 millions en 1596 [2]. En fait, l'Etat paraissait condamné à s'endetter toujours davantage.

Avec le règne d'Henri IV, les besoins de l'Etat ne se réduisirent pas, au contraire. La conquête du trône avec, notamment, l'achat du ralliement des chefs de la Ligue (plusieurs millions de livres), la guerre contre l'Espagne puis, la paix revenue, le développement de l'administration, les « bâtiments du roi », la cour, l'action économique et les grands travaux, tout cela se marqua par des dépenses toujours plus élevées : on considère qu'entre 1590 et 1610, les besoins de l'Etat s'accrurent d'environ 40 % (P. Chaunu, *Histoire économique et sociale de la France*, « L'Etat de finance ».)

Parallèlement, à cause de l'appauvrissement général et des troubles, la rentrée des recettes habituelles était plus difficile. En 1596, le déficit du budget dépassait 10 millions de livres [3]. L'endettement de l'Etat, en 1599, atteignait près de 300 millions de livres [4].

Le train de vie royal lui-même s'en trouvait atteint, comme en témoigne une lettre d'Henri IV à Sully :

« L'état où je me trouve réduit est tel que je suis fort proche des ennemis et n'ai quasiment pas un cheval sur lequel je puisse combattre, ni un harnais complet que je puisse endosser : mes chemises sont toutes déchirées, mes pourpoints troués au coude, ma marmite est souvent renversée et depuis deux jours je dîne et soupe chez les uns et les autres, mes pourvoyeurs disant n'avoir

1. Soit à peu près de 800 millions à 1,8 milliard de francs 1994. Il est très difficile de proposer des équivalences modernes aux sommes évoquées. Je m'y risque cependant, pour donner au moins des ordres de grandeur, à partir de l'estimation d'une livre à 100 francs de nos jours, d'un sol à 5 francs et d'un denier à un peu moins de 50 centimes. On constate alors que la France a, à peu près, le type de structure économique d'un pays en voie de développement d'aujourd'hui ou d'un pays de l'Est européen il y a peu d'années. Le prix de la main-d'œuvre est bas. Le coût de la vie comparativement assez élevé, surtout pour les produits manufacturés. Le budget de l'Etat est celui d'une grosse collectivité locale de nos jours. Le PIB de l'époque est à peu près le centième du nôtre, et le budget le millième. Les prélèvements obligatoires sont dix fois moindres qu'aujourd'hui. Mais le manque de liquidités fait qu'ils pèsent très lourd.

2. De 13 à 30 milliards de francs, soit dix fois le montant du budget annuel !

3. Un milliard de francs. Le déficit atteint donc 30 % du budget.

4. Soit 30 milliards de francs. Par rapport au PIB de l'époque, l'endettement est à peu près le même que le nôtre : de l'ordre de 50 % du PIB. Mais comme les recettes fiscales sont dix fois moindres, la situation de l'époque paraît inextricable.

plus moyen de rien fournir pour ma table, d'autant qu'il y a plus de six mois qu'ils n'ont reçu d'argent. »

A partir de cette situation financière tragique, le rétablissement sera inespéré. En 1610, l'endettement n'était plus que de 196 millions de livres[1]. Henri IV et Sully ont réussi à désendetter le pays de 50 % en dix ans. Non seulement le crédit de l'Etat était parfaitement rétabli mais le roi avait désormais, sévèrement gardé à la Bastille, un solide trésor de 5 millions de livres[2] et il disposait par ailleurs d'une réserve de plus de 11 millions de livres[3]. (Battifol, « Le Trésor de la Bastille », *in Revue Henri IV*, cité par B. Barbiche, *Sully.*) Mieux, l'exercice de 1611 devait dégager un excédent de 4,6 millions de livres[4]!

Comment Henri et Sully réussirent-ils à rétablir ainsi le budget et le crédit de l'Etat? Ce ne pouvait être en ponctionnant davantage les petites gens. Au-delà de la crise des finances publiques, la hausse des prix du blé, la crise générale des subsistances et la précarité de ces temps troublés mettaient en effet le peuple de France au bord de la misère.

On doit, pour le comprendre, se représenter le coût de la vie pour les petites gens de l'époque. La livre se subdivisait en sols (20 sols par livre) et en deniers (12 deniers par sols). Au milieu du XVIe siècle, en période normale, un kilo de pain valait environ 5 à 6 deniers, un litre de vin entre 4 et 5 deniers, un kilo de viande 17 à 20 deniers[5]. Le prix d'une paire de chaussures était de 6 à 8 sols pour de simples chaussures et de 50 sols pour des bottes[6]. La location d'un cheval revenait à 20 sols par jour plus 10 sols pour l'avoine cependant que l'aller par le service des postes de Paris à Lyon exigeait environ 80 livres[7]. Or le salaire, à Paris, à la même époque, d'un « compagnon » – appartenant à l'aristocratie des ouvriers – se montait à environ 70 livres par an, celui d'un « manœuvre » à près de 40 livres par an, et celui d'un « gagne-denier » aux alentours de 20 livres[8]. La ration quotidienne nor-

1. 20 milliards de francs.
2. 500 millions de francs.
3. 1,1 milliard de francs.
4. 460 millions de francs (près de 20 % du montant du budget).
5. Pain, 3 francs le kilo, vin, 2 francs le litre, kilo de viande, 10 francs.
6. Chaussures 30 à 40 francs, bottes 250 francs.
7. Location du cheval : 150 francs par jour, un peu moins que la location d'une petite voiture; voyage à Lyon : 8 000 francs, le prix d'un aller pour New York en première en avion.
8. Compagnon : 600 francs par mois; manœuvre : 300 francs par mois; temporaire : moins de 200 francs.

male d'une personne étant de 750 grammes de pain, il fallait à un chef de famille, dès lors qu'il avait quatre bouches à nourrir, au moins 25 livres par an [1] pour la seule nourriture, à quoi s'ajoutaient l'habillement, le logement, etc.

C'est dire qu'il suffisait d'une mauvaise récolte ou d'une période de troubles entraînant le chômage – le manœuvre était employé à la journée et le « gagne-denier » à la tâche – pour descendre en deçà du seuil de subsistance.

C'est dire aussi que la ponction de l'impôt – pour modeste qu'elle soit dans l'absolu, environ 5 à 6 % du produit national contre près de 50 % de nos jours – suffisait pour basculer dans la misère, surtout s'il fallait, pour payer l'impôt, vendre une vache ou un outil de travail. A en croire Pierre de l'Estoile, Henri en fit un jour l'expérience, rencontrant incognito, un paysan *« dans les bois de Saint-Germain, qui menait vendre une vache qu'il avait, pour payer la taille. Lequel le roi, ayant pris plaisir d'arraisonner, croyant que le pauvre bonhomme ne le connaissait pas, tira de sa bouche la quintessence des plaintes du pauvre peuple sur les tailles et impôts que journellement on lui mettait sus ».* Henri, en roi magnanime, *« lui fit donner douze écus* (soit environ 700 sols [2]) *afin qu'il ne vendît point sa vache ».* (P. de l'Estoile, *Mémoires.*)

L'impôt, il est vrai, pesait sur les gens du peuple et non sur les riches. La menace de la misère était rendue plus insupportable encore par une l'immense disparité des revenus et des fortunes. Si un gentilhomme modeste – le sire de Goubertville – pouvait se contenter de 150 livres environ par an [3] (l'essentiel de ses besoins étant, il est vrai, satisfait par son domaine), un seigneur résidant à la cour devait gagner plusieurs milliers de livres par an [4]. Un conseiller au parlement de Paris, entre ses gages et ses épices, gagnait entre plusieurs centaines et plusieurs milliers de livres [5] La fortune du président du parlement de Paris, en 1597, s'élevait à 350 000 livres [6]. Celle de Sully, on l'a vu, atteignait plusieurs millions de livres [7]. Les différences de richesse et de revenu étaient donc immenses : un grand seigneur, vers 1550, employait

1. 200 francs par mois.
2. 3 500 francs. Le prix d'une vache n'a pas tellement changé. Elle était donc à l'époque proportionnellement au moins dix fois plus chère.
3. 15 000 francs.
4. Plusieurs centaines de milliers de francs.
5. Entre 10 000 francs et 100 000 francs par mois.
6. 35 millions de francs.
7. Plusieurs centaines de millions de francs.

entre 70 et 80 domestiques pour un budget d'environ 15 000 livres [1].

Au-delà des inégalités et des comparaisons, à mille lieues de ces trains de vie fastueux, la vie quotidienne des petites gens, à la ville comme à la campagne, se déroulait donc, en ces temps de trouble, entre la pauvreté et la misère.

L'argent était si rare, la vie si chère, l'activité économique avait tant soufffert de la guerre, que le redressement financier de l'Etat ne pouvait pas se faire par le vote de nouveaux impôts, par l'alourdissement de la fiscalité directe.

Sully commença par l'urgence. Lutte contre la corruption, récupération autoritaire des créances. Mais cela ressemblait encore à une politique d'expédients.

Plus importante pour le long terme, la renégociation habile des dettes du roi auprès de ses principaux créanciers, qu'il s'agisse des cantons suisses, auxquels on avait largement emprunté, de princes étrangers, de financiers français ou italiens, voire de villes du royaume. Chaque fois, Sully procédait à une vérification minutieuse des arriérés et des remboursements réclamés, qui permettait une estimation beaucoup plus raisonnable. Il ouvrait ensuite une négociation avec le créancier, lui proposant un règlement immédiat d'une partie des arriérés en échange d'un rééchelonnement des remboursements et de l'abandon d'une partie de la créance. Souvent menacés de faillite financière si leur débiteur ne les réglait pas rapidement, les créanciers ne pouvaient qu'obtempérer... Sully parvint en quelque sorte à déplacer l'endettement de l'Etat royal vers les grands financiers (l'équivalent de nos grandes banques actuelles) et vers les communautés urbaines.

Sully reconstitua le domaine royal en menant à bien le rachat progressif des parties du domaine royal aliénées, vendues, affermées ou engagées sous la forme de rentes.

Il y eut également des impôts exceptionnels, avec, notamment, la convocation de l'assemblée des notables à Rouen, en 1596, pour financer l'effort de guerre. La Paulette, qui permettait aux officiers royaux de transmettre leur charge comme tout autre patrimoine moyennant un droit annuel, avait été surtout instituée, on l'a vu, pour des motifs financiers. Le pouvoir royal en attendait des rentrées d'argent régulières et substantielles. Charles Paulet, auquel le roi avait affermé la perception de cette taxe, s'était déclaré prêt à verser au roi la somme de 900 000 livres

1. 1,5 million de francs.

par an [1], à charge ensuite pour lui de prélever grâce au droit annuel une somme supérieure. La proposition représentait une aubaine pour les finances royales, car, dans les derniers temps, la vente des offices n'avait rapporté que 500 000 livres annuelles [2] au trésor royal. Les recettes des « parties casuelles » augmentèrent effectivement puisque, en 1607, elles s'élevaient à 1,8 million de livres et à plus de 3 millions de livres en 1608 [3].

Après la renégociation de la dette, Henri décida de construire une nouvelle politique fiscale qui permettrait d'assainir les finances publiques, tout en permettant un nouveau départ de l'économie. Ces décisions ne devaient pas être pour rien dans la légende du « bon roi Henri ».

Tranchant dans le vif, le roi décida qu'il convenait d'alléger l'impôt direct, devenu insupportable au contribuable, au profit de nouveaux impôts indirects, moins sensibles et directement fondés sur les échanges. Pour apurer le passé, l'annonce fut faite que l'on renonçait à recouvrir les « tailles » (impôt direct royal) restées impayées. Pour l'avenir leur montant serait réduit de 12 % en moyenne. Un tel geste avait d'abord une valeur psychologique très forte : pour la première fois, l'impôt honni reculait, le roi se souciait du bien-être de son peuple et, tout spécialement, de ses couches les plus modestes. Cela signifiait aussi le retour symbolique à une période de prospérité. Mais il y avait également une cohérence économique à ce geste. Henri avait compris que la ponction des revenus des Français, déjà exsangues, ne pouvait que prolonger la crise. Au contraire, en réduisant l'impôt direct, il aidait à relancer l'activité économique. Parallèlement, la baisse des prix, surtout pour les céréales, qui résulta du retour de la confiance (baisse de 20 % du prix du froment de 1588 à 1607) accrut en fait les moyens à disposition de l'Etat en augmentant son pouvoir d'achat.

Au-delà d'un simple allégement de la taille, Henri inaugura en fait une fiscalité moderne par le développement des impôts indirects de préférence aux impôts directs. La réduction de la taille fut ainsi plus que compensée par la création de l'ancêtre de notre TVA, la « pancarte » : cet impôt d'un sol par livre (5 %) sur les marchandises entrant dans les villes avait l'avantage d'être indexé sur l'activité économique et s'ajoutait aux « aides » (taxes sur cer-

1. 90 millions de francs.
2. 50 millions de francs.
3. De 180 à 300 millions de francs (d'après Mallet, *Comptes rendus de l'administration des finances du Royaume de France sous Henri IV, Louis XIII et Louis XIV, avec recherches sur l'origine des impôts*, 1789).

tains objets de consommation) et aux « traites » (équivalent de nos droits de douane). Sully augmenta également l'impôt sur le sel, la « gabelle » (qui ne tarda pas à être aussi honni que la taille) : l'utilisation nécessaire du sel pour la conservation des aliments faisait, en effet, de la gabelle une recette particulièrement intéressante.

Un équilibre nouveau était ainsi trouvé dans le budget des recettes de l'Etat, au profit de la fiscalité indirecte. Si l'on ajoute à ces recettes les revenus de la vénalité des offices (les « parties casuelles ») et ceux du Domaine, les impôts directs ne représentaient plus en 1607 que 56 % des recettes, au lieu de 75 % auparavant. Ce rééquilibrage permettait non seulement d'avoir un impôt structurellement lié à la conjoncture, moins visible et douloureux, mais il assurait aussi une meilleure équité : les nobles étaient en effet affranchis des impôts directs et ne payaient pas la taille. C'était donc les obliger à contribuer au budget de l'Etat que de frapper leur consommation, forcément plus élevée que celle des petites gens (qui vivaient, pour une large part, en autarcie). De même, la vénalité des offices et la Paulette, pour discutables qu'elles fussent par ailleurs, permettaient de ponctionner davantage la bourgeoisie. La politique fiscale d'Henri IV avait donc une cohérence sociale autant qu'économique.

Quel était, à l'époque, le budget de l'Etat? Une évaluation précise est très difficile tant les sources divergent (y compris les chiffres avancés par Sully lui-même dans les *Economies royales*). A titre purement indicatif, on peut néanmoins donner quelques ordres de grandeur pour les années 1598 et 1607 (en millions de livres) pour les recettes et leur origine. Les rentrées fiscales représentaient 28 millions de livres en 1598, 31,5 millions en 1607 [1]. Sur ce total, l'impôt direct roturier baissa dans le même temps de 17,9 millions à 16,2 (de 64 à 51 %), celui du clergé resta stable, de 1,3 à 1,4 million. La part de l'impôt indirect sur la consommation, au contraire, augmenta considérablement, passant de 6,2 millions en 1598 à 11,5 en 1607 (de 22 à 37 %). Les ventes d'offices sont multipliées par quatre (de 0,5 million à près de 2 millions).

Quant à la répartition des dépenses de l'Etat, on peut donner quelques ordres de grandeur pour l'année 1607 : 6 à 7 millions de livres pour l'armée (garnisons, artillerie, fortification), plus de 20 % du budget; 1 à 2 millions de livres pour les grands travaux d'infrastructure (ponts et chaussées, canaux, marine); environ

1. 2,8 milliards de francs contre 3,1.

0,7 million de livres pour les bâtiments du roi; environ 10 millions de livres pour la cour (maisons du roi, bâtiments, dons et pensions) et le comptant du roi (les fonds à sa disposition personnelle) : un tiers des dépenses publiques. Il faut ajouter à ce total le paiement des gages des officiers de justice et de finance et le remboursement des dettes de la couronne. Le poids du budget de l'Etat rapporté au revenu national était d'environ 5 à 6 % [1].

L'amélioration des ressources de l'Etat était encore plus spectaculaire que ne le suggèrent ces chiffres. En effet, grâce notamment à l'assainissement monétaire, les prix baissèrent d'environ 20 % entre 1596 et 1610, ce qui accroissait d'autant le pouvoir d'achat de l'Etat.

Le redressement des finances publiques devait être accompagné par une grande réforme monétaire, décidée par l'ordonnance de Montceaux en 1602. L'assainissement de la monnaie était indispensable pour rétablir de façon durable la confiance. Le système monétaire avait en effet été gravement atteint par un demi-siècle de guerres. L'émission de monnaie constituait un des monopoles royaux mais la conquête du trône (1589-1594) avait entraîné une véritable guerre monétaire entre les ateliers aux mains de la Ligue et ceux créés provisoirement par Henri pour alimenter le marché. Dans un contexte de disette de métaux précieux, cette concurrence monétaire avait provoqué une dégradation de la qualité des pièces : on frappait le plus de pièces possible avec le moins d'or et d'argent possible.

En multipliant ainsi artificiellement leurs moyens de paiement, au prix d'une dévaluation effective des pièces de monnaie, les deux camps avaient donc eu largement recours à l'inflation.

Par ailleurs, en 1577, Henri III, avec l'ordonnance de Poitiers, avait supprimé toute monnaie de compte; celle-ci était le seul moyen de tenir les écritures : le denier, le sol et la livre n'étaient pas des pièces de monnaie mais servaient à définir, par édit, la valeur officielle des pièces en circulation : par exemple, un écu – la pièce réelle – valait soixante sols. Coexistaient donc en quelque sorte une monnaie réelle, sonnante et trébuchante, les pièces d'or – les écus –, d'argent – comme le franc et le teston –, ou de cuivre – comme le billon –, et une monnaie de compte fictive fixant la valeur officielle des pièces (en deniers, sols et livres).

En l'absence de toute valeur officielle de référence et étant donné la teneur de plus en plus aléatoire des pièces en circulation, la suppression de la monnaie de compte avait entraîné une

---

1. Contre 45 % aujourd'hui pour l'ensemble des dépenses publiques!

grave spéculation entre les diverses monnaies métalliques. Comme l'avait observé par un adage dès lors célèbre, Jean Bodin, l'un des pères, à cette époque, de la science économique et le premier à proposer une théorie monétaire, « *la mauvaise monnaie chasse la bonne* » : les pièces de « mauvais aloi » (ayant une teneur en métal précieux inférieure à la normale) servaient aux échanges, alors que les plus anciennes, saines, étaient conservées dans les bas de laine. A quoi s'était ajouté une spéculation particulière entre les pièces d'or (l'écu) et les pièces d'argent, le cours marchand de l'or augmentant plus vite que celui de l'argent.

La monnaie, dès lors que sa valeur était douteuse, ne pouvait plus remplir sa fonction de moyen d'échange dans les transactions. Comme toujours en pareil cas, le risque était considérable de revenir à un système de troc et l'ensemble de l'économie s'en trouvait paralysé. Il fallait au plus vite faire revenir l'or et l'argent dans les circuits économiques. C'est dans ce but que l'ordonnance de Montceaux (1602) rétablit, avec la monnaie de compte, une valeur officielle de référence pour les pièces de monnaie.

En rétablissant la monnaie de compte et en fixant un cours plausible aux différentes pièces en circulation (qui tienne compte, en particulier, de la réévaluation de l'or par rapport à l'argent, l'écu passant de 60 à 65 sols), Henri IV garantissait officiellement la valeur des monnaies en circulation. Il permettait ainsi la reprise des échanges commerciaux et la restauration du crédit de l'Etat.

En 1609, un autre édit voulut faire une réforme monétaire plus radicale en établissant une nouvelle pièce, l' « *Henri* », et en invitant les Français à venir échanger leurs vieilles espèces. Cet édit fixait également une nouvelle parité or-argent de 1/12 (au lieu de 1/11,75 auparavant) comme dans la plupart des pays voisins, afin d'éviter la fuite de l'or : celui-ci étant meilleur marché en France, des spéculateurs venaient acquérir des pièces d'or contre des monnaies d'argent et exportaient ces pièces d'or. Mais ce texte suscita l'hostilité du Parlement et de la Cour des monnaies et ne fut jamais appliqué.

La lutte contre la corruption

« Je vis avec une horreur qui augmenta mon zèle que, pour ces trente millions qui revenaient au roi, il en sortait de la bourse des

particuliers, j'ai presque honte de le dire, cent cinquante millions. » (Sully, *Economies royales*.)

Sans doute les propos de Sully sont-ils volontairement trop pessimistes mais ils donnent la mesure de la désorganisation et de la corruption qui s'étaient répandus et rendaient l'impôt d'autant plus odieux au peuple.

En l'absence de tout système rigoureux de contrôle et d'une véritable comptabilité publique, les officiers royaux et les financiers normalement chargés de la répartition, du contrôle et de la collecte des impôts se livraient à des abus presque systématiques. Comme il advient lorsque l'autorité de l'Etat est affaiblie et le projet commun oublié, une sorte de cynisme ordinaire, organisé, justifiait tous les abus.

Henri IV et Sully s'attachèrent en premier lieu à rétablir l'autorité de l'Etat et à mettre en place les systèmes de contrôle nécessaires à une gestion rigoureuse de l'argent public. Ils s'efforcèrent aussi de rationaliser un fonctionnement passablement compliqué.

Il s'agissait à l'époque d'un système de répartition. L'Etat ne fixait pas ce que paierait chaque contribuable mais définissait le montant global que devaient rapporter les impôts : cette somme totale faisait ensuite l'objet de répartitions successives d'abord entre les sept généralités du royaume (l'équivalent de grandes régions), puis, au sein de chaque généralité, entre les différentes « élections » (l'équivalent, en quelque sorte, de nos départements), au sein de chaque élection entre les différentes communautés urbaines et villageoises, qui répartissaient à leur tour la somme due entre les différents « feux ». Certaines provinces du royaume, les provinces d'états, bénéficiaient d'une relative autonomie car, en théorie, l'impôt devait y être voté par une assemblée représentant les trois états de la société.

Bien entendu, selon le principe même de l'organisation de la société, ni la noblesse, censée assurer le service de défense, le service d'ost, ni le clergé, assumant des missions d'éducation et d'assistance publique, ne payaient les impôts directs. Ce dernier, sous Henri IV, contribuera cependant à l'effort financier sous la forme d'un don annuel.

Dès lors qu'il n'y avait pas de règles précises pour fixer le montant dû par chacun, le pouvoir des officiers royaux chargés de la répartition (les « trésoriers généraux » au niveau des généralités, les « élus » au niveau des élections) était évidemment considérable et pouvait donner cours à tous les abus.

Les chambres des comptes, théoriquement instituées pour identifier et réprimer les abus, composées d'officiers royaux, participaient elles-mêmes à cette corruption, comme le souligne Sully :

« *J'ai toujours été scandalisé surtout des chambres de comptes ; établies uniquement pour mettre de l'ordre, de la droiture, de la vérité parmi les ordonnateurs, les différents comptables et autres parties prenantes ; elles ne leur avaient appris qu'à tromper et à voler en souffrant qu'on employât, en passant dans les comptes mille articles dont la fausseté était aussi connue des uns que des autres.* » (Sully, *Economies royales*.)

Le premier volet de l'action d'Henri IV et de Sully fut donc une vaste opération de vérification systématique des assiettes d'imposition des tailles et de leurs modalités de recouvrement.

Des commissaires dépendant directement de Sully furent envoyés sur tout le territoire avec pleins pouvoirs pour vérifier et réajuster la répartition des impôts directs. Ces commissaires, « *commis au régalement des tailles et à la réformation des abus commis au fait des finances* », passèrent également au crible toutes les exemptions de la taille, qu'elles fussent liées à la naissance (la noblesse), à la fonction (les ecclésiastiques ou certaines charges publiques) ou à des privilèges locaux (par exemple à Lyon). Dans cet esprit, en 1598, Sully fit annuler tous les anoblissements intervenus durant les vingt années précédentes.

De même, Henri IV et Sully mirent en place un peu partout des chambres de justice destinées, en relation avec les commissaires, à rechercher et sanctionner les abus. Ces chambres extraordinaires servirent en fait le plus souvent à rançonner les officiers et les financiers normalement chargés de collecter et de vérifier l'impôt : plutôt que de risquer des poursuites judiciaires, ils préféraient effectuer des dons spontanés et acheter ainsi la suppression de ces juridictions extraordinaires. Cela convenait d'ailleurs très bien à Henri IV et Sully, qui recherchaient avant tout des rentrées d'argent supplémentaires. Ils ne se faisaient d'ailleurs guère d'illusions sur l'efficacité morale de ces dispositions : « *Il n'arriva de cette chambre de justice que ce qui en arrivera toujours, il n'y eut que quelques larronneaux qui payèrent pour tout le reste...* » (Sully, *Economies royales*.)

Parallèlement à l'envoi des commissaires royaux, Henri IV et Sully s'efforcèrent de réduire le nombre des fonctionnaires ordinaires des finances, trop souvent corrompus, on l'a vu, et aux gages coûteux (les gages d'un trésorier général s'élevaient à environ 2500 livres [1] soit 30 fois le salaire d'un bon ouvrier, à quoi s'ajoutaient différents revenus annexes...).

Dans la généralité de Lyon, par exemple, Sully décida la suppression du bureau des finances en 1598 et, par suite, des postes de président qui y étaient rattachés, ainsi que le non-remplacement des offices vacants pour raison de décès ou de forfaiture. Il imposa de même aux autres officiers de finances de n'exercer qu'alternativement leur charge, un semestre chacun. Il prenait ainsi le contre-pied de la politique qu'il avait conduite initialement, à l'image de ses prédécesseurs, fondée sur la multiplication des charges vénales pour accélérer les rentrées d'argent...

Cette rationalisation conduisit à contrôler étroitement le recours aux financiers auxquels la monarchie affermait la collecte des impôts indirects : ils s'engageaient à remettre au roi une somme d'argent (une manière d'« avance ») à charge de recouvrir eux-mêmes, avec l'appui des autorités publiques, les sommes nécessaires. Sully acceptait ce principe et il l'étendit au rachat des rentes du domaine. Mais il l'assortit d'une vérification étroite par le Conseil d'Etat et, sur place, par les commissaires royaux.

La grande idée de Sully fut surtout de centraliser les différentes fermes entre les mains d'un seul financier. C'est ainsi que la collecte des « aides » (taxes sur certaines marchandises), au lieu d'être sous-traitée par plusieurs financiers (choisis initialement sur place par les trésoriers généraux), fut confiée à un seul financier en 1604, de même que celles des « traites » (autres taxes indirectes). Cette centralisation des affermages avait pour objectif de réduire les coûts d'exploitation du système et d'en faciliter le contrôle par le pouvoir royal. Elle annonçait la « Ferme générale » établie plus tard par Colbert.

Une dimension très importante, et souvent méconnue, de l'action d'Henri IV et de Sully consista à définir des règles précises de comptabilité publique : interdiction de recevoir aucune somme d'argent sans que les rôles ou bordereaux aient été paraphés par le commissaire du roi ; signature obligatoire des lettres d'assiette (qui définissaient la répartition des sommes à percevoir) par les secrétaires du roi après contrôle par le contrôleur général des finances et application du sceau du chancelier de

1. Plus de vingt mille francs par mois, alors qu'un bon ouvrier gagnait quelque six cents francs.

France; obligation pour les receveurs des tailles et des finances d'envoyer au Conseil du roi les comptes de leurs charges avec état des recettes et des dépenses, etc. Des peines sévères, allant d'une amende du quadruple pour toute erreur à la destitution pure et simple, venaient compléter ce dispositif.

Au-delà de ces modalités de contrôle, Henri IV et Sully imposèrent un principe général : chaque dépense devait avoir sa contrepartie en termes de ressources. Cela concernait au premier chef les dépenses d'intérêt local : les impôts spécifiquement dévolus à ces dépenses (par exemple, l'impôt d'un huitième sur le vin à Mâcon pour l'entretien des fortifications) ne devaient plus être détournés de leur vocation ; des travaux ne sauraient désormais plus être engagés (par exemple, l'agrandissement des halles d'une ville) sans la définition d'une ressource précise qui lui serait affectée (par exemple, un impôt spécifique durant dix ans sur telle marchandise vendue dans la ville). Parallèlement, il fut désormais établi que les comptables ne pourraient payer des sommes supérieures aux recettes, sous peine d'engager leur fortune personnelle.

En fait, en imposant, dans les décisions de financement comme dans les écritures comptables, une règle de contrepartie, Sully introduisait dans la comptabilité publique un principe analogue à la comptabilité en partie double qui commençait à se diffuser auprès des grands marchands italiens et lyonnais. En rationalisant les finances, il faisait faire à l'Etat un grand pas vers sa modernisation.

Le redressement agricole

L'agriculture était la principale activité du pays, puisqu'elle employait plus de 80 % de la population. Sa situation donnait le ton à l'ensemble de l'économie. Une crise agricole se propageait immédiatement aux autres domaines d'activité. Sous l'Ancien Régime, les crises économiques se déroulaient selon un scénario très différent des crises de l'ère industrielle (qui se manifestent par la surproduction). Elles commençaient toujours par une mauvaise récolte. Celle-ci suscitait une hausse brutale des cours du grain et une diminution des revenus des paysans. Puis la crise se transmettait dans les villes, frappant les bourgeois et les nobles, qui tiraient leurs revenus de la terre, enfin le monde des métiers qui subissait le contrecoup de la baisse généralisée du pouvoir d'achat. Le pouvoir royal lui-même, percevant moins d'impôt, était touché et sa réaction naturelle, en une logique administrative aveugle, était d'accroître le poids des impôts, ce qui ne faisait qu'aggraver la situation.

Précisément, la politique d'Henri IV fut tout autre : non seulement il décida un allégement de la pression fiscale qui bénéficia d'abord aux paysans mais aussi il mit en place une politique générale d'incitation et de développement de l'agriculture.

Sans doute la connaissance intime de son peuple et de ses conditions d'existence et de travail, acquise dès l'enfance à Coarraze et approfondie durant ses pérégrinations à travers toute la France, donnait-elle à Henri IV une intuition particulière, à la fois humaine et intellectuelle, des réalités économiques de son temps.

Quoi qu'il en soit, cette intelligence se révéla d'autant plus nécessaire qu'il eut à affronter une conjoncture particulièrement défavorable au début de son règne.

La fin du xvie siècle fut marquée par de fortes perturbations économiques, qui atteignirent leur ampleur maximale au début du règne d'Henri IV. Depuis 1558, le prix des céréales (principale nourriture des Français de l'époque) était sujet à des fluctuations courtes mais violentes : les prix pouvaient brutalement augmenter de 300, 400, voire 500 %. Ces hausses du prix du blé étaient la conséquence de très mauvaises récoltes se traduisant par des disettes. Le règne d'Henri IV en connut deux particulièrement graves, celle de 1590 et celle de 1596-1597, qui fut le point le plus bas du cycle économique.

Les causes de ces crises de la seconde moitié du xvie siècle étaient multiples. D'ordre climatique tout d'abord : des gelées tardives, des printemps humides et des étés pluvieux avaient fortement diminué le niveau des récoltes, rendant très délicate la « soudure » du printemps. Cette dégradation climatique était liée au phénomène de « petit âge glaciaire », qui fut à la fin du xvie siècle, comme l'a montré Emmanuel Le Roy-Ladurie, une poussée des glaciers dans nos massifs montagneux.

L'autre cause était bien sûr la guerre civile. Le passage des armées dans les champs, notamment dans l'Ile-de-France, avait ruiné bien des récoltes. Les massacres, les incendies et les pillages avaient décimé les familles de paysans ou les avaient poussées à abandonner leurs terres pour aller trouver refuge dans les villes. Les épidémies, favorisées par la malnutrition, amplifiaient la mortalité, diminuaient la population active et donc le volume des productions agricoles...

De fait, quelques années après le retour de la paix, la conjoncture parut s'inverser : en 1601, les prix avaient retrouvé des niveaux et une stabilité comparable à ceux d'avant 1558. Le règne d'Henri IV marqua donc un retournement de tendance économique : « *l'époque du bon roi Henri* » fut non seulement celle de la paix retrouvée mais aussi celle du retour d'une certaine prospérité.

L'amélioration fut cependant fragile, car le royaume fut, dès 1607, en proie à une nouvelle disette, suivie, comme en 1596-1597, d'une épidémie de peste...

Le monde rural connut donc des années particulièrement difficiles. Face aux exactions de la soldatesque et à la pression fiscale croissante, les réactions violentes n'étaient d'ailleurs pas rares. Les paysans s'en prenaient aux soldats débandés ou isolés. Ailleurs, ils refusaient de payer la taille ou la dîme.

Ces résistances et ces séditions se développèrent surtout de 1589 à 1595. Des bandes armées de paysans se soulevèrent un peu partout. Les « Gauthiers » semèrent la terreur en Normandie. En Languedoc et en Velay, ce furent les « Bonnets rouges ». Une disette en 1594-1595 provoqua un soulèvement particulièrement violent en Limousin et en Périgord, celui des « Croquants ». Encadrés par quelques gentilshommes, ces derniers avaient réussi à réunir quelque 12 000 hommes armés aux environs de Limoges : ils s'opposaient à tout alourdissement de l'impôt.

Il fallut une démonstration militaire en octobre 1594 et en août 1595 pour faire cesser les troubles, non sans promesse de réduction de la taille et de dégrèvements fiscaux. Bien que la répression de cette révolte fût sans complaisance, Henri IV déclara un jour que :

« *S'il n'eût point été ce qu'il était et qu'il eût un peu de loisir, il se fût fait volontiers croquant.* » (Pierre de l'Estoile, *Mémoires*.)

La révolte des Croquants était aussi le symptôme d'une grande détresse sociale. Le monde rural tout entier, la petite noblesse comme la paysannerie, sortait endetté de la crise et de la guerre civile. C'est pourquoi, dès les premières années de son règne, Henri prit plusieurs mesures destinées à renforcer la paysannerie, pour remédier à « *l'extrême pauvreté* (du) *peuple de la campagne, lequel est celui qui nous fait tous vivre* ». (Allocution au corps de ville de Paris, cité par P. de Vaissière, *Henri IV*.)

Le 16 mars 1595, un édit interdit la saisie des trains de culture, bêtes et instruments, par les agents du fisc et la réquisition de chevaux par les soldats : il ne fallait plus casser l'instrument de production agricole. En 1596, Henri IV abandonna la perception des arriérés de tailles, mesure qui fut prolongée jusqu'à l'année 1597. Parfois, on accorda localement des remises de tailles à des régions qui avaient particulièrement souffert des fléaux de la guerre ou de la maladie. Pour calmer la colère paysanne contre les gens de guerre, un édit du 24 février 1597 autorisa même les paysans à pourchasser les soldats débandés, qui couraient dans les champs. Après la paix de Vervins, le port d'armes fut prohibé pour ramener le calme dans les campagnes.

De manière plus générale, Henri IV prit en juillet 1601 un édit fixant un nouveau taux de crédit à 6,25 % au lieu de 8,33 %, et permettant de racheter les emprunts et d'en contracter au nouveau taux d'intérêt. Cette mesure aidait la noblesse et la paysannerie à se désendetter vis-à-vis de la bourgeoisie urbaine qui avait profité des malheurs ruraux pour étendre sa domination foncière.

A vrai dire, le mot d'Henri IV prônant la poule au pot dominicale pour tous les paysans est plus mythique qu'historique. C'est Hardouin de Péréfixe qui relata le premier cette anecdote en 1661. Selon lui, au duc de Savoie qui lui demandait ce qu'il retirait de la France, Henri aurait répondu :

« *Elle me vaut ce que je veux... Parce que ayant gagné le cœur de mon peuple, j'en aurai ce que je voudrai et, si Dieu me prête encore la vie, je ferai qu'il n'y aura point de laboureur en mon royaume qui n'ait le moyen d'avoir une poule dans son pot (...) et je ne laisserai point d'avoir des gens de guerre pour mettre à la raison tous ceux qui choqueront mon autorité.* » (Hardouin de Péréfixe, *Histoire de Henri le Grand.*)

Cette phrase fit choc. On en vint à imaginer Henri prônant l'institution d'une poule au pot dominicale, transformant ce plat gascon en symbole de la prospérité économique.

Henri n'a sans doute jamais prononcé cette phrase, pas plus qu'il n'a dit « *Paris vaut bien une messe* ». Mais dans les deux cas, ces citations apocryphes traduisent un certain état d'esprit. Cette « *poule au pot* » symbolisait le retour à une conjoncture plus clémente qui, sans atteindre la prospérité, permit au royaume d'échapper aux disettes à répétition de la fin du XVIe siècle. A l'époque, la volaille constituait un plat recherché et assez rare dans les milieux modestes : c'était la viande des grands jours et le père de famille était fier lorsque, à la faveur, par exemple, des surplus de la cour, il avait pu acheter à bas prix un poulet. Dans le secteur de l'agriculture, comme dans la plupart des autres domaines, l'établissement de la *Pax Henriciana* ne fut pas le moindre des mérites du Béarnais...

Mais il ne suffisait pas de panser les plaies et d'alléger le fardeau de l'impôt et de l'endettement. Henri IV eut le mérite d'aller au-delà, pour stimuler et développer durablement une activité économique essentielle mais très conservatrice dans ses pratiques et ses structures.

Dans le préambule de l'édit de Fontainebleau (8 avril 1599), Henri IV expliqua sa politique agricole et la signification économique de celle-ci :

« La force et la richesse des rois consiste en l'opulence de ses sujets. Et le plus grand et légitime gain et revenu des peuples, même des nôtres, procède principalement du labour et de la culture de la terre qui leur rend, selon qu'il plaît à Dieu, à usure le fruit de leur travail, en produisant grande quantité de blés, vins, grains, légumes et pâturages ; de quoi non seulement ils vivent à leur aise, mais en peuvent entretenir le trafic et commerce avec nos voisins et pays lointains et tirer d'eux or, argent et tout ce qu'ils ont en plus d'abondance que nous... » (Ordonnance de Blois, 8 avril 1599, in *Recueil des lois et ordonnances des rois de France*.)

Ce texte est l'un des plus beaux manifestes du mercantilisme jamais écrit par un roi de France. C'est à sa lumière qu'il faut comprendre la fameuse citation de Sully :

« Le peuple de la campagne, duquel vous aviez toujours un soin merveilleux, disant souvent au roi que le labourage et le pâturage étaient les deux mamelles dont la France était alimentée, et ses vraies mines du Pérou. » (Sully, *Economies royales*.)

L'aide à l'agriculture était donc pour Henri IV un enjeu économique majeur. C'était aussi un enjeu social : réduire le chômage grâce au développement de l'agriculture et mettre un terme à l'exode rural des dernières décennies. Les difficultés du monde rural entraînaient la multiplication des mendiants dans les grandes villes, le passage d'une misère rurale à une misère urbaine irréversible et source de violence.

L'ordonnance de Blois, confirmée par un édit en 1607, avait pour objet l'assèchement des marais. C'était une manière d'augmenter la surface agricole utile du pays. Pour mener à bien cette opération on appela un expert hollandais, Humphrey Bradley, qui fonda une société. Les résultats furent mitigés, mais grâce à Henri IV, la France avait importé des techniques d'assèchement qui, à la longue, porteraient leurs fruits.

L'intérêt d'Henri IV en matière d'agriculture était si vif qu'il se passionna pour l'agronomie naissante et les livres qui lui étaient consacrés. Pour quelqu'un qui, à en croire Joseph Scaliger, ne lisait pas, c'était remarquable.

Ce fut en particulier le cas de l'ouvrage d'un gentilhomme huguenot cévenol, Olivier de Serres, *Le Théâtre d'agriculture ou Ménage des champs*, publié en 1600 et dédié à Henri IV. Ce dernier aimait, le soir, à s'en faire lire des passages. Surtout, il conduisit une véritable promotion de cet ouvrage et de ses idées. Il en subventionna l'édition et fit venir son auteur à la cour. Il n'espérait évidemment pas que ce livre fût lu par les paysans eux-mêmes. Il était plutôt destiné aux seigneurs et aux bourgeois soucieux de tirer le meilleur parti des propriétés qu'ils avaient en fermage ou en métayage. C'était, en tout cas, le point de départ d'une campagne d'éducation agricole.

Olivier de Serres donnait des conseils, en homme d'expérience et en érudit :

« *La maturité des blés se connaît aisément à la couleur, qui est jaune ou blonde, et quand les grains sont affermis, non encore endurcis. C'est lors vrai point de les couper : les prenant un peu verdelets et non extrêmement mûrs, s'achèvent de murir et préparer en gerbe. Et n'est-on en danger d'en perdre beaucoup en moissonnant et en charriant, comme l'on ferait les prenant par trop mûrs et par cette raison vaut beaucoup mieux s'avancer de deux ou trois jours, que retarder, car les blés ne vous donnent ce loisir-là, d'attendre ni délayer aucunement.* » (Olivier de Serres, *Théâtre d'agriculture*.)

C'était, plus largement, un manuel de gestion et d'organisation. Avec le *Ménage des champs*, Olivier de Serres fut en ce sens l'inventeur du terme de « management » au sens où nous l'entendons aujourd'hui.

Mais l'intérêt du roi pour l'agronomie ne pouvait suffire à renouveler une agriculture régie par des siècles de traditions. Même s'il donnait l'exemple en introduisant de nouvelles cultures dans ses jardins, il se heurtait à un système rendu encore plus conservateur par la précarité de la subsistance. Pour la plupart des propriétaires, la faiblesse des rendements ne permettait pas de sacrifier une part des superficies cultivables et du travail à des expérimentations aux résultats par trop aléatoires.

Malgré ces inerties, le règne d'Henri IV connut un fort développement des nouvelles cultures. Comme le préconisait Olivier de Serres, on commença à substituer à la jachère la culture de plantes fourragères comme le sainfoin et la luzerne. Ces prairies artificielles permettaient de nourrir le bétail tout en laissant reposer le sol. Cette méthode améliorait les rendements de l'assolement triennal que l'on pratiquait dans certaines régions : la surface agricole utile pouvait enfin être cultivée à 100 %, malgré le manque d'engrais naturel.

C'est également sous Henri IV que se développa la culture du maïs introduit au début du XVIe siècle au retour des voyages d'Amérique. Olivier de Serres le nomme « gros grain de Turquie », mais dans le Sud-Ouest où cette céréale s'acclimata bien, on l'appela le « *milhoc* » (le gros mil).

Le développement industriel et commercial

Barthélemy de Laffemas eut en faveur du commerce et de l'industrie un rôle analogue à celui de Sully pour l'agriculture. Henri IV avait peu à peu distingué la famille des Laffemas. Son père, Isaac de Laffemas, dit Beausemblant, était un huguenot originaire du Dauphiné. Employé dans la maison de Navarre comme tailleur d'habit, il gagnait 20 livres de gages en 1582. Son fils, Barthélemy (1558-1623), fut d'abord fournisseur du roi en argenterie et en soieries. Puis il devint valet de chambre ordinaire du roi. Comme il avait dédié un de ses ouvrages à Henri IV, celui-ci s'écria en lisant la dédicace :

« *Ventre-Saint-Gris! Si mon tailleur fait des livres, j'entends que mon chancelier refasse des chausses !* » (Champollion-Figeac, *Documents historiques inédits.*)

Le roi lui décerna le 15 novembre 1602 le titre de contrôleur général du commerce du royaume, « *le roi désirant reconnaître les longs services faits par ledit Laffemas depuis 40 ans* ». Consécration suprême, il accéda à la noblesse grâce au service du roi...

Laffemas produisait pour le roi des « mémoires » sur la situation du royaume. Dès l'assemblée des notables de Rouen en 1596, il avait préparé un rapport démontrant que chaque année il sortait six millions d'écus du fait de l'importation de soieries dans le royaume : il recommandait que la France en produise également, toujours dans le souci de ne pas faire sortir les richesses du pays. L'assemblée des notables ne fut pas sensible à cette argumentation et préconisa un édit somptuaire (bien dans la tradition monarchique) interdisant les soieries, édit qui, bien évidemment, ne fut pas respecté.

Le mercantilisme de Laffemas le conduisait à préconiser un protectionnisme très strict. Ainsi, dans ses remontrances de 1601, rédigées en forme d'édit, il faisait dire au roi :

« *Augmentant et continuant les défences de nosdits prédécesseurs, et celles par nous ci-devant faites des draps d'or, d'argent et de soie : nous avons généralement inhibé et défendu, inhibons et défendons dans notre royaume l'entrée de toutes marchandises, ouvrages et manufactures faites et travaillées venant des étrangers, soit draps d'or, d'argent, de draperie (...), soit en ganterie ou autrement, fer, acier, cuivre, laiton, montres et horloges, et généralement quelconques ouvrages servant à meubles, ornements et vêtements, de quelque qualité qu'ils soient, et à quelque usage qu'ils puissent être employés...* » (Champollion-Figeac, *Documents historiques inédits*.)

Barthélemy de Laffemas prévoyait cependant une « *exception culturelle* » à ce très strict protectionnisme :

« *N'entendons toutefois y comprendre les bons livres, ni pareillement les peintures et sculptures qui seront reconnues faites et façonnées de bons maîtres, du vivant et auparavant le règne du roi François Ier.* » (Champollion-Figeac, *Documents historiques inédits*.)

Les artistes français contemporains étaient donc eux aussi protégés, sans que l'on ferme toutefois le pays aux courants artistiques étrangers.

Bathélemy de Laffemas poursuivit son projet d'introduire la fabrication de la soie en France, lubie qu'il devait assurément à son ancienne profession de tailleur et marchand de tissus de la cour. S'il avait échoué à convaincre l'assemblée des notables, il réussit à rallier le roi à ses idées.

Henri IV demanda alors à Olivier de Serres de publier un livre, *La Cueillette de la soie par la nourriture des vers qui la font* (1599), pour promouvoir l'économie de la soie. Celle-ci supposait la culture du mûrier blanc pour nourrir les vers, des magnaneries pour élever le vers à soie et des manufactures pour tisser la soie. Henri IV montra l'exemple en introduisant dès 1599 dans tous ses jardins la culture du mûrier. Il fit également édifier une première magnanerie dans les jardins des Tuileries à Paris, puis trois autres au château de Madrid de Boulogne, dans l'ancien parc des Tournelles à Paris et à Fontainebleau. Olivier de Serres eut lui-même une action prépondérante : sa région d'origine, les Cévennes, fut celle qui se lança le plus hardiment dans cette nouvelle voie. Les conditions y étaient idéales : le climat local, mais aussi la proximité de Lyon, première place française en matière de fabrication et de négoce du textile.

La même politique fut appliquée à d'autres productions de « luxe » comme les textiles fins, les cuirs, les tapis, le cristal ou les miroirs. Henri IV avait compris l'argumentation de Barthélemy de Laffemas : il fallait que les dépenses de la classe aisée permettent de créer des activités profitant au « menu peuple » et de limiter les importations. Protectionnisme, substitution de produits nationaux aux importations, produits à forte valeur ajoutée et créateurs d'emplois, conquête des marchés extérieurs, Laffemas suivait intuitivement une stratégie de décollage économique très cohérente, proche des principes appliqués durant nos dernières décennies par le Japon et d'autres pays nouvellement industrialisés.

Cette politique porta ses fruits, car alliée au « bon goût français » (défini par la cour sous l'Ancien Régime), elle permit de faire de la France le premier des pays en matière de productions de luxe. L'un des plus beaux fleurons de notre économie fut ainsi créé par le Béarnais, moins par intérêt personnel, puisqu'il était assez négligé vestimentairement, que par clairvoyance politique. Et cela, bien avant Colbert...

Poussé par Barthélemy de Laffemas, Henri IV chercha également à rationaliser le monde des métiers. En 1597, un édit voulut généraliser le système des corporations. Il s'agissait de faire de ces associations professionnelles un relais efficace du pouvoir royal dans le milieu économique.

A une époque où les syndicats n'existaient pas, les professions artisanales et commerciales étaient organisées dans les principales villes en « métiers », « corporations » ou « jurandes ». Ces associations regroupaient les patrons, les « maîtres » et les ouvriers, les « compagnons » et « apprentis ». Le but de ces corporations était d'organiser le marché local en régulant la concurrence entre les différents ateliers. On cherchait ainsi à fixer les prix, les quantités, les salaires et, surtout, les implantations. Une corporation avait un monopole, celui de veiller au respect des privilèges de ses membres. Elle organisait également le recrutement et la formation à la profession.

L'édit de 1597 étendait ce système à toutes les activités et dans toutes les villes. Ce n'était pas seulement par souci d'efficacité économique. Henri IV poursuivait aussi un but politique : il ôtait ainsi aux municipalités l'organisation des « métiers », continuant sa politique de limitation des pouvoirs locaux. Il avait enfin un but financier : il espérait que l'Etat, qui contrôlerait les « maîtrises », trouverait une source d'argent aussi riche que celle des offices. Ces considérations contribuèrent sans doute à faire échouer la réforme...

L'une des initiatives les plus intéressantes en matière économique fut la création, le 16 avril 1601, d'une Assemblée de commerce, ancêtre de notre Conseil économique et social mais aussi de nos chambres de commerce et d'industrie. Cette institution connut par la suite des hauts et des bas, mais elle déploya une réelle activité sous Henri IV. Elle était constituée d'« experts », commis par le roi, venant de l'administration et du monde des métiers. Elle se voulait la garante du mercantilisme d'Etat :

« (Il) sera remarqué que la chambre du commerce est le vrai fondement de remettre et conserver le trafic général, qui a été perdu faute de bon ordre, étant les trafics que manient les marchands richesses incroyables de l'Etat, de sorte qu'au lieu que lesdits marchands français doivent étendre leur commerce sur les étrangers, comme anciennement, lesdits étrangers l'ont apporté généralement sur tout le royaume ; jusqu'à être cause de la ruine des ports de mers ; mais par ordre de ladite chambre, ils se pourront remettre pour le bien du roi et de ses sujets à l'avenir ». (B. de Laffemas, Recueil de ce qui s'est passé en l'assemblée de commerce à Paris, l'an 1604.)

L'assemblée étudiait tout ce qui touchait à l'économie, examinait les différents projets parvenant au roi, proposait des mesures pour soutenir les activités les plus variées et conseillait le roi dans l'attribution des subventions aux projets économiques. Le rapport d'activité de l'année 1604, publié par Barthélemy de Laffemas avec l'autorisation du roi, montre qu'on y parlait de l'élevage du vers à soie, des différentes industries de luxe, mais aussi de projets concernant directement le bien-être du peuple :

« *Le riz qui est une manne du ciel ainsi que les blés, pour ce qu'il peut servir de pain et de viande aux pauvres gens et à tous ceux qui voyagent en mer, et les nourrir et sustenter autant que les deux ensemble, s'achète en France fort chèrement, et à la livre, comme le sucre, pour ce qu'il ne croît point, et faut porter notre argent aux étrangers pour en avoir. Néanmoins, il se présente un homme de qualité qui veut entreprendre de le faire croître en France, aussi facilement et promptement que le blé. Lesdits sieurs commissaires sont sur le point d'en faire faire les épreuves et moyenner cet établissement; et le feraient bien plus promptement s'il plaisait à Sa Majesté leur donner quelque peu de fonds pour aider les dépenses qu'il convient faire aux essais et expériences... »*
(B. de Laffemas, *Recueil de ce qui s'est passé en l'assemblée de commerce à Paris, l'an 1604.*)

Une politique de grands travaux

La reconstruction du royaume offrait une opportunité extraordinaire pour Henri IV. Si la postérité reconnaît surtout en lui un roi proche de son peuple, Henri IV fut également un grand bâtisseur. Les constructions royales correspondaient à la fois à des considérations utilitaires et à la volonté de célébrer la grandeur retrouvée de la monarchie, la gloire du fondateur de la dynastie des Bourbons.

Henri IV trouva en Sully un collaborateur aussi efficace que zélé pour assurer le suivi des grands chantiers de l'Etat. En plus de ses autres fonctions, il l'avait nommé à trois charges complémentaires : grand voyer de France, surintendant des fortifications et surintendant des bâtiments du roi. Ce cumul faisait de Sully l'artisan principal de la politique de grands travaux du roi.

Le rôle de Sully était avant tout administratif. Son mérite fut d'intégrer le financement des grands travaux dans le budget du royaume. Pour cela, il réorganisa les procédures habituelles pour les rendre compatibles avec les règles élémentaires de la comptabilité publique. Il imposa en particulier deux principes fondamentaux toujours en vigueur de nos jours.

Ce fut d'abord la règle de l'annualité budgétaire. Pour chaque année, on faisait des états prévisionnels affectant des crédits aux différents types de chantiers pour chaque province. Ces états devaient être scrupuleusement observés : ils permettaient une programmation des travaux, tout en respectant les impératifs budgétaires de la monarchie. Cette démarche s'inscrivait aussi dans une perspective centralisatrice : les dépenses n'étaient plus laissées au soin d'agents locaux mais décidées au plus haut niveau de l'Etat.

Le second principe concernait la moralisation des marchés passés entre le roi et les entrepreneurs. On faisait tout d'abord établir des devis par des experts nommés par l'administration. Puis on lançait une adjudication publique par voie d'affiches, précisant la nature des travaux et leur mise à prix. Les enchères devaient ensuite se dérouler selon un rituel bien établi : les entrepreneurs proposaient tour à tour des rabais, puis le « *moins disant à la chandelle éteinte* » remportait le marché. Si le résultat n'était pas conforme aux espérances, on pouvait remettre l'appel d'offres à un autre jour. Enfin, des agents royaux surveillaient et évaluaient les travaux effectués pour vérifier leur conformité avec les cahiers des charges : l'entrepreneur n'était pas payé tant que celle-ci n'était pas établie. Les contrats devaient être faits devant notaire.

Ce système, effectivement appliqué, permit assurément une rationalisation des marchés publics mais il généra aussi d'inévitables effets pervers. Certains entrepreneurs proposaient des prix trop bas, pour emporter les marchés, quitte à demander ultérieurement des révisions de devis. L'entente de concurrence entre des entrepreneurs peu nombreux était toujours possible. Enfin, la séparation encore floue entre les fonctionnaires et les financiers, la pratique courante de prête-noms, faisaient qu'il existait des circuits financiers plus ou moins occultes au bénéfice de certains grands nobles, voire de Sully lui-même...

L'attention d'Henri IV fut également attirée par l'état des routes. Il avait été longtemps un usager infatigable des chemins du royaume. Il connaissait donc leur piètre état et les difficultés de déplacement à travers le pays. L'immensité de la France, par rapport à ses voisins, faisait à la fois sa force et sa faiblesse. La constitution d'un marché national exigeait des moyens de communication fiables entre les différents marchés régionaux. Ainsi, quand une disette éclatait dans une région, il fallait être en mesure d'acheminer depuis les régions excédentaires des quantités de blé suffisantes dans des délais raisonnables.

Il est vrai qu'à l'époque, on l'a vu, les transports et, plus largement, la durée des voyages n'avaient absolument rien à voir avec notre époque : entre deux et trois semaines pour aller de Paris à Lyon, 11 jours de Lyon à Marseille. Les transports étaient égale-

ment très aléatoires. Le transport par v[...] d'eau (r[...])
et canaux) était plus régulier et fiable qu[...] le trans[...]
par conséquent, plus rapide en moyenne [...]
Dans tous les cas, le transport était coû[...]
valeur des marchandises échangées da[...] le ca[...] du [...]

Henri IV et Sully firent des transports [...]
annuelle pour l'entretien et l'améliorati[...] des [...]
mation passa ainsi de 6 000 livres en 160[...] à [...]
environ durant les dernières années du [...]

Sully assumait la toute nouvelle charge de grand voyer de
France en 1599. Il en était fier, comme en témoigne ce passage
des *Economies royales* :

« *Quel coin, quelle place, quelle province y a-t-il en ce royaume
qui ne ressente le fruit de votre soin ? En quel lieu ne se retrouvent les marques de votre prévoyance (...), tant de ports, tant de
grands chemins réparés que la postérité croira mal aisément ou
s'étonnera avec ceux de ce siècle qu'un homme seul ait entrepris
et achevé un si grand nombre d'ouvrages (...). Notre grand Henri
vous a donné, à vous seul, la charge de tous les chemins de
France, croyant que vous seul y pouvez suffire : en quoi il se
trouve si bien servi, qu'il en reçoit tous les jours les bénédictions
de son peuple, qui vont réfléchissant sur vous. Outre sa commodité que la facilité des chemins apporte au commerce, les
ouvrages publics chassent deux grandes pestes du royaume :
l'oisiveté et la pauvreté ; vous les avez bannies avec tant d'autres
maux funestes... »* (Sully, *Economies royales.*)

Les attributions de Sully furent précisées en 1605 et 1607. Cette
charge le plaçait désormais à la tête d'une véritable administration, préfigurant l'administration des Ponts et Chaussées et nos
actuelles Directions départementales de l'équipement : il pouvait,
pour chaque généralité du royaume, nommer un responsable de
la voirie. Sully fit appel à des trésoriers ou à des techniciens.

Une ordonnance de 1605 précisa la tâche des lieutenants du
grand voyer. Ils devaient inspecter la voirie de leur circonscrip-
tion deux fois par an et en faire un rapport précis au grand voyer,
en hiver pour identifier et évaluer précisément les travaux rendus
nécessaires par les intempéries, à l'automne pour vérifier leur
réalisation. Ils avaient aussi une fonction de contrôle financier des
sommes normalement allouées à l'entretien des routes par les
villes et, sur ce plan aussi, ils ne devaient rendre de compte qu'au
grand voyer et non aux juridictions normales, les chambres des
comptes.

...t se battre pour installer cette nouvelle administration. ...ements, hostiles à son caractère centralisateur, firent obs... ...on à l'édit de 1605. En pays d'élection, les trésoriers de ...rance s'opposèrent au lieutenant quand cette fonction avait échu à quelqu'un d'autre qu'eux. Dans les pays d'états, les résistances furent encore plus vives : ces provinces, qui possédaient une certaine autonomie fiscale garantie par une assemblée représentative des trois états, voyaient d'un très mauvais œil le contrôle des lieutenants de Sully. Dans certains cas, comme en Dauphiné et en Languedoc, Sully dut même s'incliner.

L'amélioration du réseau routier fut sensible. Ainsi à l'initiative de Sully, on prit l'habitude de planter à nouveau des ormes le long des routes afin que les paysans riverains ne grignotent pas l'emprise routière. On construisit ou on restaura de nombreux ponts dans le royaume, à Saint-Cloud, Rouen, Mantes, Blois, Amboise, Orléans, Saumur, Châtellerault, Bordeaux, Bayonne, Toulouse, Avignon, Grenoble et Paris, avec le célèbre Pont-Neuf... Là encore, Henri IV posa des jalons pour l'avenir. C'est au XVIIIe siècle, sous l'impulsion des intendants de provinces, que devait s'achever la révolution routière ainsi entamée.

L'office de grand voyer comportait aussi la charge de construire et d'entretenir les voies d'eau du royaume. Sully fut le premier à considérer que le royaume devait se doter d'un réseau de voies d'eau, constitué par les fleuves et des canaux. La navigation permettait un transport rapide et massif des marchandises mais aussi des troupes militaires. Cette navigation était essentielle autour de la capitale : l'Ile-de-France était bien entendu avantagée par la nature. Il fallait à partir de ce réseau établir des liaisons avec les autres bassins fluviaux, de la Loire, de la Saône et du Rhône, de la Meuse. Les différentes mers qui baignaient la France se verraient ainsi reliées.

La première entreprise fut la construction du canal de Briare qui devait relier le bassin de la Seine et celui de la Loire. C'était un chantier considérable compte tenu des moyens de l'époque. Le projet prévoyait un dénivelé de 50 mètres sur plus d'une dizaine de kilomètres. Henri IV vint personnellement constater l'avancement des travaux, mais ce gigantesque (et coûteux) chantier ne fut achevé qu'en 1642... Plus modestement, grâce à cette politique, de nombreux cours d'eau d'importance secondaire furent canalisés, dessinant ainsi un maillage de plus en plus complet du territoire.

Henri IV fut également à l'origine de la création d'un service public de transport et de messagerie. La France était un vaste pays comparé à ces voisins. Préoccupé par l'efficacité de son administration et par la commodité des échanges, Henri eut sur ce plan une politique audacieuse pour son époque.

Dès son entrée dans Paris, il pérennisa la seule entreprise privée de transport par voiture qui exploitait la liaison entre Orléans et Paris. Un cahier des charges fut imposé. Les voyageurs devaient payer un écu un quart pour faire le trajet. Le roi affermant de nouvelles liaisons, le système se généralisa peu à peu. Toutes les lignes aboutissaient dans Paris devant des auberges, qui devinrent les premières gares routières de la capitale. On descendait ainsi, au « Lyon d'Or », « Au grand cerf », ou à la « Teste blanche », enseignes commodes où le voyageur pouvait trouver hébergement.

Pour aller plus vite, on faisait appel aux maîtres des postes. A l'origine, c'était un service réservé au roi. Il fut mis à la disposition du public à partir de 1506. Les maîtres des postes avaient le privilège exclusif de pouvoir louer des chevaux marqués au chiffre du roi sur des routes qui leur étaient attribuées. Des relais étaient échelonnés tous les trente kilomètres pour changer de monture : on pouvait ainsi voyager au galop.

Un édit d'Henri IV de mars 1597 réforma cette organisation. Il fallait utiliser au mieux les moyens de locomotion dans un pays en reconstruction, *« considérant la pauvreté et la nécessité à laquelle tous nos sujets sont réduits à l'occasion des troubles passés, considérant que la plupart sont destitués de chevaux non seulement pour le labourage, mais aussi pour voyager et vaquer à leur négoces accoutumés, qu'ils n'ont moyen d'en acheter, ni de supporter la dépense nécessaire pour la nourriture et l'entretien... que les commerces accoutumés cessent et sont discontinués en beaucoup d'endroits, que nos sujets ne peuvent librement vaquer à leurs affaires. »* (Yves Cazaux, *Henri IV.*)

Henri n'était pas seulement guidé par le souci du bien public. C'était aussi un moyen d'amortir un nouvel investissement royal. Il complétait par de nouvelles liaisons transversales celles qui existaient déjà et il mettait à la disposition des Français un « *parc chevalin* » pouvant servir à différentes activités, comme le labour, le transport de marchandises et le halage. Le service de poste proprement dit, c'est-à-dire la course au galop, était onéreux. Un cheval revenait à vingt sols la journée, sans compter l'avoine nécessaire à sa nourriture (dix sols). A partir de 1602, un contrôleur général des Postes supervisa l'ensemble. Le premier contrôleur fut Fouquet de la Varenne.

En mettant à la disposition du public l'ensemble des messagers portant les courriers royaux, Henri IV créa la première poste aux lettres de la France. En faisant de celle-ci un véritable monopole, Fouquet de la Varenne assura le succès financier de l'initiative royale. Des liaisons régulières et des tarifs simples rendirent rapidement populaire ce service offert aux Français...

Sully avait encore une autre fonction importante, celle de surintendant des fortifications. La paix de Vervins n'avait pas mis fin aux tensions entre la France et les Habsbourg. La sécurité du pays était l'une des priorités politiques d'Henri IV et il entendait la payer au prix fort : il valait mieux prévenir la guerre que la guérir. L'histoire récente du pays le démontrait. En fait, Henri IV institua un état de guerre permanent propre à dissuader toute agression. Il entretint une armée permanente de 10 000 hommes, armée de métier où se côtoyaient nobles et roturiers. Mais la dissuasion devait surtout reposer sur un réseau de places fortes conséquent.

Les guerres civiles avaient paradoxalement fait régresser les techniques de fortification. En une « réaction féodale », les potentats locaux, « papistes » ou « huguenots », avaient réparé les vieilles forteresses médiévales, les adaptant tant bien que mal à l'artillerie. Pendant la seconde moitié du XVIᵉ siècle, faute d'un pouvoir royal fort, la France n'avait pas connu de grand chantier. On abandonna les défenses bastionnées pour une défense rapprochée assurée par des armes à feu portatives. Tous ces bricolages faits à partir des châteaux et des enceintes urbaines ne permettaient pas de résister à un siège en règle. Ces ouvrages privés pouvaient au pis être utilisés par des séditieux contre le roi...

Le règne d'Henri IV sonna le glas des châteaux forts anciens. Sully imposa un monopole du roi sur les fortifications. D'autre part, seul l'Etat était en mesure de financer les grands chantiers de construction de citadelles bastionnées.

Les frontières qui firent l'objet des attentions les plus vives de la part d'Henri IV et Sully furent celles du Nord et de l'Est. Mais la Bresse et la côte provençale ne furent pas oubliées. La côte atlantique fut moins bien pourvue, mais il faut signaler le travail colossal effectué par l'ingénieur en fortification de la Guyenne, Louis de Foix, qui fit creuser un nouvel estuaire pour l'Adour. La déviation du cours de la rivière permit de dégager définitivement le port de Bayonne, en supprimant un coude vers le nord de 40 kilomètres. Cette réalisation contribua à l'essor de Bayonne et de son arrière-pays, qui comprenait les anciennes possessions d'Henri. Il payait ainsi sa dette envers ceux qui l'avaient soutenu dans la lutte pour conquérir le trône de France.

De 1600 à 1610, Henri IV consacra chaque année 500 000 livres pour les fortifications du royaume. Il faudra attendre Vauban pour que l'on y consacre à nouveau pareilles sommes. Henri IV et Sully avaient jeté les bases de ce que Vauban appellera en 1672 le « pré carré »...

Les responsabilités militaires de Sully le conduisirent aussi, comme grand maître de l'artillerie, à s'intéresser à la sidérurgie et à l'exploitation des mines, pour laquelle il édita de nouveaux règlements et engagea une vaste politique de prospection.

Une autre innovation dans le fonctionnement de l'appareil d'Etat fut le recours systématique à des ingénieurs spécialisés dans les grands travaux publics.

Le développement des grands chantiers d'urbanisme, d'architecture et d'infrastructures diverses fit émerger un groupe d'« ingénieurs du roi » habilités à contrôler l'avancement des chantiers, de l'adjudication des marchés à la réalisation de l'ouvrage. Ces ingénieurs étaient rattachés à l'artillerie mais, en fait, ils étaient assez polyvalents, pouvant aussi travailler aux ponts et aux canaux, et excellents cartographes.

Leur formation s'effectuait par apprentissage auprès des maîtres étrangers les plus renommés. Certains acquirent même une réelle notoriété comme Jean Errard (1554-1610), de Bar-le-duc. Il écrivit le premier traité de fortification original paru en France, *La Fortification réduite en art et démontrée*, publié en 1600 grâce à une aide financière du roi. Il y énonçait des règles importantes pour concevoir des défenses bastionnées efficaces. Selon lui, l'infanterie devait être préférée à l'artillerie pour défendre un bastion, cette dernière n'étant efficace que dans les tirs en enfilade d'un bastion à l'autre. La distance entre deux bastions devait donc être calculée en fonction de la portée du tir d'arquebuse : elle ne devait pas excéder 240 mètres. Jean Errard fortifia ainsi Amiens et Verdun, et renforça les défenses de Doullens et Sedan, des noms qui reviendraient dans l'histoire militaire de la France...

La célébration du monde rural à laquelle se prêtait souvent Henri IV ne doit pas faire oublier l'intérêt qu'il portait à l'urbanisme. La capitale fut la principale bénéficiaire de ces travaux d'embellissement. Rarement roi fut autant « *parisien* » qu'Henri IV, le *Béarnais*... Là encore, Henri inaugura une tradition chère aux rois de France et à leurs successeurs républicains.

Les villes n'avaient pratiquement pas changé depuis le Moyen Age. La Renaissance n'avait opéré aucune modification réelle de l'urbanisme, en dehors de la construction de quelques monuments civils ou religieux. L'édit de 1607 que Sully fit prendre au roi est révélateur sur les problèmes d'urbanisme de la capitale :

« Mais d'autant que depuis il s'est glissé plusieurs désordres dans la charge de la voirie, particulièrement en notre ville de Paris (...) par la négligence des officiers d'icelle (...), nous avons estimé non seulement utile mais très nécessaire pour le bien de nos sujets, leur donner une particulière connaissance sur celui de ladite voirie...

Défendons à notredit grand voyer ou ses commis de permettre qu'il soit fait aucune saillie, avances et pans de bois dans les rues aux bâtiments neufs et même à ceux où il y en a à présent, de contraindre à les réédifier (...), et ainsi faire le tout continuer à plomb depuis le rez-de-chaussée tout contremont, et pourvoir à ce que les rues s'embellissent et s'élargissent au mieux que faire se pourra, et en baillant par lui les alignements, redressera les murs où il aura pli ou coude, et de tout sera tenu de donner par écrit son procès-verbal de lui signer ou de son greffier portant l'alignement desdits édifices de deux toises en deux toises, à ce qu'il n'y soit contrevenu. Pour lesquels alignements nous lui avons ordonné soixante sols parisis par maison, payables par les particuliers qui feront faire lesdites édifications sur ladite voierie (...).

Comme nous défendons à tous nosdits sujets de ladite ville, faubourgs, prévôté et vicomté de Paris et autres villes de ce royaume faire aucun édifice, pan de mur, jambes, estrier, encoignures, caves ni canal, forme ronde en saillie, (...) châssis en verre et autres avancées sur la voirie sans le congé et l'alignement de notredit grand voyer ou de ses commis (...).

Pareillement avons défendu et défendons à tous nosdits sujets de jeter dans les rues eaux ni ordures par les fenêtres de jour ni de nuit. » (Edit de décembre 1607, cité par M.-M. Martin, *Sully le Grand*.)

Mais il ne suffisait pas d'interdire et de réglementer. L'embellissement de la capitale passait par des créations architecturales royales.

Le Pont-Neuf avait été entrepris en 1578 par son prédécesseur mais les travaux furent interrompus par les guerres civiles. Henri ordonna la continuation du chantier en 1598 : on finança les travaux par une taxe de 25 sols, puis de 15 sols sur chaque muid de vin introduit dans Paris. Le projet initial fut cependant considérablement modifié. Henri refusa que l'on construisît, comme sur les autres ponts de la capitale, deux rangées de maisons de part et d'autre de la chaussée. Le 20 juin 1603, il se rendit lui-même sur les lieux pour inspecter le chantier :

« Le roi passa du quai des Augustins au Louvre par-dessus le Pont-Neuf, qui n'était encore trop assuré, et où il y avait peu de personnes qui s'y hasardaient. Quelques-uns, pour en faire l'essai, s'étaient rompu le cou et tombé dans la rivière, ce que l'on remontra à Sa Majesté, laquelle fit réponse, à ce qu'on dit, qu'il n'y avait pas un de tous ceux-là qui fut roi comme lui... » (Pierre de l'Estoile, *Mémoires*.)

Le Pont-Neuf était d'une grande qualité architecturale : muni de trottoirs, il était orné de 381 mascarons. Sur la rive droite, il était flanqué d'une construction qui abritait une pompe pour acheminer de l'eau vers les jardins des Tuileries. Elle était ornée d'un campanile offrant à la vue des passants une horloge munie d'un carillon. Cette horloge était encastrée au-dessus d'un bas-relief sculpté représentant la Samaritaine offrant à boire à Jésus près du puits de Jacob : cette scène inspira le surnom donné par les Parisiens à cet édifice.

Henri IV avait une prédilection particulière pour les places. Il dota Paris de deux places, sur les trois projets qu'il avait imaginés. La place Royale fut décidée en juillet 1605, sur un terrain libre depuis que la maison royale des Tournelles avait été rasée par Catherine de Médicis : son époux Henri II avait été mortellement blessé en ce lieu lors d'un tournoi.

Henri IV voulait initialement en faire un centre manufacturier, avec des installations pour produire de la soie, mais ce fut finalement un quartier résidentiel. Ce devait être une place à programme : les façades des maisons qui en feraient le pourtour devraient être harmonisées. Le travail fut sans doute réalisé par le premier architecte du roi, Louis Métezeau. C'est l'actuelle place des Vosges. Elle devint le centre d'un nouveau quartier où se pressaient les hôtels des grands officiers de la couronne et des grandes familles aristocratiques. Sobre et symétrique, elle était harmonieusement disposée autour du « pavillon du roi ». La place Royale était conçue pour exalter la monarchie : en son centre était prévue la statue équestre du roi. Ce ne fut pas celle d'Henri IV, mais celle de Louis XIII qui y prit place en 1639.

La seconde place voulu par Henri IV fut la place Dauphine. Henri IV avait décidé d'aménager les terrains vagues qui subsistaient à la pointe de l'île de la Cité, du côté du Pont-Neuf. Il voulut, en 1608, en faire une nouvelle place triangulaire en l'honneur du dauphin Louis, d'où son nom la place Dauphine. Le temps a malheureusement nui à l'homogénéité originelle des façades de cette place. En 1614, on inaugura sur le Pont-Neuf, dans l'axe de la place, une statue équestre d'Henri IV.

Ainsi y eut-il une inversion entre la dédicace de la place Royale et celle de la place Dauphine...

Vers 1608, Henri IV imagina de faire construire une nouvelle place, la place de France, qui devait dans son esprit être une représentation topographique de son projet politique. Il confia ce projet à deux ingénieurs, Jacques Alleaume et Claude Chastillon. Cette place à programme devait être semi-circulaire et d'un diamètre de 156 mètres. Huit rues rayonnantes, convergeant vers son centre, auraient porté les noms des provinces françaises. Adossée au rempart de Paris, elle devait constituer l'entrée principale de Paris au nord et aurait abrité dans son pavillon central le Grand Conseil. Il s'agissait ainsi d'exalter l'unité de la France autour du pouvoir royal. Ce projet fut à peine entamé : on interrompit le programme à la mort d'Henri IV.

La construction du nouveau Louvre s'inscrivait en partie dans le programme d'embellissement de Paris. Mais c'était aussi la continuation par Henri IV d'un chantier entamé par ses prédécesseurs. Sous le contrôle de Sully, Jacques du Cerceau et Louis Métezeau achevèrent l'aile sud du Louvre, préparant la forme carrée du palais. Ils suivaient en tout point les plans laissés par Lescot. Henri eut toutefois une idée originale : relier le Louvre au palais des Tuileries par une galerie bordant la Seine d'une longueur de 450 mètres. Cette réalisation frappa les contemporains :

« Mais le principal embellissement que fait faire le roi consiste en une construction très élégante (...) qui va du palais jusqu'à son jardin de plaisance, situé en dehors de la ville, " les Tuileries ", que l'on appelle également la " Maison de la reine ". Le long de cet édifice, on établira une galerie où le roi pourra se rendre de son palais à son jardin, et d'où il pourra, en se promenant, voir tout ce qui se passe sur la Seine.

Il emploie chaque jour et sans relâche pour ce travail un nombre considérable d'ouvriers, afin de pouvoir le terminer et d'en jouir de son vivant. J'ai entendu dire moi-même à Sa Majesté lorsqu'elle eut empoché un gain au jeu de paume : " C'est pour mes maçons. " Il dit aussi de temps en temps qu'il est bizarre qu'à son âge il entreprenne ce travail, mais qu'il le fait pour pouvoir se promener et voir ce qui se passe sur la Seine. » (Th. Platter, *Description de Paris*.)

Cette galerie fut solennellement inaugurée le 1ᵉʳ janvier 1608 par le roi et sa cour. Henri aimait les galeries et, de manière générale, les architectures ouvertes sur les paysages. Avait-il été marqué par le site admirable du château de Pau, construit en belvédère face aux Pyrénées ? Il ne put terminer le Louvre, ce qui aurait nécessité l'expropriation de tout un quartier pour réaliser l'aile nord parallèle à la galerie du bord de l'eau. Le grand Louvre ne devait être achevé que par Napoléon III, pour une brève période du reste, car les Tuileries, incendiées lors de la Commune, ne furent jamais reconstruites.

Fontainebleau reçut aussi les grâces royales. Henri appréciait cette résidence pour son environnement : l'immense domaine permettait de s'adonner à son sport favori, la chasse. Moins sévère et plus humaine que le Louvre, cette demeure fit l'objet de plusieurs campagnes de travaux. A Saint-Germain-en-Laye, Henri IV lança un chantier plus ambitieux. Il fit construire à partir de 1594 le « Château neuf » à deux pas du château des Valois. Henri utilisa pleinement le site, une terrasse dominant la Seine. Il était constitué d'un ensemble complexe de galeries et d'escaliers dévalant la colline. Les jardins étaient d'une rare beauté, parsemés de fontaines et de grottes artificielles creusées dans la colline. Des machineries animaient des automates et de petits jets d'eau coquins avaient été dissimulés dans les pelouses. Ils pouvaient être actionnés à distance par le roi pour arroser les dessous des courtisanes.

La monarchie absolue trouvait donc un moyen commode d'exalter son idéal politique à travers des réalisations architecturales de prestige. Henri IV inaugura ainsi un urbanisme politique que la dynastie des Bourbons devait continuer après lui, et qui fut imité un peu partout par les autres familles régnantes d'Europe. Il y eut cependant une vraie originalité à ses projets. S'ils avaient une signification politique évidente, ils revêtaient également, au moins dans l'esprit du roi, une dimension économique : pour la place Royale, Henri IV pensait initialement, on l'a vu, y installer une manufacture de soie ; pour la place Dauphine, il s'agissait pour lui d'aménager un espace d'affaires, propice aux négociations des marchands et des banquiers... Dans cet esprit, Henri IV voulait aussi ouvrir au Louvre une sorte d'exposition pilote de *« machines d'inventions mécaniques et de modèles industriels ».* (Madeleine Martin, *Sully.*)

L'empreinte personnelle d'Henri IV transparaît également dans le style architectural, à la fois majestueux et sobre, qui accordait à l'agrément de vie une grande importance. Toutes les demeures royales ressemblaient ainsi à leur auteur. Tantôt solennelles et majestueuses, tantôt intimes et facétieuses, elles répondaient aux humeurs d'Henri IV. La vie d'un souverain était faite de cérémonies publiques et de scènes privées qui nécessitaient toutes une mise en scène ou au moins un décor. Les demeures royales étaient conçues pour cela. Henri IV les avait fait construire selon ses goûts, largement ouvertes sur la nature, pourvues de jardins où il pouvait surveiller ses cultures et dotées de galeries où il aimait déambuler. Henri IV fut par passion un roi bâtisseur...

Du redressement au développement

Le premier des mérites d'Henri IV a donc bien été de ramener et d'étayer une paix durable. La pacification n'aurait cependant pas suffi si Henri IV et Sully ne l'avaient accompagnée de mesures économiques. Au-delà d'un simple répit conjoncturel, la réforme de l'impôt jeta les bases d'une fiscalité moderne et plus juste, en développant la fiscalité indirecte, payée par tous, au détriment de la fiscalité directe, à la charge des seuls roturiers. La réforme monétaire révèle le même souci de cohérence.

Mais c'est surtout par leur politique de développement de l'agriculture, de l'industrie et du commerce, ainsi que des infrastructures nécessaires à la vie économique, par leur politique de grands travaux urbanistiques et architecturaux, qu'Henri IV et Sully manifestent la cohérence de leur projet. L'Etat, c'est-à-dire le pouvoir royal, doit être le grand ordonnateur – Sully dirait le « *bon mesnager* » – de la vie économique et matérielle.

Il y eut en ce sens un colbertisme avant Colbert : tous les principes du colbertisme – la centralisation, l'intervention de l'Etat dans l'économie, le mercantilisme... – ont en fait pris forme à cette époque.

Cette modernité a, dans le cas d'Henri IV et de Sully, quelque chose d'étonnant. Ils ne pouvaient imiter aucun exemple ancien. Mais ils ont su s'appuyer sur les premières formes de théorisation économique qu'ont été les analyses de Jean Bodin sur la monnaie, d'Olivier de Serres sur l'agriculture, de Barthélemy de Laffemas (bientôt relayé par Monchrestien) sur le commerce et l'industrie.

Ces influences n'étaient pas dues au hasard mais exprimaient la volonté délibérée d'Henri IV et de Sully de recourir aux avis les plus éclairés et d'en effectuer une synthèse. A une époque où les notions d'effet multiplicateur de l'investissement public, de relance de l'activité par la consommation des ménages, de relance des investissements par la réduction des taux d'intérêt étaient inconnues, Henri IV et Sully ont eu l'intuition de la complexité de la vie économique et de ses grands équilibres et de la nécessité d'agir de façon conjointe sur ses différents éléments.

A cette intuition macro-économique s'ajoutait une connaissance directe des réalités de la vie quotidienne, des conditions concrètes de création et de consommation de richesse.

Henri IV et Sully différaient en ce sens radicalement d'un Colbert qui, obnubilé par les principes monétaires du mercantilisme – dégager des flux positifs d'entrée de métaux précieux –, se consacra principalement au développement des industries de luxe mais négligea complètement l'agriculture. La principale source de richesse et de prospérité réelle pour le pays fut écrasée, sous le règne de Louis XIV, par le poids de l'impôt et des guerres.

Henri IV et Sully ne pouvaient tomber dans ce travers. Ils voyaient dans l'activité agricole nos « *mines du Pérou* ». Le roi aimait à se promener dans les marchés et étonnait ses interlocuteurs parce qu'il se montrait toujours très averti du prix des différentes marchandises, s'amusant même parfois à les négocier. On le voit ainsi s'étonner, dans une lettre à Corisande, du prix, très bon marché, du poisson à Marans, où il se trouvait alors : « *une grande carpe trois sols, et cinq un brochet* ». Dans la même lettre, il déplore la chèreté du blé, montrant la même connaissance des prix : « *La charge de cheval de blé, en Champagne et en Bourgogne, vaut cinquante livre ; à Paris, trente. C'est pitié de voir comme le peuple meurt de faim* ». (Lettre du 17 juin 1588.) L'enfance béarnaise, les voyages incessants et précaires durant les guerres civiles avec son compagnon Sully, tout cela avait contribué à ce solide sens des réalités. On a vu combien les pérégrinations d'Henri IV et de Sully à travers le royaume avaient inspiré leur politique en matière d'infrastructures routières et de services postaux. Henri IV fut sans doute le plus gestionnaire de nos rois mais il fut aussi le plus proche des réalités quotidiennes.

Le goût d'Henri IV pour les grands travaux, sa passion des bâtiments, le suivi personnel des chantiers, son intérêt très vif pour l'agronomie, tout cela exprime l'attitude d'un bon propriétaire qui veut faire fructifier son domaine, en l'occurrence, le royaume de France que Dieu lui a donné : « *La force et la richesse des rois consiste en l'opulence et en le nombre de leurs sujets (...). Ce que nous considérons, et que Dieu par sa sainte bonté nous a donné la paix dedans notre royaume, nous avons estimé nécessaire de donner moyen à nosdits sujets de pouvoir augmenter ce trésor.* » (Edit de Fontainebleau, 1599.)

Bon ménager du royaume de France, c'est également ainsi que Sully concevait son propre rôle, lui qui reprend si souvent cette expression dans ses mémoires, justement appelées *Mémoires des sages et royales économies d'Etat.*

Ce souci partagé du roi et de son ministre d'améliorer l'organisation et la vie matérielle du royaume, de conduire une action cohérente et systématique d'embellissement et de développement, constituait pour l'époque un trait étonnant. Le concept même d'amélioration n'avait pas de sens en un temps où la référence, en matière économique, comme ailleurs, était le respect des coutumes anciennes, des traditions. Les idées de « modernisation » et de « progrès », rebattues de nos jours n'avaient alors pas de signification.

Henri IV, lui, vivait déjà dans la modernité, dans l'idée d'un progrès possible et souhaitable des modes d'organisation matérielle de la société.

Faut-il voir là un trait de mentalité protestante? On connaît la thèse de Max Weber : le protestant se sent investi de la mission de faire fructifier ce jardin terrestre. Il entend ainsi appliquer au monde extérieur la démarche d'amélioration systématique de soi à laquelle l'invite le contact direct et exigeant avec Dieu.

Quoi qu'il en soit, lié à la tradition, déjà enracinée, d'un pouvoir royal centralisateur, cet esprit protestant devait donner, par l'entremise d'Henri, l'une des premières formes modernes de volontarisme économique.

Chapitre 14

LE RÉFORMATEUR MORAL

La situation morale du pays est au moins aussi grave que sa situation matérielle. La guerre a engendré la misère et la misère suscite, au sein des villes, des formes nouvelles de fracture. L'Eglise, qui a connu le séisme des guerres de religion, a peine à parler aux âmes. Les écoles sont en ruine ou désertées. De nouvelles formes de violence se développent, recrudescence des duels, déchaînement des procès de sorcellerie. De nouvelles forces émergent aussi, annonciatrices du siècle de la raison et des certitudes classiques.

L'Etat, le roi, ont charge d'âmes. Le roi est responsable du salut de son peuple. Il propose et incarne une vision du monde. Il donne à ses sujets leurs points de repère. Telle est la signification profonde de l'union du trône et de l'autel, exaltée par la cérémonie du sacre.

Comment Henri IV assumera-t-il cette fonction spirituelle? Il fera montre de la même originalité que sur le plan économique, imposant le monopole de l'Etat comme arbitre des violences et des conflits, favorisant des élans nouveaux de spiritualité et inventant, avec la première grande réforme de l'éducation, notre enseignement secondaire. L'entreprise est fondatrice. La société qu'elle cherche à inventer est si neuve, son ordre si différent de l'ordre ancien, que celui qui la conduit ne pourra manquer d'hésiter, de douter, de ruser.

La réforme catholique

Nul ne niait la nécessité d'une réforme de l'Eglise. Des abus manifestes et des pratiques discutables, un profond relâchement de l'encadrement des âmes, avaient contribué à l'apparition et à l'essor du protestantisme. En retour, l'émulation avec les calvinistes poussait l'Eglise au renouvellement de sa mission pastorale. Le concile de Trente (1545-1563) en avait d'ailleurs établi les bases, définissant les dogmes et une nouvelle discipline pour toute l'Eglise et pour toutes les nations.

Henri IV assuma pleinement cet objectif de redressement moral et spirituel de l'Eglise. Le pouvoir politique et le pouvoir religieux étaient indissociables. L'Eglise catholique assurait ce que nous appellerions aujourd'hui une mission de service public, une fonction d'encadrement moral et spirituel en même temps que d'éducation et d'assistance sociale. Si Henri IV marqua toujours son souci d'indépendance face aux prescriptions de la papauté, il n'en favorisa pas moins la réorganisation de l'Eglise catholique sur des bases plus saines et donna, avec le retour des jésuites, un élan nouveau à la vie intellectuelle et religieuse du pays.

Dans l'esprit d'Henri IV, ce redressement ne devait cependant pas se faire au détriment de l'indépendance de l'Eglise de France et de son propre pouvoir. De fait, les décrets du concile de Trente ne furent pas appliqués en France. Le roi, par l'entremise de Du Perron et d'Ossat, l'avait certes promis au pape lors de son absolution. Il n'en fit rien.

Ces décrets heurtaient, en effet, les « *libertés de l'Eglise gallicane* » que le roi et ses parlements, en refusant leur enregistrement, entendaient bien défendre.

Le roi n'avait pas à obéir à une législation de l'Eglise. Les ecclésiastiques du royaume étaient ses sujets et ne pouvaient en aucun cas échapper à sa juridiction. Accepter tels quels les décrets du concile de Trente revenait à reconnaître la primauté de la juridiction pontificale.

Les intérêts du roi pouvaient se trouver eux-mêmes lésés. Le concile faisait obligation de résidence à tous les titulaires de bénéfices ecclésiastiques : un évêque devait rester dans son diocèse pour veiller à sa bonne administration. Il condamnait aussi deux pratiques fort répandues et nuisibles à l'Eglise : le cumul des bénéfices religieux et la commende, c'est-à-dire l'octroi du titre et des revenus d'un bénéfice à une personne non nécessairement qualifiée – parfois un laïc, une femme, voire un protestant! – et qui sous-traitait à un ecclésiastique l'exercice de la fonction.

Quand un bénéfice n'était pas pourvu, le roi s'en attribuait les revenus en vertu du droit de régale. Cette pratique, précieuse à une époque où les finances de l'Etat avaient besoin d'être renflouées, poussait le roi à laisser vacants des évêchés au détriment des intérêts pastoraux de l'Eglise. Sur le principe, Henri IV reconnaissait volontiers, comme il l'écrivit un jour au pape, que « *l'observation des saintes constitutions du concile de Trente peut beaucoup aider* » et il promit à plusieurs reprises d'exiger des archevêques et évêques « *de se transporter en leurs diocèces, veiller soigneusement sur leurs troupeaux et réduire à la discipline ecclésiastique les mœurs de ceux qui en sont dévoyés* ». (Lettre à Paul V, 1606, *Lettres de Henri IV concernant les relations du Saint-Siège et de la France, 1595-1609.*)

Dans les faits, le roi n'envisageait pas la remise en question de ce système « *pour certaines considérations importantes au bien de cet Etat* » : certains évêques, siégeant auprès de lui au Conseil, ne pouvaient satisfaire à l'obligation de résidence et il était d'usage pour le roi de récompenser ses serviteurs en leur octroyant des bénéfices. C'était pour lui un moyen de gouvernement, et pour des fils de la noblesse, à qui ces bénéfices étaient réservés, la possibilité de maintenir leur rang et leur train de vie au sein de l'Eglise.

Henri IV, malgré des promesses réitérées au pape, persista dans son attitude, donnant même le mauvais exemple dans son entourage. Ainsi, son frère bâtard, Charles de Bourbon, qui était un laïque, cumulait deux évêchés, ceux de Lectoure et de Rouen. Il nomma son fils bâtard, Henri de Verneuil, évêque de Metz, à l'âge de sept ans, et à l'évêché de Lodève le fils du duc de Ventadour, Charles de Lévis, qui en avait quatre! Henri s'amusait d'ailleurs de cette situation, si l'on en juge par une lettre qu'il écrivit peu après à Marie de Médicis :

« *Je refais la Toussaint où je me trouverais. Monsieur de Lodève est mon confesseur. Jugez si j'aurai l'absolution à bon marché.* » (Lettre du 24 octobre 1605, *Lettres missives.*)

Devant cet abus manifeste, le pape refusa d'accorder sa bulle de confirmation, mais, du coup, l'évêché resta vacant.

Henri IV ne négligea pas pour autant le redressement de l'Eglise. Tout d'abord, sur le plan théologique, le contenu doctrinal des canons du concile de Trente fut enseigné partout dans le royaume.

Par ailleurs, Henri compensa les nominations de complaisance, qu'il s'autorisait pour son entourage, en attribuant des bénéfices à des gens de valeur, propres à insuffler l'esprit de la réforme tridentine et politiquement sûrs, souvent issus des grandes familles de robins : un parent de Bellièvre fut ainsi nommé à l'archevêché de Lyon.

De manière générale, les évêques furent sous son règne plus assidus à la résidence que sous les derniers Valois. Ils prirent l'habitude de faire des visites pastorales pour veiller à la qualité de l'instruction religieuse dispensée à leurs ouailles : le répertoire des visites pastorales indique pour 1599 et 1600 autant de visites que pendant toute la décennie précédente... D'ailleurs, les commissaires chargés de l'application de l'édit de Nantes profitèrent souvent de l'occasion pour promulguer un règlement pour les ecclésiastiques. Par exemple, dans le Dauphiné en 1599, ils firent obligation aux évêques, abbés et bénéficiaires de visiter leurs paroisses et de les pourvoir de curés et de prédicateurs en nombre suffisant et décemment payés ainsi que de réparer les bâtiments d'église. L'état moral et intellectuel du clergé paroissial s'améliorait peu à peu.

Henri IV encouragea également la propagation ou l'introduction des augustins, des barnabites, des capucins, des récollets et, chez les femmes, des feuillantines, des carmélites et des ursulines. Tous ces ordres entretenaient une forme de mysticisme baroque qui commençait à sortir du cadre ecclésiastique pour gagner les laïcs : la multiplication des confréries de pénitents, mais aussi, plus discrètement, des cercles de dévotion, manifestait le dynamisme catholique. L'impulsion mystique de l'époque de la Ligue continuait sur un terrain pacifique, prélude indispensable au « Siècle des saints »...

Mais la confiance rendue aux jésuites fut sans doute la principale contribution d'Henri IV au redressement spirituel de l'Eglise.

La Compagnie de Jésus, fondée en 1540 par Ignace de Loyola, travaillait à la reconquête des âmes. Les membres de la Compagnie n'étaient pas des moines, mais des prêtres réformés vivant dans le siècle. Ils avaient prononcé les vœux habituels de chasteté, de pauvreté et d'obéissance, auxquels s'ajoutait un vœu spécial d'obéissance au pape. Leur organisation était de type militaire, avec à leur tête un préposé général élu à vie qui nommait des « provinciaux », dirigeant chacun une province.

La Compagnie imposait à ses membres un noviciat de dix ans et de lourdes études de théologie. Le but était clair : former des prédicateurs rompus à toutes les techniques de la rhétorique et pétris des Ecritures pour lancer des missions et lutter contre la Réforme.

Mais la Compagnie de Jésus, organisation internationale, soumise à un général étranger, heurtait les principes gallicans.

L'obéissance au pape et l'indépendance des jésuites vis-à-vis des évêques en faisaient des tenants virtuels de l'ultramontanisme. Les mauvaises langues disaient que les péchés commis au profit de la Compagnie étaient permis, appelés « *péchés en l'honneur de Dieu...* ». D'autres reprochaient aux jésuites leurs prises de position dans les débats théologiques. Le livre de Molina, *De concordia liberii arbitrii cum divinae gratiae* (1588), proposant une théorie casuistique du péché, avait ainsi soulevé une énorme controverse et provoqué des inimitiés parmi les universitaires. Cette hostilité de l'Université était tout autant liée à la concurrence des collèges jésuites, désormais plus recherchés que les collèges universitaires.

De plus, encore marquée par l'origine espagnole de son fondateur, la Compagnie de Jésus faisait figure de cheval de Troie des rois catholiques. Elle s'était montrée l'alliée naturelle de la Ligue. Lors du siège de Paris, de nombreux prédicateurs jésuites avaient excité le peuple contre Henri de Navarre par des sermons enflammés et certains pères avaient soutenu des thèses tyrannicides.

Le 27 décembre 1594, alors que le roi rendait visite à Gabrielle d'Estrées, un étudiant en droit, Jean Chastel, ancien élève du collège de Clermont, le premier collège jésuite à Paris, le frappa d'un coup de couteau au visage. Henri IV s'en tira avec une estafilade et une dent cassée, mais l'émoi fut grand : on fit chanter un *Te Deum* dans toutes les églises. Tous les pères du collège de Clermont, soupçonnés d'avoir armé le bras du meurtrier, furent arrêtés. Le parlement de Paris, extrêmement hostile à la Compagnie de Jésus, mena l'instruction du procès tambour battant. Deux pères furent condamnés, l'un au bannissement, l'autre à la pendaison. Jean Chastel fut convaincu du crime de lèse-majesté et subit la terrible mort réservée à ce délit suprême.

Son exécution eut lieu, comme à l'accoutumée, sur la place de grève, face à l'hôtel de ville de Paris. Le 29 décembre, devant la foule des badauds, se déroula le rituel traditionnel. Le criminel de lèse-majesté avait cherché à disloquer le corps de l'Etat, en le frappant à la tête en la personne du roi. Cette métaphore corporelle, lieu commun des théories politiques de l'époque, fixait le scénario de l'exécution. Le coupable devait connaître en représailles une dislocation de son corps. On commença par lui couper le poing, instrument du geste criminel. On tenailla son corps et on arracha sa peau. Puis on l'attacha par les quatre membres à quatre chevaux pour l'écarteler. Enfin le bourreau fit brûler ses restes et on dispersa ses cendres au vent. Le roi étant sacré, Chastel avait également commis un crime de lèse-majesté divine : il ne méritait même pas une sépulture chrétienne. Sa maison fut rasée, et, à son emplacement, on édifia, aux dépens des jésuites, une pyramide portant description du geste et du châtiment du criminel...

Dès le 29 décembre, le parlement de Paris prononça un arrêt dénonçant les jésuites comme corrupteurs de la jeunesse, perturbateurs de la paix civile et ennemis de l'Etat et du roi. Ils étaient condamnés à quitter Paris dans les trois jours et à sortir du royaume dans les quinze jours sous peine de lèse-majesté.

Henri IV fut surpris par la rapidité de cette décision. Il n'approuvait pas que les parlementaires fassent supporter à l'ensemble de l'institution les conséquences d'attitudes individuelles. D'autant que des jésuites étaient intervenus en sa faveur auprès du pape pour faire reconnaître ses droits à la succession... C'était un coup dur pour la réforme nécessaire à l'Eglise et pour la rénovation du système éducatif qu'il voulait engager.

L'artisan du rétablissement des jésuites fut bien évidemment le père Coton, proche d'Henri depuis mai 1603. Par l'édit de Rouen du 1er septembre 1603, le roi autorisait le retour de la Compagnie de Jésus dans le royaume. Mais il avait assorti cette décision de conditions restrictives : les supérieurs devaient être français, chaque père devait prêter un serment de fidélité au roi et un jésuite devait en permanence rester à la cour pour répondre des agissements de la Société. Ces conditions permettaient de neutraliser les critiques des gallicans. De fait, Henri répondit point par point aux remontrances des parlementaires pour imposer sa décision.

Il souligna d'abord la qualité d'âme des religieux de la compagnie :

« Je ne sais comme vous trouvez ambitieux ceux-là qui refusent les dignités et prélatures, et qui font vœu de n'y point aspirer. Pour les ecclésiastiques qui se formalisent d'eux, c'est de tout temps que l'ignorance en a voulu à la science, et j'ai remarqué que, quand j'ai commencé à parler de les rétablir, deux sortes de personnes s'y opposèrent particulièrement : ceux de la religion, et les ecclésiastiques mal vivant; et c'est ce qui les a fait estimer davantage.

Si la Sorbonne les a condamnés, ça a été sans les connaître. (...) Ils attirent à eux les beaux esprits et choisissent les meilleurs, et c'est en quoi je les estime. Je désirais que l'on choisît les meilleurs soldats, et que nul n'entrât en vos compagnies qui n'en fût bien digne; que partout la vertu fût la marque et fît la distinction des hommes. »

Si leur opportunisme était réel, Henri IV lui-même n'en avait-il pas fait preuve... :

« Ils entrent comme ils peuvent; aussi font bien les autres, et suis moi-même entré comme j'ai pu. Il faut avouer qu'avec leur patience et bonne vie, ils viennent à bout de tout, et que le grand soin qu'ils ont de ne rien changer ni altérer de leur première institution les fera durer longtemps. »

« (...) Quant à ce qu'on reprend à leur doctrine, je ne l'ai pu croire, parce que je n'ai trouvé un seul d'un si grand nombre de ceux qui ont changé leur religion qui ait soutenu leur avoir ouïdire ou enseigner qu'il était permis de tuer les tyrans, ni d'attenter sur les rois (...) Quand bien même Chastel les aurait accusés, comme il n'a fait, et qu'un jésuite même eût fait ce coup (duquel je ne me veux plus souvenir et confesse que Dieu voulut alors m'humilier et sauver, dont je lui en rends grâce), faudrait-il que tous les jésuites en pâtissent, et que tous les apôtres fussent chassés pour un Judas? »

Henri préconisait aussi d'oublier les errances passées :

« Il ne leur faut plus reprocher la Ligue. C'était l'injure du temps. Ils croyaient bien faire, et ont été trompés comme plusieurs autres. Je veux croire que ça a été avec moins de malice que les autres, et m'assure que la même conscience, jointe à la grâce que je leur fais, les rendra autant, voire plus affectionnés à mon service qu'à la Ligue... Ils sont nés en mon royaume et sous mon obéissance. Je ne veux entrer en ombrage de mes naturels sujets. Et si l'on craint qu'ils communiquent mes secrets à mes ennemis, je ne leur communiquerai que ce que je voudrai. Laissez-moi conduire cette affaire! J'en ai manié d'autres bien plus difficiles, et ne pensez plus qu'à faire ce que je vous dis. » (Lettres missives.)

Henri IV, en forme de boutade, invoqua un jour une ultime raison : s'il maintenait leur interdit, ce serait les jeter dans *« les desseins d'attenter à ma vie. Ce qui me la rendrait si misérable et langoureuse demeurant toujours dans la défiance d'être empoisonné ou bien assassiné (car ces gens ont des intelligences et cor-*

respondances partout et grande dextérité à disposer des esprits selon qu'il leur plaît) qu'il me vaudrait mieux être déjà mort, étant en cela de l'opinion de César que la plus douce est la moins prévue et attendue ». (Y. Cazaux.)

Le rétablissement des jésuites permit à l'Eglise catholique de continuer son effort de réforme.

Rénover l'école

C'est peut-être, après la pacification du royaume et l'édit de Nantes, l'œuvre la plus importante du règne. Confronté à une crise dramatique du système éducatif, Henri IV sut jeter les bases d'un véritable enseignement secondaire gratuit, accessible au plus grand nombre, ainsi que d'une pédagogie révolutionnaire. Au reste, cette rénovation s'inscrivait dans un projet d'ensemble de reconstitution et de renouvellement des élites du pays.

Henri n'avait pas attendu d'être roi de France pour s'intéresser à l'enseignement. En tant que roi de Navarre, il avait transformé en 1583 l'Académie protestante d'Orthez en université. Dans cette ville, capitale intellectuelle de la Réforme béarnaise par la volonté de Jeanne d'Albret, étaient formés les cadres de la religion calviniste. Par son édit, Henri de Navarre avait octroyé à l'établissement le droit de conférer les grades de bachelier, licencié et docteur pour toutes les facultés. Transférée temporairement à Lescar, l'université continua à prodiguer un enseignement humaniste de qualité grâce à la venue de professeurs de renom. L'un d'eux, Lambert Daneau, avait même quitté les universités de Leyde et de Gand, où il enseignait, pour venir à Orthez sur la proposition du roi de Navarre.

La noblesse locale trouva dans cet établissement la possibilité de donner à ses enfants une éducation soignée d'honnête homme, pour vivre à la cour ou servir le roi. Il compta parmi ses élèves le poète Jean de Sponde, qui abjura le protestantisme et fut le protégé d'Henri, son frère Henri de Sponde, un érudit qui devint évêque de Pamiers et Pierre Olhagaray, qui devint historiographe d'Henri IV. L'université d'Orthez fut un vivier de talents où Henri puisa des serviteurs fidèles.

Mais la conversion d'Henri IV fut préjudiciable à l'université d'Orthez. Le 18 janvier 1599, une délégation de professeurs adressa d'humbles doléances à Sa Majesté :

« Pour la supplier d'embrasser et chérir cette université qui est sa créature, lui confirmer et augmenter ses privilèges ; l'entretenir en tous ses membres, pourvoir ou mander qu'il soit pourvu aux charges vacantes ou qui n'ont pas encore été pourvues et augmenter les gages à ceux qui enseignent en ladite université qui sont extrêmement petits ayant égard à la cherté de vivres, livres et habillements... » (J. Coudirolle, *Etude sur l'Académie d'Orthez.*)

Pressé par le pape et les catholiques béarnais de rétablir le culte romain dans la principauté, Henri IV ne pouvait plus continuer à entretenir aussi généreusement que par le passé une institution propageant la Réforme. Mais il ne pouvait pas non plus supprimer une université qu'il avait lui-même créée. Louis XIII s'en chargerait...

Henri IV ne s'est guère intéressé aux « petites écoles », qui dispensaient un enseignement de premier degré. Les guerres civiles avaient, il est vrai, peu affecté un réseau scolaire que l'on trouvait somme toute suffisant pour les besoins de l'époque.

Ces petites écoles étaient généralement placées sous la tutelle de l'Eglise. Le recrutement des maîtres, le contrôle pédagogique, la création de nouvelles écoles en dépendaient. A Paris, le chantre de Notre-Dame était ainsi un véritable directeur de l'enseignement primaire dans la capitale, appelé « maître des petites écoles ».

Les chapitres des cathédrales devaient réserver une part de leurs revenus à l'entretien d'un régent. Les petites écoles n'accueillaient pas seulement des élèves issus de familles aisées : beaucoup admettaient gratuitement les enfants des pauvres. Du reste, les familles les plus riches préféraient souvent avoir recours à un précepteur.

La fonction de ces petites écoles était d'enseigner aux enfants les rudiments : la lecture, l'écriture, le calcul et bien évidemment les préceptes religieux. En cette fin du xvie siècle, il n'était pas concevable de dissocier le catéchisme des autres enseignements : il fallait apprendre aussi à faire son salut. Cet impératif faisait que catholiques et protestants ne fréquentaient pas les mêmes « régents »...

La grande réforme d'Henri IV fut en fait la réforme des collèges. Parmi ces établissements, on distinguait les « petits collèges » des « grands collèges », dont l'enseignement s'étendait jusqu'aux premières années du supérieur.

Le premier cycle regroupait les classes de grammaire, de la sixième à la troisième incluse. Les humanités correspondaient à la seconde, la « rhétorique » à la première. La classe de philosophie se déroulait en deux ans, la première année pour étudier la morale et la logique, la deuxième pour la physique et la métaphysique.

Le second cycle approfondissait les connaissances et les exercices. Lors des deux années de philosophie, on étudiait Aristote et on recevait quelques rudiments de géométrie et de cosmographie. Le baccalauréat couronnait ce cycle. Il consistait pour l'essentiel en une longue et âpre *disputatio*, discussion où s'affrontaient deux orateurs développant des arguments contradictoires. Puis, cet examen (fort difficile) réussi, le candidat passait immédiatement devant un autre jury pour obtenir une « licence ». Ne portant que sur les connaissances en philosophie, elle donnait le titre de « *maître ès arts* », qui offrait la possibilité soit de continuer des études supérieures, soit de devenir à son tour un « régent »...

Dès le mois de janvier 1595, Henri IV mit en place une commission de six « sages » chargés de faire des propositions pour réformer l'université de Paris. Celle-ci s'était discréditée par son engagement ligueur et sortait complètement désorganisée du conflit. Henri IV profita de la situation politique pour mettre sous la tutelle royale un organisme qui avait toujours revendiqué son indépendance vis-à-vis de l'évêque et du roi, au détriment du pape (qui avait une sorte de tutelle directe sur l'université) et de l'autonomie traditionnelle des étudiants (en vertu des anciens statuts). La révolte parisienne de la Ligue avait aussi été une révolte étudiante, ce qui expliquait pour une part son extrémisme.

La commission était composée de personnalités très proches du roi : Renaud de Beaune, « l'homme d'appareil » du roi pour les questions religieuses, le premier président du parlement de Paris, Achille de Harlay, un maître des requêtes et historien, Jacques-Auguste de Thou et trois autres grands officiers, dont le procureur général et le lieutenant civil de Paris (l'équivalent de notre préfet de police).

Ces personnalités émanaient davantage de la sphère politique et administrative que de la sphère éducative. Leur choix marquait la volonté de contrôler une institution trop indépendante. La présence de si hauts personnages, en particulier de Renaud de Beaune, très proche conseiller du roi, manifestait la priorité que représentait pour Henri IV la rénovation de l'université. La reconstruction du pays passait par celle de l'enseignement.

A l'avènement d'Henri IV, les collèges se trouvaient en plein abandon. Avec les guerres civiles, les élèves avaient déserté les établissements : les effectifs de la faculté des arts à Paris, correspondant à nos lycées et collèges et assurant une formation de base, étaient passés d'environ 1 500 au milieu du xvi⁰ siècle à 200 ou 300 vers 1600... Bien souvent, les locaux des collèges étaient détournés de leur usage, reconvertis en granges ou en entrepôts... L'enjeu était de redonner à la France les moyens de former les générations nouvelles.

A la nécessité de la reconstruction s'ajoutait un problème de structure : une mauvaise articulation entre l'équivalent de notre enseignement primaire et l'université (qui comprenait les collèges).

La définition ambiguë des collèges des facultés des arts (formation générale ou prélude à des études supérieures spécialisées ?), et, en corollaire, un enseignement excessivement abstrait et académique entraînaient un hiatus entre la formation élémentaire des petites écoles et la formation supérieure. De même, du fait de leur rattachement à l'université, l'implantation géographique des collèges, très disparate, était cause d'inégalité.

La commission consulta des personnalités éminentes du milieu éducatif, les principaux des grands collèges et différents universitaires de renom en décret (droit), médecine et théologie. Son travail dura trois ans. En septembre 1598, Henri présenta un nouveau statut de l'enseignement au Parlement. Après quelques amendements, celui-ci fut promulgué solennellement dans l'église des Mathurins, le 18 septembre 1600.

Selon les statuts de 1600 de la « *Magistorum et auditorum Lutetiae Universitas* », les professeurs ou « régents » devaient être tous maîtres ès arts et séculiers. L'article 5 prévoyait que les étudiants devaient les entretenir, à l'exception des plus pauvres qui en étaient dispensés, à hauteur d'un tiers d'écu d'or par mois dans les classes de grammaire, d'un demi écu d'or dans les autres. Logés dans leur collège, partageant le repas avec les élèves, les enseignants vivaient généralement dans la pauvreté quand ils n'avaient pas d'autres revenus.

L'article 25 imposait six heures de cours par jour en classe de grammaire : une pour apprendre les règles, cinq pour travailler les textes. Les élèves devaient en outre consacrer quotidiennement deux heures à des exercices d'imitation des Anciens et, pour les plus aguerris, s'entraîner à la *disputatio*.

L'article 23 des statuts ordonnait le recours aux textes anciens les plus purs, « *ad puriores fontes* ». Les auteurs anciens constituaient bien sûr les bases de cette éducation, en particulier

Homère, Hésiode et Platon pour les grecs, Virgile, César et Cicéron pour les latins.

L'article 29 instituait des exercices de mémoire, considérant celle-ci comme un « *trésor de la science* ». De ce point de vue, le collège nouveau était inspiré par l'éducation que le petit roi de Navarre avait reçue de La Gaucherie. Il n'y avait pas d'alternative à une époque où les livres étaient chers. Cette méthode avait en outre l'avantage de ne pas transformer les cours en séances de dictée : on écoutait le maître, puis on apprenait sur les livres de la bibliothèque du collège, lesquels étaient parfois attachés au banc par une chaîne, pour éviter que des lecteurs indélicats ne les subtilisent...

Malgré la réforme de 1600, les collèges de l'université de Paris continuèrent à dispenser un enseignement encore trop marqué par la tradition médiévale. Les programmes et les méthodes restèrent très scolastiques. Alors qu'Henri IV avait fait inscrire dans les nouveaux statuts que l'Université devait autant préparer aux charges judiciaires et administratives qu'aux carrières ecclésiastiques, elle continuait à produire des clercs et non les cadres dont le pays avait besoin : la formation en mathématiques, notamment, restait totalement marginale. Il fallait donc s'appuyer sur une autre institution.

L'interdiction de la Compagnie de Jésus, que le Parlement avait prononcée le 29 décembre 1594, avait momentanément gelé les activités des collèges de la Compagnie. Si, à la fin du XVIe siècle, la concurrence des établissements jésuites avait suscité une véritable hémorragie d'élèves dans les collèges universitaires, la conséquence la plus directe de l'expulsion fut paradoxalement le tarissement brutal des flux d'étudiants s'inscrivant dans les facultés supérieures de l'université, comme le rappela Henri IV lors du rétablissement des jésuites : « *L'Université a occasion de les regretter, puisque, par leur absence, elle a été comme déserte, et les écoliers, nonobstant tous vos arrêts, les ont été chercher dedans et dehors mon royaume.* » (*Lettres missives.*) Le renouveau de l'enseignement secondaire passait donc pour Henri IV par de nouvelles structures indépendantes des universités. Le rétablissement des jésuites en septembre 1603 permit à la Compagnie d'implanter de nouveaux collèges et de renforcer ainsi son action éducative en proposant un modèle pédagogique nouveau.

L'équilibre des disciplines était modifié : l'enseignement, donné en latin, faisait une plus large place aux mathématiques et à la théologie, jusqu'alors réservée à l'enseignement supérieur.

Les programmes, limités dans leurs ambitions et progressifs, faisaient largement appel au bon sens et à une utilisation raisonnable de la mémoire. Les classes étaient organisées en groupes de niveau à peu près homogène.

Surtout, le projet éducatif des collèges jésuites était global. Les élèves étaient hébergés et éduqués dans un même endroit, alors qu'ils étaient éparpillés entre plusieurs lieux dans les autres collèges, et ils disposaient sur place d'une bonne bibliothèque. Soumis à de multiples exercices et interrogations, à des punitions savamment graduées, mais aussi invités à participer à des loisirs organisés, ils étaient étroitement encadrés. L'utilisation du théâtre était l'un des éléments les plus originaux de cette pédagogie. Permettant de développer les qualités oratoires et les attitudes bienséantes, il permettait d'aborder non seulement des sujets pieux, mais aussi, dans les intermèdes, des sujets d'actualité et de louer les actions royales. Ce fut la force du collège jésuite que d'associer une culture générale complète et adaptée aux exigences du temps à une véritable formation du caractère.

A cette démarche pédagogique originale s'ajoutait le souci de la qualité des maîtres, formés au sein de la congrégation, jeunes et disposant, avec le « Règlement », d'un manuel pédagogique très élaboré.

Le collège jésuite était enfin largement ouvert sur la société, assurant notamment une fonction de formation permanente : à Paris, le fameux collège de Clermont, ancêtre de notre lycée Louis-le-Grand, accueillait, à côté des jeunes élèves, des adultes soucieux de parfaire leur éducation.

Les collèges jésuites eurent une portée sociale considérable à la fois grâce à la gratuité des études et à leurs nombreuses implantations dans tout le royaume, alors que les collèges traditionnels n'existaient que dans les centres universitaires. Ainsi, le collège jésuite d'Auch recrutait à la fin du règne d'Henri IV jusqu'aux marches des Pyrénées et les origines sociales de ses élèves étaient très diverses avec, pour moitié, des enfants d'artisans, de laboureurs ou de simples marchands, l'autre moitié étant constituée de fils de nobles, officiers et rentiers.

Henri IV, au-delà du rétablissement des jésuites dans le royaume, participa personnellement au développement de leurs établissements. En 1607, il fonda le célèbre collège de La Flèche et contribua de ces propres deniers à sa construction par un don de 30 000 livres. Il voulut également que son cœur y soit déposé.

Les collèges jésuites devaient ainsi former, pour plusieurs générations, les cadres administratifs, spirituels et militaires de la

France. Dès le xviie siècle, le plus grand philosophe de notre histoire, René Descartes, ancien du collège de La Flèche, reconnaissait le bienfait des « *exercices auxquels on s'occupe en l'une des plus célèbres écoles de l'Europe* ».

Le règne d'Henri IV fut également le cadre d'autres initiatives semblables, comme celle des doctrinaires, bientôt suivis par les oratoriens. Il vit aussi en 1608, avec l'établissement des ursulines à Paris, les prémices d'un enseignement féminin, dont l'ambition était surtout de former de futures maîtresses d'école...

En réformant les collèges de la faculté des arts et en encourageant les collèges jésuites, Henri IV jeta les bases de notre enseignement secondaire. Il s'intéressa aussi aux facultés supérieures spécialisées, les facultés de théologie, de droit (de « décret »), et de médecine. Muni de sa « maîtrise ès arts », l'étudiant avait la possibilité de s'inscrire dans l'une des trois facultés d'enseignement supérieur. La théologie, le droit et la médecine avaient toujours fait la réputation universitaire de Paris.

La faculté de théologie, de loin la plus prestigieuse, avait par ailleurs le pouvoir de condamner un livre si ses thèses n'étaient pas conformes aux dogmes catholiques. Elle préparait en cinq ans au baccalauréat de théologie. Il n'y avait guère que deux heures de cours par jour mais les étudiants devaient les compléter par un travail personnel considérable. Tous les samedis ils s'adonnaient à la *disputatio* sur des sujets de théologie. Ceux qui réussissaient ces exercices pouvaient présenter la licence au bout de deux années supplémentaires : les candidats subissaient alors trois *disputationes* : la petite, la grande et la « sorbonnique », habillés de la robe, à la Sorbonne. Cette joute verbale de grand apparat pouvait durer une journée entière! En cas de succès, ils soutenaient leur thèse afin d'obtenir le grade suprême de « docteur en théologie ». Après deux nouvelles *disputationes*, le candidat devait faire avec succès une leçon solennelle, la *resumpta*, avant d'être enfin reçu docteur.

La faculté de décret avait des effectifs plus modestes. La commission nommée par Henri IV tenta de redonner un peu de vie à cette faculté très perturbée par les guerres civiles. Les statuts de 1600 confirmèrent les six chaires professorales ainsi que leur attribution par concours. Mais l'enseignement continuait à être singulièrement décalé par rapport aux besoins réels du pays. On n'enseignait pas à Paris le droit français! Pour cela il fallait aller à l'université de Bourges. Les étudiants n'étaient formés qu'au droit canon et, dans une moindre mesure, au droit romain.

La faculté de médecine avait elle aussi été réformée. On y étudiait les Anciens, Hippocrate, Galien, Avicenne et Rhazès. Il y avait des cours d'anatomie et même de dissection quand on pouvait disposer de cadavres. Quatre années d'études étaient nécessaires pour devenir bachelier en médecine. Mais, pour pouvoir exercer, il fallait passer une licence au bout de deux années supplémentaires. L'étudiant pouvait alors accéder au doctorat. Henri IV compléta ce dispositif en fondant une académie de chirurgie. Il installa au Collège de France une chaire d'anatomie et une chaire de pharmacie. La création à Montpellier de jardins de plantes, où l'on cultivait principalement les plantes à vertus médicales, témoigne d'un réel intérêt du roi en matière de santé. Les bases de la médecine étaient posées pour un moment : elles restaient cependant bien fragiles comme l'illustreraient les médecins de Molière...

Henri IV voulut enfin redonner au Collège royal tout son lustre, tel que l'avait voulu son créateur François Ier. Dépendant directement du roi, qui en nommait et rétribuait les professeurs, le Collège royal était plus facile à réformer que l'université : Henri lui donna son nom définitif de Collège de France. Il réussit à faire venir de Montpellier Isaac Casaubon, l'un des plus grands humanistes érudits de son temps, un protestant, pour occuper la chaire de « lettres humaines ». Mais le prestige de cette institution ne dépendait pas seulement du renom de ses enseignants. En 1609, Henri IV entreprit ainsi de faire construire un nouveau bâtiment. Ce dernier devait également accueillir la bibliothèque royale. Henri IV, poussé par Jacques de Thou, auquel il avait confié la restauration de la bibliothèque royale, très amoindrie après les guerres civiles, entendait ainsi mettre en lieu sûr un précieux trésor, complété, sur ordre d'Henri IV, par la bibliothèque personnelle de Catherine de Médicis. Mais il s'agissait surtout de constituer un véritable centre intellectuel, libre des contraintes de l'université traditionnelle, en mettant à la disposition des meilleurs professeurs l'une des plus riches collections de livres de l'époque.

Malheureusement, avec la mort du roi, ce projet de grande bibliothèque associée au Collège de France ne put voir le jour.

En marge de l'université et du monde des doctes, des écoles se développèrent aussi pour former les gentilshommes au métier qui était le leur. Des académies militaires apparurent, proposant un enseignement combinant art militaire, exercices physiques, disciplines intellectuelles et morales, civilités et bonnes manières, le tout dans la tradition de l'idéal chevaleresque.

Ce modèle originaire d'Italie fut introduit en 1594 par un gentilhomme dauphinois, Antoine de Pluvinel, ancien élève de l'Académie de Pignatelli à Naples. Très vite, son académie connut un immense succès. Les jeunes gentilshommes y apprenaient l'escrime, l'équitation, l'art de la fortification, la géographie, les mathématiques, les langues vivantes, le dessin mais aussi la danse. Cet exercice était pratiqué pour les besoins mondains de la vie de cour et pour permettre à ces rudes guerriers d'acquérir les règles et les codes corporels imposés par la civilisation des mœurs. Très vite, des établissements concurrents se créèrent : il y eut sept académies militaires à Paris, d'autres virent le jour en province, à Saumur, à Angers, à Orléans, à Aix...

Henri IV encouragea Pluvinel dans son entreprise. Il fit de lui un gentilhomme de sa Chambre, le nomma sous-gouverneur du dauphin Louis et gouverneur de César de Vendôme, son fils bâtard. Créateur des manèges à chevaux en France, il publia en 1620 un manuel, le *Manège royal*, dédié au roi Louis XIII. Les académies militaires, ancêtres de nos lycées et écoles militaires, témoignent ainsi de la passion d'Henri IV pour l'éducation...

Pauvres et marginaux

Ce fut probablement à la fin du XVIe siècle que le problème de la pauvreté et de l'exclusion se posa avec la plus terrible acuité. Jusqu'alors, les pauvres faisaient en quelque sorte partie de la société et, dans la représentation chrétienne du monde, ils étaient même occasion de charité, de sanctification. Désormais, les pauvres et les mendiants, qui affluaient dans les grandes villes, étaient de moins en moins traités en fonction de l'idéal de charité chrétienne.

Il faut d'abord y voir l'affirmation progressive d'un nouveau rapport au travail. Le développement de la bourgeoisie entraînait la valorisation de la notion de travail et une lutte contre l'oisiveté (sauf, il va de soi, celle de la noblesse qui était propre à son « état »). Thomas More, dans son *Utopie* (1515), rêvait de donner au travail un caractère d'obligation : c'était pour lui un devoir qui s'imposait à tous et les autorités devaient obliger les oisifs à travailler. Thomas More ne faisait là qu'anticiper les effets d'une évolution profonde des mentalités.

D'autre part, comme l'a montré Max Weber, la Réforme, en niant l'utilité des « œuvres » pour assurer le salut, fut en grande partie responsable de la laïcisation progressive des rapports sociaux. Les populations les plus démunies étaient désormais dans une situation très vulnérable, n'étant plus protégées par le devoir de charité de chacun envers son prochain et n'incarnant plus l'idéal christique de pauvreté.

A la fin du XVIᵉ siècle, ceux qui ne travaillaient pas, les chômeurs ou les mendiants, furent de plus en plus assimilés à des marginaux dangereux.

Leur nombre accentua le rejet : les guerres avaient poussé vers les grandes villes des paysans ruinés venus y touver asile ; elles provoquèrent une augmentation du nombre des mendiants. Les autorités municipales, à Paris par exemple, durent organiser, sous la pression des habitants, de véritables chasses aux vagabonds, expulsant hors des murs tous ces *gens sans feu ni aveu*, qui n'étaient pas originaires de la ville. L'épidémie de peste n'arrangea pas les choses. Les indigents étaient bien entendu particulièrement sujets à la maladie : dans le climat d'angoisse provoqué par la peste, on en vint à les accuser d'être les vecteurs de la maladie.

De même, les pauvres furent perçus comme un danger pour la société urbaine, un « ennemi de l'intérieur ». La rumeur parisienne faisait état de l'existence d'une véritable société parallèle, la « Cour des miracles », avec ses chefs, ses lois, et même son propre langage... Les pauvres commençaient déjà à être relégués dans un ghetto, le quartier des « Petits-Champs », près des halles. Les « honnêtes gens » l'avaient peu à peu déserté, le laissant se dégrader. Pour la première fois, la ville médiévale connaissait un phénomène de ségrégation sociale.

La situation, il est vrai, était moins grave qu'aux Pays-Bas ou en Angleterre, où le développement économique rapide jetait à la rue des cohortes d'exclus. Dans ces pays, on mettait déjà en œuvre des projets pour enfermer cette population marginale, et l'astreindre au travail forcé dans des *workhouses*.

En France, ce fut Marie de Médicis qui passa aux actes. Dès 1611, elle prit un édit interdisant la mendicité à Paris : les pauvres parisiens étaient sommés de trouver du travail sous peine d'être enfermés dans des asiles, les pauvres « étrangers » étaient expulsés de la capitale. Selon un témoignage, cette politique permit en quelques années de réduire le nombre des mendiants parisiens de 8 000 à 91. Mais le renforcement de la répression qui s'effectua tout au long du XVIIᵉ siècle montre que le problème n'était « réglé » que temporairement. Même si Michel Foucault a sans doute exagéré l'ampleur du « Grand enfermement » des fous et des mendiants, l'Europe occidentale a bien développé au XVIIe siècle des maisons d'internement, les « Hôpitaux généraux », qui avaient une fonction de régulation sociale et de « rééducation » par le travail.

Les fantasmes sécuritaires allaient peu à peu détruire l'image christique du pauvre, à qui Jésus avait promis le paradis. Comme le remarque Bronislaw Geremek, « *le modèle de vie sociale qui prend naissance dans les transformations économiques au cours du XVIe siècle déterminera l'évolution de la civilisation européenne pour les cinq siècles qui vont suivre* ». (B. Geremek, *La Potence ou la pitié, l'Europe et les pauvres du Moyen Age à nos jours.*)

Henri IV, quant à lui, refusa apparemment ces solutions, qui conduisaient, faute de résoudre le problème de la pauvreté, à isoler les pauvres, à les soustraire de la vie sociale normale.

Le proche entourage d'Henri IV y était pourtant favorable. Barthélemy de Laffemas, contrôleur général du commerce en France, écrivit en 1601 un livre au titre éloquent : *Moyen de chasser la gueuserie de France.* Dans cet ouvrage, il faisait une proposition pour supprimer la mendicité et le vagabondage. Il imaginait de faire construire des villages publics, avec une partie pour les hommes, l'autre pour les femmes, où les pauvres seraient soumis par la force au travail.

Henri IV préféra laisser le soin aux municipalités de régler par leurs propres moyens les problèmes posés par la pauvreté.

Henri IV s'attacha en revanche à développer l'assistance publique, qui s'adressait, en vertu de la morale chrétienne, aux malades, aux infirmes, aux pauvres, aux vieillards nécessiteux et aux enfants abandonnés.

Cette mission d'assistance était tout naturellement dévolue aux institutions religieuses. Henri IV, comme tous ses prédécesseurs, contribua financièrement à leur action. Il décida la construction à Paris de deux hôpitaux annexes de l'Hôtel-Dieu lors de la grande épidémie de peste de 1595-1597. Par ailleurs, le roi touchait régulièrement les écrouelles depuis qu'il était entré dans Paris. Cette activité de bienfaisance faisait partie des devoirs du roi, mais elle constituait en retour une source non négligeable de prestige.

Il faut également citer, parmi les initiatives de portée sociale d'Henri IV et de Sully, une « *maison de la charité chrétienne destinée à la subsistance, nourriture, entretien des pauvres gentilshommes capitaines et soldats, estropiés, vieux et caducs* ». (Madeleine Martin.)

Le règne d'Henri IV fut sans doute le dernier à respecter encore l'idéal évangélique de pauvreté et à accepter la présence des pauvres au milieu des riches. A la mort d'Henri IV la France allait à son tour entrer dans le mouvement européen qui réprimait par l'enfermement les comportements sociaux considérés comme déviants.

Qu'il y ait eu chez Henri IV une conscience sociale est indéniable. La sollicitude, la complicité même, par un clin d'œil, par une boutade, qu'il manifestait aux petites gens le révèlent assez. Sa compréhension de la révolte des croquants, ses décisions concernant l'allégement de la taille et l'interdiction de saisie des instruments de travail des paysans le prouvent. Mais, au-delà d'une simple compassion, d'une proximité certainement liée à la vie au milieu des pauvres et des petits qui fut parfois la sienne, il y avait chez Henri IV l'intuition du rôle social de l'Etat. Si le toucher des écrouelles, l'aide à l'assistance publique s'inscrivent bien dans la tradition monarchique française, certaines de ses initiatives expriment une autre dimension. Henri IV a ainsi sans doute conçu des projets de logements sociaux, de logements spécifiquement destinés à des ouvriers. Ce projet transparaît à travers deux opérations urbanistiques et architecturales : la place Royale et les Tuileries.

Dans le premier cas, Henri IV voulait initialement, on l'a vu, établir une manufacture d'étoffes en soie. Il souhaitait aussi y adjoindre des habitations pour les ouvriers. C'est Sully qui le détourna de ce projet : « *Pour le bâtiment que vous voulez faire aux Tournelles pour vos ouvriers, je voudrais que vous eussiez choisi un autre lieu, d'autant que j'ai dessein d'y faire faire une construction qui sera une des plus magnifiques de Paris, voire peut-être de l'Europe, sans qu'elle ne vous coûte rien... »* (Sully, *Economies royales.*)

De fait, Sully, soucieux avant tout de la gloire de la royauté mais aussi d'une bonne gestion immobilière, avait d'autres ambitions : ce furent les nobles et les grands commis de l'Etat – au premier rang desquels les propres collaborateurs de Sully – qui habitèrent cet endroit privilégié.

Violences et raison

L'action d'Henri IV se heurte à des forces obscures, qui maintiennent dans une société en recherche de renouveau des formes de violence. Les duels ou la chasse aux sorcières prolongent le règne de l'irrationnel.

Bien avant Richelieu, la répression des duels fut un des traits marquants du règne d'Henri IV.

Pour comprendre le phénomène des duels, il faut le rapporter à la mentalité nobiliaire du XVIe siècle. Elite sociale par la naissance, la noblesse représentait, semble-t-il, entre 1 et 3 % de la population globale. Le « second ordre » avait cependant des contours assez flous : des familles pouvaient être exemptées fiscalement ou posséder des armoiries sans être nobles. Tous les théoriciens de l'époque s'accordaient pour souligner l'importance de la reconnaissance sociale pour asseoir la réputation de noblesse d'une lignée. Les nobles avaient le souci permanent du paraître social : ils étaient en situation de représentation. Leur attitude devait illustrer scrupuleusement l'idéal de noblesse.

On avait coutume d'affirmer au XVIe siècle que « *nobilitas est virtus* » : la noblesse est courage. La noblesse était avant tout une qualité morale. Cette vertu se manifestait par le courage que le noble – guerrier avant tout – devait montrer au combat. De cette vertu dépendait son honneur, qui engageait ainsi celui de sa lignée, de sa famille et de sa « patrie ». L'exaltation du maniement des armes, de la guerre et de l'honneur n'était pas innocente à une époque où les gens de robe réussissaient à entrer dans la noblesse, par anoblissement royal, achat de titre ou mariage. Cette évolution inclinait la noblesse d'épée à se replier sur les valeurs constitutives de son identité.

La réaction identitaire répondait à la double menace des « robins » avides d'ascension sociale et du roi, qui, peu à peu, dépossédait la noblesse de son pouvoir initial.

Comme le souligne F. Billacois dans son étude, le duel était partie intégrante de l'identité nobiliaire. Pratique très ancienne, il permettait au gentilhomme de « laver son honneur » d'un affront public par un combat armé, sans avoir recours à la justice du commun. C'était un appel direct à la justice divine, une ordalie, dans un lieu neutre et en présence de témoins. Les occasions de provoquer en duel étaient nombreuses : parce que l'on appartenait à des clans rivaux, parce que l'adversaire avait été préféré par le roi dans l'obtention d'un honneur ou d'une charge, parce que l'on était en procès, pour une querelle de préséance ou d'amour, etc.

On assista après 1598, alors que la France retrouvait enfin la paix intérieure et extérieure, à une recrudescence des affaires de duels : 8 000 nobles périrent en duel entre 1598 et 1608.

L'Eglise, pourtant, condamnait tout sang versé, toute vie inutilement risquée et n'admettait pas que l'on invoque la justice divine pour justifier de telles pratiques. Le concile de Trente fixait clairement la position de l'Eglise : les duellistes, témoins et spectateurs étaient passibles de l'excommunication ; les tués en duels devaient être privés de terre chrétienne. Mais cette disposition resta lettre morte.

Henri IV fut lui-même parfois soupçonné de complaisance à l'égard des duellistes :

« (Le roi prit) *peu de soins* (pour) *empêcher les duels, jusqu'à ce qu'il fit l'édit dont j'ai parlé, (...) car il ne les souffrait pas seulement, mais montrait les approuver, permettant qu'on en parlât devant lui, et élevant ou blâmant ceux qu'on disait avoir bien ou mal fait : ce qui donnait une telle émulation à ceux qui arrivaient nouvellement à la cour, qu'au lieu de se battre seulement comme par une espèce de nécessité, et pour des offenses qui se faisaient souvent par hasard, ils en cherchaient l'occasion pour gagner réputation auprès de lui, et se mettre dans son estime : ce qui causa la perte d'une infinité de gens.* » (Marquis de Fontenay-Mareuil, *Mémoires*.)

L'arrivée, avec Henri IV, d'une kyrielle de gentilshommes gascons, querelleurs, désargentés et ambitieux, n'améliora pas la situation. Surtout, Henri IV, en roi-guerrier et premier des nobles, ne pouvait ouvertement et personnellement désapprouver ces pratiques dictées par le sens de l'honneur et de la bravoure.

Mais, en souverain absolu, il ne pouvait tolérer que sa noblesse se fît elle-même justice sans recourir aux tribunaux royaux, mettant en cause la prérogative royale en matière de justice. Il ne pouvait tolérer que de jeunes gentilshommes, désœuvrés par la paix, s'entretuent sous ses fenêtres.

Ce fut le parlement de Paris qui lança la répression contre les duellistes. A l'occasion d'un procès contre deux duellistes homicides, il prit le 26 juin 1599 un arrêt qui allait faire jurisprudence. Les juges définirent en quoi ce crime de lèse-majesté était incompatible avec la souveraineté royale « *n'étant loisible par les lois divines ni humaines rechercher ni poursuivre aucune vengeance que par les voies ordinaires de la justice* ».

En 1602, Henri IV prit le premier édit anti-duel. Il déclarait vouloir lutter contre une « *coutume blâmable* » et préserver la noblesse « *principal nerf de notre Etat* », à la demande de plusieurs pères de famille « *qui craignent la témérité de jeunesse de leurs enfants* ». Henri dénonçait le dévoiement du sens de l'honneur en donnant à celui-ci une définition très régalienne :

« (L'honneur) *les oblige devant toute chose de porter respect à leur prince souverain et obéissance aux lois de leur Patrie.* »

Le texte prévoyait des sanctions lourdes pour les acteurs et les spectateurs d'un duel : ils seraient punis comme lèse-majesté « *sans que la peine de mort et la confiscation des biens puissent être modérées* ».

Mais cet édit ne fut pas appliqué. Henri fut obligé d'en prendre un second en 1609 pour tenter de calmer la frénésie duelliste qui frappait alors la noblesse. Ce nouvel édit était plus précis que le premier et, faute de pouvoir interdire cette pratique, s'efforçait de la codifier. Qualifié de « *licence trop effrénée ; liberté détestable* », le duel était à ce titre un affront à son autorité souveraine. Cependant, l'article 5 prévoyait que les gentilshommes pourraient s'affronter en duel avec l'autorisation d'un jury présidé par le roi si l'on jugeait que cela était nécessaire pour leur honneur.

Le duel n'était donc plus condamné dans son principe, mais seulement comme procédure de justice individuelle non contrôlée par la monarchie. Pour ceux qui ne respecteraient pas l'autorité souveraine, Henri annonçait une punition implacable : dans le texte de l'édit, il jurait solennellement « par le Dieu vivant » qu'il n'accorderait aucune grâce. Ce serment à la béarnaise, « *per Diu biban* », ne fut, en promesse de Gascon, jamais tenue : Henri IV aurait gracié plus de 7 000 duellistes.

Dans une lettre au pape datée de 1609, Henri IV reconnut l'échec de sa politique contre les duels, l'attribuant à « *la chaleur et (au) courage ordinaire à ceux de cette nation qui pendant l'heureuse paix (...) se retrouvent sans emploi* ». (Lettre citée par F. Billacois, *Le Duel.*)

Peut-être la guerre européenne, qui menaçait d'éclater en 1610, donnerait-elle un nouvel exutoire à la soif d'honneur et de courage de la noblesse française... Mais les règlements, loin de décourager les duellistes, semblaient les inciter à se battre en donnant l'attrait supplémentaire de la transgression. Il faudrait en fait un demi-siècle de lutte acharnée de la monarchie et quelques condamnations « exemplaires » pour faire cesser les duels.

Ce n'est pas au Moyen Age, comme on le croit souvent, mais à la fin du XVIe siècle et au début du XVIIe siècle que culmina la vague des procès de sorcellerie. Partout en Europe, en une étrange épidémie, les bûchers vouèrent des femmes accusées de commerce avec le démon aux flammes d'une véritable hystérie collective. Partout, après la folie sanglante des guerres de religion, les ministres de l'une ou l'autre confession se mirent à traquer avec obstination les fidèles de Satan mais aussi à dénoncer comme diaboliques les pratiques et les croyances populaires, vestiges encore vivants du paganisme dans les campagnes. Leur éradication était, dans l'esprit de ces pourfendeurs de sorcellerie, une étape nouvelle de la christianisation. Curieusement, la chasse aux sorcières se parait même de l'apparence de la modernité. Les plus grands esprits du temps s'y intéressaient. Jean Bodin, le célèbre théoricien politique, publia en 1580 une *Démonomanie des sorcières*. En Béarn, le théologien calviniste Lambert Daneau, professeur à l'université d'Orthez, commit un traité *Des sorcières*. De très nombreux ouvrages de démonologie s'efforçaient, avec méthode et minutie, à décrire toutes les caractéristiques de la sorcellerie...

A les en croire, les sorcières, après avoir vendu leur âme au diable, participaient à des sabbats nocturnes. Le culte satanique, parodie du vrai culte, se terminait invariablement par une orgie en compagnie des démons. Au chant du coq, cette compagnie se séparait pour mieux proposer les œuvres de Satan de par le monde et semer des sortilèges sur les bons croyants.

Le salut de la chrétienté était donc en jeu et, face à une telle menace, la justice se devait d'être aussi exemplaire que systématique. S'agissant de crimes de lèse-majesté divine, passibles de mort, les tribunaux royaux étaient seuls compétents.

Henri IV parut en général manifester une grande réticence. Ainsi, en 1591 et en 1593, il avait refusé de donner suite aux requêtes des Etats de Navarre qui l'enjoignaient d'organiser une chasse à la *« dangereuse et pernicieuse vermine »* des sorcières (cité par Ch. Desplat, « La religion d'Henri IV », *Colloque Henri IV*). En 1599, il intervint dans l'affaire Marthe Brossier, accusée de sorcellerie à Romorantin. Son médecin personnel, Marescot, ayant conclu à la supercherie après avoir examiné la démoniaque, Henri lui demanda instamment de *« faire un discours à vrai de ce que vous y aurez reconnu, lequel vous ferez imprimer, afin que par ce moyen la vérité de ce fait là soit reconnu d'un chacun, mêmement par les gens de bien, et l'imposture, si aucune y en a, avérée »*. (Lettre du 31 mai 1599, *Lettres missives*.)

En 1602, il ordonna au gouverneur de Guyenne, le duc de la Force, de mettre fin aux activités d'un certain Hugon, chasseur de sorcières qui sévissait dans toute la Gascogne : *« Je suis d'avis que, si vous pouvez vous saisir de la personne de Jean Hugon, vous le fassiez. »*

Henri ne partageait donc apparemment pas cette religion de la peur, résistant aux pressions qui s'exerçaient sur lui et réprimant même les chantres de cette folie expiatoire.

Pourtant, sollicité en 1609 pour mettre de l'ordre dans le Pays Basque, dans la province de Labourd, Henri IV prit fort au sérieux l'épidémie de sorcellerie qu'on lui décrivait.

Il décida de donner pleins pouvoirs à deux des plus illustres parlementaires de Bordeaux.

Pierre de Lancre, conseiller au parlement de Bordeaux, marié à une nièce de Montaigne, fut peut-être envoyé en Pays Basque à cause de ses origines : sa famille était basque (son vrai nom était Pierre de Rostéguy) et il en avait sans doute gardé quelques rudiments d'« euskarra », cette langue aussi belle que mystérieuse.

Il arriva en pays de Labourd, à Saint-Jean-de-Luz, en juillet 1609. Sa mission dura quatre mois. C'était, à l'en croire, une véritable épidémie de sorcellerie. Il évaluait à 2 000 les participants au Sabbat sur une population de 30 000 personnes dans le pays de Labourd. Il n'était pas rare qu'un cas de sorcellerie fasse défiler tout un village devant le tribunal et, à l'en croire, le clergé local était soumis à Satan :

« Les pasteurs, les prêtres et curés sont déjà établis par le diable presque en toutes les paroisses plus célèbres... et ainsi au lieu de confesser et remédier (comme ils disent) les personnes par les suffrages de l'Eglise, ils les perdent (...). Et tous les actes secrets qu'ils font de jour dans l'Eglise, comme confessions, prières basses et mentales et autres choses semblables, ils les font toujours en l'honneur et avantage du diable. » (Pierre de Lancre, *Tableau de l'inconstance des mauvais anges et démons où il est amplement traité des sorciers et de la sorcellerie*, Paris, 1612.)

Tous les témoignages étaient pris en compte : une femme aperçue par un enfant de sept ans en train de voler sur un balai fut envoyée au bûcher. La suspicion divisait même les couples. Un gentilhomme, ayant vu à la chasse une louve dont les yeux lui rappelaient ceux de sa femme, tira un coup de fusil, blessant l'animal à la cuisse. A son retour, sa femme, alitée, prétendait avoir été blessée par un chasseur. Constatant que les plombs étaient identiques aux siens, il la dénonça et, sa femme ayant reconnu sous la torture qu'elle prenait la forme d'une louve, elle fut brûlée.

Pierre de Lancre nous a rapporté de sa mission des descriptions très précises, obtenues, on s'en doute, sous la torture, des sabbats de sorcières, véritables « bals des démons et mauvais esprits ».

Comment expliquer de tels déchaînements ? Pierre de Lancre, à mi-chemin entre rationalité et obscurantisme, proposait quelques explications d'ordre social et économique. L'activité dominante, la pêche au long cours, entraînait l'absence des maris durant la moitié de l'année et brisait les foyers. Il y avait aussi la liberté de mœurs et la sensualité libérée des femmes basques, qui, manifestement, exerçaient de Lancre une trouble fascination... Il invoquait aussi le goût du tabac qu'avaient les hommes : *« De même ceux-ci usent du pétun ou nicotine (...), cette fumée (...) leur rend l'haleine et le corps si puant qu'il n'y a créature qui ne l'ait accoutumé qui le puisse souffrir, et en usent trois ou quatre fois par jour. Et voyant que la puanteur et cette forte odeur de la marine leur plaît, elles se jettent encore à une plus abominable puanteur, et aiment plus baiser le diable en forme de bouc puant. »*
Plus largement, il mettait en cause les structures mêmes de la société traditionnelle basque, les « abbayes de jeunesse » où les jeunes célibataires élisaient, en une parodie pour lui inacceptable, un *« abbé de Maugouvern »* (de « mauvais gouvernement » en gascon), l' *« etche »* (la maison), cellule de base de la vie sociale en Pays Basque où, comme en Gascogne, la « maison » prenait le pas sur la notion de famille *« si bien qu'ils laissent ordinairement leur prénom et le nom de leurs familles et même les femmes le nom de leurs maris pour prendre celui de leurs maisons »*, et le *« Bilçar »*, l'assemblée villageoise.
En fait, cette organisation coutumière faisait fi de la justice des parlements et des officiers royaux que représentait Pierre de Lancre. *« Les officiers de la justice se trouvent quasi faibles en ce lieu-là »* et les Basques refusaient de les recevoir revêtus de leur chapeau de parlementaire, signe de distinction sociale et d'autorité. Le combat de Pierre de Lancre contre les sorcières était donc aussi un combat contre la société traditionnelle basque.
En quatre mois, il interrogea soixante à quatre-vingts *« insignes sorcières »* et cinq cents témoins *« marqués du caractère du diable »*, sans compter que cinq cents enfants furent interrogés. Pierre de Lancre ne dit pas combien furent condamnés au bûcher : certains auteurs évaluent leur nombre à six cents.
Le Pays Basque connut d'autres procès de sorcellerie. Les tribunaux royaux continuèrent à condamner des sorcières au bûcher jusqu'à la fin du XVIIe siècle.

Etrange époque. Si Henri IV se montre très sceptique face aux chasseurs de sorcières et met fin à leurs agissements, lorsque la « demande sociale » est trop forte il s'incline et accepte d'y envoyer une mission.

Le cas des sorcières de Saint-Jean-de-Luz est typique. Les sorcières et leurs sabbats nocturnes à l'écart des zones habitées, mi-bals, mi-orgies, ne sont probablement pas seulement des inventions. L'inversion symbolique du culte satanique, comme les parodies festives de la hiérarchie ecclésiastique, traduisent aussi une sorte de résistance face à l'imposition d'un moralisme religieux toujours plus oppressant. Il faudra des siècles de civilisation des mœurs pour faire peu à peu céder et (presque) disparaître ces transgressions. Inversement, les prêtres comme les pasteurs, une fois les guerres de religion terminées, trouvent dans la sorcellerie l'occasion du plus contestable des combats.

Plus largement, dans un contexte de précarité de la vie quotidienne et d'omniprésence de la mort, d'exacerbation aussi de l'angoisse du salut, la formidable culpabilité collective qui a nourri les guerres de religion trouve là un nouvel exutoire, de nouveaux boucs émissaires. Henri IV, peu amateur de superstitions, tout réticent qu'il est face à de telles manifestations, ne peut s'opposer à ce déplacement de la violence collective.

Cohérence et ambiguïtés

Au-delà de ces aspects fort inhabituels et généralement passés sous silence, apparaissent ainsi quatre traits caractéristiques du règne d'Henri IV en matière intellectuelle et morale : la définition d'un rôle nouveau de l'Etat, intermédiaire entre l'Etat théologique de la monarchie traditionnelle et l'Etat laïque ; une vision du développement intellectuel et moral du pays analogue à sa vision de développement économique ; une habileté tactique peut-être plus incontestable encore que sur le plan politique, un pragmatisme enfin non dénué d'ambiguïté face aux évolutions de l'époque.

Donner à l'Etat un rôle nouveau, éminemment moderne, d'arbitre exclusif des conflits. Tel était déjà le sens de l'édit de Nantes. La répression des duels avait la même signification. Henri roi guerrier, participant aux valeurs de la noblesse, avait personnellement une certaine compréhension à l'égard des duels. En revanche, il n'était pas admissible qu'une justice personnelle pût se substituer à la justice royale. La répression des duels rejoignait ici la mise au pas des justices coutumières locales et de la vendetta à travers la chasse aux sorcières ou, d'une autre façon, sur le plan militaire, l'interdiction de posséder certains types d'armes à feu. L'Etat aurait désormais le « monopole de la violence légale » qui caractérise, selon Max Weber, les formes modernes de l'Etat. Henri IV n'était certainement pas un théoricien mais il savait que la paix et la stabilité passaient par l'affirmation du rôle de l'Etat arbitre des conflits au détriment des violences privées des personnes et des factions, par la construction d'un Etat seul régulateur de la vie sociale.

L'action d'Henri IV est également marquée par une vision du développement intellectuel et moral vraiment étonnante et parallèle à sa vision du développement économique.

Tout comme, dans le domaine économique, la première étape était le redressement financier et la fin de la disette des subsistances, il fallait, sur le plan spirituel, panser les plaies et parvenir à un apaisement durable. Une fois ce dernier à peu près acquis, réformer les structures, assainir les bases mêmes de la vie morale et intellectuelle du pays devenait une nécessité. D'où la réforme de l'université de Paris, après tant d'années de désolation, et celle de l'Eglise, avec l'obligation, plus ou moins respectée, de visite et de résidence des évêques, sans pour autant abdiquer la souveraineté de la France face à la papauté. Si l'encadrement des âmes était mieux assuré et le peuple plus satisfait de son Eglise, alors la religion serait moins un sujet de discorde.

Mais ce souci de réformer et d'assainir des structures alors en pleine décadence était inséparable d'une volonté de développer les potentialités du pays.

D'où l'encouragement, au sein de l'Eglise, des élans nouveaux de spiritualité, d'où, surtout, une politique éducative de grande envergure. Par la réforme des collèges de l'université de Paris, par le rétablissement, dans un but explicitement éducatif, des jésuites, par l'encouragement des académies militaires, Henri IV a réalisé une véritable révolution éducative. Il s'est agi, ni plus ni moins, de l'invention de l'enseignement secondaire tel que, dans ses grandes lignes, nous le connaissons encore aujourd'hui : un enseignement secondaire clairement distinct aussi bien de l'école primaire que de l'enseignement supérieur auquel, jusque-là, il était inféodé. Chargé d'une mission spécifique de formation générale et non plus seulement de la préparation à la fonction de clerc, il lui revenait dorénavant de former les cadres du pays.

Henri permit une première démocratisation de l'enseignement secondaire qui aboutit à un désenclavement ce que nous appellerions aujourd'hui des classes moyennes, en leur permettant, *via* l'éducation, d'envisager les plus hautes carrières administratives.

Au-delà de cette problématique sociale, Henri IV posait ainsi les jalons de l'avenir intellectuel du pays : sans lui, nous n'aurions pas eu Descartes et, sans doute, la plupart des grands écrivains et philosophes de l'âge classique. Probablement y avait-il aussi chez Henri IV le souvenir très vivant de sa propre formation intellectuelle sous l'égide de précepteurs originaux, en particulier de La Gaucherie, et dans le cadre du collège de Navarre.

Il faudra attendre trois ou quatre siècles, la révolution de Jules Ferry pour l'enseignement primaire, les années 1960 avec la scolarisation massive des générations dans l'enseignement secondaire, pour connaître un changement aussi décisif de notre système éducatif.

Cette révolution de l'enseignement secondaire fut également une révolution pédagogique décisive – progression des connaissances, alternance des exercices, classes homogènes, suivi pédagogique des élèves, etc. – liée à une ambition d'éducation et d'épanouissement de la personne.

Reste une question : pourquoi une œuvre éducative aussi considérable et qu'Henri IV revendiquait au plus haut point, jusqu'à donner son cœur à un collège qu'il avait fondé, est-elle longtemps demeurée presque inaperçue et comme effacée de la mémoire collective des Français ?

La réponse est simple : cette révolution éducative s'est faite principalement par le rétablissement des jésuites en France et par l'encouragement de leurs activités éducatives. Or c'est au xixe siècle que se sont constituées bien des idées reçues de notre histoire. Pour les historiens républicains du xixe siècle, généralement très bienveillants à l'égard d'Henri IV, le plus populaire de nos rois et l'inventeur de la tolérance, mettre en valeur l'œuvre éducative d'Henri IV, c'eût été le proposer comme garant de l'enseignement catholique à une époque de difficile émergence de l'école publique et de la notion de laïcité...

La question ne se posait évidemment pas dans ces termes au xvie siècle. L'époque venait à peine d'accoucher, dans le sang, de l'idée de tolérance, il faudrait encore quelques siècles pour inventer la grande idée de laïcité. L'école en ce temps était donc forcément religieuse. Elle n'était pas non plus privée ou publique, au sens où nous l'entendons aujourd'hui : l'Eglise – et donc la

Compagnie de Jésus – faisait partie de l'Etat et assurait une véritable mission de service public concernant aussi bien l'assistance publique, l'état civil, l'orientation des âmes que l'enseignement. La Sorbonne elle-même était une faculté de théologie soumise à l'Eglise.

La même modernité de vues se retrouve dans le domaine social où, par ses projets de logements sociaux, Henri IV prépara le passage d'une fonction purement caritative de l'Etat, qui lui était traditionnellement attachée, à une fonction sociale. Mais, quel que soit le domaine, l'action intellectuelle et morale d'Henri IV révèle une même habileté tactique et une même intelligence des rapports de force.

La réforme de l'éducation est de ce point de vue assez exemplaire. Henri IV ne procède pas directement à une réforme mais engage d'abord une vaste consultation en nommant une commission composée d'hommes sûrs qui va elle-même recueillir les avis de personnalités représentatives, en l'occurrence les principaux des grands collèges de Paris. Les obstacles au changement sont très considérables. Henri IV, malgré son vif désir d'adapter l'Université aux besoins de la société, ne peut pas toucher à ses structures fondamentales. Il va alors contourner la difficulté, en s'appuyant sur les collèges jésuites et en encourageant d'autres initiatives : les académies militaires, la création d'établissements scolaires par d'autres ordres religieux... Il espère par là non seulement développer rapidement l'enseignement général dont la France a besoin mais aussi – il s'en explique clairement – renouveler les collèges traditionnels et l'ensemble de l'Université, par un effet d'entraînement.

Renforcer le rôle de l'Etat comme régulateur de la société et seul détenteur légitime de la violence, améliorer l'encadrement des âmes, poser, par une réforme sans précédent de l'enseignement, les jalons d'un nouvel élan intellectuel et d'une véritable formation des élèves : il y a assurément une vision et une cohérence dans l'action d'Henri IV. Pour autant, l'œuvre intellectuelle et morale d'Henri IV n'est pas dépourvue de quelque ambiguïté, comme si en lui l'homme avait résisté au roi. L'époque allait tout doucement vers l'âge classique, un vaste mouvement s'opérait, que certains historiens ont appelé la « civilisation des mœurs », et qui tendait à réguler les comportements individuels à partir de normes de pudeur, de contrôle de soi, de convenances, et de propreté.

Henri IV était sans doute sensible à ce qui, dans ce mouvement, contribuait à la formation de la personnalité, au développement des talents individuels et à la construction du caractère. Mais d'autres indices manifestaient en revanche sa réserve face à une normalisation et à une domestication excessive des comportements : sa réticence face aux propositions d'enfermement des pauvres, son indulgence pour les duellistes, ses propres incartades enfin le révélaient.

Henri IV, en ce sens, est étonnamment proche de nous...

Chapitre 15

LE GRAND DESSEIN

La grande œuvre d'Henri IV fut la réconciliation intérieure, préalable nécessaire à tous les projets de développement. Cette pacification était indissociable de l'apaisement extérieur : l'édit de Nantes et la paix de Vervins allaient de pair. Les guerres de religion n'étaient pas circonscrites au sein de la nation mais avaient embrasé toute l'Europe, sous-tendues et avivées par la rivalité des dynasties et des Etats.

Une paix intérieure durable était l'objectif premier d'Henri IV et son règne fit en effet entrer le peuple français dans une ère nouvelle. Il sut également redonner à la France son rôle de première des grandes puissances.

Mais, au-delà de la diplomatie ordinaire, un projet surprenant – le « grand dessein » – nous est parvenu, posant, avec près de quatre siècles d'avance, les bases d'une confédération européenne. Ce projet est si étonnant que beaucoup d'historiens ont douté de son authenticité historique.

C'est donc à la fois la diplomatie réelle – la « guerre de renard » – et la vision de long terme qu'il convient de mettre en perspective pour mieux apprécier les véritables projets d'Henri IV.

L'échiquier européen

La crise religieuse ouverte par la Réforme avait profondément changé le visage de l'Europe. La mise en pratique de l'adage « *cujus regio, ejus religio* » avait perturbé la géographie politique de l'Occident chrétien. La religion avait paradoxalement avivé le sentiment national.

Par ce biais, de nouveaux Etats étaient apparus. La révolte des Gueux avait brisé l'unité des Pays-Bas. Au nord, les Provinces-Unies, majoritairement acquises à la Réforme, avaient constitué une république qui ne reconnaissait plus le souverain « légitime », le roi d'Espagne. Plus au sud, les Pays-Bas catholiques étaient restés fidèles à Philippe II. La religion avait abouti à une partition, faute de pouvoir envisager un pluralisme jugé incompatible avec la cohésion de l'Etat.

De même, à l'intérieur du Saint-Empire germanique, les principautés passées à la Réforme s'opposaient à celles restées fidèles à Rome. Au nord, le luthéranisme était profondément enraciné depuis la paix d'Augsbourg : la Poméranie, le Holstein, le Brandebourg notamment, formaient un bloc sans fissure. Dans l'Allemagne centrale, les Luthériens tenaient la Saxe, le margraviat de Bayreuth, la Hesse, Francfort. Dans le sud, les protestants avaient la principauté de Clèves, le Palatinat rhénan et les villes alsaciennes, notamment Strasbourg, ainsi que des « villes libres » comme Nuremberg et Augsbourg. Le catholicisme n'était solidement implanté que dans le sud de l'Allemagne, en Bavière, dans le Tyrol et le Brisgau. La branche cadette de la maison d'Autriche avait conservé le titre porté par Charles Quint après l'abdication de ce dernier en 1556. Même si le titre restait officiellement électif, il avait été transmis héréditairement à Maximilien II (1564-1576) puis à son fils Rodolphe II (1576-1612). Le pouvoir très limité qu'il avait sur l'Empire ne pouvait qu'être amoindri par cette géographie religieuse. La principale préoccupation des Empereurs était de préserver ce qui restait de l'unité de l'Empire et de repousser les assauts des Turcs sur la frontière de la Hongrie. D'ailleurs, dans son château de Prague, Rodolphe II s'occupait davantage de ses collections de curiosités que d'affirmer une suprématie impériale peu crédible.

Partout en Europe, la Réforme avait favorisé un nationalisme linguistique grâce aux traductions en langue vulgaire de la Bible qu'elle avait suscitées. La « religion du livre » avait aboli la suprématie administrative du latin. Les langues « vulgaires » utilisées par les prédicateurs des deux bords religieux pour emporter la conviction de leurs ouailles constituèrent un élément essentiel du sentiment national.

Le schisme religieux avait ébranlé la vieille utopie de l'Empire chrétien. Le rêve de reconstituer l'Empire de Constantin ou bien celui de Charlemagne subsistait cependant. Depuis la chute de Constantinople (1453), de nombreux penseurs s'accordaient sur la nécessité pour la Chrétienté de refaire son unité face à l'expansion de l'Islam. Mais les rivalités entre les monarchies européennes, avivées par la question religieuse, reportaient ce beau projet à un très lointain avenir.

En 1598, à la mort de Philippe II, le Siècle d'or de l'Espagne s'achevait. Si la suprématie de la branche aînée des Habsbourg continuait, elle n'avait plus son ancienne superbe.

Philippe III, âgé de vingt ans lors de son accession au trône, avait toujours un immense empire à administrer. La péninsule ibérique en était le centre : la Castille, l'Aragon, la Navarre et le Portugal (depuis 1580). A cela, s'ajoutaient des possessions européennes : le royaume de Naples, la Sicile, la Sardaigne, la Toscane et le Milanais en Italie, la Franche-Comté, l'Artois, les Flandres et les Pays-Bas catholiques. Ces territoires servaient d'appui à une domination de la vaste région intermédiaire entre la France et l'Empire, l'ancienne Lotharingie. De petits Etats, les « stati liberi » faisaient allégeance au roi catholique : le duché de Lorraine, les cantons suisses catholiques, le Valais, le duché de Piémont-Savoie, la Toscane, Mantoue, la république de Gênes. Hors de l'Europe, Philippe III pouvait toujours compter sur un immense empire colonial, en Amérique bien sûr, mais aussi sur les côtes africaines et indiennes.

Mais la révolte des Pays-Bas continuait. Pour conserver les provinces catholiques restées dans le giron espagnol, Philippe II avait renoncé à une souveraineté directe. Le 6 mai 1598, il les avait cédées à sa fille Isabelle et à son futur époux, l'archiduc Albert. Toutes les apparences d'une véritable monarchie étaient sauves : le traité prévoyait le titre de roi, la possibilité d'envoyer des ambassadeurs et de tenir une véritable cour. Mais certaines clauses permettaient à l'Espagne de conserver toute son influence dans cette région : si le couple demeurait sans enfants, alors les Pays-Bas reviendraient à la couronne espagnole ; si le couple avait des enfants, il ne pourraient se marier qu'avec l'accord des rois catholiques. Des clauses secrètes obligeaient Albert à maintenir les garnisons espagnoles, à se conformer aux ordres du roi d'Espagne, à reconquérir les provinces du nord insoumises et à pourchasser les hérétiques.

Même si Philippe II avait repris d'une main ce qu'il avait concédé de l'autre, une telle politique était dangereuse dans un empire où s'exerçaient de plus en plus de pressions nationalistes. L'objectif de Philippe III ne pouvait être que de maintenir vaille que vaille l'unité de ses domaines.

L'attitude d'Henri IV était dépourvue de toute ambiguïté : il lui fallait affaiblir par tous les moyens l'hégémonie espagnole. Ce faisant, il reprenait une politique à la fois béarnaise et française. Henri avait hérité de sa mère un sentiment d'hostilité fondamentale vis-à-vis des rois catholiques, qui avaient dépouillé sa famille de la majeure partie du royaume de Navarre. Les menaces permanentes qui planaient sur les possessions pyrénéennes du roi de Navarre ne pouvaient que renforcer son antipathie envers l'Espagne.

Henri conduisit cependant ses relations avec Philippe III en roi de France et non en roi de Navarre. Il ne chercha jamais à reconquérir Pampelune et Tudela, contrairement à son grand-père Henri II d'Albret ou même à son père Antoine de Bourbon. Le mirage navarrais avait vécu. Bien qu'ayant la possibilité, comme roi de France, de réunir une formidable armée, Henri IV n'envisagea jamais un tel conflit.

Cette renonciation à la Navarre s'explique aisément. La France n'avait pas les moyens de se lancer dans une aventure aussi chimérique : la Navarre était une bien pauvre contrée comparée aux grasses campagnes françaises. La nouvelle frontière qui partageait la Navarre suivait peu ou prou la cime des Pyrénées. Cette frontière naturelle pouvait rassurer les deux souverains, en les protégeant en quelque sorte mutuellement. Mais la situation était bien différente sur les frontières nord et est du royaume de France où la position d'Henri était beaucoup plus vulnérable.

Dans un tel contexte, la diplomatie d'Henri IV s'organise autour de quatre axes principaux : le renforcement des capacités militaires de défense et de dissuasion ; une politique de harcèlement et d'opportunisme propre à fragiliser les positions de l'adversaire ; le contrôle de la principale voie de communication entre l'Espagne et ses possessions du nord de l'Europe ; l'alliance avec les deux grandes puissances protestantes du nord de l'Europe.

Le premier volet de la politique étrangère d'Henri IV fut sans doute le renforcement militaire du pays et la modernisation, conduite dans l'urgence, de ses moyens de défense. Cette politique de modernisation des armées participa au premier chef au redressement général du royaume.

Dans le cadre de la politique des grands travaux, l'effort fut considérable en matière de fortifications. Cet effort correspondait à une nécessité stratégique majeure. Si les Pyrénées au sud et l'Océan à l'ouest constituaient des barrières naturelles, la frontière du nord et de l'est présentait un front extrêmement vulnérable sur plus de mille kilomètres. Henri IV et Sully établirent donc en priorité un réseau d'une cinquantaine de forteresses de Calais à Narbonne.

Dans le même temps, l'artillerie, sous l'égide du « grand maître » Sully, connaissait un développement considérable, mettant à la disposition du roi environ 400 bouches à feu. Les forges de l'Arsenal, où résidait Sully, ne connaissaient pas de relâche et le grand maître aimait à faire admirer aux ambassadeurs étrangers l'impressionnant alignement des canons dans ses entrepôts. Parallèlement, l'implantation des canons sur le territoire était repensée avec le renforcement des frontières au détriment de l'intérieur, désormais pacifié. Des machines de guerre nouvelles, par exemple des ponts mobiles, étaient aussi expérimentées.

Le développement militaire passait nécessairement par le renforcement du noyau permanent de l'armée. Celle-ci comprenait désormais en temps de paix environ 1 500 cavaliers et 7 000 fantassins. Sully avait par ailleurs prévu les moyens nécessaires pour porter, en cas de guerre, ces effectifs à 8 000 cavaliers et 60 000 fantassins. Ces armées recouraient de plus en plus à des non-nobles, qu'il s'agisse de simples villageois anoblis, qui pouvaient devenir capitaines, ou d'étrangers. Pour la grande expédition de 1610, l'armée compta ainsi 42 000 soldats dont 12 000 étrangers sans que le ban et l'arrière-ban de la noblesse soient convoqués.

Les hommes furent aussi mieux encadrés et mieux formés : par exemple, Sully mit en place, à l'arsenal, une instruction des officiers d'artillerie très rigoureuse. Il veillait également à ce que les soldats soient régulièrement payés tout en faisant plus strictement observer la discipline des troupes.

L'approvisionnement des armées en campagne avait été particulièrement étudié : Sully avait passé contrat avec des entrepreneurs qu'il contrôlait directement au lieu de recourir aux officiers des vivres, peu efficaces.

C'est sous Henri IV qu'apparut la première caserne, cependant que la médecine militaire faisait l'objet de toutes les attentions avec la création de l'hôpital de Longpré.

Parallèlement, des progrès considérables eurent lieu dans le domaine, essentiel pour bien conduire les opérations, de la cartographie, dont furent chargés le service du maréchal des logis et les ingénieurs des fortifications. Désormais, Henri IV pouvait se représenter précisément n'importe quelle contrée du royaume et disposait également de cartes pour les théâtres d'opération à l'étranger.

Un embryon de service de renseignement fut constitué avec des officiers du service des logis et de l'artillerie.

Sully logeait à l'Arsenal, véritable centre névralgique du dispositif militaire. Henri IV, quant à lui, fut le dernier roi de France à diriger en personne ses troupes à la tête de la cavalerie. Ces deux symboles révélaient assez la place de l'armée dans la stratégie diplomatique de la France : une armée puissante était indispensable à la conservation de la paix comme à la crédibilité de la diplomatie.

On ne faisait pas en ce début du XVIIᵉ siècle de distinction très nette entre la diplomatie et la guerre : celle-ci était un expédient ordinaire des relations internationales. Il n'y avait pas de négociation sans pression sur le terrain. La paix signée à Vervins était donc toute relative, un armistice plutôt qu'un changement d'ère. L'antagonisme des deux monarchies ne pouvait s'effacer, tant leurs intérêts étaient divergents. Mais ni la France ni l'Espagne n'avaient les moyens de poursuivre un conflit ouvert. Chacune des puissances espionnait les agissements de l'autre et cherchait à élargir ses alliances. Personne n'était dupe de la situation, comme en témoigne cette conversation entre un seigneur espagnol et Henri IV :

« *Car un jour qu'un grand seigneur d'Espagne, qui était envoyé de la part de son roi vers Sa Majesté, par ambassade extraordinaire, se plaignait à lui, de la part de sondit maître, de toutes les procédures ci-dessus, et, n'en pouvant tirer autre raison, lui disait que peut-être mettrait-il le roi son maître, qui avait toujours recherché avec lui la raison et son amitié, en tel désespoir que, lui faisant la guerre en renard, comme il faisait, il le contraindrait de la lui faire en lion; le roi lui répliqua promptement que si son maître lui faisait la guerre en bête, qu'il la lui ferait en homme qui saurait encore mieux assommer les bêtes qu'il n'avait châtié les hommes...* » (Villegomblain, *Mémoires*, cité par P. de Vaissière, *Henri IV*.)

Cette « guerre de renard » que se livraient mutuellement la France et l'Espagne entraînait une intense activité diplomatique, ponctuée çà et là par quelques opérations militaires à la périphérie du royaume.

Les territoires contrôlés par l'Espagne se trouvant à la fois au nord et au sud de l'Europe, le passage entre ces deux pôles, le long d'une épine dorsale constituée par les Alpes, revêtait un enjeu stratégique majeur : Henri IV s'employa à couper cet indispensable cordon.

Le duché de Savoie était un allié de l'Espagne. Ce petit Etat comprenant le Piémont et, plus au nord, la Savoie proprement dite, avait une position stratégique qui permettait une liaison terrestre entre les Pays-Bas, la Franche-Comté et le Milanais, possession des Habsbourg. François Ier avait cherché à couper cette voie de communication en s'emparant du marquisat de Saluces, dans la plaine supérieure du Pô. Le duc de Savoie, Charles-Emmanuel, avait profité des troubles du royaume pour le reconquérir en 1588. La question de la restitution du marquisat de Saluces avait été disjointe de la paix de Vervins et confiée à l'arbitrage du pape Clément VIII.

Les négociations avec Charles-Emmanuel furent difficiles : il voulait des terres en compensation. Henri fut agacé par l'attitude du duc qui cherchait à temporiser en attendant sans doute une aide militaire de l'Espagne. Il l'apostropha un jour dans les Tuileries : *« Vous êtes un remuant et un brouillon »*... La guerre fut déclarée le 10 août 1600. Après le siège de Bourg et de Montmélian, les armées françaises pénétrèrent dans le Bugey et le pays de Gex, contraignant le duc de Savoie à négocier. La paix de Lyon, signée le 17 janvier 1601, fut favorable à la France. Renonçant au marquisat de Saluces, Henri recevait en échange *« tous les pays de Bresse, Bugey et Valmorey, et généralement tout ce qui peut lui appartenir jusqu'à la rivière du Rhône, icelle comprise ; de sorte que toute la rivière du Rhône, dès la sortie de Genève, sera du royaume de France. »* (Traité de Lyon avec la Savoie, cité par Y. Cazaux, *Henri IV.*)

C'était un tournant diplomatique pour la France. Henri IV abandonnait par ce traité les ambitions françaises en Piémont, il renonçait au mirage italien. Même si, dans l'immédiat, Henri IV réaffirmait son amitié avec les puissances italiennes, notamment Venise, il laissait à terme toute l'Italie du Nord à l'influence espagnole des Habsbourg. En fait, comme pour la frontière pyrénéenne avec l'Espagne, Henri se conformait aux frontières naturelles et renforçait la cohérence territoriale et linguistique de la France, comme il en convint devant des délégués de la Bresse : *« Il était raisonnable que, puisque vous parlez français, vous fussiez sujet à un roi de France. Je veux bien que la langue espagnole demeure à l'espagnole, l'allemande à l'allemand, mais toute la française doit être à moi. »* Surtout, grâce à ces nouvelles acquisitions, il contrôlait le cours supérieur du Rhône jusqu'aux abords du lac Léman. Il enfonçait ainsi un coin entre les possessions des Habsbourg, écartelées entre la Méditerranée, l'espace germanique et l'Europe du Nord, en fragilisant les voies de communications nord-sud indispensables à leur unité.

Un traité avec la Suisse, le traité de Soleure, compléta en 1602 ce dispositif : les Suisses obtenaient un droit d'établissement en France, différents privilèges et, surtout, l'assistance en cas de guerre; en échange la France recevait le droit de disposer des passages alpins. Il s'agissait ainsi d'empêcher l'Espagne de s'emparer de la Valteline, vallée qui permettait une liaison directe entre Innsbruck et Milan. Cet accord, dû aux talents de négociateur du chancelier Bellièvre, consacrait l'amitié franco-suisse.

La riposte des Espagnols fut immédiate : le gouverneur du roi catholique en Milanais, le comte de Fuentes, entreprit de construire en octobre 1603 un fort pour interdire l'accès de la Valteline. Tel serait désormais le terrain d'affrontement entre la France et l'Espagne...

L'autre volet de la diplomatie d'Henri IV fut de maintenir des liens privilégiés avec les autres grandes puissances protestantes, la Grande-Bretagne, bien sûr, mais aussi les Provinces-Unies, cette nouvelle grande nation européenne.

Les relations d'Henri IV avec la reine d'Angleterre, Elisabeth, étaient fort cordiales. Henri avait bénéficié de son aide pour conquérir le royaume. Mais, surtout, les deux pays étaient unis par le même souci de lutter contre l'hégémonie des Habsbourg. Pourtant, à la fin du règne d'Elisabeth, les relations s'étaient peu à peu ternies. Henri n'avait pas payé les dettes qu'il devait au trésor anglais, et sa conversion au catholicisme avait désolé la reine. De plus, la signature du traité de Vervins avait été interprétée par les Britanniques comme une défection face au combat contre les rois catholiques. Elisabeth avait donc quelques raisons de se plaindre du roi de France, le qualifiant d'« Anti-Christ de l'ingratitude ». (R. Bonney, The King's Debts.)

La diplomatie britannique pratiquait déjà une politique d'équilibre continental. Elle avait besoin d'une France puissante pour faire contrepoids à la politique des Habsbourg. Pour l'heure, il était dans son intérêt de soutenir la France contre l'Espagne, jusqu'au jour où la puissance française serait prépondérante sur le continent. Cette neutralisation d'une puissance continentale par l'autre permettait à l'Angleterre d'asseoir sa suprématie maritime et commerciale.

Le décès d'Elisabeth le 24 mars 1603 (elle régnait depuis 1558) marqua un tournant dans l'histoire de la Grande-Bretagne et dans les relations entre les deux pays. Henri IV confia sa peine à Sully :

« Mon ami, j'ai eu avis de la mort de ma bonne sœur, la reine d'Angleterre, qui m'aimait si cordialement, à laquelle j'avais tant d'obligation. Or comme ses vertus étaient grandes et admirables, aussi est inestimable la perte que moi et tous les bons Français y avons faite, car elle était ennemie irréconciliable de nos irréconciliables ennemis, et tant généreuse et judicieuse qu'elle m'était un second moi-même en ce qui regardait la diminution de leur excessive puissance, contre laquelle nous faisions elle et moi de grands desseins, ce que vous savez aussi bien que moi, vous y ayant employé... » (J.-P. Babelon, *Henri IV.*)

Après le décès d'Elisabeth, la diplomatie française s'attacha à nouer avec Jacques Ier des relations privilégiées. Sully fut chargé en juin 1603 d'une ambassade exceptionnelle auprès du roi d'Angleterre. On redoutait en effet un rapprochement avec l'Espagne. Il fallait donc régler toute une série de problèmes qui empoisonnaient les relations entre les deux monarchies. Les Français se plaignaient des actes de pirateries que leur infligeaient les marins anglais. Les Anglais réclamaient à Henri l'argent qu'on lui avait prêté pour conquérir son royaume.

Le traité de Hampton Court, signé le 30 juillet 1603, prévoyait une assistance des deux monarchies aux Provinces-Unies. Dans ce cadre, la France verserait l'argent nécessaire à la levée de troupes anglaises pour rembourser sa dette. On évoqua lors des négociations la possibilité d'un mariage qui aurait rapproché les deux familles régnantes. Mais il fallut attendre 1609 et la naissance de la princesse Henriette-Marie. Promise au jeune Charles, le futur Charles Ier, elle devint le gage des bonnes relations entre les deux pays...

L'amitié avec les Provinces-Unies fut un autre axe majeur de la diplomatie française, comme l'illustrait le traité. Cette amitié reposait bien évidemment sur un intérêt stratégique et un ressentiment commun face à la puissance espagnole qui, dans les deux cas, avait menacé ou menaçait encore l'existence même de la nation.

Elle reposait aussi sur le souvenir d'une appartenance protestante que la conversion du roi ne pouvait éteindre et qui restait toujours très vivace chez Sully. Il y avait aussi une fascination d'Henri IV pour cette jeune nation, aux avant-postes de la modernité, dont l'approche rationnelle et entreprenante de la réalité, bien décrite par Max Weber, rejoignait exactement l'ambition de réorganisation et de « *bon ménagement* » du royaume qui était celle d'Henri IV. Au-delà des traités diplomatiques et des guerres partagées le recours fréquent, pour certains grands travaux, par exemple d'assèchement des marais ou de fortifications, à des techniciens hollandais ou encore les projets de compagnie commune d'exploration et d'exploitation des terres lointaines illustraient cet intérêt du roi pour les Provinces-Unies.

La conquête d'un espace nouveau

Le xvie siècle, sur les traces de Christophe Colomb, fut celui de la conquête d'un nouveau monde. Celle-ci avait surtout profité à l'Espagne et au Portugal qui, avec le traité de Tordesillas, établi sous les auspices du Saint-Siège, avaient organisé le partage des terres à coloniser. Mais, en Amérique du Nord, les établissements des puritains chassés du royaume britannique inauguraient la présence anglaise. Enfin, les Provinces-Unies, Etat minuscule mais animé d'un formidable esprit d'entreprise, partaient elles aussi à la conquête d'horizons lointains.

La France, dans cette affaire du siècle, avait pris quelque retard. François Ier, pourtant, avait obtenu du pape une interprétation souple du partage de Tordesillas et c'est lui qui avait encouragé et financé les voyages de Jacques Cartier au Canada. Mais les guerres de religion avaient enlisé ce bel élan.

L'enjeu était pourtant considérable. Sur le plan politique, il importait que la France, première puissance européenne, ne se laissât pas irrémédiablement distancer par l'Espagne ou l'Angleterre : au-delà de l'orgueil des nations, une présence française sur le nouveau monde pouvait, par la suite, s'avérer décisive.

Sur le plan économique, l'exemple espagnol avait montré tout le profit – mais aussi les risques, celui de l'inflation causée par le trop-plein de métaux précieux et celui de la facilité... – que l'on pouvait tirer de ces conquêtes.

Henri IV, dès les premières années du règne, reprit à son compte le projet de François Ier tout en proposant des modalités très originales pour la colonisation qui commençait. Dès 1596, à l'assemblée des notables de Rouen, Henri IV avait manifesté son intention de lancer une politique de conquête en Amérique du Nord. Il ne fallut pas moins de trois tentatives pour fonder un établissement durable.

Henri accorda en 1597 une commission à Pierre Chauvin, capitaine et bourgeois de Dieppe. L'expédition, menée en 1598 par un Breton, le marquis de la Roche, fut un échec. Pierre Chauvin fit une nouvelle tentative en 1600 et 1601, mais le terrible hiver canadien eut raison du fragile établissement français.

La troisième tentative fut la bonne. Henri, désigna cette fois Aymard de Chaste pour organiser en 1603 une nouvelle expédition. Ce Normand, conseiller du roi, vice-amiral de France et gouverneur de Dieppe, avait accueilli Henri IV à Dieppe après la mort d'Henri III et son soutien avait alors été essentiel. Il recruta autour de lui des personnalités de qualité, notamment François Gravé, un marin expérimenté ayant participé aux expéditions précédentes, et Samuel Champlain, maréchal des logis dans l'armée du roi, qui avait déjà fait un voyage en Amérique. Tel fut le départ de la colonisation française sur les bords du fleuve Saint-Laurent.

Henri fixa lui-même les conditions de l'établissement des Français en « Cadie ». Par commission, il désigna comme représentant dans ces territoire Du Gua, un huguenot, vieux compagnon d'armes. Le roi avait lui-même défini les bornes de la Nouvelle-France entre le 40e – c'est-à-dire la latitude de New York aujourd'hui – et le 46e degré de latitude Nord.

Henri aspirait, dans le cadre d'une démarche mercantiliste, à l'organisation d'une véritable économie capable de générer des richesses :

« *Voulons aussi et ordonnons que vous ayez sur tous nosdits sujets et autres qui se transporteront et voudront s'habituer, trafiquer, négocier et résider ès dits lieux, tenir, prendre, réserver et vous approprier ce que vous voudrez et verrez vous être plus commode et propre à votre charge, qualité et usage desdites terres, en départir telles parts et portions, leur donner et attribuer tels titres honneurs, droits, pouvoirs et facultés que vous aurez besoin être, selon les qualités, conditions et mérites des personnes du pays ou autre.* »

Fidèle à son rêve de bon « *ménager* » désireux de faire fructifier son domaine, il recommandait de « *peupler, cultiver et faire habiter lesdites terres le plus promptement, soigneusement et dextrement, que le temps, les lieux, et commodités le pourront permettre... »*.

Ce projet colonial devait être un nouveau stade de la construction territoriale de la France. Comme tous les conquérants du

Nouveau-Monde, Henri avait également des préoccupations religieuses. La colonisation française devait être l'occasion d'étendre le règne de Dieu sur terre. Le Roi Très Chrétien demandait à ses agents de tout faire pour convertir les indigènes à la foi catholique :

« *Et par le moyen d'icelles* (puissance et autorité), *et tout autres voies licites, les appeler, faire instruire, provoquer et émouvoir à la connaissance de Dieu, et à la lumière de la foi et religion chrétienne, l'y établir : et en l'exercice et profession d'icelle maintenir, garder et conserver lesdits peuples et tous autres habitués ès dits lieux et en paix, repos et tranquillité.* » (Y. Cazaux, *Henri IV.*)

Mais il exigeait en même temps une attitude exemplaire vis-à-vis des populations indigènes :

« *Entretenir, garder et soigneusement observer les traités et alliance et confédération, bonne amitié, correspondance et communication avec lesdits peuples et leurs princes, ou autres ayant pouvoir et commandement sur eux.* »

Si l'on en croit le témoignage de Champlain, la politique de colonisation était une idée personnelle d'Henri IV. Il avait dû sur ce point ignorer les réticences de Sully qui ne voyait de dessein français que sur le vieux continent. Dès 1608, les Français fondèrent la ville de Québec, et plus en amont celle de Montréal...

Il y eut d'autres tentatives que celle de la Nouvelle-France, plus ou moins abouties, comme en Amazonie où une première implantation devait, après la mort d'Henri IV, être abandonnée par Marie de Médicis, soucieuse de ne pas déplaire à l'Espagne. La recherche d'un passage par les mers arctiques vers la Chine (qui ne serait découvert qu'en 1720 par Behring) et des projets très avancés de compagnie des Indes occidentales commune avec les Hollandais illustrèrent également ces ambitions.

Il y eut donc un Henri IV colonial, habité par l'idée que la France devait se projeter vers l'extérieur, une conscience des nouveaux mondes, dépassant les contingences diplomatiques ordinaires pour embrasser les vastes perspectives d'une planète en train de se découvrir.

Le projet européen

C'est Sully qui a dévoilé le « grand dessein », un projet de confédération européenne, qu'Henri IV aurait élaboré à la fin du règne. Ce projet, ignoré du grand public, est assez généralement négligé par les historiens qui y soupçonnent une affabulation de Sully : le vieux duc, retiré sur ses terres et passablement aigri, aurait, en rédigeant ce chapitre de ses *Mémoires*, voulu magnifier le bilan diplomatique du règne et contribuer à sa propre réputation d'homme d'Etat. Le caractère inouï et totalement inconnu du projet avant que Sully ne le dévoile, les différences contestables entre la première version manuscrite, d'avant 1620, et les autres versions, publiées après 1638, le contraste enfin entre l'ambition du grand dessein et le pragmatisme légendaire d'Henri IV, expliquent sans doute cette prudence dubitative.

Ce projet fut-il vraiment d'Henri IV ? Le principal témoin, le seul autorisé après tout, nous dit que oui. En entrant dans la logique et la cohérence de ce projet proprement visionnaire, on ne peut manquer d'être frappé de sa parenté profonde avec les autres chapitres de la politique du roi.

Le projet exposé par Sully avait pour but de faire l'unité de l'Europe. Il exprimait la nostalgie des empires passés :

« Le déclin et la décadence de ce formidable empire romain étant survenus et provenus premièrement du mépris des antiques lois, observations et vertus qui l'avaient établi, et du superlatif excès des vices, et de l'avarice, luxe et ambition des plus valeureux et autorisés des siens, qui se sont entre-déchirés les uns les autres ; et ensuite par la corruption des mœurs de leurs peuples, et le ravage de certaines nations auparavant quasi inconnues dans le monde, lesquelles firent trembler leur Rome, qu'ils qualifiaient la reine des cités, voire l'invincible et l'éternelle. » (Economies royales, 1609.)

Le grand dessein était de restaurer l'unité de la chrétienté, ainsi que Sully s'en expliquait déjà dans une lettre à Henri datée de 1607, exprimant son vœu de *« former un corps commun de République chrétienne toujours pacifique et elle-même qui soit composée de tous Etats, royaumes, républiques et seigneuries faisant profession du nom de Jésus-Christ ».* (Sully, *Economies royales*.)

Mais il s'agissait tout autant d'assurer une sécurité durable au royaume de France, de compléter la pacification intérieure par la paix extérieure :

« *Mais comme cet héroïque et très sage prince avait un jugement admirable et une singulière providence, il ne demeurait pas du tout satisfait en soi-même, pour avoir donné un assez bon acheminement à tous ses louables projets pour ce qui regardait le dedans de son royaume, s'il ne leur posait de si solides fondements contre le dehors, que leur subsistance n'en pût être ébranlée, ni à l'avenir les Etats de ses voisins, amis et alliés.* »

Cette noble aspiration rejoignait en fait très directement l'axe majeur de la politique étrangère d'Henri IV, la fin des visées hégémoniques de l'Espagne.

« *La diminution de cette formidable puissance de la maison d'Autriche et de ceux de sa dépendance, et une restriction bien ajustée de toute leur domination dans le seul continent des Espagnes.* »

L'expédition de 1610, avortée à cause de la mort du roi, devait précisément assurer cette étape préalable à la mise en œuvre de la confédération :

« *Ce qui était fort proche de l'effet, si ce brave prince n'eut été prévenu de la mort, par une sale et vilaine conspiration des malins du dehors et du dedans de son royaume, qui enviaient sa vertu, étaient jaloux de sa gloire, et appréhendaient sa valeur, ses armes et ses héroïques desseins, lesquels le firent promptement et lâchement assassiner.* » (Sully, *Economies royales*, 1609.)

La quasi-totalité des Etats d'Europe trouvait place dans une large association :

« *Premièrement, faut faire une déclaration par laquelle le titre de très chrétienne sera donné à la susdite association, et qu'à icelle soient joints et unis les rois de France, de la Grande-Bretagne, Danemark et Suède; la sérénissime république de Venise, les Provinces-Unies des Pays-Bas; le duc de Savoie, électeurs palatin et de Brandebourg; ducs de Bavière, de Wurtemberg, de Nieubourg, des Deux Ponts, de Brunswick; landgrave de Hesse, prince d'Anhalt et de Transylvanie; cantons protestants de Suisse, villes impériales protestantes, et marquis de Bade, Amsbac et Dourlac, pour conserver les Etats de Clèves, Julliers, La Marck, Bergues et Ravestein aux légitimes héritiers d'iceux Etats, rétablir l'Empire et les royaumes de Hongrie, Bohême, Silésie et Lusatie en leurs anciennes libertés électives, privilèges et prééminences,* » *sans qu'elles puissent plus être réduites à l'avenir, à l'ordre de succession ordinaire, et, en général, pour délivrer l'état ecclésiastique, l'Allemagne, l'Italie, les Suisses et les dix-sept provinces des Pays-Bas, de la terreur des armes et dure domination d'Espagne et maison d'Autriche.*

Plus, sera dressé une autre déclaration, par laquelle le pape, le roi de Pologne, électeurs ecclésiastiques et de Saxe, princes et villes catholiques de la Germanie, cantons catholiques de Suisse, ensemble les Grisons et Valaisiens ; les ducs de Lorraine, Florence, Mantoue, Modène, Urbin et républiques de Gênes et Lucques, seront exhortés, sollicités, et finalement interpellés de se vouloir joindre à la susdite Union très chrétienne, suivant ce que plusieurs d'entre eux se sont déjà donnés à entendre désirer de faire lorsqu'ils verront la guerre entamée suivie de progrès heureux qui les exempte de toute appréhension de ruine, ainsi qu'il en a été dit quelque chose ci-devant. » (Sully, *Economies royales*.)

L'Espagne était bien sûr présente mais sa puissance serait strictement limitée par la chaîne des Pyrénées. Sully envisageait donc un démembrement de la maison d'Autriche :

« Plus, afin de ne tenir aucun esprit en suspens pour savoir que deviendront et comment seront partagées tant de conquêtes, il sera dressé un projet de distribution conforme à ce qui s'ensuit, sauf à y changer ce que, par l'avis commun, il sera jugé plus à propos. C'est à savoir, que ce qui est encore possédé par les Espagnols dans les dix-sept provinces des Pays-Bas sera distribué de sorte qu'à ce dont jouissent déjà messieurs les Etats des Provinces-Unies, sera encore joint et incorporé la ville d'Anvers, le marquisat du Saint-Empire, compris en icelui l'Islo, Bergues-Opzoon, Breda, Stenbergue et Rosendal ; et en Flandres, Bruges, l'Ecluse, Ostende, Oudebourg, Damme, Ardembourg, Axel, Hulst et leurs territoires ; tout ce qui reste à conquérir du comté de Zutphen, duché de Gueldres, pays d'Overissel, des deux Frises, compris en icelles les villes et juridictions de Grool et Linguen : à condition néanmoins de départir quelque partie d'iceux à messieurs le prince d'Orange son frère et autres seigneurs qu'ils jugeront le mériter, en titre de souveraineté ; que les provinces, duchés et comtés de Clèves, Julliers, La Marck, Bergues et Ravestein, seront distribués entre les princes allemands, joints à l'Union très chrétienne, selon que plus légitimement il sera jugé leur appartenir par droit de succession ; que le roi de la Grande-Bretagne, ne pouvant retenir aucune chose en propriété ni souveraineté, aura

425

pour distribuer à huit des principaux seigneurs de sa cour et armée, les trois Flandres flamingante, gallicane et impériale, la juridiction de Malines, tout le pays de Brabant, réservé ce qui en a été démembré ci-dessus, tant de la Flandre que du Brabant, pour accommoder messieurs les Etats et le duché de Lembourg, de tous lesquels pays il fera huit partages; et que le roi de France, ne pouvant non plus rien retenir pour lui, aura néanmoins pour distribuer en dix portions, chacune en titre de souverain, les pays d'Artois, Hainaut, Cambrai, Tournaisis, Namur et Luxembourg, pour les affecter à dix princes ou seigneurs de sa cour et armée tels qu'il voudra choisir.

Plus, que tout ce qui se conquerra dans la Germanie, entre le fleuve de Danube et la mer Océane, sera distribué entre les rois de Danemark, Suède, et les princes d'Allemagne de l'Union très chrétienne, selon qu'il sera jugé à propos par les rois de France, de la Grande-Bretagne, la seigneurie de Venise et le duc de Savoie.

Plus, que la Franche-Comté et la Valteline, compris le fort de Fuentes, seront distribués aux cantons de Suisses et Grisons de l'Union très chrétienne, suivant l'avis des quatre rois. » (Sully, *Economies royales*, 1610.)

En revanche, la Turquie et la Moscovie se trouvaient exclues, la première en raison de sa religion, l'autre en raison de son éloignement géographique et de la religion de certains peuples soumis au *« Knes Scythien »* (le tsar).

L'Union très chrétienne aurait ainsi comporté *« quinze dominations, les unes plus, les autres moins souveraines »* et aurait rassemblé trois types d'Etats selon leur type de *« domination ».* Sully énumérait tout d'abord les dominations de forme élective, à commencer par le pape et l'empereur.

Le premier se voyait attribuer de nouvelles terres italiennes pour augmenter les Etats pontificaux. Sully pensait que c'était le prix à payer pour obtenir l'approbation du projet par le pape. L'empereur recevait un titre strictement électif, sans transmission héréditaire. Son pouvoir sur les Pays-Bas et la Confédération suisse se bornait à la réception d'un simple *« hommage »* lors de son avènement.

Sully distinguait ensuite les dominations héréditaires : la France, l'Espagne et la Grande-Bretagne en particulier. C'étaient les trois grandes puissances européennes : elles devaient s'engager à prospérer dans leurs limites sans empiéter sur les autres.

Le dernier groupe était celui des *« républiques ».* La Suisse serait augmentée de la Franche-Comté, de l'Alsace et du Tyrol.

Les Pays-Bas, dégagés de la tutelle espagnole, retrouveraient leur unité. Sully envisageait également une république italienne regroupant les villes et principautés de la péninsule à l'exception de Venise, des Etats pontificaux et de la Lombardie.

Afin de réduire les rivalités d'agrandissement territorial, les conquêtes éventuelles devaient être redistribuées :

« Plus, afin d'ôter toute occasion d'appréhension à tous les associés de maintenant, et à ceux qui voudraient entrer en l'Union, que les rois de France et de la Grande-Bretagne ne voulussent, comme les plus puissants, s'avantager des conquêtes qui seraient faites au dommage et préjudice des autres, même de s'accroître en domination, grandeur et autorité qui pût devenir formidable à aucun, il est jugé à propos de faire une déclaration en leur nom, par laquelle ils feront telles protestations conformes à cela qu'il sera estimé nécessaire, et promettront qu'il sera fait distribution desdites conquêtes avec l'avis commun de tous les associés. »
(Sully, *Economies royales*, 1610.)

Mais l'ambition profonde de la confédération chrétienne était de mettre un terme aux guerres de religion qui ravageaient l'Europe, en organisant une coexistence pacifique entre les religions catholique, luthérienne et calviniste :

« Quant au second article, qui consiste en l'établissement d'un si bon ordre pour ce qui regarde la diversité des religions, qu'elles ne puissent être causes de troubles, de mouvements, ni haines et d'animosités, suivies d'aucunes extorsions ni violences, il semble nécessaire (afin aussi de ne tomber pas dans un libertinage éventé au choix de quelque particulier en matière de foi et créance) de faire bien reconnaître aux potentats et peuples de ces quinze dominations, qu'il n'y a maintenant dans tous leurs Etats que trois sortes de religions vraiment subsistantes en grande puissance, dont l'infestation de l'une d'icelles peut être cause d'un grand trouble et mouvement préjudiciable au général, à savoir, la romaine, la protestante et la réformée. Entre lesquelles, pour poser de meilleurs fondements et toujours pacifiques, il semble à propos de parcourir toutes les dominations, les unes après les autres, afin de ne rien faire à la volée en chose où il y va de l'honneur de Dieu, de la charité envers le prochain et du salut des hommes. » (Sully, *Economies royales*.)

En fait, le grand dessein se proposait d'élargir à l'Europe la tolérance instaurée en France par l'édit de Nantes. Chaque Etat, selon le principe « *Cujus regio, ejus religio* », demeurait libre de conserver ou de tolérer l'une ou plusieurs des trois religions énoncées mais devait respecter les choix religieux des autres nations. Sully estimait vain de vouloir réunifier par la force les différentes religions chrétiennes :

« *Il est facile maintenant de juger que celui qui voudrait entreprendre de régler les croyances religieuses et de les réduire à une seule, se jetterait dans des labyrinthes sans issue et s'exposerait à des peines et travaux innombrables, tout autant que s'il voulait entreprendre de sonder les décrets de la Divinité, pénétrer dans ses intentions et rechercher les causes pour lesquelles Dieu (lui qui tient les volontés et les actions des hommes en sa main) laisse une si grande quantité de peuples errer à l'aventure, lui rendre des sortes de services tant différents de sa parole, voire plusieurs contraires à ce qui est connu de sa volonté.* » (Sully, *Economies royales*, 1610.)

Ce constat de la nécessité pragmatique d'une coexistence pacifique entre les différentes confessions reposait aussi sur un œcuménisme très avant-gardiste : on pouvait faire son salut dans l'une des confessions chrétiennes, à condition de se conduire conformément aux préceptes divins. Dieu sait reconnaître les siens, quelle que soit leur confession :

« *Bien qu'Il ait en aversion toutes fausses et fardées religions et dévotions, surtout celles qui blasphèment son nom et violent ses ordonnances et qu'il soit tout puissant pour les détruire en un moment ou les changer en mieux ainsi qu'il le voudra... Dieu, le Créateur, ne laisse pas non seulement de les tolérer, souffrir et endurer patiemment et un nombre infini, mais aussi de leur départir ses gratifications, faveurs et bénéficiences temporelles, faisant pleuvoir sur les mauvais aussi bien que sur les bons, briller son soleil aussi bien sur les injustes que sur les justes et de donner saisons fertiles également à tous, remplissant leurs cœurs de joies et de viandes...* » (Sully, *Economies royales*, 1610.)

Ces considérations conduisaient à une forme de séparation entre l'Eglise et l'Etat, conception tout à fait révolutionnaire pour l'époque. Il fallait que les quinze potentats de l'Association très chrétienne « *cessent de s'occuper de religion* » pour ne traiter que des affaires civiles et temporelles (à l'exception du pape, il va de soi) :

428

« *Laisser à Dieu le régime des esprits pour les choses spirituelles et (...) se contenter des services corporels pour les choses civiles et temporelles.* » (Sully, *Economies royales*, 1610.)

Pour faire respecter les droits religieux et trancher les éventuels litiges, Sully imaginait un conseil général assisté de six conseils particuliers :

« *Si bien ajustés, situés et puissamment autorisés qu'ils puissent être rendus capables de terminer toutes les diversités de prétentions et contrariétés d'opinions qui pourraient intervenir entre tant de grands potentats et peuples, lesquels devraient composer cette universelle République très chrétienne.* »

Ce « Conseil général » serait composé de « *quarante personnages fort qualifiés et surtout bien avisés* ». Le pape, l'empereur, les rois de France, d'Espagne et de Grande-Bretagne nommeraient chacun quatre de ses membres, soit la moitié du Conseil. Les cinq grandes puissances étaient ainsi représentées à égalité. Cet organisme se réunirait dans plusieurs villes, et déjà se dessinaient les contours du centre de gravité de l'Europe : Metz, Luxembourg, Nancy, Cologne, Mayence, Trèves, Francfort, Wisbourg, Heidelberg, Spire, Worms, Bâle, Besançon et... Strasbourg. Les six conseils particuliers avaient chacun une juridiction régionale, afin de traiter les conflits localisés.

Le Conseil général, assisté d'un Sénat de soixante membres (quatre par Etat), devait avoir une compétence très étendue :

« *Il prendra connaissance des propositions universelles, des appellations interjetées des Conseils particuliers et de tous desseins, guerres et affaires qui importeront à la République chrétienne.* »

Il avait une fonction d'arbitrage entre les Etats membres et un rôle de gardien de l'ordre établi, sur le plan territorial comme sur le plan religieux.

Le grand dessein prévoyait également un « droit d'ingérence » laissé à l'appréciation des conseils. Les minorités religieuses pouvaient s'adresser aux différents conseils pour faire respecter leurs droits ou obtenir une reconnaissance officielle par leur souverain légitime.

Plus largement, un règlement devait être rédigé et proposé au quinze confédérés, manière de constitution ou de déclaration des droits. Les pays membres seraient administrés selon des principes humanistes, et leurs potentats devraient :

« *Commander aimablement à leurs sujets et désirer d'eux choses si équitables, que ceux-ci soient disposés à obéir volontairement et gaiement.* »

Pour cela, le Conseil général devait définir :

« *Les ordres et règlements nécessaires pour fixer les rapports entre les souverains et leurs sujets tant pour défendre les intérêts de ces derniers que pour éviter aux premiers les risques de guerres civiles.* »

Les différents Etats membres devaient jurer solennellement de respecter ce règlement :

« *Toutes les quinze dominations ayant témoigné, en général et en particulier, d'approuver, voire de demeurer fort contentes chacune en son droit, des attributions des seigneuries qui ont été faites pour composer la République très chrétienne et des bornes et limites qui ont été apposées à leurs Etats, elles doivent déclarer encore par instrument authentique et jurer solennellement de n'avoir jamais à l'avenir, ni désir, ni dessein contraires...* »

Ce projet envisageait enfin la constitution d'une force militaire européenne ayant deux missions essentielles : faire respecter l'ordre à l'intérieur de la confédération, lutter contre les infidèles à l'extérieur.

La guerre contre les ennemis de la chrétienté devait constituer le ciment de cette union :

« *Toujours entretenir des guerres continuelles contre les princes et potentats ennemis du nom du Christ, augmenter l'étendue de la chrétienté, en particulier en luttant contre les Turcs jusqu'à leur expulsion d'Europe.* »

Il s'agissait par là aussi de proposer un dérivatif aux violences intestines et de « *décharger les Etats de leurs mauvaises humeurs et des esprits contentieux et hargneux qui ne sauraient vivre que dans les riottes et contentions de corps et d'esprit* ».

Le grand dessein précisait même la composition de cette armée, chaque pays apportant une contribution en subsides et en hommes. Même la Papauté, dont Sully avait défini le nombre de divisions... : « *dix galères, huit mille hommes de pied, douze cents chevaux et dix pièces d'artillerie de deux premiers calibres* ».

Le roi de France aurait contribué avec dix galères ou vaisseaux ronds, vingt mille hommes de pied, quatre mille chevaux et vingt pièces de grosse artillerie.

Au total, l'armée européenne, entretenue par les cotisations des Etats membres, devait rassembler 117 vaisseaux, 220 000 hommes de pied, 53 800 cavaliers et 217 pièces d'artillerie, la plus formidable armée du monde au service de la paix et du Christ...

Si le caractère systématique de l'exposé du grand dessein par Sully donne le sentiment d'un projet très avancé, à la réalisation imminente, certains passages des *Economies royales* suggèrent au contraire une grande prudence face à l'abstraction un peu idéale de cette vision. Sully prend ainsi le soin de préciser qu'il n'a pas « *l'esprit rempli de chimères* ». Henri IV, un jour, aurait rétorqué à Sully exposant son projet de partage des possessions espagnoles de ne pas « *se jeter à l'essor après les choses de l'avenir* ». (Cité par M. Martin, *Sully*.) Même si, à en croire Sully, l'expédition de 1610 devait amorcer le grand dessein, celui-ci constituait avant tout un idéal directif, bien entendu irréalisable dans l'immédiat, un schéma d'orientation des actions diplomatiques et militaires à venir.

Le « grand dessein » était une extrapolation de la politique religieuse d'Henri IV. Le fédéralisme était le seul moyen de réunir des identités fortes reposant sur la religion et sur la langue.

Le roi visionnaire

En peu d'années Henri IV est parvenu à établir une paix durable. Il a rendu à la France sa place de première grande puissance. L'étude de sa diplomatie d'exécution révèle une cohérence d'ensemble et, par certains aspects, une vision si large qu'elle donne vraisemblance au « *grand dessein* » révélé par Sully.

La diplomatie d'Henri IV a conjugué une habileté tactique à une démarche d'ensemble très cohérente.

L'habileté tactique fut celle de la « *guerre de renard* », conduisant à intervenir au coup par coup, en fonction des circonstances et des rapports de force, retardant parfois à l'extrême les opérations, réagissant au contraire très brusquement à d'autres moments, conduisant de concert l'action purement diplomatique et l'action militaire. L'affaire du duché de Savoie fut de ce point de vue exemplaire.

Mais cette habileté tactique s'inscrit dans une démarche d'ensemble. C'est tout d'abord la mise en place d'une force militaire puissante, efficace et aisément mobilisable, ancêtre de nos armées modernes (en particulier par le recours massif à des non-nobles et par l'existence d'un noyau permanent) parallèlement à une politique systématique de fortification des frontières qui ne bénéficient pas d'une protection naturelle.

C'est ensuite une vision géostratégique du conflit avec l'Espagne, conduisant à une rupture décisive de la diplomatie française : l'abandon du rêve italien au profit du contrôle du passage du Milanais à la Franche-Comté, les possessions méridionales et septentrionales de l'Espagne. L'objectif est de conforter le territoire français à partir d'une conception populaire et nationale de ce dernier (la France doit regrouper ceux qui parlent la langue française), conception très neuve pour une époque seulement marquée par la logique dynastique. Au nord, la même démarche conduisait à privilégier une étroite alliance avec les deux grandes puissances nordiques, l'Angleterre et les Pays-Bas.

Tout aussi étonnant fut le projet colonial d'Henri IV. On y retrouve la même intelligence des rapports de force : il fallait s'implanter là où les autres puissances – Espagne, Portugal, Angleterre – n'étaient pas encore présentes.

Mais il correspond aussi à une vision très cohérente de développement économique, une volonté d'affirmation de la France dans cette conquête des espaces nouveaux, de profond respect, aussi, des populations locales. Ce dernier point a sans doute singularisé dès le début la colonisation française en Acadie, cas unique d'osmose entre les populations indigènes et les colons, tout à l'opposé des atrocités espagnoles et des conflits entre les Indiens et les colons anglo-saxons.

Enfin le « grand dessein ». Le grand dessein correspond effectivement à la vision de l'Europe qui était celle d'Henri. Sans doute les détails techniques du projet et ses modalités de mise en œuvre ont-ils pu être davantage l'œuvre de Sully que celle d'Henri IV lui-même. Mais Sully souligne lui-même à plusieurs reprises qu'il s'agit de la mise en forme de conversations à bâtons rompus avec le roi. Il semble vraisemblable de conclure que le grand dessein est né des réflexions communes d'Henri IV et de Sully.

432

Le projet de confédération reprenait à l'échelle européenne les grands principes de l'édit de Nantes, avec le souci de coexistence pacifique et d'équilibre entre les différentes religions.

Il s'inscrivait dans le droit fil de la stratégie d'affaiblissement de la puissance espagnole et d'équilibre des puissances européennes.

Quelle pouvait être la signification et l'utilité d'une telle vision ? Elle pouvait d'abord constituer un idéal directif, un schéma susceptible de guider la politique étrangère de la France et de lui donner une visée à long terme. Il importe à l'homme d'Etat de savoir où il veut aller, même s'il s'agit d'un aboutissement très lointain, sans quoi il se laisserait immanquablement absorber par les contraintes et les limites de l'action quotidienne.

Le grand dessein pouvait avoir aussi une utilité de nature idéologique.

En prenant le relais du rêve brisé de l'Empire chrétien, il proposait une vision nouvelle de l'unité de la chrétienté sur des bases plus crédibles, y compris pour l'époque, que la nostalgie impériale.

A l'Espagne des Habsbourg, se réclamant de l'utopie impériale, la France des Bourbons pourrait dès lors opposer la vision de la confédération européenne.

Cette vision permettrait en même temps de donner un sens et une justification à la politique si controversée d'alliance avec les puissances protestantes : il ne s'agissait plus d'alliances contre nature dès lors que l'enjeu était la constitution d'une Europe unie précisément conçue pour permettre la coexistence des confessions et l'exaltation de la chrétienté.

D'autres rêves d'union chrétienne ou européenne étaient apparus au xvie et au xviie siècle. Par exemple, en 1623, un projet sur *« les occasions et les moyens d'établir une paix générale et la liberté du commerce par tout le monde aux monarques et princes souverains de ce temps »*, écrit par un religieux, Emeric Crucé, proposait une instance internationale d'arbitrage. Mais sa construction est totalement abstraite en ce sens qu'elle néglige l'établissement préalable d'un équilibre dans les rapports de force entre les différentes nations européennes. A la même époque, sur un tout autre plan, certains penseurs, tel le Hollandais Grotius, avec le *« jus gentium »*, s'efforçaient de poser les jalons d'un droit international.

En fait, le grand dessein, par son obsession de l'équilibre des puissances, par son ambition confédératrice et par son souci d'établir minutieusement des règles internes d'arbitrage, se trouvait à la triple confluence des efforts de la diplomatie du temps, des réflexions utopiques sur l'unité de la chrétienté et des premiers efforts pour établir un droit international.

Le grand dessein avait enfin valeur de prémonition. L'évidence interdit d'insister trop sur cet aspect mais il faut souligner l'analogie troublante entre le projet de confédération européenne et l'actuelle Union européenne, avec un « Conseil général » analogue à notre Commission européenne, avec des modalités précises d'arbitrage entre les nations, avec même le choix de la ville de Strasbourg comme l'un des centres possibles de cette nouvelle Europe. L'idée d'une armée européenne, en un temps d'armées de clans ou de royaume affrontés, n'est pas moins étonnante.

Le degré d'achèvement du grand dessein en fait aujourd'hui encore une source de réflexions. C'est assez dire que ce projet était d'un visionnaire, cohérent et réaliste, et pas seulement d'un organisateur, ministre et gestionnaire. Henri le Grand pensait l'Europe : croyons-en Sully, ne lui disputons pas sa part de génie.

16

« MES BELLES AMOURS »

A la vie politique du roi, l'amour est un contrepoint. Pendant les années de règne, tendues vers un redressement de la France qui n'aura pas de précédent, Henri continue sa course vers un amour idéal.

Toute sa vie, le roi aura cherché la femme avec qui se confondre. Cette recherche et les angoisses qui l'accompagnent n'empêchent nullement l'aventure de l'instant, d'une heure ou d'une nuit. La recherche n'empêche ni l'excursion ni la razzia.

Henri est lui-même devenu un immense enjeu. Dès l'instant que son divorce d'avec Margot apparaît probable, il devient l'homme à marier le plus puissant d'Europe. Toutes en rêveront, et d'abord Gabrielle d'Estrées. Il a d'ailleurs promis ce mariage à plus d'une.

Sa vie affective connaîtra, bien sûr, une forme de stabilisation : élection d'une maîtresse officielle puis, lorsque celle-ci mourra, mariage avec Marie de Médicis. Avec l'une comme avec l'autre, l'exultation d'avoir enfin des héritiers. Mais, derrière ces apparences rassurantes, l'instabilité d'Henri persiste et s'accroît, jusqu'à poursuivre, en satyre chenu, des tendrons de plus en plus jeunes.

Rien n'est plus émouvant que cette recherche sans objet. Car plus le temps passe, plus profond est le gouffre entre les passions que le roi développe et l'inconsistance de celles qui en sont l'objet. Avec Gabrielle, c'est encore d'une femme qu'il s'agit, même si elle n'a aucune des vertus dont Henri la pare. Avec les adolescentes de ses derniers jours, c'est à peine une image sur laquelle le vieux chasseur cherche à s'émouvoir, jusqu'au ridicule.

Splendeur et fin de Gabrielle

Au début des années 1590, Gabrielle, à dix-huit ans, était maîtresse du cœur du roi. Comme on l'a vu, son ascendant sur Henri n'eut pas à souffrir des rebuffades multiples qu'elle lui infligeait, tout au contraire. Sa liaison avec le grand écuyer Bellegarde continuait presque au grand jour. Henri en était puissamment jaloux, c'est-à-dire d'autant plus amoureux. Gabrielle, pendant des mois, continua à montrer sa froideur et sa distance, avec beaucoup d'honnêteté, même après que leur liaison eut commencé. Mais l'insistance d'Henri, les esquives du charmant grand écuyer – pour être séducteur, on n'en pense pas moins à sa carrière –, les pressions quotidiennes de sa famille lui avaient bien vite appris à tirer profit, pour elle et son entourage, de la dépendance presque maladive d'Henri à son égard.

Le roi lui avait ainsi donné la seigneurie d'Assy et des pensions toujours plus importantes : 400, 500, 1 000 écus, plus de 60 000 livres en une année [1], à quoi s'ajoutaient des « brevets », sommes d'argent gagées sur des revenus royaux. L'entourage de Gabrielle bénéficiait également de ces largesses. Bientôt, l'année suivante, ces sommes seraient multipliées par vingt, par cinquante, 23 000 écus, une fois, 60 000 une autre [2]. Une fortune pour une pâmoison.

A vingt ans, Gabrielle avait changé. La jeune fille idéaliste et amoureuse cédait la place à une jeune femme calculatrice et décidée.

Bien entendu, Bellegarde était toujours là, manquant être surpris à chaque escapade, et provoquant des drames : « *Il n'y a rien qui continue plus mes soupçons ni qui me les puisse plus augmenter que la façon dont vous procédez en mon endroit... Il n'y a pire sourd que qui ne veut ouïr... Vous me satisfaites de bouche, non de cœur. Mais si j'eusse su ce que j'ai appris depuis..., je ne vous eusse vue et eusse rompu tout à plat... Quelle foi pouvez-vous me jurer que celle que vous avez faussée ?* » Mais les drames ne vont pas loin, et la belle avait décidé de jouer sa carte auprès du roi.

C'est que, d'un coup, Gabrielle et les siens avaient aperçu que l'inimaginable devenait possible. Le roi ne pouvait demeurer sans héritier. Le mariage stérile et depuis longtemps négligé avec Marguerite devait être rompu. A bout de frasques, la reine de Navarre

---

1. Six millions de francs.
2. Près de vingt millions de francs !

s'était enfermée au château d'Usson en Auvergne. Aux ambassadeurs envoyés par Henri pour discuter d'une possible annulation du mariage, on ne fermait plus la porte. Et même si les enchères montaient, la conclusion se laissait deviner : Marguerite allait céder.

Dès lors, le vieux barbon, la barbe blanche et les traits creusés, le nez busqué, ce physique de paysan épuisé par les fatigues et les plaisirs, prématurément vieilli, – « *il a quarante-sept ans et en paraît soixante* », note un ambassadeur en 1600 –, tout cela, qui rebutait Gabrielle, prend un autre charme. Ce vieillard est un roi qui peut la faire reine. Désormais, elle jettera toutes ses forces dans l'entreprise. La chambre du roi, hier objet de dégoût, devient un lieu où l'on s'applique. Et le pauvre Henri exulte : « *Mille sortes de délices se représentaient devant moi, tant de singulières raretés!... Que la vérité de ces belles paroles proférées avec tant de douceur sur le pied de votre lit, mardi, la nuit fermante, m'ôte toutes mes vieilles et invétérées opinions...* (sur la « fidélité » de son amante). »

Cette stratégie, elle la conduisit avec le même entêtement qu'elle mettait hier à rejeter le fragile séducteur. Ce n'est pas elle qu'on prendrait en défaut de vigilance : « *Le roi*, dit-elle à l'ambassadeur de Venise, *oublie bientôt ses maîtresses lorsqu'il est séparé d'elles. Quant à moi, étant bien instruite de ce danger, je connais le moyen de l'éviter. J'aime mieux en me tenant assidûment auprès du prince, faire comme la lune qui en conjonction avec le soleil l'éclipse toujours sans cependant perdre rien de sa propre lumière, que, m'écartant de lui, demeurer moi-même éclipsée au sein de l'ombre.* » Il n'y eut désormais événement, ni loisir, qui ne vît Gabrielle suivre le roi. Elle se trouvait à ses côtés dans toutes les grandes occasions : lors de l'abjuration, du sacre, du siège de Paris, à la chasse ou en voyage.

Et l'impensable se produisit : Gabrielle se retrouva enceinte. Elle accoucha d'un garçon, le premier fils d'Henri, qu'il nommèrent César. Le Vert-Galant n'avait pas, jusqu'alors, été trop prolifique. Peut-être l'abondance des maladies rencontrées avec les « mauvaises femmes » expliquaient-elles cette infertilité. Naturellement, on remarquait cette longue stérilité. A peine un enfant à la petite Fosseuse, qui n'avait pas vécu, et un autre à une pauvre fille de Normandie que l'on disait morte d'avoir été abandonnée. Et il avait fallu attendre toutes ces années pour que le roi engendre? Alors les regards se tournaient vers Bellegarde. Et l'on faisait des mots du genre « *Aux belles gardes, les beaux four-*

reaux ». Et l'on se gaussait du prénom choisi, César, justement le deuxième prénom du grand écuyer.

Henri se moquait de ces ragots. Il était père. Et désormais sous l'influence de Gabrielle, il n'avait pas d'autre obsession que de reconnaître l'enfant. C'est le président du Parlement, Achille de Harlay, qui se chargea de faire valider la reconnaissance : « *Puisque Dieu n'a pas encore permis que nous ayons des enfants en légitime mariage, nous avons voulu, en attendant qu'il nous veuille donner des enfants qui puissent légitimement nous succéder en cette couronne, rechercher d'en avoir ailleurs, en quelque lieu digne et honorable... Ayant reconnu les grandes grâces et perfections, tant de l'esprit que du corps, qui se trouvent de notre chère et aimée la dame Gabrielle d'Estrées, nous l'avons depuis quelques années recherchée comme le sujet que nous avons jugé et connu comme le plus digne de notre amitié... Ayant plu à Dieu nous donner un fils qui a jusqu'à présent porté le nom de César Monsieur, nous avons résolu en l'avouant et reconnaissant notre fils naturel lui accorder et faire expédier nos lettres de légitimation. »*

Extraordinaire texte, qui fait entrer César de Vendôme dans la famille des Bourbons, sans toutefois lui donner de droit au trône, mais qui, surtout, donne à Gabrielle le statut de maîtresse officielle, reconnu par le parlement de Paris !

Bellegarde avait-il disparu ? Pas tout à fait. Il courtisait Mademoiselle de Guise, mais à intervalles réguliers revenait dans la vie de Gabrielle, chaque fois reprise, chaque fois amoureuse. Le roi supporta ce manège deux ans. Et puis il finit par se fâcher : Bellegarde fut renvoyé de la cour, du moins tant qu'il ne serait pas marié. C'était la fin de l'histoire d'amour de Gabrielle, qu'il appelait « Biby ». Plus rien ne s'opposait à l'entreprise suprême, le mariage et le trône.

En 1596, une petite fille, Catherine-Henriette, remplit le roi de bonheur. On lui donna pour marraine Catherine de Bourbon qui vit là un affront brûlant. Il fit Gabrielle marquise de Monceaux. Elle serait duchesse de Beaufort l'année suivante. En 1598, troisième enfant, un petit garçon, Alexandre, ainsi nommé pour venger les rumeurs qui avaient attribué, quatre ans plus tôt, César à Bellegarde, le grand (écuyer) : à l'époque les courtisans se disaient entre eux : « *Il l'a nommé César, que ne l'a-t-il baptisé Alexandre ? Il eût été Alexandre le Grand...* »

La rumeur se déchaîna contre « *la putain du roi* », contre le « *bourdeau* » qu'était devenu le Palais, contre les amants qu'on

438

prêtait à Gabrielle, qui bafouaient le roi, ridiculisé même par le constat de sa disgrâce. Les catholiques, les courtisans, étaient atterrés à la perspective d'un mariage qu'Henri présentait comme certain. Seuls les protestants voyaient en elle une alliée qui poussait le roi à protéger leurs intérêts. Tous dénonçaient son influence politique sur les décisions d'Henri et sa propension à gaspiller l'argent de l'Etat.

Car Gabrielle était devenue la première conseillère politique du roi, celle qu'il aimait avoir auprès de lui *« afin d'avoir une personne confidente pour pouvoir lui communiquer ses secrets et ses ennuis, et sur iceux recevoir une familière et douce consolation. »* (Cité par P. de Vaissière.)

Gabrielle avait joué un rôle considéré comme décisif pour beaucoup de contemporains dans l'abjuration d'Henri et elle avait également contribué au ralliement final des Guise. Cette fonction de première conseillère est d'ailleurs attestée par Sully, la meilleure preuve en étant l'hostilité que, jaloux de toute rivalité, il manifesta toujours à la maîtresse du roi.

En février 1599, Sillery fut envoyé officiellement à Rome pour discuter du divorce. Mais il s'arrêta en chemin à Florence pour entamer des pourparlers discrets en vue d'un éventuel mariage avec une princesse de Médicis. Etait-ce une diversion pour obtenir l'annulation pontificale et, ensuite, épouser Gabrielle, ou un projet déjà installé dans l'esprit du roi?

La maîtresse officielle, craignant sans doute un double jeu de son royal amant, exigea du roi de nouvelles preuves publiques de son intention de l'épouser. Au mois de mars 1599, la cérémonie fut fixée par le roi vers le dimanche de Quasimodo. Gabrielle était alors enceinte d'un quatrième enfant. Le trouble public était extrême.

Lorsque survint la semaine de Pâques, René Benoît, le confesseur du roi, exigea que la maîtresse s'éloigne d'Henri pendant la durée de la semaine sainte. Henri resta donc à Fontainebleau, alors que Gabrielle regagnait la capitale. Atmosphère noire : le roi assiégé d'interventions qui le suppliaient d'éviter à son royaume et à sa race l'affront de ce mariage ne savait où se tourner. Gabrielle était assaillie d'horribles pressentiments. Tout se dénoua, par un coup de théâtre, le mercredi saint 7 avril. Gabrielle, soudain, fut prise de terribles malaises. Le jeudi, elle eut des douleurs comme pour enfanter, puis fut saisie d'épouvantables convulsions, sans doute victime d'une crise d'éclampsie. Le vendredi, les chirurgiens décidèrent de l'opérer. Ils retirèrent un enfant mort-né de ses entrailles. Gabrielle mourut, après une terrible agonie, le samedi 10 avril 1599.

Les obsèques furent dignes d'une reine : on confectionna une effigie, et on servit fictivement des repas à la morte, selon le rituel en vigueur pour les rois de France. Elle fut inhumée à l'abbaye de Maubuisson. Le roi porta le deuil et parut sincèrement affecté par cette mort si l'on en croit la lettre qu'il adressa le 15 avril à sa sœur Catherine :

« *Ma chère sœur,*
J'ai reçu à beaucoup de consolation de votre visite ; j'en ai bien besoin, car mon affliction est aussi incomparable comme l'était le sujet qui me la donne. Les regrets et les plaintes m'accompagneront jusqu'au tombeau. Cependant, puisque Dieu m'a fait naître pour ce royaume et non pour moi, tous mes sens et mes soins ne seront plus employés qu'à l'avancement et consolation d'icelui. La racine de mon amour est morte, elle ne rejettera plus. Mais celle de mon amitié sera toujours verte pour vous, ma chère sœur, que je baise un million de fois. » (Berger de Xivrey, *Recueil des lettres missives d'Henri IV.*)*

Ce coup du sort venu trancher la question si épineuse du mariage du roi ne laissa pas d'intriguer. Une autopsie fut même pratiquée. On murmura bien sûr que Gabrielle avait été empoisonnée sur les ordres du roi.. A en croire *Les amours du grand Alcandre*, Henri, après avoir feint la tristesse, se serait bien vite consolé :

« *Le roi qui était en une de ses maisons, fut aussitôt averti de son mal, et estimant que c'était un accident de sa grossesse, il ne se hâta point de partir : mais le troisième courrier qui lui porta des nouvelles que ce mal continuait, le fit partir, et vint jusqu'à six lieues de Paris, où il trouva tous les seigneurs de la cour qui lui firent connaître par la tristesse qu'il remarqua sur leurs visages, que la maîtresse était morte. Il pleura fort, et renvoya tout le monde disant qu'il voulait être seul. Il retint seulement celui que j'ai dit qui s'était marié pour lui en donner envie, et le duc de Retz qui était de très bonne compagnie ; qui après lui avoir laissé faire quelque plaintes, lui dit presque en riant, qu'il était bien heureux, et que s'il songeait un peu à ce qu'il allait faire sans cette mort, il songerait que Dieu lui avait fait une grande grâce. Après avoir un peu rêvé il l'avoua, et haussant les yeux au ciel rendit grâces à celui qui lui en avait fait tant d'autres, il se consola si bien que trois semaines après il devint amoureux d'une fort belle fille et de bon lieu, nommée mademoiselle d'Antragues, qui fut depuis la Marquise de Verneuil. »*

La reine et la courtisane

L'entourage royal était soulagé : on avait évité une mésalliance qui aurait gravement discrédité la nouvelle dynastie des Bourbons et compromis le prestige de la France. Pourtant, Henri faisait des promesses à sa nouvelle maîtresse, Henriette d'Entragues. Vrai ou faux, il fallait accélérer les négociations en vue du démariage d'Henri et de Margot.

Ces discussions traînaient depuis 1593. Marguerite de Valois était prête à se plier au désir du roi : elle n'y mettait que des conditions financières, pas négligeables il est vrai. Mais il fallait des motifs d'ordre canonique pour prononcer la dissolution du sacrement du mariage.

Même après la mort de Gabrielle, il fallut toute l'habileté d'Arnaud d'Ossat à Rome pour trouver les arguments propres à étayer une annulation du mariage. On allégua le défaut de consentement de Marguerite, la consanguinité, et la « parenté spirituelle » puisque Henri II, père de Marguerite, avait été le parrain d'Henri de Navarre. Le mariage fut donc annulé le 24 octobre 1599.

Encore fallait-il trouver un parti convenable. Depuis longtemps Henri et son entourage envisageaient celui de Marie de Médicis. La jeune femme était alors âgée de vingt-sept ans, âge fort avancé pour l'époque : on disait qu'elle refusait tous les partis, y compris l'empereur, persuadée qu'elle avait été par une voyante qu'elle devait devenir reine de France. Elle était la fille du grand-duc François-Marie Ier et de l'archiduchesse Jeanne d'Autriche. Sans descendant mâle, il avait laissé le grand-duché à son frère Ferdinand. Certes, les Médicis n'étaient pas une maison très ancienne mais Marie avait eu de nombreux prétendants dont l'empereur d'Allemagne et son héritier. De plus, les Valois n'avaient-ils pas déjà contracté une alliance avec eux lorsque Catherine de Médicis s'était mariée à Henri II ? Enfin, les Médicis, famille de banquiers, étaient les principaux créanciers d'Henri IV : en 1599, la dette de la monarchie française auprès des Médicis s'élevait à 1 174 147 ducats d'or... La dot de la mariée, qui ne manquerait pas d'être considérable, effacerait au moins en partie la dette.

En mai 1599, Henri IV avait envoyé le cardinal de Gondi (d'origine florentine) pour fixer les conditions financières de cette union avec le grand-duc Ferdinand. Après bien des discussions, on s'entendit sur une dot de 600 000 écus. C'était moins que l'on avait espéré du côté français mais, comme l'observait Sully, jamais reine de France n'avait apporté une telle somme. Le contrat fut signé à Florence par Brûlart de Sillery le 25 avril 1600 au nom du roi. Henri ne connaissait sa future que par un portrait qu'on lui avait adressé quelques mois auparavant, la représentant à l'âge de dix-sept ans. Un peu déçu, il attendait impatiemment le retour de ses émissaires, qu'il avait chargés d'observer Marie de pied en cap...

Mais, loin de ces tractations ultramontaines, Henri s'intéressait déjà à d'autres charmes. Henriette d'Entragues, demoiselle âgée de vingt ans en 1599, remplaça rapidement Gabrielle d'Estrées. Belle et ambitieuse, elle sembla vite aussi redoutable que cette dernière, ce qui inquiétait l'entourage royal, craignant de nouvelles intrigues sentimentales au moment où l'on négociait avec les Médicis :

« *Les ministres de son Etat voyant de quel malheur Dieu l'avait délivré, et connaissant l'esprit hardi de cette demoiselle qui n'avait pas moins d'ambition que l'autre, ils l'embarquèrent le plus vite qu'ils purent à se marier.* » (Les Amours du grand Alcandre.)

La belle Henriette gérait son patrimoine affectif avec un machiavélisme au moins aussi consommé que Gabrielle d'Estrées avant elle, comme le rappelèrent à Sully ses secrétaires :

« *Voyant passer cette affection si avant qu'il vous fallut (...) trouver cent mille écus pour donner à cette baquenaut. Laquelle ne finit néanmoins pas là ses habiletés et ses artifices, ni n'exécuta pas ce dont elle avait donné toute assurance, mais ajoutant ruse à sa subtilité, elle fit intervenir son père et sa mère de traverse, pour l'observer de si près qu'il parut être hors de sa puissance de trouver un lieu commode pour l'accomplissement des promesses qu'elle avait faites pour ces cent mille écus; sur lesquelles se trouvant pressée par le roi, elle lui disait ne manquer nullement de volonté en son endroit, mais qu'il fallait aussi essayer d'avoir celle de ses père et mère favorable, afin qu'ils ne l'observassent plus de si près, à quoi elle-même travaillerait de son côté à en trouver les moyens. Lesquels après plusieurs lon-*

gueurs et remises, elle dit n'avoir pu être ployés à consentir tout ce que le roi aurait agréable, sinon que, pour garantir leur conscience envers Dieu et leur honneur parmi le monde, Sa Majesté lui voulut faire une promesse de mariage (...). Et sut cette pimbêche et rusée femelle cajoler si bien le roi, le tourner de tant de côtés et gagner de telle sorte tous les porte-poulets, cajoleurs et persuadeurs de débauches qui étaient tous les jours à ses oreilles pour lui proposer un plaisir, et qui un autre, qu'il se laissa enfin persuader à faire cette promesse puisque, autrement, ne pouvait-il avoir l'effet de celle qui lui avait déjà tant coûté. » (Sully, *Economies royales.*)

Pendant tout l'été 1599, Henri poursuivit Henriette de ses assiduités, lui donnant outre les cent mille écus évoqués par Sully la seigneurie de Verneuil qu'il fit ériger en marquisat. Il lui adressa également des vers enflammés et engageants :

> *Le cœur blessé, les yeux en larmes,*
> *Ce cœur ne songe qu'à vos charmes;*
> *Vous êtes mon unique amour.*
> *Jour et nuit pour vous je soupire;*
> *Si vous m'aimez à votre tour,*
> *J'aurai tout ce que je désire.*
>
> *Je vous offre sceptre et couronne;*
> *Mon sincère amour vous les donne.*
> *A qui puis-je mieux les donner?*
> *Roi trop heureux sous votre empire,*
> *Je croirai doublement régner,*
> *Si j'obtiens ce que je désire.*
> (Cité par P. de Vaissière, *Henri IV.*)

Ces vers riches de poncifs et d'ambiguïtés ne décidèrent pas la belle. Elle voulait un acte en bonne et due forme avant de céder ses charmes. Elle l'obtint :

« *Nous, Henri quatrième, par la grâce de Dieu, roi de France et de Navarre, promettons et jurons devant Dieu, en foi et parole de roi, à messire François de Balsac, sieur d'Entragues, chevalier de nos ordres, que, nous donnant pour compagne demoiselle Henriette-Catherine de Balsac, sa fille, au cas que dans six mois, à commencer du premier jour du présent, elle devienne grosse et qu'elle accouche d'un fils, alors et à l'instant nous la prendrons à*

443

femme et légitime épouse, dont nous solenniserons le mariage publiquement et en face de notre sainte Eglise, selon les solennités en tel cas requises et accoutumées. Pour plus grandes approbations de laquelle présente promesse, nous promettons et jurons, comme dessus, de la ratifier et renouveler sous notre seing, aussitôt après que nous aurons obtenu de notre Saint-Père le pape la dissolution du mariage entre nous et dame Marguerite de France, avec permission de nous marier où bon nous semblera. En témoin de quoi, nous avons écrit et signé la présente. Au Bois-Malesherbes, ce jourd'hui premier octobre 1599. Henri. » (P. de Vaissière, *Henri IV.*)

Cette promesse écrite était très dangereuse, mais la belle croqueuse tenait bon, et il fallait en passer par là. Henri était pressé et, le 7 octobre, lui écrivait : *« Comme roi et comme Gascon, je ne sais pas endurer. »*

François d'Entragues, muni de la précieuse promesse écrite du roi, laissa partir sa fille, qu'Henri installa à proximité du Louvre. Henriette, bien décidée à avoir un enfant d'Henri pour obliger celui-ci à honorer sa promesse, tomba bientôt enceinte. Mais le ciel était avec Marie de Médicis. La foudre tomba un soir sur la chambre d'Henriette à Fontainebleau et provoqua un accouchement prématuré : l'enfant, un garçon, était mort-né. La promesse écrite était caduque. Henriette devait toujours considérer Marie de Médicis comme une usurpatrice, l'appelant la « banquière », ce dont Henri la reprit un jour fort vivement :

« Mademoiselle d'Entragues, quand elle parlait au roi de la princesse, ne l'appelait que sa " banquière ", trop effrontément en vérité, et trop impudemment. De quoi Sa Majesté n'étant pas contente, et déjà, par deux ou trois fois, l'ayant reprise de son impudence, il la châtia enfin d'une rencontre fort à propos. Car lui ayant demandé un jour quand viendrait sa banquière : " Aussitôt, lui répondit le roi, que j'aurai chassé de ma cour toutes les putains ! " » (Pierre de l'Estoile, *Mémoires.*)

Il n'y avait pas femme plus dissemblable d'Henriette d'Entragues que Marie de Médicis. La première était mince, brune, vive et enjouée, la seconde avait des rondeurs, était blonde, alanguie et prude. Henri IV s'amusait de cette différence entre les deux femmes, comme le révèle une lettre à Marie de Médicis :

« *J'ai vu ce que vous me mandez de cette dame jaune et maigre, ce n'est plus marchandise pour ma bouche, car je ne me fournis que de blanc et gras.* » (Lettre du 19 octobre 1605.)

C'était, que l'on ne s'y trompe pas, un compliment. Car les canons de la beauté féminine allaient, en ce début du xviiᵉ siècle, vers les formes amples et le teint de lait. Les serviteurs du roi, à leur retour de Florence, avaient vanté sa haute taille, sa physionomie altière et sa poitrine généreuse. Dans sa première lettre à Marie, Henri semblait exprimer un réel enthousiasme :

« *Madame la princesse de Toscane. Les vertus et la perfection qui reluisent en vous et vous font admirer de tout le monde avaient, il y a déjà longtemps, allumé en moi un désir de vous honorer et servir comme vous le méritez ; mais ce que m'en a rapporté Alincourt me l'a fait croître ; et ne vous pouvant moi-même représenter mon inviolable affection, j'ai voulu en attendant ce contentement (qui sera bientôt, si le ciel favorise à mes vœux) faire élection, Madame, de ce mien serviteur Frontenac pour faire cet office en mon nom, assuré qu'il s'en acquittera fidèlement, comme celui que j'ai nourri, et qui, mieux que nul autre, a connaissance de mes intentions. Il vous découvrira mon cœur, et que vous trouverez non moins accompagné d'une passionnée volonté de vous chérir et aimer toute ma vie comme maîtresse de mes affections, mais de ployer dorénavant sous le joug de vos commandements celui de mon obéissance comme dame de mes volontés, ce que j'espère de vous pouvoir témoigner un jour, et vous confirmer en personne le gage qu'il vous porte de ma foi, si vous ajoutez pareille foi à lui qu'à moi-même. De quoi je vous prie, et de lui permettre, après vous avoir saluée et baisé les mains de ma part, qu'il vous présente le service d'un prince que le ciel vous a dédié et fait naître pour vous seule, comme pour moi il a fait votre mérite.* » (Lettre du 24 mai 1600.)

C'était une lettre pleine de bonne volonté mais qui ne correspondait guère au tempérament du roi. Henri, retenu par la guerre de Savoie, ne pouvait aller chercher son épouse. Ce fut le duc de Bellegarde, l'ancien amant de Gabrielle, qui partit à Florence, à la tête d'une délégation d'une quarantaine de gentilshommes français, pour procéder à un mariage par procuration...

Le 5 octobre 1600, le mariage fut célébré en grande pompe dans la cathédrale de Florence par le neveu du pape, le cardinal

Aldobrandini. Le grand-duc Ferdinand, au nom de qui Henri avait établi sa procuration, donna son assentiment à la place d'Henri. Les fêtes données à cette occasion éblouirent la délégation française, peu habituée au luxe et au raffinement florentins. On joua l'*Eurydice* de Péri, que l'on considère comme le premier opéra de l'histoire. Le souper au palais Pitti fut grandiose : viandes apprêtées en forme d'éléphants, de girafes et de crocodiles, fruits présentés sur des arbres artificiels. Des machineries sophistiquées faisaient apparaître et disparaître des tables et couler des fontaines, cependant que des saynètes allégoriques jouées par des acteurs célébraient l'importance de l'événement.

Le 19 octobre, Marie fit ses adieux à Florence. Elle avait reçu le jour même une lettre de son époux :

« *Ma femme aimez-moi bien ; et ce faisant vous serez la plus heureuse des femmes.* »

Ce départ donna lieu à de nouvelles réjouissances en Toscane. Il fallut ensuite embarquer pour Marseille avec une flotte imposante portant 5 000 hommes d'armes. Le 9 novembre, Marie de Médicis put fouler le sol français dans la cité phocéenne. Des cérémonies officielles accueillirent la nouvelle reine, en l'absence du roi toujours retenu par la guerre de Savoie.

La rencontre des deux époux devait avoir lieu à Lyon, où le cortège de la reine arriva le 3 décembre. De nouvelles festivités célébrèrent l'arrivée de la reine. Le roi arriva le 9 décembre au soir. C'est habillé en soldat qu'il se présenta à sa femme. Auparavant, il l'avait observée quelques instants sans qu'elle s'en aperçût, dissimulé derrière la stature de son grand écuyer Roger de Bellegarde. On l'annonça, et comme Henri s'avançait, Marie s'agenouilla. Il la releva, puis, la serrant contre lui, l'embrassa sur le visage. Les deux époux étaient quelque peu embarrassés : le roi ne savait pas parler l'italien, pas plus que Marie de Médicis le français. La duchesse de Nevers faisait l'interprète. Après le souper, Henri manifesta son intention de rester seul avec son épouse et de consommer sans plus tarder ce mariage. Selon certains témoignages, Marie fut extrêmement gênée d'avoir à accomplir si rapidement ses devoirs conjugaux :

« *La reine eut un mouvement de recul, disant qu'il convenait d'attendre l'arrivée du légat, pour bénir tout d'abord leurs noces ; mais on dit que Sa Majesté tira d'une sacoche une lettre ou bref de Sa Sainteté, où il était dit qu'il n'était besoin d'autres cérémonies*

446

que de celles qui avaient été faites à Florence. Quand la reine vit la résolution du roi, elle fut prise d'une telle peur qu'elle devint froide comme glace, et qu'après l'avoir portée au lit, on ne parvenait pas à la réchauffer avec des linges bien chauds. » (Lettre de Gianbattista Agucchi à son frère, citée par P. de Vaissière, *Henri IV*.)

Les senteurs légendaires du Vert Galant n'arrangeaient sans doute rien à l'affaire :

« *Quand la feu reine coucha avec lui pour la première fois, quelque bien garnie qu'elle fut d'essences de son pays, elle ne laissa pas d'en être terriblement parfumée. Le feu roi pensant faire le bon compagnon disait : " Je tiens de mon père, moi je sens le gousset. "* » (Tallemant des Réaux, *Historiettes*.)

L'hymen ne fut cependant pas déplorable car les serviteurs du roi et de la reine purent recueillir des impressions favorables des deux jeunes mariés. Le 17 décembre, une nouvelle cérémonie religieuse paracheva l'union d'Henri et de Marie :

« *Le roi et la reine vinrent en grande pompe, accompagnés de trompettes, de tambours et de fifres, au milieu des cris de joie et des applaudissements de tout le peuple. Le roi faisait jeter de l'argent à la foule, et entre autres des pièces frappées exprès pour ce mariage (...).*

Le roi et la reine avaient leurs prie-Dieu et leurs fauteuils sous un haut dais, au milieu du chœur, en face de l'autel. Le roi était vêtu d'un pourpoint et de hauts-de-chausses entièrement blancs, costume de fiancé fort galant ; il avait une collerette fort parfumée, toute brodée et rabattue à l'aide d'une broche d'or, pleine de riches diamants, et il portait un petit chapeau très gracieux orné de plumes de héron et d'une foule de pierres précieuses. Sur le pourpoint était jeté un manteau de velours noir, ni trop long ni trop court, fort bien fait, et sur le tout était passé le grand collier des deux ordres de chevalerie de Saint-Michel et du Saint-Esprit. Autour de Sa Majesté se tenait un grand nombre de chevaliers de ces deux ordres, qui portaient tous également le collier d'or, ce qui était d'un grand et bel aspect. Le roi, en somme, était beau et tout joyeux et rempli de dévotion, ce qui ne l'empêchait pas de montrer une amabilité et une vivacité empressées à regarder de-ci de-là pour honorer chacun de la faveur de son salut.

La reine parut bien belle et bien gracieuse avec le manteau royal et la couronne en tête toute chargée de joyaux qui resplen-

447

dissaient d'un noble éclat. Elle avait un corsage tout garni de dentelles, surtout sur la poitrine, qui en était tout ornée. Le reste de corsage et toute la robe étaient brodés de lys d'or, sur un fond de velours violet, de même que le manteau royal. La reine se tenait si bien, que chacun était en admiration et qu'on se demandait si ce n'était pas sa beauté qui ajoutait de l'éclat aux ornements royaux, plutôt que les ornements royaux n'en ajoutaient à sa beauté. Elle se comporta avec tant de modestie et de dignité et en même temps d'une façon si aimable et gaie vis-à-vis de tout le monde, que chacun fut comblé de satisfaction. Quand le roi s'avança au-devant du légat à l'offertoire, elle fit à l'autel, au roi et au légat des révérences si accomplies qu'on ne tarissait point en éloges. La reine était conduite par le prince de Conti et par le duc de Montpensier ; la duchesse de Ventadour et la comtesse d'Auvergne tenaient la traîne du manteau, qui était relevé par beaucoup d'autres dames de plus " basse main " ; car autrement elle n'aurait pu se mouvoir. Elle parlait avec les princes et les princesses, tantôt avec l'un, tantôt avec l'autre, d'une manière fort courtoise, et paraissait avoir une grande habitude de répartir les faveurs avec une gentillesse exquise, sans déroger à son rang.

Le peuple a un si grand désir qu'elle ait des enfants, que le bruit court déjà qu'elle est enceinte. » (Dépêche de Belisario Vinta du 18 décembre 1600, B. Zeller, *Henri IV et Marie de Médicis*.)

Henri n'en oubliait pas pour autant Henriette et, quelques semaines plus tard, il faussait compagnie à son épouse. Empruntant les chevaux de la poste, il rejoignit en quelques jours Henriette à Paris. Marie et Henriette se retrouvèrent ainsi enceintes à deux semaines d'intervalle :

« *Il estima avoir, pour cette première fois, assez donné de satisfaction et assurance de son amitié conjugale à la reine, la laissant enceinte comme il croyait, et était vrai. Et ne pouvant, ou ne voulant oublier ses précédentes amours de la marquise de Verneuil, qu'il entretenait toujours par lettres et compliments ordinaires, par le moyen desquels il l'avait fait retourner à Paris (...). Il se résolut, pour contenter aussi ladite marquise, de la retourner voir... là, après quelques légers reproches, leur amour se reconfirma si bien que le roi la laissa en ce voyage aussi bien enceinte qu'il avait fait de la reine à Lyon, et ce dix ou douze jours l'une de l'autre, comme la naissance des enfants qui en sont depuis sortis l'ont fait paraître (...). Et cependant la reine et tout le gros de la cour, à petites journées, s'acheminaient vers Paris, et alla droit à Fontainebleau, où le roi se rendit à temps pour la recevoir. De là Leurs Majestés se rendirent à Paris.* » (Hurault de Cheverny, *Mémoires*, cité par P. de Vaissière, *Henri IV*.)

L'entrée de la reine à Paris le 9 février donna lieu à de nouvelles festivités. On présenta Marie de Médicis à tous ceux qui n'avaient pu se déplacer à Lyon, dont Henriette d'Entragues. La terrible maîtresse provoqua un incident diplomatique. Le roi la présenta à la reine en disant : « *Celle-ci a été ma maîtresse ; elle veut être votre particulière suivante.* » Mais Henriette ne s'inclina pas suffisamment au gré du roi, si bien qu'Henri dut la forcer de sa main pour qu'elle s'abaisse et baise le bas de la robe de Marie.

La rivalité entre les deux femmes rebondit en automne. Le 27 septembre naquit le dauphin Louis, le 27 octobre Gaston-Henri de Verneuil. Ce qui fit dire à Henri : « *Il me naît un maître et un valet* »...

Une partie de la suite de Marie de Médicis en France resta auprès d'elle. Une jeune femme, élevée avec elle, avait un ascendant manifeste sur la nouvelle reine. Léonora Galigaï était de naissance incertaine – on la disait fille de menuisier – mais son intelligence et sa complicité faisaient d'elle la dame de compagnie préférée de la reine et elle reçut le titre de « dame d'atours » de la reine. Elle choisissait les parfums, les coiffures et les vêtements de Marie. Elle était également, de manière plus officieuse, sa conseillère et sa confidente. Très vite Léonora devint riche et influente grâce aux libéralités de Marie.

Le favori de Marie de Médicis était Concino Concini. D'origine noble, il s'était glissé dans la suite de la reine et avait séduit Léonora Galigaï. Henri qui se méfiait de ce Florentin ambitieux avait vainement cherché à s'opposer à cette union. Henri IV n'aimait pas ce couple, qu'il accusait de dominer la reine. De Léonora Galigaï, il disait : « *Elle n'est bonne qu'à faire pleurer ma femme* ». Quant à Concini, il l'accusait de détourner l'argent de la reine : « *Je ne veux plus donner un sou à la reine parce que tous iraient dans la bourse du signor Concini.* » (M. Carmona, *Marie de Médicis.*)

Concini devint maître d'hôtel de la reine et fut gratifié d'une pension de 25 000 livres annuelles. En 1606, il obtint même du roi, en échange de ses bons offices pour le réconcilier avec la reine, la charge de premier écuyer de la reine, qui lui donnait le privilège de rentrer dans le Louvre à cheval ou en carrosse comme les princes de sang.

Marie de Médicis comptait aussi dans son entourage proche Marguerite de Guise, la fille du Balafré, mariée au prince de Conti, qui fut sa secrétaire particulière. Un temps maîtresse du roi et courtisane bien renseignée, elle écrivit plus tard *Les Amours du grand Alcandre*, ce pamphlet que nous avons abondamment cité et qui décrit les amours d'Henri.

Dernières péripéties

La vie d'Henri était dominée par deux femmes au caractère bien trempé, Marie de Médicis et Henriette d'Entragues. Elles s'affrontaient en permanence, en dehors de quelques trêves plus politiques que sentimentales.

Pourtant, Henriette avait failli être disgraciée. Déjà impliquée dans la conspiration de Biron, elle avait eu un rôle central en 1604, dans la conjuration du duc de Bouillon. Henriette considérait toujours que Marie avait usurpé une place qui lui avait été promise en bonne et due forme par Henri, que son fils Gaston-Henri était le véritable dauphin, et Louis un petit bâtard. Le comte d'Auvergne, Charles de Valois, bâtard de Charles IX et demi-frère de la marquise de Verneuil, était l'un des principaux conjurés avec le père d'Henriette. Henri réussit à obtenir l'exemplaire de sa promesse écrite de mariage que le père d'Henriette détenait toujours. Puis, les preuves de trahison s'accumulant, ce dernier fut condamné à mort avec le comte d'Auvergne. Henriette fut condamnée à la réclusion dans un monastère. Mais elle sut à nouveau parler au cœur du roi : son père et son demi-frère furent graciés et sa propre peine commuée en une simple mise à l'écart de la cour. La faiblesse du roi fut, on s'en doute, brocardée dans les pasquins qui circulaient à Paris sous le manteau :

> *La marquise plus ne verras,*
> *Elle te hait mortellement.*
>
> *D'Auvergne échapper ne laisseras*
> *Car c'est un mauvais garnement.*
>
> *Les putains plus ne hanteras*
> *Afin de vivre chastement.*

(*Les douze commandements de Maître Guillaume*, cités par J.-P. Babelon, *Henri IV.*)

C'était une maigre victoire pour Marie de Médicis, d'autant qu'Henri profita de cet événement pour jeter son dévolu sur une autre maîtresse, Jacqueline de Bueil.

Les relations entre Marie et Henri étaient orageuses. Même dans un ménage royal, les occasions de se disputer ne manquaient pas. Les incartades d'Henri fournissaient d'ailleurs suffisamment de matière à ces querelles. Ces scènes de ménage secouaient toute la cour : les affaires privées du roi et de la reine s'y étalaient aux yeux de tous. Marie, jalouse et susceptible, avait un tempérament de matrone italienne et Henri, en bon Gascon, n'était pas en reste. Ce genre d'esclandre éclatait environ tous les huit jours, si l'on en croit Richelieu. Bien souvent, Marie s'emportait à propos de l'attitude de la « *poutane* » du roi, autrement dit Henriette. Sully était le confident des problèmes matrimoniaux du roi : « *Le plus grand de ses désirs eût été de pouvoir vivre en amitié cordiale, union, paix et concorde avec sa femme, (...) et que pourtant, depuis qu'elle prenait une fois sa quinte, si lui voulait d'une chose, elle voulait d'autre, s'il était d'un avis, le sien était contraire, qu'il ne pouvait non plus souffrir qu'elle lui grognât et rechignât quasi toujours, lorsque revenant de la ville ou de la chasse, il la voulait aller baiser, caresser, rire et s'amuser avec elle, et qu'elle ne lui offrît qu'une mine froide, au lieu de l'entretenir gaiement.* » (Sully, *Economies royales.*) Le pauvre Sully devait souvent s'interposer pour réconcilier les deux époux. Ainsi en 1606, il retint Marie qui se précipitait le poing tendu sur le roi, l'empêchant de commettre un irréparable crime de lèse-majesté domestique...

La marquise de Verneuil faisait aussi en public des scènes au roi :

« *Mme de Verneuil l'appela un jour capitaine Bon Vouloir; et une autre fois, car le grondait cruellement, elle lui dit que bien lui prenait d'être roi, que sans cela on ne pourrait le souffrir, et qu'il puait comme une charogne. Elle disait vrai, il avait les pieds et le gousset fin.* » (Tallemant des Réaux, *Historiettes.*)

Il serait pourtant inexact de présenter un couple royal dénué de toute affection. L'accident qui eut lieu sur la Seine à Neuilly le 9 juin 1606 en témoigna : le carrosse royal empruntait à cet endroit un bac pour traverser le fleuve et aller vers Saint-Germain. L'embarcation chavira et la reine faillit se noyer. Henri, selon certains témoignages, lui porta immédiatement secours. Mais Marie s'agrippa de manière cocasse à son époux, ce qui donna l'occasion au cardinal du Perron de faire après coup un bon mot, qui serait aujourd'hui sans doute bien déplacé dans la bouche d'un prélat :

« Le feu roi Henri IV contait que, lorsqu'il faillit se noyer à Neuilly, la reine l'avait pris à la braguette. Elle avait raison, lui répondit le cardinal du Perron, la pièce qui est là-dedans ne va jamais au fond. » (Tallemant des Réaux.)

La marquise de Verneuil fit aussi un bon mot qui irrita le roi :

« Après la chute du roi et de la reine dans la rivière à Neuilly, la marquise de Verneuil vit le roi, qui lui ayant dit : " Si vous eussiez été de l'autre côté de la rivière, qu'eussiez-vous fait, voyant cet accident ? – Je me fusse désespérée, lui répondit-elle, de voir Votre Majesté en cet état, mais pour la Reine, j'eusse seulement crié : 'la reine boit ! '. " » (Tallemant des Réaux.)

Henri était donc pris entre deux femmes possessives et exigeantes qui se disputaient sa personne.

Longtemps disgraciée et condamnée à un long exil intérieur, Margot revint à la cour de France en 1605 pour dénoncer la conspiration du duc de Bouillon. Cette occasion lui permit de négocier son retour à la cour et la restitution de ses biens. Hébergée à l'Hôtel de Sens, près du Pont-Marie, la « reine Marguerite », comme l'appelait le peuple, venait régulièrement au Louvre. Un problème d'étiquette se posa : comment le dauphin devait-il l'appeler ? Certains suggérèrent « ma tante », Marie de Médicis « maman », le petit Louis proposa « ma sœur », puis trancha avec « maman ma fille ». Marguerite se montrait très prévenante avec lui et, en 1607, elle fit un geste symbolique très important en lui léguant par testament tous ses biens, manifestant ainsi sa reconnaissance de la légitimité du futur Louis XIII.

En fait, Marguerite s'intégra rapidement à la cour et y apporta même une note d'apaisement et de raffinement. Henri visitait parfois son « ex-reine » :

« Sa Majesté allant voir la reine Marguerite, l'ayant trouvée toute triste de la maladie de Bajaumont, son favori, dit en sortant à ses filles, qu'elles priassent toutes Dieu pour la convalescence dudit Bajaumont, et qu'il leur donnerait leurs étrennes ou leur foire : " Car s'il venait une fois à mourir, Ventre-Saint-Gris ! dit-il, il m'en coûterait bien davantage, pour ce qu'il faudrait acheter une maison toute neuve au lieu de celle-ci, où elle ne voudrait plus tenir. " » (Pierre de l'Estoile, *Mémoires*.)

452

Les Parisiens appréciaient sa piété et ses actions charitables. Elégante, elle arborait le plus beau décolleté de Paris. Ce mélange de religion et d'élégance mondaine lui valut le surnom de « vieille sainte plâtrée »...

Henri n'avait pas changé ses habitudes de vieux garçon. Personne d'ailleurs ne s'attendait à vrai dire à un revirement de sa part. Le mariage avait été placé sous le signe de la raison d'Etat. Marie de Médicis remplissait à merveille la fonction qu'il attendait d'elle : lui donner des enfants légitimes pour asseoir solidement la nouvelle dynastie. Le plaisir continuait à être ailleurs.

Il eut ainsi une courte liaison avec Charlotte des Essarts en 1606, qui lui fit deux jumelles. Charlotte dut se montrer particulièrement insistante car Henri IV enjoignit à Sully de le « décharger au plus tôt de cette femme » au prix de quelques milliers d'écus...

A en croire Les Amours du grand Alcandre, il y eut bien d'autres aventures :

« Ce fut en ce temps que le roi devint amoureux d'une jeune fille qu'il maria aussitôt après, et puis d'une autre bien plus belle (la comtesse de Morel, nommée Jacqueline du Bueil) qu'il maria aussi pour la revoir d'un lieu où elle était, étant d'accord avec le mari qu'il la quitterait dès le soir des noces comme il fit (...). Quelque temps après le roi toujours galant devint amoureux de la duchesse de Nevers (Catherine de Lorraine, fille du duc de Mayenne), princesse de grande vertu, et que (il) honorait fort sa personne, mais qui faisait peu de cas de sa personne (...). Mais comme le roi ne pouvait vivre sans quelque amour nouvelle, la reine ayant repris le dessein de faire le ballet déjà proposé ; entre les dames nommées pour en être, l'incomparable Mademoiselle Montmorency en fut une. Elle était si jeune alors, qu'elle ne faisait presque que sortir d'enfance, sa beauté était miraculeuse, et toutes ses actions si agréables qu'il y avait de la merveille par tout. Le roi la voyant danser un dard à la main, se sentit percé le cœur si violemment que cette blessure lui dura aussi longtemps que la vie. » (Les Amours du grand Alcandre.)

L'âge aidant, Henri IV s'intéressait donc à des filles de plus en plus jeunes. Charlotte de Montmorency n'avait pas quinze ans. Suite à cette scène du ballet, Henri réussit à éloigner Bassompierre de la belle et la maria au jeune prince de Condé. Ce dernier, âgé de vingt ans, que l'on disait bossu et bègue, semblait être le mari idéal : Henri pensait qu'il se plierait sans trop rechigner à ses prérogatives royales. Mais le prince de Condé se révéla plus sourcilleux sur son honneur que prévu. La fuite des deux époux devait, en occasionnant une crise diplomatique très grave, manquer plonger le pays dans la guerre.

Le Louvre et les autres résidences de la cour se faisaient la caisse de résonance naturelle des aventures et des scènes de ménage royales. L'opinion publique connaissait les incartades du roi et son infidélité conjugale, mais elle tolérait de moins en moins bien ce comportement. L'image du Vert Galant faisait progressivement place à celle d'un vieux barbon poursuivant de ses assiduités n'importe quelle demoiselle prête à céder ses charmes pour quelques largesses royales. Il est clair qu'avec l'âge, le pouvoir de séduction du Béarnais était davantage d'ordre financier et symbolique que physique. Le peuple parisien trouvait que ces maîtresses, occasionnelles ou attitrées, finissaient par coûter cher aux finances de l'Etat.

Sully, conscient et soucieux de cette évolution de l'opinion, redoutait l'influence de ces amours royales sur les décisions politiques et diplomatiques et avait mis en garde Henri. Ce dernier s'en était tiré, à son habitude, par une pirouette, lui disant préférer *« avoir perdu dix maîtresses comme elles qu'un serviteur comme lui (...) nécessaire pour les choses honorables et utiles »* et lui promettant de s'amender bientôt pour la grandeur des affaires du royaume :

« Car lors ferai-je voir que je quitterai plutôt maîtresses, amours, chiens, oiseaux, jeux, brelants, bâtiments, festins, banquets, et toutes la moindre occasion et opportunité pour acquérir honneur et gloire, dont les principales, après mon devoir envers Dieu, ma femme, mes enfants, mes fidèles serviteurs, et mes peuples, que j'aime comme enfants, sont de me faire tenir pour prince loyal, de foi et de parole, et de faire des actions sur la fin de mes jours qui les perpétuent et couronnent de gloire et d'honneur, comme je l'espère que feront les heureux succès des desseins que je ne pense plus souvent qu'à tous mes divertissements ci-dessus... » (Sully, *Economies royales.*)

A en croire Sully, le « grand dessein » devait en quelque sorte faire oublier Charlotte de Montmorency...

L'échec du Vert Galant

Qu'il s'agisse de Gabrielle accédant au statut de maîtresse officielle ou de Marie de Médicis, Henri donne le sentiment de rechercher un ancrage institutionnel à sa vie affective. La nécessité même de sa condition de roi désormais reconnu exigeait cette institutionnalisation, à la fois pour lui assurer une descendance indiscutable et pour donner à la figure royale toute sa plénitude symbolique. Il n'est pas de roi sans reine, les jeux de cartes nous le rappellent. La signification à la fois familiale – le père de la nation – et cosmique – le roi est le garant de la cohérence et de l'ordre naturel du monde – de la royauté appellent l'incarnation, à la tête de la monarchie, des deux principes féminin et masculin. D'où la magnificence des noces royales et, auparavant, l'octroi à Gabrielle de toutes les attributions symboliques d'une reine. Gabrielle y attachait un grand prix mais c'était aussi l'intérêt d'Henri.

Il y avait en cela également la nécessité d'une analogie entre le couple royal et chaque famille française. Henri IV fut sans doute l'un des premiers rois à se faire ainsi représenter en roi bourgeois, avec sa femme – la maîtresse puis la reine – et ses enfants, comme un bon père de famille.

La reine avait aussi une fonction de grande ordonnatrice de la cour et des divertissements royaux, fonction que Margot, à Nérac, avait magnifiquement illustrée et que Gabrielle d'Estrées et Marie de Médicis assumeraient aussi à la cour du Vert Galant.

Avec Corisande comme avec Gabrielle, Henri a, d'une certaine façon, inauguré la figure de la femme conseillère politique, une figure profondément différente de celles, traditionnelles, des régentes ou des reines.

Mais la dépendance affective d'Henri vis-à-vis de ses conseillères et l'influence intellectuelle et politique qui en découlait pour celles-ci reflétaient aussi une véritable fragilité. Henri avait ceci de proche des hommes politiques de nos modernes démocraties que sa destinée, tout prince et roi qu'il fut, n'était pas écrite d'avance et que son avenir demeura presque toujours incertain.

Henri, derrière sa faconde et son assurance apparente, devait profondément douter de lui-même : la plupart de ses orientations stratégiques, qu'il s'agisse de la fuite de la cour de France, des choix militaires, de l'abjuration, même si elles dessinent une trajectoire cohérente, ont été le fruit d'une délibération hésitante. Et ce doute, exacerbé par la précarité même de son devenir politique, appelait une présence féminine, chargée d'exorciser ses angoisses. Ce n'est qu'une fois sa position assurée qu'Henri devait se fier pleinement et exclusivement à un homme, Sully.

Avec Marie de Médicis, c'est un tout autre décor qui se découvre, à mille lieues cette fois de la femme romantique – Corisande – ou de la femme fatale et calculatrice – Gabrielle. Nulle exaltation sentimentale ou sensuelle dans cette relation.

C'est l'image d'un couple très ordinaire, uni par une affection réelle, par un lien d'habitude plus que d'amour, avec ses petits plaisirs, ses attentions parfois touchantes – les cailles qu'Henri réserve à sa femme au retour de la chasse, le ballet que Marie crée à son intention –, ses détails quotidiens et prosaïques, comme les grognements de la reine lorsqu'on la réveille trop tôt, ses scènes de ménage orageuses enfin, où l'on voit Sully s'interposer entre les deux époux... Ce n'est plus le roi en majesté et il y a un savoureux paradoxe à imaginer Henri IV, Henri le Grand, prince du premier royaume du monde, presque en mari battu, se colettant chaque jour avec sa matrone...

Mais cette matrone est aussi, en vraie Médicis, une politique et il y a un autre paradoxe à voir en quelque sorte l'histoire se répéter, à voir, à quelques décennies de distance, deux princesses Médicis en reines puis régentes du royaume, avec leur cohorte d'intrigues et d'ambitions.

Le Vert Galant fut, en amour, un pauvre homme. Marié deux fois à des femmes qu'il n'avait pas choisies, Henri fut la victime des contraintes politiques de sa destinée. Il le fut aussi des libertés sans limites qu'elle autorisait au détriment d'une véritable maturation affective. L'espèce de chasse éperdue à laquelle le livrait son angoisse le laissa sans lien véritable. Si l'on excepte Diane-Corisande, il n'y eut là que grande pauvreté, souvent ridicule, et échec durable. Au fur et à mesure de sa vie, les formules de la correspondance amoureuse, les « *je vous baise un million de fois les mains* », « *je suis votre sujet* », « *il y a déjà un siècle que je vous ai laissée* », « *il ne se vit onques une fidélité si pure que la mienne* » perdirent leur fraîcheur. L'amoureux méprisé, l'amant à peine supporté, l'homme bafoué ne trouvèrent jamais le port. Le politique, si. Mais la légende ne le dit pas, qui, au contraire de la vie, a mieux servi l'homme privé que l'homme public.

LA COUR DU VERT GALANT

La cour de France, la prestigieuse cour des Valois, a représenté, pour Henri enfant et jeune homme, à la fois une prison dorée et une école du raffinement. C'est là qu'il s'est initié à la vie politique française.

Henri, roi de Navarre, a déjà tenu, à Nérac, une cour fameuse mais dont la renommée a été davantage le fait d'une Valois, Marguerite, que d'Henri lui-même.

La cour du premier des Bourbons mais aussi du plus rabelaisien de nos rois sera cette fois à son image. Les courtisans gascons comme la troupe des enfants royaux ou l'illustre compagnie des fous de Sa Majesté contribueront, à leur place, à l'œuvre du règne.

Les Gascons à Paris

Sous les derniers Valois, la cour de France avait brillé par son luxe et son raffinement et, en comparaison, la cour d'Henri IV paraissait bien terne. A en croire Villegomblain, si le roi Henri III *« maintenait une cour magnifique et splendide (...) son successeur n'a jamais tant soit peu approché de sa libéralité, de sa magnificence de cour, ni de tous autres ornements extérieurs requis à un prix élevé en si haute dignité »*. (Villegomblain, *Mémoires*, cité par P. de Vaissière.)

De fait, la cour d'Henri IV connut des débuts difficiles. Elle ne fut pas véritablement réunie avant le premier séjour du roi à Fontainebleau en automne 1593. Les difficultés financières de la monarchie affectèrent tout naturellement son train de vie et, au début de son règne tout au moins, Henri ne montra pas les mêmes libéralités à l'égard de son entourage que ses prédécesseurs. Sans doute réservait-il ses largesses à ses maîtresses : les courtisans qui avaient connu la générosité d'Henri III n'en déploraient que davantage « *une mesquinerie si évidente* », estimant avoir « *changé un maître d'or en maître de fer* » :

« *Quand le feu roi donnait à un homme de bonne étoffe cinquante mille écus* [1], *il méprisait son présent, faisait mille excuses, et en élevant les services et la personne de celui à qui il faisait du bien très haut par-dessus le bienfait. Celui-ci, au contraire, n'a point de honte de présenter cinquante écus* [2] *à un seigneur de bonne maison, et encore dit qu'on ne fait pas son devoir, et au partir de là, ne nous tient pas ses promesses.* » (Agrippa d'Aubigné, cité par Pierre de Vaissière, *Henri IV*.)

C'était bon « *pour les huguenots, gens désespérés, cousus en leurs cuirasses comme tortures, ennemis de l'aise et du repos* » mais pas pour eux, « *élevés dans les plaisirs et la splendeur* ».

Il semblait naturel qu'un roi comble ses courtisans de présents. C'était une manifestation de la majesté royale en même temps qu'un moyen de s'assurer des fidélités. Les gentilshommes comptaient sur les pensions royales pour maintenir leur train de vie. L'ingratitude d'Henri leur paraissait incompréhensible et leur faisait dire que « *s'il est sans rancune, il est aussi sans reconnaissance et oublie aussi vite les services rendus que les injures* ». (Cité par Pierre de Vaissière, *Henri IV*.)

La cour était aussi bien moins brillante du fait même de sa recomposition et de l'afflux massif de soldats peu au fait des bonnes manières et préférant les plaisanteries de corps de garde aux douces félicités de l'amour sacré.

Bien souvent c'étaient des Gascons qui venaient tenter leur chance, vaguement recommandés par un cousin déjà présent dans l'entourage du Béarnais. La concentration de ces Gascons à la cour était telle que, pour se moquer de leur accent, on disait qu'ils utilisaient le « parler de Saint-Jean-Pied-de-Port ». Tous rivalisaient dans l'art d'attirer l'attention du roi. Henri se moquait souvent de ces pauvres sires qui venaient redorer leur blason au contact de la monarchie. Un jour, alors que son jardinier se plai-

1. Quinze millions de francs.
2. Quinze mille francs.

gnait de la mauvaise qualité de la terre des jardins des Tuileries, Henri répliqua :

« *Plantez des Gascons, cela pousse partout.* » (Cité par Pierre de Vaissière, *Henri IV.*)

Une autre fois, il prit à partie l'un d'entre eux venu lui demander une faveur :

« *Je vois, je vois bien, que vous êtes de ces Gascons qui sont sortis de leur maison par le brouillard et qui ne la peuvent plus retrouver.* » (Cité par Pierre de Vaissière, *Henri IV.*)

Il ne s'en reconnaissait pas moins en eux, s'exclamant ainsi lors d'une conversation un peu vive avec l'ambassadeur espagnol : « *Monsieur l'Ambassadeur, vous êtes espagnol et moi gascon, ne nous échauffons pas.* » (Cité par R. Ritter.)

Il avait certes « *juste sujet de les aimer, vu que c'est le lieu de ma naissance et le nom que j'ai porté un long temps. Aussi est-il bien raison maintenant qu'ils se ressentent que je les aime et veux faire pour eux* ». Il dit encore :

« *On m'appelle le Béarnais, et pourtant je n'ai jamais accompli que des actions dignes d'un roi. D'ailleurs, mon pays produit des hommes de grand esprit et de belle intelligence.* »

C'était aussi la nostalgie d'Henri pour sa première partie, regrettant, à en croire Pierre Matthieu, « *la plus belle vue du monde, parce qu'elle est étendue sur des montagnes qui sont voisines du ciel, sur des rivières qui méritent place entre les astres* ». (P. Matthieu, cité par R. Ritter), demandant une autre fois qu'on lui envoie « *une douzaine de petits arbres de mélicotons* ».

Agrippa d'Aubigné écrivit en 1616 *Les Aventures du baron de Faeneste*, caricature des courtisans d'Henri IV. Faeneste, prononçant à la manière de la langue gasconne, confondait la lettre *v* avec la lettre *b*, ce qu'illustre le fameux mot de Scaliger sur les Gascons : « *Felix populus, quod vivere est bibere !* » (Peuple heureux pour qui vivre c'est boire.)

Le premier conseil de Faeneste à Enay portait sur la nécessité pour le courtisan de soigner ses apparences. Il fallait « paraître » :

« *Enay – Pourquoi vous vous donnez tant de peine ?*
Faeneste – Pour paraître.
– Comment paraît-on aujourd'hui à la cour ?

459

« — Premièrement, faut être bien vêtu à la mode de trois ou quatre Messieurs qui ont l'autorité. Il faut un pourpoint de quatre ou cinq taffetas, l'un sur l'autre ; des chausses commes celles que vous voyez... »

Comme Enay lui demandait si tant de recherche vestimentaire n'entraînait pas des disputes avec les dames, Faeneste rétorqua :

« Voilà de votre propos à vous autres qui venez, quelques biages (voyage), en cour abec le cul plat et le coulet rabattu, comme les sieurs de la Nouë et d'Aubigné ; ce n'est pas pour y paraître et je m'étonne comment l'huissier ouvre pour de telles gens la porte du cabinet. »

Pour faire l'habitué du Louvre, le courtisan gascon hélait les gardes à l'entrée :

« Etant ainsi couvert, avec trois laquais, de broderies, plutôt loués, un videt plutôt emprunté, vous voilà dans la cour du Louvre.
— Tous à cheval ?
— Non pas, non. On descend entre les gardes, entendez. Vous commencez à rire au premier que vous rencontrez ; vous saluez l'un, vous dites le mot à l'autre : " Frère, que tu es brave, épanoui comme une rose ! Tu es bien traité par ta maîtresse ! Cette cruelle, cette rebelle, rend-elle point les armes à ce beau front, à cette moustache bien troussées, et puis à cette belle grève (jambe)... c'est pour en mourir ! " Il faut dire cela en démenant les bras, branlant la tête, changeant de pied, peignant d'une main la moustache, et d'aucune fois les cheveux. Avez-vous gagné l'antichambre, vous accostez quelque galant homme et discourez de la vertu.
— Vraiment, monsieur, vous me ravissez, et je crois qu'il n'y a guère de courtisans qui en sachent tant. Mais encore, les vertus desquelles vous discourez sont-elles morales ou intellectuelles ?
— J'ai bien ouï dire ces mouts (mots) là ; vous voulez savoir de quoi sont nos discours : ils sont des duels, où il faut bien se garder d'admirer la balur (valeur) d'aucun, mais dire froidement : il a, ou il avait, quelque peu de courage... et puis des bonnes fortunes emvers les dames... et voilà le compagnon qui n'en est pas dépourvu.
— Et faudrait qu'elles fussent aveugles.
— Et puis nous causons de l'avancement en cour ; de ceux qui ont obtenu pensions ; quand il y aura moyen de voir le roi ;

460

combien de pistoles a perdu Créqui et Saint-Luc (au jeu); *ou si vous ne voulez point discourir de choses si hautes, vous philosophez sur le bas-de-chausses de la cour...*

— Et par ces discours à quoi parvenez-vous ?

— Quelquefois nous entrons dans le grand cabinet, dans la foule de quelque grand; nous sortons sous celui de Beringhen, descendons par le petit degré, et puis faisons semblant d'avoir vu le roi, contons quelques nouvelles... et là il faut chercher quelqu'un qui aille encore dîner. »

Avec ses *Aventures du baron de Faeneste*, Agrippa d'Aubigné venait de lancer un type littéraire, celui du noble Gascon, désargenté, vantard, querelleur et amateur d'aventures en tout genre. Molière reprit le personnage sous le nom de *Monsieur de Pourceaugnac*, lointain ancêtre du *Cyrano* d'Edmond Rostand.

Pour ce qui concerne les usages de la cour, l'attitude d'Henri tranchait avec celle de son prédécesseur. Si, toujours d'après Villegomblain, « *Le roi Henri III (...) était un prince bon, fort libéral, gracieux et accessible, qui écoutait les plaintes et les raisons de chacun, avait une façon grave et majestueuse, parlait très bien* », Henri IV n'en avait pas la prestance : « *Lorsqu'il parvint à la couronne, il ressentait plus son soldat que son roi, n'étant accompagné de cette majesté, ni gravité de visage, ni en son action telle que celle de son prédécesseur* ». (Villegomblain, *Mémoires*, cité par P. de Vaissière, *Henri IV*.)

Tallemant des Réaux en témoigne également, qui nous rapporte l'étonnement d'une dame à la vue d'un roi si commun : « *J'ai vu le roi, mais je n'ai pas vu Sa Majesté.* » (Tallemant des Réaux, *Historiettes*.)

Même si, le jour de la mort d'Henri III, on avait senti un changement dans l'attitude du Béarnais, il n'avait pas abandonné sa défroque de roi de Navarre. De même, le nouveau roi de France, bien loin de ses années de captivité dorée à la cour des Valois, où il rivalisait d'élégance avec les autres jeunes princes, affirmait un dédain de plus en plus marqué pour les gentilshommes trop apprêtés.

« *Il n'aimait pas à agencer curieusement sa chevelure, ni même seulement se coiffer, et détestait ceux qui soignaient leurs cheveux. Je me souviens, à ce propos, qu'un soir, pendant son sou-*

per, apercevant à l'entour de sa table des gentilshommes qui portaient les cheveux gaufrés, sans faire semblant de parler à eux, il se mit à discourir de la vanité de ceux qui emploient toute une matinée à se peigner et gaufrer les cheveux, et dit tout haut qu'il n'aimait point les gentilshommes qui s'amusaient à de telles superfluités. » (Cité par Pierre de Vaissière, Henri IV.)

La journée du roi

Les portes du Louvre étaient ouvertes à cinq heures du matin et fermées à onze heures du soir. Les serviteurs en livrée arrivaient dès l'ouverture du palais et s'affairaient à nettoyer, ouvrir les fenêtres et allumer les chandelles. Puis, à partir de six heures du matin, les courtisans arrivaient : bien peu d'entre eux avaient l'honneur de dormir sous le même toit que le roi. Ils n'étaient pas les seuls à affluer dès le petit matin dans la résidence royale car le Louvre était largement ouvert. On croisait dans ses cours et ses couloirs de nombreux artisans, solliciteurs, artistes, mendiants ou simples curieux. Toute cette foule circulait à pied car seuls les princes de sang et quelques serviteurs privilégiés du roi avaient le droit de rentrer à cheval.

Le lever du roi, qui avait lieu à sept heures du matin, faisait l'objet d'un véritable cérémonial depuis Henri III, mais Henri IV en avait assoupli l'étiquette. Les familiers du roi comme Roquelaure, Bassompierre, Lavardin ou Sully venaient y assister. On commençait à discuter de part et d'autre du grand lit à baldaquin du cabinet de la reine. Les rideaux cachaient le roi et sa « moitié » : Gabrielle d'Estrées qui était maîtresse officielle, puis, après 1600, la reine Marie de Médicis. Après que le roi avait ouvert les rideaux, le couple royal prenait son « déjeuner » au lit : c'était un bouillon de bœuf, servi avec du pain par deux gentilshommes de la chambre du roi assistés de deux gardes. Le roi faisait ensuite une toilette des plus sommaires puis la personne présente la plus titrée lui passait la chemise.

Marie de Médicis n'aimait pas se lever de bonne heure, manifestant souvent sa mauvaise humeur à l'égard des intrus. Elle ne se levait qu'une fois le roi et ses serviteurs partis. Alors s'affairaient autour d'elle les femmes de chambre qui, sous les ordres de la dame d'atours, Léonora Galigaï, assistaient Marie dans sa toilette, laquelle était fort sommaire : le bain était alors considéré comme une thérapie. Puis Léonora aidait la reine à se coiffer, à choisir une robe et des bijoux. Tous ces préparatifs étaient très longs.

Après son lever, le roi passait dans l'antichambre où l'attendait une foule de courtisans venus le saluer. Puis il descendait rejoindre ses ministres et conseillers dans la salle du Conseil. Henri, qui ne tenait pas en place, invitait souvent, on l'a vu, ses conseillers à travailler en se promenant dans la grande galerie ou, si le temps le permettait, dans les jardins. Pendant ce temps, la reine donnait audience aux courtisans dans le grand salon : les gentilshommes et les dames de la cour venaient faire leur révérence, baisant le bas de sa robe.

A peine le Conseil terminé, s'il était de bonne humeur, le roi accordait des audiences aux divers solliciteurs. Il recevait même volontiers des gens de condition modeste qui, sur une vague recommandation, venaient solliciter humblement un emploi au Louvre ou un peu d'argent. Puis Henri, accompagné de quelques fidèles, se dirigeait vers le couvent des Feuillants, rue Saint-Honoré, pour entendre la messe, en passant par les Tuileries. La reine, quant à elle, préférait entendre sa messe à Saint-Germain-l'Auxerrois.

Le dîner – notre « déjeuner » – avait lieu après neuf heures et demie. Comme Marie de Médicis était souvent en retard, Henri, pour calmer sa faim, se faisait donner des melons ou quelques fruits de saison. Le repas était servi dans l'antichambre du roi, annoncé par la formule rituelle du premier maître d'hôtel : « *Sire, la viande de Votre Majesté est portée!* » Le mot « viande » désignait toute nourriture propre à entretenir la vie.

Souvent Henri en établissait le menu. Ses plats favoris étaient les venaisons, comme le raconte Sully, évoquant le retour d'une chasse :

« *Un jour, Sa Majesté étant saine et gaillarde, dispose et de bonne humeur, à cause de divers bons succès en ses affaires domestiques et des agréables nouvelles qu'elle avait reçues des pays étrangers et des provinces de son royaume, et voyant que le temps était beau, et qu'il y avait espérance que le jour serait serein, elle se leva de grand matin, pour aller voler des perdreaux, avec dessein de revenir d'assez bonne heure pour les venir manger à son dîner, disant de ne les trouver jamais si bons, ni si tendres que quand ils étaient pris à l'oiseau, et surtout lorsque lui-même les lui pouvait arracher de sa main.* » (Sully, *Economies royales*.)

463

Jamais Henri III n'aurait admis une telle familiarité et de tels propos dans la bouche de ses serviteurs. Henri IV aimait les repas de chasseurs, copieux et pris entre hommes, « à la bonne franquette ». Tartines de pain avec du beurre et de l'ail, soupe à l'oignon, omelettes, Henri se régalait de cette nourriture simple qui tenait à l'estomac. Ses manières reflétaient le gentilhomme campagnard plus que le roi de France.

Tous les mets et boissons étaient préalablement goûtés par un serviteur, précaution indispensable à une époque propice aux empoisonnements. Ce cérémonial donnait parfois lieu à quelques écarts :

« *Un jour, un gentilhomme servant du roi, au lieu de boire l'essai qu'on met dans le couvercle du verre, but, en rêvant, ce qui était dans le verre même. Le roi ne lui dit autre chose sinon : " Au moins deviez-vous boire à ma santé ; je vous eusse fait raison. "* » (Pierre de Vaissière, *Henri IV*.)

Pendant le repas les discussions allaient bon train, convives et assistants n'hésitant pas à s'adresser au roi sans formalité particulière. Il était seulement défendu de parler des « affaires » du royaume. L'orchestre royal agrémentait ce moment de détente.

Puis le roi se retirait dans son cabinet pour étudier les dossiers ou dans sa chambre pour une petite sieste. L'après-midi était consacré aux divertissements : Henri assistait à un concert, rendait visite à Sully à l'Arsenal, allait faire un tour à la foire de Saint-Germain, ou bien allait à la chasse, son passe-temps favori.

Le « souper » était servi après six heures selon le même cérémonial que le « dîner ». Parfois Henri se faisait inviter chez Sully, chez le financier Sébastien Zamet, ou chez quelques dames. Après huit heures, le roi passait la soirée à se divertir avec ses courtisans, jusque vers dix heures et demie. Sur les onze heures, alors que l'on fermait les portes du palais, Henri se couchait avec la reine sans cérémonial particulier.

Cette vie de cour était sans grand éclat, sinon pour ce qui concernait la chasse.

De tous les divertissements de la cour, la chasse était celui qu'Henri préférait. Plus qu'une distraction, c'était une véritable passion, « *un attrait insurmontable* ». (Sully, *Economies royales*.) Presque la moitié de ses lettres y sont consacrées.

Lorsque Henri est invité, lui proposer une chasse est presque une obligation pour l'hôte qui l'accueille, tel Montaigne qui, dans les années 1580, l'avait reçu : « *Au partir de céans, je lui fis élancer un cerf en ma forêt, qui le promena deux jours.* » (D'après l'éphéméride de Montaigne.)

Henri allait à la chasse presque chaque jour. Seule une maladie grave ou les affaires de l'Etat pouvaient le détourner de sa passion. Tous les gibiers étaient bons pour lui, de la mésange au sanglier, en passant par les perdreaux et les lièvres, rapportés à l'improviste pour un repas de fortune. Même les hiboux, à en croire Sully, n'y échappaient pas.

Il faut se représenter ces parties de chasse, l'ivresse des chevauchées, l'excitation de la poursuite de la bête, l'épuisement physique aussi. Ces chasses, forme sublimée de la guerre, exigeaient en fait les mêmes qualités qu'au combat.

Le roi se contentait de peu pour divertir ses soirées. Harassé par les parties de chasse, il s'endormait souvent pendant les représentations théâtrales qui avaient lieu, comme toutes les festivités, dans la grande salle au premier étage du Louvre. Comme ses compagnons, il préférait de loin les farces aux autres genres théâtraux. Si l'on en croit Tallemant des Réaux, le spectacle était aussi dans la salle :

« *Une autre fois, le roi tenait* (le maréchal de Roquelaure) *entre ses jambes, tandis qu'il faisait jouer à Gros-Guillaume la farce du gentilhomme gascon. A tout bout de champ, pour divertir son maître, le maréchal faisait semblant de se vouloir lever pour aller battre Gros-Guillaume, et Gros-Guillaume disait : " Cousins ne vous fâchez pas. "* » (Tallemant des Réaux, *Historiettes*.)

On dansait beaucoup à la cour. Les branles, les courantes et les gaillardes permettaient aux gentilshommes et aux dames de rivaliser de grâce et d'élégance. Les ballets participaient du même genre, mais leur argument sophistiqué échappait parfois au roi, tel le ballet que sa sœur Catherine avait spécialement créé à son intention :

« *Elle fit danser une fois un ballet dont toutes les figures faisaient les lettres du nom du roi. " Eh bien, sire ", lui dit-elle après, " n'avez-vous pas remarqué comme ces figures composaient bien toutes les lettres du nom de Votre Majesté. " – " Ah ! Ma sœur ", lui dit-il, " ou vous n'écrivez guère bien, ou nous ne savons guère bien lire : personne ne s'est aperçu de ce que vous dites. "* » (Tallemant des Réaux, *Historiettes*.)

Marie de Médicis, affirmant peu à peu son rôle dans l'organisation des festivités de la cour, s'essaya elle aussi à la création de ballets. A en croire une conversation entre les deux époux, encore au lit, recueillie par Sully au lever du roi, l'organisation de ces menus plaisirs agrémentait la vie du couple royal et contribuait à son équilibre :

« Or Monsieur, dit la reine, nous nous sommes donc bien rencontrés ce jourd'hui, car je ne fus jamais plus gaie, ne me portai jamais mieux, ni ne dînai jamais de meilleur appétit. Et pour vous continuer en vos joies et allégresses et moi aussi, je vous ai fait préparer un ballet et comédie de mon invention, où je ne nierai pas que j'ai eu un peu d'aide, car Duret et La Clavelle n'ont bougé tout ce matin d'avec moi, pendant que vous avez été à la chasse. Le ballet représentera comme ils m'ont dit, les félicités de l'âge d'or, et la comédie, les passe-temps les plus récréatifs des quatre saisons de l'année.

— Oh! m'amie, repartit le roi, que je suis aise de vous voir ainsi de bonne humeur! Et partant, je vous prie, vivons toujours de même. Mais pour faire danser et voir bien à l'aise votre ballet, il faudra que ce soit chez Rosny, en cette grande salle que je lui ai fait faire exprès à l'Arsenal. Or vous veux-je montrer maintenant les patrons de tapisserie que Fourcy m'a fait apporter, afin que vous m'en disiez votre avis... » (Sully, *Economies royales.*)

Le ballet fut un indéniable succès. Mais il ne fut pas, cette fois, une initiative très heureuse pour l'harmonie du ménage. Le roi n'avait d'yeux que pour la jeune et belle Charlotte de Montmorency, la fille du connétable, qu'il avait remarquée lors des répétitions du ballet. Elle allait devenir la dernière passion amoureuse d'Henri IV...

En dehors des ballets, la cour connaissait d'autres grandes occasions pour lesquelles le roi consentait un effort exceptionnel en matière de pompe et de fastes. Quand les circonstances l'exigeaient, Henri IV savait renouer avec l'étiquette et le sens du cérémonial. La visite des ambassadeurs suisses en 1602 fut particulièrement majestueuse. Tous les serviteurs firent une haie d'honneur depuis l'hôtel de Longueville jusqu'au palais du Louvre, où Henri, assis sur un trône doré, attendait ses hôtes. Les baptêmes et les mariages des enfants royaux suscitèrent également de somptueuses festivités : il fallait dignement célébrer l'enracinement de la nouvelle dynastie.

La cour était ainsi, par vocation, un foyer artistique et culturel. Mais le règne d'Henri IV ne fut guère favorable aux arts propres à une cour. Si le roi était passionné d'architecture, il n'avait que peu de lumières sur les autres arts, la littérature en particulier. Malherbe avait dû trouver un mécène en la personne du grand écuyer, Roger de Bellegarde. Henri préférait les gloires déjà consacrées par ces prédécesseurs, comme Desportes ou Du Perron. La littérature et l'érudition se réfugiaient dans des académies privées, hors du champ royal. C'est avec Richelieu qu'elles reviendront dans le giron « *académique* » et royal.

Pour l'heure, la cour de France n'avait pas bonne réputation. Pour nombre de prédicateurs et de bourgeois de Paris, elle était la Babylone de tous les vices. L'arrivée au pouvoir du Vert-Galant ne fut pas de nature à améliorer sa tenue morale. Le jugement de Pierre de l'Estoile était sans appel :

« *A la cour, on parle que de duels, puteries et maquerellages ; le jeu et le blasphème y sont en crédit.* » (Pierre de l'Estoile, *Mémoires*, décembre 1608.)

La présence des confesseurs du roi ne parvenait pas à empêcher les scandales les plus criants.

Quant au témoignage de l'émissaire du duc de Toscane, il n'est pas moins explicite : « *On n'a jamais rien vu qui ressemble à un bordel plus que cette cour.* »

Les gentilshommes de la cour se plaisaient à raconter au roi leurs aventures sentimentales et leurs prouesses sexuelles. Henri en était très friand, en particulier à propos du duc de Guise, le fils du Balafré :

« *Il était couché avec la femme d'un conseiller du Parlement, quand le mari arriva de grand matin à l'improviste. Le galant se sauve dans un cabinet, mais il oublie ses habits. La femme ôte vite le collet du pourpoint et ce qu'il y avait dans ses pochettes. Le mari lui demande à qui étaient ces habits : " Une revendeuse ", lui dit-elle, " les a apportés, elle dit qu'on les aura à bon marché ; regardez s'ils vous sont bons ; ils vous serviront à la campagne. " Il prend l'habit, et étant pressé d'aller au Palais, il prend sa soutane par-dessus et s'en va. Le galant prend ceux du mari et s'en va au Louvre. Henri IV le regarde, et M. de Guise lui conte l'histoire. Le roi envoie un exempt ordonner au conseiller de le venir trouver. Le conseiller bien étonné vient ; le roi, le tire à part, lui parle de cent choses, et en causant lui déboutonnait sa soutane sans faire semblant de rien. L'autre n'osait rien dire ; enfin, tout d'un coup, le roi s'écrie : " Ventre saint-gris ! Voilà l'habit de mon cousin de Guise ! ". »* (Tallemant des Réaux, *Historiettes*.)

Du moins était-il préférable que le cocufié fût bourgeois plutôt que roi. Lorsque Henri IV apprit que le jeune Guise poursuivait aussi de ses assiduités Henriette d'Entragues, il lui fallut beaucoup de discrétion pour se contenter d'un bon mot sur la famille du galant :

« Encore faut-il leur laisser le pain et les putains : on leur a ôté tant d'autres choses ! » (Tallemant des Réaux, *Historiettes*.)

Les moralistes avaient un autre sujet d'indignation : les sommes folles que l'on jouait entre courtisans. Henri IV ne dédaignait pas d'être de la partie :

« Il était si fort adonné aux jeux de dés et autres, que souvent il jouait en son cabinet soit aux dés et à prime, et allait chercher des joueurs dans Paris, gens de peu et de petite étoffe pour la plupart, mais qui jouaient gros jeu, et avec lesquels il passait bien souvent grande partie du jour et de la nuit, accompagné de peu de gens et seulement de ceux qu'il avait les plus agréables pour ces lieux-là et où il ne voulait être suivi que de ceux qu'il nommait. » (Villegomblain, *Mémoires*.)

Quand le roi perdait gros, et c'était fréquent, Sully recevait un billet laconique lui demandant de régler des sommes parfois folles. Tout était prétexte à jouer de l'argent, même les parties de paume. Bassompierre estime qu'en 1608 Henri perdit au jeu l'équivalent de 600 000 livres [1].

Un roi mélancolique

Proverbiale, la bonne humeur d'Henri IV était bien réelle. Pourtant, au-delà des apparences et des divertissements de la cour, il y avait aussi un Henri mélancolique, préoccupé par des ennuis de santé de plus en plus nombreux avec l'âge et importuné par la superficialité de la vie courtisane.

Ce roi déjà vieilli était, malgré une constitution générale très saine et n'en déplaise à la légende, un roi souvent malade, sup-

1. Soixante millions de francs.

portant mal, comme l'a bien montré R. Ritter, les accidents de santé, parfois presque hypocondriaque. Toute sa correspondance, que ce soit avec Marie de Médicis, avec Sully ou même avec son chancelier Bellièvre, est ainsi émaillée des plaintes d'Henri sur sa santé.

Il était fort sujet à des rhumes et autres affections des voies respiratoires, souffrait également de troubles intestinaux, de fréquents « *flux de ventre* » et de la goutte liée à une alimentation trop abondante et trop riche en viandes. Henri devait aussi supporter de terribles maux de dents, mais le pire, ce furent assurément les innombrables maladies vénériennes, attrapées çà et là, et qui, de « *chausse-pisse* » en « *mal de bourses* », lui occasionnaient, du fait d'un rétrécissement de l'uretère, des rétentions d'urine de plus en plus pénibles, comme l'explique un de ses médecins : « *En marchant, il me fallait souvent mettre pied à terre pour le faire uriner par le moyen d'une bougie, et plus souvent par une sonde ou canule d'argent, tellement qu'un jour je lui trouvai la verge enflée, froide, mollasse et insensible.* » La nuit du 29 au 30 octobre 1603, ce fut une véritable crise où le roi, semble-t-il, manqua de laisser la vie. Après un repas gargantuesque, alors qu'il était déjà malade et que ses médecins lui avaient recommandé une diète, Henri fut pris de fièvres. Une diarrhée incessante, des vomissements répétés et une rétention d'urine persistante l'affaiblirent considérablement. Au point que, un peu plus tard, il perdit connaissance, atteint d'une faiblesse cardiaque. Déjà les rumeurs les plus pessimistes couraient sur son état. Mais la constitution d'Henri était robuste et, dès le surlendemain matin, on le voyait remis et buvant un café. Il lui fallut cependant garder le repos pendant plusieurs semaines.

Henri, pour une large part victime de ses excès, cependant s'efforçait d'y remédier. Des gargarismes pour prévenir les rhumes, des poudres digestives et des dragées de fenouil, d'innombrables lavements, des onguents et des pommades étranges pour soulager sa blennorragie, « *faits avec les trochisques blancs de rhasis, dissous avec les eaux de plantain, pourpier ou de solanum (...) thatie préparée, antimoine préparé, incorporés avec du beurre frais* »... (Cité par R. Ritter.) Il prenait chaque année les eaux, notamment à Pougues, à l'instar de son prédécesseur Henri III, par prudence, « *plus pour la confirmation de ma santé que pour autre besoin qu'elle en ait* ». Mais souvent, foin des médicaments et des recommandations, Henri préférait les remèdes à la Rabelais, guérissant ainsi une forte fièvre « *contre l'avis de tous ses médecins, par manger huîtres à l'écaille et boire de l'hypocras »* ou, pour soigner une migraine, allant *« voir si la chasse au cerf me la fera passer ».*

Devant ses désagréments physiques, Henri éprouvait une grande contrariété au point d'avertir Sully *« que, quand bien il irait de la perte de la moitié de mon Etat, je ne serais capable de rien écouter ».* (Citée par R. Ritter.) Parfois l'inquiétude allait jusqu'a l'angoisse de sa mort, ainsi pendant la crise de 1603, craignant *« que Dieu voulût disposer de lui ; et partant, voulait donner ordre à sa conscience et à ses affaires ».*

Henri hypocondriaque, prêt à toutes les médecines et faisant de sa santé un sujet priviligié de sa correspondance, Henri impatient à la maladie et à la souffrance, Henri mortellement angoissé, Henri à mille lieues du roi-soldat intrépide aux dangers des batailles. Cet Henri, derrière sa faconde apparente, supportait parfois mal l'atmosphère de cour. Il s'amusait certes, au jeu, à la chasse, à l'amour mais, objet mimétique de l'adoration courtisane, il en éprouvait aussi une certaine lassitude. Face aux flatteries serviles, l'ironie demeurait sa dernière défense. A un courtisan d'origine italienne qui entreprend son éloge il rétorque ainsi : *« faites-le court, je vous prie, je sais bien que vous venez du pays des belles paroles ».* (Cité par R. Ritter.)

Un jour qu'il se trouvait dans un coin isolé de campagne, il se serait exclamé devant ses compagnons : *« Vous êtes plus heureux que moi ! Je voudrais être mort. »*

Les fous d'Henri

Les rois de France avaient coutume depuis le Moyen Age de posséder un « fou » dans leur cour. Ce personnage emblématique n'était pas un simple bouffon. Vêtu de manière grotesque, souvent couvert de libéralités, le fou était le double du roi. Sa « marotte » était la contrefaçon carnavalesque du sceptre royal, symbole du pouvoir. Ils représentaient, d'après Maurice Lever *« l'envers du pouvoir, la figure de l'irrévérence et du désordre ».* Ces perturbateurs de l'ordre établi avaient le privilège inouï de pouvoir dire la vérité au souverain, aussi déplaisante fût-elle. Parce que supposés fous, ils échappaient – théoriquement – à toute punition. Car, depuis l'*Eloge de la folie* d'Erasme, la figure du « fol-sage » était admise : le fou était devenu l'emblème de la vérité et de la liberté.

Henri IV eut plusieurs fous à son service; il aimait ces créatures à la langue bien pendue, les seules à pouvoir rivaliser avec son esprit de repartie. Il hérita de l'hôtel de son prédécesseur deux fous, Chicot et Mathurine, qui surent conquérir sa confiance et sa sympathie.

Chicot, natif de Villeneuve-sur-Lot, était un personnage haut en couleur, un vrai Gascon. Né vers 1540, d'origine sociale indéterminée, Antoine Angalvez, après quelques études à Paris, au collège de Reims, entra au service d'un gentilhomme savoyard. Ce dernier lui donna le surnom gascon de « Chicot » en raison de sa petite taille – « *chic* », en occitan, signifiant « peu ». Chicot étant un excellent cavalier, son maître l'utilisa comme courrier. Charles IX, appréciant son humour et sa jovialité, l'embaucha pour la même fonction. Henri III en fit son « porte-manteau », titre donné au serviteur chargé de faire suivre auprès du roi sa garde-robe. Cette fonction bien que modeste lui permettait de vivre dans l'intimité du roi. Il ne commença officiellement sa carrière de fou du roi que vers 1580. Personnalité très populaire, les pamphlétaires de tout bord lui empruntèrent souvent son nom pour signer leurs libelles.

Henri IV fut immédiatement séduit par ce Gascon, hâbleur, toujours gai, aimant les chevauchées et les combats. Plus que jamais, Chicot était le double carnavalesque du roi. Chicot se permettait de l'appeler « Monsieur mon ami », « son petit roi de Bourbon », ou son « petit couillon ». Il l'avait affublé du titre de « premier hérétique de tous les rois de France ». Cette plaisanterie n'était pas gratuite car, selon certaines sources, Chicot aurait poussé le roi à abjurer le protestantisme. Il serait présomptueux de considérer cette intervention comme décisive, mais cette anecdote montre qu'il avait bel et bien un rôle de conseiller.

Chicot mourut en soldat lors du siège de Rouen en avril 1592. Il avait participé à un assaut contre les troupes du comte de Chaligny, du clan guisard, et réussi à faire prisonnier ce dernier. Chaligny, profondément humilié d'avoir rendu ses armes au fou du roi, lui porta un coup violent sur la tête. Chicot lui répliqua par des moqueries mais la blessure lui fut fatale. Pierre de l'Estoile, quant à lui, prétend qu'il fut emporté quinze jours plus tard à Pont-de-l'Arche par *« son intempérance et son ivrognerie »*...

Mathurine était une folle, cas de figure exceptionnel, car les folles étaient plutôt réservées aux reines. Cette excentricité était bien évidemment le fait d'Henri III. Les origines de Mathurine sont obscures, on ne connaît même pas son vrai nom : saint Mathurin était le saint invoqué pour guérir les fous.

D'abord cantinière dans les armées, elle gardait de ce premier emploi une allure caractéristique : sa stature masculine, sa grosse voix, son vocabulaire d'une verdeur épouvantable et sa sexualité effrénée évoquaient davantage la vie de camp que la vie de cour. Vulgaire, paillarde, intrigante, on l'appréciait tout en la redoutant. Elle ne s'en voulait pas moins bonne catholique et, comme Chicot, elle aurait poussé le roi à se convertir. Henri IV estimait cette virago qui, par son intimité avec le bon peuple parisien, lui permettait de bien connaître l'opinion publique.

Dans un libelle, *Les Essais de Mathurine*, elle confessait son tempérament débridé :

« *Je suis toujours prête au service des galants hommes ; paix ou guerre, à toute heure mon harnais (sic) est en état car je le fait souvent fourbir.* » (*Les Essais de Mathurine*, texte cité par Maurice Lever, *Le Sceptre et la marotte*.)

Agrippa d'Aubigné, pas toujours fiable il est vrai, rapporta dans un pamphlet anonyme un dialogue entre elle et le cardinal Du Perron ! On imagine dans un recoin du Louvre, Du Perron, l'ecclésiastique mondain, docte et érudit, et Mathurine, plus poissarde que jamais :

« *Du Perron : Allez, mordieu, vous êtes une maquerelle pour tout potage, et puisqu'on dit à Rome que c'est vous qui avez converti les huguenots, ils diraient bien que, pour amener les paillards à la grande putain de Rome, les maquerelles seraient nos docteurs.*

— Mathurine : Et depuis quand frère, dis-tu mal du métier ? A quoi as-tu gagné chausses et pourpoint, avant que ton frère fût évêque, qu'à produire à l'Université la contrôleuse, la librairesse, la femme du chancelier ? (...).

— Du Perron : Par Dieu, tu es une méchante langue (...). Comment oses-tu parler, toi qui couches avec les pages, laquais et Suisses ? Tu as donné un chancre au Pont de Courlay et à Engoulevent, et la vérole enfin au baron de Vignolles... (Agrippa d'Aubigné, *Confession du sieur de Sancy.*)

De fait, Du Perron, qui aimait les paradoxes et les bons mots, finissait parfois par devenir une caricature de lui-même, une sorte de bouffon sensuel, précieux et cultivé.

Henri IV aimait avoir Mathurine à ses côtés. Lors de l'attentat de Jean Châtel le roi crut même que c'était Mathurine qui lui avait donné un mauvais coup, s'écriant : « *Au diable soit la folle ! Elle m'a blessé !* » Mais Mathurine, prompte à servir son maître, ferma aussitôt la porte de la pièce, permettant l'arrestation du régicide. Très appréciée par le Béarnais, elle était devenue un intermédiaire privilégié pour obtenir des faveurs du roi.

A côté de Chicot, l'ancien commis, de Mathurine, l'ancienne cantinière de camp, on trouvait aussi maître Guillaume, ancien cuisinier. Chauve et imberbe, victime désignée des farces plutôt que farceur lui-même, maître Guillaume était un fou intellectuel, auteur d'une soixantaine de brochures satiriques, qu'il vendait aux passants du Pont-Neuf pour quelques sous et qui lui valaient l'admiration de Du Perron.

Le roi accordait tous les honneurs à Guillaume, l'invitant régulièrement à manger à sa table. Il appréciait les petits services que son fou lui rendait, comme de porter une missive galante à une belle dame. Une fois, Henri excédé par la harangue d'un député des Etats de Bretagne, coupa net le fâcheux et s'en défit en lui disant : « *Vous direz le reste à Me Guillaume !* »

Le fou se permettait toutes les irrévérences. Un jour il s'écria devant le roi que l'on était en plein royaume de « *fouterie* ». A l'occasion de l'abjuration d'Henri à Saint-Denis, il perturba la cérémonie en tirant ostensiblement la langue au clergé. Sans doute voulait-il illustrer ainsi l'ambiguïté fondamentale de la conversion royale alors que tout le monde (surtout le clergé catholique) feignait de croire à la sincérité et au désintéressement de la démarche d'Henri IV...

Interprète du bon sens populaire et des positions royales, tantôt il vilipendait les jésuites, tantôt il défendait l'honneur du père Coton. Il fustigeait les parvenus, le roi d'Angleterre, l'édit sur les monnaies. Il défendait le pacifisme d'Henri contre les va-t-en-guerre. En 1610, il exprima par plusieurs libelles toute sa peine d'avoir perdu son maître.

Angoulevent n'était pas précisément un fou. Il était le « prince des sots » et logeait à ce titre à l'hôtel de Bourgogne. Son surnom rappelait un personnage du *Gargantua* de Rabelais, capitaine du roi Picrochole, dont le patronyme signifie « *celui qui avale le vent* », autrement dit « *celui qui a la gueule grande ouverte* »...

Chaque année, à la même date, le prince des sots devait organiser une « entrée sotte » dans Paris. C'était bien évidemment une parodie du cérémonial monarchique. C'était une sorte d'obligation statutaire de la confrérie dont il faisait partie. Angoulevent n'ayant pas les moyens de tenir cet engagement, il y eut un procès retentissant de 1604 à 1608. Cet épisode judiciaire eut le mérite de faire connaître le personnage et, en donnant raison à la « souveraineté » du prince des sots, d'affirmer son « autorité » de fou dans le peuple.

Ce titre intriguait beaucoup le jeune dauphin qui ne savait trop comment traiter un personnage aussi titré. Héroard, dans son journal, raconte qu'un jour il lui demanda : « *Que vous est papa ?* », persuadé qu'un prince ne pouvait qu'être apparenté à sa famille. Une autre fois, il s'écria à l'évocation d'Angoulevent et de sa principauté de Sottise : « *C'est le plus grand royaume du monde !* », ce en quoi il n'avait pas tout à fait tort. Mais le dauphin prit en grippe ce curieux personnage, le chassant de sa chambre à coups de pied en novembre 1606...

Il faut dire qu'Angoulevent avait très mauvaise réputation du point de vue des mœurs. Personnalité quelque peu énigmatique du Vieux Paris, Angoulevent fut le dernier prince de cette lignée dont l'universel royaume des sots n'a cependant point disparu...

Ce panorama de la folie curiale ne serait pas complet si l'on omettait d'évoquer Tristan Guérin, le fou de la reine Marguerite. Si Marie de Médicis ne possédait pas de fou ou de folle, Marguerite de Valois avait dans sa suite un fol. Tristan Guérin était l'indispensable contrepoint à l'académie qu'elle entretenait dans son hôtel depuis son retour à Paris en 1605. Habillé d'une soutane noire et coiffé d'une toque carrée, « Maître Tristan » parodiait les docteurs en Sorbonne. Marguerite le surnommait son « orateur jovial » car il pastichait sans doute les *disputationes* des Sorbonicoles...

La cour des enfants royaux

Henri fut sans doute un piètre mari, mais il se montra le père le plus attentif pour ses enfants. Les contemporains s'étonnaient même de la complicité que le roi avait su créer avec sa progéniture, au mépris des règles élémentaires du protocole ou de la pudeur..

La naissance du dauphin fut l'occasion d'un grand bonheur. La sage-femme de la reine, Louise Boursier, qui assura la naissance de tous les enfants royaux, raconte dans ses *Mémoires* l'événement public que fut le premier accouchement de Marie de Médicis :

« *Je mis le nouveau-né dans les linges sans que personne ne sût que moi quel enfant c'était (...). Le roi vint auprès de moi. Je regarde l'enfant au visage, que je vis une grande faiblesse (...). Je demande du vin à M. de Lozeray, l'un des premiers valets de chambre du roi. Il apporta une bouteille; je lui demande une cuiller. Le roi prit la bouteille qu'il tenait. Je lui dis : " Sire, si c'était un autre enfant, je me mettrais du vin dans la bouche, et lui en donnerais, de peur que la faiblesse ne dure trop. " Le roi me mit la bouteille contre la bouche et me dit : " Faites comme à un autre ! " J'emplis ma bouche de vin, et lui en soufflai. A l'heure même, il revint et savoura le vin que je lui avais donné. Je vis alors le roi triste et changé, s'étant retiré d'auprès de moi (...) disant que c'était une fille, qu'il le voyait bien à mon visage (...). Enfin, il vint à moi, se baissa, mit la bouche contre mon oreille et me demanda : " Sage-femme, je vous en prie, ne me donnez point de courte joie; cela me ferait mourir ! " Je développe un petit dauphin, et lui fis voir que c'était un fils. Il leva les yeux au ciel, ayant les mains jointes et rendit grâce à Dieu. Les larmes lui coulaient sur la face aussi grosses que gros pois (...). Après avoir embrassé la reine, il alla lui-même ouvrir la porte de la chambre, il fit entrer toutes les personnes qu'il trouva dans l'antichambre et grand cabinet. Je crois qu'il y avait deux cents personnes, de sorte que l'on ne pouvait se remuer dans la chambre (...), de quoi étant infiniment fâchée, je dis qu'il n'y avait aucune apparence de faire entrer tout ce monde ici. Le roi m'entendit, qui vint me taper sur l'épaule et me dit : " Tais-toi, tais-toi, sage-femme, ne te fâches point ! Cet enfant est à tout le monde. Il faut que chacun s'en réjouisse ! " (...) Il était dix heures et demie du soir (...). Et la chambre ne désemplit pas, car le roi n'avait pas sitôt amené une bande de personnes, qu'il en ramenait une autre.* » (Louise Bourgeois, dite Madame Boursier, *Récit véritable de la naissance de mes seigneurs et dames les enfants de France, avec les particularités qui y ont esté*, 1609, Cimber et Danjou, *Archives curieuses de l'Histoire de France*.)

L'intérêt d'Henri IV ne se bornait pas au seul dauphin, mais à l'ensemble de sa progéniture, légitime et illégitime. Il eut une initiative qui surprit nombre de ses contemporains et qui intrigue encore beaucoup d'historiens. Il décida en 1604 d'élever ensemble tous ses enfants au château de Saint-Germain. Les courtisans appelaient familièrement le « petit troupeau » cette cour enfantine. Elle était composée des deux fils et de la fille de

Gabrielle d'Estrées – César, duc de Vendôme (1594-1665), Catherine-Henriette (1596-1663) et Alexandre, chevalier de Vendôme (1598-1629) –, du fils et de la fille d'Henriette d'Entragues, marquise de Verneuil – Gaston-Henri de Verneuil (1601-1682) et Gabrielle-Angélique de Verneuil (1603-1627) – et des trois fils et trois filles nés de la reine Marie – Louis (1601-1643), Elisabeth (1602-1644), mariée à Philippe IV d'Espagne, Chrétienne (1606-1663), mariée à Victor-Amédée Iᵉʳ de Savoie, Nicolas (1607-1611), Jean-Baptiste Gaston (1608-1660), futur duc d'Orléans, Henriette (1609-1669), mariée à Charles Iᵉʳ, roi d'Angleterre. L'enfant de Jacqueline de Bueil, Antoine de Moret, n'y fit qu'une courte apparition. Quant aux filles de Charlotte des Essarts, elles n'y furent pas admises.

La décision du roi d'élever collégialement ses enfants entraîna la colère de la reine et d'Henriette d'Entragues, chacune refusant que ses enfants côtoient les « bâtards » de l'autre. Cette initiative, atypique à la cour de France, n'avait cependant rien d'étonnant si on la rapportait à la tradition de la maison de Foix-Béarn. Ce n'était en rien une relégation, car Henri rendait souvent visite à ses enfants. Peut-être voulait-il qu'ils grandissent comme lui à la campagne, même si Saint-Germain n'était pas tout à fait Coarraze...

Surtout, Henri aimait à jouer avec eux. Il portait Louis sur ses épaules, se vautrait comme lui sur les pelouses, jusque devant les yeux médusés des invités officiels. Quand il restait à Saint-Germain, il ne manquait pas de s'amuser dans son lit avec le dauphin, pour batifoler tout nus, comme en témoigne le médecin de ce dernier, Jean Héroard :

« *Le roi se va coucher, le fait dépouiller et mettre dans le lit près de lui. Il gambade en liberté. (...) Ramené en sa chambre, couche avec le roi, où il a gambadé toute la nuit, lui portant les pieds sur la poitrine et sur la gorge. Le roi ne faisait que le chatouiller ; il se retirait sans l'éveiller.* » (Héroard, *Journal*.)

Le dauphin appelait son père tout simplement « papa », contrairement à l'étiquette qui aurait voulu qu'il l'appelât « Monsieur mon père », ce qui témoigne de la familiarité qui existait entre Henri et ses enfants. Marie de Médicis, par contre, fut une mère distante, avare de témoignages d'affection, sauf peut-être pour le petit Gaston qu'elle avait en préférence.

Saint-Germain était donc une cour enfantine, avec sa propre vie mondaine. On y organisait des fêtes. Ainsi, le premier jour de

Carême 1608, César de Vendôme donna devant le roi et la reine un ballet qu'il avait lui-même organisé, mettant en scène ses demi-frères et sœurs. En 1610, quelque temps avant l'assassinat d'Henri, ce fut au tour du dauphin. Ces fêtes bénéficiaient d'un budget considérable, qui les plaçait presque au même rang que celles de la cour...

Très tôt, le petit Louis fut élevé dans l'idée qu'il serait roi. Il jouissait déjà d'une prééminence sur les autres enfants et disposait d'une véritable maison, dont les principaux acteurs étaient Madame de Monglat, sa gouvernante, qu'il surnommait « *Mamanga* », son médecin, Jean Héroard, qui nous a laissé un journal devenu célèbre où il consignait chaque jour les détails de la santé et les principaux événements de la journée du dauphin, Nicolas de Vauquelin, qui s'occupait de son éducation littéraire (très limitée), et, surtout, Antoine de Pluvinel, chargé de l'enseignement militaire.

Henri IV se montra à l'égard du dauphin un père aussi rigoureux qu'il était affectueux, lui infligeant souvent des châtiments corporels. Tallemant des Réaux rapporte à ce sujet plusieurs anecdotes révélatrices de cette sévérité privilégiée :

« *Un jour qu'il fit donner le fouet à monsieur le dauphin :* "*Ah !*" *lui dit* (la reine), "*vous ne traiteriez pas ainsi vos bâtards.*" – "*Pour mes bâtards*", *répondit-il,* "*il les pourra fouetter, s'ils font les sots ; mais lui, il n'aura personne qui le fouette*".
J'ai ouï dire qu'il lui avait donné le fouet lui-même deux fois : la première pour avoir eu tant d'aversion pour un gentilhomme que, pour le contenter, il fallut tirer à ce gentilhomme sans balle, pour faire semblant de le tuer ; l'autre, pour avoir écrasé la tête à un moineau ; et que, comme la reine mère grondait, le roi lui dit : Madame, priez Dieu que je vive ; car il vous maltraitera si je n'y suis plus. " » (Tallemant des Réaux, *Historiettes*.)

Henri, père facétieux, aimait aussi taquiner le dauphin sur des sujets grivois, pour lui faire dire quelques naïvetés, lui demandant ainsi, à l'occasion de ses fiançailles précoces avec l'infante d'Espagne : « *Où est le paquet de l'infante ? Il le lui montre disant :* "*Il n'y a point d'os, papa* – *puis comme il fut un peu tendu : il y en a à cette heure, il y en a quelquefois.* " » (Héroard, *Journal*.)

Dans cette ambiance paillarde et sans tabous, le petit Louis témoignait ouvertement un intérêt pour tout ce qui concernait sa

« guillery ». Louis prenait même parfois à partie les dames de la cour pour les entretenir du sujet, *« disant que celle de papa est bien plus longue que la sienne, qu'elle est aussi longue que cela, montrant la moitié de son bras ».* (Héroard, *Journal*.)

L'obsession anatomique générale n'allait pas sans susciter des angoisses dans l'esprit du dauphin. Héroard rapporte que les « braguettes » des Suisses impressionnaient l'enfant : il faut dire qu'ils portaient des hauts-de-chausses à l'ancienne, où les parties génitales étaient contenues (et mises en valeur) dans une poche se détachant du vêtement. Lorsque, à l'âge de sept ans, on lui confectionna son premier haut-de-chausses, le dauphin exigea du tailleur de ne pas mettre de braguette.

Après la mort de son père, progressivement soumis à l'influence du père Coton et à la bigoterie de sa mère, le jeune Louis devait développer une sensibilité coupable et tourmentée. Selon le témoignage de Guillaume Du Peyrat (*Histoire ecclésiastique de la cour*, 1645), il se réveillait en pleine nuit, s'agenouillait sur son lit, priait, levait les mains au ciel et faisait asperger sa couche d'eau bénite pour conjurer la souillure et le péché.

Le rire en liberté

La cour d'Henri IV est la dernière manifestation de l'âge rabelaisien avant le déferlement des règles et des codifications de l'âge classique. C'est en tout cas une cour fort éloignée de l'image traditionnelle de raffinement et de ritualisme d'une cour royale.

C'est également Rabelais que nous retrouvons à travers Chicot, Mathurine et autres fous et folles de cette cour. Par leur gouaille et leur grossièreté, par leur langage de vérité, par leur popularité enfin, ces fous royaux apparaissent comme de véritables médiateurs entre le peuple et son roi : ils démasquent la comédie de la vanité humaine et ses vaines distinctions en même temps qu'ils se font le relais de l'opinion des petites gens et du bon sens.

Ils appartiennent en ce sens au projet politique du roi. Après Henri IV, les « fous » ne connaîtront plus pareille liberté. Il n'y aura plus de place, dans l'exaltation de la monarchie absolue, pour des gens qui ne prennent pas au sérieux le pouvoir.

Après Henri IV, les pauvres et les riches, le peuple et les élites ne riront plus de la même façon. Ce règne est sans doute la dernière période de notre histoire où l'humour, l'ironie, le rire étaient communs aux différentes strates de la société. Très vite, après la mort d'Henri IV, avec la cristallisation d'une culture des élites, on ne rira plus des mêmes choses ni de la même façon selon l'appartenance sociale. Notre époque connaît de ce point de vue, pour différentes raisons, un basculement inverse, une fusion nouvelle de l'humour des élites et de l'humour populaire. Mais, à n'en pas douter, le « savoir plaisanter » est encore aujourd'hui l'un des codes les plus subtils et les plus difficiles à maîtriser de la distinction sociale.

Un des traits sans doute les plus caractéristiques de la cour d'Henri IV est aussi son caractère étonnamment bigarré. La faconde triviale des Gascons y côtoie le raffinement suprême des derniers représentants de l'ancienne cour des Valois. Et, comme le principe qui gouverne la cour est celui de l'identification, les plus rustiques des nobles, ceux-là mêmes qui n'allaient pas à l'ancienne cour des Valois, trouvent à la cour de France une occasion d'éducation. Plus accessible par son caractère familier, la cour d'Henri IV a sans doute encore renforcé son rôle de diffusion des modes pour la nation tout entière et de mise en tutelle de la noblesse. En s'adressant aux nobles de toutes origines, la cour d'Henri IV fut enfin le creuset du mythe du bon roi Henri, qu'elle apporterait jusque dans les coins les plus reculés de France. L'évolution, sous Louis XIII et Louis XIV, des modalités de son organisation sera l'un des signes de cette coupure tragique entre le pays réel et le pays politique qui sera à l'origine, deux siècles plus tard, de la Révolution.

Chapitre 18

LA MORT ET L'APOTHÉOSE

La mort d'Henri IV, déflagration terrible pour l'époque, retentit à l'échelle des siècles comme une des plus cruelles injustices de l'histoire : l'homme qui a réconcilié les Français est assassiné par l'un d'entre eux.

Il y a une énigme de la mort d'Henri IV, qui exige d'en connaître exactement les conditions et les circonstances. Il y a également un mystère de la mort d'Henri IV : la signification de ce régicide dans les mentalités du temps et la relation ambiguë des Français avec un roi qui, d'une certaine façon, les a réconciliés malgré eux, en refusant la fatalité de l'intolérance religieuse.

Mais le mystère est aussi celui de la résurrection d'Henri IV, au lendemain même de sa disparition, en une légende constamment revisitée par les siècles.

Il y a eu enfin, tout au long des quinze ou seize attentats qui ont cherché à l'atteindre, le regard d'Henri IV sur sa propre mort, une mort toujours imminente et qui donne à cet homme sacrifié un visage qui dépasse son temps.

Le temps des complots

Les dernières années du règne connurent une véritable épidémie de complots nobiliaires. En ces temps d'absolutisme commençant, la haute noblesse souffrait de voir le roi gouverner comme bon lui semblait avec un Conseil formé surtout de robins. La paix la rendait moins indispensable. La technicité grandissante de l'administration royale la reléguait souvent dans des tâches subalternes ou honorifiques et les pensions n'étaient pas toujours une compensation suffisante. Enfin, l'Espagne voyait dans ces mécontentements l'occasion de déstabiliser le vainqueur de Vervins.

Le complot du maréchal de Biron éclata en 1602. Biron, gouverneur de la Bourgogne, avait pourtant profité des largesses royales : il avait obtenu que sa baronnie familiale soit érigée en duché-pairie. Mais, comme beaucoup de grands féodaux, il rêvait de se constituer une principauté aux marges du royaume. Charles-Emmanuel de Savoie cherchait depuis 1600 à pousser le maréchal à la trahison, allant jusqu'à lui promettre la main d'une de ses filles. Biron confessa à Henri IV ces négociations matrimoniales et le roi, magnanime, lui pardonna. Mais, en 1602, le maréchal récidiva. Le duc de Biron, le comte d'Auvergne et le duc de Bouillon avaient résolu de soulever ensemble leurs provinces. Le roi, informé à temps, put étouffer la sédition. Biron refusant d'avouer sa trahison, malgré la promesse d'un nouveau pardon, il le fit arrêter le 16 juin en compagnie du comte d'Auvergne. Embastillé, il fut aussitôt jugé par le parlement de Paris et déclaré coupable du crime de lèse-majesté. Henri refusa la grâce demandée par la famille et les proches de Biron : s'il était prêt à pardonner l'injure faite à sa personne, il ne pouvait tolérer le préjudice à la nation tout entière. Le 31 juillet, à quatre heures de l'après-midi, dans la cour de la Bastille, le bourreau trancha la tête de Biron.

L'affaire de la marquise d'Entragues fut tout aussi grave. Cruellement blessée par le mariage du roi avec Marie de Médicis, elle rassembla autour d'elle sa famille et plusieurs nobles mécontents dont le comte de Soissons, Bouillon et La Trémoille. La maîtresse n'avait aucun scrupule. Elle estimait que le fils qu'elle avait eu d'Henri était son seul successeur légitime. Le complot menaçait donc directement la reine, le dauphin et le roi lui-même... En avril 1604, l'arrestation du secrétaire particulier de Villeroy, agent secret du roi catholique, révéla les ramifications espagnoles de ce complot. Avec un aplomb extraordinaire, la maîtresse avoua sa trahison, suivie par ses principaux complices : son père François d'Entragues et Charles de Valois (fils naturel de Charles IX). Les preuves réunies lors du procès, à la fin de l'année 1604, étaient accablantes. Thomas Morgan, l'espion de Philippe III, François d'Entragues et Charles de Valois furent condamnés à mort et Henriette d'Entragues vouée à la réclusion dans un monastère. Mais, toujours sensible au charme de sa maîtresse, Henri accorda son pardon : seul Morgan fut exécuté, toutes les autres peines furent commuées. L'encombrant Charles de Valois fut condamné à la détention à vie à la Bastille, où il demeura jusqu'en 1616...

A peine ce complot éventé, un autre se déclara, organisé cette fois par le duc de Bouillon. Il avait participé à tous les complots précédents, mais Henri voulait que sa trahison aille à son terme. Bouillon entendait attirer à lui les huguenots français et escomptait l'appui des princes allemands protestants. Il espérait reconstituer ainsi une Union protestante et en devenir le protecteur. Pour une fois l'Espagne n'était pas directement impliquée. Henri commença par réprimer une sédition dans le Limousin. Bouillon, qui ne s'attendait pas à une telle réaction, fut pris de court. Le roi décida alors de le déloger de sa place forte de Sedan, terre de souveraineté où Bouillon était théoriquement intouchable. Isolé, le duc demanda le pardon du roi et, le 6 avril, lui apporta sa soumission définitive. Henri l'accepta, mais ne lui rendit Sedan que deux ans plus tard. Cette affaire était exemplaire car les protestants français n'avaient pas suivi la sédition : elle était le témoignage éclatant de la réussite de l'édit de Nantes.

La dernière crise

L'année 1609 avait commencé sous d'heureux auspices. La trêve signée par l'Espagne et les Provinces-Unies semblait promettre l'avènement d'une coexistence pacifique dans les Pays-Bas, au moins pour douze ans. C'était compter sans la crise provoquée par la mort du duc de Clèves et de Juliers le 25 mars. Ce prince allemand se trouvait à la tête de territoires d'un intérêt géopolitique considérable, situés au contact de l'Empire germanique, des Pays-Bas et de la France, et essentiels dans l'équilibre du nord-est de l'Europe. La mort sans héritier direct du duc de Clèves ouvrait une compétition particulièrement rude. En vertu de ses prérogatives impériales, Rodolphe II devait régler cette affaire. Il espérait écarter les princes allemands protestants comme le margrave de Magdebourg ou le comte palatin de Neubourg, tous deux candidats. Du côté français, on s'inquiétait des pressions espagnoles en faveur d'un prince catholique. En réalité, Henri escomptait réaliser un mariage français profitable avec l'heureux bénéficiaire de la succession de Clèves et attirer ainsi progressivement ces territoires dans le giron français. La diplomatie française incita le margrave et le palatin (qui ne s'entendaient pas) à occuper les terres. La riposte de l'empereur fut décisive : avec l'aide de l'Espagne, la place de Juliers fut enlevée dès le mois de juillet 1609.

La réponse d'Henri IV fut à la hauteur de l'enjeu. La France mobilisa immédiatement une importante armée. Dès l'été 1609, on s'acheminait vers une guerre européenne. La France allait se battre aux côtés de princes protestants contre une coalition catholique. Le pape ne manquerait pas de condamner cette attitude et les catholiques dévots y verraient une preuve supplémentaire de la duplicité du Béarnais.

Une affaire sentimentale vint alors se greffer sur la crise de la succession de Juliers. Le roi s'était entiché, on l'a vu, de Charlotte-Marguerite de Montmorency, la fille du connétable, alors âgée de quinze ans à peine. Sa beauté juvénile émouvait au plus haut point le Vert-Galant. Le roi, fou amoureux, avait abusé de ses prérogatives pour faire renoncer à son fiancé, Bassompierre, et lui trouver un mari plus complaisant, son cousin le prince de Condé, premier prince de sang. Leur mariage fut célébré discrètement à Chantilly. Henri avait donné au prince de Condé 100 000 livres et offert à la mariée une robe et des pierreries somptueuses... Mais cette générosité n'eut pas les effets escomptés. Le jeune prince de Condé ne supportait pas les avances que le roi faisait ouvertement à Charlotte. Dès le mois de juin une querelle éclata entre les deux hommes. Le 29 novembre, Condé enleva son épouse pour la soustraire aux avances royales. Les deux époux s'enfuirent vers le nord et rejoignirent Bruxelles où ils trouvèrent la protection des Espagnols. L'affaire sentimentale devenait une affaire internationale. La fuite du premier prince de sang du côté des ennemis de la France constituait une trahison très grave, quels qu'en fussent les mobiles initiaux. Le jeu des Espagnols était clair : ils s'efforceraient de présenter Condé comme prétendant au trône de France. Peu à peu les camps se précisaient. Le duc de Savoie était prêt à rejoindre la coalition anti-espagnole. Henri avait promis, il est vrai, la main de sa fille Christine à l'héritier du duché. Charles-Emmanuel menaçait d'envahir la plaine du Pô et d'assiéger Milan. Les diplomates français ne purent en revanche arracher à Jacques Ier d'Angleterre et aux Suisses un engagement formel dans le conflit. Du côté des Hollandais, l'intervention française suscitait peu d'enthousiasme. Le récent traité passé avec l'Espagne les poussait plutôt à recueillir les fruits de la paix enfin retrouvée. La partie ne paraissait pas très bien engagée pour Henri IV.

Dans le pays, les esprits s'échauffaient. L'opinion publique était partagée entre bellicistes et pacifistes. Les catholiques dévots criaient au scandale de devoir faire la guerre pour le compte de princes hérétiques et pour les beaux yeux de Charlotte, la dernière passade du « vieux barbon ». Henri savait les risques d'un tel conflit : si la guerre tournait mal ou s'enlisait, le royaume risquait de connaître de nouveaux troubles intérieurs.

Henri ne pouvait plus reculer. Au début du mois de mai 1610 l'armée principale se rassemblait à Châlons-sur-Marne : 37 000 hommes étaient prêts à marcher sur l'Allemagne. Henri IV lui-même devait en prendre le commandement. Au total, la France avait mobilisé près de 100 000 hommes, l'une des plus grandes armées de tous les temps ! Plus rien ne semblait pouvoir arrêter la volonté royale...

Le départ du roi pour prendre la tête des troupes massées à Châlons-sur-Marne avait été fixé au 19 mai. Comme le voulaient les usages de la monarchie française, le gouvernement du pays serait assuré, en l'absence prolongée du roi et de son ministre, par la reine assistée d'un conseil de régence. Marie de Médicis avait particulièrement insisté pour être sacrée, à l'instar de Catherine de Médicis autrefois. Elle estimait ce sacrement indispensable pour affirmer son autorité sur le royaume. Ce n'est qu'après de longues hésitations qu'Henri IV accéda à la demande de sa femme, à en croire un dialogue avec Sully :

« Hé ! mon ami, que ce sacre me déplaît ; je ne sais que c'est, mais le cœur me dit qu'il arrivera quelque malheur.

Puis s'asseyant dans une chaise basse, (...), rêvant et battant des doigts l'étui de ses lunettes, il se relevait tout à coup, et frappant des deux mains sur ses deux cuisses, disait :

— Par Dieu, je mourrai en cette ville et n'en sortirai jamais : ils me tueront, car je vois bien qu'ils n'ont autre remède en leurs dangers que ma mort. Ah ! maudit sacre, tu seras la cause de ma mort ! (...). Car, pour ne vous en rien celer, l'on m'a dit que je devais être tué à la première grande magnificence que je ferai, et que je mourrai dans un carrosse ; et c'est ce qui me rend si peureux.

— Jésus, Sire, que dites-vous, quelle fantaisie prenez-vous là ? Si elle continue je suis d'avis que vous rompiez et sacre et couronnement, et voyage et guerre ; que s'il vous plaît de me le commander ce sera bientôt fait. (...)

— Je le veux bien, dit-il, mais que dira ma femme ? car elle a merveilleusement ce sacre dans la tête. (Sully, *Les Economies royales*, année 1610.)

Prémonition de la part du roi ? Ou simple dialogue apocryphe inventé de toutes pièces par Sully pour donner une teinte mélodramatique à son récit ? Comme toujours en pareil cas, on se souvint, après le meurtre d'Henri IV, d'innombrables présages annonçant le drame.

Les premières menaces

Henri avait plusieurs fois échappé de peu à la mort. Le 27 août 1593, on avait arrêté un ancien serviteur du duc de Guise, Pierre Barrière dit La Barre, cachant dans ses chausses un couteau *« d'un pied de longueur »* avec lequel il comptait tuer le roi. Les occasions ne manquaient pas, car le roi restait en contact étroit avec la population. La Barre était vraisemblablement un déséquilibré agissant de manière isolée, même s'il reconnut sous la torture avoir été influencé par plusieurs religieux. On le déclara coupable du crime de lèse-majesté et il reçut les supplices accoutumés.

Quelques mois plus tard, le 27 décembre 1594, Henri fut victime, on l'a vu, d'une nouvelle tentative d'assassinat, plus sérieuse, commise par Jean Chastel. Chastel subit le même rituel de supplices que Pierre Barrière. Ce deuxième attentat frappa l'imagination d'Henri IV : atteint au visage, il vivait, depuis, dans la crainte, comme il s'en ouvrit un jour à Sully, redoutant *« d'être empoisonné ou assassiné (...) qu'il me vaudrait mieux être déjà mort, étant en cela de l'opinion de César que la plus douce est la moins prévue et attendue »*. (Sully, *Economies royales*.)

A partir de cette époque, il prit des mesures de sécurité chaque fois qu'il devait traverser une ville ou être en contact avec la foule.

Durant les guerres de religion, des théories justifiant le régicide ou le tyrannicide s'étaient répandues. Des polémistes protestants et catholiques avaient soutenu qu'il était loisible de tuer un roi quand il gouvernait au mépris de la loi divine ou des lois fondamentales du royaume. La Boétie lui-même autrefois, dans son *Discours de la servitude volontaire* (1549), avait fait l'apologie des tyrannicides de l'Antiquité. Après le massacre de la Saint-Barthélemy, le pamphlet anonyme protestant *Vindiciae contra tyrannos* (1581) avait justifié le régicide quand le roi rompait les contrats qui le liaient au peuple et à Dieu.

Les théologiens catholiques allèrent plus loin encore que les protestants. Le ligueur Jean Boucher, auteur d'une *Apologie pour Jean Chastel*, faisait la distinction entre le simple tyran d'exercice et le tyran usurpateur que quiconque, de sa simple autorité a droit de tuer. Selon lui, Dieu pouvait inspirer un vengeur et il citait, entre autres exemples, Jacques Clément. Les théoriciens ligueurs et leurs livres – bien évidemment interdits – avaient donc préparé un terrain idéologique propice à l'assassinat d'Henri IV. Depuis la fin de l'année 1609, une intense agitation religieuse régnait dans la capitale. Les discours de certains prédicateurs rappelaient ceux du temps de la Ligue. Les préparatifs de guerre réveillaient le débat sur la politique étrangère de la France : fallait-il privilégier les considérations religieuses et constituer un bloc catholique pour écraser les protestants et faire triompher la vraie foi ou bien, comme Henri IV, donner la priorité aux impératifs nationaux qui commandaient de lutter contre l'hégémonie espagnole ? Les catholiques dévots contestaient le choix du roi. A les en croire, Henri IV parjurait le serment du sacre qui lui commandait de défendre l'Eglise et de pourchasser les hérétiques. Certains sermons exaltés évoquaient déjà de façon fort ambiguë la possibilité de la mort du roi. Le père Gonthier s'était ainsi laissé emporter au cours d'un sermon prononcé devant le roi lui-même, à l'église Saint-Gervais. Après avoir violemment dénoncé l'influence pernicieuse de ses conseillers protestants, il avait adressé à l'intention d'Henri IV des propos incertains, évidemment réinterprétés par la suite :

« *C'est pourquoi, Sire, la peur nous fait mettre à vos pieds, temblotants de crainte pour vous requérir justice, afin que cette paix si heureuse (...) et que vous avez jusqu'à présent heureusement continuée prospère de plus en plus. (...) Je sais bien comme toute la France le croit que votre bon conseil, votre prudence, votre vertu nous conserveront sains et sauvés, tant qu'il plaira à la divine bonté vous maintenir en bonne santé et heureuse vie...* » (J. Garrisson, *Henri IV*.)

A en croire plusieurs témoins, un autre jésuite aurait été beaucoup plus explicite, soutenant que « *les rois amassaient des trésors pour se rendre redoutables, mais qu'il ne fallait qu'un pion pour mater un roi* ». (R. Mousnier, *L'Assassinat d'Henri IV*.)

Ravaillac

Loin des préparatifs du sacre de la reine, d'autres projets se tramaient dans l'esprit tourmenté d'un fanatique. D'une apparence peu commune, grand escogriffe roux et barbu, François Ravaillac âgé de trente et un ans, avait toujours connu une existence précaire. Ses parents, séparés, vivaient de l'aumône. Lui-même n'avait pas échappé à la misère... Après avoir été le valet de chambre d'un homme de loi, il avait fait de la prison pour dettes. A l'époque de l'assassinat, il vivotait à Angoulême en donnant des cours à des écoliers.

Sa mère, avec qui il continuait à vivre, l'avait instruit dans les valeurs chrétiennes. Très pieux, il avait envisagé vers l'âge de dix-huit ans de devenir religieux. Frère convert chez les feuillants, il en fut renvoyé au bout de six semaines pour cause de visions et de délires mystiques :

« Avait eu des visions comme des sentiments de feu, de soufre et d'encens, et qu'étant hors de sa prison le samedi d'après Noël, de nuit ayant fait sa méditation accoutumée, les mains jointes et pieds croisés, dans son lit, avait senti sur sa face couverte et sa bouche d'une chose qu'il ne put discerner, parce que c'était à l'heure de minuit ; et étant en cet état eut volonté de chanter les cantiques de David, commençant Dixit Dominus, *etc, jusqu'à la fin du cantique, avec le* Miserere *et* De profundis *tout au long, et lui sembla que les chantant il avait à la bouche une trompette faisant pareil son que la trompette de guerre. »* (Extrait de « Procès de Ravaillac », *in* Cimber et Danjou, *Archives curieuses de l'histoire de France.*)

Econduit par les feuillants, François Ravaillac retourna vivre à Angoulême. C'est en 1609, alors que les préparatifs de guerre excitaient les passions, que germa dans son esprit malade le projet de tuer ce roi ennemi de la foi catholique, de *« le tuer, parce qu'il ne convertissait pas les huguenots, et aussi qu'il avait entendu qu'il voulait faire la guerre au pape, et transférer le Saint-Siège à Paris (...), pour ce qu'il n'avait voulu (comme il en avait le pouvoir), réduire ceux de la religion réformée l'Eglise catholique, apostolique et romaine »*.

François Ravaillac vint une première fois à Paris au mois de janvier 1610. Son intention n'était pas encore arrêtée. Il voulait parler au roi, lui demander de changer ses projets, d'imposer par tous les moyens le catholicisme à l'intérieur comme à l'extérieur du royaume. Il se présenta plusieurs fois au Louvre pour donner « *un avertissement utile au roi* » :

« *Il s'est adressé (...) à un écuyer de la reine Marguerite, nommé Ferrare, auquel il a déclaré ses visions, le priant le faire parler au roi ; dont il lui aurait répondu qu'il fallait voir auparavant s'il était un saint personnage et homme de bien. A quoi l'accusé lui avait répliqué qu'il pensait être assez homme de bien pour parler au roi, et peut-être, s'il eût parlé à Sa Majesté, il eût perdu sa tentation. Peu après qu'il s'adressa au secrétaire de madame d'Angoulême, qui lui dit qu'elle était malade, et encore chez monsieur le cardinal du Perron, où on lui dit qu'il eût mieux fait de se retirer dans sa maison...* »

Chassé du Louvre, il s'adressa à un jésuite proche de la cour, le père d'Aubigny, lui montrant un petit couteau « *auquel il y avait un cœur et une croix, lui disant que le cœur du roi devait être porté à faire la guerre aux huguenots* ».

Le bon jésuite lui conseilla de « *manger de bons potages, retourner en son pays, dire son chapelet, et prier Dieu...* »

Alors que Ravaillac, tourmenté, « *comme sa face* (le) *démontrait* », se retrouvait à nouveau seul devant ses démons, il fit quelques jours plus tard une dernière tentative pour parler au roi : « *rencontrant Sa Majesté en son carrosse près les Innocents, lui aurait voulu parler, s'écriant : " Au nom de Notre Seigneur Jésus-Christ et de la sacrée Vierge Marie, que je parle à vous ! ", mais qu'on le repoussa, et ne put parler à elle* ».

S'engagea alors pour Ravaillac une période d'errance et d'hésitation tragique, d'auberge en auberge, entre Angoulême et Paris, prenant : « *dans une hôtellerie proche des Quinze-Vingts (...) un couteau sur la table, qu'il jugea propre pour en tuer le roi* ».

Encore indécis, il repartit à nouveau pour Angoulême lorsqu'il il eut l'ultime révélation de son destin :

« *Il se désista encore de sa volonté de tuer le roi, prit le chemin pour s'en retourner à Angoulême, fut jusqu'à Etampes, où y allant il rompit la pointe dudit couteau de la longueur d'environ un pouce à une charrette devant le jardin de Chantelou, et étant devant l'Ecce homo du faubourg d'Etampes, la volonté lui revint d'exécuter son dessein de tuer le roi, et ne pouvant résister à la tentation, revint à Paris, avec délibération de le tuer.* »

L'assassinat

Pour l'heure, Henri, venu avec la reine à Saint-Denis dès le 12 mai, était tout entier aux préparatifs du sacre. Un échafaud de douze marches avait été édifié face à l'autel pour supporter le trône de la reine. Des tribunes avaient été élevées pour les invités officiels. Une loge vitrée, à droite de l'autel, avait été aménagée pour le roi et sa famille.

La cérémonie commença à 14 heures :

« La reine fut couronnée et sacrée solennellement dans la grande église de Saint-Denis en France par Monsieur le cardinal de Joyeuse, où toutes les solennités, pompes, magnificences et cérémonies qu'on a de coutume de garder et observer aux sacres des reines furent exactement pratiquées et observées, avec grand applaudissement, cris, réjouissances de tout le peuple, plus content et réjoui de la vue du doux et grave port de la majesté de leur reine, laquelle ce jour portait un visage merveilleusement joyeux, gai et content, que de celle des riches pierreries, enseignes, brillants, grosses perles blanches et orientales, robes de drap d'or et d'argent, somptueuses et magnifiques, desquelles Sa Majesté, avec la suite de ses dames et princesses, étaient superbement couvertes et parées et revêtues, avec tel bril et éclat qu'elles offusquaient les rayons du soleil de ce jour. » (Pierre de l'Estoile, *Mémoires*.)

Selon Bassompierre, *« le roi y fut extraordinairement gai »*. (Bassompierre, *Journal de ma vie*.) Seul un incident cocasse entacha le bel ordonnancement de la cérémonie. Le duc de Montbazon fit craquer les vitres de la loge royale en s'y appuyant et elles tombèrent dans un grand fracas sur les prélats assis en dessous. Mais à la fin de la cérémonie, le peuple exprima, semble-t-il, moins d'enthousiasme qu'on n'aurait pu en attendre :

« En la largesse des pièces d'or et d'argent qu'on jeta au peuple, comme il est accoutumé de se faire aux sacres des rois et des reines, on ne cria jamais ni " Vive le roi ! ", ni " Vive la reine ! " Ce qu'on remarque n'être advenu qu'en ce sacre. » (Pierre de l'Estoile, *Mémoires*.)

Des témoignages abondants permettent de reconstituer la journée du 14 mai 1610, même s'il est difficile de faire la part de la réalité et de l'invention. Henri IV aurait bien mal dormi :

« *La nuit de cette triste journée et funeste à la France, en laquelle Dieu courroucé contre son peuple, nous ôta en son ire notre prince, et éteignit la lumière du plus grand roi de la terre et le meilleur, Sa Majesté ne put jamais prendre le repos, et fut en inquiétude toute la nuit : si que le matin s'étant levé, dit qu'il n'avait point dormi, et qu'il était tout mal fait. Sur quoi M. de Vendôme* (César, son fils naturel), *prit l'occasion de supplier Sa Majesté de se vouloir bien garder, même ce jour, auquel on disait qu'il ne devait point sortir, pour ce qu'il lui était fatal.* « *Je vois bien, lui répondit le roi, que vous avez consulté l'almanach.* »
(Pierre de l'Estoile, *Mémoires*.)

La veille, le roi avait accompli avec beaucoup de ferveur ses dévotions quotidiennes. C'est au couvent des feuillants, à l'endroit même où Ravaillac aurait voulu entrer en religion, qu'il avait entendu la messe. D'après Pierre de l'Estoile, l'assassin suivait déjà sa victime :

« *De fait, Sa Majesté alla ouïr la messe aux feuillants, où ce misérable* (Ravaillac) *le suivit, avec l'intention de le tuer, et a confessé depuis que sans la venue de M. de Vendôme, qui l'en empêcha, il eût fait son coup là-dedans. Fut remarqué que le roi, avec plus grande dévotion beaucoup que de coutume, et plus longuement, se recommanda à Dieu. Même la nuit, qu'on pensait qu'il dormit, on le vit sur son lit à deux genoux, qui priait Dieu ; et dès qu'il fut levé, s'étant retiré pour cet effet en son cabinet, pour ce qu'on voyait qu'il y demeurait plus longtemps qu'il n'avait accoutumé, fut interrompu. De quoi il se fâcha, et dit ces mots :* " *Ces gens-ci empêcheront-ils toujours mon bien ?* " *Grâce singulière et particulière de Dieu, qui semblait comme avertir son oint de sa fin fort proche : chose qui n'advient guère qu'à ceux que Notre Seigneur aime.* »

A la sortie de la messe, au cours d'une conversation rapportée par Bassompierre, le roi aurait eu des paroles étranges :
« *Vous ne me connaissez pas maintenant, vous autres : mais je mourrai un de ces jours, et quand vous m'aurez perdu, vous connaîtrez alors ce que je valais, et la différence qu'il y a de moi aux autres hommes.*
Je lui dis alors :
— Mon Dieu, Sire, ne cesserez-vous jamais de nous troubler en nous disant que vous mourrez bientôt ? Ces paroles ne sont point bonnes à dire, vous vivrez, Dieu aidant, quantité de longues et

heureuses années. Il n'y a point de félicité au monde pareille à la vôtre : vous n'êtes qu'en la fleur de votre âge, en une parfaite santé et force de corps, plein d'honneur plus qu'aucun des mortels, jouissant en toute tranquillité du plus fleurissant royaume du monde, aimé et adoré de vos sujets, pleins de biens, d'argent, de belles maisons, belle femme, belles maîtresses, beaux enfants qui deviennent grands. Que vous faut-il plus, ou qu'avez-vous à désirer davantage ?

Il se mit lors à soupirer, et me dit :

— Mon ami, il faut quitter tout cela. » (Bassompierre, *Journal de ma vie.*)

A en croire Pierre de l'Estoile, le roi entama normalement cette nouvelle et ultime journée, fatigué seulement par sa nuit blanche, « *tout étourdi de n'avoir point dormi* ». Après dîner, Henri voulut visiter Sully à l'Arsenal, et, après avoir imprudemment congédié ses gardes, monta dans son carrosse :

« *Entrant dans le carrosse, et pensant cependant (comme il est à présupposer) aux mauvaises prophéties de ce jour qu'on lui avait voulu mettre en la tête (et plût à Dieu qu'elles y fussent bien entrées, pour se mieux garder qu'il ne fit !), se retournant vers un des siens, lui demanda le quantième il était du mois.*

— C'est le 13 aujourd'hui, Sire.

— Non, dit un autre, Sire, c'est le 14.

— Il est vrai, dit le roi, tu sais mieux ton almanach que ne fait pas l'autre. Et se prenant à rire :

— Entre le 13 et le 14, dit-il.

Et sur ces mots fait aller son carrosse. » (Pierre de l'Estoile, *Mémoires.*)

Son historiographe, Pierre Matthieu, donne de précieux renseignements sur la suite des événements :

« *Il entra en carrosse sur les trois heures et trois quarts, prit la principale place, et ayant su du duc d'Epernon s'il avait affaire en ville, le mit à sa droite, à la portière du même côté étaient le maréchal de Lavardin et de Roquelaure, à l'autre le duc de Montbazon, le marquis de la Force, au-devant du carrosse, Liancourt son premier écuyer, et le marquis de Mirabeau.* »

Le carrosse royal, une fois fermé, offrait, outre les deux places d'honneur occupées par Henri et le duc d'Epernon, deux places dos à la portière. Les compagnons du roi ne pouvaient donc percevoir ce qui se tramait dans la rue.

« *Le cocher fit demander par l'écuyer qui était en service où il irait, et le roi répondit : " Mettez-moi hors de céans. " Etant sous la voûte de la première porte, il fit ouvrir le carrosse de tous côtés Quand, il fut devant l'hôtel de Longueville, il renvoya tous ceux qui le suivaient. On lui demanda encore une fois où irait le carrosse, il dit : " A la croix-du-Tiroüer ", et quand il y fut il dit : " Allons au cimetière des Saints-Innocents "...* (Pierre Matthieu, Histoire de la mort d'Henri IV, 1610.)*

Un personnage n'avait perdu aucune miette de cette scène. Ravaillac se trouvait depuis plusieurs jours en faction devant le Louvre. «*Avec trois quarts d'écus de reste* », il n'avait plus assez d'argent pour demeurer plus longtemps à Paris. C'était aujourd'hui ou jamais. C'est d'ailleurs à cet endroit, à la sortie du Louvre, assis sur les pierres de la porte où les laquais attendent leur maître, qu'il voulut commettre son crime, «*mais il trouva que le duc d'Epernon était en la place où il jugeait que le roi se devait mettre* ».

Ravaillac, «*tout suant et échauffé se coule au long* » des boutiques pour attendre l'équipage à la rue de la Ferronnerie, passage obligé du carrosse, qui était fort encombrée à cette heure de l'après-midi. Devant les boutiques stationnaient des charrettes de marchandises, et une foule compacte de piétons se pressait le long des étalages. C'était l'endroit idéal : il pourrait profiter du ralentissement du carrosse royal et de la confusion générale.

« *Le roi vit Montigny à l'entrée de la rue, en carrosse, et selon sa débonnaireté accoutumée lui cria : " Serviteur, Montigny, serviteur ". Le carrosse entrant en cette rue trouva à sa droite deux charrettes, l'une chargée de vin, l'autre de foin, et celle-ci fut cause qu'il prit fort sur la main gauche, s'arrêtant à tout moment.* » (Pierre Matthieu, *Histoire de la mort d'Henri IV,* 1610.)

Ce détail appelle une petite explication. Autrefois, dans toute l'Europe, lorsque deux véhicules se croisaient, ils « serraient leur gauche », et non leur droite comme aujourd'hui. C'était une question de prudence : si les occupants de l'autre voiture étaient mal intentionnés, il valait mieux les avoir du côté où l'on brandit son épée, à sa droite... C'est Napoléon qui changea cette ancienne habitude, et imposa dans toute l'Europe (à l'exception, bien sûr, de la Grande-Bretagne et de la Suisse), pour des raisons essentiellement stratégiques, de circuler en tenant sa droite...

Fort logiquement, le carrosse d'Henri frôlait donc la file des piétons qui se pressaient sur sa gauche. Le roi, occupé à faire la conversation avec ses gentilshommes, ne prêtait pas attention à ce qui se passait dans la rue. Ravaillac tenait son occasion :

« Les valets de pied étaient passés par le cimetière Saints-Innocents, les gentilshommes ne pouvaient joindre le carrosse. Plusieurs personnes passèrent entre le carrosse et les boutiques. Ce tigre venait par le même chemin, le manteau pendant sur l'épaule gauche, le couteau en main, son chapeau pour le couvrir. La posture du roi lui donna de la hardiesse, s'il n'eut le visage tourné de l'autre côté, j'estime que la révérence et la majesté que le doigt de Dieu a imprimé sur le front des rois l'eût retenu. (Henri IV) avait le bras droit sur le col du duc d'Epernon, auquel il avait donné un papier pour lire, son bras gauche était sur l'épaule du duc de Montbazon, lequel détournait la tête pour ne sembler d'être curieux d'écouter ce que le roi disait tout bellement, car il ne s'était avancé pour dire au duc d'Epernon et au maréchal de Lavardin ces paroles :

— Au retour de l'Arsenal, je vous ferai voir le dessein que d'Escurès a fait pour le passage de mon armée, vous en serez fort contents, et j'en ai reçu un grand contentement.

A cette parole, cette furie, voyant que le roi lui ouvrait tout le flanc, et qu'un valet de pied, qui seul pouvait l'empêcher, s'était arrêté pour remettre sa jarretière, lui porte deux coups de couteau par-dessus la roue, et pense lui en donner un troisième en la manche de son pourpoint.

Le premier coup fut entre la seconde et troisième côte, de la largeur d'un travers de doigt, se coulant sous le muscle pectoral, sans offenser le thorax, le second un peu plus bas, au milieu du flanc, entre la cinquième et la sixième coste, large de deux doigts, traversa l'un des lobes des poumons et donna jusqu'à l'artère veineuse, laquelle il fendit au-dessus de l'oreille gauche du cœur.

Le roi sentant la première blessure, haussa le bras et donna plus de prise à la seconde. On trouva encore que le bout de la manche de son pourpoint en dehors, vers le poing, était percée en deux endroits, et la chemise en trois, parce qu'elle était plissée, et cela confirme que l'assassin dit à plusieurs fois, qu'il avait donné trois coups et qu'un seul avait fait ce qu'il désirait.

Au premier, le roi dit : " Je suis blessé. " Mais le second suivit si promptement qu'à peine put-il achever ce mot : " Ce n'est rien ",

494

car le sang lui vint à gros flots par la bouche. Le duc d'Epernon se lève incontinent pour le soutenir et le supplie de penser à Dieu. Il joint les mains et lève les yeux devers le ciel. Son âme, toute trempée dans le sang de l'Agneau innocent qui a été occis dès le commencement du monde, échappe doucement de ce corps tout sanglant d'une blessure reçue innocemment.

Le carrosse demeura arrêté, le chemin empêché, la rue pleine de peuple tout en effroi, et le cocher si éperdu qu'il ne savait ni avancer ni reculer. Saint-Michel, l'un des gentilshommes ordinaires, tira son épée contre ce malheureux pour le tuer, le duc d'Epernon cria qu'il ne le touchât point, qu'il allait de sa tête, et que le roi n'avait point de mal, il lui arracha des mains le couteau. Le comte de Curson lui donna du pommeau de son épée à la gorge. La Pierre, l'un des capitaines exempts de gardes, se saisit de lui et le mit entre les mains des valets de pied, qui le remirent à de Montigny (...).

Ce funeste et perfide coup fut donné si soudainement que personne ne s'en aperçut, la confusion était si grande que, si ce monstre eût jeté son couteau à terre, on ne l'eût pas connu à l'étonnement, car il était commun, ni à la pâleur de visage, car il confessa qu'il donna dans le corps du roi comme dans une botte de foin. A cet instant le diable lui ôta toutes sortes d'appréhensions, de respect et de jugement. » (Pierre Matthieu, *Histoire de la mort d'Henri IV*, 1610.)

Tandis que la rumeur de la mort du roi courait déjà dans les rues de Paris, le carrosse faisait demi-tour et rentrait au Louvre. Il était trop tard. Les coups de Ravaillac avaient mortellement atteint Henri IV :

« *A l'entrée de la cour (du Louvre) on cria au vin et au chirurgien, mais on n'avait besoin ni de l'un, ni de l'autre. On y avait déjà apporté la blessure, mais la mort n'y fut connue qu'à la vue du carrosse, duquel on retira le roi mort. Il fut porté sur son lit du petit cabinet par le duc de Montbazon, de Vitry, le marquis de Noirmoutier, Sully, l'un des écuyers, et encore quelques autres, dont je n'ai su apprendre les noms. A ce bruit, le chancelier qui était au conseil monta en haut et, sans perdre temps aux discours et aux plaintes dont la douleur en ces terribles accidents amuse les esprits, passe incontinent au cabinet de la reine pour commencer et assurer le service du roi (...).*

Petit, son premier médecin, m'a dit qu'il ne rendit l'esprit que sur le lit, et que lui ayant dit : " Sire, souvenez-vous de Dieu, dites en votre cœur : Jésus, fils de David, ayez pitié de moi. " *Il avait ouvert les yeux par trois fois. Un autre gentilhomme m'a dit la même chose, mais on doute si la qualité de la blessure lui permettait tant de vie sans être suffoqué par le sang.*

(...) Quoique je visse sa chemise sanglante, sa poitrine enflée de l'abondance de sang, son front commençant à jaunir, ses yeux fermés, sa bouche ouverte, la croix de son ordre dessus, il me semblait que c'était illusion, mon imagination contredisait mes yeux, ne me pouvant figurer de voir mort celui qui une heure auparavant ne parlait que de combattre, de vaincre et de triompher. »
(Pierre Matthieu, *Histoire de la mort d'Henri IV*, 1610.)

Un parricide

La grande majorité des Français fut bouleversée par le crime de Ravaillac. Les témoignages parlent d'ailleurs presque tous de « parricide » et non de « régicide ». C'était un père autant qu'un roi que les Français avait perdu :

« Les boutiques se ferment, chacun crie, pleure et se lamente, grands et petits, jeunes et vieux, les femmes et filles s'en prennent aux cheveux. Et cependant tout le monde se tient coi : au lieu de courir aux armes, on court aux prières et aux vœux pour la santé et prospérité du nouveau roi, et toute la fureur du peuple, contre l'attente et intention des méchants, n'est tournée que contre ce parricide scélérat et ses complices, pour en avoir et poursuivre la vengeance. » (Pierre de l'Estoile, *Mémoires.)*

La police restait extrêmement fébrile, tant à Paris qu'en province. On était persuadé que Ravaillac n'avait pas agi seul, qu'Henri IV avait été victime d'un complot. On voyait déjà la main de la Ligue, des jésuites et de l'Espagne derrière l'attentat. On craignait que cette mort n'annonçât des troubles généralisés dans tout le royaume. Le prévôt des maréchaux de Pluviers, ayant annoncé la mort du roi au moment même de l'assassinat : *« Le roi est mort ! Il vient d'être tué tout maintenant ! Et n'en doutez point »*, fut arrêté. Amené à Paris, à la Conciergerie, il mourut dans des circonstances douteuses...

D'audacieux plaisantins profitèrent cependant de la confusion générale pour faire quelques farces aux proches du roi défunt :

« Le lendemain de la mort du roi, on trouva écrit en grosse lettre sur la porte de l'hôtel de Sully : " Valet à louer ", et sur celle de

Maupeou : " Maison à louer pour le terme de la Saint Jean "
(Pierre de l'Estoile, *Mémoires.*)

Aux dires de Pierre Matthieu, Marie de Médicis passa neuf nuits à pleurer son époux. Le plus affecté fut le dauphin Louis. Le jeune roi, âgé seulement de huit ans, devait succéder à son père. Le soir, à table, il s'écria : « *Je voudrais n'être point roi, et que mon frère le fût plutôt, car j'ai peur qu'on me tue, comme on a fait le roi mon père.* » Selon Pierre de l'Estoile, l'enfant était si angoissé qu'il dut passer la nuit dans le lit de sa mère : « *Gardez-moi bien, disait-il ordinairement à ses gardes, de peur qu'on ne me tue comme on a fait de feu le roi mon père.* » Son frère, Gaston d'Orléans partageait les mêmes craintes. Il ne jalousait pas encore le titre de son frère aîné :

« *M. d'Orléans, frère du roi, outre la portée de son âge, et avec étonnement et admiration de tout le monde, fut si fort touché de cette perte qu'il voulut se tuer : demanda pour ce faire un poignard (autres disent le couteau avec lequel ce misérable avait assassiné son père), criant qu'il ne voulait point survivre à son papa. Ce que le lendemain la reine toute épleurée récita à son dîner, où le père Coton était lequel entrant là-dessus en discours, loua la générosité et magnanimité de ce jeune prince...* » (Pierre de l'Estoile, *Mémoires.*)

Le roi n'était plus. Une minorité nouvelle s'annonçait. Avec quels troubles et quelles intrigues ? Marie de Médicis, afin, semble-t-il, d'imposer son autorité sans partage et de prendre de court les prétentions éventuelles des Grands ou de Sully à la régence, vint au parlement de Paris, en un « lit de justice », pour se faire officiellement proclamer régente. Le lit de justice était une cérémonie très rare au cours de laquelle le roi venait personnellement devant ses parlementaires pour les obliger à enregistrer une de ses décisions s'ils se montraient réticents.

Jamais un roi n'avait commencé son règne par une telle démarche, par une telle mise au pas. Ce fut d'ailleurs un précédent et, désormais, avant même d'être sacrés, les rois de France inaugurèrent leur règne par ce lit de justice, signe de l'absolutisme royal. Le 15 mai au matin, le jeune Louis XIII « *revêtu d'un habit violet* », « *séant en son lit de justice* » et sa mère « *à son côté droit* », « *couverte d'un grand crêpe noir* », ouvrirent la séance du Parlement. Au-dessous d'eux se trouvaient les principaux Grands. La reine fit une brève harangue, ponctuée de « *grosses larmes* », puis ce fut au tour du jeune Louis XIII qui, « *surmontant la grandeur de son âge, proféra quelques paroles (...) avec une grâce et une gravité vraiment royale* ».

Après quelques discours des principaux parlementaires, « *le roi séant en son lit de justice* » déclara, par la bouche du chancelier, « *la reine sa mère régente en France, pour avoir soin de l'éducation, de la nourriture de sa personne, et l'administration des affaires de son royaume pendant son bas âge* » (Pierre de l'Estoile, *Mémoires.*)

Les funérailles

La mort d'un roi donnait lieu à un rituel très précis, à un cérémonial codifié. En effet, à une époque où la personne royale incarnait l'Etat, sa mort constituait une transition délicate durant laquelle la permanence de la royauté devait être affirmée avec force. Selon certains témoignages, lorsque Marie de Médicis apprit la mort d'Henri, elle se serait écriée : « *Hélas, le roi est mort !* » Le chancelier Brûlart de Sillery lui aurait répliqué : « *Votre Majesté m'excusera, les rois ne meurent point en France.* »

Tel était l'objet de la tradition séculaire des deux corps du roi, la dépouille mortelle de la personne du roi et l'effigie figurant l'immortalité de la royauté.

Dès la mort du roi, sa dépouille avait bénéficié de soins particuliers :

« *Sur la minuit du vendredi* (14 mai 1610), *le corps du roi, dépouillé d'un habit de satin noir, égratigné, sans pansement, fut revêtu d'un pourpoint de satin blanc, et porté sur le lit de sa chambre, où il fut vu, considéré, pleuré et regretté par toute la ville de Paris. La chaleur de la saison et le sang qui s'était amassé dans le ventre ne permirent que l'on différât de l'ouvrir. Cela se fit le samedi, sur les quatre heures, en la présence de quatorze médecins du roi, dont les premiers étaient Petit, Milon, de l'Orme, Hérouard, quatre médecins de Paris, onze chirurgiens du roi, Martel, Pigray, Guillemeau, Regnaud, etc. Ils le trouvèrent si sain et toutes les parties si entières qu'il pouvait arriver sans ce coup à une longue et heureuse vieillesse. Ils jugèrent aussi que, quand il eût été diaphane aux yeux de ce parricide, il ne le pouvait blesser en un endroit plus mortel ni qui plus tôt le fit mourir. Les entrailles furent envoyées à Saint-Denis par un exempt des gardes avec six soldats, et enterrées sans cérémonies.*

Le cœur du roi fut enfermé dans un cœur d'argent. La Varenne, gouverneur d'Angers et général des postes de France, se présenta à la reine, pour l'entretenir sur l'intention du roi qui était de le faire déposer à La Flèche, où il avait été premièrement formé, et d'en laisser la garde au collège des jésuites. A cette parole du cœur du roi, la reine reçut une nouvelle blessure dans le sien, étant impossible qu'une femme entende sans douleur qu'on lui demande le cœur de son mari. Elle répondit que, puisque Dieu avait fait sa volonté, elle désirait que celle du roi fût effectuée, commanda que ce cœur fût consigné entre les mains des pères jésuites pour la porter à La Flèche, et donna charge de la conduite au duc de Montbazon. Le prince de Conti le délivra au père Jacquinot, recteur de la maison professe de Saint-Louis; le père Coton porta la parole du remerciement au nom de toute la Compagnie. De Vitry fit marcher autour du carrosse vingt-quatre archers et douze flambeaux jusqu'en leur église, en laquelle ce précieux gage demeura quelques jours. De là fut porté en bonne compagnie, et reçu en grande pompe et magnificence en la ville de La Flèche par La Varenne, le baron de Sainte-Suzanne son fils, tous les ordres de la ville, et après divers honneurs, discours et poèmes funèbres, fut déposé en l'église du collège des jésuites ».

On confectionna, selon la tradition, une effigie du roi. Ce mannequin d'osier recouvert de cire était fait à l'exacte ressemblance du roi défunt. Le 10 juin, on le déposa sur un lit de parade, dans la salle des cariatides, dépouillée des tentures de deuil au profit de celles, aux couleurs éclatantes, de la monarchie :

« Dessus ladite couverture de drap d'or fut apposée l'effigie de Sa Majesté, représentée au naturel, vêtue premièrement d'une chemise de toile de Hollande, par-dessus d'une camisole de satin cramoisi rouge, doublée de taffetas de même couleur, bordée d'un petit passement d'or; d'icelle on ne voyait les manches que jusqu'aux coudes, et le bras environ quatre doigts sur les jambes, pour ce que la tunique couvrait le reste. Par-dessus était la tunique de satin azurin, semée de fleurs de lys d'or avec un passement d'or et d'argent de la largeur de quatre doigts, les manches jusqu'aux coudes. Dessus la tunique était le manteau royal de velours violet cramoisi, semé de fleurs de lys d'or, de longueur de cinq à six aulnes, compris la queue. Ledit manteau était ouvert par-devant, doublé d'hermine, le collet rond de l'hermine renversé environ d'un pied. Au col de ladite effigie était l'ordre du Saint-Esprit, et sur la tête un petit bonnet de velours cramoisi

brun, et dessus la couronne royale garnie de pierres précieuses. Ses jambes étaient chaussées de bottines de velours rouge, semée de fleurs de lys d'or, semelées de satin de même couleur. Cette effigie avait les mains jointes. A l'entour d'elle sur le chevet étaient deux oreillers de velours rouge cramoisi, semés de fleurs de lys d'or; sur celui de main droite était le sceptre, sur celui de gauche était la main de justice, et aux côtés deux chapelles ou autels richement parés avec dais (...) » (Mercure français, Funérailles de Henri IV (1610), in Cimber et Danjou, *Archives curieuses de l'Histoire de France.*)

Cette effigie, qui avait les yeux ouverts, était une représentation du roi vivant. On poussait la mise en scène jusqu'à lui servir, comme à Henri IV, deux repas par jour sur une table dressée à cinq pas du lit de parade. A la fin du dernier service de table, on enlevait l'effigie, on remettait les tentures de deuil pour la nuit, et, sur l'emplacement du lit d'honneur, on érigeait une chapelle ardente autour du cercueil du roi.

Ce rituel fut répété inlassablement jusqu'aux obsèques d'Henri IV qui eurent lieu le 29 juin. C'était une mise scène du « mythe des deux corps du roi », remarquablement expliqué par l'historien E. Kantorowitz. Le roi possédait deux corps, un « corps naturel », comme les gens ordinaires, qui vieillit et meurt, et un « corps politique », qui ne peut être vu ni touché, et qui incarne la permanence de l'Etat.

L'Etat, la royauté, ne mouraient pas avec le roi : le corps politique lui survivrait et se retrouverait uni au corps naturel de son successeur grâce au sacre. Alors, le mannequin, désormais inutile, serait délaissé : le roi ne meurt jamais!

Dans tout le pays on procéda à des cérémonies pour le repos de l'âme d'Henri IV, auxquelles même les protestants s'associèrent :

« On fit des prières pour lui dans toutes les églises de France; ceux dont la doctrine estime inutiles aux morts ne furent pas insensibles à la publique douleur de cet accident; car, jugeant que c'était un effet du courroux de Dieu sur la France, ordonnèrent par toutes les provinces où ils ont leurs temples un jeûne général dont les lois ne dispensent personne, et ce fait avec telle discipline que les corps les plus zélés soutiennent la faim tout le jour, et les esprits se passent ou en parlant à Dieu, ou en entendant la parole de Dieu. » (Pierre Matthieu, *Histoire de la mort d'Henri IV*, 1610.)

On profita de l'occasion des obsèques d'Henri IV pour organiser en catimini celles d'Henri III. En effet, le prédécesseur n'avait pu être inhumé à Saint-Denis en 1589, ville alors tenue par la Ligue. Le duc d'Epernon, son ancien mignon, fut chargé de faire le transfert mortuaire de sa dépouille le 19 juin. Son enterrement, le 23 juin dans l'abbatiale, ne donna lieu à aucune pompe officielle et se déroula dans la plus stricte intimité. Une semaine plus tard, Henri devait le rejoindre : les deux monarques assassinés entraient ensemble dans la nécropole royale...

Les cérémonies funèbres d'Henri IV durèrent trois jours.

Ce fut d'abord, au Louvre, un dernier hommage des Grands, des cours souveraines et du nouveau roi lui-même. Puis, le mardi 29 juin, le cercueil fut conduit à Notre-Dame en grande pompe :

« *Le chariot d'armes à six chevaux, où était le corps du roi ; son effigie environnée de la cour de Parlement en robes rouges, le dais dessus, porté par le prévôt des marchands et les échevins de la ville de Paris, la main de justice, le sceptre, la couronne. On portait les armes du roi, l'épée en écharpe, le heaume timbré avec le mantelet, la côte d'armes, l'écu, les gantelets, les éperons, les pannons, bannières et enseignes de toutes les compagnies crêpées de noir, le cheval d'honneur, douze chevaux montés par douze pages, les évêques, archevêques, ambassadeurs et cardinaux.* »

Le mercredi 30 juin, après un office, le cercueil fut conduit dans le même ordre à Saint-Denis. Les religieux de Saint-Denis, inquiets d'une disparition éventuelle de la dépouille royale, s'approchèrent du cercueil et reconnurent à l'odeur « *qu'il n'y avait point de feinte, et que les plus grands rois n'étaient pas d'autre étoffe que les moindres hommes de la terre* ». (P. Matthieu, *Histoire de la mort d'Henri IV*, 1610.)

Ce furent ensuite les dernières cérémonies religieuses dans l'église de Saint-Denis, toute tendue de noir, « *tendue en deuil, tant au chœur, chapelle ardente, ceinture armoiriée que luminoire et ornements* » :

« *Le corps et l'effigie reposant sous la chapelle ardente, les princes du grand deuil assis en leurs sièges, et tous les prélats, cours souveraines et seigneurs, selon leurs dignités et qualités, on dit vêpres des morts, après lesquelles et l'eau béniste jetée, chacun se retira en son logis. La nuit suivante fut ôtée l'effigie de dessus le cercueil, qui demeura sous ladite chapelle ardente, couvert du* drap d'or, avec la couronne, sceptre et main de justice, tout comme il était sur les tréteaux à Paris, en la salle de deuil. »

Ce fut enfin la descente du cercueil dans la fosse :

« *Les maîtres des cérémonies ayant enlevé de dessus le cercueil, la couronne, le sceptre et la main de justice, et les ayant mis dans les mains des princes et seigneurs à ce destinés pour les porter, puis ôté les draps mortuaires d'or et de velours, les gentilshommes de la chambre et les archers du corps levèrent le cercueil et le portèrent dans la fosse.* » (*Mercure français*, Funérailles d'Henri IV (1610), *in* Cimber et Danjou, *Archives curieuses de l'Histoire de France.*)

Après quelques ultimes gestes symboliques, retentirent enfin les paroles emblématiques de la mort et de l'éternité de la figure royale, de la transition symbolique entre l'ancien et le nouveau roi :

« *Monseigneur le comte de Saint-Pol se leva et dit à moyenne voix : " Le roi est mort ". Puis le roi d'armes, faisant trois pas au milieu du chœur, reprit la même parole et dit à haute voix par trois fois : " Le roi est mort, priez tous Dieu pour son âme. " Alors chacun se mit à genoux la larme à l'œil.*
Environ, le temps de trois patenôtres, ledit sieur comte retira le bâton de grand-maître hors de la fosse et dit : " Vive le roi ! " Puis le même roi d'armes reprit la parole et à haute voix dit par trois fois : " Vive le roi Louis XIII de ce nom, par la grâce de Dieu roi de France et de Navarre, très chrétien, notre très souverain seigneur et bon maître, auquel Dieu doit très heureuse et très longue vie. " Ces paroles dites, les trompettes, tambours, hautbois et fiffres du roi commencèrent à sonner. » (*Mercure français*, Funérailles d'Henri IV (1610), *in* Cimber et Danjou, *Archives curieuses de l'Histoire de France.*)

Le jugement de Ravaillac

Aussitôt après son arrestation, il avait fallu protéger Ravaillac de la foule, « *à cause du peuple, qu'on craignait, étant mutiné, qu'il ne se ruât sur lui, le déchirât et le mît en pièces* ». C'est dans la prison de la Conciergerie, dans le Palais de la Cité, que se déroula l'interrogatoire les 17, 18 et 19 mai. Ravaillac fit d'abord montre, semble-t-il, d'une désinvolture presque insolente, « *qui se moquait de tout le monde, même des interrogatoires que lui faisaient M. le Président* (du Parlement), *le Président Jeannin, et autres* ». (P. de l'Estoile, *Mémoires*.)

Il semblait inconcevable aux juges qu'un homme d'aussi humble extraction ait pu agir seul. Toutes les hypothèses furent envisagées : était-il un agent de l'Espagne ou manipulé par quelque prédicateur ou confesseur? Le père d'Aubigny, ce jésuite auquel Ravaillac, peu de temps auparavant, avait confié ses tourments, fut soupçonné, mais nia même l'avoir jamais rencontré. Ce qui fit dire à Pierre de l'Estoile, en bon gallican, qu'il « *eût été mauvais jésuite, s'il ne s'en eusse su dextrement dépêtrer* »...

A moins qu'il ne s'agisse d'une possession diabolique? Ses visions pouvaient être des artifices de Lucifer et, selon Pierre de l'Estoile, on aurait trouvé sur lui « *quelques caractères et instruments de sorcellerie, entre autres un cœur navré de trois coups : comme on tient que l'intention de ce gros maraud était d'en donner autant dans le cœur du roi* ». Ravaillac lui-même ne disait-il pas que « *c'était Dieu ou le diable* » qui l'avait inspiré...

Le souci de la vérité était si vif que Marie de Médicis proposa à la cour de recourir aux services d'un boucher de sa connaissance, qui « *se présentait pour écorcher tout vif ce misérable, promettant de le faire durer longtemps, et de lui réserver assez de force après qu'il serait dépouillé de sa peau pour endurer le supplice* ». (Pierre Matthieu, *Histoire de la mort d'Henri IV*, 1610.)

Le Parlement loua « *le zèle d'une grande princesse* », et « *l'affection d'une veuve outrée de douleur* » qu'exprimait cette suggestion raffinée. Mais on préféra menacer Ravaillac de torturer son père et sa mère en sa présence. Rien n'y fit, Ravaillac affirmait toujours avoir agi seul.

Le 27 mai, l'arrêt de justice fut rendu en présence de Ravaillac, à genoux, tête baissée, le déclarant « *dûment atteint et convaincu du crime de lèse-majesté divine et humaine, au premier chef, pour le très méchant, très abominable et très détestable parricide, commis en la personne du feu roi Henri IV, de très bonne et très louable mémoire...* »

L'arrêt détaillait ensuite les supplices qui lui seraient infligés : raffinement inédit, on ferait, après le supplice du tenaillement, couler sur les chairs béantes « *du plomb fondu, de l'huile bouillante, de la poix-résine brûlante, de la cire et soufre fondus ensemble* ».

D'autres mesures concernaient la famille de Ravaillac, ordonnant la destruction de la maison où il était né, l'expulsion du royaume de ses parents, l'interdiction de porter désormais le nom de Ravaillac...

Aussitôt après la lecture de l'acte de condamnation, on tortura à nouveau Ravaillac pour tenter, une dernière fois, de lui arracher les noms de ses complices :

« Il fut appliqué à la question des brodequins, ce qui s'y passa est sous le secret de la cour. Au troisième coing il demeura comme pâmé, et du vin lui ayant été mis dans la bouche, ne le put recevoir, la parole lui faillant, il fut relâché et on jeta sur lui de l'eau, puis on lui fit prendre du vin. » (Extrait de « Procès de Ravaillac », in Cimber et Danjou, *Archives curieuses de l'Histoire de France.*)

Malgré leurs efforts, les juges ne lui arrachèrent aucun autre aveu que plusieurs « *grotesques étranges* » visions de folie. Ces tortures n'étaient cependant qu'un modeste avant-goût des ultimes supplices.

Toute la population parisienne attendait l'événement. Dès la sortie de la Conciergerie, la foule se déchaîna contre Ravaillac, à sa grande surprise :

« Il croyait que le peuple lui saurait gré de ce coup, et quand on commanda aux archers d'empêcher qu'il ne fut offensé par les rues, cet orgueilleux pendard répondit qu'on n'avait garde ; mais il fut bien ébahi quand, à la porte de la Conciergerie, à la cour du Palais et par toutes les rues, il entendit les huées horribles contre lui. Il vit le peuple, non seulement échauffé à la punition de son corps, mais à la perte de son âme, chacun le donnant à l'enfer, maudissant sa naissance et sa vie. » (Pierre Matthieu, *Histoire de la mort déplorable d'Henri IV*, 1610.)

L'émeute se poursuivit tout au long du parcours *« chacun y voulant mettre de la main, hommes, femmes, filles et jusqu'aux petits enfants, avec tel tumulte, cris et hurlements de tout le monde, imprécations et malédictions, qu'on ne s'entendait pas l'un l'autre »*.

Arrivé devant Notre-Dame, ce fut le moment de l'expiation, de l'évidence brutale, pour Ravaillac, de l'horreur de son crime :

« Pressé du remords de sa propre conscience, il eut horreur de son crime ; car quand le docteur Filsac, voulant lui donner l'absolution lui commanda de lever les yeux au ciel, il répondit : « Je ne

le ferai point, car je suis indigne de le regarder », et consentit que l'absolution fut convertie en sa damnation éternelle s'il avait supprimé aucune chose de la vérité. Le peuple ne voulut donner la consolation qu'il n'a jamais refusée à qui est en ces termes ; autre que le docteur ne chanta pas les suffrages que l'on dit à l'exécution des patients. Toute la pitié fut au bourreau, qui lui promit plusieurs fois de le dépêcher promptement, pourvu qu'il dît la vérité. Les cœurs les plus tendres à la compassion n'en avaient point pour lui, et plusieurs étaient marris de ce qu'on lui donnait l'absolution. »

Ce fut enfin, place de Grève, le supplice. Le place était noire de monde. Les seigneurs regardaient le spectacle depuis les fenêtres de l'hôtel de ville. Le plus grand désordre régnait. Après le rappel de l'acte de condamnation, le rituel commença, ponctué par les cris et les vociférations des Parisiens :

« On le couche sur l'échafaud, on attache les chevaux aux mains et aux pieds. Sa main droite, percée d'un couteau, fut brûlée à feu de soufre. Je remarquai que ce ne fut pas le même couteau dont il avait tué le roi ; car après que le bourreau l'eut montré au peuple, qui par un cri général témoigna l'horreur qu'il avait de cet infernal instrument, il le jeta à l'un de ses valets qui le mit dans le sac.

Ce misérable, pour voir comment cette exécrable main rôtissait, eut le courage de hausser la tête, et de la secouer pour abattre une étincelle de feu qui se prenait à sa barbe. »

Dans un deuxième temps, on broya et déchira la poitrine, les bras, les cuisses, le mollet, le corps de Ravaillac avec des tenailles de fer rougies au feu :

« Quand on lui donna les tenailles il poussa des cris de toute sa force. Après on jeta le plomb fondu, l'huile bouillante, la poix brûlante, la cire et le soufre aux endroits brûlés par les tenailles. Ce fut la douleur la plus sensible et pénétrante de tout le supplice, et il le montra par le soulèvement de tout son corps, le battement de ses jambes, le pétillement de sa chair. Cela ne fut capable d'émouvoir le peuple à pitié ; il eût voulu, quand tout fut fait, qu'on eût recommencé (...).

S'il y eut quelque pause en ce tourment, ce ne fut que pour donner le temps au bourreau de respirer, au patient de se sentir mourir, aux théologiens de l'exhorter à dire la vérité. Il déclara qu'il n'en savait autre chose que ce qu'il avait dit tant de fois, et qu'il serait bien sot si, voyant son corps en ce mauvais état, il abandonnait son âme à un pire. »

La troisième étape était l'écartèlement :

« Les chevaux commencèrent à tirer, et, n'allant pas assez raide au gré du peuple, il y en eut qui, pour les soulager, se mirent à tirer sur les cordes. Personne ne tenait à déshonneur d'exercer l'office de bourreau sur celui qui avait tué son père. Un maquignon, voyant un de ses chevaux de supplice hors d'haleine, mit pied à terre, désella le sien, et le mit en place du recru. Ce cheval tint sa partie mieux que les autres, et donna de si rudes secousses à la cuisse gauche qu'il la dénoua incontinent. »

A la fin du supplice, dans la confusion générale, la foule en délire se précipita sur Ravaillac :

« L'exécuteur, voyant que tous ses membres étaient dénoués, rompus, froissés, et que les chevaux n'en pouvaient plus, qu'il était à l'agonie, voulu le mettre en quatre quartiers ; mais au premier coup le peuple impatient le lui arracha des mains, les laquais lui donnèrent cent coups d'épée, chacun en tira et traîna une pièce par toute la ville. On vit une femme qui d'une vengence étrange planta les ongles puis les dents en cette parricide chair. Le bourreau demeura fort étonné de voir qu'il ne lui restait que la chemise pour achever l'exécution, qui voulait que son corps fusse réduit en cendres.
Le peuple traînait ces misérables reliques par la ville, à la façon des Ménades qui déchiraient le corps d'Orphée. A la fin, ayant été divisé quasi en autant de pièces qu'il y a de rues dans Paris, on en fit plusieurs feux en divers lieux, et principalement en l'endroit où le roi avait été tué. Les Suisses en brûlèrent une pièce devant le Louvre. L'on voyait des petits enfants par les rues portant la paille et le bois ; il y en eut qui, après avoir traîné quelques restes de ce corps, se rassemblèrent en la place de Grève, afin que le feu achevât le supplice. » (Pierre Matthieu, Histoire de la mort déplorable d'Henri IV, 1610.)

Malgré l'obstination de Ravaillac à répéter, même sous les pires tortures, qu'il avait agi seul, les rumeurs continuèrent sur l'existence d'un complot. Les commanditaires possibles étaient nombreux et non des moindres : le duc d'Epernon, Henriette d'Entragues, voire Marie de Médicis elle-même...

En janvier 1611, une dame de compagnie d'Henriette d'Entragues, marquise de Verneuil, accusa sa maîtresse et le duc d'Epernon. Un procès fut ouvert mais aboutit à la condamnation de l'accusatrice à la prison à perpétuité pour calomnies. Le duc d'Epernon, pourtant, était un personnage trouble et ambitieux dont Henri se méfiait. Mais il avait défendu la vie de Ravaillac lors de son arrestation, alors que, dans l'hypothèse d'un complot, il eût mieux valu le laisser tuer pour l'empêcher de parler...

En 1615, un capitaine affirma avoir eu vent d'un complot alors qu'il se trouvait à Naples en 1608, complot tramé par des jésuites espagnols. Il aurait même vu Ravaillac, présenté comme un proche du duc d'Epernon...

Quant à Marie de Médicis, son insistance à se faire sacrer, son sentiment pro-espagnol et son goût du pouvoir pouvaient aussi la désigner comme instigatrice du crime...

Mais s'il y avait quelque mystère, Ravaillac l'avait bel et bien emporté avec lui. Tout était dès lors possible. A la rumeur rien n'est invraisemblable.

L'apothéose

Le mécontentement qui sourdait et s'amplifiait depuis plusieurs mois face à la guerre qui s'annonçait, une guerre contre nature, reposant sur l'alliance avec les puissances protestantes contre les puissances catholiques, une guerre au motif honteux et presque grotesque, l'amour éconduit du vieux barbon pour un tendron, l'indignation face aux incartades amoureuses de plus en plus indécentes du roi, illustrées par *Les Amours du Grand Alcandre*, la vogue, à nouveau, des thèses régicides, tout cela s'était instantanément dissous, dans la douleur extatique d'un peuple orphelin pleurant son roi et dans la haine expiatoire du parricide.

Seule s'imposait désormais l'évidence d'un roi divin au faîte de sa gloire, injustement frappé et victime d'un complot diabolique. L'historien Christian Desplat, en étudiant les pièces de théâtre consacrées à la mort d'Henri IV, a bien montré cette transfiguration. Dès 1610, une œuvre intitulée *La Mort d'Henri IV*, écrite par Claude Billard, ermite à Suresnes, présentait la fin du roi comme une lutte manichéenne entre le Bien et le Mal, entre Satan et le roi Henri. Ravaillac y confessait que « *le coup vient du démon qui me ravit à soi (....), je ne suis plus à moi* », et le diable

507

y revendiquait sa responsabilité : « *Assassiné par moi : je, moi, c'est moi seul !* » Ni homme ni démon n'ayant accepté de commettre le crime, c'est Satan en personne qui se serait transporté « *dans l'habit d'un maraud* », « *puisque un homme, ni démon n'en a l'assurance* ». En toile de fond de cette intervention diabolique se trouvaient les « *péchés du peuple et la cour entière en vice, le malheur de nos ans, l'athéisme qui glisse, parmi les vanités, les meurtres...* », sans lesquels Dieu n'aurait jamais laissé commettre un tel crime.

Tel serait désormais le schéma archétypique de la mort et de la transfiguration d'Henri IV, du roi idéal frappé par la malignité des hommes et des puissances ténébreuses, que celles-ci prennent, selon les variantes, la forme du diable lui-même, d'un Ravaillac monstrueux, « *serpent hideux conçu dans l'enfer même* », ou de quelque instigateur de l'ombre, qu'il s'agisse des jésuites, porteurs d'une « *théologie armée, toute ruisselante de sang* », de quelque Grand ou du parti de l'étranger...

Par cette transfiguration du roi assassiné, les bases de la légende d'Henri IV se trouvaient posées. Pour autant, l'idéalisation du roi Henri devait revêtir des formes nouvelles et différentes selon les siècles.

Ce fut d'abord, au XVIIe siècle, le mythe du régénérateur de la royauté, de l'héritier de Clovis, de Charlemagne et de Saint Louis, aux racines à la fois religieuses et guerrières de la monarchie, « *le vrai lys, roi de la fleur de lys (...), qui ne tenait son royaume que de Dieu et de son épée* ».

Ce fut également, à la même époque, Henri IV en héros classique, « *si victorieux de lui-même aussi bien que d'autrui* », magnifié sous les traits d'un « *Hercule français* », mythe antiquisant que Marie de Médicis avait voulu diffuser. Très vite émergea aussi la figure du « *père de la patrie* », du père du peuple. Hardouin de Péréfixe, dans son *Histoire d'Henri le Grand*, publiée en 1661, vulgarisa ainsi l'anecdote de la « *poule au pot* » qui, un siècle plus tard, sous la plume de Voltaire, dans son *Essai sur les mœurs* et dans *La Henriade*, deviendrait dominicale.

La figure du père de la patrie, de « bon roi » s'accompagnait aussi de l'idéalisation de la bonhomie et de la simplicité du personnage, vantant « *la bonté royale qui le rendait si affable et communicable à tout le monde, qu'il faisait les actes d'un grand roi comme un ne dédaignant point les simples hommes* ».

Les pièces de théâtre du XVIIIe siècle illustrent ce mélange de simplicité et de magnanimité. Dans l'une d'elle, le roi, s'étant perdu au cours d'une partie de chasse, se voit refuser à boire par un bailli, qui ne l'a pas reconnu, alors qu'un simple paysan lui offre l'hospitalité... Une fois son identité dévoilée, le chasseur égaré, en grand roi et « *bon père de famille* », ne tiendra aucune rigueur au bailli de sa mesquinerie. Henri IV lui demandera simplement d'autoriser l'union de son fils avec celle qu'il aime et dotera généreusement la jeune mariée...

Le XVIIIe siècle devait aussi magnifier l'invention de la tolérance saluée, à nouveau, par Voltaire dans sa *Henriade*. En ce siècle d'émergence de la pensée économique, les physiocrates firent également d'Henri IV leur royal précurseur.

La Révolution, dans ses pires excès, osa toucher à la figure déjà mythique du grand roi : l'urne renfermant son cœur à La Flèche fut brisée cependant que, en 1793, sa sépulture était profanée à Saint-Denis à l'instar des autres tombes royales. Mais, à en croire les rumeurs de l'époque, les profanateurs furent victimes d'une malédiction implacable, tel ce soldat qui, voulant boire dans le crâne d'Henri IV, fut frappé de mort subite...

Du reste, très vite, Napoléon, premier consul, fit ramener en grande cérémonie à La Flèche le cœur supposé d'Henri IV, cependant que les rois en exil se réclamaient de leur ancêtre qui, comme eux, avait dû partir à la conquête de son trône. La Restauration, Charles X notamment, fit d'Henri IV la figure privilégiée de l'imaginaire et de la propagande monarchiques, mêlant à l'idéalisation politique une exaltation toute romantique, cependant que Michelet brossait déjà les traits d'un roi démocratique.

C'est un roi républicain que les manuels d'histoire de la IIIe République devaient magnifier, ce roi « *de tous les Français : paysans, artisans, bourgeois, seigneurs* », qui fit « *la France plus riche qu'elle ne l'avait jamais été* ». Ce qui n'empêcha pas le régime de Vichy de faire du bon roi Henri le chantre des vertus du paternalisme et du retour à la terre...

La mort d'Henri IV fut donc le prélude à son apothéose mais, dès son vivant, ce roi si averti des nécessités de la communication, avait jeté les bases de son propre personnage. De nombreux libelles, généralement anonymes, comme *L'Inscription faite sur les principales actions du Très Chrétien et Très Victorieux Henri IV*, paru en 1609, diffusaient déjà auprès du peuple les traits de la figure légendaire, des vertus de l'enfance béarnaise, simple et rustique, à la magnanimité du règne en passant par la conquête du trône, acquis par « *droit et mérite* » et la terrible tragédie des guerres civiles. Ils magnifiaient enfin le roi réconciliateur, qui « *tient unis les esprits divisés, tempère les passions, restaure les sciences... »*, artisan d'un retour à l'âge d'or, thème également privilégié des pièces et des ballets joués à la cour.

Un roi face à la mort

Quelle interprétation donner à cette mort ambiguë?

La plupart des historiens, en particulier Roland Mousnier et Philippe Erlanger, analysent avec beaucoup de justesse les causes et le contexte politique de l'assassinat d'Henri IV. L'explication des contemporains était tout autre : c'était l'issue d'un combat entre le Bien et le Mal. Satan en était l'ultime inspirateur et il s'agissait là d'une fatalité aussi dramatique qu'inéluctable : de nombreuses prémonitions, d'innombrables présages n'avaient-ils pas annoncé l'événement? La mort d'Henri IV était le châtiment des péchés du peuple de France. Cette lecture est naïve pour nous, elle a sa force dans l'instant.

La France avait été coupable des monstruosités de la guerre civile, présentes encore dans tous les esprits. Dans cette folie meurtrière, embrassant aussi bien les protestants que les catholiques, les gens ordinaires que les grands, tous avaient participé, tous étaient coupables : votre voisin, votre frère, votre enfant ou vous-même aviez tué ou vous étiez réjouis des massacres annoncés ici ou là, votre voisin, votre enfant, vos amis, vous-même aviez aussi eu à souffrir des persécutions de l'autre parti. Derrière les apparences de la réconciliation, des souvenirs terribles nourrissaient le sentiment d'une irrémédiable culpabilité collective.

Maintenant que la paix était revenue, une autre faute, non moins grave, avait été commise, celle du compromis sur ce qui, pour les esprits du temps, ne pouvait souffrir aucun compromis : la religion.

L'édit de Nantes imposait une coexistence de deux religions exclusives l'une de l'autre, imposait la coexistence avec une hérésie diabolique. La destinée même d'Henri, chef de parti protestant devenu roi catholique, avait conféré au compromis toute sa crédibilité mais l'avait en même temps rendu suspect de lèse-majesté divine, d'avoir faussement abjuré pour un motif politique.

Henri, en imposant le compromis, avait assuré la rédemption du royaume des horreurs de la guerre civile, mais, par l'essence même de ce compromis, l'avait entraîné dans une autre faute, dans une tolérance insupportable et suspecte.

Les prédicateurs extrémistes, qui dénonçaient l'inadmissible compromis, ne disaient rien d'autre et, lorsque les nécessités de la politique étrangère conduisaient à s'allier avec les puissances protestantes, l'évidence coupable de la compromission éclatait aux yeux de tous. Il y avait certainement des centaines de Ravaillac qui, par toute la France, plus ou moins inconsciemment encouragés par les prédicateurs et des innombrables relais de la *Vox populi*, méditaient le projet insensé et mystique de tuer le roi. Châtel et Barrière, quelques années plus tôt, l'avaient illustré.

Henri, par sa mort sous le couteau de Ravaillac, expiait pour la France entière la faute du compromis même qui l'avait sauvée.

Henri, une fois rédempteur, allait immédiatement connaître l'apothéose cependant que Ravaillac, poursuivi par la haine extatique de la foule, achèverait la logique expiatoire du crime, prenant sur lui seul toute la culpabilité du régicide.

L'interprétation paraît peut-être audacieuse. Elle est pourtant la seule qui permette d'expliquer le basculement instantané de l'opinion, avant et après le crime, entre l'hostilité sourde à l'égard du roi et son idéalisation bouleversée. Ravaillac lui-même, qui avait le sentiment d'être porté par le peuple dans son projet criminel, fut très étonné du revirement brutal de l'opinion le jour de son exécution jusqu'à se représenter à son tour, convaincu par l'évidence de la haine collective, l'horreur de son geste.

Au-delà de l'assassinat d'Henri IV, toutes les sociétés humaines sont porteuses d'angoisse et d'une obscure culpabilité, nourrie de l'accumulation des injustices et des contradictions sociales, des insatisfactions, des ressentiments mais aussi des compromissions inavouées de chacun, de l'éternelle incertitude enfin de l'humanité sur sa destinée.

Et, lorsque cette charge d'angoisse et d'insatisfaction collective devient trop forte, elle peut susciter, à la faveur d'une conjoncture particulière, un défoulement collectif expiatoire. Tel était sans doute le sens du régicide à l'époque où les rois incarnaient le principe de la collectivité tout entière. Tel était aussi le sens des révolutions à l'époque, encore très proche de nous, où l'on croyait à l'existence d'une société bonne ou mauvaise, en quelque sorte transcendante aux hommes qui la composent et tel sera le sens, pour les temps qui viennent, de formes nouvelles du désespoir collectif des hommes.

L'interprétation de la mort d'Henri IV doit être d'abord symbolique parce que l'économie générale de la société et son organisation étaient d'essence symbolique.

C'est ainsi qu'il faut comprendre la légende d'Henri IV. Les Anciens parlaient, à propos de leurs héros, d'apothéose : le héros était hissé au rang de divinité et devenait, tel Persée ou Ganymède, une constellation céleste. En des temps de monothéisme chrétien, Henri IV ne pouvait accéder à un tel statut et ses mœurs étaient assurément trop libres pour qu'on le sanctifie à l'image de Saint Louis. Encore que l'on ait rapporté, après sa mort, de très nombreux miracles et que, pendant plusieurs siècles, une forme de dévotion ait été rendue à la statue qui orne le Pont-Neuf... Henri fut en ce sens le premier héros laïque du panthéon de nos grands hommes.

Son personnage fut, on l'a vu, l'objet de toutes les réinterprétations politiques. C'est dire assurément la relativité des constructions historiques, aussi sincères soient-elles. C'est dire aussi l'oubli, délibéré ou mi-conscient, par les historiens et les panégyristes successifs, de pans entiers de la vie d'Henri IV : je ne vois pas qu'une seule biographie du XIXe siècle évoque explicitement les déchaînements orgiaques du bon roi Henri ni les impudeurs caractérisées de l'éducation de ses enfants...

Et il n'est sans doute pas jusqu'à cet ouvrage qui ne participe, sous le voile de l'authenticité, à la glorification du personnage, y retrouvant les traits et les idéaux de notre époque, l'humanisme et le relativisme. Les imperfections mêmes du personnage et sa licence sexuelle correspondent finalement assez bien aux représentations de notre temps... Je ne connais pas en tout cas de figure historique comparable, qui ait pu nourrir des mythes aussi différents et, parfois, contradictoires. C'est dire, peut-être, l'universalité du personnage.

Au-delà de la fonction idéologique et justificatrice de l'idéalisation historique, l'homme a besoin de points de repère et d'exemples susceptibles de motiver son effort constant d'amélioration.

Henri IV a ceci de précieux pour notre époque que, héros imparfait, il invite autant à s'accepter soi-même qu'à incarner un idéal. Il rejoint en fait la cohorte des héros relatifs dont notre époque est si friande, tels, dans le domaine littéraire, Rabelais et Montaigne.

L'assassinat d'Henri IV figure enfin en bonne place sur la liste des assassinats célèbres d'hommes politiques. Il y côtoie certains grands de notre époque, Kennedy, bien sûr, partageant avec lui une fin auréolée de mystère et propice aux interprétations les plus diverses. Mais je pense surtout à un très grand homme de notre histoire contemporaine, mort lui aussi pour avoir voulu dépasser les haines et réconcilier les hommes, victime lui aussi de l'intolérance et du fanatisme, Anouar El Sadate.

La mort d'Henri IV appelle aussi une réflexion sur la mort et le politique. C'est d'abord, bien sûr, le courage et la nécessité d'affronter les conformismes au péril parfois de sa vie.

C'est également savoir qu'à tout moment la mort, quelle qu'en soit la forme, peut nous prendre et révéler le caractère vain de notre action. C'est vrai de toute vie humaine mais ce l'est encore plus pour le politique, dont l'activité, d'abord faite de discours et de représentation sur le théâtre du monde, est plus exposée que d'autres aux jeux de la vanité et de l'ambition.

C'est enfin la tentation fallacieuse de l'immortalité. Je crois que, confusément, certains hommes politiques – mais peut-être aussi des artistes ou des savants ou d'autres encore... – non contents d'une célébrité contemporaine, au cœur mimétique de la société, aspirent à la mémoire des siècles, soignant la mise en scène de leur action dans l'histoire comme pour conjurer l'angoisse de la mort. La tentation est humaine mais vaine. Parce que les siècles ne sont que des poussières du temps à l'échelle de l'éternité. Parce que ce n'est pas dans l'imagination et la mémoire des hommes que réside la vérité d'une vie. Je crois que, pour l'homme politique comme pour tout homme, l'éternité, au moins symbolique, s'acquiert non par la démesure narcissique mais dans l'effort patient et réjouissant, pour soi-même et ses proches comme au sein du monde, vers une humanité meilleure et plus consciente d'elle-même, se gagne par l'inscription de l'existence individuelle dans une intentionnalité mystérieuse et qui nous dépasse tous, qui est le sens de la vie.

Le propos peut sembler creux. Il n'en est que plus nécessaire pour le politique, le plus exposé peut-être des hommes à l'illusion vaniteuse.

Les dernières années, les derniers mois, d'Henri IV furent des temps de solitude et, derrière les rires et les mascarades rabelaisiennes de la cour, des moments de détresse.

C'est d'abord une solitude affective évidente. Il n'y a pas de nouvelle Corisande ou Gabrielle. Le lien avec Marie de Médicis est d'abord un lien d'habitude cependant qu'Henri, pour sensible qu'il soit aux charmes d'Henriette d'Entragues, ne l'estime pas vraiment : il la tient, on l'a vu, pour une des « putains de la cour » et la conjuration qu'elle a fomentée ne laisse aucun doute sur la sincérité de ses sentiments...

Nul lien d'âme non plus dans le divertissement des amourettes ou la délectation des tendrons. Le lien le plus solide de ces années-là est indiscutablement l'amitié avec Sully : Henri va constamment rendre visite à son compagnon, il en fait le conseiller de sa vie privée autant que de son gouvernement. Sully sait se montrer sans complaisance. Il n'est pas un courtisan et, d'une autre façon, il révèle aussi Henri à lui-même.

Il joue un rôle autant affectif qu'intellectuel : par sa compétence intellectuelle et sa fidélité, il rassure Henri. Il ne peut cependant lui apporter l'apaisement dont il a besoin. Il lui manque une certaine profondeur : Sully demeure, on l'a vu, une personnalité conventionnelle, entièrement absorbée par les contraintes et les représentations du monde et il ne peut apporter à Henri la réconciliation symbolique de la féminité.

La solitude d'Henri est aussi celle du pouvoir. Le pouvoir isole. Il fausse radicalement les relations humaines. Si, dans l'incertitude de la conquête du pouvoir, la vérité d'un lien, d'un dévouement, d'une fidélité pouvait se manifester par l'épreuve, une fois le pouvoir acquis, il ne reste plus que les apparences : c'est désormais le règne des courtisans.

L'expérience des conjurations répétées montre à Henri qu'aucun lien, qu'aucune amitié, dans ces conditions, ne sont véritablement fiables.

Shakespeare, dans *Le Roi Lear*, cette pièce bouleversante qui décrit la perdition d'un roi abandonné par ses filles après qu'il leur a légué sa couronne, dit, je crois, que « *l'on obéit à un chien s'il a le pouvoir* ». C'est merveilleusement exprimer la magie du pouvoir sur les hommes. Mais je renverserais volontiers la formule en disant que, précisément, le pouvoir, par l'avilissement servile et courtisan de l'entourage des hommes, rend, si l'on n'y prend pas garde, cynique, c'est-à-dire, selon l'étymologie grecque, rend « chien ».

Parce que l'on sait très bien, au fond de soi, à moins de sombrer dans une dérive narcissique et d'être totalement dupe des flatteries, que l'on n'est pas cette divinité vivante que l'on voudrait vous faire croire que vous êtes. Parce que, à moins de s'avouer à soi-même ses propres ambiguïtés, le désir plus ou moins conscient d'être idéalisé en même temps que l'exigence de la sincérité, la tentation vous prend alors de mépriser ces gens qui se méprisent eux-mêmes à ce point, de les mépriser et, par conséquent, de les utiliser sans aucun scrupule.

Henri IV a su éviter aussi bien la tentation mégalomaniaque – fût-ce à travers le mythe du roi absolu comme Louis XIV plus tard – que la tentation cynique du mépris et de la dérision, tel Louis XV.

Mais la rançon de cette lucidité est la solitude, une solitude que la mascarade et l'étourdissement de pouvoir ne peuvent plus masquer et que l'imminence de la mort rappelle à tout instant. La dernière solitude d'Henri fut en effet aussi une solitude face à la mort.

La préoccupation de la mort hante Henri IV. Les premières tentatives d'assassinat l'ont manifestement marqué. La menace est permanente. D'où ces propos étranges sur sa propre mort, visiblement incompris par son entourage qui y voit, après coup, une prémonition quand il s'agissait d'une angoisse. Henri IV, qui n'avait rien d'un contemplatif, n'était pas pour autant un héros romantique ou shakespearien, mais son rapport à la vie dérivait d'un rapport à la mort. Henri était profondément préparé à sa mort, par la familiarité même que les combats, les menaces d'empoisonnement ou d'assassinat, sa vie presque quotidienne en quelque sorte lui avaient depuis toujours donnée.

Son rapport à la vie révélait un rapport à la mort : la vie était un jeu, un jeu grave mais un jeu dont il fallait profiter autant que possible parce que la mort était là, toujours imminente et qu'elle constituait l'ultime règle du jeu. C'est parce qu'elle était là que la vie était quelque chose de grave mais aussi qu'il ne fallait pas la prendre trop au sérieux..,

La faconde, l'humour et l'ironie souvent mordante, cette familiarité avec la vie et, par suite avec les hommes, à la base du charisme d'Henri IV, procédaient en quelque sorte de la familiarité avec la mort.

Que l'on ne s'y trompe pas cependant : dans la solitude des dernières années, l'incompréhension des derniers mois, la faconde ne suffit plus à conjurer l'angoisse de la mort. D'où ces paroles obscures sur sa propre fin. D'où la conscience, face aux courtisans totalement absorbés par le jeu des faveurs et de la flatterie dont il est l'ultime objet, d'appartenir à un autre monde.

Quant à sa propre légende, il fallait certes, en bon communicateur qu'il avait toujours été, faire la propagande de son propre règne, de l'âge d'or d'Henri le Grand, pour mieux conforter son pouvoir et la monarchie dans un pays à peine remis de la guerre civile.

Henri IV avait, je crois, une appréhension beaucoup trop directe et concrète de l'existence, de ses plaisirs et de ses peines, en même temps que l'évidence de sa propre valeur et de son œuvre pour se projeter dans la recherche d'une vaine gloire.

Il jouissait, il est vrai, par rapport aux politiques d'aujourd'hui, d'un immense avantage. Sa destinée s'inscrivait naturellement dans celle de la monarchie, dans la succession éternelle des rois de France. Ainsi que l'exprimait la symbolique des funérailles, le roi ne mourait pas.

Mais, surtout, l'éternité, à l'époque, était fondamentalement une affaire de religion : c'était donc par le salut et non par la gloire que l'on y accédait.

CONCLUSION

28 février 1594. Quatre siècles exactement, presque jour pour jour. Enfin le roi est roi, puisqu'il vient d'entrer dans Paris. Et c'est une grande foule, une de ces joies de peuple, comme il en est lorsque l'événement a longtemps hésité et que se tourne une page nouvelle. Henri peine à avancer tant il est acclamé, entouré, pressé. Les acclamations, les vivats, empêchent qu'on s'entende. Sully se penche vers lui et lui crie : « *Sire, voyez comme tout votre peuple se réjouit de vous voir.* » Il y a alors une seconde de silence, un regard, et puis tombe la réponse du roi lucide : « *C'est un peuple, si mon plus grand ennemi était là où je suis et qu'il le vît passer, il lui en ferait autant qu'à moi et crierait plus encore qu'il ne fait.* »

Le roi avait raison sur l'instant. Il se trompait sur la durée. Au cours des quatre siècles écoulés, le peuple de France n'aura aimé personne comme lui. Ce livre a été écrit pour essayer de comprendre cette histoire d'amour, la seule qu'Henri aura vraiment réussie.

Il n'a pas toujours été populaire, ni compris de son vivant. Et la légende l'a, depuis sa mort, souvent dissimulé. Mais ce que la France a reçu de lui, elle sait, confusément, que cela ne lui a pas été offert souvent, une occasion de changer de monde, d'oublier ses vieux démons et de se retrouver.

Si la marque fut si profonde, c'est que, pour une fois en histoire, l'essentiel était atteint. Un projet politique qui ne se limitait pas à la prise de pouvoir fut proposé et mis en œuvre. Bien entendu, comme une œuvre humaine, non théorisée, pas un système : une entreprise de vie, avec ses faiblesses et avec ses manques, à l'instinct et parfois en hésitant. Mais la libération des vieux démons, l'entrée dans une ère nouvelle, où un peuple cesse de se détruire pour commencer une nouvelle journée.

Henri IV n'était ni un saint, ni un héros. Il n'était ni de bronze ni de marbre. Le roi était un homme, et parfois un pauvre homme, avec de la chair, un sang assez chaud, de la sueur (on le lui a assez reproché), et des larmes qui faisaient échanger des coups de coude aux courtisans.

Mais, presque seul dans notre histoire, il s'était forgé, au travers de l'incroyable orage de sa vie, de son enfance, de ses captivités, une vision de la France. Il fallait qu'elle tourne la page sur sa guerre civile. Aucune victoire ne suffirait pour cela, ni Coutras, ni Arques, ni Ivry : il fallait qu'elle se réconcilie avec elle-même.

Rien n'est plus moderne, plus novateur, que la politique de redressement qu'Henri conduisit avec Sully. Pour la première fois dans notre histoire, un pouvoir a conçu le projet de bâtir pour le long terme une politique fiscale, économique, diplomatique, une politique d'équipement du pays, une politique de redressement moral et intellectuel, une politique d'éducation. Mais rien de cela n'aurait été possible sans réconciliation préalable. Et la condition même de la réconciliation, c'était la reconstruction morale de la France.

Arracher l'Etat, autant qu'il était possible, au clan auquel il avait donné sa complaisance et sa complicité. Le replacer en position d'arbitre. Faire entrer les convictions religieuses, autant qu'il était possible au XVIe siècle, dans la sphère du privé, de l'appréciation, de l'adhésion et de l'engagement personnels.

Aucun chemin n'était plus long que celui-là. C'est que la société tout entière s'était construite autour du principe monarchique et religieux. Tout procédait du roi et le roi procédait de Dieu. Une atteinte à Dieu n'était pas seulement trouble pour les croyances. Elle était attentat contre l'ordre du monde et l'architecture sociale. C'est pourquoi la définition, et, plus encore, l'application de l'édit de Nantes faisaient faire à la France un pas décisif vers la modernité, non pas seulement des libertés individuelles, mais d'une autre conception de la société.

L'état moral de la France n'était pas une conséquence des troubles. A partir d'un certain moment, c'était devenu le siège même du mal. C'est de cette tumeur-là que désormais partaient les métastases. A ce mal moral, Henri donna tout son soin. Il fallait donner au peuple déchiré un projet commun, tisser à nouveau les liens profonds, rendre les Français parents les uns des autres. Cette renaissance ne pouvait s'accomplir que si le roi acceptait de travailler le seul matériau qui constitue les peuples, et qui est spirituel. Il le fit dans l'ordre religieux et dans l'ordre de la guerre. Car c'était un signe du même ordre que de donner à la patrie le sentiment d'une menace commune.

Les signes donnés, qui apaisent et cicatrisent, l'orgueil reforgé, le travail pouvait commencer, le « *ménagement* » d'une France nouvelle. Une administration compétente, une armée réorganisée, des routes et des ponts, une école réformée, un budget assaini, une économie vivifiée, une grande entreprise extérieure, la France désormais se trouvait vivante et ordonnée, à nouveau, porteuse de promesses et déjà de fruits, « *réglée comme une vigne* ».

Il fallut à tout cela une audace singulière, presque une désinvolture à l'égard du destin et de la règle des probabilités. Combien de chances que l'œuvre pût être menée à bien? Statistiquement, aucune. Mais réellement, vitalement? Beaucoup plus. Il suffisait d'être habité non pas par une idée, le mot est trop abstrait, mais par une force, par un élan. Henri de Navarre et de France ne laisserait pas le monde comme il l'avait trouvé. Les batailles, les habiletés, les ministres, les édits, les tracts, les gestes, tout serait mobilisé pour que ce monde change de nature, pour que le désordre et la haine quittent la scène et laissent, à nouveau, cinquante ans après, mûrir des fruits au royaume de France.

Il fallut en tout cas une certitude imperturbable, celle que rien n'était écrit à l'avance, qu'aucun rapport de forces, aussi établi fût-il, ne pouvait arrêter une volonté qui voit juste. Dans la guerre, comme dans la paix retrouvée, dans la décision symbolique, comme dans le choix économique, il suffit de scruter l'histoire d'Henri pour comprendre que l'histoire n'est pas écrite : elle fait leur place, s'ils le veulent, aux acteurs citoyens. Lorsqu'elle les adopte, elle devient bienveillante à leurs desseins, elle se fait généreuse et prévenante. Il ne s'agit que de la séduire et de l'emporter.

Mais il y eut, à cette aventure, une condition nécessaire. Une seule clé pouvait rendre possible l'impossible, la plus difficile à acquérir, celle aussi qu'il faut payer le plus cher : la liberté intérieure. Si l'on veut parcourir la liste des ennemis d'Henri, acharnés à la perte de son œuvre, on verra que la Ligue et l'Espagne, que Catherine et le duc de Guise, que Jean Chastel et Ravaillac lui-même, n'étaient pas les plus redoutables. L'ennemi intérieur menaçait davantage. La blessure d'enfance, la solitude, la peur du combat, la recherche du compromis facile, le confort des cours séductrices, la soumission à l'ordre maternel, le charme des victoires, la science des conseillers, l'émotion du cercle amical, tout était invite au renoncement. Il fallut à Henri une étonnante force, sans jamais cesser de rire au visage de chacun de ces adversaires, sans jamais cesser de leur faire des politesses, de leur tirer son chapeau en criant « *serviteur* », pour ne rien céder d'essentiel.

Il ne fut roi que parce qu'il avait gagné d'être libre. Libre à l'égard de sa vie et de ses souffrances, libre dans l'étiquette de la cour, libre de la peur de l'ennemi, libre au combat de refuser la haine, libre dans la victoire de sauver l'adversaire, libre de dire oui à Henri III, de choisir comme il l'entendait la messe ou le temple et aussi ce qu'il devait croire de l'un et de l'autre. Libre, enfin, à l'égard de ses partisans eux-mêmes et de cette fatalité qui veut que, *vae victis*, malheur aux vaincus, le clan victorieux reprend aussitôt la place, les habitudes, et jusqu'aux turpitudes, du clan défait.

S'il n'avait pas refusé cette loi, la France ne se serait pas réconciliée.

L'étrange, et le romanesque, est qu'il fit ce chemin sans se statufier lui-même, sans orgueil et sans sublime. Il ne cessa jamais de connaître, et parfois de cultiver, ses faiblesses, de guigner du coin de l'œil la servante ou la fiancée du rival, de rêver d'enfants qui lui prouveraient qu'il était homme, de se jeter à cheval pour courir, deux jours durant, le cerf de sa jeunesse, de se déguiser pour moquer les grands, de boire avec les camarades, les « *grands pendards* », les « *borgnes* » dont la présence adoucissait la vie.

C'est qu'il avait un secret. Il les aimait comme ils étaient, ces compagnons et ces sujets que la providence impénétrable avait embarqués sur son bateau. Jamais roi, jamais souverain n'eut à ce point l'intimité de ses contemporains, ni Saint Louis qui était trop juste, ni Napoléon dont les horizons étaient trop lointains. Lui, comme un alchimiste de son temps, avait transformé en amour toutes les peines et toutes les angoisses, non pas en amour grandiloquent qui s'ampoule ou joue le bon camarade en tapant sur le ventre. Simplement, il avait cette qualité d'indulgence qui voit l'être fragile derrière les gestes les plus ridicules, les plus méchants ou les plus solennels. C'est pourquoi, sans doute, il aura traversé le temps, en méritant d'être dit « *bon* ».

Etait-ce parce qu'il aimait, qu'il fut, à ce point, homme de langue? Jamais de phrases, pourtant, d'arguments pompeux ni d'arguties; simplement, il fit du français vivant et vécu, dru et chaud, bon enfant et poète, un instrument de commandement, une arme pour entraîner les hommes, prendre le pouvoir et construire une nation.

Autour de lui, les fidélités. Lorsqu'il rencontre Sully, le futur ministre a onze ans. Il ne s'en ira jamais. Ainsi du sévère Duplessis-Mornay. Ainsi du fantasque d'Aubigné. Ainsi du mystérieux Cayet, précepteur et historiographe du roi. C'est qu'il n'y a d'action que d'hommes. Le choix des hommes n'est pas autre chose que la première incarnation du dessein que l'on conçoit. C'est pourquoi rien n'est plus vain que de s'épuiser à disséquer ce qui fut de Sully et ce qui fut d'Henri dans leur action commune : c'est Sully lui-même qui était d'Henri, et cela suffit. C'est le roi qui ne découvre pas les bons ministres qui est fautif et insuffisant.

Et en lui, le premier visage de la France moderne. Pas seulement parce qu'il jette vers l'avenir une dynastie. Mais parce qu'il pressent qu'un roi peut faire et pas seulement régner. Ainsi la réalité tout entière s'ouvre pour la première fois au pouvoir, du droit des duels à la plantation des mûriers, de la monnaie à l'enseignement secondaire et à la construction des ponts. De l'économie à la tolérance.

Reste la vieille question des manuels : à nous, gens du xxe siècle finissant, que nous dit-il ? Il nous dit que rien n'est loin de rien, que l'histoire des hommes a d'étonnants ressauts, que nous aussi nous épuisons en guerres intestines. Il nous dit surtout que rien ne serait pire, et davantage voué à l'échec, que d'inventer le monde d'hier, celui de nos modernes Pomponne de Bellièvre, tous experts péremptoires du vieux monde. Il nous dit qu'aucune réconciliation n'est impossible pourvu que les hommes publics acceptent de sortir de leurs livres et de leurs rapports, de leurs jeux de cour, acceptent de s'affranchir des clans et de la coutume. Et que la réconciliation, c'est le premier acte de la renaissance.

La page qui se tourne pour l'humanité est précisément celle qu'Henri IV commença d'écrire. Le défi qui lui était proposé était de la même nature que le nôtre : un changement d'ère. L'irruption de l'imprimerie dans l'ordre médiéval fut un séisme. Elle rendit les œuvres de l'esprit, et d'abord l'écriture, accessible au plus grand nombre. En quelques décennies l'autorité traditionnelle, celle de l'Eglise et des clercs, s'en trouva remise en cause, l'unité religieuse de l'Occident déchirée, la représentation ancienne du monde modifiée, autant qu'elle le fut par la découverte du continent américain. Cinq siècles plus tard, nous retrouvons la même crise. La télévision nous rend spectateurs instantanés de tout ce dont nous étions lecteurs. Les médiations anciennes, et le pouvoir qui en découle, en sont court-circuités. L'infiniment grand, les milliards de galaxies, les trous noirs, et l'infiniment petit, les particules et les virus, l'univers en forme d'énigme, où nous ne découvrons qu'une chose avec certitude, l'absolue indifférence des éléments, bouleversent notre lecture du monde, jusqu'à la rendre chaotique. Ces deux crises sont parallèles. Et, comme au temps d'Henri IV, nous n'avons que nos forces d'homme pour y répondre.

Faire sortir un nouvel ordre du chaos : cette entreprise, qui paraît démesurée, occupera le siècle qui vient. Elle touche à ce qui fait le centre de la vie des hommes : non pas seulement la gestion, ni la consommation, ni la domination; elle touche au spirituel, à l'identité, à la volonté de vivre ensemble, de construire, pour les partager, des espaces communs, préservés des passions dévorantes. Sa réussite dépend d'une condition préalable : ne pas nous résigner aux enchaînements qui paraissent inéluctables, ne pas oublier que, dans les immenses mouvements telluriques où nous sommes pris, devant le déchaînement des forces obscures, c'est nous, où nous sommes, princes de Navarre du XVIᵉ siècle ou citoyens du XXIᵉ, qui sommes appelés à faire l'histoire, à réconcilier les contraires, à inventer les nouveaux mondes.

SOURCES ET BIBLIOGRAPHIE

Cette liste n'entend pas être exhaustive. Elle comprend principalement les sources et les ouvrages utilisés pour écrire ce livre, qu'il s'agisse de sources primaires, de monographies ou de travaux plus généraux.

Sources et témoignages directs

ALBRET, Jeanne d' – *Mémoires*.
ANGOULÊME duc d' – *Mémoires*.
ANONYME
– *Album de la maréchale de Retz*.
– *Dialogue d'entre le maheustre et le manant*.
– *Discours des cérémonies observées à la conversion du très grand et très belliqueux prince Henry IV, roi de France et de Navarre à la religion catholique, apostolique et romaine*, in Cimber L. et Danjou F., *Archives curieuses de l'Histoire de France*, t. XIII.
– *Double d'une lettre envoyée à un certain personnage... contenant le discours de ce qui se passa au cabinet du roi de Navarre et en sa présence lorsque M. le duc d'Epernon fut vers lui en 1584*.
– *Histoire de la journée des barricades de Paris (mai 1588)*, in Cimber L. et Danjou F., *Archives curieuses de l'Histoire de France*, t. XI.
– *Histoire de nostre temps*.
– *Histoire du Maréchal de Biron*.
– *Histoire très véridique de ce qui est advenu à Paris*, in Cimber L. et Danjou F., *Archives curieuses de l'Histoire de France*, t. XI.
– « *Journal d'un curé ligueur* » *in Mémoires de la Ligue*.
– *Les Amours du Grand Alcandre* ou *Histoire des amours de Henri IV*, (auteur présumé : duc de Bellegarde).
– *Le Divorce satyrique*, (auteur présumé : Agrippa d'Aubigné).
– *Les Commandements de maître Guillaume*.

– *Les Essais de Mathurine.*
– *Le Réveille-Matin des Français.*
– *Le Vray Discours de la Bataille donnée le 13, jour de mars 1569, in* Cimber L. et Danjou F., *Archives curieuses de l'Histoire de France,* t. VI.
– *L'Inscription faite sur les actions du Très Chrétien et Très Victorieux Henri IV.*
– *Ordre observé au sacre d'Henri IV, in* Cimber L. et Danjou F., *Archives curieuses de l'Histoire de France,* t. XIII.
– *Procès-verbal de la cérémonie de l'abjuration d'Henri IV, in* Cimber L. et Danjou F., *Archives curieuses de l'Histoire de France,* t. XIII.
– *Relation anonyme du sacre, in* Cimber L. et Danjou F., *Archives curieuses de l'Histoire de France,* t. XIII.
– *Relation de la mort du roi de Navarre, 17 novembre 1562, in* Cimber L. et Danjou F., *Archives curieuses de l'Histoire de France,* t. VII.
– *Satyre Ménippée.*
AUBIGNÉ, Agrippa d' – *Histoire universelle.*
– *Les Tragiques.*
– *La Confession du Sieur de Sancy.*
– *Les Aventures du baron de Foeneste.*

BASSOMPIERRE F. de – *Journal de ma vie.*
BÈZE, Th. de – *Histoire ecclésiastique des Eglises réformées.*
BILLARD Cl. – *La Mort de Henri IV.*
BORDENAVE, N. de – *Histoire de Béarn et Navarre.*
BOURGEOIS L. – *Récit véritable de la naissance de mes seigneurs et dames les enfants de France, avec les particularités qui y ont esté,* Paris, 1909, *in* Cimber L. et Danjou F., *Archives curieuses de l'Histoire de France,* t. XIII.
BRANTÔME – *Vie des dames galantes.*
– *Vies des grands capitaines françois.*

CALVIN J. – *L'Institution chrétienne.*
CASTELNAU, M. de – *Mémoires.*

DESPORTES Ph. – *Paradis d'amour.*
DU JARDIN P. – *La Mort d'Henry le Grand.*
DUPLESSIS-MORNAY Ph. – *Mémoires et Correspondance.*
DUPLESSIS-MORNAY Ph., Languet H. – *Vindiciae contra tyrannos.*
DUPLEIX S. – *Histoire générale de la France.*

ESCOMAN, La Demoiselle d' – *Le Véritable Manifeste sur la mort de Henri le Grand,* 1616, *in* Cimber L. et Danjou F., *Archives curieuses de l'Histoire de France,* t. XIII.

FAVYN A. – *Histoire de Navarre.*
FONTENAY-MAREUIL, Marquis de – *Mémoires.*

HARDOUIN de PÉRÉFIXE, – *Vie du roy Henri le Grand.*
HATON Cl. – *Mémoires.*

Héroard J. – *Journal*.
Hotman F. – *La Gaule française*.
Hurault de Cheverny Ph. – *Mémoires*.

Jouan A. – *Recueil et discours du voyage du roy Charles IX...*

Laffemas B. de – *Recueil de ce qui s'est passé en l'assemblée de commerce à Paris l'an 1604*, in Cimber L. et Danjou F., *Archives curieuses de l'Histoire de France*, t. XIV.
La Force, duc de – *Mémoires*.
La Nouë F. de – *Mémoires*.
Lancre P. de – *Tableau de l'inconstance des mauvais anges et démons*.
La Popelinière H. de – *La Vraye et Entière Histoire de ces derniers troubles...*
Leseur G. – *Chronique de Gaston IV de Foix-Béarn*.
L'Estoile P. de – *Mémoires*.
Lucinge R. de – *Le Miroir des Princes ou Grands de la France*.

Marca P. de – *Histoire de Béarn*.
Matthieu P. – *Histoire de France....*
– *Histoire de la mort déplorable de Henri IV*, 1610, in Cimber L. et Danjou F., *Archives curieuses de l'Histoire de France*, t. XV.
Le Mercure François – « Le procès de Ravaillac » et « Funérailles de Henri IV », 1610, in Cimber L. et Danjou F., *Archives curieuses de l'Histoire de France*, t. XV.
Monanteuil H. de – *Panégéric d'Henri IV, roi de France Très Chrétien, Très Invincible, Très Clément*.
Montaigne M. de – *Essais*.
Montluc B. de – *Commentaires*.

Navarre, Marguerite de – *Heptaméron*.

O F. d' – *Mémoires*.
Olhagaray P. – *Histoire des comtes de Foix, Béarn et Navarre*.
Orléans L. d' – *Avertissement des catholiques anglais aux Français catholiques*.

Palma-Cayet P.-V. – *Chronologie novenaire (1589-1598)*.
Paré A. – *Œuvres*, t. III : *Apologies et Voyages*.
Pasquier E. – *Œuvres*, t. II.
Platter Th. – *Description de Paris*.
Pœydavant A. – *Histoire des troubles survenus en Béarn*.

Sallefranque P. de – *Histoire de l'hérésie en Béarn*.
Scaliger J. – *Scaligeriana*.
Serres, J. de – *Mémoires de la troisième guerre civile et des derniers troubles en France*.
– *Recueil de choses mémorables advenues en France...*

SERRES O. de – *Le Théâtre d'agriculture au mesnage des champs.*
SHAKESPEARE – *Peines d'amour perdues.*
SULLY – *Economies royales.*

TALLEMANT DES RÉAUX G. – *Historiettes.*
THOU J. A. de – *Histoire universelle depuis 1543 jusqu'en 1607.*
– *Mémoires.*
THOU, N. de – *Ordre des cérémonies...*

VALOIS, Marguerite de – *Mémoires.*
– *Mémoire justificatif pour Henri de Bourbon.*
– *La Ruelle mal assortie, in Mémoires,* Paris, 1971.
VILLEGOMBLAIN F. – *Mémoires.*

Bibliographie

Ouvrages sur Henri IV

BABELON J.-P. – *Henri IV,* Paris, 1982.
– *Henri IV, Lettres d'amour et écrits politiques,* choix et présentation par J.-P. Babelon, Paris, 1988.
BUISSERET D. – *Henri IV,* Londres, 1984.
CAZAUX Y. – *Henri IV,* t. I, *La Grande Victoire,* 1977 – t. II, *Les Horizons du règne,* Paris, 1986.
COLLECTIF – *Colloques Henri IV – 1989,* Ed. J. & D., Pau :
I. *Quatrième centenaire de la bataille de Coutras* (Coutras, 16-18 octobre 1987), 1988.
II. *Provinces et pays du Midi au temps d'Henri de Navarre, 1555-1589* (Bayonne, 7-9 octobre 1988), 1989.
III. *Henri IV. Le Roi et la reconstruction du royaume* (Pau-Nérac, 14-17 septembre 1989), 1990.
IV. *Les Lettres au temps d'Henri IV* (Fontainebleau, 20-21 septembre 1990), 1992.
Henri de Navarre et le royaume de France (1572-1589), numéro spécial de la *Revue de Pau et du Béarn,* n° 12, Pau, 1984.
DESPLAT C. – *Henri IV, Itinéraires d'enfance, de gloire et d'amour,* Ed. J. & D., Pau, 1991.
GARRISSON-ESTÈBE J. – *Henry IV,* Paris, 1984.
RITTER R. – *Henri IV lui-même,* Paris, 1944.
VAISSIÈRE P. de – *Henri IV,* Paris, 1928.

HENRI IV – *Recueil des lettres missives,* 7 vol., éditées par J. Berger de Xivrey, Paris, 1843-1860; 2 vol. suppl. par J. Guadet, Paris, 1872-1876.

Autres ouvrages utilisés

ANQUEZ L. – *Histoire des assemblées politiques des réformés de France (1573-1622)*, Paris, 1859.

ANTOINE A. – *La Jeunesse de Henry IV*, Paris, 1824.

AUMALE, H. duc d' – *Histoire des princes de Condé, pendant le XVIe et le XVIIe siècle*, Paris, 1863-1896.

BABELON J.-P. – *Paris au XVIe siècle*, in *Nouvelle Histoire de Paris*, t. XI, 1987.

BARBICHE B. – *Sully*, Paris, 1978.

– « De l'Etat de justice à l'Etat de finance : le tournant de l'année 1605 », *Colloques Henri IV – 1989*, t. III, 1990.

BARNAVI E. et DESCIMON R. – *La Sainte-Ligue, le juge et la potence. L'assassinat du président Brisson (15 novembre 1591)*, Paris, 1985.

BARTHÉTY H. – *Le Berceau d'Henri IV*, Pau, 1893.

BATIFFOL L. – *La Politique financière de Sully dans la généralité de Lyon*, Lyon, 1935.

– « Le trésor de la Bastille », in *Revue Henri IV*, 1909-1912.

BAYARD F. – « Sully : un baroudeur aux finances », *in L'Histoire*, 1990.

BILLACOIS F. – *Le Duel dans la société française des XVIe-XVIIe siècles. Essai de psychosociologie historique*, EHESS, Paris, 1986.

BOUCHER J. – *La Cour de Henri III*, Paris, 1986.

– *Société et mentalités autour de Henri III*, thèse d'Etat, 4 vol., Lille, 1981.

BOURGEON J.-L. – « Qui est responsable de la Saint-Barthélemy? », *in L'Histoire*, avril 1992.

BOUTIER J., DEWERPE A. et NORDMAN D. – *Un tour de France royal. Le voyage de Charles IX (1564-1566)*, Paris, 1984.

BRAUDEL F. ET LABROUSSE E. – *Histoire économique et sociale de la France*, t. I et II, Paris, 1977.

BUISSERET D. – « Les ingénieurs du roi au temps de Henri IV », in *Bulletin de la section de géographie du Comité des travaux historiques et scientifiques*, 1964.

– « Henri IV et l'art militaire » *in Colloques Henri IV – 1989*, t. III, 1990.

CARMONA M. – *Marie de Médicis*, Paris, 1981.

CAZAUX Y. – *Jeanne d'Albret*, Paris, 1973.

– « Jeanne d'Albret et Henri de Navarre », in *Revue de Pau et du Béarn*, n° 12, 1984.

CHEVALLIER P. – *Henri III, roi shakespearien*, Paris, 1985.

COLLINS J.B. – « Un problème toujours mal connu : les finances d'Henri IV » in *Colloques Henri IV – 1989*, t. III, 1990.

COMMUNAY A. – *Le Conseiller Pierre de Lancre*, Agen, 1890.

CONSTANT J.-M. – *Les Guise*, Paris, 1984.

COUDIROLLE J. – *Etude sur l'académie d'Orthez*, Orthez, 1885.

CROUZET D. – *La Nuit de la Saint-Barthélemy, un rêve perdu de la Renaissance*, Paris, 1994.

– *Les Guerriers de Dieu. La Violence au temps des troubles de religion vers 1525-1610*, 2 vol., Paris, 1990.

DARTIGUE-PEYROU Ch. – *Le vicomté de Béarn sous le règne d'Henri II d'Albret*, Le Puy, 1934.

DEGERT A. – *Le Cardinal d'Ossat, évêque de Rennes et de Bayeux (1537-1604)*, Paris, 1894.

DELUMEAU J. – *Naissance et affirmation de la Réforme*, Paris, 1965.

– *La Peur en Occident*, Paris, 1978.

– *Le Catholicisme entre Luther et Voltaire*, Paris, 1985.

DESCIMON R. – « Les Parisiens, la Ligue et Henri IV (1585-1610) » , *Colloques Henri IV – 1989*.

DESPLAT C. – « Henri IV et la Navarre française », in *Colloques Henri IV – 1989*, t. II, 1989.

– « Edit de Fontainebleau du 15 avril 1599 en faveur des catholiques du Béarn », in *Colloques Henri IV – 1989*, t. III, 1990.

– « La religion d'Henry IV » in *Colloques Henri IV – 1989*, t. IV.

DESPLAT C. et TUCOO-CHALA P. – *La Principauté de Béarn*, Pau, 1980. *Dictionnaire d'Histoire et de géographie ecclésiastiques*.

DUCÉRÉ E. – « Charles IX à Bayonne. Recherches historiques sur les Fêtes de l'entrevue », *Bulletin de la Société des sciences, lettres et arts de Bayonne* 1888-1889.

DUFLOS – *L'Éducation de Henri IV*, Paris, 1791.

DUMAÎTRE P. – *La Jeunesse d'Henri IV*, Paris, 1968.

DURAND G. – *Les Etats et les institutions XVIe-XVIIIe siècles*, Paris, 1969.

DUROSELLE J.-B. – *L'Idée de l'Europe dans l'Histoire*, Paris, 1965.

ELIAS N. – *La Société de cour*, 1939, Paris, 1974.

– *La Civilisation des mœurs*, Paris, 1974.

ERLANDE-BRANDEBURG A. – *L'Eglise abbatiale de Saint-Denis*, Paris, 1976.

ERLANGER Ph. – *L'Étrange Mort de Henri IV*, Paris, 1965.

FÉLICE P. de – *Les Protestants d'autrefois*, Paris, 1897.

FERRON M. – « La blessure et la mort d'Antoine de Bourbon », *in Bulletin de la Société des sciences, lettres et arts de Pau*, 1941.

FOGEL M. – *L'Etat dans la France moderne de la fin du XVe au milieu du XVIIIe siècle*, Paris, 1992.

FOISIL M. – *Le Sire de Gouberville*, Paris, 1981.

FOUCAULT M. – *Histoire de la folie à l'âge classique*, Paris, 1972.

GARRISSON-ESTÈBE J. – *Les Protestants du Midi 1559-1598*, Toulouse, 1980.

– « A propos de l'Edit de Nantes », in *Colloques Henri IV – 1989*, t. III, 1990.

– *L'Édit de Nantes et sa révocation : Histoire d'une intolérance*, Paris, 1987.

– « Les protestants du Sud-Ouest et le premier Bourbon », in *Colloques Henri IV – 1989*, t. II, 1989.

528

– *Les Protestants au* XVIe *siècle*, Paris, 1990.

GEREMEK B. – *La Potence ou la Pitié, l'Europe et les pauvres du Moyen Age à nos jours*, Paris, 1987.

GIESEY R. – *Le roi ne meurt jamais. Les Obsèques royales dans la France de la Renaissance*, Paris, 1987.

GOUBERT P. et ROCHE D. – *Les Français et l'Ancien Régime*, t. I : *La Société et l'Etat*, t. II, *Culture et Société.*, Paris, 1984.

GOYARD-FABRE S. – *Philosophie politique* XVIe-XXe *siècles*, Paris, 1987.

GUSDORF G. – *Les Origines des sciences humaines*, Paris, 1969.

GUTTON J.-P. – *La Société et les Pauvres : l'exemple de la généralité de Lyon. 1534-1789*, Paris, 1979.

HOURMAT J.-P. – « Bayonne au XVIe siècle », *Colloques Henri IV – 1989*, t. II, 1989.

« Injures et blasphèmes », *in Mentalités*, n° 2, 1989.

JACKSON R. – *Vivat rex ! Histoire des sacres et couronnements en France*, Paris, 1984.

JOUANNA A. – *Le Devoir de révolte : la Noblesse française et la gestation de l'Etat moderne (1559-1661)*, Paris, 1989.

KANTOROWICZ E. – *Les Deux Corps du roi. Essai sur la théologie politique au Moyen Age*, Paris, 1989.

LA BATUT G. de – *Les Amours des rois de France, Henri IV*, Paris, 1928.

LABORDE J.-B. « La goutte de Jurançon à la naissance d'Henri IV », *Bulletin de la Société des sciences, lettres et arts de Pau*, Pau, 1945.

LEBIGRE A. – *La Révolution des curés, Paris, 1588-1594*, Paris, 1980.

LEBRUN F., VÉNARD M., QUÉNIART J. – *Histoire générale de l'enseignement et de l'éducation en France*, t. II : *De Gutenberg aux Lumières*, 1981.

LECLER J. – *Histoire de la tolérance au siècle de la Réforme*, Paris, 1955.

LÉONARD E.-G. – *Histoire générale du protestantisme*, 3 vol., Paris, 1961-1964.

LEROY B. – *La Navarre au Moyen Age*, Paris, 1986.

LE ROY LADURIE E. – *Histoire du climat depuis l'an mil*, Paris, 1967.

– *L'Etat royal de Louis XI à Henri IV, 1460-1610, in Histoire de France*, tome II, Paris, 1987.

LESCURE A.-M. de – *Les Amours de Henri IV*, Paris, 1864.

LEVACK P. – *La Grande Chasse aux sorcières en Europe aux débuts des Temps modernes*, Paris, 1991.

LEVER M. – *Le Sceptre et la Marotte : Histoire des fous de cour*, Paris, 1984.

LIVET G. – *Les Guerres de religion*, Paris, 1962.

LOISELEUR J. – *Ravaillac et ses complices*, Paris, 1873.

MALLET – *Comptes rendus de l'administration des finances du royaume de France sous Henri IV, Louis XIII et Louis XIV*, 1789.

MANDROU R. – *Introduction à la France moderne*, Paris, 1974.

MARIÉJOL J.-H. – *La Réforme et la Ligue*, in *Histoire de France*, s.d., de E. Lavisse, tome VI-1, 1904.

– *Henri IV et Louis XIII (1598-1643)*, in *Histoire de France*, s.d. de E. Lavisse, tome VI-2.

MARTIN M.-M. – « Sully, Henri IV et l'organisation de l'Europe », in *Revue des Deux Mondes*, 1954.

– *Sully-le-Grand, l'ami du roi*, Paris, 1965.

MELH J.-M. – « Le jeu de paume, ancêtre du tennis », in *L'Histoire*, mai 1993.

MESNARD P. – *L'Essor de la philosophie politique au XVIe siècle*, Paris, 1939.

MINOIS G. – *Le Confesseur du roi*, Paris, 1988.

MOUSNIER R. – *L'Assassinat d'Henri IV*, Paris, 1964.

– *La Vénalité des offices sous Henri IV et Louis XIII*, Paris, 1971.

– *Les Institutions de la France sous la monarchie absolue*, t. I, *Société et Etat*, Paris, 1974, t. II, *Les Organes de l'Etat et la société*, Paris, 1980.

MUCHEMBLED R. – *Sociétés et mentalités dans la France moderne XVIe-XVIIIe siècles*, Paris, 1990.

– *L'Invention de l'homme moderne*, Paris, 1988.

MURAT I. – *Gabrielle d'Estrées*, Paris, 1992.

NOUAILLAC J. – *Villeroy, secrétaire d'Etat et ministre de Charles IX, Henri III et Henri IV*, Paris, 1908.

ORIEUX J. – *Catherine de Médicis*, Paris, 1986.

PATRY H. – « La bataille de Jarnac, la campagne de 1569 et le rôle de Coligny d'après des travaux récents », in *Bull. de la Société de l'histoire du protestantisme français*, 1903.

PERMEZEL O. – *La Politique financière de Sully dans la généralité de Lyon*, Lyon, 1935.

PFISTER C. – « Les Économies royales de Sully et le Grand Dessein de Henri IV », in *Revue Historique*, 1894.

PILLORGET R. – « Le sacre d'Henri IV, roi de France et de Navarre à Chartres le 27 février 1594 », in *Herrscherweihe und Königskrönung im frühneuzeitlichen Europa*, Wiesbaden, 1983.

– « La conversion d'Henri IV, son sacre, son entrée dans Paris » in *L'Europe de Nord-Ouest de 1559 à 1642. – La France*, cours du CNED, 1987.

– *Paris sous les premiers Bourbon*, in *Nouvelle Histoire de Paris*, t. XII, 1988.

PUHARRÉ A. – *Les Projets d'organisation européenne d'après le Grand Dessein d'Henri IV et de Sully*, Paris, 1954.

RICHET D. – *La France moderne : L'esprit des institutions*, Paris, 1973.

RIGAL J., « Nérac et la jeunesse d'Henri IV », in *Bulletin des amis du Château de Pau*, 1967.

RITTER R. – *Charmante Gabrielle*, Paris, 1947.

– *Les Solitudes de Marguerite de Navarre*, Paris, 1953.
– « La naissance de Henry IV. 13 décembre 1553 », in *Pyrénées*, 1953.
– *Une dame de chevalerie, Corisande d'Andoins*, Paris, 1959.
– « Le roi de Navarre et sa prétendue fuite de la cour en 1576 », in *Bulletin philologique et historique*, vol. II, Paris, 1969.
– *La Sœur d'Henri IV, Catherine de Boubon (1599-1604)*, 2 vol., Paris, 1985.

RIVARÈS F. – *Chansons et airs populaires du Béarn*, Pau, 1844.

ROCHAMBEAU Marquis de – *Galerie des hommes illustres du Vendômois : Antoine de Bourbon et Jeanne d'Albret*, 1879.

RŒLKER N.-L. – *Jeanne d'Albret, reine de Navarre*, Paris, 1979.

ROMAN D'AMAT – *Dictionnaire de biographie française.*

ROTT J. – « Jean Morély, disciple de Calvin et précepteur malchanceux de Henri, roi de Navarre », in *Bulletin philologique et historique du Comité des travaux historiques et scientifiques*, 1969.

RUBLE A. de – *Le Mariage de Jeanne d'Albret*, Paris, 1877.
– *Antoine de Bourbon et Jeanne d'Albret*, 4 vol., 1886.

SOLÉ J. – *L'Amour en Occident à l'époque moderne*, Paris, 1976.

SOLNON J.-M. – *La Cour de France*, Paris, 1987.

SUTHERLAND, N. M. – *The Massacre of St. Bartholomew and the European Conflict – 1559-1572*, Londres, 1973.

TUCOO-CHALA P. – *La Vicomté de Béarn et les problèmes de sa souveraineté*, Bordeaux, 1961.
– *Gaston Fébus. Prince des Pyrénées*, Pau, 1991.

VAISSIÈRE P. de – *Le Baron des Adrets*, Paris, 1912.
– « La conversion d'Henri IV », in *Revue d'histoire de l'Eglise de France*, 1922.

VÉNARD M. – « Henri IV et la réforme catholique », in *Colloques Henri IV – 1989*, t. III, 1990.

VIENNOT E. – *Marguerite de Valois, histoire d'une femme, histoire d'un mythe*, Paris, 1993.

YARDENI M. – *La Conscience nationale en France pendant les guerres de religion (1559-1598)*, Paris, 1971.

ZELLER G. – *Histoire des relations internationales*, t. II-1 : *Les Temps modernes*, s.d. de P. Renouvin, Paris, 1953-1955.

ZNAMENSKY J. – « Le berceau d'Henri IV, la Révolution et la Restauration », *Revue de Pau et du Béarn*, n°11, 1983.

ZUBER H. – « La noblesse protestante (1584-1589). Histoire politique des rapports entre Henri IV et les grands réformés », in *Colloques Henri IV – 1989*, t. I, 1988.

REPÈRES CHRONOLOGIQUES

1548   20 octobre : mariage de Jeanne d'Albret et d'Antoine de Bourbon.

1553   13 décembre : naissance d'Henri au château de Pau.

1555   Mort d'Henri d'Albret, son grand-père.

1559   Mort du roi de France, Henri II, auquel succède le jeune François II.

1560   Mort de François II. Avènement de Charles IX enfant.
Régence de Catherine de Médicis.
Premiers troubles religieux (la conjuration protestante d'Amboise).

1561   Premier séjour d'Henri à la cour de France.
Echec du colloque de Poissy destiné à arbitrer les différends religieux.

1562   1er mars : début des guerres de religion avec le massacre de Wassy.
17 novembre : mort d'Antoine de Bourbon au siège de Rouen.

1563   Meurtre de François de Guise.
Fin du Concile de Trente.

1564-66 Voyage de la cour à travers la France, auquel participe Henri.

1567   Jeanne d'Albret enlève Henri de la cour de France et le ramène en Béarn.
Révolte des Hollandais protestants contre le joug espagnol.

1569   Défaites protestantes de Jarnac et de Moncontour.
Investiture d'Henri comme chef symbolique du parti protestant.

1570   Paix de Saint-Germain.

1571   Bataille de Lépante : défaite des Turcs face à une flotte catho-
        lique à dominante espagnole.

1572   Entrée de Maximilien de Béthune (futur Sully) dans l'entou-
        rage d'Henri.
        9 juin : mort de Jeanne d'Albret.
        18 août : noces à Paris de Henri et de Marguerite de Valois.
        24 août : massacre de la Saint-Barthélemy.
        Début de la captivité dorée d'Henri à la cour.

1573   Première assemblée autonome des villes protestantes.

1574   Mort de Charles IX. Avènement de Henri III.

1576   4 février : fuite d'Henri de la cour.
        Création de la première Ligue.

1578   Marguerite de Valois rejoint Henri à la cour de Nérac.

1582   Henri rencontre Corisande.

1584   Mort du duc d'Alençon, frère d'Henri III. Henri, prince de
        Navarre, est désormais l'héritier présomptif du trône.
        Réveil de la Ligue autour d'Henri de Guise.
        Alliance d'Henri III et de la Ligue.

1587   Bataille de Coutras.

1588   Henri III est chassé de Paris par la Ligue.
        Débâcle de l'Invincible Armada.
        Assassinat du duc de Guise sur l'ordre d'Henri III.

1589   Mort de Catherine de Médicis.
        Réconciliation d'Henri III et d'Henri de Navarre.
        1er août : assassinat d'Henri III. Avènement d'Henri IV.
        Victoire d'Arques mais échec d'une tentative de siège de Paris.

1590   Victoire d'Ivry.
        Rencontre de Gabrielle d'Estrées.
        Blocus de Paris.

1593   25 juillet : abjuration d'Henri IV à Saint-Denis.

1594   27 février : sacre d'Henri IV à Chartres.
        Expulsion des jésuites.
        27 décembre : tentative d'assassinat par Jean Châtel.

1595   Victoire de Fontaine-Française sur les Espagnols.

1596	Ralliement des princes ligueurs.
	Entrée de Sully au Conseil des finances.
	Assemblée des notables de Rouen.

1596   Ralliement des princes ligueurs.
        Entrée de Sully au Conseil des finances.
        Assemblée des notables de Rouen.

1597   Amiens est conquise par les Espagnols puis reprise par Henri.

1598   Derniers ralliements des princes ligueurs (le duc de Mercœur
        en Bretagne).
        13 avril : édit de Nantes.
        2 mai : traité de Vervins.

1599   10 avril : mort de Gabrielle d'Estrées.
        Sully, surintendant des finances.
        Liaison avec Henriette d'Entragues.

1600   17 décembre : mariage avec Marie de Médicis.

1601   Cession par la Savoie de la Bresse et du Bugey à la France.
        27 septembre : naissance du dauphin.

1602   Traité avec les cantons suisses.
        Complot de Biron.

1603   Retour des jésuites.
        Maladie d'Henri IV.

1604   Institution de la paulette.

1605   Echec de la révolte du duc de Bouillon.
        Sully élevé à la dignité ducale.

1607   Edit sur la voirie.

1608   Fondation du Québec.

1609   Liaison avec Charlotte de Montmorency.
        Essai de réforme monétaire.
        Crise de succession des duchés de Juliers et de Clèves.

1610   Préparatifs de guerre.
        13 mai : sacre de Marie de Médicis.
        14 mai : assassinat d'Henri IV.

Remerciements

Je tiens à exprimer ma gratitude à ceux de mes amis et collaborateurs qui m'ont aidé à rassembler la documentation nécessaire à ce livre, en particulier Joël Broustail, Thierry Issartel et Patrick Guyon. Ils m'ont beaucoup aidé à collationner les sources et à me familiariser avec les hommes et les mœurs du XVIᵉ siècle.

Sans eux, ce livre n'aurait pas pu être écrit.

TABLE

Cet ouvrage a été réalisé par la
SOCIÉTÉ NOUVELLE FIRMIN-DIDOT
Mesnil-sur-l'Estrée
pour le compte des Éditions Flammarion
en décembre 1994

Imprimé en France
Dépôt légal : novembre 1994
N° d'édition : 15740 - N° d'impression : 29409